Die Genese volkswirtschaftlicher Inhalte
sowie deren Status quo im Rahmen lernfeldbasierter Curricula
des kaufmännischen Berufsbildungsbereichs

KONZEPTE DES LEHRENS UND LERNENS

Herausgegeben von Jürgen Seifried und Susan Seeber

BAND 20

PETER LANG
EDITION

Christoph Maus

Die Genese volkswirtschaftlicher Inhalte sowie deren Status quo im Rahmen lernfeldbasierter Curricula des kaufmännischen Berufsbildungsbereichs

PETER LANG
EDITION

Bibliografische Information der Deutschen Nationalbibliothek
Die Deutsche Nationalbibliothek verzeichnet diese Publikation in der Deutschen Nationalbibliografie; detaillierte bibliografische Daten sind im Internet über http://dnb.d-nb.de abrufbar.

Zugl.: RWTH Aachen University, Diss., 2016

Umschlagabbildung:
© nd3000 / Fotolia.com

D 82
ISSN 0724-6455
ISBN 978-3-631-70077-8 (Print)
E-ISBN 978-3-631-70566-7 (E-PDF)
E-ISBN 978-3-631-70567-4 (EPUB)
E-ISBN 978-3-631-70568-1 (MOBI)
DOI 10.3726/b10403

Peter Lang Edition ist ein Imprint der Peter Lang GmbH.

Peter Lang – Frankfurt am Main · Bern · Bruxelles ·
New York · Oxford · Warszawa · Wien

Diese Publikation wurde begutachtet.

www.peterlang.com

Danksagung

Geschrieben habe ich die vorliegende Arbeit zwar alleine, jedoch wäre dies ohne die Unterstützung einiger Personen nicht möglich gewesen. Es ist nun an der Zeit, diesen Personen meinen Dank auszusprechen, da sie allesamt zu dem Gelingen der Dissertation beigetragen haben.

Zu besonderem Dank bin ich meinem Doktorvater, Herrn apl. Prof. Dr. Dr. Dr. h.c. Paape verpflichtet, der mir jederzeit mit hilfreichen Anregungen und konstruktiven Gesprächen zur Seite stand. Er ließ mir die Freiheiten, die eine forschende Tätigkeit benötigt, half mir jedoch gleichermaßen durch konstruktive Gespräche in fruchtbare thematische Bahnen zurück, sofern dies nötig war. Weiterhin bin ich ihm sowie Herrn Prof. Lorz für die Übernahme meiner Gutachten zu Dank verpflichtet.

Ebenso gilt mein Dank meiner Kollegin Frau Dr. Kiereta, die mich sowohl fachlich beraten, als auch in menschlicher Hinsicht unterstützt hat. Ihre differenzierten Anmerkungen bei der Durchsicht dieser Arbeit stellten eine maßgebliche Unterstützung während der Verschriftlichung dar. Herzlichen Dank für die Zusammenarbeit.

Eine besondere Person, der ich an dieser Stelle meinen Dank zuteilwerden lassen möchte, ist meine Mutter, die die Vollendung dieses Werkes leider nicht mehr miterleben konnte. Sie gab mir stets die Kraft, die Motivation und das Durchhaltevermögen, ohne die eine solche Arbeit für mich nicht möglich gewesen wäre. Diese Arbeit soll ihr gewidmet sein.

Auch meine weitere Familie nimmt eine herausragende Stellung ein, für die meine Promotionsphase ebenfalls eine aufreibende Zeit gewesen ist. Sie haben die Erstellung dieses Werkes in jeder Phase mit aller ihrer möglichen Unterstützung bedacht, so dass Ihnen mein ganz besonderer Dank gilt. Hervorheben möchte ich dabei meine Schwester, die mir, insbesondere in schwierigen Phasen, Unterstützung und Motivation zugesprochen hat. Herzlichen Dank dafür.

Auch möchte ich mich bei meinem Freundeskreis bedanken. Sie bauten mich stets auf und sorgten für die notwendige Abwechslung in dieser Phase.

Inhaltsverzeichnis

Abbildungsverzeichnis

Tabellenverzeichnis

Anhangsverzeichnis

1 Einführung

Unter inhaltlichen Gesichtspunkten sollte grundlegend davon ausgegangen werden können, dass duale Berufsausbildungen das gesamte inhaltliche Fachspektrum des jeweiligen Berufsbildes berücksichtigen. Es würden sich innerhalb eines kaufmännischen Ausbildungsberufes die fachlichen Ausbildungsinhalte demnach über sämtliche wirtschaftswissenschaftlichen Themenbereiche erstrecken, die mit der beruflichen Tätigkeit in Verbindung gebracht werden können, so dass Bestandteile aus der Betriebswirtschaftslehre, der Volkswirtschaftslehre, des Rechnungswesens und der Buchführung sowie rechtliche Aspekte implementiert wären. Volkswirtschaftliche Inhalte besitzen, in Abgrenzung zu den anderen aufgeführten Inhaltsbereichen, zumeist keine einzelnen Unternehmen bzw. Personen als inhaltlichen Ansatzpunkt, sondern beziehen sich auf gesamtwirtschaftliche Aspekte. Daraus folgt, dass sich diese im Rahmen einer dualen Ausbildung primär zur Vermittlung im Rahmen eines tendenziell theoriegeprägten Schulumfelds gegenüber einer Vermittlung innerhalb betrieblicher Praxis eignen. Es sollte insofern von einer Implementierung volkswirtschaftlicher Inhalte in schulischen Curricula sowie einer Umsetzung im Rahmen des fachbezogenen Berufsschulunterrichts ausgegangen werden können.

Aktuelle lernfeldbasierte Curricula innerhalb des beruflichen Bildungsbereiches bieten jedoch inhaltliche Gestaltungsmöglichkeiten, so dass individuelle thematische Gewichtungen umsetzbar sind. Eine verstärkte Orientierung anhand beruflich auszuführender Tätigkeiten des Auszubildenden ermöglicht eine wesentliche Reduzierung des Anteils volkswirtschaftlicher Inhalte innerhalb der schulischen Praxis bis hin zu einer Elimination dieser, was einen inhaltlich verkürzten, auf betriebliche Inhalte orientierten Berufsschulunterricht nach sich ziehen würde. Volkswirtschaftliche Inhalte könnten einseitig dem Fachbildungsbereich entzogen werden, was weder der Inhaltssystematik des Themengebietes, noch der Konzeptionierung eines kaufmännischen Berufsbildes Rechnung tragen würde, so dass die grundlegende Annahme eines breit aufgestellten Inhaltsspektrums relativ zum gewählten Ausbildungsgang innerhalb der schulischen Berufsbildung nicht aufrechterhalten werden kann.

1.1 Forschungsgegenstand

1.1.1 Lernfeldbasierte Curricula als Grundlage berufsbegleitenden Schulunterrichts

Die Implementierung fachlicher Inhalte im Rahmen schulischen Unterrichts erfolgt bis Mitte der 1990er Jahre mit Hilfe strukturell aufgebauter Lehrpläne, innerhalb derer eine Zuordnung fachlicher Inhalte zu curricular abgegrenzten Schulfächern vorgenommen wird.[1] Exemplarisch nachvollziehbar ist dies anhand des Rahmenlehrplans für den Ausbildungsberuf ‚Bürokaufmann/-frau', wobei fünf Lerngebiete analog der vorgesehenen Unterrichtsfächer definiert und jeweils mit Zeitrichtwerten versehen sind:

Tabelle 1: Übersicht über die Lerngebiete des Ausbildungsberufs ‚Bürokaufmann/Bürokauffrau'[2] vom 29. Mai 1991[3]

Lerngebiet	**Zeitrichtwerte in den Ausbildungsjahren**			
	1	**2**	**3**	**Insgesamt**
1. Allgemeine Wirtschaftslehre	80	40	80	200
2. Spezielle Wirtschaftslehre	40	80	80	200
3. Rechnungswesen	40	120	120	280
4. Informationsverarbeitung	160	40	-	200
- Datenverarbeitung				(80)
- Textverarbeitung				(120)
Zeitrichtwerte insgesamt	320	280	280	880

Darauf aufbauend erfolgt eine weiterführende Untergliederung jedes einzelnen Lerngebiets in mehrere Lernabschnitte, die ebenfalls mit Zeitrichtwerten

1 Hericks/Kunze weisen darauf hin, dass der Begriff ‚Curriculum' seit seiner stetigen Einführung in der deutschen Erziehungswissenschaft nicht abschließend definiert wurde (vgl. Hericks/Kunze 2008, S. 775). Unter ‚Curriculum' ist hier eine Verwaltungsvorschrift im Sinne einer Richtlinie oder eines Lehrplanes zu verstehen.

2 Innerhalb der vorliegenden Arbeit erfolgt die Bezeichnung der Bildungsgänge immer anhand des jeweiligen Originals. Somit treten im Zeitverlauf differente Bezeichnungen identischer Bildungsgänge hinsichtlich der Nennung beider Geschlechter auf, exemplarisch: ‚Industriekaufmann' (1969); ‚Industriekaufmann/Industriekauffrau' (1995) oder ‚Industriekauffrau/Industriekaufmann' (1997).

3 Tabelle entnommen aus Ständige Konferenz der Kultusminister der Länder in der Bundesrepublik Deutschland 1991a, S. 51.

versehen sind, wie exemplarisch am Lerngebiet ‚Allgemeine Wirtschaftslehre' erkennbar ist:

Tabelle 2: Untergliederung des Lerngebietes ‚Allgemeine Wirtschaftslehre' in Lernabschnitte[4]

Lernabschnitte	**Zeitrichtwerte in den Ausbildungsjahren**			
	Insgesamt	**1**	**2**	**3**
1. Berufsausbildung	5	5	-	-
2. Grundlagen des Wirtschaftens	10	10	-	-
3. Betrieblicher Leistungsprozeß[5]	15	15	-	-
4. Rechtliche Grundlagen für das Funktionieren des Güter- und Geldstromes im Wirtschaftsprozeß	15	15	-	-
5. Absatzwirtschaft	25	25	-	-
6. Beschaffungswesen	20	10	10	-
7. Zahlungsverkehr und Überwachung von Zahlungsterminen	20	-	20	-
8. Rechtsformen von Unternehmen	15	-	10	5
9. Finanzierung und Investition	30	-	-	30
10. Wirtschaftsordnung	15	-	-	15
11. Grundzüge der Wirtschaftspolitik	20	-	-	20
12. Steuern und Versicherungen	10		-	10
Zeitrichtwerte insgesamt	200	80	40	80

Weiterhin erfolgt eine Konkretisierung eines jeden Lernabschnitts in Lernziele und einzelne Lerninhalte, exemplarisch anhand des Lernabschnitts 3 (‚Betrieblicher Leistungsprozeß') aufgezeigt:[6]

4 Tabelle entnommen aus Ständige Konferenz der Kultusminister der Länder in der Bundesrepublik Deutschland 1991a, S. 52.

5 Innerhalb der vorliegenden Arbeit erfolgt die Rechtschreibung zitierter Passagen immer wie im jeweiligen Original und wird nicht angepasst. Aufgrund besserer Lesbarkeit wird auf eine Kennzeichnung durch [sic] verzichtet, sofern die zitierte Schreibweise nicht der aktuellen Schreibweise entspricht. Nur im Falle offensichtlicher Fehler erfolgt eine Kennzeichnung.

6 Die exemplarische Auswahl des Lernabschnitts erfolgt einzig auf Grund dessen quantitativ geringen Umfangs. Trotzdem bleibt der typische Aufbau eines Lernabschnitts jedoch erkennbar.

Tabelle 3: Lernziele und Lerninhalte innerhalb des Lernabschnitts ‚Betrieblicher Leistungsprozeß‘[7]

Lernziele	**Lerninhalte**
3. Betrieblicher Leistungsprozeß	
Sach- und Dienstleistungsbetriebe anhand der Grundfunktionen unterscheiden und ihre Einbindung in Beschaffungs- und Absatzmärkte erläutern.	Beschaffung Produktion/Leistungserstellung Absatz
Prozesse der Leistungserstellung und Leistungsverwertung in Betrieben kennen und unter Beachtung der Betriebsziele sowie ökologischer Erfordernisse beurteilen.	Leistungsprozesse, veranschaulicht an je einem Produktions- und Dienstleistungsbetrieb unter Beachtung von rationellem Energie- und Rohstoffeinsatz und Minimierung der Umweltbelastung.
Grundfunktionen am Beispiel eines Produktionsbetriebes erläutern und Unterschiede zu Betrieben anderer Wirtschaftszweige erkennen sowie Verfahren der Leistungserstellung unterscheiden.	Produktionstypen - Einzelfertigung - Mehrfachfertigung Organisationstypen - Werkstattfertigung - Gruppenfertigung - Fließfertigung Organisationsformen im Dienstleistungsbereich

Der strukturelle Lehrplanaufbau orientiert sich anhand fachlicher Kriterien, woraus die Zuordnung fachlicher Inhalte zu einzelnen Lernabschnitten resultiert. Mit Hilfe der trennscharfen Zuordnung fachlicher Inhalte hinsichtlich einzelner Unterrichtsfächer wird ein eindeutiger Fach- und Inhaltskanon sichergestellt.

Mit Beschluss der ‚Ständigen Konferenz der Kultusminister der Länder in der Bundesrepublik Deutschland‘ (Kultusministerkonferenz; KMK) werden seit 1996 sämtliche Ausbildungsberufe nicht mehr nach dem beschriebenen Lehrplanschema, sondern anhand des Lernfeldkonzepts organisiert, welches sich wiederum aus beruflichen Handlungsfeldern ableitet.

> „Handlungsfelder orientieren sich an berufsbezogenen Aufgabenstellungen innerhalb zusammengehöriger Arbeits- und Geschäftsprozesse. Handlungsfelder verknüpfen berufliche, gesellschaftliche und individuelle Anforderungen. Durch didaktische Reflexion und Aufbereitung werden aus den Handlungsfeldern, die an der gegenwärtigen und zukünftigen Berufspraxis orientiert sind, die Lernfelder in den Rahmenlehrplänen entwickelt“ (Ständige Konferenz der Kultusminister der Länder in der Bundesrepublik Deutschland 2011, S. 31).

7 Tabelle entnommen aus Ständige Konferenz der Kultusminister der Länder in der Bundesrepublik Deutschland 1991a, S. 53.

Als curricularer Bezugspunkt dient demnach keine Fächersystematik bzw. die daraus resultierenden Inhalte, sondern ganzheitliche Handlungen mit Bezug zu dem jeweiligen Ausbildungsberuf (vgl. Mathes 2011, S. 374f.; Pahl/Tärre 2011, S. 148; Busian/Pätzold 2004, S. 3).[8] Der Hintergrund der Entscheidung ist in der Ansicht zu sehen, dass berufliche Handlungen zumeist kein fachliches, systematisch organisiertes Wissen fordern, sondern eine praktische, problemorientierte Umsetzung dieses im Kontext spezifischer Situationen.[9] Lernen im Rahmen des Berufsschulunterrichts soll also innerhalb beruflicher Handlungen stattfinden, was innerhalb der curricularen Zielsetzung der Handlungskompetenz manifestiert ist (vgl. Nickolaus 2011, S. 159f.; Straka 2006, S. 151f.; Bruchhäuser 2005, S. 13; Hansis/Harzheim/Scherer et al. 2005, S. 96ff.):[10]

> „Handlungskompetenz (wird) verstanden als Bereitschaft und Befähigung des Einzelnen, sich in beruflichen, gesellschaftlichen und privaten Situationen sachgerecht durchdacht sowie individuell und sozial verantwortlich zu verhalten" (Ständige Konferenz der Kultusminister der Länder in der Bundesrepublik Deutschland 2011, S. 31).

Gemäß dem Verständnis der KMK setzt sich die Zielsetzung der beruflichen Handlungskompetenz aus den drei Dimensionen der ‚Fachkompetenz',[11] ‚Human- oder

---

8 Demgemäß ändert sich die konzeptionelle Ausrichtung der curricularen Vorgaben. Wurde zuvor der unterrichtliche Input (die Lehrinhalte) aufgeführt, so wird in den handlungsorientierten Lehrplänen eine outcomeorientierte Sichtweise (Fähigkeiten der Schülerinnen und Schüler) eingenommen (vgl. exemplarisch Sloane 2005, S. 485ff.).

9 Eine Modellierung domänenspezifischer Problemlösekompetenzen sowie deren Zusammensetzung sind bislang jedoch ungeklärt. Vgl. dazu die Modellierungsversuche im Bildungsgang ‚Industriekauffrau/Industriekaufmann' in Wuttke/Seifried/Brandt et al. 2015, S. 191ff.

10 Bruchhäuser spricht dem Realitätsbezug beruflichen Lernens eine normative Funktion zu. Der Realitätsbezug „spiegelt […] in der Trennung des Lernens vom Arbeiten den substanziellen Anspruch auf Wahrung der originär begründeten, teleologischen Bestimmung beruflichen Lernens" (Bruchhäuser 2005, S. 13).

11 Fachkompetenz beschreibt die „Bereitschaft und Fähigkeit, auf der Grundlage fachlichen Wissens und Könnens Aufgaben und Probleme zielorientiert, sachgerecht, methodengeleitet und selbstständig zu lösen und das Ergebnis zu beurteilen" (Ständige Konferenz der Kultusminister der Länder in der Bundesrepublik Deutschland 2011, S. 15).

Selbstkompetenz'[12] und ‚Sozialkompetenz'[13] sowie dreier weiterer immanenter Kompetenzbereiche zusammen.[14] Die durch die KMK gewählte Kompetenzdefinition, die weiterhin der hier vorliegenden Arbeit zu Grunde liegt, nimmt keine trennscharfe Abgrenzung der drei aufgezeigten Bereiche des Kompetenzbegriffes

12 Selbstkompetenz beschreibt die „Bereitschaft und Fähigkeit, als individuelle Persönlichkeit die Entwicklungschancen, Anforderungen und Einschränkungen in Familie, Beruf und öffentlichem Leben zu klären, zu durchdenken und zu beurteilen, eigene Begabungen zu entfalten sowie Lebenspläne zu fassen und fortzuentwickeln. Sie umfasst Eigenschaften wie Selbstständigkeit, Kritikfähigkeit, Selbstvertrauen, Zuverlässigkeit, Verantwortungs- und Pflichtbewusstsein. Zu ihr gehören insbesondere auch die Entwicklung durchdachter Wertvorstellungen und die selbstbestimmte Bindung an Werte" (Ständige Konferenz der Kultusminister der Länder in der Bundesrepublik Deutschland 2011, S. 15; vgl. auch Pätzold 2011, S. 178ff.).

13 Sozialkompetenz beschreibt die „Bereitschaft und Fähigkeit, soziale Beziehungen zu leben und zu gestalten, Zuwendungen und Spannungen zu erfassen und zu verstehen sowie sich mit anderen rational und verantwortungsbewusst auseinanderzusetzen und zu verständigen. Hierzu gehört insbesondere auch die Entwicklung sozialer Verantwortung und Solidarität" (Ständige Konferenz der Kultusminister der Länder in der Bundesrepublik Deutschland 2011, S. 15). Für eine weitergehende Bestimmung und Konkretisierung von Sozialkompetenzen vgl. Euler/Bauer-Klebl 2008, S. 16ff.; Reetz 2006, S. 64ff.

14 Darüber hinaus definiert die KMK die Methodenkompetenz, kommunikative Kompetenz und Lernkompetenz als immanente Bestandteile der einzelnen Kompetenzdimensionen. Die Methodenkompetenz beschreibt die „Bereitschaft und Fähigkeit zu zielgerichtetem, planmäßigem Vorgehen bei der Bearbeitung von Aufgaben und Problemen (zum Beispiel bei der Planung der Arbeitsschritte)" (Ständige Konferenz der Kultusminister der Länder in der Bundesrepublik Deutschland 2011, S. 15). Unter kommunikativer Kompetenz ist die „Bereitschaft und Fähigkeit (zu verstehen), kommunikative Situationen zu verstehen und zu gestalten. Hierzu gehört es, eigene Absichten und Bedürfnisse sowie die der Partner wahrzunehmen, zu verstehen und darzustellen" (Ständige Konferenz der Kultusminister der Länder in der Bundesrepublik Deutschland 2011, S. 15). Die Lernkompetenz beschreibt die „Bereitschaft und Fähigkeit, Informationen über Sachverhalte und Zusammenhänge selbstständig und gemeinsam mit anderen zu verstehen, auszuwerten und in gedankliche Strukturen einzuordnen. Zur Lernkompetenz gehört insbesondere auch die Fähigkeit und Bereitschaft, im Beruf und über den Berufsbereich hinaus Lerntechniken und Lernstrategien zu entwickeln und diese für lebenslanges Lernen zu nutzen" (vgl. Ständige Konferenz der Kultusminister der Länder in der Bundesrepublik Deutschland 2011, S. 15).

vor, da im Rahmen der beruflichen Handlungskompetenz ausgeprägte Wechselbeziehungen zwischen den einzelnen Bereichen vorliegen (vgl. auch Walker/Link/Nickolaus 2015, S. 222ff.; Fischer/Seeber 2014, S. 10f.; Wilbers 2014, S. 62ff.; Pukas 2011, S. 188; Neef 2009, S. 291f.; Achtenhagen/Winter 2006, S. 349ff.; Nickolaus/Gschwendtner/Knöll 2006, S. 210f.; Reetz 2006, S. 59ff.; Reinisch 2006, S. 259ff.; Brand/Hofmeister/Tramm 2005, S. 3ff.; Hansis/Harzheim/Scherer et al. 2005, S. 115f.; Reier 2002, S. 229; zum aktuellen Forschungsstand vgl. Nickolaus 2015, S. 161ff.).[15]

> „‚Berufliche Handlungskompetenz' ist die Fähigkeit und Bereitschaft des Menschen, in beruflichen Situationen sach- und fachgerecht, persönlich durchdacht und in gesellschaftlicher Verantwortung zu handeln, d.h. anstehende Probleme zielorientiert auf der Basis von Wissen und Erfahrungen sowie durch eigene Ideen selbstständig zu lösen, die gefundene Lösung zu bewerten und seine Handlungsfähigkeit weiterzuentwickeln" (Bader 2000, S. 39).

Den Zusammenhang einzelner Kompetenzdimensionen bilden Müller/Seidel ab:

15 Das Verhältnis fachlichen Wissens relativ zur Kompetenzdefinition sowie zur Problemlöseleistung (als Zielsetzung) beschreibt Nickolaus 2014, S. 8 sowie Nickolaus/Gschwendtner/Knöll 2006, S. 210ff. Zur exemplarischen Entwicklung eines Testinstruments zur Erfassung domänenspezifischer Problemlösekompetenzen vgl. Wuttke/Seifried/Brandt et al. 2015, S. 189ff.

Abbildung 1: Handlungskompetenz: Dimensionen und deren Akzentuierung[16]

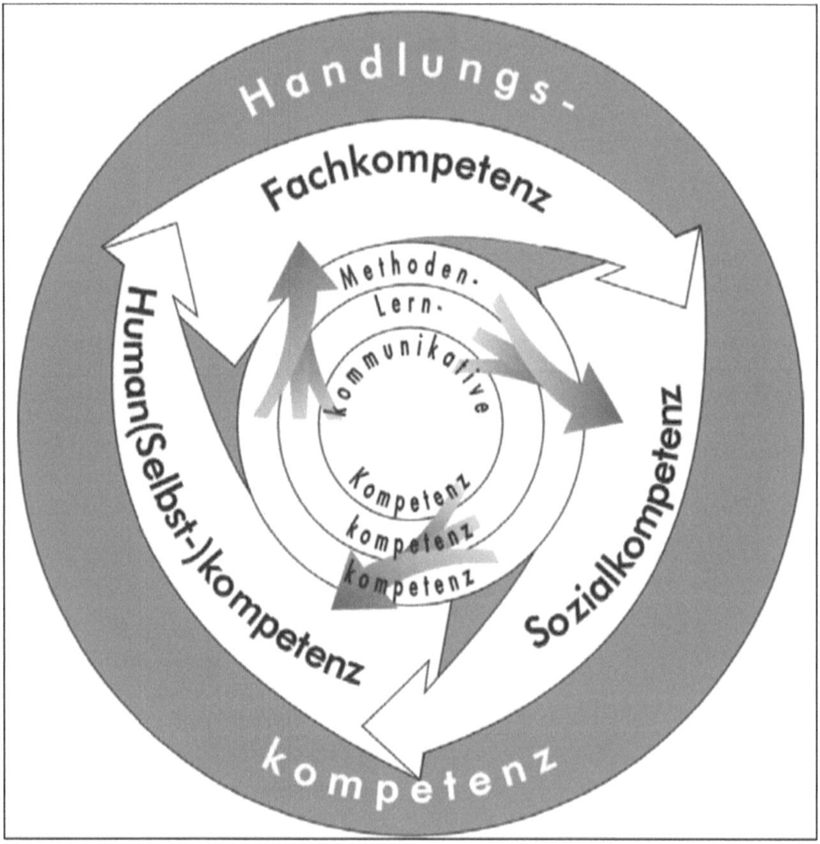

Die curriculare Neuordnung bewirkt eine Veränderung des Ausgangspunkts schulischer Curricula von einem wissensbasierten zu einem kompetenzorientierten Ansatzpunkt.[17] ‚Fachkompetenz' ist von ‚Fachwissen' dahingehend abzugrenzen, dass der Kompetenzbegriff zusätzlich zum Fachwissen auch die Anwendung dieses innerhalb der Zieldefinition einschließt (vgl. Dubs 2006a, S. 167ff.; Minnameier

16 Die Abbildung wurde durch Martina Müller und Kathrin Seidel im Rahmen der Modellversuchsverbünde NELE und SELUBA entwickelt. Zitiert nach Bader/Müller 2002, S. 177. Siehe auch die alternative Darstellung in Hass 2011.

17 Für eine detaillierte Darstellung der Einführung des Kompetenzbegriffes in den deutschsprachigen Forschungsdiskurs vgl. Reinisch 2006, S. 259ff.

2006, S. 391; Tramm 2003b, S. 2f.; Fischer 2003, S. 1).[18] Aktuelle Forschungsergebnisse im Zusammenhang mit Kompetenzmodellierungskonzepten zeigen, dass ‚Wissen' und die jeweilige ‚Wissensanwendung' nicht als gemeinsame, sondern weiterhin als zwei getrennte Subdimensionen im Rahmen des Kompetenzbegriffs zu verstehen sind, die jedoch eng miteinander korrelieren (latente Korrelationen von 0.7 und größer, vgl. Nickolaus 2014, S. 3; Nickolaus/Petsch/Norwig 2013, S. 539, für einen Überblick der einzelnen Forschungsarbeiten vgl. Nickolaus/Seeber 2013, S. 166ff.; Nickolaus/Abele/Gschwendtner et al. 2012, S. 266; Nickolaus/Geissel/Abele et al. 2011, S. 91; Gschwendtner/Abele/Nickolaus 2009, S. 575).[19]

Die Abkehr der Lehrplankonzeption von fachsystematischen Strukturen bedingt eine Neukonstruktion dieser orientiert anhand handlungsbezogener Zielsetzungen (vgl. Tramm 2003a, S. 3). Gefordert ist eine curriculare Abbildung beruflicher Handlungen innerhalb eines Fächerkanons, zu deren Umsetzung jenseits traditioneller Fachstruktur befähigt werden soll.[20] Dazu werden aus den zu Grunde liegenden Handlungsfeldern abgegrenzte Lernfelder formuliert und innerhalb der Rahmenlehrpläne implementiert:

> „Lernfelder sind didaktisch aufbereitete Tätigkeitsfelder. Sie sind kompetenzbasiert und verweisen darauf, was ein Lerner nach dem Absolvieren des Lernfeldes im beruflichen Handlungsfeld tatsächlich können soll. Dies wird durch eine Zielformulierung ausgedrückt" (Sloane 2003, S. 4, vgl. auch Ständige Konferenz der Kultusminister der Länder in der Bundesrepublik Deutschland 2011, S. 10ff.).

Als exemplarisches Beispiel zur Umsetzung der curricularen Neukonstruktion dient der Rahmenlehrplan für den Ausbildungsberuf ‚Industriekaufmann/Industriekauffrau' vom 14.06.2002, welcher insgesamt 12 Lernfelder besitzt:[21]

---

18 Je nach Quelle wird neben dem Fachwissen und der Anwendungsfähigkeit noch die manuelle Fähigkeit als dritte Subdimension ausgewiesen (vgl. Nickolaus 2014, S. 3; Gschwendtner 2011, S. 60). Im Falle kaufmännischer Handlungskompetenzen dürfte diese jedoch regelmäßig zu vernachlässigen sein.

19 Fischer/Seeber merken an, dass trotz der häufigen Verwendung des Kompetenzbegriffes zur Darstellung und Operationalisierung von Bildungszielen bis heute nicht abschließend geklärt sei, welche Arten von Wissen, Einstellungen und Kompetenzen gewünscht seien (vgl. Fischer/Seeber 2014, S. 10). Die kognitive Komponente des Kompetenzbegriffs beschreibt Minnameier 2006, S. 392ff.

20 Eine Darstellung der bildungstheoretischen Implikationen unter Berücksichtigung sich verändernder Berufsorientierung liefert Euler 2015, S. 100ff.

21 Eine behavioristische Darstellung eines Lernfeldes unternimmt Straka, vgl. Straka 2006, S. 152ff.

Tabelle 4: Lernfeldübersicht des Ausbildungsgangs ‚Industriekaufmann/ Industriekauffrau'[22]

Übersicht über Lernfelder für den Ausbildungsberuf Industriekaufmann / Industriekauffrau				
Lernfelder		**Zeitrichtwerte**		
Nr.		**1. Jahr**	**2. Jahr**	**3. Jahr**
1	In Ausbildung und Beruf orientieren	40		
2	Marktorientierte Geschäftsprozesse eines Industriebetriebes erfassen	60		
3	Wertströme und Werte erfassen und dokumentieren	60		
4	Wertschöpfungsprozesse analysieren und beurteilen	80		
5	Leistungserstellungsprozesse, planen, steuern und kontrollieren	80		
6	Beschaffungsprozesse planen, steuern und kontrollieren		80	
7	Personalwirtschaftliche Aufgaben wahrnehmen		80	
8	Jahresabschluss analysieren und bewerten		80	
9	Das Unternehmen im gesamt- und weltwirtschaftlichen Zusammenhang einordnen		40	
10	Absatzprozesse planen, steuern und kontrollieren			160
11	Investitions- und Finanzierungsprozesse			40
12	Unternehmensstrategien, -projekte umsetzen			80
	Summe (insgesamt 880)	320	280	280

Weiterhin erfolgt eine Ausformulierung jedes Lernfelds in die Gliederungspunkte ‚Zielformulierung' und ‚Inhalte', exemplarisch anhand des Lernfelds 8 ‚Jahresabschluss analysieren und bewerten' aufgezeigt:

22 Tabelle entnommen aus Ständige Konferenz der Kultusminister der Länder in der Bundesrepublik Deutschland 2002, S. 8.

Abbildung 2: Exemplarischer Aufbau eines Lernfelds anhand des Lernfelds Nr. 8 des Ausbildungsberufs ‚Industriekaufmann/Industriekauffrau'[23]

Lernfeld 8: Jahresabschluss analysieren und bewerten 2. Ausbildungsjahr **Zeitrichtwert: 80 Stunden**
Zielformulierung: Die Schülerinnen und Schüler führen Jahresabschlussarbeiten durch und treffen Bewertungsentscheidungen unter Berücksichtigung betrieblicher Interessen und geltender Bewertungsvorschriften. Sie bereiten den Jahresabschluss auf, ermitteln Kennzahlen zur Beurteilung des Unternehmens und ziehen Schlussfolgerungen für unternehmenspolitische Entscheidungen. Sie analysieren den Jahresabschluss auch aus Sicht eines externen Betrachters. Die Schülerinnen und Schüler wählen für die Bearbeitung ihrer Aufgabenstellungen geeignete Medien aus, präsentieren ihre Arbeitsergebnisse und begründen ihre Schlussfolgerungen.
Inhalte: Wertansätze für Vermögen und Schulden nach Handels- und Steuerrecht – Anschaffungs- und Herstellkosten Bewertungsprinzipien – Vorsichtsprinzip, Kapitaleignerprinzip Offene und stille Rücklagen Kennzahlen zur Vermögens- und Kapitalstruktur, Liquidität, Anlagendeckung, Rentabilität, Cash Flow Präsentationsmittel

Innerhalb der Zielformulierung werden komplexe Handlungsstränge wiedergegeben, welche am ‚Modell der vollständigen Handlung' orientiert sind (im Sinne von Informieren/Analysieren, Planen, Entscheiden, Ausführen, Kontrollieren/Bewerten und Reflektieren; vgl. zur Idee einer vollständigen Handlung Mathes 2011, S. 374f.).[24] Durch den ganzheitlichen lernfeldorientierten Ansatz werden fachliche Inhalte, die einer traditionellen Fächersystematik gemäß in unterschiedlichen Fächern verankert wären, gemeinsam implementiert, da diese zusammen zum erfolgreichen Handlungsvollzug benötigt werden.[25]

---

23 Lernfeld entnommen aus Ständige Konferenz der Kultusminister der Länder in der Bundesrepublik Deutschland 2002, S. 16.

24 In diesem exemplarischen Fall vollzieht sich die Handlung anhand des Jahresabschlusses eines Unternehmens, beginnend bei differenten Bewertungsgrundlagen betrieblichen Vermögens über die Erstellung des Jahresabschlusses, dessen Aufbereitung, die Beurteilung anhand einzelner Kennzahlen bis hin zur Präsentation des Abschlusses bzw. der Schlussfolgerung.

25 In dem hier gewählten Beispiel kann davon ausgegangen werden, dass neben den buchhalterischen Fähigkeiten, die traditionell dem Rechnungswesen zugeordnet werden

Zur vollständigen Abbildung beruflicher Tätigkeiten bleiben Fachgrenzen in den lernfeldbasierten Lehrplänen bewusst unberücksichtigt, was bedingt, dass die curricular aufgeführten Inhalte im Vergleich zu den bisherigen Lehrplänen nicht detailliert formuliert werden können und sollen (vgl. Straßer 2013, S. 498; vgl. auch Straka 2006, S. 154f.). Formuliert werden ganzheitliche Zielsetzungen sowie primäre Inhalte mit exemplarischem Charakter, welche zur unterrichtlichen Umsetzung einer Konkretisierung bedürfen. Gleichzeitig verdeutlichen die formulierten Inhalte typische Handlungsmuster der curricularen Berufsschularbeit, so dass eine Übertragung typischer Handlungsstrukturen auf ähnliche Handlungen durch die Rezipienten selber erfolgen kann. „Daneben [neben der Zielformulierung, d.A.] werden inhaltsbezogene Angaben (= inhaltliche Unterfütterung der Ziele) gemacht, die eine Interpretationshilfe darstellen, sowie Zeitrichtwerte vorgegeben" (Sloane 2003). Die Inhalte innerhalb der Lernfelder sind also nicht abschließend, umfassend oder trennscharf zu sehen.

Die praktische Umsetzung der handlungsbasierten Zielformulierung innerhalb schulischen Unterrichts erfolgt durch die Konstruktion von Lernsituationen, so dass die lernfeldbasierte Curriculararbeit drei Schritte umfasst:

---

würden, mindestens die Darstellungs- und Medienkompetenz dem Inhaltskanon des Fachs ‚Deutsch/Kommunikation' zuzuordnen ist.

Abbildung 3: Zusammenhang zwischen Handlungsfeldern, Lernfeldern und Lernsituationen[26]

Handlungsfelder

- Zusammenhängende Aufgabenkomplexe
- Problemstellungen, in denen berufliche, gesellschaftliche und individuelle Fragen miteinander verknüpft werden

Lernfelder

- Zusammenfassung komplexer Aufgabenstellungen und Bearbeitung in handlungsorientierten Lernsituationen
- Zielformulierungen als Kompetenzbeschreibungen mit einer Auslegung durch weitere Inhaltsangaben

Lernsituationen

Konkretisierung der Lernfelder durch eine didaktische Reflexion der beruflichen und der lebensnahen Handlungssituation

Ausrichtung auf praxisnahe und auch umsetzbare Unterrichtssequenzen, basierend auf typischen Tätigkeitsbereichen eines beruflichen Handlungsfeldes

Lernsituationen sind als kleinste thematische Einheiten innerhalb einzelner Lernfelder zu verstehen, innerhalb derer einzelne Lernfeldaspekte situationsgebunden ausgestalten werden:

> „Sie [die Lernsituationen, d.A.] setzen exemplarisch die Kompetenzerwartungen innerhalb der Lernfeldbeschreibung um, indem sie berufliche Aufgabenstellungen und Handlungsabläufe aufnehmen und für die unterrichtliche Umsetzung didaktisch und methodisch aufbereiten. Insgesamt orientieren sich Lernsituationen am Erwerb umfassender Handlungskompetenz und unterstützen die Entwicklung möglichst aller Kompetenzdimensionen" (Ständige Konferenz der Kultusminister der Länder in der Bundesrepublik Deutschland 2011, S. 32).

Die Auswahl fachinhaltlicher Komponenten im Rahmen konkreter Unterrichtsplanung wird nicht mehr durch administrative Stellen vorgenommen, sondern erfolgt auf Basis der curricularen Lernfelder dezentral durch die jeweiligen Lehrerkollegien (bzw. Bildungsgangkonferenz) an den einzelnen Schulen (vgl. Pahl/Tärre 2011, S. 149; Pukas 2011, S. 186; Tramm 2003a, S. 2).

> „Lernfeldorientierte Rahmenlehrpläne sind ganz in diesem Sinne einerseits dadurch geprägt, dass sie gegenüber ihren Vorläufern im Hinblick auf die konkreten unterrichtlichen

26 Abbildung entnommen aus Speth/Berner 2011, S. 135; vgl. auch Pukas 1999, S. 86; Bader/Schäfer 1998, S. 233. Für eine alternative Darstellung siehe exemplarisch Busian/Pätzold 2004, S. 9.

Vorgaben, insbesondere im Hinblick auf die Inhaltsangaben deutlich offener gehalten sind und sehr weitreichende Interpretations- und Konkretisierungsleistungen der Kollegien vor Ort einfordern" (Tramm 2003a, S. 6).

Die strukturellen Unterschiede zwischen ‚alten', lerngebietsbasierten und ‚neuen', lernfeldbasierten Lehrplänen zeigt Pukas zusammenfassend:

Abbildung 4: Unterscheidung zwischen lerngebiets- und lernfeldorientierter Lehrplankonstruktion (1999)[27]

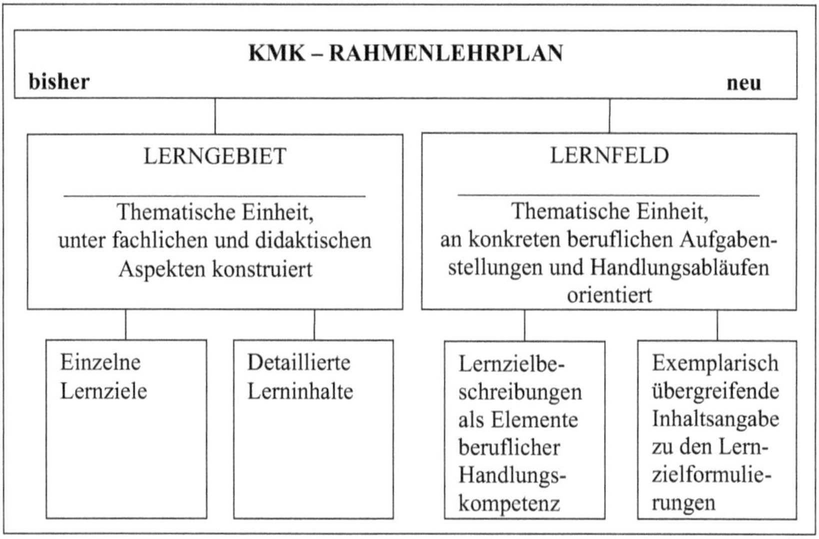

1.1.2 Bipolare Strukturen volkswirtschaftlicher Bildungsinhalte

Der durch die KMK als Zielsetzung definierte Kompetenzbegriff tangiert beide Lernorte einer dualen Berufsausbildung, denn „(d)ie Erlangung von Handlungskompetenz ist das Leitziel der schulischen Berufsausbildung im dualen System" (Ständige Konferenz der Kultusminister der Länder in der Bundesrepublik Deutschland 2011, S. 31). Die nicht lediglich auf fachlich-berufliche Aspekte definierte Handlungskompetenz bedingt, dass sich infolgedessen auch der Bildungsauftrag einer Berufsschule über fachliche Aspekte hinaus erweitert:

---

27 Abbildung entnommen aus Pukas 1999, S. 85. Die Bezeichnungen der Rahmenlehrpläne (‚bisher' und ‚neu') beziehen sich auf die bis zum Entstehungszeitpunkt der Abbildung (1999) bestehenden fachorientierten Lehrpläne (‚bisher') bzw. die eingeführten Rahmenlehrpläne (‚neu').

> „Sie [die Berufsschule, d.A.] hat gemäß der Vereinbarung der Kultusministerkonferenz über die „Bezeichnungen zur Gliederung des beruflichen Schulwesens" [...] die Aufgabe, den Schülerinnen und Schülern allgemeine und berufliche Lerninhalte unter besonderer Berücksichtigung der Anforderungen der Berufsausbildung zu vermitteln. [...] Die Berufsschule vermittelt eine berufliche Grund- und Fachbildung und erweitert die vorher erworbene allgemeine Bildung. Damit will sie zur Erfüllung der Aufgaben im Beruf sowie zur Mitgestaltung der Arbeitswelt und Gesellschaft in sozialer und ökologischer Verantwortung befähigen" (Ständige Konferenz der Kultusminister der Länder in der Bundesrepublik Deutschland 1991b, S. 2).

Die Volkswirtschaftslehre als schulisches Themengebiet besitzt, ebenso wie eine Vielzahl der ihr zugeordneten Inhaltsfelder, einen bipolaren Charakter zwischen Allgemeinbildung hinsichtlich individueller Lebensgestaltung und berufsbezogener Bildung im Kontext kaufmännischer Berufsbilder.[28] Fachliche Bezüge bestehen durch spezifische Arbeitsbereiche im Rahmen unterschiedlicher Berufsbilder sowie deren Positionierung innerhalb kaufmännisch verwaltender Berufsbereiche (vgl. Bundesministerium für Bildung und Forschung 2007, §1, Abs. 3). Allgemeinbildende Bezugspunkte sind über die triviale Feststellung hinaus, wonach jeder Auszubildende sein Privatleben unter dem Einfluss volkswirtschaftlicher Faktoren führen muss, im Kontext des postulierten Begriffs der ‚ökonomischen Bildung' außerhalb des kaufmännischen Bereichs vorhanden (vgl. Dietlmeier 1999, S. 2).[29] Ökonomische Bildung beschreibt:

> „[...] den systematischen Erwerb von Kompetenzen, die es dem Individuum ermöglichen, sich im wirtschaftlichen Dasein zu orientieren, dieses zu verstehen, es zu beurteilen und mündig, sachgemäß und verantwortlich mit zu gestalten. Somit trägt die ökonomische Bildung zur Selbstverwirklichung und zur Persönlichkeitsentwicklung bei. Sie ist damit ein unverzichtbarer Bestandteil der Allgemeinbildung" (Deutsche Gesellschaft für ökonomische Bildung 2004, S. 3).[30]

Beck versteht unter ökonomischer Bildung als Bestandteil der Allgemeinbildung ein dreidimensionales Konstrukt, welches sich aus den Polen ‚ökonomisches Wissen und Denken', ‚ökonomische Einstellungen' und ‚ökonomische

---

28 Für eine ausführliche Abgrenzung des hier verwendeten Bildungsbegriffes gegenüber dem Kompetenz- sowie dem Qualifikationsbegriff vgl. Beutner/Schaumann/Twardy 2006, S. 289ff. sowie Reinisch 2006, S. 259ff. Zur Problematik des Qualifikationsbegriffs im Forschungsdiskurs siehe Horlebein/Schanz 2005, S. 6f.

29 Ein privater Lebensbezug kann sich beispielsweise durch konjunkturbedingte Arbeitslosigkeit ergeben.

30 Für ein Beispiel der Inhaltsgestaltung ökonomischer Bildung siehe Schumann/Eberle/Oepke et al. 2010, S. 3ff.

Reflexionsfähigkeit' zusammensetzt (vgl. Beck 1989, S. 579ff.; siehe auch Tramm/Seeber 2006, S. 274f.; Dietlmeier 1999, S. 2).[31] ‚Private Haushalte', ‚Betriebe/Unternehmen', ‚Staat', ‚Wirtschaftsordnung' und ‚Ausland' werden von Retzmann als Inhaltsfelder des ‚Ökonomieunterrichts' angeführt, wobei offensichtlich eine Orientierung am Modell eines Wirtschaftskreislaufs erfolgt (vgl. Retzmann 2009, S. 12).[32] Die Inhaltsfelder bezieht er auf das rollentheoretische Verständnis einzelner Schüler, wodurch ‚mündiger Verbraucher' (Ansatzpunkt: ‚private Haushalte'), ‚mündiger Erwerbstätiger' (Ansatzpunkt: ‚Betriebe/Unternehmen') und ‚mündiger Wirtschaftsbürger' (Ansatzpunkt: ‚Staat' und ‚Wirtschaftsordnung') als Zieldefinition ökonomischer Bildung fungieren (vgl. Retzmann 2009, S. 12f.).[33] Diese gelten als Leitbild unterrichtlichen Handelns, woraus ein enger Bezug zwischen ökonomischer Bildung (im Sinne Retzmanns) und volkswirtschaftlichen Thematiken realisiert wird.[34]

---

31 Korunka/Frank weisen darauf hin, dass der ökonomische Bildungsbegriff zu Beginn der 2000er Jahre im deutschen Sprachraum vermehrt diskutiert wurde, woraus heterogene Definitionen sowie heterogene Begriffsverständnisse resultieren (vgl. Korunka/Frank 2005, S. 25f.). Gemeinsamer Bestandteil innerhalb der Definitionsvielfalt ist jedoch eine Auslegung des ökonomischen Bildungsbegriffs über den rein beruflichen Bereich hinaus auf das Leitbild des mündigen Wirtschaftsbürgers (vgl. auch Loerwald/Schröder 2011, S. 9ff.; May 2011, S. 3ff.; Retzmann 2011, S. 15ff.). Zur Abgrenzung von ‚ökonomischer Bildung' relativ zu ‚finanzieller Bildung' siehe Schlösser/Neubauer/Tzanova 2011, S. 22ff.

32 Eine ähnliche Definition liegt der Zielbeschreibung der ökonomischen Bildung innerhalb des Lehrplans zur Wirtschafts- und Betriebslehre für nicht-kaufmännische Ausbildungsberufe zu Grunde (vgl. Ministerium für Schule und Weiterbildung des Landes Nordrhein-Westfalen 2009b, S. 8).

33 Die Deutsche Gesellschaft für ökonomische Bildung definiert den fachlichen Kern ökonomischer Bildung:
- Entscheidungen ökonomisch begründen,
- Handlungssituationen ökonomisch analysieren,
- Ökonomische Systemzusammenhänge erklären,
- Die Rahmenbedingungen der Wirtschaft verstehen und mitgestalten und
- Konflikte perspektivisch beurteilen (vgl. Deutsche Gesellschaft für ökonomische Bildung 2004, S. 6ff.).

Die Erklärung ökonomischer Systemzusammenhänge sowie das Verständnis der Rahmenbedingungen verlangen volkswirtschaftliche Kenntnisse.

34 Hingewiesen sei auf die Beziehung zwischen den Begriffen ‚kaufmännische' sowie ‚ökonomische Bildung'. Fischer /Seeber führen aus, dass beide Begriffe in einer Wechselbeziehung zueinander stehen. Differenzen ergeben sich dahingehend, dass die „Ökonomik streng genommen keine Wirklichkeit abbildet, sondern Modelle von der Wirklichkeit

Der Begriff ,ökonomische Bildung' (inklusive seiner curricularen Verankerung und bildungstheoretischen Bezugspunkten) unterliegt einer auf legislativer Ebene geführten Diskussion, deren Verlauf sich in einer wechselseitigen, fachimmanenten Implementierung in nicht-kaufmännischen Bildungsgängen in Nordrhein-Westfalen widerspiegelt. Der angesprochene Terminus ,ökonomische Bildung' fungiert als Zielsetzung des Fachs ,Wirtschafts- und Betriebslehre', welches gesamtwirtschaftliche Aspekte explizit mit einschließt (vgl. Ministerium für Schule und Weiterbildung des Landes Nordrhein-Westfalen 2009b, S. 8). Das eigenständige Fach existiert bis zum Ende des Schuljahres 2004/2005, bevor es zum 1. August 2005 entfällt.[35] „Damit wird die Intention gestützt, die Ziele und Inhalte dieses bedeutsamen Unterrichtsbereichs berufsorientiert und lernfeldintegrativ umzusetzen" (Ministerium für Schule und Weiterbildung des Landes Nordrhein-Westfalen 2005, S. 3). Bereits zum Schuljahresbeginn 2009/2010 erfolgt jedoch eine Wiedereinführung des Fachs ,Wirtschafts- und Betriebslehre' in nicht-kaufmännischen Ausbildungsgängen (vgl. Ministerium für Schule und Weiterbildung des Landes Nordrhein-Westfalen 2009b, S. 3). „Die Rückkehr zur Ausweisung als eigenständiges Fach unterstreicht die Bedeutung der entsprechenden Kompetenzorientierung" (Ministerium für Schule und Weiterbildung des Landes Nordrhein-Westfalen 2009b, S. 3). Die angesprochene wechselseitige Implementierung volkswirtschaftlich geprägter Inhalte im Rahmen nicht-kaufmännischer Ausbildungsgänge verdeutlicht die uneinheitliche Verankerung innerhalb eines allgemeinbildenden und eines fachbezogenen Kontexts. Es lässt sich demnach rückschließen, dass volkswirtschaftlichen Inhalten auch im Rahmen kaufmännischer Ausbildungsgänge sowohl ein berufsfachlicher als auch ein allgemeinbildender Charakter unterstellt werden kann.

konstruiert" (Fischer/Seeber 2014, S. 5), während kaufmännische Bildung an situatives Lernen gebunden ist. Trotz des modellhaften Bezugspunktes der ökonomischen Bildung, die sich demgemäß für eine Implementierung volkswirtschaftlicher Inhalte, welche ebenfalls des Öfteren auf Modellüberlegungen basieren, berufen sich die Autoren lediglich auf ein betriebswirtschaftliches Systemverständnis sowie die dazugehörigen Inhalte (vgl. Fischer/Seeber 2014, S. 8).

35 Innerhalb des Lehrplanes sind, ähnlich zum Vorgehen Retzmanns, Ansatzpunkte orientiert am volkswirtschaftlichen Kreislaufmodell implementiert (vgl. Retzmann 2009, S. 12; Ministerium für Schule und Weiterbildung des Landes Nordrhein-Westfalen 2009b, S. 8).

1.2 Diskussionsstand lernfeldbasierter Curricula

Der umfassende Diskurs, der die curriculare Neukonzeptionierung des schulischen Ausbildungsbestandteils begleitet, unterliegt differenten thematischen Aspekten, deren wesentlicher Verlauf verkürzt dargestellt wird und zur besseren Übersichtlichkeit nach inhaltlichen Diskussionssträngen gegliedert wird.[36]

Die grundsätzliche Lernfeldkonzeptionierung sowie die daraus resultierenden Folgen für alle Betroffenen stellen einen Diskussionsstrang dar. Exemplarisch konstatiert Dubs, dass Lernfelder ‚Hilfeschreie' auf ungenügende unterrichtliche Innovationen darstellen und sieht diese in einer Reihe mit verschiedenen anderen, sich ablösenden Ansätzen, deren Gemeinsamkeit die jeweilige Nicht-Anwendbarkeit im Schulalltag sei (vgl. Dubs 2000, S. 15f.). Dabei differenziert er zwischen curricularen Voraussetzungen (die seiner Ansicht nach eine Neuerung darstellen) und den grundlegenden lerntheoretischen Erkenntnissen, welche nicht neu seien, so dass die lernfeldbasierten Curricula einen Versuch darstellen, die aus der Lehr-Lern-Forschung gewonnenen Erkenntnisse curricular umzusetzen (Dubs 2000, S. 19). Damit widerspricht er beispielsweise Stommel, einem der deutlichsten Kritiker des Lernfeldansatzes, der in lernfeldstrukturierten Lehrplänen ein amtlich verordnetes Durcheinander als neue Ordnung des Unterrichts sieht (vgl. Stommel 1998b, S. 1; vgl. auch Stommel/Stommel 1997, S. 3ff.).

Neben der grundsätzlichen curricularen Lernfeldkonzeptionierung bildet die kognitive Begründung der Handlungsorientierung sowie die lehr-lerntheoretische Fundierung einen zweiten Diskussionsschwerpunkt (vgl. Herrmann/Illerhaus 2000, S. 101ff.; Rauner 2000, S. 109ff.). Dabei zeigt sich, dass die lernfeldbasierten Curricula nicht auf der Grundlage einer abgeschlossenen Theorie beruhen, sondern deren Einführung ohne theoretische Grundlage basierend auf Modellversuchen erfolgt (vgl. Beck 2005, S. 550; Tramm 2003a, S. 2; Busian/Pätzold 2000, S. 197ff.;).[37] Neben der handlungsorientierten Grundlage aktueller Curricula steht ebenfalls deren historische Entwicklungstradition im berufsbildenden Bereich im Fokus (vgl. Fischer/Gerds 2000, S. 87ff.).

Dritten bedeutenden Diskussionsschwerpunkt bilden individuelle Umsetzungsmöglichkeiten handlungsorientierter Konzepte im Rahmen des dualen

---

36 Die Darstellung gesamter Disputsverläufe ist im Rahmen dieser Arbeit weder möglich noch zielführend. Neben des quantitativen Umfangs und des innerhalb der vorliegenden Arbeit mangelnden Erkenntnisgewinns ist dies mit einem heterogenen Diskussionsverlauf einzelner Aspekte sowie differenten inhaltlichen Fachbezügen zu begründen.

37 Für eine detaillierte Darstellung des berufsbildungspolitischen und curriculumstrategischen Kontexts vgl. Tramm 2003a, S. 3.

Berufsschulunterrichts (vgl. Clement 2003, S. 8ff.; Kremer 2003, S. 6ff.; Busian/Pätzold 2000, S. 197ff.; Embacher/Gravert 2000, S. 135ff.; Hansis 2000, S. 122ff.; Klauser 2000, S. 183ff.; Kremer/Sloane 2000a, S. 170ff.; Rauner 2000, S. 109ff.; Rössler 2000, S. 210ff.; Schäfer/Bader 2000, S. 148ff.; Schwiedrzik/Winzier 2000, S. 217ff.; Zedler 2000, S. 223ff.). Es herrscht dahingehend Einigkeit, dass eine weiterhin bestehende Fächerstruktur einen Unterricht, der nicht an Fächern, sondern an Handlungen orientiert ist, zumindest wesentlich erschwert. Auch die handlungstheoretische Umsetzung im Kontext des dualen Berufsausbildungssystems mit sich daraus ergebenden Synergieeffekten zwischen dem schulischen und dem betrieblichen Lernort bergen Diskussionsstoff (vgl. Rössler 2000, S. 210ff.; Schwiedrzik/Winzier 2000, S. 217ff.; Zedler 2000, S. 223ff.).

Weiterhin unterliegen Fragestellungen nach inhaltlichen Bezugskriterien differenten Ansichten. Die Positionierung schulischer Inhalte zwischen fachwissenschaftlicher Systematik (inklusive fachlich untergliederter Curricula) und einer Situationsorientierung, die bewusst keine wissenschaftliche oder fachliche Systematik berücksichtigt, prägen den curricularen Disput. Die Struktur der Inhalte „zwischen (Wissenschafts-) Systematik und Situationsorientierung, zwischen Geschäftsprozessorientierung und wissenschaftlichen Modellen" (Fischer 2011, S. 1, vgl. auch Reetz 2006, S. 57.) waren und sind zentrales Diskussionselement (vgl. exemplarisch Clement 2003, S. 1ff.; Kremer 2003, S. 1ff.; Tramm 2003a, S. 6ff.; Hansis 2000, S. 122ff.; Pätzold 2000b, S. 72ff.; vgl. auch Reier 2002, S. 229).[38] In Einzelfällen werden die didaktischen Gestaltungsprinzipien ‚Wissenschaftsprinzip' und ‚Situationsprinzip' um das ‚Persönlichkeitsprinzip' erweitert, welches ‚Bildungsbedürfnisse, Leitideen und Kompetenzen im Rahmen der Inhaltsauswahl berücksichtigt' (vgl. exemplarisch Reetz 2006, S. 57). Insbesondere das intendierte Verhältnis zwischen den curricularen Referenzprinzipien (Situationsorientierung und Fachorientierung) wird kritisch hinterfragt, wobei weitgehende Einigkeit herrscht, dass eine einseitige Berücksichtigung eines der beiden Prinzipien nicht gefordert sei. Auch erklärte Befürworter des Lernfeldkonzeptes warnen vor einer einseitigen Situationsorientierung (vgl. Tramm 2003b, S. 11; Dubs 2000, S. 31).

38 Vgl. für kaufmännische Bildungsgänge insbesondere Tramm 2003b, der durch eine Trennung der Termini ‚Arbeitsprozesse' und ‚Geschäftsprozesse' aufzeigt, dass eine Gleichsetzung beider Definitionen nicht aufrecht zu erhalten ist. Durch die definitorische Trennung legt Tramm dar, dass der vermeintliche Widerspruch zwischen Situations- und Wissenschaftsorientierung weitgehend aufzulösen ist (vgl. Tramm 2003b, S. 19). Folglich sind die beiden Prinzipien nicht als Gegensatzpaar anzusehen.

Innerhalb des kaufmännischen Bildungsbereichs warnt Tramm vor der Gefahr einer verkürzten Situationsorientierung als Resultat der curricularen Leitlinie ‚Arbeits- und Geschäftsprozesse' (vgl. Tramm 2003b, S. 11). Dazu werden Handlungsstrukturen im kaufmännischen und gewerblichen Bereich sowie deren exemplarische curriculare Implementierung im Bildungsgang ‚Bankkaufmann/ Bankkauffrau' untersucht (vgl. Tramm 2003b, S. 11ff.).[39] Er identifiziert „(Fluchtburgen) der konventionellen Fächer, [...] nur mühsam getrennte, fachsystematische Einheiten, [...] deren eigentlicher Nutzen darin liegen müsste, dass sie auf einer reflexiven Ebene in die Kernprozesse integriert werden" (Tramm 2003b, S. 15). Ist in den Lernfeldern jedoch ein Arbeitsprozessbezug identifizierbar, so liegt eine Orientierung am Leitbild eines ‚verkaufsorientierten Bankangestellten' vor, so dass der einseitige Situationsbezug in einer ‚Schreib- und Ladentischperspektive' münde und folglich fachwissenschaftliche sowie kontextuale Aspekte in den Hintergrund treten.[40] Resultat sei eine Reproduktion des Modells vertikaler Arbeitsteilung, so dass das Konzept der Prozessorientierung (inklusive Kontextmerkmale) im kaufmännischen Bereich geeigneter erscheint, dessen curriculare Gestaltung in diesem Falle jedoch optimiert werden müsse.

> „Eine Prozessbetrachtung in Analogie zum Arbeitsprozess verfehlt in ihrer Beschränkung auf die Ebene der operativen Sachbearbeitung systematisch den strategischen und normativen Horizont kaufmännischer Tätigkeit und reproduziert damit ein Modell vertikaler Arbeitsteilung, das mit der Geschäftsprozessorientierung im Sinne der betriebswirtschaftlichen Organisationstheorie gerade überwunden werden sollte" (Tramm 2003b, S. 17, vgl. auch Nickolaus 2014, S. 2; Reinisch 2014, S. 12).[41]

Innerhalb des Diskurses werden fachinhaltliche Thematiken hinsichtlich ihrer Implementierung oder bezüglich Auswahlfragen nicht thematisiert, sondern deren Konstituierung zwischen den Polen ‚Wissenschaftsorientierung' sowie ‚Situationsorientierung' bilden das Erkenntnisinteresse.

Die Inhaltsimplementierung innerhalb der Rahmenlehrpläne wird von Sloane als eine Interpretationsgrundlage aufgefasst, worauf basierend schulische Inhalte durch die beteiligten Lehrkräfte selber produziert werden müssen: „Implementation ist [...] kein ‚naiver' Übernahmeprozess von Lehrplänen durch die Praxis;

---

39 Die von Tramm verwendeten Lernfelder des Ausbildungsgangs ‚Bankkaufmann/-frau' sind zurzeit weiterhin gültig.

40 Reetz weist darauf hin, dass durch realwirtschaftliche tayloristisch-funktionale Strukturierungen das curriculare Gestaltungsprinzip der Geschäftsprozessorientierung zunehmende Bedeutung erlange (vgl. Reetz 2006, S. 60).

41 Zum Situationsbezug in Rahmen kaufmännischer Bildung vgl. auch Kornmilch-Bienengräber 2006, S. 324ff.

Implementation stellt einen elaborierten Prozess der Genese von Lehrplänen in Schulen dar“ (Sloane 2003, S. 4). Er plädiert für eine produktive Lehrplanrezeption, wobei „in einem Rahmencurriculum allgemeine Vorgaben gemacht werden, die dann in der jeweiligen Bildungsorganisation (Berufsschule, Berufskolleg, Fachschule etc.) präzisiert werden müssen“ (Sloane 2001, S. 194).[42] Eine ähnliche Position vertritt Doyle: „curriculum is not the content, but an interpretation of the content“ (Doyle 2000, S. 4, zitiert nach Achtenhagen/Winter 2009, S. 10). Widerspruch erhält Sloane z.B. durch Fischer, der seinem Vorschlag entgegenhält, dass dieser „nicht nur den interaktiven Prozess zwischen Legislative [der Curriculumentwicklung, d.A.] und Exekutive [der Curriculumrezeption, d.A.] (vernachlässige), sondern auch die performative Kraft der Mikroebene (Unterricht) auf die Mesoebene (Schule) und ggf. auf die Makroebene (hier: Branche und Gesellschaft)“ (Fischer 2011, S. 8). Darüber hinaus stelle sich die Frage, ob die Lehrerinnen und Lehrer, die die produktive Lehrplanarbeit leisten sollen, dazu überhaupt (unter Berücksichtigung der curricularen Referenzprinzipien) in der Lage sein können: „Denn die Lehrer/-innen, deren Ausbildung wissenschaftssystematisch geprägt ist, müssen einen Perspektivwechsel vornehmen, auf den sie während ihrer professionellen Sozialisation nicht vorbereitet werden“ (Fischer 2011, S. 8).[43] Diebold stellt gleichermaßen fest, „dass der hohe Gestaltungsspielraum der Schulen zum einen eine curriculare Kompetenz der einzelnen Lehrkräfte vorraussetzt, die nicht unbedingt erwartet werden kann, zum anderen [...] eine zusätzliche zeitliche Belastung darstellt“ (Diebold 2004, S. 17; vgl. auch Pahl/Tärre 2011, S. 148f.).

Deutlich wird, dass im Rahmen des Disputs zur Einführung lernfeldbasierter Curricula nahezu keine Ziel- und Inhaltsdiskussion stattfand (vgl. Weber/Achtenhagen 2014a, S. 2).[44] Vereinfacht gesagt wurde mit Hilfe von Inhalten und nicht um Inhalte selber diskutiert. Fischer konstatiert: „Die Auseinandersetzung mit Inhalten wird vertagt“ (Fischer 2011, S. 6, vgl. auch Fischer/Seeber 2014, S. 7). Auch Eckert stellt, im Rahmen einer Abhandlung über Selbstlernkompetenzen

---

42 Er bezeichnet dies als „Managementarbeit in den Schulen [...], die zu schulinternen Lehrplänen, Jahresplanungen, Konstruktion und Sequenzierung von Lernsituationen resp. Einzelmaßnahmen usw. führt“ (Sloane 2003, S. 2). Für die konkreten Anforderungen einer schulischen Curriculumentwicklung vgl. Hansis 2000, S. 126ff.

43 Die Reaktionen von Lehrenden auf die ‚neu‘ eingeführten lernfeldbasierten Curricula untersucht Buschfeld 2000a, S. 159ff.; vgl. auch Embacher/Gravert 2000, S. 135ff. sowie zu subjektiven Lehr-Lern-Theorien von Lehrerinnen und Lehrern Seifried 2006a, S. 78ff.

44 Der hier aufgezeigte, sehr oberflächliche Abriss des mit Einführung der Lernfeldcurricula begonnenen Disputs soll hier nicht weiter vertieft werden; die Darstellung dient lediglich dazu, die strittigen Schwerpunktbereiche des Diskurses zu benennen.

zutreffend fest, dass die Selbstlernprozesse gefördert und gefordert werden, die Frage, was jedoch mit Hilfe dieser Kompetenz gelernt werden solle, völlig offen bleibe. „Handelt es sich bei Fachkompetenz um Wissensbestände, um verwertbare Fähigkeiten und Fertigkeiten, um eine verstehende Erschließung der Wirklichkeit oder um deren subjektive Konstruktion?“ (Eckert 2008, S. 195) Werden konkrete Inhaltsfragen thematisiert, geschieht dies streng prämissenbezogen und nicht hinsichtlich ihrer Relevanz im Kontext der Berufsschule (vgl. Lipsmeier 2015, S. 11; Weber/Achtenhagen 2014a, S. 2; Fischer 2011, S. 9; Reier 2002, S. 229; vgl. exemplarisch Dubs 2000, S. 15ff.; Hansis 2000, S. 122ff.; Klauser 2000, S. 1836ff.; Lipsmeier 2000b, S. 72ff.; Pätzold 2000b, S. 72ff.; Schäfer/Bader 2000, S. 148ff.).[45] Unterrichtliche Inhalte sind durch die Lernfeldstruktur einer systematischen Diskussion entzogen, da die Entscheidung der inhaltlichen Ausgestaltung top-down auf die Ebene der Schulen oder Klassen verlagert wurde (vgl. Straßer 2013, S. 498ff.; Pätzold 2000b, S. 81ff.).[46] Es besteht die Möglichkeit, dass heterogene curriculare Schwerpunkte innerhalb des Schulunterrichts entstehen, wobei Nickolaus auf kaum vorhandene Forschungserkenntnisse verweist (vgl. Nickolaus 2014, S. 6; Gschwendtner 2011, S. 72).

Im Zeitverlauf verebbt der lernfeldthematisierende Disput und wird bis zum aktuellen Zeitpunkt weiterhin nur bedingt thematisiert (vgl. Lipsmeier 2015, S. 11f.; Reinisch 2014, S. 2).[47]

---

45 Die Auswahl der hier aufgeführten exemplarischen Beiträge erfolgt im Hinblick auf kaufmännische Themenbereiche.

46 Dies kann als Folge der Inhaltsdiskussion während der 1970er Jahre gesehen werden (vgl. dazu Scherer 1963, S. 101ff.). Innerhalb dieses Zeitraums steht insbesondere die Aktualität einzelner Inhalte in der Diskussion, deren jeweilige Gegenwärtigkeit durch langsame Lehrplanaktualisierung der Lehrpläne nicht durchweg gewährleistet werden konnte. Durch die Verlagerung der inhaltlichen Auswahl auf die einzelnen Schulen soll die inhaltliche Flexibilität sich ebenfalls auf deren Aktualität auswirken und eine zeitgemäße Inhaltsgestaltung gewährleisten. „In organisationstheoretischer Perspektive ist die im Zuge der Implementation von Lernfeldcurricula vollzogene Verlagerung wesentlicher inhaltlicher Entscheidungen auf die Ebene der Schule ein Reflex auf die Schwierigkeit, bei relativ großer Entwicklungsdynamik des Schulumfeldes in eher bürokratischer Form angemessene Vorgaben aktuell zu halten“ (Nickolaus 2014, S. 12; vgl. auch Reinisch 2014, S. 2; Lehner 2012, S. 33ff.; Tramm 2003b, S. 4).

47 Damit wird auch deutlich, dass die letzte wesentliche Inhaltsdiskussion in Deutschland deutlich vor der Einführung des Lernfeldkonzeptes stattfand (vgl. Fischer 2011, S. 3; für den wirtschaftsdidaktischen Bereich vgl. insbesondere Reetz 1984). Seit der Einführung der Lernfelddidaktik wurden Inhaltsfragen kaum angesprochen.

> „Seit Mitte des letzten Jahrzehnts werden in der Berufs- und Wirtschaftspädagogik Lernfeldfragen nur noch implizit im Kontext bildungspolitischer Schwerpunktthemen wie Bildungsstandards und Kompetenzmessung, Schulentwicklung, Module/Ausbildungsbausteine, Übergangssystem und Umgang mit Heterogenität erörtert" (Fischer 2011, S. 5).

Darüber hinaus rücken in den letzten Jahren Aspekte des selbstgesteuerten Lernens sowie der Lehr-Lern-Forschung in den Fokus, was eine zunehmende empirische Forschungsgestaltung auslöst, die laut Reinisch ebenfalls zur Verdrängung einer Inhaltsthematisierung beigetragen haben dürfte:[48]

> „Insofern steht [...] zu vermuten, dass die ‚empirische Wende' zu einer Interessenverlagerung und damit zu der Annahme geführt hat, dass die Themen der Reduktion und Sequenzierung [der Inhalte, d.A.] für eine Didaktik, die sich als empirisch forschende Disziplin versteht, irrelevant geworden sind" (Reinisch 2014, S. 2, vgl. auch Seifried 2006a, S. 77).

Neben der theoriebasierten Aufarbeitung und Diskussion lernfeldbasierter Curricula bedarf eine Wertung der Maßnahmen einer Berücksichtigung der praktischen Umsetzung. Insbesondere die Verlagerung inhaltlicher Konkretisierungsaufgaben auf dezentrale Einzelschulebene zieht eine Erweiterung des pädagogischen Aufgabenspektrums nach sich, welches im Rahmen der bisherigen theoriebasierten Diskussion zwar angesprochen, jedoch keiner fachlich bezogenen Untersuchung unterzogen wurde (vgl. Nickolaus 2014, S. 6; Gschwendtner 2011, S. 72). Innerhalb des Diskussionsverlaufs verweisen Spöttl et al. darauf, „dass umfassende Kompetenzdefinitionen wie die der beruflichen Handlungsfähigkeit der KMK (Fachkompetenz, Humankompetenz und Sozialkompetenz) kaum für die Untersuchung der Ergebnisse von Bildungsprozessen geeignet sind, weil die dort getroffenen Unterscheidungen zu global und analytisch zu ungenau sind" (Spöttl/Becker/Musekamp 2011, S. 39; vgl. auch Spöttl 2009, S. 233; Nickolaus 2008, S. 2ff.; Nickolaus/Gschwendtner/Geissel 2008, S. 49; Seeber 2008, S. 75). Trotz, oder gerade wegen der begrifflichen Unschärfe, die die wissenschaftliche Untersuchung von Bildungsprozessen erschwert, erscheint die umfassende Zieldefinition im Rahmen der praktischen Umsetzung brauchbar: „Exakt operationalisierte und trennscharfe Konstrukte zeichnen sich nämlich häufig dadurch aus, dass ‚Praktiker' mit der ‚abgehobenen' Sprache wenig anfangen können, und entsprechenden Konzepten somit

---

48 Einen Überblick über unterschiedliche Schwerpunkte der Lehr-Lern-Forschung liefern Lüders/Rauin 2008, S. 717ff. Schwippert/Goy diagnostizieren außerdem eine Zunahme der Leistungsvergleichs- und Schulqualitätsforschung (vgl. Schwippert/Goy 2008, S. 387ff.).

keine Beachtung schenken" (Spöttl/Becker/Musekamp 2011, S. 39; vgl. auch Straka 2006, S. 155; Tramm 2003b, S. 1f.).

Spöttl et al's Feststellung, wonach die Definition des Kompetenzbegriffs eine systematisch-fachwissenschaftliche Erforschung zu Gunsten einer praktisch-handhabbaren Definition erschwert, kann nicht gleichbedeutend mit einer praktisch handlungsunterstützenden Curricularkonstruktion angesehen werden. Böhme/Scholz weisen darauf hin, dass die Auszubildenden in den Klassen der Berufsschule sehr differenzierte Voraussetzungen besitzen, so dass von äußerst heterogen zusammengesetzten Berufsschulklassen ausgegangen werden muss (vgl. Böhme/Scholz 2014, S. 2).[49] Es existiert keine gemeinsame Rezipientenbasis, auf der die handlungsorientierten Curricula aufbauen könnten:

> „Aus diesem Dilemma versuchen nun Gestalter von Curricula kleinste gemeinsame Nenner zu finden und das Ergebnis entspricht einem Mangel. Bei einer solchen Klassenstruktur und einer fehlenden gemeinsamen Bezugsbasis [...] tendieren die Curricula zu Generalisierungen, die auf **alle** Schülerinnen und Schüler passen" (Hervorhebung im Original, Böhme/Scholz 2014, S. 2).

Daraus erklärt sich ein hoher Anteil an statischem, deklarativem Wissen innerhalb der schulischen Curricula, da diese im Rahmen einer heterogenen Rezipientenstruktur vermittelbar seien.[50]

> „Der eigentliche Sinn der kaufmännischen Ausbildung, neben einem mündigen Bürger die Voraussetzungen für einen Menschen, der in komplexen Zusammenhängen in der Lage ist, seine Arbeit sinnvoll zu tun, ohne dabei seinen sozialen Zusammenhang zu negieren, geht in der Berufsschule verloren und endet in der Fokussierung auf das jeweilige Fach" (Böhme/Scholz 2014, S. 2).[51]

---

49 Böhme/Scholz schränken die von Ihnen aus der unterrichtlichen Praxis dargestellten Befunde nur auf den kaufmännischen Bereich ein. Jedoch lassen sich keine Argumente feststellen, weshalb ihre Befunde lediglich bildungsgangspezifische Gültigkeit besitzen sollen. Es liegt die Vermutung nahe, dass die grundsätzliche Problemdarstellung auch in anderen Bildungsgängen Gültigkeit besitzt (vgl. die Ergebnisse von Gschwendtner 2011, S. 72).

50 Darüber hinaus diagnostiziert Neef, dass handlungsorientierter Unterricht gegenüber traditionellem Unterricht bezüglich der Entwicklung beruflicher Handlungskompetenz keinen signifikanten Unterschied biete (vgl. Neef 2009, S. 297).

51 Ein vergleichbares Ergebnis, allerdings nicht innerhalb des kaufmännischen Bildungsbereichs, diagnostiziert Nickolaus (vgl. Nickolaus 2014, S. 5). Er unterteilt das berufliche Fachwissen in die Subdimensionen ‚Fachtheorie', ‚Fachrechnen' und ‚Fachzeichnen' und untersucht, ob diese zum Ende des ersten Ausbildungsjahres durch lernfeldbasierten Unterricht zu einer Dimension ‚Fachwissen' verschmolzen sind oder weiterhin als Subdimensionen existieren. Trotz der Überprüfung mit komplexen

Daraus folgt, dass die Zielbeschreibungen der Lernfelder wieder in bereits bekannte Fächergrenzen eingefügt werden, so dass der Ansatz, wonach durch die Lernfelder bestehende Fächergrenzen zu Gunsten ganzheitlicher Lernprozesse überwunden werden, innerhalb des praktischen Berufsschulunterricht nicht umgesetzt werden.[52] „Das Verhältnis von Fach- und Handlungssystematik kann im Kontext des Lernfeldkonzeptes kaum als geklärt angesehen werden. In der aktuellen Diskussion erhärtet sich für mich der Eindruck, dass diese in einem Spannungsfeld von ‚Entweder-Oder' betrachtet wird" (Kremer 2003, S. 10). Kremers Eindruck aus 2003 behält weiterhin Gültigkeit.

1.3 Forschungsbedarf und Hypothesenformulierung

1.3.1 Hypothesengenerierung zur volkswirtschaftlichen Curriculargenese

Die Definition des Forschungsfeldes erfolgt ausgehend von der Feststellung, dass eine systematische Erfassung der Bedingungen inhaltlicher Konkretisierungsaufgaben der beteiligten Lehrerinnen und Lehrer bislang nicht erfolgte. Potentielle Theorie-Praxis-Differenzen zwischen curricularen, theoretischen Lehrplanvorgaben sowie alltäglicher Unterrichtsdurchführung, die auf Grund individueller thematischer Fokussierungen entstehen, sind bisher weder festgestellt, abgegrenzt oder hinsichtlich ihrer Ausrichtung auf thematische Strukturen charakterisiert worden.[53] Unter inhaltlicher Prämisse werden volkswirtschaftliche Thematiken

---

Problemlöseaufgaben, aus denen im Nachhinein die Einzelanforderungen extrahiert werden, zeigt sich, dass die drei Kompetenzbereiche weiterhin als Subdimensionen existieren (vgl. Nickolaus 2014, S. 6).

52 Auch Fischer vermutet, dass die KMK sich nicht bewusst war, dass eine Neuordnung der traditionellen Inhalte innerhalb des bestehenden Fächerrahmens nicht ausreicht. „Wer annahm, in Lernfeldern müssten die traditionellen Inhalte der Fächer lediglich neu geordnet werden, der irrte. Unklar ist allerdings noch heute, ob sich die Verantwortlichen der KMK dieser Tatsache bewusst waren, als sie ihre Handreichungen formulierten. Der von der KMK vorgelegte technokratisch ausgerichtete Text, der den fachdidaktischen Diskurs ebenso vernachlässigt wie curriculare Theorien, lässt daran zweifeln" (Fischer 2011, S. 6, vgl. auch Tramm 2003b, S. 1).

53 Hericks/Kunze stellen fest, dass die Curriculumforschung, nach einer Zeitphase ohne Forschungsaktivitäten, in jüngster Vergangenheit national und international wieder Gegenstand der Forschung darstellt, wobei der Übergang von der Lehrplananalyse und -kritik zur praktischen Lehrplanarbeit als forschungsleitender Trend erkennbar ist (vgl. Hericks/Kunze 2008, S. 761). Als Schwerpunktthemen diagnostizieren sie die Geschichte der der Lehrpläne und der Lehrplanforschung, die Bedeutung von Fächern

untersucht, da diese aufgrund ihres bipolaren Charakters zwischen Fach- und Allgemeinbildung ein Maß für die subjektive Einschätzung seitens der unterrichtenden Personen darstellen und folglich potentiell differente unterrichtliche Konzeptionierungs- und Thematisierungsmuster abbilden.

Innerhalb aktueller Curricula kaufmännischer Ausbildungsgänge existiert kein eigenständiges Fach ‚Volkswirtschaftslehre'.[54] Jedoch finden sich volkswirtschaftliche Thematiken in integrativer Form.[55] Diese curriculare Randstellung volkswirtschaftlich geprägter Inhaltsbereiche dient als Auslöser einer Analyse der kaufmännischen Curriculargenese, so dass die aktuell mangelnde Fachbindung volkswirtschaftlicher Thematiken in ihrer Entstehungshistorie betrachtet wird. Historische Entwicklungsstränge lassen sich nachzeichnen hinsichtlich der Entstehung der Berufsschule in heutiger Form (vgl. exemplarisch Fischer/Gerds 2000; Pätzold 1994b; Löbner 1963) oder hinsichtlich der historischen Entstehung dualer

---

und des Fachunterrichts, die Prozesse der Erarbeitung und Veränderung von Curricula sowie Curricula als Spiegel und Produkt gesellschaftlicher Transformationsprozesse (vgl. Hericks/Kunze 2008, S. 761).

54 Im Rahmen der hier vorliegenden Arbeit ist dies dahingehend relevant, dass ein Schulfach neben einer zeitlichen Ordnung ebenfalls eine sachliche Ordnung des Gegenstands ermöglicht (vgl. Reier 2002, S. 229; siehe auch Loerwald/Schröder 2011, S. 10; Reetz 2006, S. 59; Pätzold 2000b, S. 77f.; für die Darstellung der Bedeutung eines Schulfachs vgl. Retzmann 2012, S. 2f.; Loerwald/Schröder 2011, S. 10). Ohne eigenständiges Fach kann nicht auf eine sachliche Ordnungsstruktur zurückgegriffen werden, dem folgend die Inhaltsbereiche innerhalb der thematischen Abgrenzung nicht trennscharf klassifiziert werden können.

55 Da eine einheitliche Fachdimension in diesem Fall nicht vorliegt, ist die Bezugsdomäne der Inhalte zu klären. Unter Domäne wird „ein abgegrenzter Inhaltsbereich mit bestimmten Aufgabentypen, Handlungen, einem spezifischen Wissensschatz und charakteristischen Problemlösestrategien […]" verstanden (Mandl/Gruber/Renkl 1993, S. 204, zitiert nach Spöttl/Becker/Musekamp 2011, S. 41). Die Domäne bestimmt demzufolge den Rahmen, innerhalb dessen das volkswirtschaftliche Wissen, Können und Handeln zu betrachten ist. Dabei ist die Definition einer Bezugsdomäne nicht gleichzeitig mit beruflichen Handlungsbezügen gleichzusetzen. Der Ausbildungsberuf kann als Domänenbestandteil dienen, jedoch sind Aspekte der privaten Lebensgestaltung ebenfalls innerhalb der Domänendefinition zu berücksichtigen, was eine Folge der bipolaren Struktur volkswirtschaftlicher Inhalte darstellt. Auf Grund heterogener Berufsbilder, die jeweils als Domäne dienen würden, wird hier eine Einschränkung auf kaufmännische Ausbildungsberufe vorgenommen, so dass eine ähnliche Domäne vorliegt und Vergleiche zwischen Inhaltsstrukturen der Ausbildungsgänge möglich sind. Für eine ausführliche Domänendefinition und -diskussion vgl. Spöttl/Becker/Musekamp 2011, S. 41f.; Seifried 2006a, S. 77f.; siehe auch Beck 2005, S. 537f.; Sloane 2005, S. 492ff.

Berufsausbildungsstrukturen innerhalb des kaufmännischen Bereichs, nicht jedoch hinsichtlich fach- bzw. inhaltsspezifischer Implementierungen (vgl. exemplarisch Münk/van Buer/Breuer et al. 2007; Blättner/Kiehn/Monsheimer et al. 1960). Es wird die Stabilität des historisch gewachsenen Postulats eines selbstständigen Kleinkaufmanns als Bildungsmaxime analysiert, was durch die Annahme zu begründen ist, dass das geforderte hohe Maß an beruflicher Tätigkeitsorientierung eine fachbezogene Implementierung verhindert. Die Institutionalisierung schulischer Ausbildungsbestandteile auf Seiten der öffentlichen Hand hätte sowohl zu einer Inhalts- als auch zu einer Prämissenveränderung führen können, was jedoch mit Blick auf den Status quo lediglich in geringer volkswirtschaftlicher Inhaltsimplementierung resultiert. Im Hinblick auf Tramms diagnostizierte ‚Schreib- und Ladentischperspektive' scheinen im Zeitverlauf berufsbezogene Prämissen geneseleitend zu sein (vgl. Tramm 2003b, S. 15f.).

Die inhaltliche Gestaltung kaufmännischer Curricula unterliegt im Zeitverlauf jeweils den Interessen der ausbildenden Betriebe sowie institutioneller Interessenvertretungen. Die Interessenlagen der Beteiligten dürften sich tendenziell an einer praktisch ausführenden Tätigkeit der Auszubildenden orientiert haben, wohingegen volkswirtschaftliche Thematiken einer Legitimation der öffentlichen Hand bedurft hätten. Diese lässt sich jedoch nur in ausgewählten Situationen nachweisen, in denen staatlichen Instanzen Einzelinteressen unterstellt werden können, welche sich nicht am pädagogisch-berufsbildenden Leitethos ausrichten. Volkswirtschaftliche Inhalte werden von staatlicher Seite dazu genutzt, eigene Ideologieindoktrinationen aufzugreifen und sie mit Hilfe curricularer Leitlinien innerhalb eines schulischen Umfeldes umsetzen zu können. Ermöglicht wird dies, neben der inhaltlichen Vernachlässigung volkswirtschaftlicher Inhalte von institutionalisierten Interessensvertretern, durch eine fachimmanente curriculare Implementierung, so dass inhaltliche Veränderungen nicht mit einer Veränderung des Fächerkanons einhergehen müssen. Flexible Fachgrenzen ermöglichen thematische Varianz, bedingen jedoch keine curriculare Stabilität.

Curricular stabile Verhältnisse entstehen in der Nachkriegszeit mit der curricularen Integration eines eigenen volkswirtschaftlichen Fachs. Ein eigenständiger Lehrplan als fachliche Basis schreibt das Fach nicht nur bezüglich seiner administrativen Verankerung hinsichtlich des Stundenumfangs, der Fachrelevanz innerhalb einzelner Ausbildungsberufe sowie der Positionierung innerhalb der Ausbildungsjahrgänge vor, sondern legt darüber hinaus die fachlichen Inhalte des Schulfachs fest. Curriculare Stabilität geht mit unflexiblen Implementierungen einher. Es liegt dabei ein identischer curricularer und inhaltlicher Fachaufbau innerhalb sämtlicher kaufmännischer Ausbildungsgänge vor, so dass eine Zuordnung der Inhalte zum berufsspezifischen Bildungsbereich schwer zu begründen ist. Bis dahin fehlt es im Zeitverlauf zwischen pädagogisch/didaktischen und realwirtschaftlich/beruflichen Positionen an konstanten Befürwortern volkswirtschaftlicher Bildungsinhalte, so dass diese innerhalb kaufmännischer Berufsausbildungsstrukturen wechselseitige Implementierungsmuster aufweisen. Folglich können kontinuierlich anwachsende Inhaltstraditionen im Berufsbildungsbereich weder innerhalb des jeweiligen Curriculums, noch in angegliederten Kontextbereichen (beispielsweise im Rahmen eines ‚volkswirtschaftlichen' Lehramtsstudiums) entstehen.

Die Analyse der curricularen Genese erfolgt innerhalb der vorliegenden Arbeit hinsichtlich zweier Erkenntnisinteressen, was sich gleichermaßen innerhalb beider Arbeitshypothesen widerspiegelt. Während in Hypothese 1 inhaltliche Strukturen der einzelnen Lehr- bzw. Stundenpläne analysiert werden, fokussiert Hypothese 2 die curriculare Entwicklung dieser im Zeitverlauf:

Hypothese 1: Die historische Stabilität des curricularen Leitbildes eines selbstständigen Kleinkaufmannes bedingt praktisch orientierte Curricularstrukturen, wodurch eine facheigene Implementierung volkswirtschaftlicher Inhalte verhindert wird.

Hypothese 2: Die nachgeordnete curriculare Position volkswirtschaftlicher Inhalte liegt während der Curriculargenese konstant innerhalb des berufsbildenden Bereichs vor.

1.3.2 Hypothesengenerierung zur Dimensionierung volkswirtschaftlicher Inhalte innerhalb lernfeldbasierter Curricula

Die Analyse der volkswirtschaftlichen Curriculargenese mündet in der aktuell lernfeldbasierten Curricularstruktur. Volkswirtschaftslehre ist nicht mehr als ein eigenständiges Fach enthalten, sondern in sämtlichen betrachteten Bildungsgängen integrativ innerhalb des unspezifischen Fachs ‚Wirtschafts- und Sozialprozesse' (bzw. ‚allgemeine Wirtschaftslehre' im Bildungsgang ‚Bankkaufmann/Bankkauffrau') implementiert. Die Existenz eines eigenständigen Schulfachs würde jedoch eine curriculare Schutzfunktion bedeuten, auf die Clement hinweist (vgl. Clement 2006, S. 261f.). Demnach stellt ein eigenes Schulfach ein stabiles Konstrukt der Wissensorganisation dar, welches durch drei Bezugspunkte konstituiert wird. Unter *inhaltlicher Prämisse* werden die spezifischen Gegenstandsbereiche definiert und facheigene Methoden entwickelt, die auf den jeweils abgegrenzten Inhaltsbereich abgestimmt sind. Unter *institutioneller Sichtweise* bestimmt ein eigenes

Schulfach zusätzlich die strukturellen Faktoren (z.B. eine facheigene Lehramtsausbildung, eigene Fachbücher und -materialien etc., vgl. Clement 2006, S. 261) und definiert zugleich Standards des fachspezifischen Wissens. Dritter Bezugspunkt stellt eine *fachbezogene Metadiskussion*, insbesondere im Rahmen einer eigenen Fachdidaktik dar, die exemplarisch durch eigene Fachzeitschriften und -gremien flankiert wird (vgl. Clement 2006, S. 262). Die beschriebene stabile Schutzfunktion eines eigenständigen Schulfachs geht folglich im Rahmen der lernfeldorientierten Neugestaltung berufsbildender Curricula verloren.

Neben curricularstrukturellen Gründen sprechen fachinhaltliche Strukturen weiterhin für eine relevante Bedeutungsreduktion im Zuge der handlungsorientierten Neuorganisation. Die, unabhängig des Berufsbildungsgangs, integrative Implementierung innerhalb eines unspezifischen Schulfachs suggeriert vergleichbare Curricularstrukturen über differente kaufmännische Berufsbildungsgänge hinweg, jedoch zeigt sich, dass heterogene Inhalte unter identischen Fachbezeichnungen verankert sind. Auf Lehrplanebene erfolgt eine Orientierung anhand des jeweils betrachteten Einzelberufes, die auf Einzelschulebene im Rahmen der Lernsituationskonstruktion fortgeführt werden soll.

Hinsichtlich inhaltlicher Konkretisierungsprozesse definiert die KMK, dass

> „eine didaktisch begründete Mindestauswahl der berufsfachlichen Inhalte zu treffen (sei), die den Mindestumfang beschreiben, der zur Erfüllung des Ausbildungsziels im Lernfeld erforderlich ist. Insoweit muss eine fachsystematische Vollständigkeit, wie sie für die verschiedenen Bezugswissenschaften kennzeichnend ist, nicht erreicht werden" (Ständige Konferenz der Kultusminister der Länder in der Bundesrepublik Deutschland 1999, S. 16).

Trotz des Verzichtes auf ‚fachsystematische Vollständigkeit' wird jedoch weiterhin ein sachlogischer Aufbau gefordert, um Erklärungszusammenhänge sicherstellen zu können (vgl. Ständige Konferenz der Kultusminister der Länder in der Bundesrepublik Deutschland 1999, S. 16; siehe auch Bruchhäuser 2005, S. 29; Hansis 2000, S. 124). Mit Hilfe der praktizierten Inhalte muss ein Ausschnitt aus der betreffenden Fachwissenschaft in der inhaltlichen Intensität, die zu beruflichen Handlungen innerhalb des gewählten Ausbildungsberufs befähigt, geboten werden und gleichzeitig das Erkennen sachlogischer Zusammenhänge, sowohl intra- als auch interfachlich, ermöglicht werden.

Als Konkretisierungsschritt fachsystematischer Inhalte wird zunächst die Transformation beruflicher Handlungsfelder in curriculare Lernfelder vollzogen, wobei eine Orientierung anhand der didaktischen Analyse nach Klafki empfohlen wird (vgl. exemplarisch Straßer 2013, S. 496; Buschfeld 2000b, S. 167ff.; Lisop 2000, S. 205ff.; Bader 1999a, S. 177; Bader 1999b, S. 73f.; Bader 1998a, S. 211f.; Bader/Schäfer 1998, S. 229). Demgemäß muss die Konkretisierung dahingehend erfolgen, dass die entsprechenden Inhalte eine Gegenwartsbedeutung für die Schüler besitzen, gleichermaßen eine Zukunftsbedeutung im Rahmen der beruflichen Tätigkeit vorliegt und diesen zusätzlich eine exemplarische Bedeutung zugesprochen werden kann, so dass ein Transfer anhand der vorliegenden Inhalte auf andere, ähnlich gelagerte Problemstellungen ermöglicht wird (vgl. Klafki 2007, S. 141ff.; Klafki 1964, S. 15ff.).[56] Volkswirtschaftliche Inhalte als potentielle Lernfeldbestandteile müssen den angesprochenen Kriterien im Rahmen der Transformation beruflicher Handlungssituationen zu didaktischen Lernfeldern entsprechen.

Die weitergehende Konkretisierungsarbeit von curricularen Lernfeldern zu unterrichtlichen Lernsituationen auf Einzelschulbasis hat neben fachlichen ebenso lebens- und gesellschaftsbedeutsame Problemstellungen zu berücksichtigen (vgl. Halfpap 1996, S. 10; vgl. auch Paape/Kierata/Maus 2013, S. 107; Speth/Berner 2011, S. 137; Ministerium für Schule und Weiterbildung des Landes Nordrhein-Westfalen 2009a, S. 14ff.; Eckert 1992, S. 60). Die didaktische Konkretisierungsarbeit wird dabei sowohl innerhalb der Bildungsgangkonferenz durch die Erstellung einer didaktischen Jahresplanung als auch von einzelnen Lehrpersonen im Rahmen deren Unterrichtsstunden- bzw. Unterrichtsreihenplanung geleistet (vgl. Pahl/Tärre 2011, S. 149; Pukas 2011, S. 186).[57] Unter theoretischer Prämisse existieren differente Konkretisierungsstrategien, deren gemeinsames Ziel in einer didaktisch begründeten Reduktion fachsystematischer Inhalte besteht. Dabei soll der entsprechende Inhalt jedoch vollständig erhalten bleiben und gleichzeitig adressatengerechte Fasslichkeit für Schülerinnen und Schüler ermöglicht werden:

> „Didaktische Vereinfachung einer wissenschaftlichen Aussage ist der Übergang von einer (sich auf die besonderen Merkmale des Gegenstandes beziehenden und dadurch) differenzierten Aussage zu einer nur das Allgemeine aufbewahrenden Aussage (gleichen Gültigkeitsumfangs über den gleichen Gegenstand unter gleichem Aspekt)." (Hering/Lichtenecker 1966, S. 1197)

Ein Konzept der didaktischen Inhaltsreduktion stammt von Hering/Lichteneckers, welches im Wesentlichen auf Verallgemeinerungen oder Inhaltstilgung beruht, ohne dass dies Änderungen des fachlichen Aussagegehaltes bewirkt (vgl. Reinisch 2014, S. 3f.; Paape/Kierata/Maus 2013, S. 132f.; Hering/

---

56 Für eine systematische Darstellung Klafkis Prinzipien sowie der Auswahl exemplarischer Inhalte siehe Straßer 2013, S. 500ff.

57 Für Beispiele schulinterner Umsetzungen siehe Brehme/Heydt/Kruse et al. 2011, S. 157ff., Buck/Wiebicke-Humme 2011, S. 170ff.; Müller 2011, S. 165ff. sowie Pahl/Rohlf 2011, S. 176ff.

Lichtenecker 1966, S. 1189ff.). Zur Umsetzung entwickeln Hering/Lichtenecker drei Verfahren: die Vereinfachung der Ausgangsaussage durch die Tilgung von differenzierten Merkmalen von untergeordneten Teilaussagen,[58] die indizierte Vereinfachung der Ausgangsaussage durch Tilgung von (weniger wichtigen) Teilaussagen[59] und die Vereinfachung der Ausgangsaussage durch indizierte Verallgemeinerung.[60] Als Kriterium der Zulässigkeit definieren Hering/Lichtenecker den widerspruchsfreien Übergang von der vereinfachten Aussage zurück zur Ausgangsaussage. Grüner kritisiert den vorliegenden Ansatz von Hering/Lichtenecker dahingehend, dass eine Vereinfachung einer komplexen, wissenschaftlichen Aussage gleichermaßen eine Beschränkung des Gültigkeitsumfanges der Aussage nach sich zieht (vgl. Grüner 1967, S. 421). In einem eigenen Theoriemodell unterscheidet Grüner zwischen einer horizontalen und einer vertikalen Reduktion: Eine horizontale Reduktion wird durch eine Darstellungsänderung der abstrakten Aussage bspw. durch Verbalisierungen, Schematisierungen, Modellbildung etc., vollzogen, so dass der Gültigkeitsumfang der Ausgangsaussage bestehen bleibt. Eine vertikale Reduktion besteht im Gegensatz dazu in einer fortschreitenden Ausschnittbildung aus der Ausgangsaussage, was eine Reduktion des Gültigkeitsumfangs nach sich zieht (vgl. Golas/Stern/Voß 1967, S. 19; Grüner 1967, S. 427). Kritikern nach werde das Modell jedoch einer heterogenen Schülerschaft nicht gerecht und tendiere zu einer zu simplen Reduktion der Inhalte (vgl. exemplarisch Adolph 2010, S. 2f.; Pukas 2010, S. 92ff.).[61] Des Weiteren liege in Grüners Argumentation keine konsequente Trennung der Begriffe ‚Gültigkeitsumfang' und ‚Informationsgehalt' (vgl. Paape/Kierata/Maus 2013, S. 135).

---

58 Das Allgemeine einer Ausgangsaussage wird beibehalten und die Unteraussagen, die einzelne Aspekte differenzieren, werden eliminiert, so dass lediglich der allgemein gültige Bestandteil der Ausgangsaussage bestehen bleibt.

59 Für den Fall, dass die differenzierenden Teilaussagen kein allgemein gültiges Element erhalten, wird eine besonders wichtige Teilaussage fokussiert und auf weitere, tendenziell weniger wichtige Teilaussagen verwiesen.

60 Differenzierende Teilaussagen werden in diesem Fall zu einer Aussage verallgemeinert, die sämtliche Teilaussagen mit einschließt.

61 Eine umstrittene Kritik an Grüners Konzept definieren Fehm/Lerch, die Grüners horizontaler Reduktion keine eindeutige Relation zwischen Ausgangsaussage und vereinfachter Aussage attestieren. Dabei beziehen sie sich jedoch lediglich auf die Überführung wissenschaftlicher Aussagen in umgangssprachliche Formulierungen, so dass die Kritik nicht Grüners gesamtes Konzept betrifft (vgl. Fehm/Lerch 1974, S. 246; vgl. auch Reinisch 2014, S. 4; Paape/Kierata/Maus 2013, S. 136).

Sowohl Hering/Lichteneckers als aus Grüners Argumentationen beziehen sich auf die Überführung fachwissenschaftlicher Aussagen in didaktisch reduzierte Aussagen, welche die inhaltliche Grundlage berufsbegleitenden Unterrichts definieren (vgl. Kell/Kutscha 1977, S. 345f.; siehe auch Reinisch 2014, S. 4). Dieses reduktionstheoretische Vorgehen sei fragwürdig, wie Kell/Kutscha anmerken (vgl. Kell/Kutscha 1977, S. 345ff.). Demnach eignen sich fachwissenschaftliche Aussagen auch nach einer didaktisch reduktiven Überführung nicht per se als Grundlage beruflicher Qualifikationsstrukturen, sondern bedürfen zwangsläufig einer bildungstheoretischen Reflexion. Blieben diese aus, würde eine abbildungsdidaktische Beschränkung vorliegen.

Aus der Kritik heraus, wonach beide Konzepte die individuellen Voraussetzungen der Schülerinnen und Schüler missachten (vgl. Hauptmeier 1968, S. 925; vgl. auch Pukas 2010, S. 92f.; Kath 1990, S. 79), erweitert Hauptmeier das Konzept der didaktischen Vereinfachung explizit im wirtschaftswissenschaftlichen Kontext. Dabei kombiniert er beide Arbeitsschritte, so dass sowohl horizontale und vertikale Reduktionsschritte als auch Vereinfachungsschritte vollzogen werden (vgl. Hauptmeier 1992, S. 393ff.; Hauptmeier 1980, S. 820ff.; Hauptmeier 1968, S. 930ff.). Jedoch ist auch Hauptmeiers Ansatz der didaktischen Reduktion hinsichtlich der Reihenfolge der Reduktionsschritte sowie der Zuordnung einzelner Reduktionsstufen zu einzelnen Schultypen kritisch zu würdigen (vgl. Paape/Kierata/Maus 2013, S. 138f.). Die von ihm vorgenommene Zuordnung von Reduktionsstufen zu einzelnen Schultypen vernachlässige zwangsläufig die Heterogenität von Lerngruppen sowie individuelle Lerntypen. Weitere, inhaltsorientierte Konzepte stammen bspw. von Kirschner, gehen reduktionstheoretisch jedoch nicht wesentlich über die grundlegenden exemplarisch dargestellten Ansätze hinaus (vgl. Kirschner 1971, S. 262).

Als konzeptionelle Schwäche aller dargestellten Reduktionstheorien ist eine primäre Inhaltsfokussierung zu diagnostizieren, so dass subjektive Lernvoraussetzungen der Schülerinnen und Schüler kaum Beachtung finden. Es werden Verfahren entwickelt, wie zumeist wissenschaftliche Aussagen ohne inhaltliche Einschränkungen reduziert werden können und von Rezipientenseite aus besser zu erfassen sind, jedoch bleibt die Frage, welche Voraussetzungen der Zielgruppe bestehen sowie eine potentiell heterogene Zusammensetzung dieser unbeantwortet. Diesbezügliche reduktionstheoretische Ansätze, die im Gegensatz zu den hier aufgezeigten Verfahren nicht die inhaltliche Reduktionskomponente fokussieren, sondern die Frage der ‚Fasslichkeit' und daraus folgend der subjektiven Lernervoraussetzungen auf Schülerseite betrachten, entstehen erst zeitlich nachgelagert.[62] Des Weiteren basieren die aufgezeigten Ansätze auf ‚klassischen' Lehrplänen inklusive curricularer Stoffsammlungen, so dass situativ begründete Kontextbezüge sowie handlungsbezogene Abläufe nicht existieren und folglich im Rahmen inhaltsbezogener Reduktionsschritte schwerlich zu berücksichtigen sind.

Der konzipierte Mehrwert aktueller handlungsorientierter Curricula erschwert die Aufgabenstellung der didaktischen Reduktion, der auf Einzelschulebene gerecht werden muss. Der Reduktionsschritt von Lernfeldern zu Lernsituationen muss, zusätzlich zu inhaltlicher Vollständigkeit fachwissenschaftlicher Aussagen unter Berücksichtigung subjektiver Schülervoraussetzungen, gleichermaßen eine an beruflichen Handlungen orientierte Umsetzung berücksichtigen, die sich innerhalb konkreter Unterrichtsstunden anhand des Modells vollständiger Handlungen orientiert (vgl. Paape/Kierata/Maus 2013, S. 141; Michelsen/Hansmann 1994, S. 15; Achtenhagen/Tramm/Preiß et al. 1992, S. 66ff.). Für volkswirtschaftliche Wissenschaftsinhalte gelten die reduktiontheoretischen Problematiken analog zu anderen fachwissenschaftlichen Inhalten. Hinsichtlich handlungsorientierter Erweiterungen gegenüber klassischen Konzeptionierungsmodellen sind volkswirtschaftliche Fachinhalte jedoch in besonderem Maße von praktischen Umsetzungsschwierigkeiten betroffen, da volkswirtschaftliches Fachwissen in den meisten Ausbildungsgängen nicht zwangsläufig zur rein tätigkeitsbasierten Ausübung im Sinne eines on-the-job-trainings benötigt wird.[63] Somit kann vermutet werden, dass sich die Konkretisierungsaufgabe einer Bildungsgangkonferenz im Rahmen der Erstellung unterrichtlicher Lernsituationen bei einer wesentlichen Orientierung an berufspraktischen Tätigkeiten reduzierend auf volkswirtschaftliche Inhalte auswirken wird. Die heterogenen curricularen Rahmenbedingungen bieten die dafür nötigen Freiräume, so dass von einer deskriptivstatistischen Theorie-Praxis-Schere ausgegangen wird.

Des Weiteren besitzen volkswirtschaftliche Themen oftmals einen Modellcharakter, der formal-logischen Überlegungen unterliegt. Folglich klammert diese Inhaltsstruktur eine praktisch orientierte Prozessorientierung im Sinne einer vollständigen, beruflichen Handlung mitunter aus, wohingegen sich betriebswirtschaftliche Inhalte an situatives Lernen knüpfen lassen (vgl. Fischer/

62 Auf Grund einer primären Inhaltsfokussierung der vorliegenden Arbeit wird mangels Erkenntnisgewinns auf eine Darstellung primär subjektbezogener Theorien verzichtet.

63 Im Rahmen einer learning-on-the-job-Organisation der Berufsausbildung würden volkswirtschaftliche Inhalte mit hoher Wahrscheinlichkeit nicht vermittelt werden, so dass von einer Forderung nach volkswirtschaftlichen Schulinhalten seitens privatwirtschaftlicher Betriebe nur in begrenztem Maß ausgegangen werden kann.

Seeber 2014, S. 5).[64] In Ermangelung unmittelbar handlungsbezogener, situativer Aspekte werden volkswirtschaftliche Inhalte im Rahmen einer berufsbezogenen Auslegung des Kompetenzbegriffs nur sekundär erfasst, so dass eine curriculare Legitimation außerhalb eigenständiger Fachstrukturen im Rahmen von handlungsorientiertem Berufsschulunterricht erschwert wird.[65]

Hypothese 3: Die fachimmanente Implementierung im Rahmen handlungsorientierter Curricula führt zur quantitativen und qualitativen Reduktion volkswirtschaftlicher Inhalte innerhalb kaufmännischer Ausbildungsgänge, was eine Manifestation der inhaltlichen curricularen Randstellung bedeutet.

1.3.3 Modelltheoretische Fundierung zur Hypothesengenerierung – der Einfluss personenbezogener Merkmale auf die subjektive Inhaltsbewertung

Im Rahmen theoretischer Modellierungsarbeiten sind praktische Bedingungsfaktoren schulischen Unterrichts hinsichtlich ihrer individuellen Wirkungsweise unter der Zielsetzung, guten Unterricht zu erfassen, unter differenten Prämissen modelliert oder als Bestandteil umfassender Modellkonstruktionen erfasst worden.[66] In der Mehrzahl der Modellkonstruktionen erfolgt eine Berücksichtigung

---

64 Ähnliche Erkenntnisse, wenn auch in einem anderen Kontext, liefern Böhme/Scholz, die die Arbeit an einer kaufmännischen Schule mit Hilfe eines Modellunternehmens beschreiben, wodurch Prozessorientierung hergestellt werden soll. Auch sie sehen, dass volkswirtschaftliche Themen kaum in einen handlungsbezogenen Prozess integrierbar sind: „Die Verfasser nehmen allerdings an, dass die Integration der Allgemeinbildung – insbesondere gesamtwirtschaftlicher Aspekte – für immer ausgeklammert bleiben" (Böhme/Scholz 2014, S. 9). Vgl. ebenfalls Breuer/Molkenthin 2006, S. 361ff., in deren Untersuchung Lenkungskompetenzen im Rahmen von Unternehmenssimulationen diagnostiziert werden. Die Abbildung eines fiktiven Marktes im Zuge der Simulation berührt ebenfalls gesamtwirtschaftliche Aspekte.

65 Einen exemplarischen Hinweis, dass volkswirtschaftliche Themen im kaufmännischen Berufsschulunterricht nahezu unbeachtet bleiben, liefert Hofmeister. Sie beschreibt die Entwicklung und Umsetzung einer Matrix, die einzelne Lernfelder des Bildungsgangs ‚Kaufmann/-frau im Einzelhandel' unterteilt, einzelnen Kompetenzen zuordnet und Kompetenzdimensionen beschreibt (vgl. Hofmeister 2014, S. 8). Volkswirtschaftlich geprägte Kompetenzbereiche sind dabei kaum auffindbar.

66 Exemplarisch werden Bedingungsfaktoren schulischen Leistungserfolgs innerhalb des ‚Berliner' bzw. ‚Hamburger Modells' (Heimann/Otto/Schulz); des ‚Modells des schulischen Lernens' (Bloom); des ‚Klassifikationsmodells schulischer Determinationsbereiche' (Krapp); des ‚Modells schulischen Lernens' (Carroll) sowie der modellhaften

schulischer Inhalte als Merkmal unterrichtlicher Organisation jedoch unter statischer, da legislativ vorgegebener Prämisse, so dass auf persönlichen Gestaltungsspielräumen der Lehrpersonen basierende, inhaltliche Differenzen zumeist unberücksichtigt bleiben.[67] Innerhalb der vereinfachten Denkfigur des didaktischen Dreiecks werden die Bedingungsfaktoren schulischen Unterrichts (inklusive Teilnehmer, zeitlichen und örtlichen Faktoren, individuellen Bedingungen etc.) durch Reusser/Pauli hinsichtlich der drei Pole ‚Bildungsgegenstand' (Kulturinhalte), ‚Lernende' (als Individuen und Gruppe) und ‚Lehrperson' modelliert. Die Qualitätsfelder des unter Prozessprämisse modellierten Schulunterrichts werden durch die Beziehungsstruktur zwischen den drei Polen einbezogen:[68]

‚Schematisierung der Schulleistungsdeterminanten' (Helmke/Weinert) erfasst (im Überblick siehe Müller 2013, S. 27ff.; Reinhard 2012, S. 41ff.).

67 Exemplarisch werden im Rahmen des ‚Berliner Modells' nach Heimann/Otto/Schulz die anthropogenen (individuellen) und die sozialkulturellen Voraussetzungen als Bedingungsfaktoren schulischen Unterrichts einbezogen. Damit soll die praktische Nutzbarkeit gewährleistet werden, die dieses Modell in Abgrenzung zu Klafkis bildungstheoretischer Didaktik bieten soll. Es wird somit innerhalb des Berliner Modells (und ebenfalls in dessen Weiterentwicklung, dem Hamburger Modell) versucht, sämtliche unterrichtsrelevanten Faktoren zu erfassen und im Rahmen unterrichtlicher Planung zu berücksichtigen (vgl. Ott 2011, S. 99). Die Bedingungsfaktoren personenbezogener Variationen werden jedoch nicht thematisiert. Innerhalb des Modells werden die Punkte ‚Inhalte' bzw. ‚Thema' dementsprechend hinsichtlich ihrer Relevanz auf unterrichtsorganisatorische Abläufe hin betrachtet.

68 Zur Genese der Erforschung von Unterrichtsqualität siehe Einsiedler 2000, S. 117ff.

Abbildung 5: Das didaktische Dreieck[69]

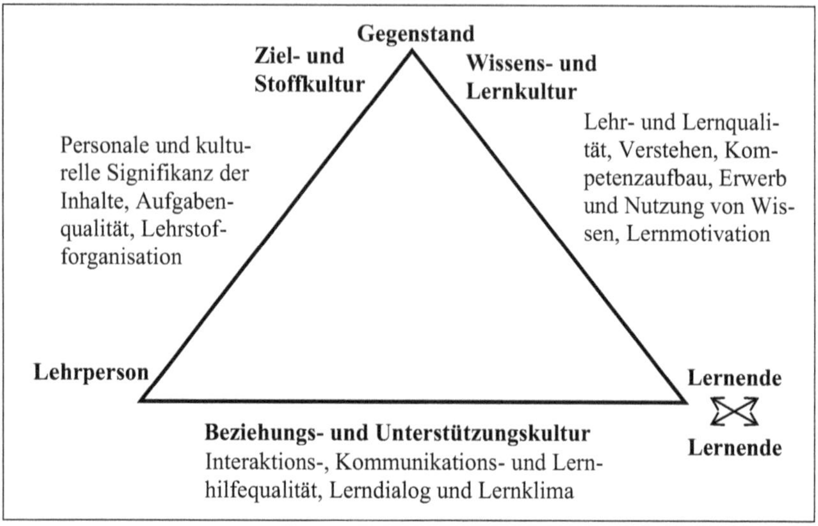

Der Modellrahmen des didaktischen Dreiecks zeichnet sich, neben seiner übersichtlichen Struktur, innerhalb des vorliegenden Rahmens dadurch aus, dass die einzelnen Elemente als Fixpunkte zu betrachten sind, deren Verhältnis zueinander jedoch prozessuale Aspekte berücksichtigt.[70] Demgemäß stellt das Beziehungsgeflecht zwischen der Lehrperson und dem Unterrichtsgegenstand ein konstitutives Merkmal erfolgreicher Unterrichtsstrukturen dar. Insbesondere im Kontext inhaltlicher Gestaltungsmöglichkeiten, die innerhalb lernfeldbasierter Curricula gewährt werden, kann der Unterrichtsgegenstand nicht als feststehender Faktor betrachtet werden, sondern dessen personelle, durch die Lehrperson

69 Abbildung entnommen aus Reusser/Pauli 2010, S. 16; siehe auch Reusser 2008, S. 219ff.

70 „„*Ziel- und Stoffkultur*" beschreibt die bildungsinhaltliche Dimension des Unterrichts, bzw. die Frage nach dem WAS: Was soll warum, wozu und wann gelehrt und gelernt werden? „*Wissens- und Lernkultur*" bezieht sich auf das WIE, das heisst [sic] auf die Inszenierung und die Prozesse des Lernens: Wie, in welchen Formen und Prozessqualitäten soll und kann unter gegebenen kontextuellen Bedingungen im Unterricht gelernt werden? „*Beziehungs- und Unterstützungskultur*" schliesslich [sic] bezieht sich auf die Partizipations- und Interaktionsstrukturen sowie die Kommunikations- und Beziehungsgestaltung im Unterricht, dies sowohl zwischen Lehrperson und Lernenden als auch unter den Lernenden selbst" (Hervorhebungen im Original, Reusser/Pauli 2010, S. 16).

zugewiesene Relevanz entfaltet bezüglich der unterrichtlichen Thematisierung, deren Intensität sowie inhaltlicher Struktur Lenkungswirkung. Die bildungsinhaltliche Dimension, die im Modellrahmen einen fixen Bezugspunkt suggeriert, muss innerhalb lernfeldbasierter Berufsbildung unter Berücksichtigung personeller Relevanzbeimessung durch die Lehrperson im Rahmen curricular begrenzender Kontextfaktoren betrachtet werden.

Auf Grund der einfachen Struktur des didaktischen Dreiecks, welches von Reusser/Pauli als ‚Denkfigur' bezeichnet wird (vgl. Reusser/Pauli 2010, S. 15), lassen sich die groben Bestandteile eines schulischen Lernprozesses benennen, nicht jedoch kontextuelle Faktoren erfassen oder Wirkungsgeflechte zwischen Bedingungsfaktoren und deren Wirkungsweise beschreiben oder empirisch untersuchen. Ebenfalls ist ein Rückschluss zielbegründender Qualitätsmerkmale sowie deren multikriterialer Wirkung nicht zu leisten oder empirisch zu überprüfen. Es entsteht der Bedarf nach Modellkonzepten, die unterrichtlichen Prozesscharakter inklusive einflussnehmender Bedingungsfaktoren darstellen und gleichermaßen die innerhalb des didaktischen Dreiecks abgebildeten Pole und Beziehungen repräsentieren. Zusätzlich dazu unterliegt die unterrichtliche Umsetzung einem komplexen Gefüge unterschiedlicher Bedingungsfaktoren, die sich jeweils unterschiedlich auswirken und innerhalb der gewählten theoretischen Fundierung zu berücksichtigen sind. Es wird dazu auf Angebots-Nutzungs-Modelle zurückgegriffen, die den prozessualen Charakter unterrichtlicher Verläufe berücksichtigen und im Rahmen aktueller empirischer Lehr-Lern-Forschung vermehrt verwendet und weiterentwickelt werden. Diese grundlegende Modellstruktur inkludiert unterschiedliche Bedingungsfaktoren, die jeweils differenten unterrichtsperformativen Einfluss ausüben und gewährleistet folglich die Berücksichtigung unterrichtsinterner und unterrichtsexterner Faktoren innerhalb der modelltheoretischen Fundierung.

Erste Arbeiten in pädagogischen Fachbereichen unter Zuhilfenahme eines Angebots-Nutzungs-Modells stammen von Fend (vgl. Helmke 2006b, S. 2). Wesentliche Überarbeitungen und spezifische Weiterentwicklungen stammen von Weinert, Fend und Helmke (vgl. Fend 2008, S. 15ff.; Helmke 2006b, S. 2ff.; Helmke 2006a, S. 43; Fend 1998, S. 321ff.; Helmke/Weinert 1997, S. 71ff.):

Abbildung 6: Angebots-Nutzungs-Modell der Unterrichtswirksamkeit nach Helmke[71]

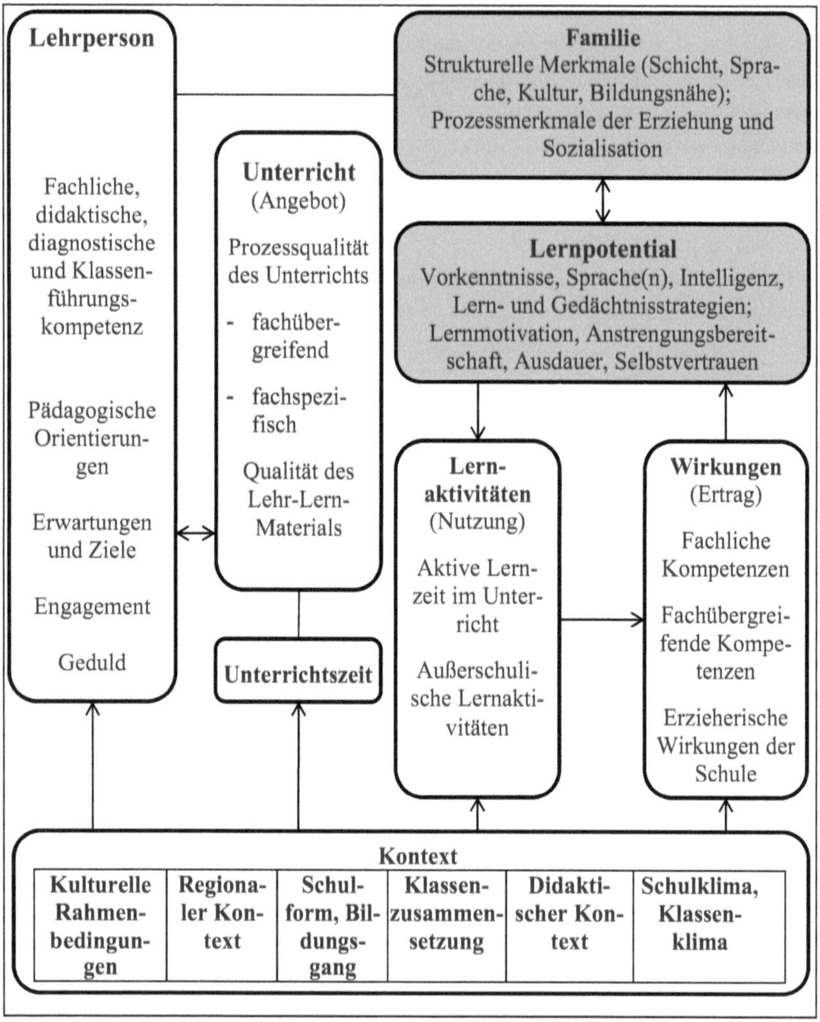

71 Abbildung entnommen aus Helmke 2006b, S. 2. Eine ähnliche Darstellung findet sich bei Helmke 2007, S. 42. Für ein alternatives Angebots-Nutzungs-Modell, welches eine stärkere Akzentuierung der gesellschaftlichen Rahmenbedingungen und des sozialstrukturellen Rahmens vornimmt, vgl. Fend 2008, S. 21ff.

Gemeinsames Merkmal von Angebots-Nutzungs-Modellen ist der Ausgangspunkt, dass schulischer Unterricht vielfältigen Einflussfaktoren unterliegt, innerhalb derer ein individueller Lernprozess angesiedelt ist (vgl. Helmke 2006a, S. 43; Helmke 2006b, S. 2ff.; Fend 1998, S. 321ff.; Helmke/Weinert 1997, S. 71ff.). Dieser kann nicht alleine durch einzelne Faktoren erzeugt werden. Vielmehr ist schulischem Unterricht (inklusive selbst ausübender Wirkungen) ein Angebotscharakter zuzusprechen, der im Rahmen individueller Lernaktivitäten genutzt werden kann und dessen Effektivität (je nach gewähltem Zielindikator) durch den Lernerfolg (den Ertrag) bestimmt wird. Jeder Faktor unterliegt dabei vielfältigen Bedingungsfaktoren, wobei jedes einzelne Merkmal gleichzeitig Auswirkung auf weitere Faktoren entfaltet:

> „Angebots-Nutzungs-Modelle widerspiegeln somit einerseits die Erkenntnis, dass Bildungsqualität und Bildungswirkungen nicht allein durch das Lehrhandeln erzeugt werden, sondern in ihrer Einbettung in bzw. ihrer sozialen Rahmung durch die Gesamtheit des Bildungssystems betrachtet werden müssen. Zum anderen machen diese Modelle deutlich, dass die durch das Lehrerhandeln geschaffene Lernumgebung als Angebote von Lerngelegenheiten zu verstehen sind, die von Lernenden aus unterschiedlichen familiär-kulturellen Kontexten und mit unterschiedlichen Eigenschaften, Begabungen und Lernbereitschaften unterschiedlich wahrgenommen und genutzt werden“ (Reusser/Pauli 2010. S. 17).

Innerhalb Helmkes Modells bilden fachbezogene Aspekte die Bezugsgröße der schulischen Unterrichtsbetrachtung. Zur Relevanzermittlung aktueller volkswirtschaftlicher und folglich inhaltlicher Thematiken sind fachliche Bedingungsfaktoren allerdings nur bedingt geeignet, da in diesem Fall kein schulfachbezogenes Curriculum existiert. Infolgedessen wird der personenbezogenen Auswertung innerhalb der vorliegenden Arbeit das systematische Rahmenmodell von Unterrichtsqualität und -wirksamkeit von Reusser/Pauli zugrunde gelegt. Auch dieses Modell stellt ein Angebots-Nutzungs-Modell dar und unterliegt gleichermaßen den angesprochenen Prämissen, Bedingungsfaktoren und Zielsetzungen.

Abbildung 7: Angebots-Nutzungs-Modell der Unterrichtsqualität und -wirksamkeit nach Reusser/Pauli[72]

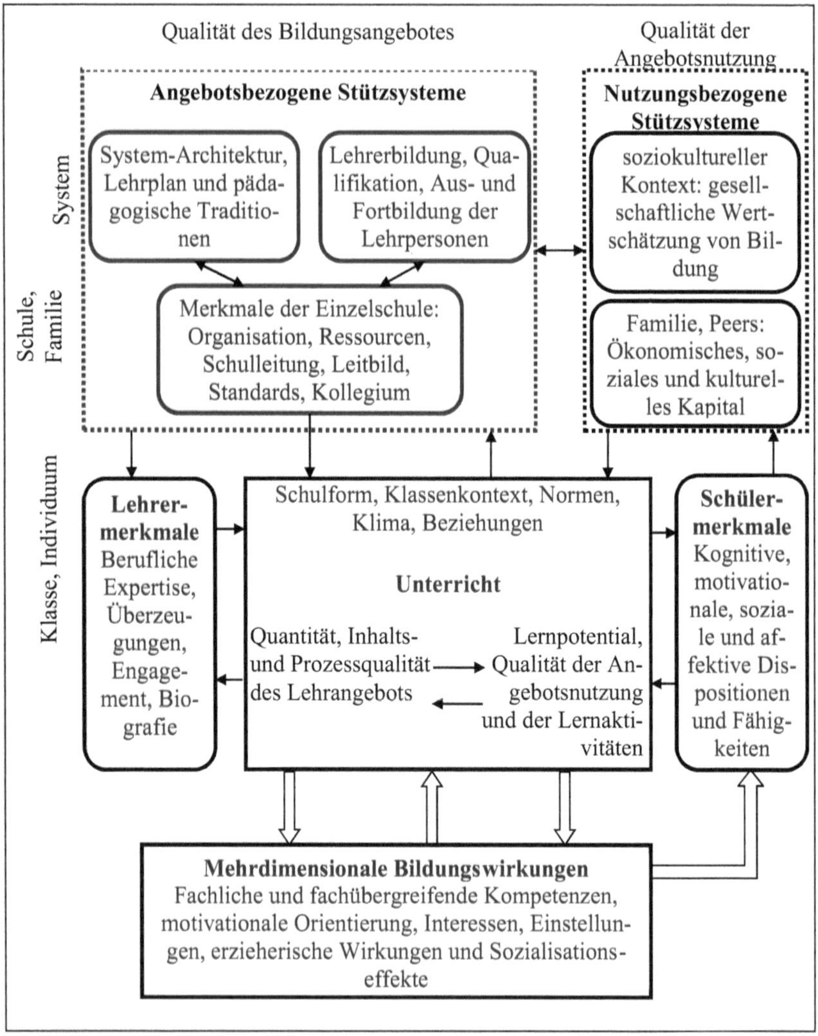

72 Abbildung entnommen aus Reusser/Pauli 2010, S. 18; siehe auch Götzl/Jahn/Held 2013, S. 2.

Fachinhaltliche Aspekte sind innerhalb dieses Modells nicht als eigenständiger Faktor enthalten, sondern liegen auf jeder einzelnen Ebene der ,Angebotsseite' des Modells vor. Während auf der Systemebene inhaltliche Bedingungen durch die Lehrpläne (wenn auch nur als grobe Zielsetzung) vorgegeben werden, sind die (schulischen) Standards sowie das Kollegium und die Organisation (und demzufolge ebenfalls die zieldefinierende Bildungsgangkonferenz) auf Ebene der Einzelschule verortet.

Das aufgezeigte Angebots-Nutzungs-Modell nach Reusser/Pauli berücksichtigt unterrichtsexterne Faktoren, deren Unterrichtseinfluss in die Betrachtung eingeschlossen wird. Dadurch werden innerhalb der ,angebotsbedingenden Stützsysteme' ebenfalls Aspekte der ,System-Architektur' berücksichtigt, die unterrichtliche Konsequenzen besitzen, jedoch ihren Ursprung innerhalb der gesamten Organisationsstruktur des Bildungssystems besitzen.[73] Diese wirken sich explizit nicht nur unmittelbar auf den schulischen Unterricht sowie die teilnehmenden Schülerinnen und Schüler aus, sondern gleichermaßen auf die Lehrperson, die wiederum ihrerseits einen unmittelbaren Unterrichtsfaktor darstellt. Die Qualität des modellhaften Bildungsgangangebots ist folglich nicht ausschließlich auf schulspezifische, personenspezifische oder bildungsgangspezifische Faktoren zurückzuführen, sondern unterliegt ebenfalls system-organisatorischen Faktoren, die innerhalb des Modells betrachtet werden, was der Vielzahl potentiell wirksamer Faktorengruppen Rechnung trägt.

Vergleichend zu inhaltlichen Maßgaben des aufgezeigten didaktischen Dreiecks können dessen angesprochenen Pole sowie deren verbindenden Strukturen ebenfalls innerhalb des Angebots-Nutzungs-Modells zu Konkretisierungszwecken nachvollzogen werden. Die angesprochene Ziel- und Stoffkultur, deren personale und kulturelle Signifikanz im Rahmen des modellierten didaktischen Dreiecks durch die Lehrperson gewertet und umgesetzt wird, wird im Rahmen prozessbezogener Strukturierungsmodellierungen auf Seiten der lehrerspezifischen Merkmale angesiedelt und durch bildungsgang- sowie lehrplanbedingende Faktoren beeinflusst. Im Rahmen einer prozessbezogenen Perspektive der Lehrenden, die neben der situativ beeinflussten Unterrichtsdurchführung ebenfalls Planungsaspekte im Zuge der Unterrichtsvorbereitung umfasst, wird die Zielkultur zwischen Unterrichtsgegenstand und Lehrperson als ein angebotsbedingendes Merkmal

73 Zu denken ist hier exemplarisch an die Struktur und Ausgestaltung der beruflichen Abschlussprüfung, die nicht von Seiten der einzelnen Schule, sondern von Seiten der Industrie- und Handelskammer erfolgt.

berücksichtigt.[74] Die Faktoren des didaktischen Dreiecks erscheinen somit in einem den Prozess berücksichtigenden modellierten Umfeld, wobei die Lehrperson, trotz konstruktivistischer Grundannahmen des Modells, konstitutiven Stellenwert hinsichtlich sich vollziehender Lernprozesse behält:

> „Die aktive Rolle der Lernenden im Sinne des konstruktivistischen Lernkonzepts anzuerkennen, heisst allerdings nicht, die ebenso wichtige Rolle der Lehrperson zu verkennen. Vielmehr kommt auch in der Perspektive eines konstruktivistischen Lernverständnisses der Lehrperson weiterhin eine aktive und bedeutsame, gegenüber einem traditionellen Verständnis von Unterricht allerdings insofern erweiterte Rolle zu, als neben der Aufgabe der direkten Steuerung und Instruktion auch Formen indirekter Steuerung an Bedeutung gewinnen, wie beispielsweise die Begleitung und Förderung selbstregulierter Lernaktivitäten sowie die Modellierung, Förderung und Unterstützung sinnstiftender Gespräche im Hinblick auf die gemeinsame Wissenskonstruktion" (Reusser/Pauli 2010, S. 19).

Im Rahmen prozessbezogener Angebots-Nutzungs-Modelle, innerhalb deren Lernen als aktiver Konstruktionsprozess aufgefasst wird, stellt die Lehrperson einen Bedingungsfaktor dar, der auf der ‚Angebotsseite' des Modells auf jeder vorhandenen Stufe berücksichtigt wird. Die horizontale Systemebene beschreibt die administrativen Rahmenbedingungen schulischer Bildungsprozesse, innerhalb derer die individuelle Bildungshistorie der Lehrperson sowohl unter fachlicher als auch unter überfachlicher Perspektive berücksichtigt ist. Sind personenbezogene Lehreraspekte auf Schulebene primär in außerfachlicher Hinsicht (beispielsweise Prozesse innerhalb des Schulkollegiums) berücksichtigt, so erfolgt die unterrichtsrelevante Berücksichtigung personenbezogener Merkmale im engsten Sinn auf Klassenebene. Eine Konkretisierung der berücksichtigten Aspekte erfolgt durch Helmke:

74 Zur Rolle einer Lehrperson innerhalb des beruflichen Bildungssystems gegenüber allgemeinbildender Schulen vgl. Harney 2008, S. 334ff.

Abbildung 8: Übersicht zur Lehrerexpertise und Unterrichtsqualität nach Helmke[75]

Merkmal der Lehrperson und der Unterrichtsqualität

- Engagement und Lehrermotivation
- Subjektive Theorien und epistemologische Überzeugungen
- Fachwissenschaftliche Expertise
- Didaktische Expertise
  - Klarheit
  - Methodenvielfalt
  - Individualisierung
- Motivierungsqualität
- Klassenführung
- Diagnostische Expertise

Unterrichtsqualität: Lehr- und Lernzeit

Qualität des Lehr- und Lernmaterials

Der Schulunterricht, der als Grundlage konstruktivistischer Lernprozesse diese auslöst und beeinflusst, unterliegt hinsichtlich seiner qualitativen Ausgestaltung in hohem Maße personellen Merkmalen der Lehrperson, wobei sowohl fachliche, fachdidaktische als auch Aspekte der Persönlichkeit als relevant erachtet werden.[76] Während von einem Zusammenspiel der Faktoren hinsichtlich qualitativer Maßstäbe ausgegangen wird, spricht Helmke den subjektiven Theorien und epistemologischen Überzeugungen auf Lehrerseiten hohe Steuerungswirkung auf die unterrichtliche Umsetzung zu (vgl. Helmke 2007, S. 52).[77] Auf Grund differenter Forschungsansätze sowie erkenntnisleitender Schwerpunkte im Bereich subjektiver Theorien existieren differente Definitionskriterien, so dass der vorliegenden Arbeit folgende, hinreichend klassifizierte Arbeitsdefinition zu Grunde liegt (vgl. Ziegler 2006, S. 525ff.):

75 Übersicht entnommen aus Helmke 2007, S. 49. Einen Überblick zur Expertiseentwicklung in der Lehrerbildung liefern Bromme/Haag 2008, S. 810ff.

76 Insbesondere die Lehrerpersönlichkeit spiele eine Hauptrolle für eine erfolgreiche Berufsausübung, worauf Bromme/Haag hinweisen (vgl. Bromme/Haag 2008, S. 803ff.).

77 Helmke spricht die empirisch nachgewiesene, mäßige Selbsturteilskompetenz von Lehrkräften hinsichtlich der Wirkung des eigenen Unterrichts an (vgl. Helmke 2007, S. 156). Dementsprechend werden in der vorliegenden Studie keine Unterrichtswirkungen, sondern inhaltsbasierende Unterrichtsfaktoren untersucht.

Abbildung 9: Definition subjektiver Theorien[78]

Subjektive Theorien…

1. …stellen relativ stabile kognitive Strukturen dar, die gleichwohl durch Erfahrungswerte veränderbar sind,
2. …sind teilweise implizit, teilweise aber dem Bewusstsein des Handelnden zugänglich,
3. …besitzen ähnliche strukturelle Eigenschaften wie wissenschaftliche Theorien,
4. …erfüllen die Funktionen
   a. der Situationsdefinition,
   b. der nachträglichen Erklärung eingetretener Ereignisse,
   c. der Vorhersage künftiger Ereignisse,
   d. der Generierung von Handlungsentwürfen oder Handlungsempfehlungen,
5. …besitzen eine handlungsleitende oder handlungssteuernde Funktion.

Die Untersuchung personeller Faktoren im Rahmen des Angebots-Nutzungs-Modells erfordert zwingend, dass eine tatsächliche Wirkung der untersuchten personellen Einstellung der Inhalte im Rahmen der unterrichtlichen Umsetzung vorliegt. Ansonsten würden subjektive Einstellungen bestehen, die allerdings keine Relevanz im Unterrichtsprozess sowie im Lernverlauf besitzen. Achtenhagen/Heidenreich/Sembill entwarfen bereits 1975 ein Modell subjektiver didaktischer Theoriebildung, welches subjektive Unterrichtstheorien als Steuerungsinstrument berücksichtigt:

78 Eigene Definition, in enger Anlehnung an Dann 1989, S. 248f. Für ausführliche Arbeiten und Definitionen der Wirkung subjektiver Theorien im schulischen Bereich vgl. Zinn/Tenberg 2010, S. 16ff.; Müller/Sulimma 2008, S. 1ff.; Müller/Paechter/Rebmann 2008, S. 1ff.; Seifried 2006a, S. 78; Christmann/Groeben 1990, S. 1ff.; Groeben 1988, S. 17ff.; Scheele/Groeben 1988, S. 2ff.; im Überblick siehe Ziegler 2006, S. 525ff.

Abbildung 10: Problemfelder didaktischer Theoriebildung nach Achtenhagen/Heidenreich/Sembill[79]

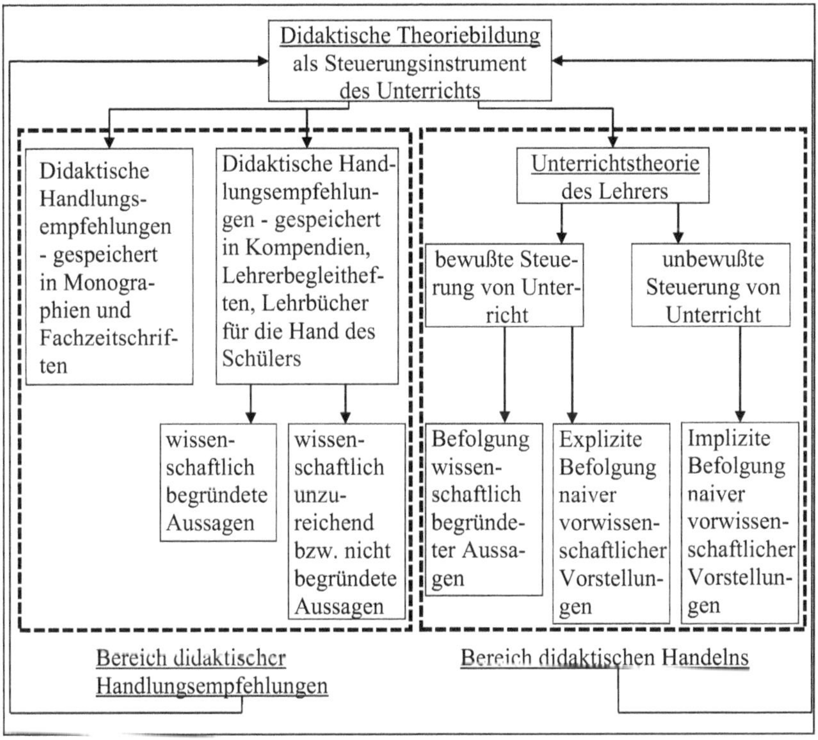

Kernelement des Modells bildet die Zusammensetzung subjektiver Theorien aus wissenschaftlich fundierten, didaktischen Handlungsempfehlungen sowie der Befolgung impliziter Vorstellungen, die beide durch subjektive Theorievorstellungen gesteuert werden und sich gleichzeitig auf diese rückwirkend auswirken.

> „Dabei besteht eine grundsätzliche methodologische Schwierigkeit darin, daß die Kriterien der *didaktischen Theorie*, mit deren Hilfe die *‚Unterrichtstheorie' der Lehrer* zu beurteilen ist, selbst nicht losgelöst von dieser ‚Unterrichtstheorie' behandelt werden können, da diese im Sinne epidemiologischer Forschung selbst wieder Ausgangspunkt didaktischer Theoriebildung ist" (Achtenhagen/Heidenreich/Sembill 1975, S. 579f.).

79 Abbildung entnommen aus Achtenhagen/Heidenreich/Sembill 1975, S. 579.

Personelle Merkmale stellen demnach einen Bestandteil der individuellen Unterrichtstheorie der Lehrperson dar und entfalten als Element der didaktischen Theoriebildung steuernde Wirkung im Rahmen der performativen Umsetzung. Die Wirksamkeit personeller Einstellungen im Rahmen kaufmännischen Unterrichts konnte im Jahr 1984 durch Sembill nachgewiesen werden und gilt insofern als gesichert (vgl. Sembill 1984, S. 381ff.). Jedoch weist Seifried darauf hin, dass dieser Themenkomplex seitdem nicht mehr behandelt oder bearbeitet wurde (vgl. Seifried 2006a, S. 79).

Unterrichtliche Handlungen unterliegen sowohl hinsichtlich performativen Lehrerverhaltens als auch hinsichtlich planerischer Aspekte im Vorfeld einer Unterrichtsstunde in hohem Maße der handlungslenkenden Funktion subjektiver Lehrertheorien. Über die Ebene der unterrichtspraktischen Umsetzung hinaus kann subjektiven Lehrertheorien im Rahmen von Reusser/Paulis Angebots-Nutzungs-Modell weiterhin eine handlungsleitende Funktion auf Schulebene durch die Teilnahme praktischer Lehrkräfte an der Bildungsgangkonferenz unterstellt werden, so dass zwei Ebenen durch die Wirkung subjektiver Theorien betroffen sind. Gemäß Achtenhagen/Heidenreich/Sembills Modell subjektiver didaktischer Theoriebildung besitzt eine (implizite) Relevanzbewertung einzelner Themenbereiche unterrichtliche Steuerungsfunktion auf Grund des beschriebenen Rückbezugs auf die didaktische Theoriebildung einer Lehrperson. Diese wirken sich, im Rahmen von Reusser/Paulis Angebot-Nutzungs-Modell sowohl auf die Quantität als auch die inhaltliche Qualität des Bildungsangebotes und somit auch des potentiellen Lernertrags aus. Subjektive Theorien als personelles Lehrermerkmal üben dementsprechend Einfluss auf die unterrichtliche Inhaltsauswahl und -gestaltung aus (vgl. Zinn/Tenberg 2010, S. 17).[80] Helmke spricht sich auf Grund vielfältiger, die performative Umsetzung beeinflussenden Bedingungsfaktoren sowie deren Wirkungsgeflecht dafür aus, Merkmale der Lehrerperson innerhalb Angebots-Nutzungs-Modelle „[…] separat von den eigentlichen Merkmalen der *Unterrichtsqualität* abzuhandeln, weil es sich um personale Merkmale handelt, die den Unterricht zwar beeinflussen, die aber nicht selbst als Aspekte der Unterrichtsqualität angesehen werden können“ (Hervorhebung im Original, Helmke 2007, S. 42). Unterrichtsqualitative Aspekte können folglich mit Hilfe personenbezogener Lehrermerkmale nicht beschrieben werden, jedoch steht dies einer steuernden

80 Ziegler weist darauf hin, dass der Begriff ‚subjektive Theorien‘ unterschiedlich verwendet wird und im Zeitverlauf auf die jeweilige Ausdifferenzierung der jeweiligen Forschungstradition zurückzuführen ist (vgl. Ziegler 2006, S. 525ff.). Die funktionale Begriffsbedeutung ist jedoch weitgehend übereinstimmend.

Wirkung subjektiver Relevanzbewertungen hinsichtlich der Unterrichtsgestaltung nicht entgegen.

1.3.3.1 Hypothesengenerierung zu geschlechtsspezifischen Merkmalen

Um potentiell unterrichtsrelevante Einflussgrößen feststellen zu können, wird auf Bedingungsfaktoren analog kompetenzbasierter Forschungsdesigns zurückgegriffen, wobei eine Konzentration auf personelle sozio-demographische Lehrermerkmale erfolgt. Fraglich ist dabei, welche personellen Merkmale der Lehrkräfte Regelmäßigkeiten hinsichtlich der Beurteilung volkswirtschaftlicher Inhalte bedingen.

In einer geschlechtsdifferenten Betrachtung werden potentielle Bewertungsunterschiede zwischen Lehrerinnen und Lehrern erfasst, die auf Lehrerseite bisher lückenhaft erforscht sind.[81] Darüber hinaus zeigen die bisherigen Ergebnisse geschlechtsspezifischer Unterrichtsmerkmale, je nach gewähltem Erkenntnisinteresse, ein heterogenes Bild und sind folglich kaum generalisierbar. Differente Persönlichkeitsmerkmale und deren Wirkung auf die Unterrichtsvorbereitung von Studierenden der Wirtschaftspädagogik und Wirtschaftslehrern in Österreich erforscht Sageder (vgl. Sageder 1993, S. 125ff.). In einer geschlechtsdifferenten Betrachtung beider Probandengruppen stellt er fest, dass männliche Lehrkräfte weniger Zeit sowohl zur Planung einer gesamten Unterrichtseinheit als auch zur Planung einzelner Unterrichtsstunden aufwenden als ihre weiblichen Kollegen. So wenden männliche Lehrkräfte zur Planung einer Unterrichtsstunde im Durchschnitt 43 Minuten auf, wohingegen Lehrerinnen 68 Minuten benötigen. Gleiches lässt sich für die studentische Probandengruppe feststellen, in der männliche Studierende 187 Minuten zur Planung benötigen, während weibliche Studierende durchschnittlich 201 Minuten Planungszeit verwenden (vgl. Sageder 1993, S. 125ff.). Sageders festgestellter geschlechtsspezifischen Differenz widerspricht hingegen Seifried (vgl. Seifried 2009, S. 190). Er untersucht sowohl mit Hilfe eines standardisierten Fragebogens als auch mit Hilfe strukturierter Interviews das Planungshandeln von Lehrkräften und Referendaren an kaufmännischen Schulen in Bayern. Während er ebenfalls Zeitdifferenzen der Unterrichtsplanung in Abhängigkeit der Berufserfahrung diagnostiziert, kann er Sageders Befund geschlechtsspezifischer Differenzen hingegen nicht bestätigen

---

81 Zudem fokussiert die bisherige Lehr-Lern-Forschung kaum den berufsbildenden Bereich, woraus umfassende Erkenntnislücken resultieren (vgl. Seifried 2006a, S. 77; Seifried/Grill/Wagner 2006, S. 236). Kunze/Stelmaszyk weisen zudem auf eine besondere Fokussierung weiblicher Lehrkräfte hin (vgl. Kunze/Stelmaszyk 2008, S. 828).

(vgl. Seifried 2009, S. 180). Demnach bestehen „keine überzufälligen Unterschiede zwischen Männern und Frauen hinsichtlich des zeitlichen Planungsaufwands" (Seifried 2009, S. 180). Sageders Befund wird folglich nicht verifiziert.

Aktuelle kompetenzbasierte Lehr-Lern-Forschungsdesigns wirken sich in jüngster Zeit ebenfalls auf geschlechtsspezifische Untersuchungen aus. Insbesondere steht der Kompetenzerwerb von Schülerinnen und Schülern in Abhängigkeit einer gleichgeschlechtlichen bzw. nicht gleichgeschlechtlichen Lehrperson in unterschiedlichen Fächern, Altersklassen und Nationen bzw. deren Bildungssystem im Fokus. Jedoch kann ein positiver Effekt einer männlichen Lehrkraft auf den Kompetenzerwerb von ebenfalls männlichen Schülern in der überwiegenden Mehrzahl der Studien nicht diagnostiziert werden (vgl. exemplarisch Helbig 2010b, S. 93ff.; Driessen 2007, S. 183ff.; Sokal/Katz/Chaszewski et al. 2007, S. 651ff.; Ashley 2003, S. 257ff.; Butler/Christensen 2003, S. 781ff.; Carrington/Skelton 2003, S. 253ff.; Li 1999, S. 63ff.; Ehrenberger/Goldhaber/Brewer 1995, S. 547ff.; Allan 1993, S. 113ff.).[82]

Untersuchungen, die zumindest partiell einen positiven Einfluss des Lehrergeschlechts auf die Kompetenzentwicklung der Schülerinnen und Schüler nachweisen, stammen von Helbig und Dee. Helbig untersucht den Einfluss gleichgeschlechtlicher Lehrpersonen auf den Kompetenzerwerb in den Bereichen ‚Lesen' und ‚Mathematik', diagnostiziert dabei jedoch heterogene Ergebnisse (vgl. Helbig 2010a, S. 273ff.). Im Kompetenzbereich ‚Lesen' profitieren Schüler nicht von einem männlichen Lehrer, wohingegen Schülerinnen in Österreich und Rumänien durch den Unterricht einer Lehrerin in ihrer Kompetenzentwicklung profitieren (vgl. Helbig 2010a, S. 282). Weshalb der Effekt in gerade diesen Ländern festgestellt werden kann, ist bislang jedoch unklar (vgl. Helbig 2010a, S. 282). In einer weiteren Untersuchung kann Helbig ebenfalls einen geringen Effekt auf deutsche Schülerinnen feststellen (vgl. Helbig 2010b, S. 93ff.). Bezüglich Mathematikkompetenzen kann unabhängig des Geschlechts in keinem Land ein Effekt festgestellt werden (vgl. Helbig 2010a, S. 283).[83]

Dee kann für Schülerinnen in den USA ebenfalls eine leicht erhöhte Lesekompetenz feststellen, wenn sie von einer Lehrerin unterrichtet werden (vgl. Dee 2007, S. 528ff.). Weiterhin untersucht Dee in einer alternativen Studie die Effekte unterschiedlicher personeller Lehrermerkmale, unter anderem des Geschlechts:

---

82 Für einen Überblick geschlechtsspezifischer Differenzen und die Rolle der Lehrkräfte siehe Faulstich-Wieland 2008, S. 684ff.

83 Zur Untersuchung geschlechtsspezifischer Kompetenzzuwächse in Abhängigkeit der Lehrperson innerhalb des universitären Bildungsbereichs vgl. exemplarisch Bettinger/Long 2005, S. 152ff.

> „The estimated effects of OTHSEX (Teachers of opposite gender, d.A.) are similarly sized and statistically significant. The odds that a student was perceived as inattentive or disruptive are respectively at least 19- and 37-percent higher when the teacher is of the opposite gender" (Dee 2005, S. 162).

Er schließt daraus: „The results [...] provide evidence that [...] gender dynamics within classrooms have quite large effects on how individual students are perceived by their teachers" (Dee 2005, S. 162). Dee geht demzufolge von geschlechtsspezifischen Auswirkungen der Lehrperson in Abhängigkeit des Schülergeschlechts aus.

Holmlund/Sund untersuchen ebenfalls Geschlechtseffekte im Schulunterricht, jedoch beschränkt auf das schwedische Schulsystem. Partiell können auch sie einen Effekt einer gleichgeschlechtlichen Lehrperson auffinden: „Only for natural science students in the Swedish subject, we find that having a same-sex teacher improves outcomes. The effect is stronger for male students than for females, but still small in magnitude" (Holmlund/Sund 2008, S. 50). Hinsichtlich der festgestellten Intensität und folglich der daraus folgenden Wertung widersprechen sie jedoch Dee:

> „Therefor we conclude that gender interactions can not explain the gender grade gap in school performance for students of theoretical tracks in Swedish upper-secondary school. Importantly, the lack of strong evidence for gender interactions [...] is not in line with the results found in Dee (2005); Dee finds that a same-sex teacher indeed has an impact on student performance" (Holmlund/Sund 2008, S. 50).[84]

Der zusammengefasst aufgezeigte, international orientierte Forschungsstand und dessen heterogene Ergebnisse lassen unterrichtsspezifische Aspekte des Lehrergeschlechts vermuten. Momentan sind jedoch, trotz eines potentiell möglichen Effektes, kaum begründete Aussagen über den Effekt sowie dessen Intensität oder Wirkungsrichtung möglich.

Den kaufmännischen Bildungsbereich in Deutschland untersucht eine Studie von Seifried/Grill/Wagner, deren Fokus primär auf differenter Methodennutzung innerhalb kaufmännischen Unterrichts liegt (vgl. Seifried/Grill/Wagner 2006, S. 236ff.). Hinsichtlich unterrichtsorganisatorischer Merkmale können Seifried/Grill/Wagner nachweisen, dass im Zuge unterschiedlicher Sozialformnutzung geschlechtsspezifische Differenzen bei der Nutzungshäufigkeit des Frontalunterrichts

84 Holmlund/Sund versuchen, die ermittelten Differenzen zur Studie von Dee zu erläutern. Dabei begründen sie die ermittelten Differenzen durch unterschiedliche Altersgruppen innerhalb beider Studien sowie differente Motivationsgrade der teilnehmenden Probanden (vgl. Holmlund/Sund 2008, S. 51).

vorliegen.[85] Fachübergreifend wird der Frontalunterricht von Lehrern in 67% der tatsächlichen Unterrichtszeit verwendet, wohingegen Lehrerinnen lediglich 48% der tatsächlichen Unterrichtszeit Frontalunterricht durchführen.[86] Bei einer Unterteilung des Schulunterrichts in die Fächer ‚BWL', ‚VWL', ‚Rechnungswesen' und ‚Recht' ist die Volkswirtschaftslehre das Fach mit dem geschlechtsunabhängig höchsten Anteil der Frontalunterrichtsnutzung. Männliche Lehrkräfte führen über 80% der tatsächlichen Unterrichtszeit im Fach ‚Volkswirtschaftslehre' mit Hilfe des Frontalunterrichts durch, wohingegen Lehrerinnen ca. 60% der tatsächlichen Unterrichtszeit für Frontalunterricht verwenden. In den drei weiteren angesprochenen Fächern liegt der Anteil der Frontalunterrichtsnutzung generell niedriger, wobei der Abstand zwischen den Geschlechtern ähnliche Größenordnung besitzt (vgl. Seifried/Grill/Wagner 2006, S. 239). Gegensätzliche Ergebnisse diagnostizieren Seifried/Grill/Wagner hinsichtlich der Nutzung von Gruppenarbeit. Im Fach ‚Volkswirtschaftslehre' wird die Gruppenarbeit als Sozialform tendenziell selten angewendet und der Anteil beider Geschlechtergruppen liegt unter 20% der tatsächlichen Lernzeit. Dabei führen männliche Lehrkräfte nahezu keine Gruppenarbeit im Fach ‚Volkswirtschaftslehre' durch (vgl. Seifried/Grill/Wagner 2006, S. 239).

Sowohl die internationalen als auch die nationalen Studien werfen ein heterogenes Bild auf die Relevanz geschlechtsspezifischer Lehrermerkmale im Kontext unterrichtspraktischer Umsetzung. Während die Mehrzahl der vorhandenen Studien keine geschlechtsdifferenten Effekte feststellen kann, wird durch Seifried/Grill/Wagner für den konkret kaufmännischen Berufsbildungsbereich in Deutschland eine methodenspezifische Differenz der geschlechtsspezifischen Umsetzung nachgewiesen. Es wird vermutet, dass eine Wechselwirkung zwischen unterrichtlichen Inhalten und genutzten Unterrichtsmethoden besteht, so dass sich die heterogene Methodennutzung innerhalb kaufmännischer Berufsschulen ebenfalls auf die subjektive Präferenz fachlicher Inhalte auswirkt.

---

85 Unter ‚Sozialform' ist die kommunikative Organisation aller am Unterricht beteiligter Personen zu verstehen. Nach Speth sind ‚Frontalunterricht', ‚Einzelarbeit', ‚Partnerarbeit' und ‚Gruppenarbeit' zu differenzieren (vgl. Speth/Berner 2011, S. 170f.). Innerhalb der vorliegenden Studie wird die Unterscheidung um das Kriterium ‚Schülerpräsentation' erweitert. Merkmal ist eine dem Frontalunterricht identisch ausgeprägte Kommunikation, jedoch ändert sich die Rolle des Kommunizierenden.

86 Seifried et al. stellen innerhalb der dargestellten Studie nicht auf die formale Unterrichtszeit, sondern auf die tatsächliche Lernzeit ab, die bspw. Zeiträume für organisatorische Aufgaben oder Unterrichtsstörungen ausschließt.

Hypothese 4: Volkswirtschaftliche Inhalte unterliegen einer geschlechtsspezifisch differenten Relevanzeinschätzung.

1.3.3.2 Hypothesengenerierung zu ausbildungsspezifischen Merkmalen

In einer ausbildungsspezifischen Betrachtung erfolgt eine Analyse inhaltlicher Zielmerkmale, mit deren Hilfe potentielle Auswirkungen einer Berufsausbildung auf Konstruktionsmerkmale des Unterrichts untersucht werden. Eine Fokussierung erfolgt auf eine potentiell eigene Berufsausbildung der Lehrkräfte, weshalb diese dahingehend differiert werden, ob sie selber eine spezifisch kaufmännische Berufsausbildung absolviert haben.

Bisherige Forschungsergebnisse, die einen möglichen Einfluss einer eigenen Berufsausbildung der Lehrkräfte thematisieren, sind lediglich in äußerst geringem Umfang vorhanden. Auch Ergebnisse im Rahmen aktueller kompetenzorientierter Lehr-Lern-Forschung, die Lehrkräfte und deren Ausprägung als Bedingungsfaktor schulischen Kompetenzzuwachs untersuchen, behandeln diese Fragestellungen unzureichend. So diagnostiziert Baumert „einen erheblichen Mangel an empirischer Evidenz hinsichtlich der Bedeutung professioneller Kompetenzen für die Qualität von Unterricht […]" (Baumert/Kunter 2006, S. 469).

Auf einer ausschließlich theoretischen Ebene wären potentielle Effekte einer eigenen Berufsausbildung der jeweiligen Lehrkraft leicht zu begründen: Im Rahmen der Lernsituationskonstruktion erfolgt eine Orientierung anhand berufstypischer Tätigkeiten, was voraussetzt, dass die beteiligten Lehrkräfte die nötigen Kenntnisse aktueller, beruflicher Verfahren besitzen. Inhaltliche Variationen könnten folglich auf differenter Orientierung anhand beruflicher Praxis bzw. theoretischen Handlungsmustern durch die Lehrkraft beruhen.

Forschungsprojekte, die praktische Bestandteile des Lehrerhandelns thematisieren, liegen sowohl für die Lehreraus- als auch für die Lehrerfortbildung in umfassender Stückzahl vor (vgl. exemplarisch Retzmann/Bank 2013, S. 8ff.; Schneider 2013, S. 131ff.; Blömeke/Suhl 2010, S. 475ff.; Gschwendtner/Geissel/Nickolaus 2010, S. 258ff.; Lempert 2009, S. 436ff.; Gläser-Zikuda/Fuß 2008, S. 114; Schelten 2008, S. 275f.; Abs 2007, S. 63ff.; Fichten/Meyer 2006, S. 267ff.; Frey 2006, S. 30ff.; Klieme/Leutner 2006, S. 883; Lempert 2006, S. 604ff.; Mayr 2006, S. 151ff.; Herrmann/Hertramph 2002, S. 100ff.; Herrmann/Horstendahl 2002, S. 156ff.; Hertramph 2002, S. 122ff.; Dubs 2001, S. 3ff.; Herrmann 1999, S. 33ff.; Hertramph/Herrmann 1999, S. 49ff.; im Überblick siehe Combe/Kolbe 2008, S. 857f.; Kolbe/Combe 2008, S. 877ff.; Wayne/Youngs 2006, S. 48ff.). Die Kompetenzdeterminanten ‚Berufspraxis' und ‚fachliches Wissen' werden innerhalb der Untersuchungen mehrheitlich berücksichtigt, allerdings jeweils voneinander getrennt behandelt. ‚Berufspraxis' wird durchweg auf die Tätigkeit der Lehrperson innerhalb des Lehrerberufes ausgelegt und nicht auf den Zielberuf der Schülerinnen und Schüler, so dass berufsspezifische Praxiserfahrungen der Lehrpersonen unberücksichtigt bleiben. Gleiches gilt für den Bereich der fachlichen Bildung, dem im Rahmen von Kompetenzmodellierungskonzepten grundlegende Bedeutung zugesprochen wird. Die Studien berücksichtigen fachliche Kompetenz primär auf theoretischem, anhand der Bezugswissenschaft orientiertem Niveau, so dass praktische Gesichtspunkte der Fachbildung lediglich punktuelle Berücksichtigung erfahren. Eine Berücksichtigung der curricular geforderten Berufsorientierung findet kaum statt.

Aus wenigen ausgewählten Ergebnissen lassen sich jedoch vereinzelte Ansatzpunkte hinsichtlich berufsbildungsspezifischer Wirkungsfaktoren auf Lehrerseiten herleiten. Als Ansatzpunkt der Überlegungen dient die angesprochene Definition subjektiver Theorien, wonach diese kognitive Strukturen darstellen, die durch Erfahrungswerte veränderbar sind. Erfahrungswerte beziehen sich in diesem Kontext nicht ausschließlich auf solche innerhalb des momentan ausgeübten Berufs (in diesem Fall als Lehrperson), sondern schließen darüber hinaus zeitlich vorgelagerte Erfahrungswerte (in diesem Fall eine berufliche Ausbildung) mit ein. Folglich muss auf theoretischer Ebene davon ausgegangen werden, dass auch solche Erfahrungswerte das aktuelle berufliche Handeln einer Lehrperson sowohl implizit als auch explizit beeinflussen. Einen Hinweis darauf liefern Terhart et al., die im Kontext biographischer Lehrerforschung personenbezogene Differenzen im pädagogischen Handeln ermitteln (vgl. Terhart/Czerwenka/Ehrich et al. 1994, S47ff.).[87] Dabei zeigen sie auf, dass Lehrer und Lehrerinnen bei Ihren Entscheidungen kaum auf ihr im Studium angeeignetes Wissen zurückgreifen:

87 Für einen Überblick biographischer Lehrerforschung vgl. Kunze/Stelmaszyk 2008, S. 821.

Tabelle 5: Orientierung bei reflektierten pädagogischen Entscheidungen nach Terhart et al.[88]

Sie treffen eine pädagogische Entscheidung, bei der Sie nicht unter Zeitdruck stehen. Woran orientieren Sie sich dabei	**Oft/fast immer**
Orientierung an meiner Intuition	36,9%
an eigenen beruflichen Erfahrungen	81,7%
Erfahrungen mit eigenen Kindern (o. Verwandte)	44,9%
an einer bestimmten päd. Theorie	7,0%
Erinnerungen an eigene Schulzeit	18,9%
Erinnerungen an das Studium	6,4%
Erinnerungen an die 2. Ausbildungsphase	15,5%
Fortbildungsveranstaltungen	21,4%
gelesene Überlegungen	27,4%
Vorbild anderer Lehrer	29,4%

Schulformunabhängig zeigt sich deutlich, dass praktischen Berufserfahrungen im Kontext der Entscheidungsfindung eine tragende Bedeutung zukommt. Ähnlich diagnostiziert auch Herrmann zur Ausbildung personaler Lehrerkompetenzen, wobei ansatzweise nach Ausbildungszeitpunkt untergliedert wird: „Gymnasiallehrer verweisen auf ihre *fachwissenschaftliche* universitäre Ausbildung, Berufsschullehrer auf ihre Berufsausbildung und -erfahrung *vor* Eintritt ins Lehramt, berufszufriedene und erfolgreiche Lehrer verweisen auf den Faktor *Lehrerpersönlichkeit*“ (Hervorhebungen im Original, Herrmann 1999, S. 42; vgl. auch Bromme/Haag 2008, S. 803). Demnach findet, zumindest in der Selbstempfindung der Lehrkräfte, ein bedeutender Teil der Kompetenzentwicklung während der praktischen Tätigkeit innerhalb des Ausbildungsberufs statt. Empirische gestützte Belege dazu liefert Herrmann jedoch nicht.

Neben der angeführten lernpsychologisch orientierten Begründung sind potentielle Erklärungsansätze ebenfalls aus inhaltsbasierenden Argumentationen ableitbar. Neuweg beschreibt eine Übertragung fachlichen Wissens in unterrichtlich anwendbares Wissen als Bestandteil beruflicher Kompetenz, wozu die jeweilige Anwendungssituation durch die einzelnen Lehrpersonen im Rahmen der Lernsituationskonstruktion gewürdigt werden muss (vgl. Neuweg 2007, S. 2f.). Diese, von ihm Kontextualisierungskompetenz genannte, Qualifikation könne nur auf Grundlage spezifischer Erfahrungswerte entstehen, die im Rahmen dualer Bildungsgänge einer beruflichen Legitimation bedürfen (vgl. Neuweg 2007,

88 Tabelle entnommen aus Terhart/Czerwenka/Ehrich et al. 1994, S. 196.

S. 3). Dies unterstützt Rauner: demnach richtet sich das Erkenntnisinteresse der Berufsbildungsforschung „auf Phänomene, die in den situativen Praktiken der Handelnden konstruiert sind. Die Handlungskontexte sind daher eine zentrale Quelle der Erkenntnis und nicht eine Störquelle“ (Rauner 2006, S. 560). Stuber führt weiterhin aus, dass die Praxisfeldorientierung für angehende Berufspädagogen von zweierlei Handlungsfeldern ausgeht: Einerseits vom schulischen Kontext, womit Erfahrungsprozesse im Rahmen der Lehrtätigkeit abgedeckt werden und gleichermaßen im Rahmen eines betrieblichen Handlungskontexts, der im Rahmen der konstruierten Lernsituation Berücksichtigung erfahren muss (vgl. Stuber 2007, S. 2). Dem folgend sprechen Busian/Pätzold sich dafür aus, dass „sich Lehrer und Ausbilder darüber verständigen, inwieweit sich die Kulturen und Regeln betrieblicher und schulischer ‚communities of practice‘ gleichen oder unterscheiden [...]“ (Busian/Pätzold 2004, S. 16). Als Folge dessen „sollen Schülerinnen und Schüler zunehmend realitätsnahe Problemstellungen aus der Berufs- und Arbeitswelt bearbeiten, die für sie interessant, subjektiv bedeutsam und verknüpfbar mit ihrem Vorwissen sind“, um folglich anwendbares Wissens zu generieren (Busian/Pätzold 2004, S. 16; vgl. auch Fürstenau/Getsch/Noß et al. 1999, S. 265). Eine berufliche Ausbildung der Lehrperson kann die Implementierung realitätsnaher Problemstellungen fördern, wodurch inhaltliche Veränderungen gegenüber den curricularen Vorgaben möglich erscheinen.

Im Hinblick auf praktische Bestandteile innerhalb der Lehrerausbildung können Seifried/Trescher eine subjektiv empfundene Bedeutung der praktischen Ausbildungsbestandteile von Lehrkräften nachweisen. Aktuell tätige Lehrkräfte sollen dazu auf einer sechsstufigen Skala die Bedeutung einzelner Ausbildungsbestandteile bewerten (vgl. Seifried/Trescher 2007, S. 1; siehe auch Seifried 2006a, S. 77ff.).[89] Das Universitätsstudium als theoretischer Bestandteil der Ausbildung wird als vergleichsweise unwichtig empfunden (MW = 3,3 / SD = 1,31), wohingegen die praktischen Ausbildungsbestandteile wesentlich höhere Werte erreichen (Vorbereitungsdienst: M = 4,7 / SD = 1,21; Fortbildungsmaßnahmen: M = 4,4; SD = 1,16). Allerdings werden lediglich pädagogische intendierte, keine beruflichen (im Sinne des Ausbildungsberufes) Praxisaspekte erfasst. Es wird damit jedoch nachgewiesen, dass die Relevanz praktischer Ausbildungsbestandteile auch in subjektivem Empfinden außerhalb lehr-lern-theoretischer Forschung existiert.

Mittels Faktorenanalyse identifiziert Siefried vier Subskalen, mit deren Hilfe eine Operationalisierung differenter Philosophien der Lehrinhalte ermöglicht

89 Die Skala umfasst die Werte von 1 = völlig unwichtig bis 6 = sehr wichtig (vgl. Seifried/Trescher 2007, S. 1).

wird. Er kann damit vier Aspekte identifizieren, unter deren Prämisse Inhalte aufbereitet und innerhalb des Schulunterrichts umgesetzt werden können: den Prozess-Aspekt, den Anwendungs-Aspekt, den Formalismus-Aspekt und den Schema-Aspekt (vgl. Seifried 2006a, S. 81). Im Rahmen der vorliegenden Arbeit besitzt der spezifische Anwendungsaspekt besondere Bedeutung, da dieser berufsspezifische Praxisaspekte erfasst. In einer Gegenüberstellung mit geclusterten Lehr-Lern-Überzeugungen der Lehrpersonen (schülerorientierte Lehr-Lern-Vorstellung, lehrerorientierte Lehr-Lern-Vorstellung und ein Mischtyp) kann Seifried jedoch für den Anwendungsaspekt keine signifikante Differenz zwischen den Lehrergruppen ermitteln, wohingegen sich sämtliche anderen Aspektgruppen auf Basis des 1%-Niveau jeweils signifikant unterscheiden (vgl. Seifried 2006a, S. 84). Ein bestimmtes Lehrverständnis geht somit nicht mit einer signifikanten Betonung berufspraktischer Anwendungsaspekte einher.

Die beschriebenen Ergebnisse legen einen Einfluss berufspraktischer Erfahrungswerte auf die inhaltliche Ausgestaltung schulischen Unterrichts nahe, spezifizieren diese jedoch nicht hinsichtlich fachbezogener Ausprägungen. Vermutet wird eine verstärkte Berücksichtigung berufspraktischer Aspekte von kaufmännisch ausgebildeten Lehrkräften, was eine Reduktion volkswirtschaftliche Inhalte bei dieser Personengruppe nach sich ziehen würde.

Hypothese 5: Die unterrichtliche Berücksichtigung volkswirtschaftlicher Inhalte fällt bei Lehrkräften, die selber eine kaufmännische Berufsausbildung absolviert haben, gering aus, was auf eine schlechte Vereinbarkeit der Inhalte mit berufspraktischen Tätigkeiten schließen lässt.

1.3.3.3 Hypothesengenerierung zu berufserfahrungsspezifischen Merkmalen

In einer berufserfahrungsspezifischen Betrachtung werden unterrichtliche Erfahrungswerte auf Lehrerseiten hinsichtlich ihrer Auswirkungen auf deren unterrichtliche Thematisierung volkswirtschaftlicher Inhalte untersucht. Theoretische Modellierungen zur Entwicklung professioneller Berufskompetenzen schlagen gestufte Modelle vor, die Kompetenzzuwachs an bildungsbiographische Größen knüpfen und diese zu einzelnen Entwicklungsstufen zusammenfassen, wobei jedoch heterogene Faktorenabgrenzungen erfolgen (im Überblick siehe Schönknecht 2005, S. 2ff.).[90] Während Fuller/Brown ebenso wie Huberman

90 Einen Überblick des Erfahrungswissens im Rahmen der Kognitionspsychologie sowie dem Ansatz der Verwendungsforschung liefert Combe/Kolbe 2008, S. 862ff.

hinsichtlich der beruflichen Erfahrung in Jahren abgrenzen, basieren Sikes et al. sowie Oja's Untersuchung auf einer Abstufung relativ zum Lebensalter der Lehrperson (vgl. Sikes/Measor/Woods 1991, S. 231ff.; Oja 1989, S. 119ff.; Huberman 1988, S. 119ff.; Fuller/Brown 1975, S. 25ff.).

Weitgehende Einigkeit herrscht hinsichtlich der Feststellung, dass unterschiedliche Erfahrungswerte als unterrichtskonstituierende Faktoren angesehen werden, die innerhalb einer Lehr-Lern-Prozessstruktur bedeutungstragend sind. Analog kompetenzorientierter Forschungsfragen unterliegt der Faktor ‚Berufserfahrung' im weitesten Sinne innerhalb bisheriger Forschungsaktivitäten prämissengeleiteten Fragestellungen. Während Fuller/Brown die individuelle Lehrerbelastung relativ zu beruflichen Erfahrungen auswerten und in die drei Stufen ‚survival stage', ‚mastery stage' sowie ‚routine stage' einteilen, untersuchen Sikes et al. die professionelle Entwicklung sowie die Veränderung persönlichen Verhaltens im Kontext von ‚crises and continues' und betrachten besonders die Übergänge zwischen ‚critical phases', ‚critical events' und ‚critical persons' als Auslöser der Veränderung innerhalb unterschiedlicher Erfahrungsstufen. Oja untersucht den Zusammenhang zwischen Entwicklungsaufgaben (kognitiv und beruflich) und Lebensalter der Lehrpersonen, wohingegen Huberman typische Entwicklungsstufen relativ zu beruflichen Erfahrungswerten beschreibt. Allen angesprochenen Modellen gemein ist die zweitrangige Thematisierung inhaltlicher Faktoren zu Gunsten der Erfassung „professionelle(r) Entwicklung von LehrerInnen […] als spezifisch berufsbiographischer Entwicklungsprozess […]" (Schönknecht 2005, S. 2). Im deutschsprachigen Raum erfolgen solche Forschungsaktivitäten ebenfalls unter prämissengeleiteter Fragestellung, jedoch unter stärkerer Berücksichtigung realer unterrichtlicher Umsetzung. So thematisieren Götz et al. die Bedeutung der beruflichen Erfahrung auf organisatorische Unterrichtsfaktoren, indem sie gewählte Sozialform, Unterrichtsphasen und echte Lernzeit relativ zu beruflichen Erfahrungen betrachten (vgl. Götzl/Jahn/Held 2013, S. 12).[91] Seifried/Grill/Wagner untersuchen ebenfalls umsetzungsspezifische Faktoren, wobei ein Effekt zwischen dem Alter der Lehrperson und der gewählten Methodennutzung gesucht, jedoch kein Zusammenhang festgestellt werden kann (vgl. Seifried/Grill/Wagner 2006, S. 240).[92] Nachweisen lassen sich durch Helmke et al. jedoch Zusammenhänge zwischen nutzbaren

---

91 Den Aspekt der Unterrichtsvorbereitung in Abhängigkeit personeller Erfahrungswerte untersucht Seifried, der eine Reduktion der nötigen Vorbereitungszeit mit zunehmender Berufserfahrung der Lehrkräfte diagnostizieren kann (vgl. Seifried 2009, S. 188).

92 Im Rahmen einer methodenspezifischen Untersuchung verweisen Nickolaus/Knöll/Gschendtner darauf, dass die vorliegenden Methodenwahl lediglich einen schwacher

Wissensstrukturen und Berufserfahrung (vgl. Helmke/Helmke/Schrader et al. 2008, S. 368ff.). Demnach wird nicht das fachliche Wissen, sondern das praktisch nutzbare Wissen innerhalb eines Fachs durch Erfahrungswerte optimiert.[93] Ebenso werden Differenzen der Unterrichtswahrnehmung in Relation zu beruflichen Erfahrungswerten sowie Zusammenhänge zwischen der Berufserfahrung der Lehrkräfte und dem Lernerfolg der entsprechenden Schülerinnen und Schüler untersucht (vgl. Berliner 1992, S. 227ff.). Dabei können jedoch keine einheitlichen Ergebnisse erzielt werden (vgl. Lipowsky 2006, S. 54), so dass „die Berufserfahrung von Lehrern für den Lernerfolg der Schüler eine eher untergeordnete Rolle spielt und als unabhängige Variable zudem schwer zu interpretieren ist" (Lipowsky 2006, S. 54). Persönliche Einstellungen zu fachlichen Inhalten in Abhängigkeit unterrichtlicher Erfahrungswerte werden innerhalb der Studien nicht untersucht (vgl. Beck 2005, S. 548).[94]

Zusätzlich zu angesprochenen bildungsbiographischen Differenzen liegen im spezifischen Fall volkswirtschaftlicher Inhalte weitergehende bildungsbiographische Differenzen vor, welche durch die unterschiedliche, persönlich verantwortete Unterrichtsgestaltung des eigenständigen Fachs ‚Volkswirtschaftslehre' zu begründen sind. Die temporäre Existenz eines volkswirtschaftlichen Fachs sowie der dazugehörigen Curricula vor Einführung lernfeldbasierter Lehrpläne bedingt, dass erfahrene Fachlehrerinnen und -lehrer das eigenständige Fach selber unterrichteten, während deren jüngere Kolleginnen und Kollegen diesen Erfahrungswert nicht vorweisen können. Unter modelltheoretischer Prämisse bedeutet dies, dass strukturelle Differenzen in potentielle Modellstufen einfließen und sich Auswirkungen auf die Relevanzbewertung bemerkbar machen. Die Auswirkungen eigener Unterrichtserfahrungen im Rahmen des eigenständigen Fachs ‚Volkswirtschaftslehre' auf die innerhalb der Lernfelder implementierten Fachinhalte wird überprüft (vgl. Kuper 2011, S. 131ff.).

Hypothese 6: Lehrkräfte mit selbstständiger Unterrichtserfahrung innerhalb eines eigenständigen Fachs ‚Volkswirtschaftslehre' messen den entsprechenden Inhalten

---

Prädiktor des Lernerfolgs der Schülerinnen und Schüler darstellt, vgl. Nickolaus/Knöll/Gschwendtner 2006, S. 552ff.

93 Zum Verhältnis zwischen den funktionalen Anforderungen innerhalb des Handlungskontexts sowie der Struktur des Praxiswissens vgl. Combe/Kolbe 2008, S. 865.

94 Zum Einfluss der Berufserfahrung von Lehrkräften außerhalb spezieller Einzelfächer vgl. exemplarisch Schlichter 2012, S. 4 und 23; Lipowsky 2006, S. 53ff.; Wayne/Youngs 2006, S. 77; Schönknecht 2005, S. 19f.; Herrmann 2002, S. 274ff.; Herrmann/Hertramph 2002, S. 98ff.

innerhalb des lernfeldbasierten Kontexts höhere Relevanz gegenüber deren Kollegen ohne eigenständige Facherfahrung bei.

1.3.3.4 Hypothesengenerierung zu fachstudienspezifischen Merkmalen

In einer fachstudienbezogenen Betrachtung werden Effekte eines wirtschaftswissenschaftlichen Lehramtsstudiums hinsichtlich ihrer Auswirkungen auf die unterrichtliche Thematisierung volkswirtschaftlicher Inhalte untersucht. Studiumsbezogene Aspekte auf Lehrerseiten werden im Rahmen aktueller kompetenzbasierter Forschungsdesigns als konstitutives Merkmal angesehen, jedoch erfolgen Untersuchungen analog der oben beschriebenen Merkmale prämissengeleitet im Hinblick auf schülerspezifischen Unterrichtserfolg, so dass fachinhaltliche Aspekte zweitrangig sind. So können Hill et al. signifikante Zusammenhänge zwischen dem fachdidaktischen Wissen auf Lehrerseite, welches im Rahmen fachdidaktischer Studien erworben wurde, und dem Leistungszuwachs ihrer Schülerinnen und Schüler für das Fach ‚Mathematik' nachweisen: „This suggests that knowledgeable teachers can positively and substantially affect students' learning of mathematics, and the size of this effect [...] is in league with the effects of student background characteristics" (Hill/Rowan/Ball 2005, S. 396). Fachdidaktisches Wissen stellt das einflussreichste Lehrermerkmal auf den Leistungszuwachs der Schülerinnen und Schüler dar, dessen Beziehung zum Leistungszuwachs jedoch nicht linear verläuft (vgl. Hill/Rowan/Ball 2005, S. 396). Einen ähnlichen, wenn auch schwächer ausgebildeten Zusammenhang können Campbell et al. feststellen (vgl. Lipowsky 2006, S. 52). In einer Reihe von Untersuchungen kann zusätzlich ein positiver Effekt zwischen dem Besuch fachdidaktisch ausgerichteter Lehrerfortbildungen und dem Leistungszuwachs der Schülerinnen und Schüler diagnostiziert werden (vgl. Goldhaber/Anthony 2007, S. 134ff.; Darling-Hammond/Holtzmann/Gatlin et al. 2005, S. 23; Angrist/Lavy 2001, S. 343ff.; Cohen/Hill 2000, S. 294ff.; Kennedy 1998, S. 7ff.).

Zusammenhänge zwischen dem erreichten Studienabschluss der Lehrkräfte sowie den Leistungen ihrer Schülerinnen und Schüler thematisieren Wayne/Young dahingehend, ob auf Schülerseiten höhere Leistungszuwächse diagnostiziert werden können, wenn die jeweils unterrichtende Lehrperson einen höheren Studienabschluss besitzt. Die Ergebnisse in nahezu sämtlichen Fächern fallen uneinheitlich aus; lediglich im Fach ‚Mathematik' werden einheitliche Werte erzielt (vgl. Kunina-Habenicht/Schulze-Stocker/Kunter et al. 2013, S. 6; Lagler/Wilhelm 2013, S. 50f.; Zurstrassen 2009, S. 40; Lipowsky 2006, S. 51; Wayne/Youngs 2006, S. 86).

Im deutschsprachigen Raum untersuchen Kunina-Habenicht et al. den Effekt auf Professionswissen in Abhängigkeit universitärer Lehrerbildung. Zentraler Erkenntnisgegenstand stellen formelle Lerngelegenheiten im Rahmen bildungswissenschaftlicher Studiengänge dar, denen ein gerichteter Effekt unterstellt werden kann (vgl. Kunina-Habenicht/Schulze-Stocker/Kunter et al. 2013, S. 17ff.). „Für die allgemeine Wirksamkeit des universitären Lehramtsstudiums spricht, dass Absolvent(inn)en eines Lehramtsstudiengangs in drei von fünf Wissensbereichen substanziell bessere Leistungen aufwiesen als Quereinsteiger" (Kunina-Habenicht/Schulze-Stocker/Kunter et al. 2013, S. 17). Gestützt werden ihre Ergebnisse von Kliekmann/Anders, die ein geringeres pädagogisch-psychologisches Wissen von Quereinsteigern gegenüber Referendaren nachweisen (vgl. Kleickmann/Anders 2011, S. 305ff.; siehe auch die Studien von König/Peek/Blömeke 2010, S. 163ff.; Kennedy/Ahn/Choi 2008, S. 1249ff.). Ebenfalls kann fachlichen Vorwissensstrukturen eine Prädiktorwirkung auf späteren Lernerfolg unterstellt werden.[95] Dabei zeigt sich, dass das Fachwissen (mit latenten Korrelationen zu fachspezifischen Problemlöseleistungen von bis zu 0.8) der bedeutendste Prädiktor ist (vgl. Nickolaus 2014, S. 8).[96]

Es kann deshalb sowohl im fachspezifischen als auch im überfachlichen Bereich als gesichert gelten, dass der universitären Lehrerbildung zum Aufbau professioneller Kompetenz eine bedeutende Rolle zugesprochen werden kann. Die Wirksamkeit subjektiver volkswirtschaftlicher Kenntnisse im Rahmen curricularer Gestaltungsaufgaben wird, wenn auch innerhalb eines anderen Kontexts,

---

95 Neben domänenspezifischen Vorwissensstrukturen weisen Spoden et al. auf die Prädiktorwirkung allgemeiner schulischer Grundkompetenzen für den Erfolg im dualen Ausbildungssystem hin (vgl. Spoden/Frey/Bernhardt et al. 2015, S. 169; vgl. exemplarisch Seeber/Lehmann 2011, S. 95ff.; Nickolaus/Rosendahl/Gschwendtner et al. 2010, S. 73ff.; Nickolaus/Geissel/Gschwendtner 2008, S. 2ff.).

96 Vgl. Weber/Achtenhagen 2014b, S. 44ff.; Nickolaus/Petsch/Norwig 2013, S. 538ff.; Abele 2011, S. 13ff.; Gschwendtner 2011, S. 55ff.; Nickolaus/Geissel/Abele et al. 2011, S. 77ff.; Seeber/Lehmann 2011, S. 95ff.; Spöttl/Becker/Musekamp 2011, S. 37ff.; Achtenhagen/Winter 2009, S. 27ff.; Becker 2009, S. 239ff.; Hahne 2009, S. 197ff.; Hartmann/Knorn/Wohlrabe 2009, S. 203ff.; Kuhlmeier/Syben/Titschner 2009, S. 220ff.; Meyer/Modrow-Thiel 2009, S. 259ff.; Musekamp 2009, S. 246ff.; Nickolaus/Gschwendtner/Abele 2009, S. 3ff.; Rauner/Haasler 2009, S. 209ff.; Schlegel 2009, S. 265ff.; Geissel 2008, S. 121ff.; Gschwendtner 2008, S. 103ff.; Seeber 2008, S. 74ff.; Gschwendtner/Geissel/Nickolaus 2007, S. 4ff.; Achtenhagen/Winter 2006, S. 347ff.; Beutner/Schaumann/Twardy 2006, S. 291ff.; Kornmilch-Bienengräber 2006, S. 322ff.; Nickolaus/Gschwendtner/Knöll 2006, S. 209ff.; Nickolaus/Knöll/Gschwendtner 2006, S. 553; Tramm/Seeber 2006, S. 280ff.; Witt 2006, S. 407ff. sowie im Überblick Seeber/Lehmann 2011, S. 96.

durch Retzmann aufgezeigt, der die Volkswirtschaftslehre als Prüfungsfach an Weiterbildungskollegs in Nordrhein-Westfalen untersucht. Die eigenen wirtschaftlichen, insbesondere volkswirtschaftlichen Kenntnisse sollten durch Lehrerinnen und Lehrer selber eingeschätzt werden:

> „Die von uns befragten Lehrerinnen und Lehrer schätzen ihre durch das Studium erlangten Kenntnisse und Fähigkeiten in der Volkswirtschaftslehre in geradezu erstaunlicher Offenheit als hochgradig defizitär ein: Über den ‚Stand der Wissenschaft' habe man sich kein Urteil erlauben können, da man nur die ‚Grundzüge' kennengelernt habe" (Retzmann 2012, S. 8).

Die erfolgte Weiterbildungsbedarfsanalyse hat jedoch ergeben, dass „Lehrerinnen und Lehrer mit einer Fakultas für Sozialwissenschaften im Rahmen eines Tests ihrer wirtschaftskundlichen, insbesondere volkswirtschaftlichen Kenntnisse und Denkfähigkeiten nicht signifikant schlechter abschneiden als Absolventen wirtschaftswissenschaftlicher Studiengänge" (Bank/Retzmann 2012, zitiert nach Retzmann 2012, S. 8). Eine Ergebnisübertragung auf den kaufmännischen Bereich ist auf Grund der vorliegenden Fakultas für Sozialwissenschaft der Lehrerinnen und Lehrer nicht unmittelbar möglich, jedoch wird durch die subjektive Einschätzung ein signifikanter Einfluss auf die Unterrichtsgestaltung ausgeübt, da der curriculare Gestaltungsspielraum nur bedingt genutzt werden kann (zur Relevanz subjektiver Merkmale vgl. Seifried 2006a, S. 77ff.). Es wird davon ausgegangen, dass ähnliche Verhältnisse ebenfalls zwischen fachlich ausgebildeten Lehrkräften und Seiteneinsteigern vorliegen.

Theoretische Modellierungen zur Entwicklung pädagogischen Professionswissens beschreiben dessen Zuwachs in Abhängigkeit von Problemlöseprozessen, allerdings mit differenten Bezugsgrößen. So stellen Bereiter/Scardamalia auf frei werdende kognitive Ressourcen bei wiederholten Problemlöseprozessen ab, die für weitere Aufgaben mit höherem Komplexitätsgrad verwendet werden können. Ericsson/Charness hingegen begründen anwachsendes Professionswissen mit Hilfe des nicht intrinsischen Ziels individueller Leistungsverbesserung (dargestellt nach Brunner/Kunter/Krauss et al. 2006, S. 526). Beiden Ansätzen gemein ist die Annahme, dass Erfahrungswerte alleine nicht zur Begründung domänenspezifischen Professionswissens ausreichen, sondern eines gezielten Einsatzes kognitiver bzw. motivationaler Ressourcen bedarf (vgl. Brunner/Kunter/Krauss et al. 2006, S. 526). Übertragen auf volkswirtschaftliche Unterrichtsstrukturen führt dies zu der Annahme, dass potentielle Relevanzunterschiede mit Hilfe unterschiedlicher fachlicher Lerngelegenheiten begründet werden können, welche insbesondere im Zuge der Lehramtsausbildung implementiert sind.

Hinsichtlich Korrelationen innerhalb einzelner Unterrichtsfächer liegen momentan heterogene Befunde vor. Während bezüglich allgemein pädagogisch-psychologischen Wissens sowie innerhalb des Fachs ‚Mathematik' eindeutige positive Zusammenhänge vorliegen, weisen naturwissenschaftliche Fächer differente Ergebnisse auf.[97] Ebenso weisen weitere Fächer inkonsistente Ergebnisse auf.[98] Auf diesen Erkenntnissen aufbauend wird die differente unterrichtliche Thematisierung volkswirtschaftlicher Inhalte im kaufmännischen Berufsschulunterricht innerhalb der vorliegenden Studie überprüft. Auf Grund zumeist positiver Aspekte bezüglich der Nutzung institutionalisierter Lerngelegenheiten wird eine analoge Wirkung hinsichtlich differenter volkswirtschaftlicher Vorbildungsstrukturen und aktueller unterrichtlicher Berücksichtigung vermutet.

Hypothese 7: Lehrerinnen und Lehrer, die ein wirtschaftswissenschaftliches Lehramtsstudium absolviert haben, messen volkswirtschaftlichen Inhalten eine höhere Relevanz bei als deren Kollegen ohne wirtschaftswissenschaftliches Lehramtsstudium.

1.3.3.5 Hypothesengenerierung zur subjektiven Bewertung zeitlicher Rahmenbedingungen

Innerhalb des grundlegenden Angebots-Nutzung-Modells nach Helmke stellt die Unterrichtzeit als endogener Faktor neben dem fachlichen Unterricht ein angebotsbedingendes Merkmal dar, dessen Einfluss erfolgreiche Lernprozesse unterliegen (vgl. Abbildung 6). Im Rahmen lernfeldbasierter Unterrichtsgestaltung gestaltet sich die Wahl der curricularen Zeitrichtwerte als Betrachtungsbasis jedoch problematisch, da nicht von identischen zeitlichen Unterrichtsumfängen zwischen unterschiedlichen Schulformen ausgegangen werden kann. Zu begründen ist dies durch die flexible Struktur der curricularen Grundlagen, die die angeführten Zeitwerte lediglich als Richtwerte zur Orientierung vorsehen. Ebenso wie die inhaltliche Akzentuierung sind auch in zeitlicher Hinsicht Differenzen auf der Mikroebene des Schulunterrichts vorhanden. Des Weiteren gelingt Götzl et al. der Nachweis, dass zwischen der vorgesehenen Unterrichtszeit und der tatsächlich zur Verfügung stehenden Lernzeit Differenzen vorliegen (vgl. Götzl/Jahn/Held 2013,

97 Der Nachweis über differentes pädagogisch-psychologisches Wissen zwischen Lehramtsstudenten und Seiteneinsteigern ist einheitlich in mehreren Studien erbracht worden (im Überblick siehe Kunina-Habenicht/Schulze-Stocker/Kunter et al. 2013, S. 6; siehe auch Zurstrassen 2009, S. 40). Zu den differenten Ergebnissen innerhalb naturwissenschaftlicher Fächer vgl. Lagler/Wilhelm 2013, S. 50f.; Wayne/Youngs 2006, S. 86.

98 Inkonsistente Ergebnisse wurden beispielsweise in Geschichte und Englisch ermittelt (vgl. Wayne/Youngs 2006, S. 86).

S. 6ff.). Diese berücksichtigen die Differenz zwischen der Unterrichtsplanung und der praktischen Durchführung einer Unterrichtsstunde.

Potentielle Theorie-Praxis-Differenzen zwischen curricularen Grundlagen sowie praktischer Unterrichtsumsetzung können möglicherweise durch zu geringe Zeitdeputate in Relation zu den vorgesehenen Inhalten innerhalb der curricularen Grundlagen begründet sein. Der Ausgangspunkt der Überlegung ist in einem nachgewiesenen dominierenden Anteil des Frontalunterrichts im Rahmen des kaufmännischen Schulunterrichts zu sehen, dessen Ursachen Pätzold et al. untersuchen (vgl. Pätzold/Klusmeyer/Wingels et al. 2003, S. 241). Dabei sollen die beteiligten Lehrkräfte die Eignung des Frontalunterrichts als Unterrichtsmethode einschätzen:[99]

99 Im Kontext unterrichtsmethodischer Forschungsarbeiten besteht ein Definitionsdefizit hinsichtlich des Methodenbegriffes, da eine synonyme Verwendung ähnlicher Begriffe auffindbar ist (bspw. ‚Lehrverfahren', ‚Lehrmethoden', Lernmethoden', ‚Lehr-Lern-Methoden', ‚Lernstrategien', ‚Unterrichtsformen', ‚Unterrichtsverfahren, etc.; vgl. Pätzold/Klusmeyer/Wingels et al. 2003, S. 3). Innerhalb der vorliegenden Untersuchung erfolgt eine inhaltliche Einschränkung des zu Grunde liegenden Methodenbegriffes auf schulischen Unterricht, so dass methodische Formen, die im Kontext des dualen Berufsbildungssystems innerhalb der betrieblichen Lehre eingesetzt werden, nicht eingeschlossen werden. Der Methodenbegriff orientiert sich anhand der Methodendefinition von Jank/Meyer, da die Autoren gegenüber außerschulischen Lernkonstrukten hinreichend abgrenzen, jedoch insbesondere hinsichtlich des Erkenntnisgegenstandes keine Einschränkungen vornehmen: „Unterrichtsmethoden sind die Formen und Verfahren, mit denen Lehrende und Lernende die sie umgebende natürliche und gesellschaftliche Wirklichkeit im Unterricht vermitteln und sich aneignen" (Jank/Meyer Hilbert 2011, S. 54; vgl. auch Nickolaus/Heinzmann/Knöll 2005, S. 58ff.).

Tabelle 6: Ziele, die mit dem Einsatz von Frontalunterricht angestrebt werden sollen (Angaben in %, nur kaufmännisch-verwaltender Bereich)[100]

Frontalunterricht eignet sich besonders gut, um...	**Trifft immer zu**	**Trifft oft zu**	**Trifft selten zu**	**Trifft nicht zu**	**Keine Angabe**
die Stofffülle des Lehrplans bewältigen zu können	50,6	40,3	3,4	3,4	2,3
Begriffswissen zu erarbeiten	28,4	61,4	8,5	0,6	1,1
Zusammenhangswissen zu erarbeiten	15,3	52,8	23,3	4,5	4,0
zu lernen, wie man Wissen anwendet	3,4	24,4	43,8	26,1	2,3
die Selbstständigkeit der Schüler zu steigern	1,7	5,7	44,3	46,0	2,3
die Problemlösefähigkeit der Schüler zu fördern	1,1	24,4	42,6	29,0	2,8
eine praxisnahe schulische Ausbildung zu bieten	3,4	20,5	41,5	31,3	3,4

Über 90% der Teilnehmer begründen den Frontalunterrichtseinsatz mit der curricular vorgesehenen Stoffmenge in Relation zu curricular vorgegebenen Inhalten. Bei der Bewertung der Aspekte, die aus Lehrersicht im kaufmännisch-verwaltenden Bereich die vermehrte Umsetzung handlungsorientierten Unterrichts behindern, werden ebenfalls zeitliche Begründungen verstärkt angesprochen: ‚Die Umsetzung der Methoden im Unterricht ist zu zeitaufwändig' (86,4% Zustimmung); ‚Der Zeitaufwand für das Erlernen von Wissen und Fertigkeiten ist zu hoch' (79,1% Zustimmung) sowie ‚Die Vorbereitung eines solchen Unterrichtes ist zu zeitaufwändig' (72,3% Zustimmung; vgl. Pätzold/Klusmeyer/Wingels et al. 2003, S. 173). Ähnliche Ergebnisse erzielen Seifried et al., die ebenfalls unterschiedliche Faktoren bzw. Umstände ermitteln, die die Einführung von handlungsorientierten Methoden innerhalb der alltäglichen Unterrichtsarbeit verhindern (vgl. Seifried/Grill/Wagner 2006, S. 238; Seifried 2006b, S. 584ff.). Drei der vier Antworten mit den höchsten Zustimmungswerten thematisieren zeitliche Faktoren:

100 Abbildung entnommen aus Pätzold/Klusmeyer/Wingels et al. 2003, S. 151; vgl. auch Seifried/Grill/Wagner 2006, S. 238. Zusätzlich ermitteln Pätzold et al. eine Rangfolge, in der unterschiedliche Lehr-Lern-Methoden nach differenten Eignungskriterien gerankt werden. Hinsichtlich der Bewältigung der curricularen Stofffülle erreicht der Fontalunterricht auch in diesem Ranking mit deutlichem Abstand den Spitzenplatz (vgl. Pätzold/Klusmeyer/Wingels et al. 2003, S. 93).

Abbildung 11: Hemmnisse einer Ausweitung der Handlungsorientierung im kaufmännischen Unterricht nach Seifried[101]

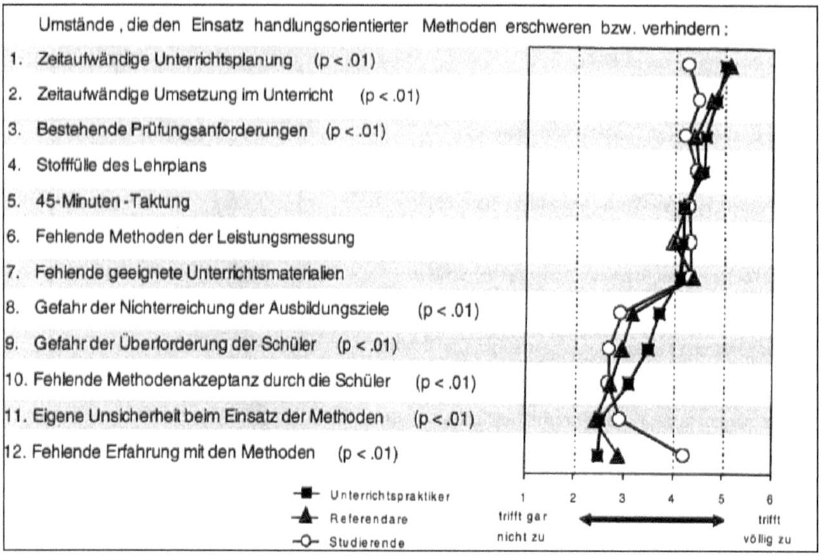

Weiterhin wird der Frontalunterricht als besonders geeignet zur Bewältigung der curricularen Stofffülle klassifiziert:[102]

101 Abbildung entnommen aus Seifried 2006b, S. 586, vgl. auch Seifried 2006a, S. 87.

102 Die teilnehmenden Lehrkräfte bewerten den Frontalunterricht als ungeeignet zur Förderung der Teamfähigkeit oder Selbstständigkeit der Schülerinnen und Schüler (vgl. Seifried 2006b, S. 584f.). Demzufolge bedingt eine Verwendung des Frontalunterrichts eine verstärkte Fokussierung auf fachliche Inhalte zu Ungunsten überfachlicher Zielbestandteile der Berufsschule. Zur Effektivität unterschiedlicher Methoden vgl. weiterhin Lüders/Rauin 2008, S. 733ff.

Abbildung 12: Eignung des Frontalunterrichts aus der Sicht (angehender) Handelslehrer nach Seifried[103]

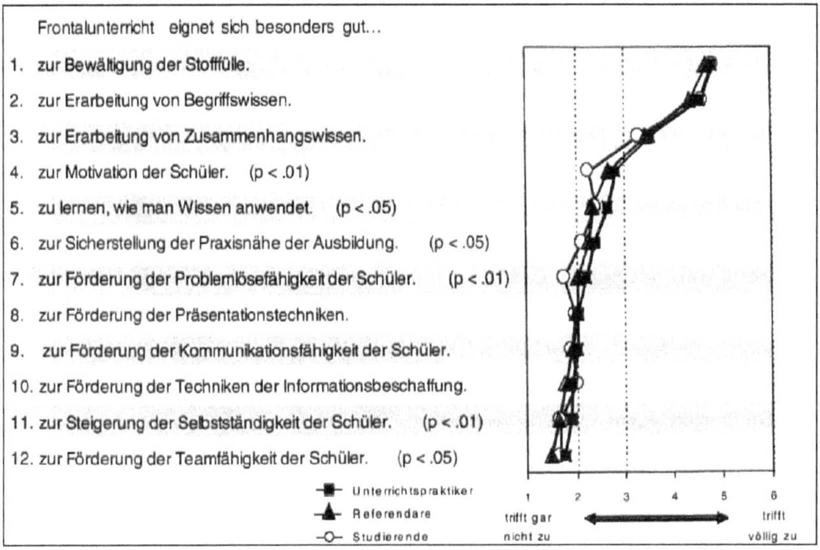

Demzufolge wird einhellig ein Zeit-Mengen-Problem zwischen curricularen Inhalten und vorhandener Unterrichtszeit diagnostiziert, welches gleichzeitig als Hemmfaktor der Umsetzung handlungsorientierter Unterrichtsmethoden fungiert. Gleichzeitig zeigt sich, dass handlungsorientierte Methoden nachrangig verwendet werden (vgl. Seifried 2006b, S. 587):

103 Abbildung entnommen aus Seifried 2006b, S. 585.

Tabelle 7: Tatsächlich verwendete Unterrichtszeit nach Seifried et al. (in % der Nettounterrichtszeit)[104]

Lerninhalt						
	BWL	**RW**	**VWL**	**Recht**	**IT/DV**	**Gesamt**
Unterrichtsmethoden	**(n=402)**	**(n=345)**	**(n=98)**	**(n=63)**	**(n=139)**	**(n=1.047)**
Frontalunterricht	58,4	67,4	74,8	55,6	46,1	51,1
Einzelarbeit	13,5	18,2	12,4	18,7	31,6	17,7
Partnerarbeit	5,3	6,4	4,2	9,8	12,2	6,7
Gruppenarbeit	15,1	6,2	6,7	15,9	3,7	9,9
Fallstudie	0,9	1,2	0,7	0,0	0,0	0,8
Planspiel	0,1	0,4	1,0	0,0	0,0	0,3
Rollenspiel	0,9	0,0	0,1	0,0	0,0	0,4
Projektunterricht	5,7	0,2	0,0	0,0	6,5	3,1
BWL = Betriebswirtschaft, RW = Rechnungswesen, VWL = Volkswirtschaft, IT/DV = Informationstechnologie/Datenverarbeitung						

Seifrieds et al. beschriebenen Befund können Götzl et al. teilweise replizieren (vgl. Götzl/Jahn/Held 2013, S. 10):

104 Tabelle entnommen aus Seifried/Grill/Wagner 2006, S. 239, siehe auch Seifried 2006b, S. 591 und S. 593.

Tabelle 8: Sozialformeinsatz in unterschiedlichen Lerngebieten kaufmännischen Unterrichts nach Götzl et al. (in % der echten Lernzeit)[105]

Lerngebiet		**REWE (n=125)**	**BWL (n=229)**	**VWL (n=46)**	**Recht (n=21)**	**DV/IT (n=4)**	**Sonst. (n=3)**	**Insg. (N=428)**
Einzelarbeit		22,1%	14,3%	14,0%	18,9%	22,4%	19,6%	16,7%
Partnerarbeit		5,3%	3,3%	2,7%	4,8%	19,2%	0,0%	4,0%
Gruppenarbeit		3,0%	8,0%	7,0%	12,4%	0,0%	0,0%	6,5%
Frontalunterricht(Summe)		68,6%	75,1%	75,5%	66,6%	62,7%	75,1%	72,7%
Subkat. des Frontalunterrichts	Lehrervortrag	30,9%	30,4%	32,5%	26,8%	21,8%	33,3%	30,5%
	Schülervortrag	2,1%	3,7%	4,5%	11,2%	14,1%	0,0%	3,8%
	Lehrer-Schüler-Interaktion	33,8%	38,5%	37,4%	27,4%	26,9%	41,8%	36,4%
	Klassen-diskussion	1,8%	2,5%	1,1%	1,1%	0,0%	0,0%	2,0%
(Angaben in % der echten Lernzeit)								

Insbesondere für volkswirtschaftlichen Unterricht wird ein dominierender Frontalunterrichtsanteil in Höhe von 75,5% ermittelt (gegenüber 74,8% bei Seifried et al.; vgl. Götzl/Jahn/Held 2013, S. 12 bzw. Seifried/Grill/Wagner 2006, S. 239). Gleichzeitig widersprechen sie jedoch Seifried et al. hinsichtlich eines von ihnen diagnostizierten unterrichtlichen Methodenpluralismus, den Götzl et al. nicht in einem solchen Umfang nachweisen können (vgl. Götzl/Jahn/Held 2013, S. 17).

Seifrieds et al. diagnostiziertes Zeit-Mengen-Problem sowie heterogene Diagnosen hinsichtlich unterrichtlich verwendeter Sozialformen stellen den Ausgangspunkt der hier vorgenommenen Untersuchung dar (vgl. Seifried/Grill/Wagner 2006, S. 239; Seifried 2006a, S. 87). Da beide Untersuchungen jeweils kaufmännischen Unterricht als Gesamtheit betrachten, müssen deren Ergebnisse nicht zwangsläufig auf spezifisch volkswirtschaftliche Inhalte innerhalb des kaufmännischen dualen Bildungsbereichs übertragbar sein.[106] Vergleiche

105 Tabelle entnommen aus Götzl/Jahn/Held 2013, S. 12.

106 Beide angesprochenen Studien besitzen einen tendenziell horizontalen Aufbau. Es werden ausschließlich zeitliche Faktoren (unabhängig konkreter Bildungsgänge oder kaufmännischer Schulformen) erhoben, inhaltlich klassifiziert (zumeist BWL, VWL, Rechnungswesen und Recht) und anschließend verglichen. Aufgrund einer bildungsgangheterogenen Vorgehensweise können demzufolge keine spezifischen Aspekte dualer Ausbildungsgänge rückverfolgt werden.

von volkswirtschaftlichen Inhalten zwischen unterschiedlichen Bildungsgängen innerhalb des dualen Systems sind momentan nicht möglich.

Einigkeit herrscht hinsichtlich des diagnostizierten Zeit-Mengen-Problems, wobei hinsichtlich unterrichtlicher Methodenvielfalt sowie der Intensität deren Nutzung selbst auf aggregierter Ebene heterogene Ergebnisse vorliegen.[107] Für volkswirtschaftliche Inhalte wird ein hoher Anteil an Frontalunterricht diagnostiziert, obwohl Seifried für das Fach ‚Wirtschaftslehre', eine geringere Tendenz zum Frontalunterricht diagnostiziert (vgl. Seifried 2006a, S. 85). Auch Böhner konnte ca. 10 Jahre nach der Einführung des handlungsorientierten Unterrichts nachweisen, dass das Lernfeldkonzept lediglich von einem Drittel kaufmännischer Lehrkräfte befürwortet wird (und von einem weiteren Drittel der Lehrpersonen abgelehnt wird, vgl. Böhner 2006, S. 55ff.). Weiterhin zeigt er auf, dass im Jahr 2006 rund 40% der Lehrkräfte ihre Unterrichtsgestaltung nicht verändert haben (vgl. Böhner 2006, S. 61). Vor diesem Hintergrund wird die Selbsteinschätzung der Lehrkräfte im Rahmen der vorliegenden Studie für volkswirtschaftliche Themenbereiche überprüft, wobei der Fokus auf der Wirkungsrichtung zwischen einem potentiellen Zeitproblem innerhalb der unterrichtlichen Umsetzung und der Sozialformwahl innerhalb dieses Bildungsbereiches liegt. Entgegengesetzt einer dominierender Nutzung des Frontalunterrichtes auf Grund geringer Zeitvorgaben wäre ebenso ein Zeitmangel nach einer vermehrten Nutzung ‚zeitintensiver', primär handlungsorientiert ausgerichteter Unterrichtsmethoden möglich.[108] Insofern wären zeitliche Engpässe nicht durch die strukturellen Curricularvorgaben, sondern durch die unterrichtliche Praxis einzelner Lehrkräfte zu begründen. Es wird untersucht, ob eine verstärkte Frontalunterrichtsnutzung Ausgangspunkt oder Resultat subjektiv empfundener zeitlicher Engpässe ist. Da keine Anhaltspunkte erkennbar sind, die auf differente Ergebnisse gegenüber Seifrieds Studie hindeuten, werden homogene Ergebnisse erwartet:

Hypothese 8: Es liegt eine verstärkte Frontalunterrichtsnutzung innerhalb berufsbegleitenden kaufmännischen Unterrichts vor, die auf ein subjektiv empfundenes Zeit-Mengen-Problem der Lehrkräfte zurückzuführen ist.

---

107 Zur Prädiktorwirkung einer Methodenauswahl vgl. Nickolaus/Knöll/Gschwendtner 2006, S. 552ff.

108 Die Nutzung zeitökonomischer Sozialformen aufgrund subjektiv empfundenen Zeitmangels wäre ebenso möglich wie ein subjektiv empfundener Zeitmangel der Lehrkräfte, die verstärkt zeitunökonomische Sozialformen praktizieren.

1.3.4 Hypothesengenerierung zur inhaltskonstituierenden Wirkung der IHK-Abschlussprüfung

Neben der inhaltlichen Gestaltungswirkung personeller Merkmale wird weitergehend der Einfluss der zu absolvierenden Abschlussprüfung der Industrie und Handelskammer (IHK) als inhaltsbeeinflussendes, systembedingtes Gestaltungsmerkmal untersucht. Auslöser dafür sind keine modelltheoretischen Implikationen, sondern Aussagen zumeist praktisch tätiger Lehrkräfte, die im Sinne eines induktiven Forschungsaufbaus einer fach- bzw. inhaltsspezifischen Überprüfung unterzogen werden. Ohne inhaltlichen Fachbezug diagnostizieren Böhme/Scholz: „Diese Prüfung [die Abschlussprüfung der IHK, d.A.] wirkt als Zensor für Curricula und Unterricht. Sie ist der stärkste Steuerungsmechanismus zur Verhinderung von Lernhandeln in komplexen Situationen" (Böhme/Scholz 2014, S. 4; vgl. auch Reetz 2006, S. 69; Seifried 2006a, S. 88).[109] Demgemäß „erlangen Stoffkataloge der zentralen Prüfungsaufgaben-Ersteller eine normierende Funktion für das Curriculum" (Reetz 2006, S. 69; vgl. Grigat/Gadow 2003, S. 2). Die Abschlussprüfung übe demnach nicht nur inhaltliche Auswirkungen aus, sondern beeinflusse darüber hinaus ebenfalls organisatorische Unterrichtsstrukturen, so dass sie die Wirkung eines ‚heimlichen Lehrplans' entfalte (vgl. Rischmüller 2004, S. 180):

> „Ihre Kleinschrittigkeit, Orientierung an Schulbüchern, Schulstoff und Fachsystematik und ihre Ignoranz gegenüber betrieblichen Handlungsfeldern nötigt viele Kolleginnen und Kollegen mit dem Argument ‚aber die Prüfung' zu einem kleinschrittigen, auf Auswendiglernen fixierten und auf Schulbuchstoff, sprich Prüfungsstoff, ausgerichteten Unterricht" (Böhme/Scholz 2014, S. 4).

Böhme/Scholz sprechen die jeweils verwendeten Schulbücher sowie deren auf die IHK-Abschlussprüfung ausgerichtete Stoffauswahl an, wodurch die Durchführung alternativer Unterrichtsinhalte weiter erschwert und die Reichweite der Steuerungswirkung sich vergrößern würde. Sie diagnostizieren, dass „Bezüge zur Außenwelt eines Unternehmens [...] fast vollständig" fehlen (Böhme/Scholz 2014, S. 6). Exemplarisch führen sie an, dass sich in den wenigen Fällen, in denen ein Bezug zur Außenwelt in unterrichtlichen Kontexten vorliegt, dieser auf das Finanzamt und das Gericht, welches das zuständige Handelsregister führt, beschränkt, so dass einzelwirtschaftliche Fragestellungen isoliert, ohne einen gesamtwirtschaftlichen Bezug, behandelt werden.

---

109 Böhme/Scholz weisen darüber hinaus auf die sehr aktive Mitarbeit von Lehrerinnen und Lehrern im Rahmen der einzelnen Prüfungskommissionen der IHK hin (vgl. Böhme/Scholz 2014, S. 4).

> „Eine Vielzahl von Erkenntnissen könnte gewonnen werden, wenn nicht nur Überweisungen an das Finanzamt und Sozialversicherungen getätigt werden, sondern z.B. deren Wirkung auf staatliche Haushalte Beachtung fände. Vor dem Hintergrund globaler Entwicklungen und ohne Banken-, Euro- und Staatsschuldenkrise, lassen sich z.B. Zinsen, Preis- und Wachstumsentwicklungen und Entwicklungen auf dem Arbeitsmarkt kaum einschätzen" (Böhme/Scholz 2014, S. 6).

Folglich seien „die meisten Schulbücher [...] ein Beispiel für dieses Denken. Gesamtwirtschaftliche Aspekte sind oftmals ausgeklammert bzw. werden einer anderen Disziplin zugeordnet" (Böhme/Scholz 2014, S. 3). Ähnlich diagnostiziert Stommel bereits einige Jahre zuvor bezüglich der Prüfungsinhalte innerhalb spezifisch kaufmännischer IHK-Abschlussprüfungen: „Es dominieren Aufgaben zu handlungspraktisch bedeutungslosen Regulierungsdetails, weitgehend sinnloses Faktenwissen vorzugsweise rechtlicher Herkunft" (Stommel 1998a, S. 89).[110] Gleichermaßen stellt Woll bei der exemplarischen Analyse im Bildungsgang ‚Industriekaufmann/-frau' fest:

> „Im Lernfeld 9 (ein Lernfeld mit überwiegend volkswirtschaftlichem Inhalt, d.A.) ist der handlungsorientierte Ansatz kaum erkennbar. [...] Aber man vermisst in den Fallbeispielen interdisziplinäre Fragestellungen, soziale und politische Hintergründe und Kontroversen. Auch bleibt die europäische und die internationale Dimension verkürzt" (Woll 2005, S. 85).

Ebenfalls einen fachunabhängigen, tendenziell jedoch eher qualitativ ausgerichteten Analyseaufbau weist Krüger auf, der primär die Zusammensetzung berufsbildender Abschlussprüfungen aus schulischen und betrieblichen Komponenten betrachtet und eine signifikante Überbetonung betrieblicher Prüfungsbestandteile diagnostiziert. „Bezogen auf die überwiegend von der Berufsschule vermittelten kognitiven Kompetenzen, die in der Vergangenheit schriftlich geprüft wurden, ist jedoch festzustellen, dass sie prüfungstechnisch sowohl zeitlich als auch inhaltlich teilweise bis an den Rand der Bedeutungslosigkeit zurückgedrängt worden sind" (Krüger 2014, S. 61). Er begründet seine Aussage mit einer verstärkten Orientierung der Prüfungsinhalte an beruflichen, tätigkeitsorientierten Fertigkeiten.[111] Er

---

110 Horlebein weist darauf hin, dass in der Mehrzahl verwendeter Schulbücher ebenfalls lediglich ein bedingter Handlungsbezug aufzufinden ist, der in der Regel durch eine vorangestellte Situationsbeschreibung hergestellt wird (vgl. Horlebein 2005, S. 65). Für eine detaillierte Analyse der Umsetzung eines Lernfeldes aus dem Bildungsgang ‚Industriekauffrau/-mann' in einem Schulbuch siehe Woll 2005, S. 74ff. Zur Konzeption eines Schulbuches der Volkswirtschaftslehre vgl. exemplarisch Meyer 2003, S. 2ff.

111 Zur Kompetenzmessung einzelner Prüfungen bzw. ihrer Bestandteile vgl. Klotz/Winther 2012, S. 1ff.

betont jedoch, dass die vorgenommene generalisierende Betrachtung nicht sämtlichen Einzelprüfungen gerecht werden kann und es sich demnach um grundlegende Entwicklungstendenzen handelt.

Prämissenspezifische Untersuchungen hinsichtlich volkswirtschaftlicher Schulimplikationen liegen nur bedingt vor. Retzmann, der das Fach ‚Volkswirtschaftslehre' innerhalb nordrhein-westfälischer Weiterbildungskollegs untersucht, stellt ebenfalls eine hohe Lenkungswirkung der Abschlussprüfungen fest. In seiner Studie liegen zentrale Abiturprüfungen als Bezugspunkte zu Grunde, jedoch können ähnliche Effekte im berufsbildenden Bereich vermutet werden. Innerhalb des kaufmännisch berufsbildenden Bereichs sind volkswirtschaftliche Lernfelder zumeist im letzten Lehrjahr des Ausbildungsgangs implementiert, so dass innerhalb dieses Zeitfensters die Prüfungsvorbereitung der Schülerinnen und Schüler berücksichtigt werden dürfte, was zusätzlich zu den bereits angesprochenen Erkenntnissen als zusätzliche Begründung der Inhaltsorientierung anhand der zu erwartenden Prüfungsinhalte dienen kann. Die Lenkungsfunktion der Abschlussprüfungen würde sich hinsichtlich volkswirtschaftlicher Thematiken verstärken: Sind sie in den unterschiedlichen Ausbildungsgängen Bestandteil der Abschlussprüfung, dürfte sich das unterrichtliche Maß der Thematisierung anhand des subjektiv prognostizierten Prüfungsausmaßes orientieren; sind sie hingegen kein Bestandteil der Abschlussprüfung, so würden sie mit Hinblick auf die Prüfungsvorbereitung der Schülerinnen und Schüler kaum thematisiert.

Hypothese 9: Es besteht ein Zusammenhang zwischen der durch Lehrerinnen und Lehrer zugewiesenen Relevanz einzelner volkswirtschaftlicher Themen innerhalb des Fachunterrichts sowie deren Thematisierung innerhalb der Abschlussprüfungen der Industrie- und Handelskammer.

1.4 Forschungsaufbau und Struktur der Arbeit

Die Vorgehensweise im Rahmen der Arbeit lässt sich in zwei wesentliche Bereiche unterteilen. Zunächst erfolgt eine Analyse der historischen Genese kaufmännischen, volkswirtschaftlich geprägten Unterrichts. Insbesondere inhaltliche Implementierungen innerhalb kaufmännischer Berufsbildungsgänge stehen im Zentrum. Auf Grund des normativen Charakters erfolgt zumeist ein Rückgriff auf administrative Vorgaben in Form von Lehrplänen und amtlichen Erlassen. Weiterer Dokumente, die Rückschluss auf schulische Inhalte zulassen, wird sich erst dann bedient, sollten historische Curricula nicht verfügbar sein.

Die zeitliche Auswahl richtet sich inhaltsgestützt nach curricularen Veränderungen volkswirtschaftlicher Thematiken, so dass nur Unterlagen mit gesamtwirtschaftlichen Bezügen herangezogen werden.[112] Im Zentrum stehen berufsbegleitende Curricula aus dualen Ausbildungsgängen, dem Vorläufer des heutigen dualen Systems. Lehrpläne vollzeitschulischer Bildungsgänge werden lediglich zu Abgrenzungszwecken zwischen berufsbegleitenden und vollzeitschulischen kaufmännischen Unterricht aufgezeigt. Die Zielsetzung ist darin zu sehen, dass inhaltliche Strukturen im Rahmen einer zeitlichen Curriculargenese aufgezeigt, hinsichtlich volkswirtschaftlicher Inhalte konkretisiert und ihre jeweils innerhalb des Gültigkeitszeitraumes aktuelle curriculare Legitimation zeitbezogen analysiert werden (vgl. Gläser-Zikuda 2011, S. 113f.). Dabei steht der Aspekt der ‚praktischen Nützlichkeitsorientierung' im Sinne beruflicher Handlungsfähigkeit (zur Untersuchung der Hypothese 1) sowie wechselseitige Implementierungsmuster im Zeitverlauf (zur Untersuchung der Hypothese 2) im Zentrum der Betrachtung.

Neben dem ersten, historisch orientierten Teil der Arbeit widmet sich der zweite Arbeitsteil dem aktuellen Stand kaufmännischer Bildung, wobei die Erfassung unterrichtlicher Realitäten durch die curricularen Konstruktionsgrundlagen des berufsbildenden Bereiches methodologisch erschwert wird.[113] Die Möglichkeit der inhaltlich individuellen Ausgestaltung auf Schul- oder Konferenzebene erlaubt neben differenter inhaltlicher Ausgestaltung ebenfalls die heterogene quantitative Gewichtung einzelner Inhalte in identischen Bildungsgängen, die trotzdem curriculare Deckung besitzen (vgl. Fischer/Seeber 2014, S. 6; Gschwendtner 2011, S. 95).[114] „[…] Erhebungen zu realisierten curricularen Schwerpunkten (machen) im Kontext von Kompetenzmodellierungen deutlich,

---

112 Curricula ohne volkswirtschaftliche Bezüge werden hier nicht aufgezeigt. Es wird bewusst darauf verzichtet, eine umfassende Abhandlung über Wirtschafts- bzw. Schulhistorie zu verfassen. Zum einen existieren zu diesem Themenkreis bereits vielfältige literarische Abhandlungen, die jeweils aus unterschiedlichen Blickwinkeln die Entwicklungen nachzeichnen und im Rahmen ihrer jeweiligen epochalen Gegebenheiten begründen (vgl. exemplarisch Zabeck 2009; Greinert 2006b, S. 499; Pätzold 1994a, S. 9ff.; Löbner 1963, S. 11ff.; Berke 1960, S. 138ff.; Thyssen 1960, S. 122ff.; Penndorf 1916, S. 115ff.). Zum anderen wäre die umfassende Darstellung historischer Entwicklungen über den gesamten Zeitraum, in dem Handel miteinander betrieben wurde (und insofern wirtschaftlich-kaufmännische Fragestellungen im weitesten Sinne eine Relevanz besaßen) im Rahmen der thematisierten Fragestellung nicht zielführend.

113 Zur Kombination quantitativer und qualitativer Forschungsmethoden vgl. Gläser-Zikuda 2011, S. 117.; Krüger/Pfaff 2008, S. 157ff.; Böhme weist explizit auf die Konzipierung qualitativer Schulforschung im Rahmen ‚subjektiver Theorien' hin, vgl. Böhme 2008, S. 131ff.

114 Zur Bedeutung der inhaltlichen Struktur vgl. Straßer 2013, S. 504f.

dass örtlich bzw. in den einzelnen Klassen hoch unterschiedliche Akzente gesetzt werden“ (Nickolaus 2014, S. 13). Der curricular gezogene Rahmen, innerhalb dessen Lehrerinnen und Lehrern ein Handlungsspielraum zugestanden wird, bildet keine engen Abgrenzung:

> „Da mit den Konzeptmerkmalen nur grob umrissen ist, was unterrichtlich geschehen soll und erst in Lernfeldkonferenzen schulspezifische und von Lehrerseite klassenspezifische Konkretisierungen erwartet werden können, sind empirischen Überprüfungen allerdings substantielle Grenzen gesetzt. Gleichwohl scheinen Annäherungen möglich, die zumindest erste Abschätzungen ermöglichen“ (Nickolaus 2014, S. 5).

Die Feststellung unterrichtlicher Inhaltsvariationen im Kontext identischer Curricula konnte bisher durch Gschwendter sowie Schmidt/Nickolaus/Weber im Bildungsgang ‚KFZ-Mechatroniker/KFZ-Mechatronikerin‘ sowie jüngst durch Nickolaus im Bildungsgang ‚Elektroniker/Elektronikerin für Automatisierungstechnik erbracht werden, wobei diese Ergebnisse im Kontext kompetenzbasierter Lehr-Lern-Forschung dahingehend interpretiert werden, dass „die Bedeutung curricularer Schwerpunktsetzungen für die Kompetenzentwicklung […] die deutlich höhere prädiktive Kraft zu haben scheinen als die methodischen Entscheidungen“ (Nickolaus 2014, S. 8; Nickolaus/Knöll/Gschwendtner 2006, S. 552ff.; zu weiteren Ergebnissen siehe Schmidt/Nickolaus/Weber 2014, S. 549ff.; Gschwendtner 2011, S. 55ff. sowie Gschwendtner 2008, S. 103ff.). Auf Basis differierender Schwerpunkte innerhalb unterrichtlicher Umsetzung werden im Rahmen der vorliegenden Studie inhaltliche Merkmale im volkswirtschaftlichen Bereich untersucht, wobei eine Theorie-Praxis-Schere, innerhalb derer einzelne Inhaltsfelder ausgeschlossen werden, möglich erscheint. Zur Begründung inhaltlicher Differenzen wird angeführt: „[…] (Die) örtlichen Varianzen der realisierten Curricula (sind) vermutlich Ausdruck subjektiver Einschätzungen […], die gegebenenfalls innerhalb der Schule mehr oder weniger geteilt werden (Nickolaus 2014, S. 13; vgl. weiterhin Gschwendtner 2011, S. 65 und S. 72). Des Weiteren weisen Weber/Achtenhagen darauf hin, dass die faktische Ausgestaltung von Schulprogrammen ebenfalls der subjektiven Einschätzung von Bildungspolitikern und Curriculumfachleuten unterliegt (vgl. Weber/Achtenhagen 2014a, S. 4). Die Inhaltsgestaltung stellt also Ausdruck subjektiver Wertschätzung der jeweiligen Initiatoren dar.

Die Bedingungsfaktoren, unter denen subjektive Lehrerurteile entstehen bzw. deren Einfluss sie unterliegen, werden im Rahmen inhaltstheoretischer Modellierungen kaum thematisiert. Infolgedessen wird auf Basis der im Rahmen kompetenzmodellbasierter Lehr-Lern-Forschung festgestellten subjektiven Lehrerfreiheit die Relevanz volkswirtschaftlicher Inhaltsbereiche untersucht (vgl. Kuper 2011, S. 131ff.). Es erfolgt keine Untersuchung der Prädiktorwirkung einzelner Faktoren analog kompetenzbasierter Forschungsdesigns, sondern eine inhaltsbasierende Untersuchung einer möglichen Theorie-Praxis-Schere im Bereich volkswirtschaftlicher Inhalte. Das Ziel der Untersuchung besteht darin, die subjektive Komponente der Inhaltsauswahl im Rahmen der Konkretisierung von Lernfeldern in Lernsituationen zu erfassen und somit eine potentielle Theorie-Praxis-Differenz empirisch gestützt aufdecken sowie hinsichtlich ihrer Auswirkungen auf volkswirtschaftliche Themengebiete einschätzen zu können (zur Untersuchung der Hypothese 3).

Es werden ausgewählte sozio-demografische Faktoren erfasst, um hinsichtlich personenbezogener Charakterisierungsmerkmale der Lehrperson Regelmäßigkeiten aufzudecken, die sich auf die unterrichtliche Thematisierung einzelner Inhalte auswirken. Das Ziel besteht darin, Einflussfaktoren auf die inhaltliche Selektion bzw. Fokussierung aufzudecken, die durch ausgewählte sozio-demographische Merkmale zustande kommen (zur Überprüfung der Hypothesen 4–7). Des Weiteren erfolgen eine Gegenüberstellung ausgewählter Prüfungsthemen aus Abschlussprüfungen der Industrie- und Handelskammer sowie deren subjektive Relevanzeinschätzung durch die teilnehmenden Lehrkräfte, um deren inhaltlichen Stellenwert auf Lehrerseiten zu ermitteln (zur Überprüfung der Hypothese 9).

Die Untersuchung zeitlicher Faktoren relativ zum vorgesehenen volkswirtschaftlichen Inhaltsbereich schließt an die inhaltliche Analyse der Curricula an. Zur Begründung einer möglichen Theorie-Praxis-Schere wird zunächst erhoben, ob die vorgesehenen Zeitrichtwerte tatsächlich innerhalb schulischen Unterrichts zur Verfügung stehen, so dass die tatsächlich zur Verfügung stehende Zeit bzw. mögliche Differenzen zu den entsprechenden curricularen Richtlinien ermittelt werden können. Des Weiteren werden die teilnehmenden Lehrerinnen und Lehrer um eine Einschätzung des vorgesehenen Zeitrichtwertes relativ zu den curricular implementierten Inhaltsfeldern sowie zu deren präferierten Sozialform- und Mediennutzung gebeten. Demzufolge können subjektiv empfundene Missverhältnisse zwischen inhaltlichen und zeitlichen Vorgaben ermittelt werden. Im Verhältnis zur Sozialform- bzw. Mediennutzung werden insofern potentielle Korrelationen zwischen subjektivem Zeitempfinden relativ zu vorgesehenen Inhalten und der Nutzung ‚zeitökonomischer' bzw. ‚zeitintensiver' Sozialformen hergestellt. Es wird ein Verhältnis zwischen subjektiv empfundenen Zeitrichtwerten sowie der Methodennutzung innerhalb volkswirtschaftlicher Themengebiete hergestellt und hinsichtlich der Wirkungsrichtung untersucht (zur Überprüfung der Hypothese 8).

Die beschriebene Unterteilung spiegelt sich ebenfalls im Aufbau der vorliegenden Arbeit wider. Kapitel 2 zeichnet die Entstehungsgenese kaufmännischer Curricula nach und fokussiert dabei volkswirtschaftliche Inhalte innerhalb des berufsbildenden Bildungsbereichs. Dies erfolgt in chronologischer Reihenfolge beginnend mit dem merkantilistischen Zeitalter (Kapitel 2.1) und der neuhumanistische Geistesströmung (Kapitel 2.2). Das 20 Jahrhundert wird angelehnt an beide Weltkriege unterteilt, so dass die Genese während des frühen 20 Jahrhunderts (Kapitel 2.3), während des Ersten Weltkriegs (Kapitel 2.4), während der Weimarer Republik (Kapitel 2.5), während der nationalsozialistischen Zeit (Kapitel 2.6) sowie während der Nachkriegszeit (Kapitel 2.7) getrennt untersucht wird. Die Bedingungsfaktoren, die Einfluss auf die volkswirtschaftliche Curricularimplementierung innerhalb des Geneseprozesses ausüben, werden in Kapitel 3 herausgearbeitet, welches die Analyse der Curriculargenese komplettiert und gleichermaßen den ersten Teil der Arbeit abschließt.

Die zeitlich folgende curriculare Neukonstruktion im Rahmen handlungsorientierter Lernfelder thematisiert Kapitel 4, welches folglich den formalen Untersuchungsgegenstand der vorliegenden empirischen Studie aufzeigt. Deren Konstruktionsmerkmale thematisiert Kapitel 5, wobei die Methodenwahl (Kapitel 5.1), die Zielgruppe (Kapitel 5.2), das gewählte Erhebungsinstrument (Kapitel 5.3) sowie der zeitliche Verlauf (Kapitel 5.4) separat dargestellt werden. Die Studienergebnisse zeigt Kapitel 6 auf, untergliedert nach deskriptiven Werten (Kapitel 6.1) sowie induktiven Werten zur korrelativen Hypothesenüberprüfung (Kapitel 6.2). Dabei werden inhaltliche Relevanzbewertungen (Kapitel 6.2.1) getrennt von Faktoren der Unterrichtsdurchführung (Kapitel 6.2.2) betrachtet. Die Untersuchung der Einflusswirkung der Abschlussprüfung durch die Industrie- und Handelskammer folgt innerhalb eines eigenen Kapitels (Kapitel 7). Während Kapitel 8 die quantitativen Ergebnisse der gesamten Studie analysiert und einordnet, thematisiert Kapitel 9 die Restriktionen der vorgenommenen empirischen Untersuchung und fasst deren Ergebnisse zusammen.

Abbildung 13: Schematische Darstellung der durchgeführten Studie

I. Einleitung, Forschungsumfeld und Aufbau der Arbeit

- Kapitel 1: Einführung
  - Kapitel 1.1: Forschungsgegenstand
  - Kapitel 1.2: Diskussionsstand lernfeldbasierter Curricula
  - Kapitel 1.3: Forschungsbedarf und Hypothesenformulierung
  - Kapitel 1.4: Forschungsaufbau und Struktur der Arbeit

Historische Genese

II. Curricularer Geneseverlauf

- Kapitel 2: Volkswirtschaftliche Curriculargenese aus wirtschaftshistorischer Sicht
  - Kapitel 2.1: Merkantilistisches Zeitalter
  - Kapitel 2.2: Neuhumanistisches Zeitalter
  - Kapitel 2.3: Frühes 20. Jahrhundert
  - Kapitel 2.4: Erster Weltkrieg
  - Kapitel 2.5: Weimarer Republik
  - Kapitel 2.6: Nationalsozialistische Zeit
  - Kapitel 2.7: Nachkriegszeit
- Kapitel 3: Bedingungsfaktoren des curricularen Geneseverlaufs

Empirische Untersuchung

III. Systematisierung des Bezugsrahmens der Untersuchung

- Kapitel 4: Lernfeldorientierte curriculare Neustrukturierung

IV. Forschungsmethodische Konzeptionierung der Studie

- Kapitel 5: Die empirische Untersuchung aktueller Rahmenlehrpläne
  - Kapitel 5.1: Begründung der Methodenwahl
  - Kapitel 5.2: Beschreibung der Zielgruppe
  - Kapitel 5.3: Aufbau und Struktur des Fragebogens
  - Kapitel 5.4: Zeitlicher Verlauf
- Kapitel 6: Empirische Ergebnisse
  - Kapitel 6.1: Deskriptive Verteilungsgrößen
  - Kapitel 6.2: Induktive Hypothesenüberprüfung
- Kapitel 7: Inhaltliche Wirkung der IHK-Abschlussprüfung
- Kapitel 8: Einordnung der quantitativen Ergebnisse

IV. Schlussbetrachtungen und Ausblick

- Kapitel 9: Studienergebnisse und Restriktionen
  - Kapitel 9.1: Restriktionen und Forschungsbedarf
  - Kapitel 9.2: Ergebnis und Ausblick

2 Die volkswirtschaftliche Curriculargenese aus wirtschaftshistorischer Sicht

2.1 Heterogene Themenimplementierung im schulischen und akademischen Bildungsbereich während des Merkantilismus

Die Darstellung der historischen Curriculumgenese erfolgt in chronologischer Form mit dem Ziel, die Entwicklung fachlicher Inhalte im Rahmen des jeweiligen Fächerkanons im Hinblick auf volkswirtschaftliche Inhalte aufzuzeigen. Eine flächendeckende Implementierung ausgewählter Inhalte innerhalb eines schulischen Fächerkanons bedingt zwei Voraussetzungen: Erstens müssen gesicherte Erkenntnisse der potentiellen Fachinhalte vorliegen, damit diese didaktisch aufbereitet implementiert werden können. Zweitens muss die curriculare Ausgestaltung des Schulsystems eine Implementierung der entsprechenden Inhalte ermöglichen. Beides entwickelt sich für volkswirtschaftliche Inhalte während des merkantilistischen Zeitalters, so dass die curriculare Genese volkswirtschaftlicher Inhalte bereits ab diesem Zeitpunkt nachvollzogen werden kann.[115]

115 Die merkantilistische Epoche wird im Zeitraum von Beginn des 17. Jahrhunderts bis zum Ende des 18. Jahrhunderts datiert. Manche Autoren schließen darüber hinaus das 16. Jahrhundert mit in die Merkantilismusepoche ein (vgl. Kolb 2004, S. 17), wohingegen andere Autoren den Beginn des Merkantilismus erst im 17. Jahrhundert, zumeist mit Beendigung des 30-jährigen Krieges datieren (vgl. exemplarisch Brandt 1992, S. 39). Unter inhaltlichen Gesichtspunkten ist der Merkantilismusbegriff unscharf abgegrenzt. Der Merkantilismus beschreibt keine Lehre, die entstanden ist und ihren Einfluss in einem bestimmten Zeitraum bewirkt hat. „Es handelt sich dabei [bei dem Merkantilismus, d.A.] um Wirtschaftslehren, die zu keinem Zeitpunkt den Rang einer geschlossenen Theorie erreichten, sondern in eine kaum überschaubare Vielfalt praktischer Rezepte und Empfehlungen zerfielen."(Gömmel 1998, S. 41; vgl. auch Walter 2011, S. 38). Die spezifisch deutsche Ausprägung des Merkantilismus wird als ‚Kameralismus' bezeichnet (vgl. exemplarisch Kolb 2004, S. 28ff.). Der Begriff ‚Kameralismus' beschreibt dabei den volkswirtschaftlichen Aspekt innerhalb eines Staates und leitet sich von der fürstlichen ‚camera' (Schatzkammer) ab (vgl. Walter 2011, S. 38). Das volkswirtschaftliche Agieren kann als eine Aufgabe des Staates ausgelegt werden, so dass der Kameralismusbegriff „eine Verbindung von volkswirtschaftlichen und finanzwissenschaftlichen Theoremen mit verwaltungstechnischen Grundsätzen darstellt. Der volkswirtschaftliche Teil dieses Komplexes beruhte eindeutig auf den merkantilistischen Wirtschaftslehren, wie sie in Europa üblich waren. Die

Die ersten Verpflichtungen zu einem Schulbesuch analog einer heutigen Berufsschule existieren ab dem Jahr 1656.[116] In Sachsen-Gotha wird zu diesem Zeitpunkt eine Schulpflicht eingeführt, die nicht auf das Kindesalter beschränkt ist.[117] Diese entspricht Sekundärschulbildung analog des heutigen Typus', da die Schulpflicht an die bereits bestehende Schulpflicht für Jüngere anschließt. „Der Aufbau eines Primärschulwesens […] gab erst den Weg für Sekundärschulen frei. Sonntagsschulen wurden nun im Anschluß an die Volksschule besucht. Damit wurden aus ihnen echte Vorläufer der Berufsschule" (Thyssen 1954, S. 21). Die Verpflichtung zum Schulbesuch in Sachsen-Gotha bleibt kein Einzelfall, sondern andere Länder folgen diesem Beispiel in der Folgezeit, z.B. Preußen (im Jahr 1717), Württemberg (im Jahr 1739), Pforzheim/Stein (im Jahr 1755) und Bayern (im Jahr 1771). „Damit entstand ein neuer Sonntagsschultypus, der nicht mehr Ersatz, sondern Ergänzung der Volksschule war" (Thyssen 1954, S. 25).[118]

Gemeinsames Merkmal der bis Mitte des 18. Jahrhunderts gegründeten Schulformen ist ein auf katechetische Inhalte ausgerichteter Inhaltskanon, da im Sinne eines humanistischen Bildungsideals ethisch-moralische Bildungsinhalte im Zentrum schulischer Sekundärbildung stehen (vgl. Bremer 2001, S. 106; exemplarisch siehe Comenius 1657, S. 9). Im Zuge der nun folgenden Schulneugründungen wird von einem rein katechetischen Bildungskanon abgesehen, so dass weltliche, und in diesem Kontext ebenfalls kaufmännische Bildungsinhalte schulisch implementiert werden (vgl. Paulsen 1966, S. 59ff.). Insofern liegt die erste Voraussetzung einer curricularen Ausgestaltung, die sich mit kaufmännischen Inhalten vereinbaren lässt, ab diesem Zeitpunkt vor.

Die fachinhaltliche Voraussetzung zur Implementierung volkswirtschaftlicher Inhalte ist in den theoretischen Grundlagen Ernst Ludwig Carls zu sehen. Dieser definiert 1722/1723 die Volkswirtschaft nicht mehr als Bestandteil einer staatlichen

---

Kameralisten waren also in ihren wirtschaftspolitischen Prinzipien Merkantilisten" (Gömmel 1998, S. 42). Die Bezeichnungen besitzen also sehr große Schnittmengen, weshalb von einer Differenzierung zwischen den Termini im Rahmen dieser Arbeit abgesehen werden kann.

116 Die ersten Schulverpflichtungen lassen sich bereits früher auffinden. So bestand bspw. in Kursachsen bereits seit 1577 eine Schulpflicht für Erwachsene (vgl. Thyssen 1954, S. 21). Die Strukturen der Schule sind allerdings nicht mit denen einer heutigen Berufsschule vergleichbar, da diese sich rein auf katechetische Inhalte im Sinne einer moralischen Sittenlehre bezogen.

117 Die erweiterte Schulpflicht gilt grundsätzlich für alle Erwachsenen außer für diejenigen, die eine ausreichende Vorbildung besaßen (vgl. Thyssen 1954, S. 21).

118 Thyssen spricht hier von ‚Sonntagsschule', da der Unterricht dieser Schulform zumeist sonntags stattfand, so dass ein Schulbesuch neben einem Beruf möglich ist.

Wirtschaft, sondern beschreibt die Volkswirtschaft als ein selbstständiges Fachgebiet (vgl. Kolb 2004, S. 32). Konnten zuvor lediglich Legitimationsgrundlagen volkswirtschaftlicher Ideen betrachtet werden, so wird eine eigenständige fachliche Implementierung durch die inhaltliche Abgrenzung potentiell ermöglicht, da der inhaltliche Gegenstand auf die wirtschaftlichen Erklärungsansätze des Handels einer Nation reduziert wird.[119] Konnten zuvor per Definition ‚staatswissenschaftliche' Inhalte in der Schule behandelt werden, so ermöglicht die definitorische Abgrenzung der ‚Volkswirtschaftslehre' gegenüber weiterer, staatlicher Handlungsfelder die Implementierung volkswirtschaftlicher Inhalte und infolge dessen auch eine volkswirtschaftliche Curriculumentwicklung.[120]

Innerhalb des kaufmännischen Bildungsbereiches gilt Paul Jakob Marperger als Auslöser einer kaufmännischen Schulbewegung in Deutschland (vgl. Berke 1960, S. 140; Penndorf 1916, S. 133).[121] Der Ausgangspunkt Marpergers Überlegung ist in einer seiner Ansicht nach einseitigen betrieblichen Lehre zu sehen, so dass sich die Ausbildung ausschließlich nach dem Imitatio-Prinzip vollziehen kann:

> „Bey dem Eintritt in die Lehre, lernt, hört und sieht, ein solcher Lehrling nichts weiter als wie sein Principal nur recht viel ausländische waaren einführt, und daher ganze Säcke voll Geld, aus allen Winkeln der nachbarschaft und der umliegenden Gegend

---

119 Carls theoretische Ideen zeichnen sich dadurch aus, dass volkswirtschaftliche Fragestellungen im Rahmen staatlicher Politik betrachtet werden. So schlägt Carl als ein Beispiel der Wohlstandssicherung vor, dass sich Preise wichtiger Güter, bspw. der Getreidepreis, nicht mehr verändern sollen (vgl. Kunze 1965, S. 91). Ausgleichende Preispolitik ist seiner Ansicht nach eine Voraussetzung für den Erhalt des allgemeinen Wohlstandes innerhalb eines Staates. Im Falle eines Überschusses an Getreide solle dieser Überschuss von staatlicher Seite aufgekauft werden, um so stabile Preise sicher zu stellen. Carl beschränkt sich jedoch nicht bloß auf den produktiven Sektor, sondern gibt auch Empfehlungen zur Errichtung eines funktionierenden Finanzsektors durch Bankengründung sowie staatliche Kreditabsicherung (vgl. Kunze 1965, S. 95). Ebenso schließt er zumindest ansatzweise auch den Außenhandel mit ein, den er begrenzen möchte, damit ein Geldabfluss verhindert wird.

120 Jedoch schließt Carl selber, trotz seiner sehr umfassenden volkswirtschaftlichen Beschreibung, wirtschaftliche oder kaufmännische Themengebiete nicht in seine Forderung nach einer zeitgemäßen Schule mit ein. Seine Forderungen richten sich insbesondere auf das Sprechen, Lesen und Schreiben in der jeweiligen Muttersprache, wobei das Erlernen klassischer Sprachen von ihm abgelehnt wird (vgl. Kunze 1965, S. 92).

121 Marperger veröffentlicht 1714/15 ‚So notwnedig als nützlichen Fragen der Kaufmannschaft' und 1723 das ‚Trifolium mercantile aureum oder Dreyfaches güldenes Klee-Blatt der werthen Kauffmannschafft'. In diesen beiden Werken macht er der sächsischen Regierung Vorschläge zur Errichtung einer Handelsakademie und entwirft einen Plan zur Ausgestaltung dieser.

> einsammelt, und den größten Theil davon zum Einkauf neuer Waaren wieder aus dem Lande schleppt. [...] Alles um ihn her ist nur auf den Vertrieb und Absatz fremder und ausländischer Waaren gerichtet. Ob das auf Kosten seiner Landsleute geschiehet, und ob nicht dadurch tausende seiner Mit-bürger, der größte Nachtheil zugefügt werde, davon und noch von vielem anderen für ihn sehr heilsame Lehren, erfährt er nichts“ (Müller 1787, S. 169).

Die Befähigung eines Jugendlichen kann laut Marperger durch das Imitatio-Prinzip gewährleistet werden, allerdings bleiben die Zusammenhänge der eigenen Tätigkeit für den Einzelnen nicht nachvollziehbar.[122] Er begründet dies mit der ‚wenigen Sorgfalt, die man darauf gewendet, auch die versäumte, aber doch nicht gebührend getriebene Anweisung, der zur Kaufmannschafft gewidmeten Jugend, in denen zu ihrer künfftigen Profesßion gehörigen Wissenschafften‘ zukommen zu lassen (vgl. Marperger 1723, S. 2ff.). Die Zielsetzung einer gewissenhaften, kontextbezogenen Berufsausbildung der Schülerinnen und Schüler spiegelt sich in der Forderung nach kaufmännischen Handelsakademien wider. Diese sind als Sekundärschule konzeptioniert, da die Schülerinnen und Schüler bis zum 14. Lebensjahr die Schreib-, Rechen-, und Buchhalterschule besuchen, bevor sie im Anschluss an die Handelsakademie wechseln. Marperger entwirft die inhaltliche Ausgestaltung der Akademie:

---

122 Das berufliche Lernen im Rahmen des Imitatio-Prinzips wird durch die verstärkte Manufakturgründung in den deutschen Ländern gefördert. Eine Manufaktur wird häufig gegenüber einem Gewerbebetrieb dahingehend abgegrenzt, dass in einer Manufaktur in der Regel mehr als zehn Personen tätig sind, wobei das quantitative Abgrenzungskriterium umstritten ist. Während bspw. Gömmel von 10 Personen spricht, betonen andere Autoren, dass die zahlenmäßige Verankerung nicht möglich bzw. nötig ist (vgl. exemplarisch Kluge 2007, S. 394; Gömmel 1998, S. 26). Zahlenunabhängig zeichnet sich eine Manufaktur dadurch aus, dass die Produktion in mehrere Teilschritte untergliedert ist, so dass kein Arbeitnehmer ein gesamtes Produkt fertigt. In Ausnahmefällen werden bestimmte Teilschritte sogar ausgelagert. Der Vorteil einer hohen Untergliederung ist in einem hohen Spezialisierungsgrad der Mitarbeiter zu sehen (vgl. Gömmel 1998, S. 26).

Tabelle 9: Stundentafelentwurf der Kaufmanns-Akademie nach Marperger[123]

Zeit	Montag	Dienstag	Mittwoch	Donnerstag	Freitag
8–10	Rechnen (Buchführung) an allen Wochentagen				
10–12	Korrespondenz (Handelskunde)	Korrespondenz (Geographie)		Korrespondenz (Avisenlesen)	Korrespondenz (Warenkunde)
15–16	Geometrie und Mechanik sowie andere ‚curieuse' Wissenschaften an allen Wochentagen				
16–17	Französisch oder Italienisch an allen Wochentagen				

Der wesentliche Teil seiner Stundenplanung besteht aus Rechnen und der Korrespondenz, worunter Marperger ausschließlich die ‚Kunst des Schreibens' versteht (vgl. Marperger 1723, S. 30). Auch misst er den Sprachen, insbesondere der französischen Sprache, eine wesentliche Bedeutung zu. Im Gegensatz zu bisherigen Schreib- und Rechenschulen erfolgt seinem Entwurf gemäß eine Untergliederung in einzelne, inhaltlich definierte Einzelfächer.[124]

Hinsichtlich curricularer Inhaltsimplementierung werden außenhandelstheoretische Grundlagen durch Marperger nicht berücksichtigt. Betont werden regelmäßig die Sprachkenntnisse der Jugendlichen, was darauf schließen lässt, dass Handelsbeziehungen über Ländergrenzen hinweg fokussiert werden. Eine Berücksichtigung volkswirtschaftlicher Tendenzen oder des Faktors ‚Staat' unter dem Gesichtspunkt eines lenkenden Eingriffs per Steuern oder Zölle findet nicht statt. Durch Marperger erfolgt, trotz sich real entwickelnder volkswirtschaftlicher Tendenzen, keine curriculare Berücksichtigung entsprechender Inhalte.

Im Gegensatz zu Marpergers Entwurf einer Kaufmanns-Akademie, der keine reale Umsetzung erfuhr, erfolgt im Jahr 1768 die Gründung der Handelsakademie in Hamburg (vgl. Reinisch 2013, S. 9). Der Zweck des Instituts besteht in

> „einer schicklichen Vorübung und Vorbereitung des Jünglings zu wichtigen Geschäften des bürgerlichen Lebens, insonderheit Geldgeschäften, sowohl zu denen, die er zu eignem Nutzen unternimmt, als auch zu solchen, welche das gemeine Wesen nur demjenigen auftragen kann, der allgemeine Einsichten von Handel und Gewerbe und einen wahren Rechnungsgeist besitzt" (zitiert nach Penndorf 1916, S. 142).

---

123 Die tabellarische Darstellung erfolgt aus Gründen der Übersichtlichkeit. Marperger selber beschreibt die hier dargestellte Stundentafel ausführlich (vgl. Marperger 1723, S. 26–32).

124 Bei sämtlichen Fächern der Stundentafel nimmt die Verschriftlichung einen wesentlichen Stellenwert ein, was Penndorf als Konzentrationsgedanken Marpergers zwischen den Fächern auffasst (vgl. Penndorf 1916, S. 134 f.).

Gelehrt wird nach folgender Stundentafel:

Abbildung 14: Stundentafel der Hamburger Handelsakademie (1778)[125]

	Montag und Donnerstag	Dienstag und Freitag	Mittwoch und Sonnabend
8—9	Neuere Geschichte und Erläuterungen über d. jetzigen Zustand der Handlung. B.[1])	Religion. Französisch 3. Kl. Mündliche Übersetzung eines deutschen Schriftstellers. Literatur für Kaufleute.	Mathematik für Kaufleute. B.
9—10	Kommerzgeographie und -geschichte von Europa. (E. u. N. abwechselnd bei d. verschiedenen Staaten.)	Französische Sprechstunde. Lektüre des Ebelingschen Mélanges. Schreiben.	Italienisch 1. Kl. Französische Sprechstunde. Französisch Kl. 1 (Grammatik und Lektüre des Mélanges).
10—11	Französisch 1. Kl. Deutsch 1. Kl. Ausarbeitungen. Deutsch 4. Kl.	Wiederholung. (B. E. N. abwechselnd.)	Historie für den Kaufmann nach Achenwall.
11—12	Deutsch 2. Kl. Schreiben.	Büschings Vorbereitung zur Geographie. N.	Kommerzgeographie der Länder außer Europa, Kolonien. E.
12—1	Handlungsgeschichte. B. Französisch 6. Kl. (Schriftliche Ausarbeitungen.)	Rechnen. Deutsch 5. Kl. Englisch 2. Kl.	Rechnen. Französisch 1. Kl. (Gramm. Mélanges.)
1—2	Technologie. N. Rechnen. Italienisch 2. Kl.	Rechnen. Englisch 3. Kl. (Gramm., Ebelings Miscellanies.)	Englisch 1. Kl. (Korrespondenz.) Deutsch 4. Kl. Rechnen.
4—5	Englisch 2. Kl.	Schreiben. Warenkenntnis (Makler).	Englisch 3. Kl. (Miscellanies.) Deutsch 4. Kl. Holländisch. Spanisch.
$5^{1}/_{2}$ bis $8^{1}/_{2}$	Buchhaltung und Warenkalkulation (nur Montags). 6—7 Rechnen.	6—7 } 7—8 } Französische Korrespondenz. 6—7 Rechnen. 7—8 Deutsch Kl. 6.	Buchhaltung wie Montags. 6—7 } 7—8 } Rechnen.

[1]) Die Abkürzungen B. N. E. bedeuten: Büsch, Norrmann, Ebeling.

Hinsichtlich des strukturellen Schulaufbau sowie der Positionierung nach der Volksschule als sekundäre Bildungsform ähneln sich beide Schulformen. Ebenso bestehen Gemeinsamkeiten zwischen beiden aufgezeigten Stundentafeln hinsichtlich der Fachstruktur. Konkret besteht ein Schwerpunkt im mathematischen Bereich sowie der Buchführung, was aus der Ausrichtung auf den kaufmännischen

125 Stundentafel entnommen aus Penndorf 1916, S. 143. Die drei Buchstaben B., N., und E. stellen Abkürzungen für die unterrichtenden Lehrer Büsch, Norrmann und Ebeling dar.

Berufsstand resultiert.[126] Weiterhin besteht ein Schwerpunkt im sprachlichen Bereich. Insbesondere die französische Sprache ist mit acht Planstunden pro Woche curricular stark verankert, zusätzlich zu den Fächern ‚Deutsch' (7 Wochenstunden), ‚Englisch' (4 Wochenstunden) sowie ‚Italienisch', ‚Holländisch' und ‚Spanisch'.[127] Der sprachliche Schwerpunkt beider kaufmännisch orientierten Schulformen resultiert aus einer starken Fokussierung des Außenhandels[128],

126 Der kaufmännische Bezug ist ebenfalls in der jeweiligen Fächerbezeichnung innerhalb der Stundentafel enthalten, bspw. Mathematik für Kaufleute.

127 Innerhalb des französischen Unterrichts erfolgt an der Hamburger Akademie zusätzlich eine Einteilung in Stunden mit grammatischem Schwerpunkt, französische Sprachstunden sowie französische Schriftstunden.

128 Die theoretische Grundlage merkantilistischer Außenhandelstheorien entsteht durch die Theorie Jean Bodins. Bodins Werk ‚Les six livres de la république' entstand bereits 1576, allerdings entwickelt die darin entworfene Theorie bezüglich des Reichtums eines Staates in Deutschland erst nach dem Dreißigjährigen Krieg Relevanz, wohingegen in anderen Ländern, insbesondere England, realwirtschaftliche Auswirkungen bereits früher vorliegen (vgl. Kolb 2004, S. 19). Der Ausgangspunkt Bodins Überlegungen liegt in der damals verbreiteten Ansicht, dass ein Staat nur auf Kosten eines anderen Staates Reichtum und damit Wohlstand erreichen könne. Ziel sei es, möglichst viele Finanzmittel im eigenen Land zu halten. Dazu entwirft Bodin insgesamt sieben Finanzierungsmöglichkeiten, wovon die größte Bedeutung der Finanzierung über eine aktive Handelsbilanz zukommt (vgl. Bodin 1576, S. 343). Er beschreibt, dass ein Staat Rohstoffe nicht exportieren, sondern tendenziell importieren solle. Gleichzeitig sollen Fertigprodukte nicht importiert werden, sondern, wenn möglich, exportiert werden. Der Hintergrund seiner Überlegungen besteht darin, dass unfertige Güter importiert bzw. im Inland gehalten werden, dann verarbeitet und später zu höheren Preisen exportiert werden. Folglich werden geringe Kosten für Rohstoffimporte anfallen verglichen mit höheren Erträgen für den Export der fertigen Produkte, so dass ein positiver Differenzbetrag im Land verbleibt. Eine Lenkung der Außenhandelsströme erfolgt dabei durch staatlich erlassene Zölle (vgl. Bodin 1576, S. 343; für den deutschen Sprachraum vgl. Justi 1758a, S. 157; Justi 1758b, S. 144ff.). Konkret entstehen somit niedrige Importzölle auf Rohstoffe und hohe Importzölle auf Fertigprodukte bei einem gleichzeitigen Ausfuhrverbot für Rohstoffe. Aus dieser Staatsfinanzierung mit Hilfe einer aktiven Außenhandelsbilanz resultiert der Vorwurf, dass das merkantilistische System auf protektionistischen Strukturen basiere, was jedoch strittig ist (vgl. zur Merkantilismuskritik Smith 1776, S. 546ff.). Im Rahmen der Ein- bzw. Ausfuhrgestaltung der gehandelten Güter liegen protektionistische Tendenzen vor, jedoch stellt dies lediglich einen einzelnen Bestandteil merkantilistischer Wirtschaftspolitik dar (vgl. Brandt 1992, S. 40). Ebenso ist bspw. die Gewerbeförderung zu berücksichtigen, so dass merkantilistische Wirtschaftspolitik nicht unmittelbar mit Protektionismus gleichzusetzen ist. Internationale

der neben der Geldwirtschaft[129] ein typisches Merkmal merkantilistischer Wirtschaftstheorien darstellt.[130]

Die Implementierung sprachlicher Fächer sowie der Korrespondenzschwerpunkt bedingt einen praktischen Berufsbezug beider Stundentafeln, da eine

---

Handelsbeziehungen, die einem Einfluss protektionistischer Maßnahmen unterliegen, sind lediglich ein geringer Bestandteil der gesamten Handelsstruktur einer Volkswirtschaft, so dass die protektionistische Wirkung begrenzt ist. Zu Beginn des 18. Jahrhunderts, als das Handelsvolumen der Vorkriegszeit vor dem Dreißigjährigen Krieg erreicht wird, erreicht das Volumen des Außenhandels gemessen am Bruttoinlandsprodukt weniger als 5% (vgl. Gömmel 1998, S. 15).

129 Die Geldwirtschaft als Bestandteil theoretischer Wirtschaftslehren besitzt ihren Ursprung innerhalb des Dreißigjährigen Krieges. Vor und während des Krieges herrschten inflationäre Tendenzen (bspw. die sogenannte ‚Kipper- und Wipperinflation, vgl. Walter 2011, S. 42; Gömmel 1998, S. 51f.; Edelstein 1996, S. 35ff.). Deren Hauptursache ist in der deutschen Vielstaaterei zu sehen, da während dieses Zeitraums in vielen, tendenziell kleinen Staaten große Geldmengen in Umlauf gebracht werden, mit denen die individuellen kleinstaatlichen Bedürfnisse befriedigt werden sollen (vgl. Gömmel 1998, S. 51f.). Ein einheitliches Geldsystem besteht dabei nicht (vgl. Heckscher 1932, S. 103). So ist bspw. in der Reichsmünzordnung aus dem 16. Jahrhundert der Kurs des ausgeprägten Reichstalers auf 68 Kreuzer festgelegt. 1619 steigt der Kurs dann auf 108 Kreuzer, im Folgejahr auf 180 Kreuzer und beträgt (regional) im Höhepunkt der Inflation 1622 über 1000 Kreuzer (vgl. Gömmel 1998, S. 6f.). Die Inflationserfahrungen bedingen, dass in den Nachkriegsjahren volkswirtschaftliche Theorien, die konstanten Geldwert thematisierten, verstärkt wahrgenommen werden, da die wertmäßige Taxierung der Währung nach der inflationären Zeit problematisch erschien. Exemplarisch folgert John Locke, dass der Preis nicht bloß vom jeweiligen Warenangebot sowie der Geldmenge abhängig sei, sondern ebenfalls die Umlaufgeschwindigkeit des Geldes zu berücksichtigen sei (vgl. Brandt 1992, S. 49). Grundsätzlich muss nach heutigen Erkenntnissen davon ausgegangen werden, dass bei einer Zunahme der Geldmenge und der Umlaufgeschwindigkeit bei konstanter Gütermenge eine Preissteigerung erfolgen müsste. Merkantilistische Autoren gehen jedoch von einer konstant unterbeschäftigten Wirtschaft aus, so dass sie bei einem Anstieg der kaufkräftigen Nachfrage von einem Wachstum ohne Preiserhöhung ausgehen (vgl. Kolb 2004, S. 18). Geld wird innerhalb merkantilistischer Theorien als Instrument angesehen, mit dessen Hilfe Güteraustausch betrieben und demnach Wohlstand generiert werden kann. Kolb spricht von einer funktionalen Sichtweise des Geldes als Recheneinheit bzw. Wertmaßstab (vgl. Kolb 2004, S. 17). Dementsprechend ist die Geldhortung unerwünscht (vgl. Walter 2011, S. 42).

130 Des Weiteren wird durch die Sprachkenntnis eine Vorbereitung für den zumeist folgenden Auslandsaufenthalt der Schülerinnen und Schüler geleistet, der ein typischer Bestandteil kaufmännischer Ausbildung in der merkantilistischen Zeit ist (vgl. Zabeck 2009, S. 120).

Ausrichtung auf die Berufswahl der Schülerinnen und Schüler sowie die daraus folgende praktische Tätigkeit intendiert ist. Insofern stehen seit Beginn kaufmännischer Schulbildung dessen Inhalte unter der Prämisse eines handelnden Kaufmanns.[131] Die sprachlichen Kenntnisse sorgen für die Befähigung, Außenhandel zu betreiben, ebenso wie die Fächer ‚Kommerzgeographie' an der Hamburger Handelsakademie und ‚Korrespondenz (Geographie)' an Marpergers Schule Außenhandelsaspekte zentral erscheinen lassen.[132] Merkantilistisch geprägte Inhaltsstrukturen sind insofern curricular implementiert, volkswirtschaftliche Theorien, die zu dieser Zeit bereits existierten, jedoch nicht.

Beide Schulen arbeiten ohne staatliche Einflussnahme, die ihrerseits ein Bildungsinteresse hätten geltend machen können (vgl. Penndorf 1916, S. 145). Demgemäß kann sich die Zielsetzung in Form einer praktischen Anwendungsorientierung des Unterrichtsstoffes manifestieren.[133] Das Ausbleiben staatlicher Einflussnahme ermöglicht einen praktisch ausgerichteten Fächerkanon, so dass fachlich übergreifende Inhalte zu Gunsten von Praktikabilitätsgedanken kaum implementiert sind. Dies äußert sich in der curricularen Nichtberücksichtigung volkswirtschaftlicher Theorien.

Die mangelnde staatliche Unterstützung sowohl bei Schulgründung als auch während des laufenden Schulbetriebes ist ein Begründungsbestandteil dafür, dass eine Vielzahl der neugegründeten Schulen, ebenso wie die beiden hiergenannten, ihre Tätigkeit nach kurzer Zeit wieder einstellen müssen.[134] So wird vermutet, dass

---

131 Dies stellt jedoch keine Forderung nach einer einseitigen praktischen Ausbildung in Form eines on-the-job-training dar. Büsch spricht sich gegen eine einseitige Ausbildung innerhalb eines Comptoirs aus, da gute „Comptoristen", jedoch keinesfalls gute Kaufleute ausgebildet werden würden (vgl. Reinisch 2013, S. 10).

132 Frankreich, Großbritannien, die Niederlande sowie im südlichen Raum Italien und Spanien stellen während des Merkantilismus die wichtigsten Handelspartner der deutschen Staaten dar (vgl. Penndorf 1916, S. 135).

133 Dies setzt sich ebenfalls in der Methodik der Schulen fort. Die demonstrative Darbietung bestimmter Gegenstände, Modelle etc. wird als ein geeignetes unterrichtliches Mittel angesehen. So werden Schulen gegründet, die ausschließlich Demonstrationsunterricht praktizieren (bspw. die mathematische Handwerkerschule von 1707). Allerdings können auch diese Schulen nicht lange bestehen, da „aus Angst vor der Wortschule (…) das Pendel zu sehr nach der entgegengesetzten Seite" ausschlug (Thyssen 1954, S. 43).

134 Zieger/Dietze führen insgesamt 15 Begründungsbestandteile an, die für das häufige Scheitern der Schulform verantwortlich sind: „1. Politische Unruhen, 2. Nicht anhaltendes Interesse der Regierung[…], 3. Unfähigkeit der Lehrer, 4. noch keine geeignete Fachliteratur, schulmäßig bearbeitet, 5. zu hohes Schulgeld, 6. Lehrer meist

gegen Ende des 18. Jahrhunderts in ca. 20 deutschen Städten selbstständige Handelsschulen existieren (vgl. Thyssen 1954, S. 39).[135] Allen Schulen ist gemein, dass sie erst in der zweiten Hälfte des 18. Jahrhunderts gegründet wurden, also zum Betrachtungszeitpunkt Ende des 18. Jahrhunderts noch vergleichsweise jung sind, z.B. Leipzig (im Jahr 1773), Hamburg (im Jahr 1768), Magdeburg (im Jahr 1778), Berlin (im Jahr 1791) und Nürnberg (im Jahr 1795; vgl. Thyssen 1954, S. 39, vgl. auch Thyssen 1960, S. 126).[136] Unterstützungen des Staates oder der jeweiligen Kommune liegen durchweg nicht vor, so dass Dezentralisierungstendenzen innerhalb des Bildungsbereichs ohne normative didaktische oder administrative Strukturen vorliegen. Ohne staatliche Unterstützung wirken sich die geringen Schülerzahlen in einer mangelnden Bestandsfähigkeit der einzelnen Schulen aus, was auf geringe Akzeptanz innerhalb der vorherrschenden gesellschaftlichen Strukturen hindeutet.[137] Das Scheitern der Fachschulen ist im Wesentlichen einem gesellschaftlichen Grundtenor und nicht staatlichem Desinteresse zuzuschreiben (vgl. Zabeck 2009, S. 130). Offensichtlich liegt ebenfalls kein Interesse der ausbil-

---

im Nebenamte, 7. Lehrer mit Stunden überlastet, 8. der Wandel der wirtschaftlichen Anschauung durch die Smithsche Lehre von der Selbsthilfe, 9. ungenügende Unterstützung, 10. Bevorzugung des gelehrten Unterrichts [...], 11. fortwährender Wechsel der Lehrer, 12. geringe Würdigung des Standes, 13. niedrige Gehalte, 14. Missgunst und Neid der anderen Schulen, 15. geringe Teilnahme, ja Ablehnung der Schuldepartements" (Zieger/Dietze 1906, S. 20f.).

135 Wobei Thyssen darauf hinweist, dass eine vollständige Aufzählung durch die unzureichende Quellenlage verhindert wird (vgl. Thyssen 1954, S. 38f.).

136 1804 feiert die Magdeburger Handelsschule ihr 25-jähriges Bestehen und ist damit die älteste Handelsschule (vgl. Penndorf 1916, S. 162). In seiner Festrede weist der Direktor Kunz neben dem vergleichsweise hohen Alter des Instituts darauf hin, dass „die Mutter aller kaufmännischen Lehranstalten, die *Hamburgische*, von dem Commerzienrathe *Wurmb* und dem unsterblichen *Büsch* 10 Jahre früher gestiftete *Handelsakademie* schon längst zu seyn aufgehört hat" (Hervorhebungen im Original, vgl. Kunz 1804, S. 281).

137 Neben der staatlichen Passivität entwickelt sich zusätzlich deutlicher Widerstand gegen die Schulneugründungen, im Wesentlichen getragen durch die Zünfte. Diese versuchen zu argumentieren, dass die bisher bestehenden Schreib- und Rechenschulen als Vorbereitung auf die praktische Tätigkeit ausreichend seien. Exemplarisches Zeugnis liefert das ‚Sendschreiben zum Beweise, daß die sogenannten Handelsakademien sehr entbehrlich sind'. Darin heißt es: „Gewiß, wenn einmal auf eine Verbesserung der hiesigen Schulen gedacht würde, so könnten eine ganze Menge derselben, und vorzüglich alle Handlungs-Akademien abgeschafft werden" (Nachdruck: O.V. 1774, S. 239). Der Verfasser dieser Schrift ist unbekannt, jedoch ist der Entstehungszeitpunkt 1774 bekannt, also sechs Jahre nach der Gründung der Hamburger Akademie.

denden Betriebe vor, so dass der marktseitige Druck, der auf die Schülerinnen und Schüler oder den Staat hätte ausgeübt werden können, nicht vorliegt.

In Abgrenzung zum entstehenden Berufsschulsektor, innerhalb dessen volkswirtschaftliche Inhalte als eigenes Fach nicht umgesetzt werden, vollziehen sich innerhalb des universitären Bildungsbereichs zu dieser Zeit gegenläufige Tendenzen, exemplarisch aufgezeigt anhand der Hohen Carls-Schule in Stuttgart von 1781. Der vorliegende Plan über die Vorlesung in den Handlungs-Wissenschaften gliedert sich in zwei Klassen, wovon für die erste Klasse das Hauptfach ‚Über des Ein- und Verkaufs der Waaren im kleinen und im grosen' vorgesehen ist, innerhalb dessen volkswirtschaftliche Ansatzpunkte vorliegen:[138]

> „Hier wird nicht allein gezeigt, wie bei dem Einkaufen und Verkaufen derselben zu verfahren seie, sondern auch die Gründe erklärt, warum man z.B. nach der hiesigen Lage diese oder jene Waare in Frankfurt und nicht in Leipzig, nicht in Holland oder England, sondern in Frankreich kaufe?" (Nachdruck: Göhrung 1784, S. 287)

Inhaltlich liegen keine Beschränkungen auf betriebswirtschaftliche oder buchhalterische Themenbereiche vor, so dass von einer volkswirtschaftlichen Implementierung, wenn auch unter der Prämisse eines handelnden Objektes, auf universitärem Niveau ausgegangen werden kann. Umfassende volkswirtschaftliche Theorien sind nicht implementiert, jedoch ist eine Tendenz zu übergeordneten Fragestellungen über den Handlungsradius des Rezipienten hinaus vorhanden. Volkswirtschaftlich geprägte Inhalte lassen sich somit auf akademischem Niveau in begrenzten Umfang nachweisen, jedoch können keine Harmonisierungstendenzen zwischen den Bildungsbereichen hinsichtlich volkswirtschaftlicher Inhalte diagnostiziert werden. Die Verankerung im universitären Kontext zieht zunächst keine schulische Implementierung nach sich. Während personenübergreifende Inhalte volkswirtschaftlicher Prägung einem universitären Bildungsbereich zugeordnet werden, werden handlungsbezogene Inhalte innerhalb des frühen schulischen Berufsbildungsbereichs fachimmanent verankert. Es bleibt also bei einzelnen Schulgründungen ohne staatliche Unterstützung, die sich im Zuge des Berufsbezuges am postulierten Kaufmannsbild orientieren.

2.2 Die Ausrichtung kaufmännischer Bildungsinhalte im Kontext neuhumanistischer Geistesströmungen

Das sukzessiv aufkommende neuhumanistische Bildungsideal in der zweiten Hälfte des 18. Jahrhunderts bewirkt einen gesellschaftlichen Legitimationsverlust

---

138 Vgl. den gesamten Nachdruck des Plans in Göhrung 1784, S. 284–290.

weltlicher Inhalte, wovon ebenso die curriculare Implementierung kaufmännischer Bildung betroffen ist (vgl. Thyssen 1954, S. 69). Das Streben nach Nützlichkeitsorientierung verliert innerhalb des gesellschaftlichen Tenors an Bedeutung und einseitige verstandsorientierte Betrachtungen werden zunehmend abgelehnt (vgl. exemplarisch O.V. 1797, S. 97).[139] Im curricularen Umfeld wirkt sich dies in Form einer Reduzierung kaufmännischer Inhalte innerhalb der Stundenpläne aus, exemplarisch aufgezeigt anhand des Stundenplans der Wiener Realakademie aus dem Jahr 1814:

Abbildung 15: Stundenplan der Wiener Realakademie 1814[140]

Winterkurs		
Jahrgänge	Lehrgegenstände	Wöchentliche Stunden
I	Religion	2
	Deutsche Sprachlehre, und Anleitung zu schriftlichen Aufsätzen	3
	Anleitung zum Schönlesen	1
	Rechnen	2
	Geometrie	2
	Schönschreiben	4
	Zeichnen sowohl mit Zirkel und Lineal, als mit freier Hand	3
	Geographie	3
	Welt- und Handelsgeschichte	2
	Naturgeschichte und Technologie	3
	Französische Sprache	5

139 Zum Streben nach Nützlichkeitsorientierung vgl. insbesondere das Schreiben von Martini, der in seinen Ausführungen direkt auf die ‚berufliche Brauchbarkeit' der Schülerinnen und Schüler abstellt (vgl. Martini 1775). Innerhalb dieser Epoche stimmt das Nützlichkeitsideal nicht mit ästhetischen Erziehungszielen der antik geprägten, neuhumanistischen Tendenzen überein: „Es standen sich hier eben verschiedene Weltauffassungen gegenüber. Auf der einen Seite das Bildungsideal der höchsten persönlichen Kultur, das nur durch ästhetische Erziehung zu verwirklichen schien, ein Ideal für eine aristokratisch fühlende geistige Oberschicht, die durch Existenzsorgen nicht beschwert war, – auf der anderen Seite der nüchterne, praktische Anspruch des wirtschaftlichen Lebens auf Beachtung seiner Bedürfnisse" (Barschak, Erna: Die Idee der Berufsbildung, 1929, zitiert nach: Thyssen 1954, S. 71).

140 Eigene Darstellung, angelehnt an: O.V. 1814, S. 264.

Winterkurs		
Jahrgänge	Lehrgegenstände	Wöchentliche Stunden
II	Religion	2
	Deutsche Sprachlehre, und Anleitung zu schriftlichen Aufsätzen	2
	Rechnen	4
	Geometrie und Stereometrie	2
	Schönschreiben	4
	Zeichnen	2
	Geographie	2
	Welt- und Handelsgeschichte	2
	Naturgeschichte und Technologie	2
	Naturlehre	3
	Französische Sprache	5
III	Religion	2
	Theorie des Styls und Übung in Geschäftsaufsätzen	2
	Rechenkunst	2
	Mathematik für Künstler	2
	Schönschreiben	2
	Zeichnen	2
	Geographie	2
	Handelswissenschaft, Handels- und Wechselrecht	3
	Waarenkunde	1
	Buchhaltung	4
	Chemie	2
	Französische Sprache	1
	Italienische Sprache	5
Im Sommerkurse werden bey dem zweyten Jahrgange nur 3 Stunden für die französische, 2 Stunden hingegen für die italienische Sprache, bey dem dritten Jahrgange für die Handelswissenschaft, das Handels- und Wechselrecht nur 2 Stunden, dagegen für die Chemie 3 Stunden wöchentlich verwendet; übrigens weichet der Sommerkurs vom Winterkurse nicht ab.		

Die Implementierung kaufmännischer Fächer im weitesten Sinne vollzieht sich auf geringem Niveau, so dass der gesamte Fächerkanon kaufmännischer Bildung die Unterrichtsfächer ‚Waarenkunde', ‚Buchhaltung', ‚Handelswissenschaft',

‚Handels- und Wechselrecht' sowie ansatzweise ‚Welt- und Handelsgeschichte' umfasst.[141] In ähnlichem Maße, in dem eine Abkehr von kaufmännischen Inhalten erfolgt, ist eine Tendenz hin zu ästhetischen Bildungsinhalten gemäß antikem Vorbild festzustellen.[142] Es kann demnach keine primäre Wissenschaftsorientierung hinsichtlich fachgebundener Einzelfächer diagnostiziert werden, die sich auf die jeweils grundlegende wissenschaftliche Fachdisziplin beziehen. Die Zielsetzung des Bildungsgangs orientiert sich anhand ästhetischer Individuenbildung (vgl. O.V. 1797, S. 97).[143]

Die Stundentafel der Handelsschule in Gotha, die als erste Schule neben einer betrieblichen Ausbildung analog des heutigen dualen Ausbildungssystems konstituiert ist, zeigt im Gründungsjahr 1818 ein ähnliches Bild:

---

141 Die Dominanz allgemeinbildenden Fächer diagnostiziert auch Bruchhäuser anhand der Stundetafeln der Magdeburger Handlungsschule zwischen 1779 und 1806. Er zeigt, dass weder die Stundenzahlen der einzelnen Fächer noch die Gesamtstundenzahl im Zeitverlauf konstant sind und der Anteil der allgemeinbildenden Fächer (Religion, Französisch, Deutsch, Schönschreiben und Rechnen) zwischen 62% und 80% der Gesamtstundenzahl beträgt (vgl. Bruchhäuser 2006, S. 315).

142 Aristoteles beschreibt Schulunterricht in der Antike in vier Disziplinen: Grammatik, Gymnastik, Musik und Zeichnen (vgl. Aristoteles o.D., S. 284; Flacelière 1977, S. 130ff.). Ebenso entstehen während der Antike die ‚septem artes liberales' (sieben freien Künste), die sich aus den sprachlich sowie logisch-argumentativ ausgerichteten Disziplinen ‚Grammatik', ‚Rhetorik' und ‚Dialektik' sowie der ‚Arithmetik', ‚Geometrie', ‚Musik' und ‚Astronomie' zusammensetzen (vgl. Grebe 1999, S. 7 ff.).

143 Bruchhäuser führt als weiteres Beispiel die Handlungsschule in Krefeld zwischen 1783 und 1794 an, an der nahezu keine fachbezogenen Inhalte auffindbar sind, sondern ein deutlicher Schwerpunkt auf allgemeinbildenden Fächern vorherrscht. Lediglich ‚Rechnen, Schönschreiben und Buchhalten' wird als ein gemeinsames Fach unterrichtet, während alle anderen Fächer allgemeinbildenden Charakter haben (bspw. die Fremdsprachen) oder einen explizit neuhumanistischen Hintergrund aufzeigen (bspw. ‚Vernunftslehre' oder ‚Kosmologie und Erdbeschreibung', vgl. Bruchhäuser 2006, S. 439f.).

Abbildung 16: Stundentafel der Handelsschule der Vereinigung „kaufmännische Innungshalle" Gotha (1818)[144]

Stundentafel der Abteilungen			
Unterrichtsfächer:	Abt. I	Abt. II	Abt. III
Deutsch	2	2	2
Französisch	3	3	4
Rechnen	4	4	4
Erdkunde	-	1	1
Schreiben	3	3	2

Der Schulgründer Arnoldi kritisierte bereits ein Jahr vor der Schulgründung im Jahr 1817 eine einseitig theoretische Ausprägung der zu diesem Zeitpunkt bestehenden Schulen und fordert eine praktischere Ausrichtung, um allgemeine Tugenden der Schülerinnen und Schüler zu festigen, ‚welche das Wesen eines tüchtigen Kaufmannes ausmachen und oft mehr Wert sind als alle Wissenschaft' (vgl. Penndorf 1916, S. 164). Allerdings führt er nicht aus, welche Wissenschaft gegenüber kaufmännischen Tugenden abgegrenzt wird. Zu vermuten ist, dass Arnoldi die herrschenden geisteswissenschaftlichen Strömungen meint, konkrete Belege führt er dazu jedoch nicht an.[145] Die angeführte Stundentafel zeigt im Gründungsjahr 1818 keinen fachbezogenen Schwerpunkt, jedoch werden kaufmännische Fächer im Zuge kontinuierlicher Stundenplanerweiterungen implementiert: ‚Handelskorrespondenz und Buchführung' (ab dem Jahr 1821), ‚Warenkunde' (ab dem Jahr 1834) sowie Volkswirtschaftslehre (ab dem Jahr 1860) (vgl. Zabeck 2009, S. 380; Berke 1960, S. 145; siehe auch Horlebein 1992, S. 229).[146]

Die Umkehr neuhumanistischer Curriculartendenzen zu Gunsten der schulischen Implementierung kaufmännischer Fachbildung vollzieht sich fortlaufend, wie zum Ende der neuhumanistischen Epoche der Stundenplan der

144 Tabelle entnommen aus Horlebein 1976, S. 41.

145 Arnoldi beschreibt ebenfalls nicht konkret, welche kaufmännischen Tugenden er damit anspricht.

146 Die Ausgestaltung der Schule wird des Weiteren durch die Kramerinnung beeinflusst, die mit Hilfe des ‚Vereins der kaufmännischen Innungshalle' als Träger der Schule fungiert (vgl. Zabeck 2009, S. 378f.; Penndorf 1916, S. 164). Dabei greift die Innung ebenfalls in das operative Geschäft der Schule ein, bspw. indem sie Aufnahmeprüfungen sowie Prüfungen zum Schluss des jeweiligen Schuljahres durchführt (vgl. Horlebein 1976, S. 42). Institutionelles Engagement ist demzufolge zu konstatieren, nicht jedoch von Seiten der öffentlichen Hand.

Handelslehranstalt Leipzig, die ebenfalls in dualer Form neben der betrieblichen Ausbildung stattfindet, aufzeigt. Soweit recherchierbar, wird der Unterricht in der Lehrlingsabteilung in folgenden Fächern erteilt (vgl. Horlebein 1992, S. 223f.):

Abbildung 17: Stundentafel der Lehrlingsabteilung der Öffentlichen Handelslehranstalt Leipzig von 1832 bis 1836[147]

Unterrichtsfächer	Stunden, jeweils über drei Jahre addiert				
	1832	1835	1843	1851	1863
Kalligraphie	?	?	4	3	2
Deutsche Sprache	?	?	4	4	4
Französisch	?	?	9	6	6
Englisch	?	?	-	4	4
Kaufmännische Arithmetik	?	?	7	7	7
Contorwissenschaft	?	?	4	-	-
(Handels-) Geographie	?	?	2	-	2
Warenkunde	?	?	-	-	-
Algebra und Geometrie	?	-	-	-	-
(Handels-) Geschichte	?	?	-	-	-
Handelswissenschaft (praktisch: als Buchführung und Korrespondenz etc.)	-	-	-	5	5
Handelsstatistik	-	-	-	1	-
? = Erteilter Unterricht, für den die Stundenzahl nicht ermittelt werden konnte					

Trotz lückenhaft überlieferter Stundentafel wird nachvollziehbar, dass die aus der Merkantilismusepoche bekannte Tradition der praktisch orientierten Außenhandelsfokussierung mit Hilfe der Fremdsprachenimplementierung weiter fortgesetzt wird, wohingegen neuhumanistische Strukturen analog zum Stundenplan der Wiener Realakademie in deutlich geringerem Maße feststellbar sind. Volkswirtschaftslehre als eigenständiges Fach ist trotz kaufmännischem Schwerpunkt[148] curricular nicht eigenständig implementiert, so dass volkswirtschaftliche

147 Tabelle entnommen aus Zabeck 2009, S. 383 und Horlebein 1976, S. 48.

148 Die zentrale Stellung des kaufmännisch-berufsbildenden Bereichs verdeutlicht sich unter der Berücksichtigung, dass die Lehrlinge zusätzlich zu dem stark kaufmännisch geprägten schulischen Inhaltskanon ebenfalls in kaufmännischen Betrieben beschäftigt waren.

Inhaltselemente lediglich integrativ im Fach ‚Handlungsgeographie' beinhaltet gewesen sein können, vermutlich wiederum mit einem inhaltlichen Außenhandelsschwerpunkt analog der Implementierung innerhalb der Merkantilismusepoche. Es ist jedoch nicht davon auszugehen, dass volkswirtschaftliche Themen alleiniger Inhalt eines solchen Fachs gewesen sein werden, was hinsichtlich der quantitativen Wertung zu berücksichtigen ist.[149] Die quantitative Verankerung dieses Fachs fällt mit zwei Stunden in Relation zu anderen Fächern niedrig aus, demzufolge volkswirtschaftliche Inhalte im Rahmen der Lehrlingsabteilung ebenfalls nur in einem äußerst geringen Umfang diagnostiziert werden können.

Unter bildungssystematischen Gesichtspunkten schafft das neuhumanistische Bildungsideal eine trennscharfe Abgrenzung zwischen beruflicher Fachbildung und Allgemeinbildung, die sich gleichermaßen in schulorganisatorischer Form wiederfinden lässt (vgl. Buth 1963, S. 735).[150] Allgemeine humane Bildung wird

---

149 Zabeck weist darauf hin, dass durch die Nennung von Unterrichtsfächern zwar deren Existenz nachgewiesen werden kann, dies jedoch keinen gesicherten Rückschluss auf die schulische Ausgestaltung ermöglicht (vgl. Zabeck 2009, S. 380). Exemplarisch führt er einen Extremfall an, in dem in drei wöchentlichen Unterrichtsstunden acht Fächer unterrichtet werden sollten. Die Fächer waren alle curricular verankert, jedoch kann von einer gründlichen inhaltlichen Stoffbehandlung nicht ausgegangen werden. Analog dazu kann auch hier nur von curricularen Tendenzen gesprochen werden.

150 Das Ziel Wilhelm von Humboldts, als Vertreters der Humanismusidee, besteht nicht in der Diskreditierung des Berufsschulwesens in der damaligen Form. Berufliche Bildung behält bei ihm weiterhin einen hohen Stellenwert, jedoch spricht er sich gegen eine Vermischung der beruflichen Fachbildung mit allgemeiner Bildung aus, demnach beide Bildungsbereiche eindeutig voneinander getrennt zu sein haben (vgl. auch Büchter/Kipp 2009, S. 2; Hericks/Kunze 2008, S. 760; Benner/Kemper 2003, S. 247ff.; Groth 1963, S. 725). „Aus diesem Grunde lehnte er auch Mittelschulen ab, die er als ‚Verbindung allgemeiner Schulen mit specielln' ansah, woraus nach seiner Ansicht immer ‚Mißgeburten entstehen'" (Thyssen 1954, S. 74). Als Begründung führt Humboldt an: „Es giebt schlechterdings gewisse Kenntnisse, die allgemein sein müssen, und noch mehr eine gewisse Bildung der Gesinnung und des Charakters, die keinem fehlen darf. Jeder ist offenbar nur dann ein guter Handwerker, Kaufmann, Soldat oder Geschäftsmann, wenn er an sich und ohne jede Hinsicht auf seinen besonderen Beruf ein guter, anständiger, seinem Stande nach aufgeklärter Mensch und Bürger ist. Giebt ihm der Schulunterricht, was hierzu erforderlich ist, so erwirbt er die besondere Fähigkeit seines Berufs nachher sehr leicht und behält immer die Freiheit, wie im Leben so oft geschieht, von einem zum anderen überzugehen. Fängt man aber von dem besonderen Berufe an, so macht man ihn einseitig, und er erlangt nie die Geschicklichkeit und Freiheit, die nothwendig ist, um auch in seinem Berufe allein nicht bloß mechanisch, was andere vor ihm gethan, nachzuahmen, sondern

institutionell bei den zu dieser Zeit entstehenden neuhumanistischen Gymnasien angesiedelt, so dass Themengebiete angelehnt an antike Thematiken primär höher gebildeten Schülern zugestanden werden. Berufliche Bildung hingegen wird, im Beispiel der hier vorliegenden Leipziger Handelslehranstalt, in der Lehrlingsabteilung konstituiert. Neuhumanistische Bildungsideale können folglich auf Grund der trennscharfen Bildungsdifferenzierung nicht innerhalb der Lehrlingsabteilung curricular implementiert werden, da deren Zieldefinition dies nicht zulässt. Innerhalb der Abteilung bleibt das bekannte Leitbild des handelnden Kaufmanns bestehen, da berufliche Handlungsmöglichkeiten Ansatzpunkt der Bildungsbemühungen sind.

Zusätzlich zum beruflichen Zweig, der so genannten ‚Lehrlingsabteilung' existiert an der Schule eine ‚höhere' Abteilung für „Jünglinge, welche nicht in Handelshäusern angestellt, dennoch aber für den Kaufmannsstand oder zu einem, ihm verwandten, höheren Gewerbe des bürgerlichen Lebens bestimmt sind" (O.V. 1832, S. 43).[151] Deren Zielsetzung lautet:

> „Die Handelsschule ist eine Lehranstalt für den künftigen Weltbürger, und für den hohen Bildungsstand überhaupt, doch in sorgfältiger Berücksichtigung dessen, was unmittelbar zu dem Geschäftskreis des künftigen Kaufmanns gehört" (Pölitz, zitiert nach: Berke 1960, S. 146).[152]

Die Zielsetzung des neugegründeten höheren Bildungsgangs beschreibt den kaufmännischen Beruf, für den eine Vorbereitung der Schülerinnen und Schüler erfolgen soll, relativ zu einem höheren Gewerbe (vgl. O.V. 1832, S. 43). Während ein Berufsbezug durch kaufmännische Inhalte intendiert wird, suggeriert ‚höhere Bildung' humanistische Inhalte, so dass innerhalb dieses Bildungsgangs die Trennung beider Bildungsbereiche aufgelöst wird und die Schulform eine Zwischenstellung zwischen beiden Bildungsbereichen einnimmt. Es entsteht eine

---

selbst Erweiterungen und Verbesserungen vorzunehmen" (Humboldt 1809 S. 217). Humboldts Intention besteht demgemäß in einer Trennung zwischen Fach- und Allgemeinbildung.

151 Sie ist damit die erste Institution, die dem Namen ‚Handelsschule' nach heutigem Verständnis gerecht wird. Weitere Erläuterungen zu dieser Schulgründung, bspw. zu Schülerzahlen, Lehrerzahlen und -qualifikationen sowie Schulfinanzierung sind überliefert, im hier vorliegenden Rahmen jedoch nicht erkenntnisrelevant. Für diese Thematiken sei auf die Darstellungen in Zabeck 2009, Freundeskreis der Öffentlichen Handelslehranstalt zu Leipzig 2001, Horlebein 1976 sowie Penndorf 1916 verwiesen.

152 Die ‚höhere' Abteilung der Schule verlangt als Voraussetzung lediglich eine ausreichende Qualifikation durch die Schülerinnen und Schüler. Konkret schulische Voraussetzungen liegen nicht vor (vgl. Springer 1831, §1 und §8).

hierarchische Klassifizierung des kaufmännischen Bildungssektors in eine Lehrlingsabteilung, die parallel zu einer beruflichen Tätigkeit ausgeführt wird und einer höheren Abteilung, die ohne praktische Begleitung schulisch durchgeführt wird, deren gemeinsame Komponente in kaufmännischen Bezügen zu sehen ist. Berufliche Ansatzpunkte finden sich in beiden Bildungsgängen, jedoch bestehen in der ‚höheren' Abteilung geringere Bezüge zu ausführenden Tätigkeiten basierend auf neuhumanistischen Bildungseinflüssen. Im zweiten Bestehensjahr der Schule werden die Lehrgegenstände über alle Lehrgänge beschrieben:[153]

Abbildung 18: Lehrgegenstände der Öffentlichen Lehranstalt Leipzig (1832)[154]

Lehrgegenstände: Kalligraphie; Zeichnen, besonders Linearzeichnung; deutsche, französische, englische und italienische Sprache, practische Uebungen darin, Theorie des Styls, freier Vortrag, hauptsächlich in deutscher und französischer Sprache; Geographie in mathematischer, physischer, politischer und statistischer Hinsicht; Handels-Geographie; Gewerbskunde; Weltgeschichte, Geschichte des Handels und des Gewerbswesens; Mathematik; Encyclopädie der Naturwissenschaften, Physik und Chemie, angewendet auf Gewerbe und Gewerbskunde; Handelswissenschaft mit Inbegriff des practischen Theils derselben, als: die gesammte kaufmännische Arithmetik, die Contorwissenschaft, nämlich: kaufmännische Aufsätze, Briefwechsel, Buchhaltung auf Handels- und Industrie-Geschäfte und Verwaltung angewendet; Handels- und Waarenlehre; Waarenkunde nach vorgelegten Producten; Geld-, Maß- und Gewichtkunde; Handelsrecht, insbesondere Wechselrecht; die Elemente der National-Oeconomie.

153 Auch in dieser inhaltlichen Beschreibung lassen sich die bereits angesprochenen kaufmännischen Schwerpunkte sowie die Berücksichtigung der Fremdsprachen wiederfinden.

154 Abbildung entnommen aus O.V. 1832, S. 44.

Die innerhalb der ‚höheren Abteilung' als ‚Elemente der National-Oekonomie' implementierten volkswirtschaftlichen Themen weisen unter inhaltlicher Prämisse parallele Strukturen des neugegründeten Bildungsgangs auf, so dass der reduzierte Bezug zu einer ausführenden Tätigkeit einer curricularen Implementierung entgegenkommt. Der bipolare Charakter volkswirtschaftlicher Themen bedingt, dass eine Implementierung volkswirtschaftlicher Inhalte nicht unter rein humanistischen Gesichtspunkten begründet werden könnte, da real-wirtschaftliche Bezüge deutlich hervortreten.[155] Hingegen könnte eine Implementierung unter rein beruflich-realen Gesichtspunkten in dieser Ausprägung ebenfalls nicht gerechtfertigt werden, da diese zwar als ‚reale kaufmännische Bildungsinhalte' zu klassifizieren sind, jedoch kein unmittelbar kaufmännischer Handlungsbezug vorliegt. Sowohl volkswirtschaftlich modellierte Inhalte als auch die institutionalisierte Schulform entsprechen nicht Humboldts humanistischem Bildungsideal, so dass durch die Hierarchisierung der kaufmännischen Bildung im Rahmen der Gründung der ‚höheren' Abteilung die schulischen Voraussetzungen geschaffen werden, um volkswirtschaftliche Inhalte mit formal-logischem Modellcharakter implementieren zu können. Die Hierarchisierungstendenzen, in deren Rahmen volkswirtschaftliche Inhalte hätten eingeführt werden können, sind sowohl auf inhaltlicher als auch auf administrativer Ebene feststellbar.[156]

Die Hierarchisierung der kaufmännischen Bildungsinhalte sowie der administrativen Schulform bewirkt gleichermaßen eine Differenzierung des postulierten Kaufmannsbildes zwischen beiden Schulformen. Bleibt das traditionelle Leitbild des handelnden Kaufmanns weiterhin als Zielpostulat der Lehrlingsschulen

---

155 Während des Merkantilismus dienen die individuellen Handlungsmöglichkeiten als Anknüpfungspunkt, so dass gesamtheitliche Systeme im Kontext der National-Oekonomie kaum betrachtet werden können. Exemplarisch verwiesen sei auf den Stoffverteilungsplan der Carls-Schule in Stuttgart von 1784. In I. Teil E werden die Inhalte der ersten Klasse beschrieben, die volkswirtschaftliche Prägung besitzen, wobei immer von einem handelnden Menschen ausgegangen wird und volkswirtschaftliche Themengebiete aus individueller Perspektive beschrieben werden (vgl. Göhrung 1784, S. 287).

156 Ebenso bedingt das Aufkommen großindustrieller Strukturen realwirtschaftliche Hierarchisierungen innerhalb der Betriebe (vgl. Haipeter 2011, S. 23). Die begonnene Veränderung der Industriestruktur über die Manufakturgründung hinaus schreitet im Zeitverlauf zu einer maschinengestützten Fabrikproduktion fort. Diese zeichnet sich durch einen hohen Kapitaleinsatz, einen hohen Grad der Arbeitsteilung sowie einer damit verbundenen geringen Tätigkeitsvielfalt aus, woraus einerseits ein Tätigkeitsfeld für gering qualifizierte Arbeitskräfte entsteht, jedoch ebenso Führungspersonal benötigt wird (vgl. Walter 2011, S. 62).

erhalten, so erfährt das Leitbild innerhalb der Zielformulierung der Handelsschule eine Neuausrichtung dahingehend, dass ‚als künftiger Weltbürger' neben beruflichen ebenfalls neuhumanistische Kenntnisse mit eingeschlossen werden. Das ‚höhere Kaufmannsbild' ist somit stärker anhand gesellschaftlicher Konventionen ausgerichtet als sein Pendant der Lehrlingsklassen, welches beruflich ausführende Tätigkeiten zentral beinhaltet.[157] Der praktisch-handelnd ausgerichtete Kleinkaufmann bleibt folglich als Leitbild nur innerhalb der Lehrlingsklassen bestehen.

Das praktisch ausgerichtete Kleinkaufmannsbild als Grundlage der Lehrlingsabteilung basiert auf den real auszuführenden Tätigkeiten der kaufmännischen Lehrlinge, im Kontext großindustrieller Strukturen auch ‚Handlungsgehilfen' genannt. Innerhalb deren beruflicher Handlungen liegen keine Tätigkeitsbezüge relativ zu volkswirtschaftlichen Thematiken vor, wie eine Umfrage unter 200 Lehrlingen des Groß- und Außenhandels aufzeigt, die Tauner auswertet:

Abbildung 19: Tätigkeit von Groß- und Einzelhandelslehrlingen (um 1898)[158]

Tätigkeit	Ausführende Lehrlinge im 1. Lehrjahr in %	Ausführende Lehrlinge im 2. Lehrjahr in %
Geschäft öffnen und schließen, aufräumen und abstauben	50	20
Boten- und Geschäftsgänge machen	55	26
Postpakete an- und abliefern	40	19
Briefe registrieren, kopieren, expedieren	90	33
Briefe und Rechnungen abschreiben, einfache Formulare ausfüllen	62	32
Außergeschäftliche Arbeiten	15	15

157 Die Ausdehnung des Kaufmannsbegriffs auf neuhumanistische Tendenzen lässt sich exemplarisch bei Ehrenberg nachvollziehen, der 1897 die Erfordernisse eines neuzeitlichen Kaufmannes deutlich humanistisch geprägt beschreibt, wobei er hinsichtlich der Tätigkeitsbereiche der einzelnen Kaufmänner (u.a. auch Industrielle, Exporteure und Agenten) unterscheidet. Dabei bezieht er sich auf persönlich-ästhetische Merkmale, welche zum Teil nicht erlernt, sondern angeboren sein müssen und betont deren Bedeutung für das öffentliche Leben, die Kunst und die Wissenschaft (vgl. Ehrenberg 1897, S. 49f.).

158 Zusammengestellt nach den Angaben von Karl Tauner, zitiert nach: Horlebein 1976, S. 100. Für eine weitere Tätigkeitsbeschreibung von kaufmännischen Handlungsgehilfen vgl. Adler 1900, S. 111ff.

Ohne weitere Ausdifferenzierung der inhaltlichen Kategorien lässt sich der Tätigkeitscharakter als Hilfstätigkeit klassifizieren, in deren Kontext volkswirtschaftliche Inhalte keine berufspraktische Relevanz für die anvisierte Zielgruppe entfalten.[159] Volkswirtschaftlicher Inhalte bieten nur für betriebliche Führungskräfte einen Berufsbezug, der curricular aufgefasst werden kann.[160] Es lässt sich

159 Die von Hilfstätigkeiten geprägte Tätigkeitsstruktur kaufmännischer Lehrlinge innerhalb großindustrieller Unternehmen werden kritisch beurteilt, so dass Pierenkemper sogar von einem Missbrauch der Lehrlinge spricht (vgl. Pierenkemper 1982, S. 133). So fordert auch der ‚Deutsche Verband kaufmännischer Vereine' in einer Resolution von 1898 ein Sondergesetz, innerhalb dessen ‚das Halten von Lehrlingen [...] unterbreitet wird'. Begründet wird die Forderung damit, dass „in der praktischen Ausbildung der Lehrlinge im Handelsgewerbe [...], wie durch Ermittelungen nachgewiesen ist, grosse Missstände vorhanden (seien)" (Deutscher Verband kaufmännischer Vereine 1898, S. 58). Für ein Gegenbeispiel vgl. Stolzenberg 1912, S. 69ff. Der Bedarf der Lehrlinge nach weiterführender schulischer Bildung während der durch ausführende Hilfstätigkeiten geprägten Lehrzeit sowie eine defizitäre Vorbildung der Lehrlinge stellen einen Begründungsbestandteil für das Engagements der jeweiligen Innungen dar, die zu bedeutenden Trägern des wiederauflebenden Handelsschulwesens zum Ende des Neuhumanismus werden (vgl. Amthor 1836, S. 41; Horlebein 1976, S. 63ff.; Penndorf 1916, S. 162, vgl. exemplarisch Wahle 2009, S. 3ff.). Zusätzlich zur Gründung der Schulen setzen sich diese im Einzelfall ebenfalls für einen geregelten Besuch durch die Lehrlinge ein. Exemplarisch schreiben die Bestimmungen für die Handelslehrlinge und Gehilfen der Handelsinnung Hannover von 1851 explizit vor, dass jeder Lehrling die Handelsschule zu besuchen hat und von den Lehrherren dazu angehalten werden soll (vgl. O.V. 1851, S. 47). Dies zeigt exemplarisch, dass zwar noch keine geregelte Schulpflicht für diese Schulen besteht, jedoch ein Interesse der jeweiligen Innungen an Schulgründungen und -entwicklungen vorliegt (vgl. Wahle 2009, S. 4ff.).

160 Die höher gebildete Schülerklientel bedingt, dass von einer quantitativ weiten Verbreitung nicht ausgegangen werden kann. Penndorf spricht von bis zu 90 Schülerinnen und Schülern, die die höhere Schulform zeitweise besuchen und wertet dies als Erfolg, jedoch ist diese Handelsschule die Erste ihres Typs, so dass gesamt betrachtet kaufmännische Fortbildungsschulen mehr Schülerinnen und Schüler erreicht haben dürften (vgl. Penndorf 1916, S. 166). Innerhalb der Leipziger Handelsschule ist die ‚höhere Abteilung' gegenüber der Lehrlingsabteilung jedoch stärker besetzt. Da noch keine Schulpflicht während der Lehrzeit besteht, besuchen lediglich 1/6 aller in Leipzig eingeschriebenen Lehrlinge tatsächlich die Lehrlingsabteilung (vgl. Penndorf 1916, S. 166). Insgesamt gesehen wachsen die Schülerzahlen der Leipziger Handelslehranstalt deutlich an, von durchschnittlich 51 Schülerinnen und Schülern zwischen 1832 und 1840 bis auf durchschnittlich 106 Schülerinnen und Schüler im Zeitraum von 1861 bis 1870 (vgl. Horlebein 1976, S. 44). Zusätzlich dazu verdoppelt sich die

hier die Wirkungskette nachzeichnen, wonach verändernde realwirtschaftliche Verhältnisse (Vergrößerung der Betriebe inklusive Veränderung der Tätigkeitsstruktur) eine neue potentielle Zielgruppe (künftige kaufmännische Führungskräfte) hervorbringen, die sich hinsichtlich ihrer fachlichen Bedürfnisstruktur von kaufmännischen Lehrlingen unterscheiden. Eine institutionelle Reaktion erfolgt durch die Gründung eines höheren Bildungsgangs, dem ein erweitertes Kaufmannsbild als Zielsetzung zu Grunde liegt, so dass in den Bildungsgängen ein angepasstes Curriculum mit reduzierten Handlungsbezügen vorliegt.[161] Innerhalb dessen werden volkswirtschaftliche Inhalte ohne staatlichen Einfluss curricular implementiert, so dass eine heterogene Implementierung volkswirtschaftlicher Inhalte innerhalb eines Schulsystems ohne staatlichen Einfluss während der neuhumanistischen Epoche diagnostiziert werden kann.[162]

Anzahl der Handlungsgehilfen in kurzem Zeitraum von ca. 543.000 (im Jahr 1895) auf 1.064.000 (im Jahr 1907) Personen (vgl. Reinisch 2001, S. 39).

161 Die staatliche Untätigkeit gilt jedoch lediglich im Bereich der kaufmännischen Bildung. Exemplarisch wird innerhalb des Allgemeinen Deutschen Handelsgesetzbuches sowie der Norddeutschen Gewerbeordnung die Rechtsstellung von Lehrlingen innerhalb des Gewerbes und des Handwerks geregelt, jedoch werden kaufmännische Lehrlinge explizit davon ausgeschlossen (vgl. Norddeutscher Bund 1869, §126; vgl. auch Wahle 2009, S. 3). Eine punktuelle Ausnahme hinsichtlich der staatlichen Reglementierung kaufmännischer Berufsstandards stellt §106 Abs. 2 der Norddeutschen Gewerbeordnung dar. Darin wird der jeweiligen Gemeinde freigestellt, Lehrlinge unter 18 Jahren zum Besuch der Fortbildungsschule zu verpflichten (vgl. Norddeutscher Bund 1869, §106, Abs. 2). Allerdings weist Zabeck darauf hin, dass diese Regelung 1878 während der Novellierung der Gewerbeordnung ersatzlos wegfiel, 1891 jedoch wieder eingeführt wurde (vgl. Zabeck 2009, S. 343f.). Offensichtlich besaß die gesetzgebende Instanz keine Einigkeit bezüglich des Status der kaufmännischen Bildung sowie deren Ausbildung.

162 Zabeck weist in diesem Zusammenhang darauf hin, dass der Begriff ‚System' im Kontext der Diskussion um berufliche Bildung während dieses Zeitraumes nicht ganz korrekt ist. Es kann sich nicht um ein System handeln, da keine ordnenden Prinzipien bestanden (vgl. Zabeck 2009, S. 385). Die Feststellung eines heterogenen ‚Systems' gilt sowohl zwischen beiden aufgezeigten Bildungsgängen als auch zwischen unterschiedlichen Schulen, da keinerlei regulative Prinzipien vorherrschten, so dass unterschiedlich geartete, handelsorientierte Schulen entstehen. Es existieren keine normierten oder staatlich legitimierten Lehrpläne, sondern eine Vielzahl von Einzellehrplänen, die zumeist nur für die eigene Schule Geltung besitzen. Jede Schule besitzt folglich eigene Interessen und eigene didaktische Strukturen zur inhaltlichen Auswahl und didaktischen Vermittlung.

Der Diagnose einer generellen Reduzierung weltlicher Inhalte im Zeitraum des Neuhumanismus als Resultat ästhetischer Bildungstendenzen kann also im Hinblick auf volkswirtschaftliche Curricularstrukturen nicht umfassend zugestimmt werden. Eine Begründung volkswirtschaftlicher Inhalte unter rein neuhumanistischer Prägung kann lediglich schwerlich erfolgen, jedoch wird durch die bewusste Abkehr neuhumanistischer Bildungsabgrenzung sowie der Kombination der Geisteshaltung im Kontext des beruflichen Standes und realwirtschaftlicher Prägung die Möglichkeit curricularer Implementierung geschaffen. Zur Bildungsgangbegründung sind neuhumanistische Tendenzen somit konstitutiv.

2.3 Kaufmännische Curricularentwicklungen im Kontext aufkommender institutioneller Berufsbildung im frühen 20. Jahrhundert

Der Rückgang des neuhumanistischen Einflusses innerhalb des Bildungswesens ermöglicht die gesellschaftliche Aufwertung realer Bildungsinhalte, was sich um die Jahrhundertwende in einer verstärkten Gründungsaktivität kaufmännischer Schulen wiederspiegelt (vgl. Büchter/Kipp 2009, S. 9; Greinert 2006b, S. 501; Horlebein 1992, S. 221):[163]

163 Das Ende der neuhumanistischen Epoche ist durch heterogene Strukturen innerhalb des kaufmännischen Bildungsbereichs geprägt. Die jeweiligen Länder besitzen die Bildungshoheit. Diese erlassen sukzessive eine Fortbildungsschulpflicht für volksschulentlassene Jugendliche, wobei diese Aufgabe im Einzelfall an die jeweiligen Kommunen weitergeleitet wird (vgl. Abel 1963, S. 94). Exemplarisch führen Bayern (im Jahr 1903), Sachsen (in den Jahren 1873 bzw. 1910), Württemberg (im Jahr 1909), Baden (in den Jahren 1874 bzw. 1904) und Hessen (im Jahr 1874) Fortbildungsschulpflichten ein, die jedoch hinsichtlich ihres Umfangs sowie der Zielgruppe unterschiedlich ausfallen (für eine detaillierte Darstellung vgl. Muth 1985, S. 491f.). Es existieren keine einheitlichen Lehrpläne, so dass die schulischen Inhalte ebenso variieren wie die jeweiligen Schulbezeichnungen, die jeweilige Lehreranzahl sowie deren Ausbildungsniveau. Kurzum, es besteht kein einheitliches Schulsystem. Gemein ist den Schulen lediglich die schulische Betreuung während der betrieblichen Ausbildung. „Sie hatte die Aufgabe, die kaufmännische Lehre durch eine möglichst weitgehende theoretische Fachbildung zu ergänzen, ihre Schüler in das vielgestaltige moderne Wirtschaftsleben und den neuzeitlichen Handelsbetrieb einzuführen und ihre Erziehung zu einsichtigen mittätigen Staatsbürgern zu fördern“ (Hell 1916, S. 358; vgl. auch Abel 1963, S. 94f.).

Tabelle 10: Anzahl kaufmännischer Fortbildungsschulen in Deutschland zwischen 1892 und 1920[164]

Bezugszeitpunkt	Kaufmännische Fortbildungsschulen	Steigerungsindex
1892	165	100
1895/96	233[165]	141
1898	381	230
1901/02	456	276
1904	522	316
1907	733	444
1910	799	484
1920	850	515

Neben den Forderungen nach allgemeinen Erziehungsrichtlinien,[166] den diagnostizierten Qualitätsmängeln der praktischen Ausbildung auf Grund der beschriebenen Tendenzen der ‚Lehrlingszüchterei' sowie dem daraus resultierenden Engagement privatwirtschaftlicher Vereinigungen ist der quantitative Schulzuwachs ebenfalls durch die flächendeckende Einführung der Schulpflicht

164 Tabelle entnommen aus Horlebein 1976, S. 82.

165 Teilweise wird an dieser Stelle auch die Zahl 272 genannt. Die Differenz ist auf unterschiedliche Erhebungszeitpunkte sowie die teilweise Nichtberücksichtigung unselbstständiger Schulen zurückführen.

166 Exemplarisch werden Forderungen nach allgemeinen Erziehungsrichtlinien durch den Gemeinderat der Gemeinde Raststatt (Baden) am 16.6.1832 betrachtet: „Der Knabe, welcher in seinem 14. Jahr die Elementarschule verläßt, und die lateinische nicht besuchen will, oder auch da frühzeitig austritt, weil er sieht, daß er es in der gelehrten Welt nicht weit bringen wird, steht nun ohne Unterricht, ohne Führer da. [...] Was kann ihm auch die lateinische und griechische Sprache und dergleichen mehr, was die meiste Zeit wegfrißt, frommen? Und sieht man nicht viele solcher halbstudiert herumlaufen, die für ihr ganzes Leben verpfuscht sind? Sind aber die Leute selbst schuld? Antwort nein, sondern der Grund ist allein darin zu suchen, daß keine Anstalt vorhanden ist, welche ihnen die ihrem künftigen Stand angemessene Bildung an Geist und Körper gibt" (Badisches Genral-Landesarchiv, Abt. 371/Zg 1928, F 240, zitiert nach: Berke 1960, S. 146). Spezifisch für kaufmännische Lehrlinge betont auch Völkner die Notwendigkeit einer fachungebundenen Erziehung, wobei er zwischen kaufmännischen und handwerklichen Lehrlingen differenziert. Insbesondere kaufmännische Lehrlinge bedürfen demnach zusätzlich zu einer fachlichen einer sittlichen Erziehung, da sich (im Gegensatz zu handwerklichen Lehrlingen) das geschaffene Werk nicht selbst darstellen könne, so dass sie verstärkt zu ‚Pralerei' und ‚Phrasendresscherei' neigen (vgl. Völkner 1913, S. 84).

zu begründen (vgl. Abel 1963, S. 94f.; Norddeutscher Bund 1869, §106).[167] Konnte diese zuvor lediglich an allgemeinen Fortbildungsschulen abgeleistet werden (in Preußen bspw. seit Einführung der Gewerbeordnung im Jahre 1869, vgl. Norddeutscher Bund 1869, §106), wird dies mit Gültigkeit ab 1.6.1890 in Preußen ebenfalls an fachlich gebundenen und folglich auch an kaufmännischen Schulen ermöglicht (vgl. exemplarisch Horlebein 1976, S. 105; Pfeifer 1916, S. 175).[168] Unter administrativen Gesichtspunkten erhält die kaufmännische Fortbildungsschule die gleiche Legitimation, die allgemeine Fortbildungsschulen bereits besaßen, was zu einer verstärkten Nachfrage nach dieser Schulform führt und verstärkte Neugründungen kaufmännischer Fortbildungsschulen erklärt:

167 Die genauen Motive, die zur Etablierung eines Handelsschulwesens führen, sind jedoch nicht eindeutig geklärt. Horlebein diagnostiziert ein mangelhaftes Vorbildungsniveau der Schülerinnen und Schüler insbesondere zu Beginn der Ausbildung und beruft sich dabei auf Eigenaussagen der jeweiligen Schulgründer, wonach schulische und betriebliche Ausbildungsinhalte nicht übereinstimmen (vgl. Horlebein 1976, S. 77). Zabeck hingegen sieht die schulischen Voraussetzungen unter Berücksichtigung betrieblicher Qualifikationsanforderungen als gegeben an und sieht ein eigennütziges Motiv der gründenden Wirtschaftsverbände, wonach die bildungstheoretische Position kaufmännischer Bildung gegenüber aufstrebender bzw. bereits bestehender humanistischer Gymnasien gestärkt werden soll (vgl. Zabeck 2009, S. 372ff.; zur weiteren Bedeutung der Wirtschaftsverbände vgl. Haipeter 2011, S. 23f.). „Allein der Umstand, daß Repräsentanten des kaufmännischen Berufsstandes die Institution Schule für sich reklamierten, schien geeignet, im gesellschaftlichen Ringen um Professionalisierung zu punkten“ (Zabeck 2009, S. 373). Auch Reinisch sieht kein Bedürfnis eines weisungsgebundenen Handlungsgehilfen nach einer schulischen Begleitung (vgl. Reinisch 2001, S. 38). Greinert hingegen diagnostiziert „eine umfassende politische Reaktion auf soziale und ökonomische Auflösungserscheinungen der bürgerlichen Gesellschaft“ durch den Staat (vgl. Greinert 2006b, S. 499).

168 In Preußen steigt die Zahl der Fortbildungsschulen von 664 (im Jahr 1884) auf 2100 Schulen (davon 381 kaufmännische) im Jahr 1909. Im Bereich der Fachschulen liegen ähnliche Steigerungsquoten vor. Die finanzielle Belastung des Staates steigt dabei von 569.000 Mark (im Jahr 1885) auf über 13 Millionen Mark im Jahr 1910 (vgl. Borchard 1929, S. 62).

Tabelle 11: Kaufmännische Fortbildungsschüler in Preußen nach obligatorischem und freiwilligem Schulbesuch zwischen 1900 und 1915[169]

Bezugsjahr	Kaufmännische Fortbildungsschüler			obligatorische Schüler	Steigerungsindex der Gesamtschülerzahl
	insgesamt	obligatorische	freiwillige		
	abs.	abs.	abs.	%	
1900	19.250	7.445	11.805	39	100
1905	31.670	22.603	9.067	71	165
1910	52.449	46.353	6.096	88	272
1915	92.073	82.110	9.963	89	478

Innerhalb von 15 Jahren bilden die Schülerinnen und Schüler, die die kaufmännische Fortbildungsschule zwecks Erfüllung ihrer Schulpflicht besuchen, die Mehrheit (vgl. Pfeifer 1916, S. 186).[170] Die schon bestehenden kaufmännischen Schulen konnten zuvor auf Grund der vorhandenen Gesetzgebung nicht solch hohe Schülerzahlen erreichen, da der fachlich gebundenen Schulform die bildungspolitische Legitimation bis 1890 versagt bleibt und sie per Gesetzgebung in einen Randbereich versetzt werden.

Die sukzessiv zunehmende staatliche Einflussnahme auf berufsbegleitenden Unterricht wirkt sich neben administrativen Strukturen auch auf die inhaltliche Ausgestaltung des kaufmännischen Fächerkanons der Schulen aus. Sind seit 1874 an gewerblichen Fortbildungsschulen unter der Zielsetzung „[…] die Volksschulbildung ihrer Zöglinge zu befestigen, zu ergänzen und mit der Richtung auf die Erhöhung ihrer Erwerbsfähigkeit und Gewerbstüchtigkeit zu erweitern" (Preußisches Ministerium für Handel und Gewerbe 1874, S. 109) die Fächer ‚bürgerliches und kaufmännisches Rechnen', ‚Buchführung' und ‚Handels-Correspondenz' in geringem quantitativem Umfang für die Oberstufe (bei einer Einteilung in Unter- und Oberstufe) curricular implementiert, so werden diese im Rahmen einer Unterrichtszeitverkürzung von 16 auf 6 Wochenstunden aus den Curricula entfernt (vgl. Pätzold 1994a, S. 16). „Der Herr Kultusminister sah sich veranlaßt, durch

169 Eigene Darstellung, Daten entnommen aus Horlebein 1976, S. 103 und S. 106. Zum inhaltlichen strukturellen Aufbau vgl. Haumann 1922, S. 70.

170 Roth betrachtet ausschließlich den Handlungsgehilfenberuf und ermittelt, dass insgesamt 57,78% der Handlungsgehilfen während der Lehrzeit tatsächlich eine Schule besuchen (vgl. Roth 1911, S. 124f.). Wiederum 57,37% der Schülerinnen und Schüler besuchen dabei öffentliche kaufmännische Fachschulen, wobei sich der Schulbesuch lediglich bei ca. einem Drittel der Schülerinnen und Schüler (31,26%) über die gesamte Lehrzeit erstreckt (vgl. Roth 1911, S. 122ff.).

einen weiteren Erlaß vom 14. Januar 1884 [...] die Grundzüge vom 17. Juni 1874 in wesentlichen Punkten abzuändern. Er erkennt offen an, daß die Fortbildungsschulen im Durchschnitt nicht über mehr als wöchentlich 6 Stunden verfügen" (Seefeld 1916, S. 542).[171] Es bleiben die Fächer ‚Rechnen', ‚Deutsch' und ‚Zeichnen' bestehen (vgl. Preußisches Ministerium für Handel und Gewerbe 1884, S. 111ff.), die im Jahr 1897 hinsichtlich Aufgabenbeschreibung, Materialauswahl und anzuwendender Lehrverfahren konkretisiert werden und insofern erstmalig ein Lehrplan analog heutiger Curricula vorliegt.[172] Kaufmännische Inhalte sind kaum enthalten; lediglich werden mathematische Aufgaben in kaufmännischem Kontext behandelt (vgl. exemplarisch Preußisches Ministerium für Handel und Gewerbe 1897, S. 122, vgl. auch die Ausführungen zur ‚Lehrplandiskussion' in Abel 1963, S. 95).[173] Innerhalb der Aufgaben wird explizit der selbstständige Kleinkaufmann angesprochen, wodurch intendierte Nützlichkeitsbestrebungen staatlicher Instanzen verfolgt werden, das Kleinkaufmannsbild inhaltsleitend bleibt und nahezu keine volkswirtschaftlichen Inhalte vorhanden sind.[174] Auch durch die preußischen

---

171 Seefeld begründet ebenfalls die inhaltliche Ausrichtung des Plans: „Außerdem aber heben sich die erzieherischen Aufgaben der Fortbildungsschule klar hervor, sowohl nach der religiös-sittlichen wie nach der staatsbürgerlichen Seite, wenngleich die Aufgabe hier noch nicht so umfassend und bestimmt vor Augen gestellt ist, wie wir es nach unseren heutigen Anschauungen fordern müssten" (Seefeld 1916, S. 543).

172 Im Jahr 1874 wird die Reglementierung und Durchsetzung eines einheitlichen Lehrplanes noch verneint. „Bei der großen Verschiedenheit in der Entwicklung der Industrie in den einzelnen Landestheilen und der Mannigfaltigkeit der Stufen, bis zu welchen der Unterricht der Volksschule in denselben geführt wird, ist die Aufstellung eines allgemein gültigen Normalplanes für die gewerbliche Fortbildungsschule noch nicht an der Zeit" (Preußisches Ministerium für Handel und Gewerbe 1874, S. 109). Offensichtlich bestand zu diesem Zeitpunkt kein staatliches Interesse an Normierungen inhaltlicher Art.

173 Eine kaufmännische Prägung bleibt ansatzweise im Fach ‚Rechnen' durch Zins-, Rabatt- sowie Gewinn- und Verlustrechnungen erhalten (vgl. Preußisches Ministerium für Handel und Gewerbe 1884, S. 113).

174 Werden vereinzelt volkswirtschaftliche Themenaspekte behandelt, so unter einem realwirtschaftlichen Bezug: „Belehrungen aus dem Gebiet der Volkswirtschaftslehre haben sich auf die Erläuterungen wichtiger Einrichtungen des heutigen wirtschaftlichen Lebens (wie Sparkassen, Genossenschaftswesen, Besteuerung usw.) zu beschränken" (Siercks 1908, S. 44). Allerdings stellt die geringe Berücksichtigung volkswirtschaftlicher Inhalte keinen Einzelfall preußischer Schulen dar, wie sich anhand Zieglers Sammlung von 12 Landesgesetzen und Verordnungen sowie eines Reichsgesetzes zur kaufmännischen Fortbildungsschule nachverfolgen lässt, da selbst in den Richtlinien expliziter Handelsstädte kein volkswirtschaftlicher Bezug

„Bestimmungen über Einrichtung und Lehrpläne gewerblicher Fortbildungsschulen" von 1911 (vgl. Preußisches Ministerium für Handel und Gewerbe 1911a, S. 134ff.; Preußisches Ministerium für Handel und Gewerbe 1911b, S. 22ff.; vgl. auch Grüner 1984, S. 11) sowie die parallel dazu erlassenen ‚Bestimmungen über Einrichtung und Lehrpläne kaufmännischer Fortbildungsschulen und kaufmännischer Fachklassen an gewerblichen Fortbildungsschulen' (vgl. Preußisches Ministerium für Handel und Gewerbe 1911c, S. 35ff.) werden drei Fächergruppen (Handelsfächer, technische Fächer und allgemeinbildende Fächer) festgeschrieben (vgl. Preußisches Ministerium für Handel und Gewerbe 1911c, S. 50; zur detaillierten administrativen Darstellung vgl. Deutscher Verband für das kaufmännische Unterrichtswesen 1905, S. 75ff.).[175] Der Lehrstoff wird ebenfalls vorgegeben, jedoch verbleibt dessen inhaltliche Ausgestaltung auf Individualschulebene.

---

auffindbar ist. Exemplarisch schreibt das ‚Gesetz über die Fortbildunsgsschulpflicht' der freien und Hansestadt Hamburg lediglich vor, dass der Unterricht basierend auf beruflichen Grundlagen einzurichten sei (vgl. Senat der freien und Hansestadt Hamburg 1913, §4).

175 In der kaufmännischen Fortbildungsschule entfallen 6 Wochenstunden auf Handelskunde mit Schriftverkehr, 5 Wochenstunden auf Rechnen, 3 Wochenstunden auf Buchführung und eine Wochenstunde auf Bürgerkunde. Die verbleibenden Wochenstunden können entweder für zusätzlichen Unterricht in Wirtschaftsgeographie oder Schreiben und Kurzschrift verwendet werden oder auf die bestehenden Mindeststunden aufgeteilt werden (vgl. Muth 1985, S. 493).

Abbildung 20: Stoffauswahl und Verteilung des handelskundlichen Fachs in Preußen und Baden[176]

Preußische Bestimmungen (1911)		**Badischer Normallehrplan (1909)**	
Klassenstufe	Lehrstoff	Klassen-stufe	Lehrstoff
Unterstufe	- Der Lehrling in Geschäft und Schule - Einrichtung des Geschäfts - Verkehr mit dem Kunden - Ein- und Verkauf - Verkehrswesen: Post, Eisenbahn, Frachtgeschäft	1. Klasse	- Entwicklung des Handels, dessen Arten und Ursachen - Handelsbilanz - Die Handelspersonen - Der Kaufmann und seine Tätigkeit - Firma, Handelsregister, Prokura, Vollmacht, Handlungsgehilfen und Lehrlinge - Agenten, Mäkler
Mittelstufe	- Warenhandel - Kreditwesen, insbesondere Wechsel und Scheck	2. Klasse	- Handelsgeschäft, Handelskauf - Das Kommissions-, Speditions- und Lagergeschäft - Beförderung von Gütern auf der Eisenbahn - Zahlungsarten - Verkehr mit den Banken, insb. mit der Reichsbank
Oberstufe	- Bank- und Börsenwesen - Verkehr mit den Behörden - Das Wichtigste über den Handelskauf - Handelsstand und Handelsgesellschaften - Zusammenfassende Wiederholung	3. Klasse	- Die Handelsgesellschaften, insbesondere die Aktiengesellschaft in ihrer geschichtlichen Entwicklung und wirtschaftlichen Bedeutung sowie die Gesellschaft m.b.H.

Mit Ausnahme der ,Handelsbilanz' enthalten beide Lehrplanvorgaben keine volkswirtschaftlichen Inhalte.[177] Blum weist in zwei Darstellungen für das Jahr 1911 die

176 Tabelle entnommen aus Preußisches Ministerium für Handel und Gewerbe 1911c sowie Grossherzogtum Baden 1909, zitiert nach Reinisch 2004, S. 501.

177 Der innerhalb dieses Zeitraums stattfindende ,Werturteilsstreit' innerhalb des ,Vereins für Socialpolitik', der im Wesentlichen das Verhältnis zwischen wissenschaftlichen

Stundenverteilung für insgesamt 31 Lehrlingsschulen nach (vgl. Blum 1911b, S. 88 und Blum 1911a, S. 38f.). Innerhalb dreier Schulen existiert volkswirtschaftlicher Unterricht in geringem Umfang (Bautzen und München mit jeweils einer Wochenstunde und Berlin mit einer halben Wochenstunde). Jedoch orientiert sich der volkswirtschaftliche Unterricht entgegen heutigem Fachverständnis anhand des Fachs ‚Bürgerkunde', was durch die Zuordnung des Fachs zum allgemeinbildenden und nicht zum kaufmännischen Bereich deutlich wird. Insofern wird hier keine fachliche, sondern eine staatsbürgerliche Erziehung Gegensatz des (quantitativ gering verankerten) Unterrichts gewesen sein. Es können die Tendenzen, wonach im berufsbildenden Bereich die Prämisse eines handelnden Kaufmanns der curricularen Implementierung volkswirtschaftlicher Inhalte widerspricht, auch über die Jahrhundertwende hinweg festgestellt werden.

Die heterogene Implementierung auf qualitativ geringem Niveau ist durch die Stundentafeln der Fortbildungsschulen nachvollziehbar. In nahezu allen Ländern ist kein eigenes Fach ‚Volkswirtschaftslehre' festgeschrieben, wohingegen die Volkswirtschaftslehre in vereinzelten Ausnahmefällen an sächsischen Fortbildungsschulen auffindbar ist.[178] Jedoch ist der vorgeschriebene Stundenumfang äußerst gering bemessen und zusätzlich wird die Möglichkeit zur Veränderung des Plans bezogen auf die örtlichen Verhältnisse eingeräumt. Von flächendeckendem Volkswirtschaftslehreunterricht kann folglich, ebenso wie in den anderen Ländern, auch in Sachsen nicht flächendeckend innerhalb der Lehrlingsausbildung ausgegangen werden.

Erkenntnissen (primär im Bereich der Sozialwissenschaft) und politischem Handeln thematisiert, wirkt sich zwar innerhalb der Privatwirtschaftslehre aus (vgl. Reinisch 2004, S. 502), allerdings resultiert daraus keine volkswirtschaftliche Themenimplikation.

178 Vgl. dazu die Stundentafeln in: Blum 1916, S. 328f.; Goetz 1916, S. 214; Kasten 1916, S. 345; Kohlhepp 1916, S. 281ff.; Ziegler 1916b, S. 244f.

Abbildung 21: Stundenverteilung der Einjährigen-Lehrlings-Fachkurse in Sachsen (Schuljahr 1913/14)[179]

Unterrichtsfächer	Lehrlings-Fachkurse in			
	Dresden	Leipzig	Plauen	Crimmitschau
Handelsbetriebslehre	2	2	2	2
Handelskorrespondenz	1	1	—	2
Rechnen	3	2	2	2
Buchführung	2	2	2	3
Wirtschaftsgeographie	—	1	1	—
Bürgerkunde	1	—	1	—
Volkswirtschaftslehre	—	—	—	1
Französisch	2 w	2	2	1
Englisch	2 w	2	2	2
Stenographie	2 w	—	—	1
Maschinenschreiben	1 w	—	—	1
Kunstgewerbliche Geschmacks- u. Stillehre	1 w Warenkunde	—	1	—
Pflichtstundenzahl	9 u. 8 w	12	13	15

Neben einer heterogenen Implementierung volkswirtschaftlicher Inhalte im Rahmen der Fortbildungsschule lässt sich innerhalb alternativer Schulformen ebenfalls eine heterogene volkswirtschaftliche Implementierung zwischen den Ländern diagnostizieren, wobei zusätzlich differente Schulformbezeichnungen bei analog strukturierten Schultypen vorliegen. Das preußische Schulsystem unterscheidet abgrenzend zur beruflichen Fortbildungsschule eine Handelsschule und eine Höhere Handelsschule (vgl. Preußisches Ministerium für Handel und Gewerbe 1916, S. 52ff.; Pfeifer 1916, S. 174).[180]

179 Abbildung entnommen aus Hell 1916, S. 370.

180 Beide Schulformen weisen ähnliche strukturelle Merkmale auf, bspw. dass beide als Ersatz zur Pflichtfortbildungsschule nach Beendigung der Volksschule besucht werden können (vgl. Preußisches Ministerium für Handel und Gewerbe 1916, S. 56 bzw. 59). Differenzen ergeben sich aus dem heterogenen Vorbildungsniveau, das die Schülerinnen und Schüler bei Eintritt in die jeweilige Schulform vorweisen müssen. So besteht die Voraussetzung für den Handelsschulbesuch ‚in einer guten Volksschulbildung' (vgl. Preußisches Ministerium für Handel und Gewerbe 1916 S. 55), während für die Höhere Handelsschule ein ganzer Katalog mit unterschiedlichen Voraussetzungen aufgeführt ist, die jedoch alle höherwertig als der Volksschulabschluss

Innerhalb der preußischen Handelsschule liegt keine volkswirtschaftliche Curricularstruktur vor, da deren Bestimmung sich bezüglich der auszuwählenden Inhalte und Stoffgebiete auf die oben angesprochenen Regelungen aus dem Jahr 1911 (vgl. Preußisches Ministerium für Handel und Gewerbe 1911c, S. 35ff. bzw. Preußisches Ministerium für Handel und Gewerbe 1911b, S. 22ff.) beziehen, die im Wesentlichen die Fächer Handelskunde (inkl. Deutsch), Rechnen, Buchführung, Bürgerkunde sowie Schreiben vorsehen (vgl. Preußisches Ministerium für Handel und Gewerbe 1916, S. 56). Dies gilt ebenso an den Handelsschulen anderer Länder mit Ausnahme Bayerns. Dort ist ‚Volkswirtschaftslehre' punktuell an einzelnen Handelsschulen ausschließlich als eigenständiges Fach implementiert (jedoch nur für männliche Schüler), wie exemplarisch an der Stundentafel der Handelsschule Nürnberg dargestellt ist:

Abbildung 22: Stundentafel der städtischen Handelsschule Nürnberg (Schuljahr 1914/15)[181]

Lehrplan	Klasse I	Klasse II	Klasse III
Religion	2	2	2
Deutsche Sprache	4	4	3
Französische Sprache	3	3	3
Englische Sprache	4	4	4
Kaufmännisches Rechnen	3	2	2
Buchführung	1	2	2
Kaufmännische Korrespondenz	1	1	2
Handelskunde einschließl. Wechsellehre u. Gesetzeskunde	1	1	1
Volkswirtschaftslehre	—	—	2
Geschichte	2	2	2
Geographie	2	2	2
Physik	2	2	2
Chemie	1	1	2
Mathematik	3	3	3
Schönschreiben	1	1	—
Stenographie	2	2	—
Turnen	2	2	2
	34	34	34

sind (exemplarisch ein Abschluss des Lyzeums, Abschluss einer Mittelschule oder die Reife für die dritte Klasse der Studienanstalt; vgl. Preußisches Ministerium für Handel und Gewerbe 1916, S. 57f.).

181 Abbildung entnommen aus Goetz 1916, S. 207. Vgl. darüber hinaus die Pflichtstundenverteilung in Chenaur-Repond 1916, S. 267; Kohlhepp 1916, S. 277 sowie die Stundenübersicht in Kühl 1916, S. 321f.

An Handelsschulen für Schülerinnen erfolgt hingegen auch in Bayern keine curriculare Verankerung eines eigenständigen Fachs ‚Volkswirtschaftslehre':

Abbildung 23: Stundentafel der städtischen Handelsschule für Mädchen in Fürth (Schuljahr 1913/14)[182]

Unterrichtsgegenstände	Klasse I	Klasse II	Klasse III	Summe
Pflichtfächer:				
1. Religionslehre	2	1	1	4
2. Deutsche Sprache und Literatur	4	3	3	10
3. Fremdsprachen:				
a) französische Sprache	4	3	3	10
b) englische Sprache	—	4	4	8
4. Handelstechnische Fächer:				
a) Buchhaltung	3	3	2	8
b) allgemeine Handelskunde und Wechsellehre	1	2	2	5
c) deutsche Handelskorrespondenz	1	1	1	3
d) Kaufmännisches Rechnen	5	4	3	12
5. Wirtschaftsgeographie	1	1	1	3
6. Geschichte und allgemeine Bürgerkunde	—	—	2	2
7. Warenkunde	1	1	1	3
8. Gesundheitslehre	—	—	1	1
9. Schönschreiben	2	1	1	4
10. Maschinenschreiben	—	2	1	3
11. Stenographie	2	2	1	5
12. Turnen	2	2	2	6
Summa	28	30	29	87

Im Gegensatz zu ‚Fortbildungsschulen' und ‚Handelsschulen' sieht die Mindeststundenverteilung der ‚Höheren Handelsschulen' in Preußen mindestens folgende Pflichtstunden für die einzelnen Fächer vor:

182 Abbildung entnommen aus Goetz 1916, S. 209. Vgl. die weiteren Stundentafeln der Handelsschulen für Mädchen in Goetz 1916, S. 208ff.; Kasten 1916, S. 348; Pfeiffer 1916, S. 303; Ziegler 1916b, S. 257.

Abbildung 24: Stundenverteilung an der Höheren Handelsschule in Preußen[183]

Fach	Minimalanzahl an Jahresstunden	Unterrichtsstunden insgesamt
Handelskunde und Schriftverkehr	4	160
Rechnen	4	160
Buchführung	3	120
Deutsch	2	80
Französisch oder Englisch	4	160
Bürgerkunde und Volkswirtschaftslehre	2	80
Wirtschaftsgeographie	2	80
Schreibfächer	2	80
Turnen und Jugendspiele	2	80
Insgesamt	**25**	**1000**

Analog zu Arnoldis Konzept an der Gothaer Schule ist die Volkswirtschaftslehre in Preußen ebenfalls innerhalb des ‚höheren Bildungsgangs' curricular vorhanden, jedoch mit 80 Planstunden (inklusive Bürgerkunde) in quantitativ geringem Umfang.[184] Die Inhalte des Bereiches ‚Bürgerkunde', die zumeist gemeinsam mit der Volkswirtschaftslehre als gemeinsames Fach vorgesehen sind, werden innerhalb dieses Lehrplans nicht weiter erläutert, sondern verweisen (über den Umweg der Bestimmungen für die Gewerbeberufe) auf den Lehrplan von 1911, wonach als Zielsetzung dem Schüler „das Werden und Wesen der wichtigen Einrichtungen des öffentlichen Lebens zu erklären, die Achtung vor der bestehenden Verfassung und Rechtsordnung, die Liebe zur Heimat, Vaterland und Volkstum zu pflegen" beschrieben ist (Preußisches Ministerium für Handel und

183 Eigene Darstellung, Daten entnommen aus Preußisches Ministerium für Handel und Gewerbe 1916, S. 58.

184 Alternativ stellt Ziegler die Stundenverteilung höherer Schulen mit kaufmännischem Hintergrund (trotz teilweise unterschiedlicher Bezeichnungen) zusammen. Volkswirtschaftlicher Unterricht ist dabei in den höheren Schulformen zwischen null und vier Wochenstunden vertreten (vgl. Ziegler 1916a, S. 415). Die jeweiligen Fußnoten weisen auf deutliche Unterschiede zwischen den betrachteten Fällen hin, da teilweise auch Bürgerkunde in die angegebene Stundenzahl eingeschlossen wird oder anderenfalls Volkswirtschaftslehre gemeinsam mit Handelslehre sowie Korrespondenz zu einem gemeinsamen Fach zusammengefügt wird. Für eine Darstellung volkswirtschaftlicher Stundenzahlen (inklusive Bürgerkunde) differenziert nach Schulstandorten vgl. Blum 1911a, S. 54f.

Gewerbe 1911b, S. 26). Die Intensität volkswirtschaftlicher Inhalte neben dem bürgerkundlichen Inhaltsbereich besteht deshalb innerhalb der ‚Höheren Handelsschule' in geringem Ausmaß und ist nicht überzuwerten, da fachbezogene volkswirtschaftliche Aspekte außerhalb der angesprochenen Anführung innerhalb der Stundentafel nicht vorhanden sind.[185] Die staatliche Einflussnahme auf das bis dahin heterogene Schulsystem beschränkt sich auf administrative Regelungen hinsichtlich des Schulbesuches und der strukturellen Ausgestaltung des Schulsystems sowie, unter inhaltlicher Prämisse, auf ausgewählte Teilbereiche hinsichtlich ideologischer, staatstreuer Erziehung im Bereich der Bürgerkunde. Fachwissenschaftliche Einflussnahme auf volkswirtschaftliche Themenschwerpunkte liegt nicht vor, da inhaltliche Gestaltungsfragen auf Individualschulebene zu behandeln seien (vgl. Preußisches Ministerium für Handel und Gewerbe 1911c, S. 50). Durch die Kombination der Volkswirtschaftslehre mit Themenbereichen wie ‚Heimat, Vaterland und Volkstum' ist inhaltliche Homogenität beider Bereiche zu begründen. Die staatlich beeinflusste Implementierung parallel zum Bereich der Bürgerkunde dürfte dahingehend eine Strahlkraft auf volkswirtschaftliche Inhaltsbereiche besessen haben, dass diese, sofern überhaupt unterrichtlich vorhanden, gesellschaftswissenschaftliche Prägung analog staatsbürgerkundlicher Inhalte besitzt. In Abgrenzung zur merkantilistisch geprägten Außenhandelsfokussierung liegt demnach ein inhaltlicher Wandel des curricular nicht festgeschriebenen volkswirtschaftlichen Themengebiets im Rahmen des ‚höheren Bildungsgangs' vor.

Analog preußischer ‚Höherer Handelsschulen' erfolgt weiterhin eine flächendeckende, unabhängig von der konkreten Schulformbezeichnung vorhandene Implementierung des Fachs ‚Volkswirtschaftslehre':[186]

---

185 Durch die Etablierung eines bürgerkundlichen Fachs wird der bisherige starke Fachbezug kaufmännisch orientierter Schulformen aufgeweicht (vgl. Horlebein 1976, S. 135). Tendenzen hin zu dem Nebeneinander zwischen rein fachlichen und allgemeinbildenden Themen innerhalb einer Schulform analog zur heutigen Zielsetzung des Berufskollegs gemäß dem allgemeinen Bildungs- und Erziehungsauftrag innerhalb des Schulgesetzes werden deutlich (vgl. Ministerium für Schule und Weiterbildung des Landes Nordrhein-Westfalen 2012, §2).

186 Vgl. dazu auch die Stundentafeln in: Pfeiffer 1916, S. 303; Ziegler 1916b, S. 239 und 241.

Tabelle 12: Überblick über die quantitative Implementierung des Fachs ‚Volkswirtschaftslehre' im Rahmen höherer Schulformen (1916)[187]

Ort und Name	Bezeichnung	Stunden insg.	Volkswirtschaftslehre (und Bürgerkunde)
Barmen	Höhere Handelsschule	34	2
Chemnitz	Einjähriger Fachkursus	33	3
Köln		29	2
Dessau		24	1
Dortmund	Höhere Handelsschule	34	2
Dresden	Einjähriger Fachkursus	33	2
Elberfeld		32	1,5
Essen	Höhere Handelsschule, Fachklasse für Knaben	32	-
Frankfurt a.M. (Höhere Handelsschule)	I. Semester II. Semester III. Semester IV. Semester	37 37 37 37	- - 2 2
Hagen	Höhere Handelsschule	32	4
Hannover	Höhere Handelsschule	30	-
Leipzig	Schülerfachkursus	32	2
Mainz	Höhere Handelsschule	34	4
Posen		33	3
Sonneberg	Höhere Handelsschule	24	2
Stuttgart	Obere Abteilung Jahreskursus	31	2

Die in einigen Ländern übliche Differenzierung der Höheren Handelsschule nach Geschlecht bewirkt keinen Einfluss auf die Fachimplementierung, da der Bereich ‚Volkswirtschaftslehre' ebenfalls im Lehrplan für die ‚Höheren Handelsschulen für Mädchen' vorgesehen ist:

187 Daten entnommen aus Ziegler 1916a, S. 415. Für den gesamten Überblick aller Schulfächer siehe Anhang 1.

Abbildung 25: Lehrplan des zweijährigen Kursus für die Höhere Handelsschule für Mädchen[188]

Lehrplan. Über die Wahl der Unterrichtsfächer herrscht eine Einhelligkeit.

Allgemein finden wir folgenden Lehrplan vertreten:

I. Fachunterrichtsgegenstände im engeren Sinne.
1. Deutsche Korrespondenz,
2. Französische Korrespondenz,
3. Englische Korrespondenz,
4. Buchführung,
5. Kaufmännisches Rechnen,
6. Handelsbetriebslehre,
7. Kaufmännische Rechtslehre,
8. Deutsche, französische und englische Kurzschrift,
9. Kaufmännische Kalligraphie,
10. Maschinenschreiben.

II. Fachunterrichtsgegenstände im weiteren Sinne.
1. Volkswirtschaftslehre,
2. Wirtschaftsgeographie mit Warenkunde,
3. Wirtschaftsgeschichte,
4. Bürgerkunde.

III. Vorbereitende und unterstützendeUnterrichtsgegenstände.
1. Deutsche Sprache,
2. Französische und englische Sprachlehre.

Die unterrichtliche Umsetzung der Lehrplanvorgaben erfolgt nahezu identisch, wie exemplarisch anhand der Stundentafel der ‚Höheren Handelsschule für Mädchen' in Köln ersichtlich wird:

188 Abbildung entnommen aus Oberbach 1916, S. 432f.

Abbildung 26: Stundentafel der Zweijährigen Höheren Handelsschule für Mädchen in Köln[189]

II. Zweijährige höhere Handelsschule für Mädchen Cöln.

Lehrfächer	Stunden per Woche	
	Klasse II	Klasse I
1. Deutsch	2	1
2. Französisch und französische Korrespondenz	2+2	2+2
3. Englisch und englische Korrespondenz	2+2	2+2
4. Deutsche Korrespondenz und Kontorübungen	3	2
5. Rechnen	4	4
6. Buchführung	4	4
7. Handelsbetriebslehre	2	2
8. Handels- und Wechselrecht	1	1
9. Volkswirtschaftslehre	—	2
10. Wirtschaftsgeschichte	1	—
11. Wirtschaftsgeographie und Warenkunde	2	2
12. Bürgerkunde	—	1
13. Kontorpraxis	—	1
14. Stenographie (im 2. Jahre französische und englische)	3	2
15. Schreiben	2	—
16. Maschinenschreiben	—	2
Zusammen	32	32

Trotz des heterogenen Gesamtbildes des kaufmännischen Berufsbildungssystems ist zu konstatieren, dass die Bildungsganghierarchisierung innerhalb des entsprechenden Schulsystems in aufsteigender Reihenfolge eine gleichermaßen aufsteigende Implementierung volkswirtschaftlicher Fächer beinhaltet. Analog dazu bedingt das hierarchisch gegliederte Schulsystem eine in aufsteigender Reihenfolge abnehmende Stellung des praktischen Kaufmannsleitbildes und infolgedessen ebenfalls der praktischen Orientierung der Inhaltsauswahl. Ähnlich Arnoldis Abgrenzung einer ‚höheren Abteilung', innerhalb derer dem Bild eines selbstständigen Kaufmanns nur bedingte Leitfunktion zugesprochen werden kann, ist dies innerhalb der betrachteten ‚Höheren Handelsschule' ebenfalls nur bedingt existent. Die praktische Ausrichtung schulischer Curricula korreliert dahingehend mit der Implementierung volkswirtschaftlicher Inhalte, dass bei ausgeprägter Praxisorientierung volkswirtschaftliche Themen mäßig curricular verankert sind, wohingegen eine bedingte Praxisorientierung eine verstärkte Implementierung volkswirtschaftlicher Themen ermöglicht.

Etwa zeitgleich zur Gliederung des kaufmännischen Schulsystems wird die Handelslehrerausbildung akademisiert und 1912 bzw. 1913 durch neue Prüfungsordnungen bzw. Ausführbestimmungen festgeschrieben (vgl. Büchter/

189 Abbildung entnommen aus Oberbach 1916, S. 436.

Kipp 2009, S. 14; Bruchhäuser 2005, S. 19; Landesgewerbeamt Preußen 1912b, S. 250ff.; Landesgewerbeamt Preußen 1913, S. 255ff.; zu den Prüfungsordnungen vgl. Landesgewerbeamt Preußen 1914, S. 233ff.).[190] Der Studiengang wird regional unterschiedlich stark nachgefragt. Beträgt der Anteil zukünftiger Handelslehrer in Berlin zwischen 25%–40%, liegt dieser Anteil bspw. in Mannheim deutlich höher (vgl. dazu Zabeck 2009, S. 518):

Abbildung 27: Handelshochschule Mannheim – Zusammensetzung der Studierenden nach Studienziel[191]

Studienziel/Semester	1911/12	1912	1912/13	1913	1913/14	1914
Kaufmann	36	46	47	55	82	79
Handelslehrer	48	45	68	77	104	112
Davon Handelslehrer mit Seminarvorbildung	6	7	12	13	20	24

Die inhaltliche Gestaltung der Handelshochschulen folgt einer fachwissenschaftlichen Orientierung mit den Fächern ‚Privatwirtschaftslehre' (später Betriebswirtschaftslehre), ‚Rechtswissenschaft' sowie ‚Volkswirtschaftslehre' (vgl. Zabeck 2009, S. 519).[192] Die grundlegende Vorlesung ‚Einführung in die Volkswirtschaftslehre'[193]

190 Hinsichtlich des fachlichen Studienaufbaus unterscheiden sich die Studienordnungen der diplomierten Kaufmännern und die der angehenden Handelslehrer nur geringfügig (vgl. Zabeck 2009, S. 514ff.). Die Studiengänge differieren lediglich durch eine pädagogische Zusatzleistung mit geringem Umfang innerhalb des Studiums der Handelslehrer (vgl. Zabeck 2009, S. 519).

191 Tabelle entnommen aus Zabeck 2009, S. 518.

192 Der typische Verlauf einer Handelslehrerausbildung beginnt zunächst mit einer seminaristischen Ausbildung zum Volksschullehrer, worauf nach einer Lehrtätigkeit an Volksschulen oder an Fortbildungsschulen das Handelslehrerstudium absolviert wird (vgl. Reinisch 2004, S. 502).

193 Abbildung entnommen aus Eckert 1916, S. 478.

> gibt den systematischen Überblick über unser volkswirtschaftliches Wissen ohne Eintreten in die Spezialfragen der Gegenwart und des eigenen Landes, liefert die Grundbegriffe, führt die typischen Organe und Einrichtungen nach ihrer geschichtlichen Entwicklung und heutigen Gestaltung bei den Hauptkulturvölkern vor, schildert Elemente, Organisation und Bewegungsvorgänge des Wirtschaftslebens. Sie will dem Anfänger einen Umriß geben von den Entwicklungsbedingungen des Volkswohlstandes, für den Sachkenner das einzelne in seinen großen Zusammenhang stellen, verfolgt also verwandte Ziele mit den gewöhnlich als „theoretische oder allgemeine Nationalökonomie" bezeichneten Vorlesungen.

Nach der obligatorisch zu besuchenden Einführungsvorlesung folgen vertiefende Veranstaltungen einzelner inhaltlicher Bereiche als aufbauende Vorlesung(en). Die Vorlesungsmodelle variieren sowohl zwischen einzelnen Standorten als auch im Zeitverlauf, jedoch werden grundsätzlich die aus der Einführungsvorlesung bekannten Inhalte intensiver behandelt: ‚die Organisation des Weltverkehrs und Welthandels, das internationale Geld-, Bank- und Börsenwesen, Handelsgeschichte und Handelspolitik wichtiger Kulturländer, soziale Frage und Sozialpolitik, vor allem die moderne Arbeiterfrage, die Gewerbepolitik unter besonderer Berücksichtigung moderner Großunternehmungen, Kolonialpolitik und Kolonialwirtschaft sowie Wirtschaftsstatistik' (vgl. Eckert 1916, S. 479). Zusätzlich zum Verständnis der Fachinhalte besteht die Zielsetzung der Veranstaltungen darin, dass die Zusammenhänge zwischen wirtschaftlichen Einzelphänomenen erkannt und verstanden werden sollen:

Abbildung 28: Inhalte vertiefender volkswirtschaftlicher Vorlesungen (1911)[194]

> Überall wird der Volkswirtschaftslehre mit Recht großes Gewicht beigelegt, die dem Studenten die Fachprobleme im Zusammenhang mit dem wirtschaftlichen Gesamtgeschehen begreiflich machen, ihn für deren logisch-kausales Erkennen fähig machen muß. Da das Wirtschaftsleben aber ohne Verständnis seiner rechtlichen Grundlage, seiner Funktion im staatlich-gesellschaftlichen Organismus nicht verstanden werden kann, wird auch Wert auf öffentlich-rechtliche Vorlesungen gelegt. Andererseits bildet aber dem Vertragscharakter der kaufmännischen und Verkehrsbeziehungen gemäß das Privat- und besonders das Handels- und Wechselrecht einen wesentlichen Bestandteil des Studienplanes.

194 Abbildung entnommen aus Blum 1911a, S. 71.

Im Rahmen der Neuorganisation der Abschlussprüfungen im Jahre 1912 und 1913 wird durch die ,Ordnung der Handelslehrerprüfung an der Handelshochschule Berlin' das Fach ,Volkswirtschaftslehre' zwangsläufiger Bestandteil der Abschlussprüfung.[195] Wird es nicht als Hauptfach gewählt, so wird es verpflichtend als Nebenfach abgeprüft (vgl. Landesgewerbeamt Preußen 1912b, §5). Die dazugehörigen ,Ausführbestimmungen zu der Ordnung für die Handelslehrerprüfung an der Handelshochschule zu Berlin' regeln unter Punkt 2 die inhaltlichen Prüfungsthemen:

Abbildung 29: Auszug aus den Ausführbestimmungen zu der Ordnung für die Handelslehrerprüfung an der Handelshochschule zu Berlin[196]

2. Volkswirtschaftslehre
Wird Volkswirtschaftslehre als Hauptfach gewählt, so erstreckt sich die Prüfung auf folgende Gebiete:
1. Allgemeine oder theoretische Volkswirtschaftslehre (volkswirtschaftliche Grundbegriffe, Entwicklungsbedingungen des Volkswohlstandes, Entstehung und Organisation der modernen Volkswirtschaft, Preisbildung und Einkommensverteilung, Konjunkturenlehre, Geld-, Bank- und Börsenwesen).
2. Spezielle oder praktische Volkswirtschaftslehre (Agrar-, Gewerbe-, Handels-, Verkehrswesen, einschließlich der wichtigsten Probleme der Wirtschaftspolitik, Sozialpolitik und Arbeiterfrage).
3. Finanzwissenschaft (Hauptwege zur Deckung des öffentlichen Bedarfs, insbesondere die Besteuerungsformen, Finanz- und Steuerverfassung des Deutschen Reichs und Preußens).
4. Geschichte der nationalökonomischen Wissenschaft.

Wird Volkswirtschaftslehre als Nebenfach gewählt, so erstreckt sich die Prüfung
1. auf die allgemeine oder theoretische Volkswirtschaftslehre in vollem Umfange,
2. auf ein Teilgebiet der praktischen oder speziellen Nationalökonomie oder der Finanzwissenschaft, mit dem der Kandidat sich besonders beschäftigt hat,
3. auf die Grundzüge der Geschichte der nationalökonomischen Wissenschaft.
Bei der Prüfung wird weniger Gewicht auf die Kenntnis von Einzelheiten der wirtschaftlichen Entwicklung und der Gesetzgebung als auf die richtige Erfassung der volkswirtschaftlichen Zusammenhänge gelegt.

---

195 Die Verankerung innerhalb der Abschlussprüfung sowie die gleichermaßen vorgenommene inhaltliche Spezifizierung der Prüfungsinhalte führen zu Homogenisierungtendezen in der akademisch-volkswirtschaftlichen Bildung, wovon zuvor nicht zwangsläufig ausgegangen werden kann. Im Jahr 1896 diagnostiziert Brentano: „Fast auf jeder deutschen Universität wird die Volkswirtschaftslehre in einer von der Behandlung der anderen verschiedenen Weise vorgetragen, und wo mehrere Professuren bestehen – zur Verzweiflung der Schüler – oft an derselben Universität. Einer der berühmtesten deutschen Nationalökonomen, Lorenz von Stein, hat den Professor definiert als ,Jemand, der anderer Meinung ist.' Wäre diese Definition zutreffend, so wären die Professoren der Volkswirtschaftslehre offenbar das Ideal der Professoren" (Brentano 1911, S. 163).

196 Abbildung entnommen aus Landesgewerbeamt Preußen 1913, S. 256.

Auf akademischem Niveau bleibt eine curriculare Umsetzung volkswirtschaftlicher Inhalte gegeben, deren Stellenwert durch die prüfungsrechtlichen Vorschriften manifestiert wird. Demzufolge lässt sich die volkswirtschaftliche Themenimplementierung analog der Bildungsganghierarchisierung innerhalb des schulischen Systems über dieses hinaus auf den akademischen Bildungsbereich erweitern. Das Leitbild eines praktisch tätigen Kleinkaufmannes liegt innerhalb des akademischen Rahmens ebenso wenig wie praktisch orientierte Handelsbezüge vor, was mit der inhaltlichen Verankerung der Volkswirtschaftslehre korreliert, die rund ein Drittel des akademischen Curriculums bildet und darüber hinaus den Status eines zwangsläufigen Prüfungsfachs besitzt. Der Zusammenhang zwischen aufsteigender Bildungsganghierarchisierung sowie aufsteigender curricularer Intensität volkswirtschaftlicher Inhalte ist nicht nur für das schulische, sondern für das gesamte kaufmännische Bildungssystem zu konstatieren. Die jeweilige Konzeption des Bildungsgangs zwischen Handlungs- und fachwissenschaftlicher Orientierung ermöglicht eine differente volkswirtschaftliche Inhaltsimplementierung. Je ‚fachwissenschaftlicher' ein Bildungsgang ausgerichtet ist, desto größer die potentielle Legitimationsmöglichkeit volkswirtschaftlicher Inhalte.

Die inhaltliche Implementierung sowie der Zwang einer Überprüfung im Rahmen der Abschlussprüfung bedingt, dass eine thematische Auseinandersetzung seitens akademisch gebildeter Handelslehrer und Handelslehrerinnen mit volkswirtschaftlichen Inhalten vorliegt.[197] Jedoch bleiben sie trotz hoher Zuwachsraten gegenüber nebenamtlich tätigen Lehrerinnen und Lehrern, denen eine volkswirtschaftliche Ausbildung dieses Umfanges nicht unterstellt werden kann, in der Minderheit (vgl. Büchter/Kipp 2009, S. 13; Reinisch 2004, S. 191f.):

197 Zur Anzahl der an Handelshochschulen abgelegten Handelslehrerabschlussprüfungen vgl. Zabeck 2009, S. 515 und Eckert 1916, S. 502.

Tabelle 13: Lehreranzahl und -zusammensetzung nach Beschäftigungsverhältnis in Preußen zwischen 1904 und 1910[198]

Jahr	Gewerbliche Fortbildungsschulen			Kaufmännische Fortbildungsschulen			Innungsfach- und Vereins-Schulen		
	haupt-amtl.	neben-amtliche	Zus.	hauptamt.	neben-amtliche	Zus.	haupt-amt.	neben-amtliche	Zus.
1904	94	9.624	9.718	64	1.735	1.799	6	1.514	1.520
1906	199	12.161	12.360	138	2.063	2.201	16	1.476	1.492
1908	331	13.712	14.043	206	2.272	2.478	12	1.377	1.389
1910	499	14.823	15.322	241	2.137	2.378	29	716	745[199]

Die geringe quantitative Ausgangsbasis akademisch ausgebildeter Lehrer gegenüber Kaufmännern, die den Lehrerberuf im Nebenamt ausüben bzw. ausgebildeter Volksschullehrer begründet trotz hoher Zuwachsraten, dass „der Output an akademisch ausgebildeten Handelslehrern […] viel zu gering (ist), um von einer ‚Verdrängung' des bisherigen Lehrpersonals sprechen zu können" (Zabeck 2009, S. 514).[200] Im Hinblick auf die volkswirtschaftliche Durchdringung der (inhaltlich nicht spezifizierten) schulischen Curricula sollen ausgebildete Volksschullehrer mit Hilfe privat angebotener Fortbildungsseminare inhaltliche Expertise nachholen:

198 Tabelle entnommen aus Landesgewerbeamt Preußen 1912a, S. 80; vgl. darüber hinaus Pfeifer 1916, S. 183f.

199 Die Lehrer der Vereinsschulen sind 1910 erstmals in der Statistik enthalten.

200 Bereits 1908 gründet sich der ‚Verein preußischer Handelslehrer mit Handelshochschulbildung'. Die Gründung in diesem Jahr wird damit begründet, dass eine starke Vermehrung von akademischen Handelslehrern stattgefunden habe (vgl. O.V. 1908, S. 108). Dem Selbstverständnis der Lehrer nach hat die quantitativ steigende Tendenz bereits früher begonnen.

Abbildung 30: Inhalte des volkswirtschaftlichen Vortragskurs der Vereinigung für Wirtschafts- und Gewerbekunde zu Berlin (Sommerhalbjahr 1910)[201]

Einführung in die Volkswirtschaftslehre
Syndikus Dr. Grandke. 24 Stunden. – Honorar 8 M.
Einige Elemente der allgemeinen (theoretischen) Nationalökonomie. Die Voraussetzung für die Bildung wirtschaftender Gemeinschaften. Das deutsche Wirtschaftsleben bis zum Beginn des 19. Jahrhunderts. Die Entfaltung des deutschen Wirtschaftslebens im 19. Jahrhundert. – Die Entstehung eines großen Wirtschaftsgebietes. Die Umbildungen im Verkehr, in Landwirtschaft, Handwerk, Groß- und Kleinhandel. Bank- und Börsenwesen. Kartelle. Deutschlands Stellung im Welthandel.

Auf Grund der vorgesehenen Stundenzahl von 24 Stunden ist davon auszugehen, dass die inhaltliche Thematisierung innerhalb des Kurses auf einem sehr oberflächlichem Niveau stattgefunden haben wird, so dass von einem ‚Leistungsgefälle' akademisch (und demzufolge volkswirtschaftlich) ausgebildeter Lehrer gegenüber ‚Quereinsteigern' ausgegangen werden kann.[202] Die fachlich heterogene Zusammensetzung der Kollegien an den Schulen ist Ausgangspunkt für einen Erklärungsansatz Zabecks, der, wenn auch unter anderer Prämisse, die Schnittstellenübertragung zwischen Hochschul- und Schulbereich der akademischen Handelslehrerausbildung thematisiert.[203] Demnach bleiben die Unterrichtstraditionen, die sich im Laufe des 19. Jahrhunderts in den Schulformen ausgebildet haben, weiterhin erhalten. „In diese Traditionen dürften die diplomierten Handelslehrer hineingewachsen sein, zumal wenn sie als einzelne in bestehende Schulkollegien [mit einer Vielzahl nicht fachlich ausgebildeter Kollegen, d.A.] eingetreten waren" (Zabeck 2009, S. 526). Insofern begründet Zabeck die Resistenz der hergebrachten schulischen Bildungsformen mit der sich nur zögerlich durchsetzenden Akademisierung innerhalb einzelner Schulformen, deren

201 Abbildung entnommen aus Landesgewerbeamt Preußen 1912a, S. 208f.

202 Der Fortbildungskurs ‚Einführung in die Volkswirtschaftslehre' stellt dabei keine Ausnahme dar, da andere Fortbildungskurse ähnlichen quantitativen und inhaltlichen Umfang aufweisen (vgl. Landesgewerbeamt Preußen 1912a, S. 206ff.). Die Teilnehmerzahlen sind mit 50 Teilnehmern im Kurs ‚Volkswirtschaftslehre' bei insgesamt 899 Teilnehmern im gesamten wirtschafts- und rechtskundlichen Bereich sehr gering, was zusätzlich auf ein geringes Interesse der Volksschullehrer schließen lässt (vgl. Landesgewerbeamt Preußen 1912a, S. 206ff.).

203 Zabeck betrachtet keine inhaltlichen Entwicklungen, sondern untersucht unterrichtliche Entwicklungen unter dem Einfluss zeitgenössischer theoretischer Pädagogikströmungen (vgl. Zabeck 2009, S. 526). Zur Genese des wirtschaftspädagogischen Begriffs um die Jahrhundertwende vgl. Deeg 1963, S. 241ff.

Grundlage darin zu sehen ist, dass die zunächst zahlenmäßig wenigen akademisch ausgebildeten Lehrer sich einer Vielzahl praktisch ausgebildeter Kollegen angeglichen hätten und infolgedessen die theoretischen Komponenten aus der jeweiligen Hochschulausbildung in der Praxis verlorengegangen seien. Im Falle volkswirtschaftlicher Themenimplementierung liegen identische Voraussetzungen vor, da den wenigen akademisch ausgebildeten Lehrern volkswirtschaftliche Expertise unterstellt werden kann, nicht jedoch den praktisch vorgebildeten (fachfremden) Lehrern trotz nachträglichen Fortbildungskursen. Die curricular flexible volkswirtschaftliche Inhaltsstruktur bedingt für alle Lehrer, dass die fachlichen Wissens- und Fähigkeitskomponenten identifiziert und gelehrt werden müssen sowie zusätzlich eine Anpassung auf die Anwendungsbedürfnisse einzelner Berufsbilder[204] bzw. Bildungsgänge erfolgen muss.[205] „Der Zugriff auf die Unterrichtstraditionen, auf das, was als ‚bewährt' galt, verminderte das Risiko, an dieser Aufgabe zu scheitern, ohne hierfür den Preis für die Rückständigkeit zahlen zu müssen." (Zabeck 2009, S. 527). Als problematisch erweist sich, dass der von Zabeck beschriebene Rückgriff auf bewährte Traditionen, wie von ihm für handelskundliche Fächer beschrieben, im Falle der volkswirtschaftlichen Inhalte nicht möglich gewesen sein kann, da diese, je nach Schulform, entweder gar nicht oder lediglich in äußerst geringem Umfang implementiert sind. Kaufmännische Lehrer einer Handelsschule, unabhängig des eigenen Bildungswegs besitzen keinen tradierten fachlichen Bezugspunkt, so dass eine Orientierung

204 Im Laufe der Zeit wurde in den einzelnen Staaten dazu übergegangen, die Berufsschule nach Fachklassen gemäß den Ausbildungsberufen zu unterteilen, so dass nicht mehr von allgemeinen, sondern von gegliederten Fachschulen gesprochen werden kann, z.B. Sachsen-Altenburg (im Jahr 1902), Hessen (ca. im Jahr 1903), Sachsen-Weimar (im Jahr 1904), Waldeck-Pyrmont (im Jahr 1904), Sachsen-Koburg (in den Jahren 1905/06) oder Württemberg (im Jahr 1906; vgl. Thyssen 1954 S. 122). Die Unterteilung richtete sich dabei jedoch insbesondere nach der Klassen- und Schulgröße. In Preußen erfolgte die berufsbezogene Untergliederung der Schule im Rahmen der Lehrplangestaltung von 1911 (vgl. Preußisches Ministerium für Handel und Gewerbe 1911b, S. 22ff.). Der Verfasser beider Bestimmungen Kühne referiert 1910 über bestehende Fachklassen für das Versicherungsgewerbe, für Drogisten sowie im Eisenhandel und spricht diesen Bildungsgängen eine Vorbildfunktion zu, wozu er sich auf Ausführungen Kerschensteiners bezieht (vgl. Kühne 1910, S. 132 und S. 127; zur Bedeutung Kerschensteiners Berufspädagogik vgl. Büchter/Kipp 2009, S. 2ff.; Groth 1963, S. 726).

205 Zabeck selber nennt dies einen Balanceakt, den die kaufmännischen Schulen vollbringen mussten (vgl. Zabeck 2009, S. 527).

anhand bestehender Unterrichtstraditionen eine Missachtung volkswirtschaftlicher Inhalte bedeutet.[206]

Hinsichtlich der volkswirtschaftlichen Curricularimplementierung muss folglich eine Differenzierung zwischen einzelnen Bildungsgängen erfolgen. Der Fortbildungs- sowie der Handelsschule liegt ein praktischer Bezug orientiert anhand des tradierten Kaufmannsbildes zu Grunde, auf Grund dessen volkswirtschaftliche Fragestellungen ausgeschlossen werden. Abweichend davon lassen sich auf der Ebene der Höheren Handelsschule zwei Begründungsbestandteile identifizieren, die die curriculare Randstellung volkswirtschaftlicher Inhalte erklären. Die inhaltliche Vermischung volkswirtschaftlicher Theorien mit staatsbürgerlichen Erziehungszielen, die mit Hilfe der Lehrpläne von 1911 analog der ‚niederen' Bildungsgänge implementiert sind (vgl. Preußisches Ministerium für Handel und Gewerbe 1911a; Preußisches Ministerium für Handel und Gewerbe 1911b), basiert auf staatlichen Vorgaben. Dessen Homogenisierungsbestrebungen liegen somit über alle Bildungsgänge hinweg vor. Des Weiteren fehlt es im Rahmen der Höheren Handelsschule an Expertise auf Lehrerseiten, so dass von dieser Personengruppe keine Forderungen zur curricularen Implementierung entstehen.[207] Deren Ausbildung unterliegt einem Zeitbedarf und die praktische Umsetzung innerhalb des Unterrichts wird durch soziale Lerneffekte innerhalb der Kollegien erschwert worden sein. Demzufolge existieren differente Begründungszusammenhänge: Während die curriculare Randstellung volkswirtschaftlicher Themen im Falle der Fortbildungs- und Handelsschule durch inhaltliche Strukturen bedingt wird, so ist die Randstellung im Rahmen der Höheren Handelsschule zusätzlich durch administrative Strukturen zu begründen. Die ausgewiesene Implementierung des Fachs ‚Volkswirtschaftslehre' (inklusive Bürgerkunde) bedarf hinsichtlich der unterrichtlichen Durchführung sowie inhaltlichen Ausgestaltung innerhalb dieses Zeitraumes einer Relativierung.

---

206 Im Falle volkswirtschaftlicher Bildung kann lediglich ein heterogenes Verhältnis der Lehrerschaft diagnostiziert werden.

207 Da keine umfassende volkswirtschaftliche Bildung auf Seiten der Lehrerinnen und Lehrer vorliegt, entstehen auch keine Forderungen von Seiten der Lehrerschaft, diese curricular festzuschreiben, so dass auch in der unmittelbaren Folgezeit keine wesentlichen Anstrengungen zur Implementierung unternommen wurden.

2.4 Die Inhalte kaufmännischen Unterrichts während des Ersten Weltkriegs

Die Auswirkungen des Ersten Weltkrieges auf das kaufmännische Schulsystem und den implementierten Fächerkanon sind quantitativ lediglich näherungsweise bestimmbar:

Tabelle 14: Der Betrieb kaufmännischer Fortbildungsschulen während des Ersten Weltkrieges[208]

Staaten	In vollem Umfange durchgeführt	Beschränkt fortgeführt	Eingestellt
Preußen	120	72	6
Bayern	11	8	-
Sachsen (Königreich)	17	14	-
Württemberg	7	9	2
Baden	10	18	6
Hessen	5	-	-
Mecklenburg-Schwerin	23	10	10
Mecklenburg-Strelitz	9	2	-
Sachsen (Großherzogtum)	4	6	-
Oldenburg	5	3	-
Braunschweig	7	2	-
Sachsen-Meiningen	5	2	-
Sachsen-Altenburg	1	2	-
Sachsen-Koburg-Gotha	2	-	-
Anhalt	4	-	-
Fürstentum Reuß j. L.	1	-	-
Freie Hansestadt Bremen	-	1	-
Reichsl. Elsaß-Lothringen	3	2	-

Weisen die Zahlen lediglich geringe Beeinträchtigungen des kaufmännischen Schulbetriebs während der Kriegszeit nach (in 14 von 18 Ländern hätte demnach der Schulbetrieb aufrechterhalten werden können), so ist anzunehmen, dass eine systematische Überschätzung des kaufmännischen Bildungsbereichs

208 Eigene Darstellung, Daten entnommen aus Deutscher Verband für das kaufmännische Bildungswesen 1917, S. 133.

vorliegt.[209] Der quantitative Umfang schulischer Ausbildung wird durch Schnellkurse, die zumeist eine Gesamtdauer von drei Monaten besitzen, reduziert, so dass der zeitlich vorgesehene Umfang dem einer kaufmännischen Ausbildung nicht gerecht werden kann.[210] Innerhalb des aufgezeigten Zeitrahmens ist die gleichwertige Durchführung einer schmalen kaufmännischen Ausbildung nicht möglich (vgl. Buschmann 1918, S. 135).[211] Im Hinblick auf die Unterrichtsinhalte liegt eine Erweiterung der Zielsetzung kaufmännischer Schulen über die fachliche Bildung hinaus durch die Indoktrination propagandistischer Inhalte und deren Vermittlung an die Schülerinnen und Schüler innerhalb des kriegerischen Kontexts vor:

> „[…] wir Zurückbleibenden hatten aber den Auftrag, die noch nicht Kampfmündigen zu lehren, die große Zeit auch groß zu empfinden. […] Wollten wir begünstigen, nicht allein durch schuldfreie Tage Krieg und Sieg feiern, sondern täglich und stündlich darauf bedacht sein, in den uns anvertrauten Seelen das vaterländische Empfinden zu wecken und das zum Bewußtsein Erwachte zu pflegen. Auch unsere kaufmännischen Schulen haben darin das ihre geleistet und werden es weiter leisten.“ (Croner 1915, S. 130)

Bezüglich kaufmännischer Inhaltsstrukturen bleiben die seit 1911 bekannten Fächer ‚Deutsch/Sprachunterricht', ‚Bürgerkunde', ‚Wirtschaftskunde' sowie ‚Rechenstunden' formal weitestgehend bestehen. Volkswirtschaftliche Inhalte liegen

---

209 Im Erhebungsjahr der Daten (1917) können mit Hilfe der Werte propagandistische Ziele in Form eines funktionierenden kaufmännischen Schulsektors verfolgt worden sein. Zudem dürfte der Deutsche Verband für das kaufmännische Bildungswesen, der die Werte veröffentlichte, ein Eigeninteresse an einem funktionierend dargestellten kaufmännischen Bildungsbereich besitzen, so dass sich bei einer möglichen Restrukturierung des Bildungssektors in den Nachkriegsjahren auf einen durchgehend funktionierenden kaufmännischen Bildungsbereich hätte bezogen werden können. Des Weiteren besteht innerhalb der Datengrundlage eine Fehlquote in Höhe von 42% (von 691 angefragten Schulen antworten 404 Schulen, vgl. Deutscher Verband für das kaufmännische Bildungswesen 1917, S. 133), wobei zu vermuten ist, dass sich die missing-Quote tendenziell aus den Schulen, an denen der Unterricht nicht stattfinden kann (da bspw. das Schulpersonal zum Kriegsdienst berufen wurde) zusammensetzt, als aus solchen, die das Unterrichtsgeschehen aufrecht erhalten können. Trotz fehlender Belege hierfür liegt die Vermutung nahe, dass die Auflösung der Dunkelziffer sich tendenziell zu Ungunsten der planmäßig unterrichtenden Schulen auswirken dürfte.

210 Buschmann verweist auf Extrembeispiele, in denen Kurse in drei Wochen durchgeführt werden.

211 Zwischen 5 und 11 Fächer werden in einem Umfang von 100 bis 300 Stunden erteilt, wohingegen diese in kaufmännischen Fortbildungsschulen zwischen 700 und 800 Stunden umfassen (vgl. Buschmann 1918, S. 135).

innerhalb des wirtschaftskundlichen Unterrichts beschränkt auf den Außenhandel weiterhin vor, wobei lediglich die Relevanz des Warenaustauschs innerhalb eines kriegerischen Kontexts betrachtet wird (vgl. Croner 1915, S. 130f.).[212] Die subjekt-geprägte Ausrichtung im Kontext des selbstständig handelnden Kaufmannes verschiebt sich zu Gunsten einer Systembetrachtung der eigenen Wirtschaft bzw. derer Faktoren aus ideologischen Abgrenzungsgründen gegenüber verfeindeter Nationen heraus.[213]

Analog zur Merkantilismusepoche liegt während des Ersten Weltkrieges eine ähnliche Inhaltsauswahl vor, insbesondere bezüglich der Protektionismusfrage, die von Croner im frühen 20. Jahrhundert ‚das Aushungerungsprinzip unserer Feinde' genannt wird (vgl. Croner 1915, S. 130). Innerhalb der deutlich reduziert stattfindenden berufsbegleitenden Schule wird der Außenhandel als Teil der Volkswirtschaftslehre instrumentalisiert. Jedoch entwickeln die fachlich ähnlichen Inhalte unterschiedliche Relevanz hinsichtlich ihres schulischen Stellenwerts: Während im Merkantilismuszeitalter volkswirtschaftliche Theorien nicht direkt curricular implementiert sind, sondern ein Außenhandelsbezug lediglich in praktisch orientierter Hinsicht durch die quantitativ starke Fremdsprachenberücksichtigung hergeleitet werden kann, so sind diese zu Beginn des 20. Jahrhunderts integrativ im Rahmen der ‚Wirtschaftskunde' enthalten. Die integrative Implementierung resultiert aus einer inhaltlichen Flexibilität des bestehenden Fächerkanons. Dieser wird, im Falle der berufsbegleitenden Schule, zu Lasten betriebswirtschaftlicher Inhalte verändert, was eine curriculare Erweiterung mit ideologisch verklärten, propagandistischen Inhalten mit bedingt volkswirtschaftlicher Prägung ermöglicht.[214] Das zuvor herrschende Leitbild des selbstständigen

212 Nicht nur ‚Wirtschaftskunde', sondern sämtliche Fächer werden in einem militärischen Inhaltskontext unterrichtet. So werden exemplarisch innerhalb des Rechenunterrichts Verpflegungsmengen für eine bestimmte Anzahl Soldaten in einem abgegrenzten Zeitraum errechnet (vgl. Croner 1915, S. 131).

213 Die Verpflichtung zum Schulbesuch sowie das Alter der Schüler während ihrer Ausbildungszeit bieten die Möglichkeit, die Fortbildungsschule ideologisch zu instrumentalisieren, da eben die ‚militärisch interessante Altersklasse' verpflichtend dort vertreten ist. Dies gilt ebenso für Schülerinnen, die zwar nicht direkt in die militärische Konfrontation eingreifen sollen, jedoch das zivile Leben abseits der kriegerischen Front aufrechterhalten müssen.

214 Die ideologische Nutzung volkswirtschaftlicher Themenbereiche wird durch Einberufungen vieler Lehrer zum Kriegsdienst begünstigt, weshalb die akademisch (und somit volkswirtschaftlich) ausgebildeten Lehrkräfte durch freiwillige Hilfskräfte und bereits pensionierte Lehrer ersetzt werden. Diesen Lehrern kann eine didaktische Vorbildung unterstellt werden, jedoch besitzen diese i.d.R. keine akademische Berufsausbildung,

Kaufmanns wird zu Gunsten systemrelevanter Betrachtungen aufgegeben, so dass keine praktische Unterrichtsorientierung als Merkmal der berufsbegleitenden Bildungsgänge vorliegt. Der entgegengesetzte Zusammenhang zwischen der abnehmenden Berücksichtigung des Kaufmannsleitbildes sowie der zunehmenden Berücksichtigung volkswirtschaftlicher Inhaltsbestandteile (allerdings in diesem Falle mit nationalistischer Intention) bleibt bestehen, jedoch ist die primäre Verordnung volkswirtschaftlicher Themen in tendenziell ‚höheren' Bildungsgängen in dieser Phase nicht vorhanden.

2.5 Strukturelle Entwicklung des kaufmännischen Schulsystems während der Weimarer Republik

Die Entwicklung des berufsbildenden Schulsystems innerhalb der Weimarer Republik unterliegt in hohem Maße realwirtschaftlichen Effekten: Steigende Arbeitslosenquoten,[215] inflationäre Tendenzen während den frühen 1920er Jahren,[216] defizitäre Staatsfinanzen sowie ein daraus resultierender Sparzwang

---

da die Lehramtsausbildung zu deren Ausbildungszeit in der Regel noch nicht in akademisierter Form vorliegt. Die Akademisierungsbemühungen innerhalb der Berufsschullehrerbildung können folglich keinen langfristigen Erfolg haben.

215 Die Arbeitslosenquote beträgt vor dem ersten Weltkrieg im Zeitraum zwischen 1902 und 1914 durchschnittlich 2,6% (vgl. Zabeck 2009, S. 539). Während die Arbeitslosenquote innerhalb der ersten Nachkriegsjahre zwischen 1919 und 1923 zunächst lediglich auf durchschnittlich 3,5% ansteigt (vgl. Zabeck 2009, S. 539), erhöht diese sich ab dem Jahr 1924, im Kontext verstärkter Inflationstendenzen, auf durchschnittlich 19,2% (für die Jahre 1924 bis 1932; vgl. Zabeck 2009, S. 539, siehe auch Borchardt 1976, S. 696ff.). Im internationalen Kontext der Weltwirtschaftskrise ist insbesondere die Weimarer Republik von hohen Arbeitslosenquoten betroffen: Im Jahr 1932 beträgt die Arbeitslosenquote in der Weimarer Republik durchschnittlich 43,8%, während im selben Jahr die Arbeitslosenquoten in Großbritannien (22,1%), den USA (34,0%), Schweden (22,4%) und Frankreich (15,4%) deutlich niedriger ausfallen (vgl. Petzina 1986, S. 32).

216 Die Folgen des fremdfinanzierten ersten Weltkrieges sowie die daraus resultierenden Reparaturzahlungen stellen die Ursache der Geldentwertung dar (vgl. Sturm 2011, S. 31). Im Jahr 1923 entwickelt sich eine Hyperinflation, so dass der Wechselkurs zwischen einer Goldmark und 1000 Papiermarkt vom Faktor 0,12 (Juni 1922) auf den Faktor 1.000.000.000 (Dezember 1923) ansteigt (vgl. statista 2007; Borchardt 1976, S. 969ff.; für die Auswirkungen innerhalb der Bevölkerung vgl. Pörtner 2011, S. 32). Im Rahmen der Weltwirtschaftskrise ab dem Jahr 1929 kehrt sich die Inflation in der Weimarer Republik in eine Deflation um.

der öffentlichen Hand[217] beeinflussen die Entwicklung insbesondere innerhalb der ersten Nachkriegsjahre, so dass sich das bildungspolitische Handeln des Staates, speziell bedingt durch die defizitäre Finanzlage, auf Veränderungen administrativer Regelungen beschränkt.[218] Inhaltliche Normierungen liegen staatlicherseits nicht vor, werden jedoch insbesondere durch beteiligte Interessensverbände diskutiert, wobei jedoch keine Forderungen nach volkswirtschaftlichen Inhalten erhoben werden.[219]

---

217 Im Kontext sich verschlechternder öffentlicher Haushalte werden ab Mitte der 1920er Jahre erste Verordnungen mit dem Ziel der Kosteneinsparung erlassen, deren Wirksamkeit jedoch begrenzt ist (siehe exemplarisch die Preußische Personal-Abbau-Verordnung sowie eine Vielzahl dazugehöriger Ausführungsverordnungen, vgl. Preußisches Ministerium für Wissenschaft, Kunst und Volksbildung 1924; zur Wirksamkeit der Verordnungen vgl. Kümmel 1980, S. 16). Bieler belegt exemplarisch für Berlin-Schöneberg, dass lediglich 13,6% der Lehrerinnen und 1,5% der Lehrer auf Grund des Personal-Abbau-Gesetzes den Schuldienst verlassen (vgl. Bieler 2007, S. 201). Eine umfassende Sparverordnung ergeht im Jahr 1931, wobei die Berufsschullehrerschaft im Wesentlichen durch Gehaltskürzungen betroffen ist (vgl. Preußisches Ministerium für Handel und Gewerbe 1932, §2, S. 8; zur Reaktion der Standesvertretung der Berufsschullehrerschaft vgl. exemplarisch Deutscher Ausschuß für Technisches Schulwesen 1933, S. 148ff.; Kerkhoff 1931, S. 141ff.; Reichsverein der hauptamtlichen Lehrerschaft deutscher Berufsschulen e.V. 1931, S. 147).

218 Am 11. August 1919 wird die Reichsverfassung erlassen, innerhalb derer durch Artikel 145 die Schulpflicht bis zur Vollendung des 18. Lebensjahres festgeschrieben ist (vgl. O.V. 1919, S. 103). Demnach muss die Volksschule für 8 Jahre und im Anschluss bis zum vollendeten 18. Lebensjahr die Fortbildungsschule besucht werden (vgl. O.V. 1919, Art. 145). Durch diesen Schritt werden Fortbildungsschulen in das Gesamtschulsystem integriert und zu verpflichtenden Schulen aufgewertet. „Mit dieser normierenden Bestimmung erhält das gesamte Fortbildungsschulwesen seine offizielle Anerkennung“ (Kümmel 1980, S. 10). Artikel 143 der Weimarer Verfassung scheibt dabei vor, dass die Jugendbildung durch öffentliche Anstalten zu erfolgen habe (vgl. O.V. 1919, S. 103). Das zuvor praktizierte System der unüberschaubaren und ungelenkten Vielfalt von landesspezifischen Einzelschulen soll national vereinheitlicht werden, wobei jedoch keine inhaltlichen Normierungen vorgenommen werden (die Fächer ‚Staatsbürgerkunde‘ und ‚Arbeitsunterricht‘ werden in der Weimarer Verfassung angeführt, jedoch nicht inhaltlich ausgestaltet; vgl. O.V. 1919, Art. 148).

219 Exemplarisch zeigen die Beiträge des ‚Deutschen Vereins für das Fach- und Fortbildungsschulwesen‘ (vgl. Deutscher Verein für das Fach- und Fortbildungsschulwesen 1919, S. 49ff.), des ‚Verbands Preußischer Gewerbe- und Handelslehrer‘ (vgl. Verband Preußischer Gewerbe- und Handelslehrer 1919, S. 67ff.), des ‚Bunds der technischen Angestellten und Beamten‘ (vgl. Bund der technischen Angestellten und Beamten 1920, S. 74f.), des ‚deutschen Gewerbeschul-Verband‘ (vgl. Salzer 1921, S. 87f.), des

Die institutionelle Ausrichtung des Schulsystems thematisiert im Jahr 1920 die Reichsschulkonferenz, in deren Rahmen der dritte Ausschuss das Berufs- und Fachschulwesen behandelt. Anlage 2 beschreibt die Idee einer Wirtschaftsschule mit der Aufgabe, „jungen Leuten [...] eine grundlegende wirtschaftliche, rechtliche und soziale Ausbildung zu vermitteln und sie für gehobene Stellen im öffentlichen und privaten Dienst vorzubereiten", nachdem diese zuvor bereits Berufserfahrungen sammelten (Ausschuß ‚Berufs- und Fachschulen' 1920, S. 77). Beispielhaft erarbeitet der Ausschuss eine Stundentafel dieser potentiellen Schulform:

Tabelle 15: Beispiel einer Stundenverteilung der Weimarer Reichsschulkonferenz[220]

Fächer[221]	**Jahresstunden**	**Gesamtstunden**
Volks- und Privatwirtschaftslehre	10	400
Rechts- und Verwaltungslehre, Einführung in die Sozialpolitik	10	400
Buchführung, Bilanzstunde, Rechnen	6	240
Deutsche Sprach- und Kulturstunde	10	400
Lebensstunde (Einführung in Fragen der Weltanschauung)	4	160
Gesamt	40	1600

Die vorgeschlagene Stundentafel implementiert Volkswirtschaftslehre (in Kombination mit Privatwirtschaftslehre) als eigenständiges Fach mit ausgeglichenen Stundenanteilen innerhalb des Fächerkanons. Die Tendenz zur curricularen Verankerung volkswirtschaftlicher Inhalte innerhalb anspruchsvoller Bildungsgänge bleibt weiterhin bestehen, begründet durch ein Bedürfnis nach volkswirtschaftlicher Bildung als Folge der beruflich höheren Position. Die dieser

‚Deutschen Verbands für das kaufmännische Bildungswesen' (vgl. Deutscher Verband für das kaufmännische Bildungswesen 1921, S. 85f.) sowie einer Vielzahl von Arbeitnehmerorganisationen und gesellschaftspolitischer Vereinigungen (vgl. Kümmel 1980, S. 7), dass hinsichtlich deren Grundforderungen weitestgehend Konsens besteht. Im Wesentlichen soll der duale Charakter der Ausbildung beibehalten werden, der vom Schüler gewählte Beruf zentraler Unterrichtsbestandteil werden, das Fortbildungsschulwesen soll in das Gesamtschulsystem integriert werden sowie die Einstellung, Qualifikation und die Besoldung der Lehrkräfte einheitlich geregelt werden.

220 Eigene Darstellung, Daten entnommen aus Ausschuß ‚Berufs- und Fachschulen' 1920, S. 78.

221 Zusätzlich werden ‚Schreiben', ‚Kurzschrift', ‚Maschinenschreiben', ‚Werkunterricht' und eine Fremdsprache als Wahlfächer vorgeschlagen.

Schulform zu Grunde liegende berufliche Grundlage richtet sich nur auf beruflich ‚gehobene Positionen', die kein praktisch orientiertes Handlungsleitbild bedingen. Der mögliche Rückgriff auf vorhandene Berufserfahrungen der Schülerinnen und Schüler ermöglicht innerhalb dieses Vorschlags die Herstellung inhaltlicher Praxisbezüge, ohne schulspezifisch berufliche Handlungsbezüge herstellen zu müssen. Im Rahmen der Stundentafelempfehlung zeigt sich dies daran, dass die ‚praktisch orientierten kaufmännischen Fächer' wie ‚Rechnen', ‚Buchführung' und ‚Kontorwissenschaft' nicht, wie bei vorangegangenen Stundentafeln, den zeitlichen Schwerpunkt bilden, sondern gegenüber dem volkswirtschaftlichen bzw. privatwirtschaftlichen Unterricht quantitativ nachgeordnet sind. Die aufbauende Positionierung der geplanten Schulform im Rahmen der Bildungsbiografie der Schülerinnen und Schüler ermöglicht die Kombination volkswirtschaftlicher Themen innerhalb eines beruflichen Kontextes, der schulisch nicht legitimiert ist, jedoch bei der entsprechenden Schülerklientel innerhalb der empfohlenen Konstitution vorausgesetzt werden kann. Die historisch getrennt voneinander verlaufenden Entwicklungslinien des Berufsbezugs unter der Prämisse des selbstständig handelnden Kaufmanns sowie die volkswirtschaftliche Themenimplementierung innerhalb eines ‚anspruchsvollen' Bildungsgangs werden innerhalb dieser geplanten Schulform verknüpft.

Die Zielsetzung der Ausschussberatung besteht in der Eingliederung des kaufmännischen Fachschulwesens in das Gesamtschulwesen, wodurch dauerhafte Bestandschancen des kaufmännischen Schulsystems gesichert werden sollen (vgl. Reichsministerium des Inneren 1972, S. 717f.). Schnittstellenproblematiken innerhalb des kaufmännischen Fachschulsystems sollen behoben werden, weshalb „die Frage der Verbindung des Fachschulwesens nach oben, mit anderen Worten die Frage der Zulassung der Fachschulabsolventen zum Besuch der Hochschulen (den thematischen Schwerpunkt der Beratungen bildet)" (Reichsministerium des Inneren 1972, S. 969).[222] Die angesprochene Schnittstelle zwischen Wirtschaftsschulen und Handelshochschulen bedingt die curriculare Implementierung volkswirtschaftlicher Inhalte auf Seiten der Wirtschaftsschulen, damit die beruflich gebildeten Schülerinnen und Schüler die fachlichen Voraussetzungen zu einem akademischen Studium erhalten. Andere kaufmännische Fächer sind in aller Regel

222 Die Studienzulassung soll sich nach der jeweiligen Hochschuleingangsvoraussetzung richten. Verlangt die Hochschule von den Studierenden die Reife für die Obersekunda, habe eine Zulassung zu erfolgen. Im Falle der Reife einer neunklassigen Vollanstalt müsse der Studierende eine Reifeprüfung an der Hochschule ablegen und sei im erfolgreichen Falle zuzulassen. Die Prüfungsbedingungen beschreibt der Ausschuss jedoch nicht (vgl. Reichsministerium des Inneren 1972, Nr. 6 Abs. 2 und 3, S. 722).

sowohl im schulischen als auch im akademischen Bildungsbereich vorgesehen, so dass ein akademisches Studium mit qualitativ höherwertigen Bildungsinhalten auf den schulischen Grundlagen aufbauen kann, was im volkswirtschaftlichen Bereich ebenfalls sichergestellt werden muss. Die Implementierung volkswirtschaftlicher Inhalte erfolgt also top-down, vom fachwissenschaftlich geprägten, akademischen Bildungsbereich ausgehend.

Die Ergebnisse der Reichsschulkonferenz, nicht nur die des berufsbildenden Bereichs, werden jedoch nicht gesetzlich umgesetzt. Außer der allgemeinen Regelungen der Weimarer Verfassung existieren folglich keine reichseinheitlichen Regelungen und die Idee einer Wirtschaftsschule wird reicheinheitlich nicht verfolgt.[223] Bei den Empfehlungen der Reichsschulkonferenz handelt es „sich allein um Empfehlungen bzw. Argumente, die im politischen Meinungskampf über kein eigenes Machtpotential verfügten und je nach politischer und ökonomischer Interessenslage von demokratisch oder rechtlich Legitimierten genutzt oder verworfen werden konnte" (Zabeck 2009, S. 593). Bildungsangelegenheiten bleiben weiterhin auf Länderebene konstituiert, so dass heterogene Entwicklungen innerhalb der Weimarer Republik weiterhin bestehen (vgl. Berke 1960, S. 150).[224]

---

223 Den Abschluss der Reichsschulkonferenz im Jahre 1920 bildet ein Vorschlag für ein Reichsberufsschulgesetz. Ein Referentenentwurf, der den Vorschlag der Reichsschulkonferenz nahezu unverändert übernimmt, entsteht bis zum Jahr 1922 und wird insbesondere von Seiten der Bundesländer sowie der Arbeitgeberverbände kritisiert, so dass die Gesetzesvorlage 1924 wieder zurückgezogen wird, bevor 1925 eine abgeschwächte Vorlage wieder in den Reichstag eingereicht wird. Diese wird 1926 und 1927 zwischen dem Plenum und dem Bildungsausschuss weitergereicht, so dass letztendlich keine Entscheidung getroffen wird. Hauptgründe für das Scheitern einer reichseinheitlichen Regelung sind die ungeklärte Kostenfrage zwischen dem Bund und den Ländern sowie die zeitliche Verteilung des Schulunterrichts zwischen Tages- und Abendstunden und die daraus resultierende Beeinträchtigung der Arbeitszeit innerhalb der Unternehmen (vgl. Zabeck 2009, S. 536,; Muth 1985, S. 495ff. sowie die sehr detaillierte Darstellung in Grünthal 1968).

224 Die rechtlichen Grundlagen des berufsbildenden Systems variierten dabei deutlich zwischen den einzelnen Ländern: In Preußen sowie Schaumburg-Lippe existieren keine gesetzlichen Regelungen, so dass §120 der Gewerbeordnung Gültigkeit besitzt. In Sachsen wird im Jahr 1919 ein Übergangsschulgesetz und im Jahr 1926 ein Schulbezirksgesetz erlassen, in Thüringen im Jahr 1925 ein Schulaufbaugesetz und im Jahr 1926 ein Schulunterhaltungsgesetz. In Hessen wird im Jahr 1921 ein landeseigenes Schulgesetz erlassen, in Oldenburg und Lübeck entsteht jeweils ein landeseigenes Berufsschulgesetz im Jahr 1922, in Anhalt, Braunschweig und Lippe-Detmold jeweils ein Fortbildungsschulgesetz (in den Jahren 1924, 1908 bzw. 1919). In Waldeck wird im Jahr 1924 eine Verordnung zur Regelung des Fortbildungsschulwesens erlassen,

Abbildung 31: Stundentafel der Wirtschaftsoberschule Dresden[225] (~1925)[226]

II. Stundentafel.

	Mittelstufe der jetzigen 4 klass. Handelsrealschule entspr.				Summe	Oberstufe		Summe
	U III	O III	U II	O II		U I	O I	
Volkswirtschaftslehre	—	—	—	2	2	2	2	6
Finanzwissenschaft und Wirtschaftsstatistik	—	—	—	—	—	—	1	1
Rechtslehre	—	—	—	—	—	3	1	4
Handelsbetriebslehre	—	2	2	2	6			
Briefwechsel	—	—	2	1	3	6*)	6*)	42
Kaufmännisches Rechnen	4	4	4	3	15			
Buchhaltung	—	2	2	2	6			
					32			53
Deutsch	5	4	4	4	17	3	3	23
Englisch (m. engl. Briefw.)	8	4	4	4	20	4	4	28
Französisch (m. französisch. Briefwechsel)	—	5	4	3	12	3	3	18
					49			69
Mathematik	2	3	3	3	11	4	4	19
Physik	—	2	2	2	6	2	2	10
Naturkunde und Warenkunde	3	2	2	3	10	2	2	14
					27			43
Erdkunde	2	2	2	2	8	2	3	13
Geschichte und Staatsbürgerkunde	2	2	2	3	9	3	3	15
					17			28
Stenographie	3	1	-	—	4	—	—	4
Turnen	2	2	2	2	8	2	2	12
Religion	2	—	—	—	2	—	—	2
	33	35	35	36	139	36	36	211

Hierüber nach Wahl: Maschinenschreiben, Spanisch, Russisch, Zeichnen, warenkundliche Übungen.

*) In der Oberstufe zusammengefaßt: Betriebswirtschaftslehre.

---

in Hamburg ein Fortbildungsschulgesetz im Jahr 1919, welches im Jahr 1923 überarbeitet wird. Andere Länder erlassen keine Gesetze, sondern greifen auf bereits bestehende Vorkriegsgesetze zurück, deren Gültigkeit jeweils beibehalten wird, z.B. Bayern (seit dem Jahr 1913), Württemberg (seit dem Jahr 1906), Baden (seit dem Jahr 1904), Bremen (seit dem Jahr 1908), Mecklenburg-Strelitz (seit dem Jahr 1911) und Mecklenburg-Schwerin (seit dem Jahr 1836; vgl. Muth 1985, S. 503ff.). Die Regelungsbefugnisse, die ausführenden Instanzen sowie die spezifischen Regelungen differieren folglich erheblich zwischen den Ländern, so dass keine homogenen berufsbildenden Strukturen diagnostiziert werden können (vgl. Muth 1985, S. 565).

225 Der organisatorische Aufbau der Wirtschaftsschule basiert auf der Höheren Handelsschule. Die vierklassige Höhere Handelsschule bleibt bestehen, so dass durch Aufbau zweier zusätzlicher Klassen (Oberstufe) die Wirtschaftsoberschule entsteht. Die bisherige Höhere Handelsschule bleibt dabei unverändert (vgl. O.V. ~1925b, S. 179).

226 Quelle der Stundentafel: O.V. ~1925b, S. 180.

Wird die Idee einer Wirtschaftsoberschule als Bindeglied zwischen dem berufsbildenden und dem akademisch-kaufmännischen Bildungssektor nicht auf nationaler Ebene umgesetzt, so werden 1925/26 in Sachsen und Baden erste Wirtschaftsoberschulen auf Landesebene gegründet, die neben kaufmännischen auch allgemeinbildende, naturwissenschaftliche und sprachliche Fächer beinhalten und dadurch gezielt auf die Handelshochschule vorbereiten (vgl. Pahl 2007, S. 85; Reinisch 2001, S. 49f.).[227] Die Volkswirtschaftslehre wird dabei als eigenes Fach analog des Vorschlags der Reichsschulkonferenz curricular berücksichtigt, wie Abbildung 31, S. 132 aufzeigt.

Ist analog des Vorschlags durch die Reichsschulkonferenz die Volkswirtschaftslehre als eigenständiges Fach vorhanden, liegen hingegen Differenzen zwischen der länderbasierten Umsetzung Sachsens und dem Vorschlag der Reichsschulkonferenz hinsichtlich der zeitlichen Positionierung innerhalb der Bildungsbiografie der Schülerinnen und Schüler vor. Entgegen des Entwurfs der Reichsschulkonferenz, wonach die Wirtschaftsoberschule aufbauend auf vorhandene Berufserfahrungen der Schülerinnen und Schüler konzipiert wird, schließt das sächsische Konzept unmittelbar an eine Höhere Handelsschule an, die zuvor unmittelbar nach der Volksschule besucht wurde, so dass in diesem Fall keine praktischen Berufserfahrungen vorliegen. „Die Wirtschaftsoberschule nimmt befähigte Schüler wie bisher nach dem 7. Volksschuljahre oder aus der Quarta der höheren Schule auf und gibt nach dem 4. Schuljahre die Reife der Höheren Handelsschule (Unterprimar-Reife)“ (O.V. ~1925b, S. 179). Analog zu historisch bestehenden volkswirtschaftlichen Entwicklungstraditionen werden die Entwicklungslinien des handlungsorientierten Kaufmannsbildes und die curriculare Implementierung volkswirtschaftlicher Inhalte nicht, wie im Entwurf der Reichsschulkonferenz, verbunden. Der unmittelbare Anschluss der Wirtschaftsoberschule an die Höhere Handelsschule sowie die Vorbereitungsfunktion auf die Handelshochschule bedingen, dass die Wirtschaftsoberschule ebenfalls den ‚höherwertigen‘ Bildungsgängen zuzuordnen ist und dadurch keine beruflichen Handlungsbezüge vorliegen (und ebenfalls nicht durch bestehende Erfahrungen impliziert werden können), so dass volkswirtschaftliche Curricularstrukturen analog der Höheren Handelsschule implementiert sind. Im Rahmen der praktischen Umsetzung bleibt die Trennung der aufgezeigten Entwicklungslinien bestehen, da handlungsorientierte Berufsbezüge

227 In Sachsen entstehen die Wirtschaftsoberschulen im Jahr 1926 in Dresden, Leipzig, Chemnitz und Plauen (vgl. Pahl 2007, S. 85). Wirtschaftsoberschulen entstehen nachfolgend in Bayern (im Jahre 1934), Württemberg (im Jahr 1937) und Elsass (im Jahr 1940; vgl. Bettermann/Goessl 1963, S. 36).

zugunsten einer fachlichen Vorbereitung orientiert am Vorlesungsmuster der Handelshochschulen curricular nicht vorliegen.

Im Rahmen kaufmännischer Berufsschulen während der Weimarer Republik sind volkswirtschaftliche Inhalte lediglich punktuell verankert, wie exemplarisch anhand des Bildungsplans der kaufmännischen Berufsschule in Berlin aufgezeigt wird:[228]

Abbildung 32: Bildungsplan der kaufmännischen Berufsschule in Berlin (~1925)[229]

Berufs- und Gemeinschaftskunde
I. Schuljahr
A: Die Schulgemeinschaft
B: Die Unternehmung als Arbeitsgemeinschaft
- Der Beruf und seine Bedeutung
- Aufbau und Gliederung der Unternehmung
- Die in der Unternehmung tätigen Personen
- Privat- und gemeinwirtschaftliche Unternehmungen

C: Die Unternehmung als Glied der Volks- und Weltwirtschaft
- Die Bedarfsdeckung in der Volkswirtschaft
- Handel und Verkehr, Ein- und Verkauf der Waren
- Der Warenversand [...].

Die Ausgestaltung der inhaltlichen Vorgaben obliegt dabei den einzelnen Schulen: „Die Aufgaben der einzelnen Berufsgruppen, Schulen und Lehrer, ist es, die Form mit dem ihrer Eigenart entsprechenden Inhalt auszufüllen. [...] Bei Begehung des Bildungsweges läßt der Plan dem Lehrer weitgehende Freiheit" (O.V. ~1925a, S. 124). Vereinzelt sind somit volkswirtschaftliche Inhalte (im Rahmen des Fachs ‚Berufs- und Gemeinschaftskunde') implementiert, jedoch lassen sich diese auf Grund des heterogenen Berufsbildungssektors nicht generalisieren und sind hinsichtlich inhaltlicher Intensität und Ausrichtung durch lehrerspezifische Ausgestaltungen nicht genau bestimmbar.[230] Auf Grund der Zuordnung

228 Während die Berliner Berufsschule den einzelnen Beruf als inhaltlichen Anknüpfungspunkt wählt, liegen in der Weimarer Republik vereinzelt Lehrpläne vor, die allgemeinbildende Anknüpfungspunkte wählen (vgl. exemplarisch Staatsministerium für Unterricht und Kultus im Freistaate Bayern 1921, S. 100ff.). Diese Pläne bilden jedoch die Minderheit und werden im fortschreitenden Zeitverlauf zu Gunsten berufsspezifischer Ansätze weiter zurückgedrängt (vgl. exemplarisch Badisches Ministerium des Kultus und Unterrichts 1925, S. 110ff.; O.V. ~1925a, S. 123ff.).

229 Abbildung entnommen aus O.V. ~1925a, S. 124.

230 Die volkswirtschaftlichen Inhalte sind innerhalb des ersten (von drei) Schuljahres implementiert und stellen dabei eines von drei Themengebieten innerhalb des Fachs

volkswirtschaftlicher Inhalte zum Bildungsbereich ‚Gemeinschaftskunde' (bei einer Einteilung des Bildungsplans in ‚Berufskunde' und ‚Gemeinschaftskunde') erscheint ein beruflicher Bezug der Inhalte jedoch nicht zentral.

Realwirtschaftlich besteht zu diesem Zeitpunkt eine hohe Nachfrage nach kaufmännischen Ausbildungsgängen, so dass quantitativ große schulische Jahrgangsstufen entstehen.[231] Die Verpflichtung zum Schulbesuch erfordert den Ausbau des kaufmännischen Schulsystems.[232] Die starke Nachfrage nach kaufmännischer Bil-

---

‚Berufs- und Gemeinschaftskunde' dar. Zusätzlich zu den aufgeführten Inhalten kann das Fach ‚Warenkunde und Wirtschaftsgeographie' in beliebigem Umfang unterrichtet werden (vgl. O.V. ~1925a, S. 125).

231 Der Nachfrageüberhang im kaufmännischen Bereich wird in einem Schreiben der Berufsberatung deutlich. „Auf die Frage: ‚Wie sind heute die Aussichten in den kaufmännischen Berufen?' muß die ehrliche Antwort lauten: ‚Schlecht'" (Hagstotz 1920, S. 143). Ca. 90% der kaufmännischen Stellensuchenden finden keine Stelle. Da kaufmännische Berufe lediglich geringe körperliche Belastungen bedingen, eignen sich diese zur Beschäftigung kriegsverletzter Personen, was die Nachfrage nach kaufmännischen Berufen zusätzlich ansteigen lässt (vgl. Deutschnationaler Handlungsgehilfenverband 1917, S. 136f.; Wolff 1917, S. 138f.).

232 Die Zahl kaufmännischer Berufsschulen steigt von 850 Schulen im Jahr 1920 auf 1.145 Schulen im Jahr 1938 an, was durch die verstärkte Gründungsaktivität des Staates bzw. der Kommunen begünstigt wird. Ebenso steigen die Schülerzahlen deutlich an (bspw. in Preußen von 107.393 Schülerinnen und Schüler im Jahr 1921 auf 218.391 Schülerinnen und Schüler im Jahr 1938, vgl. zu den Werten Horlebein 1976, S. 212 und S. 220f.; siehe auch Eckardt 1932, S. 39 sowie Muth 1985, S. 567, der Werte spezifisch für Berufsschulen anführt). Neben dem verpflichtenden Schulbesuch (vgl. O.V. 1923, §1; O.V. 1931, S. 37ff.) sowie der Reduzierung des Widerstands gegenüber berufsbegleitender Schulen von Seiten der Ausbildungsunternehmen (vgl. exemplarisch Deutscher Ausschuß für Technisches Schulwesen 1933, S. 148ff.; Kerkhoff 1931, S. 141ff.) trägt ebenfalls die Ausweitung der Schulpflicht auf Schülerinnen zu steigenden Gesamtschülerzahlen bei, so dass geburtenschwache Jahrgänge aus den Kriegsjahren sich nicht innerhalb der Schülerzahlen widerspiegeln (zu Diskussion um die Schulpflicht für Schülerinnen vgl. exemplarisch Obst-Harnisch 1926, S. 157ff.; vgl. auch Muth 1985, S. 567). Des Weiteren bestehen auf Seiten der Unternehmen niedrige Einstellungsvoraussetzungen (vgl. dazu exemplarisch Wiedwald 1928, S. 148f.), so dass ein unausgewogenes Verhältnis zwischen hohen Absolventenzahlen und konstanten Beschäftigungszahlen (5,49 Millionen im Jahr 1925 gegenüber 5,48 Millionen im Jahr 1933) entsteht, was hohe Arbeitslosenquoten im kaufmännischen Bereich nach sich zieht (vgl. Petzina 1986, S. 32). Staatliche Interventionsversuche können dies nicht verhindern, wie bspw. die HGB-Novelle im Jahr 1920 oder ein Gesetzentwurf, der das Verhältnis zwischen Lehrlingen und Lehrmeistern im Verhältnis 1:1 festschreiben soll (vgl. Frucht 1920, S. 147). Der Staat als

dung ermöglicht die schulische Differenzierung nach Fachklassen (oder vereinzelt Fachschulen) hinsichtlich der zu Grunde liegenden Ausbildungsberufe (vgl. Ebel 1930, S. 130). Exemplarisch werden in Duisburg und Witten Verkäuferinnenfachschulen (zunächst versuchsweise) gegründet, deren Fachinhalt sich von dem der weiterhin bestehenden kaufmännischen Lehrpläne jeweils partiell unterscheidet, da diese hinsichtlich ihres Bildungsinhaltes tendenziell für Kontorlehrlinge besser geeignet erscheinen (vgl. Muth 1985, S. 566 und 573ff.; Ebel 1930, S. 131). In wenigen Ausnahmefällen werden zusätzlich Fachklassen für Speditions- und Versicherungskaufleute oder Drogisten gegründet, jedoch finden „sich (diese) nur in ganz großen Städten und in solchen Orten, wo diese Geschäftszweige besonders stark vertreten sind“ (Eckardt 1932, S. 23). Zwischen 90% und 95% der Schülerinnen und Schüler eines Jahrgangs entfallen auf Kontor- oder Verkäuferklassen (vgl. Eckardt 1932, S. 22). In Bochum-Witten besteht ein einjähriger Lehrgang mit 25 Wochenstunden ohne begleitende berufliche Tätigkeit:[233]

Abbildung 33: Lehrplan der Verkäuferinnenschule in Witten (1928)[234]

I. Betriebskundliche Fächer	1. Berufskunde mit beruflichen Übungen	4
	2. Einzelhandelsbetriebslehre mit Schriftverkehr	3
	3. Besichtigungen	1
II. Warenkundl. Fächer	4. Warenkunde	4
	5. Wirtschaftsgeographie	2
III. Rechnerische Fächer	6. kaufmännisches Rechnen	4
	7. Buchhaltung und Statistik	2
IV. Zusatzfächer	8. Deutsch	2
	9. Dekoration und Dekorationsschrift	2
	10. Lebens- und Bürgerkunde	1
	Zusammen	25 Wochenstunden

schulischer Träger ist folglich von den Konsequenzen der realen Einstellungspraxis betroffen (bspw. durch die Einrichtung sog. Minderbefähigtenklassen, vgl. Scheel 1928, S. 165f.; vgl. auch Greinert 2006b, S. 503; Muth 1985, S. 564).

233 Damit unterscheidet sich die Organisationsform der Schule in Witten von der Duisburger Schule, die einen zweijährigen Lehrgang mit 24 bzw. 26 Wochenstunden vorsieht, deren Unterrichtsfächer jedoch identisch sind (vgl. Muth 1985, S. 574f.).

234 Tabelle entnommen aus Rasch 1928, S. 248.

Die weiterhin gültigen Lehrpläne bleiben, von landesspezifischen Ausnahmen abgesehen, bei den Fächern ‚Betriebswirtschaftslehre', ‚Handelskunde', ‚kaufmännisches Rechnen' sowie ‚Warenkunde' (vgl. exemplarisch O.V. ~1925a, S. 123), wobei spezifisch für Kontorlehrlinge die Zusatzfächer ‚Kurzschrift' und ‚Maschinenschreiben' vorgesehen sein können (vgl. Rasch 1928, S. 565f.).[235] Volkswirtschaftslehre ist innerhalb der berufsbegleitenden Schule nicht eigenständig implementiert, sondern wird implizit thematisiert, wobei von einer geringen thematischen Tiefe ausgegangen werden muss:[236]

> „Die Erziehung der Schüler zur Gemeinschaft macht es erforderlich, mit der Betriebswirtschaftsschulung auch volkswirtschaftliche Erörterungen zu verbinden, die zeigen sollen, wie die Vorgänge im einzelnen Unternehmen sich für die Gesamtheit auswirken und umgekehrt von ihr beeinflußt werden. Allerdings wird auf diese Weise nur ein Teil der Volkswirtschaftslehre in unserem Fach auftreten, besonders die Handelspolitik, während andere Teile der später zu besprechenden Staatsbürgerkunde oder Gemeinschaftskunde, vielleicht auch der Wirtschaftserdkunde zufallen. Hier zeigt sich besonders, daß der Unterricht der Schule die Auswahl und Zusammenstellung der Stoffgebiete mehr nach erziehungswissenschaftlichen als nach logisch-systematischen Gesichtspunkten treffen muß" (Eckardt 1932, S. 20).[237]

Die schulische Spezifizierung anhand des jeweils gewählten Berufes bedingt dessen zentrale Position innerhalb des Unterrichts. Es bleibt das Leitbild des Kaufmannes in berufsspezifischer Form sowohl innerhalb der berufsbegleitenden Schule als auch innerhalb der Verkäuferinnenschule, die vor Beginn der betrieblichen Lehre absolviert wird, bestehen und schließt volkswirtschaftliche Inhalte weiterhin zu Gunsten beruflicher Bezüge aus.

Neben der Berufsschule besteht die Handelsschule weiterhin als vollzeitschulischer Bildungsgang:

---

235 Innerhalb der ‚Betriebswirtschaftslehre' steht die Betriebsorganisation und der -ablauf im Zentrum, während innerhalb der ‚Handelskunde' Geschäftsverbindungen, Schriftverkehr sowie rechtliche Grundlagen thematisiert werden. Der ‚Rechenunterricht' behandelt die Kalkulation und die Buchführung, während der ‚Warenhandel' die Herkunft, die Handelswege sowie die Produktbehandlung thematisiert (vgl. Muth 1985, S. 565f.).

236 Ebel bezeichnet die rechtlichen und die volkswirtschaftlichen Inhalte als Ergänzung zentraler betriebsbezogener Schulinhalte (vgl. Ebel 1930, S. 139).

237 Innerhalb der Fachbeschreibung wird die Volkswirtschaftslehre nicht als Bestandteil der angesprochenen Fächer angeführt, jedoch als ein impliziter Bestandteil der Wirtschaftskunde mit den Themen Agrar-, Gewerbe- und Verkehrspolitik (vgl. Eckardt 1932, S. 25).

Abbildung 34: Stundentafel der zweijährigen Handelsschule Bielefeld[238]

		Zahl der Wochenstunden	
		1. Schulj.	2. Schulj.
I.	berufskundliche Fächer (im engeren Sinne)		
	Betriebswirtschaftsschulung (einschl. Schriftverkehr)	5	4
	kaufm. Rechnen	4	4
	Buchführung	4	3
	Kontorübungen	-	2
II.	wirtschaftskundliche Fächer		
	Wirtschaftserdkunde und Wirtschaftskunde	2	1
	Volkswirtschafts- und Gemeinschaftskunde	-	2
III.	Sprachen		
	Deutsch	3	3
	Englisch	4	4
IV.	schreibtechnische Fächer		
	Kurzschrift	2	2
	Maschinenschreiben	3	3
	Lang- und Kunstschrift	1	-
V.	Leibesübungen	2	2
		30	30
	dazu für Schülerinnen: Hauswirtschaftsunterricht	2	4
	Gesamtzahl der Wochenstunden	32	34

Neben der Stundentafel der Handelsschule ist die Volkswirtschaftslehre als eigenständiges Fach ebenfalls innerhalb der Höheren Handelsschule curricular vorgesehen:

238 Stundentafel entnommen aus Eckardt 1932, S. 55.

Abbildung 35: Stundentafel der zweijährigen Höheren Handelsschule (~1932)[239]

	Zahl der Wochenstunden	
	1. Jahr	2. Jahr
Berufskunde:		
Betriebswirtschaftsschulung	4	4
Buchführung	4	4
Kaufmännisches Rechnen einschl. Maschinenrechnen	4	3
Kontorübung (ev. Konzentration der Fächer)	-	2
Wirtschaftskunde:		
Wirtschaftserdkunde und Wirtschaftskunde	2	2
Volkswirtschaft- und Gemeinschaftskunde (einschl. Wirtschaftsgeschichte)	3	2
Sprachen:		
deutsche Kulturkunde (Wort und Werk)	3	3
Englisch (oder Französisch) als Wirtschafts- und Handelssprache)	4	4
wahlweise:		
Französisch (oder Englisch) als Handelssprache oder Warenkunde und ihre technologischen Grundlagen	2	3
Leibesübungen	2	2
technische Fächer:		
Kurzschrift	2	2
Maschinenschreiben	2	2
	32	32
als freiwilliges Zusatzfach: Eine dritte Fremdsprache oder Grundlagen in der Finanzmathematik mit je zwei Wochenstunden in beiden Jahren		

Die Handelsschule und die Höhere Handelsschule als berufsvorbereitende Bildungsgänge beinhalten Volkswirtschaftslehre jeweils als eigenständiges Fach, wohingegen innerhalb der Berufsschule (unabhängig ihrer Fachrichtung) als berufsbegleitender Bildungsgang kein eigenständiges volkswirtschaftliches Fach implementiert ist. Die Bildungsganghierarchisierung (und gleichermaßen auch das zur Verfügung stehende Zeitkontingent) bedingt, zusätzlich zur geographisch heterogenen Existenz volkswirtschaftlicher Fächer, weiterhin eine differente Curriculumimplementierung zwischen einzelnen Schultypen. Während innerhalb der Berufsschule nahezu keine volkswirtschaftlichen Inhalte vermittelt

239 Stundentafel entnommen aus Eckardt 1932, S. 59.

werden, ist in den berufsvorbereitenden Lehrgängen die Volkswirtschaftslehre in gleichwertigem Umfang relativ zu den weiteren wirtschaftskundlichen Fächern vorhanden. Die Korrelation zwischen der hierarchischen Position eines Bildungsgangs sowie der jeweiligen volkswirtschaftlichen Implementierung besitzt folglich über den ersten Weltkrieg hinaus Bestand.

Die staatliche Beeinflussung des berufsbildenden Schulsystems durch administrative Regelungen äußert sich ebenfalls in Form von Akademisierungsbemühungen im Bereich der berufsbezogenen Lehrerbildung.[240] Artikel 143 der Weimarer Verfassung bedingt ‚höhere Bildung' als Eingangsvoraussetzung zur Lehramtstätigkeit,[241] was zu einer zwischen den Ländern heterogen fortschreitenden Akademisierung der Handelslehrerausbildung führt.[242] Deren Inhaltskanon

---

240 Auch auf Vorschläge seitens privatwirtschaftlicher Vereinigungen oder Verbände erfolgt keine legislative Reaktion. Insbesondere berufsbezogene Prüfungen werden diskutiert, sowohl in Form von Einstellungs- oder Abschlussprüfungen (vgl. Zabeck 2009, S. 573; Gericke 1932, S. 307ff.; Klug 1927, S. 302ff.; Wilden 1926, S. 298ff.). Den Vorschlägen gemein ist die aus der herrschenden Praxis gezogene Konsequenz, dass insbesondere bezüglich der vorliegenden Einstellungspraxis regulierende Schritte durch übergreifende Institutionen nötig seien.

241 Der Anteil der nebenamtlich angestellten Lehrerinnen und Lehrer nimmt im Zeitverlauf ab, wie exemplarisch für Preußen nachgewiesen werden kann, wo sich der Anteil dieser Lehrkräfte zwischen 1921 und 1926 von 78% auf 68% reduziert (vgl. Horlebein 1976, S. 241; siehe auch Eckardt 1932, S. 40). Der Anteil akademisch ausgebildeter Lehrerinnen und Lehrer wächst an (im angesprochenen Zeitraum von 663 auf 744 Personen), jedoch bleiben ca. 2 von 3 Lehrern ohne akademische Ausbildung, so dass der Mehrzahl der Lehrerinnen und Lehrern keine volkswirtschaftliche Bildung unterstellt werden kann. Auch ein massiver Lehrerüberhang in den späten 1920er Jahren ändert dies nicht (vgl. dazu Ode 1930, S. 151), der sich erst Mitte der 1930er Jahre ausgleicht und ca. 1938/1939 in einen Lehrermangel umkehrt (vgl. Horlebein 1989b, S. 289f.; Horlebein 1976, S. 244f.; Verband Preußischer Diplom-Handelslehrer 1931, S. 152). Auch nach dem Ersten Weltkrieg bleibt die zahlenmäßige Überlegenheit nebenamtlich tätiger Lehrerinnen und Lehrer sowie das Problem des sozialen Lerneffektes innerhalb der Schulen bestehen. Sollte die Hoffnung bestanden haben, qua akademischen Examen curriculare Inhaltsstrukturen zu verändern, so ist dies nicht gelungen.

242 Exemplarisch fordert der Deutsche Gewerbeschul-Verband seit 1922 eine einheitliche Gewerbelehrerausbildung (vgl. Arbeitsgemeinschaft des Deutschen Gewerbeschul-Verbandes 1922, S. 247f.). In Baden, Württemberg, Sachsen, Thüringen und Hamburg wird diese jeweils umgesetzt, jedoch entsteht in Preußen ein Disput um die Organisation der Ausbildung in Form eines Hochschulstudiums oder einer Institutsausbildung (vgl. Kümmel 1980, S. 36), an der sich die Organisation der Berufsschullehrerschaft (vgl. exemplarisch Verband Preußischer Gewerbe- und Handelslehrer 1924, S. 278f.), der Deutsche Ausschuß für technisches Schulwesen (vgl. exemplarisch Deutscher

hinsichtlich volkswirtschaftlicher Inhalte bleibt, ähnlich der Vorkriegsstudienordnungen weitestgehend bestehen.

Abbildung 36: Diplomprüfung für Kaufleute und Handelslehrer in Preußen (1925)[243]

§3 Gegenstände der Prüfung

Die Prüfung erstreckt sich auf fünf Fächer. Zwei davon sind Pflichtfächer, drei Walfächer. Die Pflichtfächer sind:

1. Allgemeine Betriebswirtschaftslehre
2. Pädagogik

Die Wahlfächer können nur in Gruppe gewählt werden. Zur Hauptgruppe, der wirtschaftswissenschaftlichen, gehören:

1. Besondere Betriebswirtschaftslehre (Betriebswirtschaftslehre der Banken oder der Industrie oder des Warenhandels), in besonderen Fällen Versicherungswesen oder, mit Zustimmung des Prüfungsausschusses, Genossenschaftswesen,
2. Volkswirtschaftslehre (einschließlich Finanzwissenschaft) und
3. die wirtschaftlich wesentlichen Teile der Rechtswissenschaft einschließlich der Grundzüge des öffentlichen Rechts. […]

Die Kandidaten der dritten Gruppe und diejenigen der zweiten [Prüfungsgruppe 2 und 3 wurde hier nicht abgebildet, d.A.], die Volkswirtschaftslehre oder Rechtswissenschaft nicht wählen, haben nachzuweisen, daß sie sich an grundlegenden Vorlesungen und Übungen auf dem nicht gewählten Gebiet beteiligt haben.

Artikel 143 der Weimarer Verfassung sowie die preußischen ‚Bestimmungen über die Ausbildung von Gewerbelehrern und Gewerbelehrerinnen' bedingen demzufolge ab dem Jahr 1930 den Zwang einer volkswirtschaftlichen Ausbildung auf Seiten der heranwachsenden Lehrerschaft (vgl. Preußisches Ministerium für

Ausschuß für Technisches Schulwesen 1928, S. 280ff.), verschiedene Wirtschaftsverbände (vgl. exemplarisch Verein Deutscher Ingenieure 1929, S. 285ff.) sowie pädagogische Professoren (vgl. exemplarisch Kerschensteiner et al. 1929, S. 284) beteiligen. Nach ca. 5-jähriger Diskussion wird 1930 die Gewerbelehrerausbildung per Erlass festgeschrieben und soll in Kooperation zwischen berufspädagogischen Instituten und Hochschulen stattfinden (vgl. Preußisches Ministerium für Handel und Gewerbe 1930, I (1), S. 298).

243 Abbildung entnommen aus Preußisches Ministerium für Handel und Gewerbe 1925, S. 266. Ähnliche Tendenzen liegen in den Prüfungsordnungen bspw. aus Württemberg und Thüringen vor, wobei die württembergische Studienordnung tendenziell einen starken fachwissenschaftlichen Bezug aufweist (Volkswirtschaftslehre ist in § 10 als grundsätzliches Prüfungsgebiet festgeschrieben), die thüringische Prüfungsordnung hingegen einen Schwerpunkt auf erziehungswissenschaftliche Inhalte legt (vgl. Württembergisches Ministerium des Kirchen- und Schulwesens 1924, §10, S. 254 bzw. Thüringisches Ministerium für Volksbildung 1928, Teil III, Nr. 13–26, S. 273ff.).

Handel und Gewerbe 1930 sowie O.V. 1919). Die benötigte Studiendauer sowie die fachpraktische Tätigkeit ziehen jedoch ein time-lag nach sich, so dass volkswirtschaftliche Inhalte zunächst lediglich in geringem Umfang umgesetzt werden. Der Zuordnung zum gesellschaftswissenschaftlichen Inhaltsbereich sowie die Gestaltungsaufgabe der Lehrkörper folgt eine variable und tendenziell sozialwissenschaftlich geprägte Inhaltsauslegung.[244] Die curriculare Gestaltung des beruflichen Bildungssektors bezüglich volkswirtschaftlicher Inhaltsstrukturen unterliegt der Passivität der öffentlichen Hand, so dass eine Vielzahl inhaltlicher und struktureller Merkmale aus der Vorkriegszeit bestehen bleiben (vgl. auch Greinert 2006b, S. 503).[245]

2.6 Die Volkswirtschaftslehre als Ideologieträger während der nationalsozialistischen Zeit

Während der Phase des nationalsozialistischen Regimes vor Beginn des zweiten Weltkriegs erfolgt eine administrative, zentrale Vereinheitlichung des beruflichen Ausbildungswesens.[246] Das dreigliedrige Schulsystem mit den Schulformen ‚Berufsschule', ‚Berufsfachschule' sowie der ‚Fachschule' wird eingeführt,[247] die

---

244 Unter inhaltlicher Prämisse stellt sich die Volkswirtschaftslehre (als Wissenschaftsdisziplin) während der Weimarer Republik als eine uneinheitlich-zerstrittene Wissenschaft dar. Insbesondere der Streit der ‚jüngeren historischen Schule' und die damit zusammenhängenden Theorien, Meinungen sowie methodischen Fragestellungen (induktiv vs. deduktiv) lassen die wissenschaftliche Disziplin uneins erscheinen, was sich tendenziell vergrößernd auf time-lags bezüglich der schulischen Implementierung ausgewirkt haben dürfte (zum Disput innerhalb der Volkswirtschaftslehre während der Weimarer Republik vgl. Brandt 1993, S. 395ff. sowie die detaillierte Darstellung in Köster 2011, S. 33ff.).

245 Hinsichtlich des gesamten Bildungsbereichs verwendet Zabeck den Begriff ‚Unterreglementierung', welcher innerhalb der inhaltlichen Ausgestaltung ebenfalls Gültigkeit besitzt (vgl. Zabeck 2009, S. 343ff. und 573).

246 Zur Übersicht der länderbasierten Schulformen vgl. Pipke 1936, S. 195f.

247 Berufsschulen sind sämtliche Schulen, die pflichtmäßig während der praktischen Ausbildung von Lehrlingen oder Jugendlichen in Anlernverhältnissen sowie von erwerbslosen in Teilzeitform besucht werden. Berufsfachschulen benötigen keine vorherige praktische Berufsbildung, finden ganztägig statt und bereiten innerhalb eines Jahres auf einen handwerklichen, kaufmännischen oder hauswirtschaftlichen Beruf vor. Fachschulen sind nach Berufsbereichen untergliedert, setzen eine ausreichende Berufspraxis voraus und der Unterricht wird mindestens ein Halbjahr lang (oder 600 Unterrichtsstunden) innerhalb des jeweiligen Fachbereichs erteilt (vgl. Reichsminister für Wissenschaft 1937a, S. 197f.; vgl. auch Buth 1963, S. 734).

Bezeichnungen und Zugangsbestimmungen harmonisiert sowie die Schulpflicht innerhalb des Reiches einheitlich festgeschrieben (vgl. Regierung des deutschen Reiches 1938, S. 199ff.; Reichsminister für Wissenschaft 1937a, S. 197f.).[248] Im Gegensatz zur staatlichen Regelungstradition während der Weimarer Republik betrifft die staatliche Einflussnahme über den administrativen Bereich hinaus zusätzlich die inhaltliche Ausgestaltung der Schule. Ein im Jahr 1937, ein Jahr vor dem Inkrafttreten des Reichschulpflichtgesetzes, veröffentlichter Runderlass schreibt vor, dass „die zur Zeit gültigen Lehrpläne [...] den neuen Wirtschaftsverhältnissen anzugleichen und demgemäß nach [...] zu überarbeiten [sind]" (Reichsminister für Wissenschaft 1937b, S. 208f.). Als Leitbild fungiert die fachliche Bildung hinsichtlich des gewählten Ausbildungsberufs: „Auszugehen ist vom Berufsbild, Stoffe, die sich vom Berufsbild des Schülers aus nicht rechtfertigen lassen, sind nicht aufzunehmen [...]" (Reichsminister für Wissenschaft 1937b, S. 208). Die ausgeprägte Mitwirkung wirtschaftsnaher Interessensverbände unterstreicht die inhaltlich ‚wirtschaftsnahe' Ausrichtung der Lehrpläne.[249]

Im kaufmännischen Schulbereich liegen nationalsozialistische Ideologieindoktrinationen insbesondere innerhalb des volkswirtschaftlichen Themenspektrums vor (vgl. Horlebein 1989a, S. 24).[250] Exemplarisch teilen die Vorschriften

Die Vielschichtigkeit im beruflichen Bildungssystem resultierend aus den föderalen Selbstständigkeiten wird dadurch beendet.

248 Es kann davon ausgegangen werden, dass zuvor nicht alle berufsschulpflichtigen Schülerinnen und Schüler tatsächlich die Schule besucht haben, jedoch liegen dazu keine belastbaren Zahlen vor. Der Anteil der Schülerinnen und Schüler, die trotz Berufsschulpflicht diese nicht besucht haben, wird zwischen 25% und 33% geschätzt (vgl. Zabeck 2009, S. 605; Kümmel 1980, S. 24; Horlebein 1976, S. 224).

249 Die Erarbeitung konkreter reichseinheitlicher Lehrpläne erfolgt im Wesentlichen durch den ‚Deutschen Ausschuß für das technische Schulwesen (DATSCH), die deutsche Arbeiterfront (DAF), einer Vielzahl von Wirtschaftsverbänden sowie der Reichsfachschaft VI des ‚Nationalsozialistischen Lehrerbundes' (vgl. Kümmel 1980, S. 27). Zwischen den Institutionen herrschen vielfältige Querverbindungen (exemplarisch ist der DATSCH beratendes Organ des Reichswirtschaftsministeriums), so dass die Entwicklungen staatskonform verlaufen. Während der nationalsozialistischen Zeit wird „die in der Weimarer Republik gewährleistete Pluralität der Bildungsmächte [...] reduziert auf eine einzige Macht, der es ausschließlich um Erziehung in ihrem Geist zu tun ist" (vgl. Flessau 1977, S. 34).

250 Zum Einfluss nationalsozialistischer Inhalte innerhalb eines kaufmännischen Schulrahmens vgl. exemplarisch die Aufsatzthemen der Wirtschaftsoberschule in Plauen aus dem Schuljahr 1938/39 in Wollmann 1938/39, S. 215. Nationalsozialistische Ideologien sind darüber hinaus ebenfalls innerhalb der Volksschule (vgl. Flessau 1977, S. 53ff.) sowie der ‚höheren Schule' festzustellen (vgl. Flessau 1977, S. 66ff.).

der Kaufmannsgehilfenprüfung aus dem Jahr 1935 den schriftlichen Prüfungsteil in 5 inhaltliche Bereiche ein:

Abbildung 37: Prüfungsthemen der Kaufmannsgehilfenprüfung (1935)[251]

Was fordern die Kaufmannsgehilfenprüfungen bei den schriftlichen Prüfungen.

Es folgen hier einige Proben solcher Arbeiten, die bei den Kaufmannsgehilfenprüfungen 1935 in der schriftlichen Prüfung gegeben wurden. Der Abdruck soll nur zeigen, was überhaupt an Anforderungen in der schriftlichen Prüfung gestellt wird.

Die in dem schriftlichen Teil der Kaufmannsgehilfenprüfungen gestellten Arbeiten umfassen Gegenstände aus folgenden Gebieten:

1. Anfertigung eines Aufsatzes,
2. Aufnahme eines Diktates,
3. Schriftverkehr
4. Kaufmännisches Rechnen,
5. Buchführung.

Volkswirtschaftliche Themen sind im Bereich des frei zu schreibenden Aufsatzes implementiert und mit beispielhaften Themen erläutert:

Abbildung 38: Aufsatzthemen der schriftlichen Kaufmannsgehilfenprüfung (1935)[252]

„**1. Aufsatzthemen:**
Als Aufsatzthemen werden gegeben:[…]
b) *volkswirtschaftliche Themen:*
zum Beispiel:
Unser Wirtschaftsgebiet.
Die Rohstofffrage in der deutschen Wirtschaft.
Welche Aufgaben hat die Reichsbank?
Der bargeldlose Zahlungsverkehr und seine Bedeutung.
Moderne Verkehrsmittel im Dienste des Kaufmanns.[…]“.

Das tradierte Postulat des selbstständigen Kleinkaufmannes bleibt im Rahmen der aufgezeigten Prüfungsinhalte zu Beginn der nationalsozialistischen Zeit bestehen, da zwar durch die thematische Überschrift ein Bezug zur gesamten Volkswirtschaft hergestellt wird, jedoch der Kleinkaufmann insbesondere innerhalb des letzten

251 Abbildung entnommen aus O.V. 1935c, S. 239.
252 Abbildung entnommen aus O.V. 1935c, S. 239.

Themenvorschlags als Ausgangspunkt der von den Schülerinnen und Schülern zu leistenden Argumentation dient.[253] Innerhalb der ersten drei Prüfungsthemen liegt eine inhaltliche Reduktion auf Ausschnitte das Deutsche Reich betreffend vor. Die Prüfungsinhalte thematisieren ausgewählte Themenbereiche volkswirtschaftlichen Ursprungs mit Relevanz innerhalb eines kriegerischen Kontexts, wie exemplarisch Rohstofffragen in einer autarken, vom Ausland abgeschnittenen Wirtschaft. In der Vorkriegszeit vollzieht sich eine Instrumentalisierung volkswirtschaftlicher Theoriegrundlagen zum Zwecke der Heranbildung eines im Sinne der NS-Ideologie geprägten Weltbildes auf Seiten der Schülerinnen und Schüler, so dass im Rahmen scheinbar wissenschaftlich gesicherter Volkswirtschaftslehre nationalsozialistische Propaganda innerhalb der Schulen eingeführt und folglich Bestandteil innerstaatlicher Kriegspolitik wird. Deren Existenz innerhalb der Abschlussprüfung für Kaufmannsgehilfen verdeutlicht, dass die Festsetzung (scheinbar) volkswirtschaftlicher Inhalte innerhalb der Bildungsganghierarchisierung ‚nach unten' ausgedehnt wird und dementsprechend, entgegen bisher aufgezeigten Tendenzen, nicht auf ‚höhere' kaufmännische Bildungsgänge beschränkt bleibt.[254] Die Implementierungsbegründung ist vielmehr in einer quantitativ bedeutenden Schülerzahl, die durch eine Thematisierung innerhalb des Ausbildungsgangs erreicht werden kann, zu sehen als in tatsächlicher Relevanz ‚volkswirtschaftlicher' Inhalte für kaufmännische Handlungsgehilfen.[255]

---

253 Der bargeldlose Zahlungsverkehr kann durch die Schülerinnen und Schüler zwar inhaltlich auf Privatkonsumenten bezogen werden, allerdings erscheint eine Ausrichtung auf den Transfer zwischen Unternehmen deutlich näherliegender.

254 Während im Jahr 1934 insgesamt 11.251 Kaufmannsgehilfenprüfungen abgelegt werden, steigt deren Anzahl auf 114.721 Prüfungen im Herbst 1939 (vgl. Schiller 1941, S. 241). Die Ideologieindoktrination im Rahmen der Volkswirtschaftslehre kann folglich eine quantitative Breitenwirkung entfalten (vgl. auch Zabeck 2009, S. 574; Horlebein 1989b, S. 27; Horlebein 1976, S. 284).

255 Die genauen Schülerzahlen innerhalb eines Ausbildungsgangs können mit Hilfe der Berufsberatungen gelenkt werden, auf die durch das ‚Gesetz über die Arbeitsvermittlung, Berufsberatung und Lehrstellenvermittlung' seit 1935 ein staatliches Monopol besteht (vgl. O.V. 1935a, S. 58, vgl. auch O.V. 1935b, S. 59). „Diese Verhältnisse (der Lehrstellenüberhang in der zweiten Hälfte der 1930er Jahre, d.A.) zwangen schon frühzeitig zu der Kontingentierung des Nachwuchses, und auch in diesem Jahre (1940, d.A.) ist ein Verteilungsplan aufgestellt worden, der den Zugang zu den unerwünschten Modeberufe zugunsten der staatspolitisch wichtigen Mangelberufen einschränkt." (Seldte 1980, S. 67). Ebenso werden schulentlassene Jugendliche zentral erfasst (vgl. O.V. 1938, S. 61) und die Einstellung eines Lehrlings unterliegt der Zustimmung des jeweiligen Arbeitsamtes (vgl. Reichswirtschaftskammer 1938,

Die im Sinne bestehender NS-Ideologie implementierten, scheinbar volkswirtschaftlichen Inhalte liegen über die curricularen Grundlagen hinaus ebenfalls innerhalb der verwendeten Schulbücher vor. Das verwendete Lehrbuch ‚Die deutsche Volkswirtschaft' verdeutlicht die ideologiebasierte Themenimplikation unter dem Vorwand volkswirtschaftlicher Fragestellungen, wobei exemplarisch innerhalb des dritten Kapitels Verstädterungstendenzen thematisiert werden und eine Zuwendung zur Landwirtschaft volkswirtschaftlich begründet wird (vgl. Butze/Butze 1944b, S. 210f.). Das Kapitel ist dabei so aufgebaut, dass ein Bogen vom Beginn des Jahrhunderts, als ca. 80% der Bevölkerung in der Landwirtschaft tätig waren, zur aktuellen Zeit (1944) gespannt wird und dieser durch die Postulate: „Die Flucht aus der Landwirtschaft bedeutet Entwurzelung des Volkes"[256] sowie „Verstädterung bedeutet Volkstod" abgeschlossen wird (vgl. Butze/Butze 1944b, S. 210f.). Durch den argumentativen Rückgriff auf das Mittel der Schutzzölle wird dem identischen Argumentationsmuster gefolgt, das bereits im merkantilistischen Zeitalter auffindbar ist.[257] Dabei kommen Butze/Butze zu dem Schluss: „Durch Zollerhebung wird ein Schutz der nationalen Arbeit erreicht" (Butze/Butze 1944a, S. 92), was ihrer Argumentation nach die Grundlage jeglichen Wohlstands darstellt.[258]

Hinsichtlich der industriellen sowie kaufmännischen Realwirtschaft sprechen sich Butze/Butze gegen großindustrielle Strukturen und für eine vermehrte Selbstständigkeit aus: „Die Vermehrung der unselbstständigen Berufstätigen wirkt sich ungünstig auf die Wirtschaftslage Deutschlands aus" (Butze/Butze

---

S. 64f.; vgl. auch Reichsminister für Wissenschaft 1939, S. 66; O.V. 1940a, S. 96ff.; O.V. 1940b, S. 99f.). Mit Hilfe der angeführten Vorschriften und Regelungen erfolgt die Beseitigung der planerischen Unsicherheit an der Schnittstelle zwischen Schule und Berufsleben.

256 Durch die weitestgehende Isolation der deutschen Wirtschaft im Jahr 1944 besitzt die inländische Nahrungsmittelproduktion existenzielle Relevanz. Der wirtschaftliche Autarkiegedanke ist innerhalb des gesamten Werks vorhanden, ebenso beispielhaft bezogen auf die Fischereiwirtschaft, wonach in Friedenszeiten die Fischereiflotte verstärkt werden müsse, um die Einfuhr bestimmter Arten aus dem Ausland zu vermeiden (vgl. Butze/Butze 1944a, S. 60).

257 In diesem Fall liegt der Schwerpunkt jedoch auf Einfuhrzöllen, vgl. Butze/Butze 1944a, S. 91.

258 Innerhalb des folgenden Abschnitts führen Butze/Butze aus, dass Deutschland keine autarke Inselwirtschaft anstrebe, sondern mit Hilfe gegenseitiger Handelsabkommen einzelnen Ländern Zollvorteile gewähre. Das Verfahren, was eine Abkehr einer autarken Wirtschaft zu Gunsten ausgewählter Handelsbeziehungen bedeuten würde, gleicht dem Vorgehen während des merkantilistischen Zeitalters.

1944b, S. 210).[259] Die staatliche Lenkungsfunktion innerhalb der Marktsituation sowie Zwangskartelle und Zwangssyndikate werden als legitimes Mittel innerhalb der aktuellen Wirtschaftssituation dargestellt (vgl. Butze/Butze 1944a, S. 72f.). Dabei werde „in der deutschen Industrie [...] eine Wirtschaftslenkung zur Förderung des Gemeinwohls durchgeführt" mit der Zielsetzung, dass „die deutsche Industrie [...] mit Anpassung aller Kräfte für den Sieg Deutschlands und seiner Verbündeten" arbeitet (Butze/Butze 1944a, S. 73). Ebenso wird der Güterhandel ausschließlich auf seine Verteilungsfunktion hin reduziert:

Abbildung 39: Die Verteilungsfunktion des Güterhandels (1935)[260]

> Im nationalsozialistischen Staat muß der Handel die ihm zukommende Tätigkeit der Güterverteilung so besorgen, wie es das Beste der Gesamtheit verlangt. Seine Aufgabe ist der Warenausgleich zwischen Überschuß- und Zuschußgebieten innerhalb Deutschlands, sowie geregelte Einfuhr und Ausfuhr unter Beachtung des Gemeinwohls. Das Spekulationsgeschäft, das durch die Festpreise für viele Erzeugnisse schon beseitigt ist, muß völlig verschwinden.

Gemeinsamer Bestandteil der dargestellten Inhalte stellt das postulierte Gemeinwohl dar, auf dessen Ausrichtung volkswirtschaftliche Thematiken im Rahmen nationalsozialistischer Ideologien bewusst einseitig reduziert werden. Unter fachlicher Prämisse bietet sich insbesondere die Volkswirtschaftslehre hinsichtlich ihrer inhaltlichen Strukturierung zur nationalsozialistischen Manipulation an, da parallele Inhaltsstrukturen zwischen der ideologisch postulierten Unterordnung unter einem übergeordneten Gemeinschaftswohl und gesamtwirtschaftlichen Thematiken, die hinsichtlich ihrer Aussagekraft ebenfalls individuenübergeifenden Charakter besitzen, bestehen. Staatliche Handlungen im Zuge der Kriegspolitik können somit unter dem Vorwand volkswirtschaftlicher (ideologisch beeinflusster) Lehrinhalte vermittelt werden, woraus die Instrumentalisierung des volkswirtschaftlichen Fachs zur Legitimation nationalsozialistischer Handlungen resultiert.

Im Rahmen zentralistisch intendierter bildungspolitischer Maßnahmen treten die ersten zentralen Reichslehrpläne ab 1940 in Kraft, jedoch zunächst nicht

259 Dem folgend bleibt der inhaltliche Ansatzpunkt des selbstständigen Kleinkaufmanns bestehen.

260 Abbildung entnommen aus Sotke 1935, S. 209.

innerhalb des kaufmännischen Bereichs (vgl. Barth 1939, S. 210ff.).[261] Parallel dazu ergehen einheitliche Stoffpläne, Lehrordnungen und Berufsbildungspläne, die entweder für die kaufmännischen Berufsschulen oder die Ausbildungsbetriebe Gültigkeit besitzen, so dass Vereinheitlichungstendenzen in sämtlichen Ausbildungsbereichen entstehen. Exemplarisch wird 1939/1940 der Berufsbildungsplan für Industriekaufleute erlassen, der die Ausbildung innerhalb der Ausbildungsbetriebe beschreibt, jedoch hinsichtlich fachlicher Inhaltsbeschreibungen auf einem mäßigen Niveau verbleibt:

261 Insgesamt können jedoch lediglich reichseinheitliche Lehrpläne für 9 Berufe fertiggestellt werden (vgl. Herkner 2013, S. 17). Die Reihenfolge der Lehrplanausarbeitung zeigt Parallelen zur realwirtschaftlichen Relevanz des jeweiligen Ausbildungsberufs innerhalb des rüstungsrelevanten Kontextes auf. Zwischen 1940 und 1943 werden einheitliche Lehrpläne für die Berufe Maschinenschlosser (vgl. Reichsinstitut für Berufsausbildung in Handel und Gewerbe 1940, S. 225ff.), Maurer (vgl. Reichsminister für Wissenschaft 1937b, S 208), Tischler, Feinmechaniker, Dreher sowie im Kfz-Gewerbe erlassen (vgl. Kümmel 1980, S. 27). Die inhaltliche Struktur der Lehrpläne ist vergleichbar, da ausgehend von den jeweiligen Berufsbildern deduktiv bis hin zu einer genauen, wöchentlichen Auflistung der Unterrichtsgegenstände reduziert wird (vgl. Reichsinstitut für Berufsausbildung in Handel und Gewerbe 1940, S. 228f.; vgl. darüber hinaus Barth 1940, S. 100ff.). Die Grundzüge der Lehrpläne beschreiben: „Hierin (der Untergliederung in einzelne Wochen, d.A.) haben manchen Lehrkräfte eine Einengung der Lehrerpersönlichkeit erblickt. Demgegenüber ist darauf hinzuweisen, daß die Aufstellung von Unterrichtszielen in erster Linie Sache der Wirtschaft ist. Wir leiten diese Unterrichtsziele ja auch aus den von der Wirtschaft erarbeiteten Unterlagen her […]“ (Pricks 1937, S. 156; zur Kritik vgl. O.V. 1941, S. 157ff.).

Abbildung 40: Aufgaben eines Lehrlings innerhalb des Berufsbildungsplans (1939/40)[262]

> Der Lehrling muß den Grundstock des kaufmännischen Wissens erlernen, also mit den wichtigsten im Industriebetrieb vorkommenden kaufmännischen Arbeiten und den dazu gehörigen Verwaltungsarbeiten vertraut gemacht werden. Außerdem muß er die Zusammenhänge zwischen den einzelnen kaufmännischen Aufgaben erkennen und damit einen Überblick über die Organisation seines Betriebes erhalten. Darüber hinaus muß gefordert werden, daß der junge Industriekaufmann die Beziehungen seiner Industriegruppe zur Gesamtwirtschaft erkannt hat.

Hinsichtlich fachlicher Inhalte bleiben die Lehrordnungen, die ebenfalls Gültigkeit für die Ausbildungsunternehmen besitzen, ähnlich unkonkret und beschränken sich auf Persönlichkeitsmerkmale der Ausbilder und der Auszubildenden (vgl. Wirtschaftsgruppe Groß- und Ausfuhrhandel ~1940, S. 225).[263]

Die bestehenden Stoffpläne gelten für den schulischen Teil der dualen Ausbildung und schreiben den entsprechenden Fächerkanon vor. Einheitlich geregelt ist ein Stundenumfang zwischen 960 und 1.200 Stunden, was 8–10 Wochenstunden entspricht:

262 Abbildung entnommen aus Reichsinstitut für Berufsausbildung in Handel und Gewerbe 1939/40, S. 224. Die wenig fachspezifische Formulierung sowie die Argumentation mit Hilfe kaufmännischer Grundtugenden ermöglicht eine Erfüllung der postulierten Forderungen unabhängig der individuellen Ausgestaltung des einzelnen Betriebs.

263 Exemplarisch schreibt die Lehrordnung auf Seiten des Ausbilders lediglich vor, dass er ‚beruflich und fachlich gut vorgebildet sein muss' (vgl. Wirtschaftsgruppe Groß- und Ausfuhrhandel ~1940, S. 225). Des Weiteren beschreibt der Plan keine fachlichen Voraussetzungen, sondern persönliche Merkmale sowie Fragen der Rassenzugehörigkeit (vgl. Wirtschaftsgruppe Groß- und Ausfuhrhandel ~1940, S. 225f.).

Abbildung 41: Stundentafel für die Einzelhandelsklassen der kaufmännischen Berufsschule (1939)[264]

Stundentafel
für die Einzelhandelsklassen der kaufmännischen Berufsschule
vom Herrn Reichsminister für Wissenschaft, Erziehung und Volksbildung mit Erlaß vom 23. August 1939 (E IV c 3414) genehmigt

Fach	Unterstufe Std.			Mittelstufe Std.			Oberstufe 1. Halbj. Std.			Oberstufe 2. Halbj. Std.		
	10	8	6	10	8	6	10	8	6	10	8	6
Reichsbürgerkunde . .	1	1	1	1	1	1	1	1	1	1	1	1
Deutsch	1	1	1	1								
Betriebskunde des Einzelhandels mit Schriftverkehr	2	2	1	2	2	1	2	2	1	Kontor- 3	3	3
Kaufm. Rechnen . . .	2	2	1	2	2	1	2	2	1	übungen		
Buchführung u. Statistik	1	—	—	1	1	1	1	1	1			
Warenkunde (mit Wirtschafts-Erdkunde) . . .	1	1	1	1	1	1	2	2	2	Verkaufs- 3	2	2
Verkaufskunde	1	1	1	1	1	1				übungen		
Werbekunde				1	—	—				Dekorations-		
Plakatschrift	1	—	—				2	—	—	3	2	—
Schaufensterkunde . .	—	—	—	—	—	—				übungen		
	10	8	6	10	8	6	10	8	6	10	8	6

Für Mädchen zusätzlich Hauswirtschaft.
Kurzschrift und Maschinenschreiben in zusätzlichem Unterricht (fakultativ).

264 Abbildung entnommen aus Schlieper 1941, S. 230.

Die ‚fachlich orientierten Fächer' innerhalb der Stundentafel sind im kaufmännischen Bereich ähnlich, wie ein Vergleich mit der Stundentafel für Großhandelslehrlinge zeigt:

Abbildung 42: Stundentafel für Großhandelslehrlinge in der kaufmännischen Berufsschule (1942)[265]

Unterrichtsfächer	Zahl der Wochenstunden im Halbjahr						Gesamtstundenzahl
	I.	II.	III.	IV.	V.	VI.	
Reichskunde	1	1	1	1	1	1	120
Deutsch	1	1	-	-	-	-	40
Großhandelsbetriebskunde mit Deutsch und Schriftverkehr	4	2	2	2	2	2[1]	280
Kaufmännisches Rechnen	2	2	1	1	1	1[1]	160
Buchführung, Statistik und Planung	-	2	2	2	2	2[1]	200
Waren- und Marktkunde mit Wirtschaftserdkunde[266]	-	-	2	2	2	2	160
	8	8	8	8	8	8	960
Zusätzlich: Kurzschrift, Maschinenschreiben, Ergänzungsunterricht	2	2	2	2	2	2	240
	10	10	10	10	10	10	1200
[1] Zusammengefasst zu einem fünfstündigen Übungsbetrieb							

Variationsmöglichkeiten der Stundentafeln sind, insbesondere für Mädchenklassen, vorgegeben, wobei die fachlich orientierten Fächer mit leicht veränderter Stundenzahl bestehen bleiben:

265 Stundentafel entnommen aus Schreiber 1942a, S. 15.

266 Das Fach ‚Waren- und Marktkunde' beinhaltet keine volkswirtschaftlichen Themen, sondern äußerst detaillierte Stoffsammlungen/Stoffpläne bezogen auf ausdifferenzierte Berufsbereiche für Lebensmittelklassen, Metallklassen, Textilklassen, Papierklassen, Keramikklassen, Glasklassen, Holzklassen, Klassen mit Getreide, Futter- und Düngemittel, Samen und Saatgut, Klassen mit sanitärem Installationsbedarf, Klassen mit Werkzeugmaschinen, Klassen mit Mineralöl sowie Klassen mit Zahnwaren (vgl. Schreiber 1942a, S. 59ff.). Das Ziel besteht in einer möglichst spezifischen Differenzierung anhand des jeweiligen Ausbildungsberufes.

Abbildung 43: Stundentafel einer Mädchenklasse für Großhandelslehrlinge in der kaufmännischen Berufsschule (1942)[267]

Unterrichtsfächer	Zahl der Wochenstunden im Halbjahr						Gesamtstundenzahl
	I.	II.	III.	IV.	V.	VI.	
Reichskunde	1	1	1	1	1	1	120
Großhandelsbetriebskunde mit Deutsch und Schriftverkehr	2	2	2	2	2	1[1]	220
Kaufmännisches Rechnen	2	2	2	2	1	1[1]	100
Buchführung, Statistik und Planung	-	-	2	2	2	1[1]	140
Waren- und Marktkunde mit Wirtschaftserdkunde	1	1	1	1	1	1	120
Kurzschrift	2	2	-	-	-	-	80
Hauswirtschaft	-	-	-	-	1	3	80
	8	8	8	8	8	8	960
Zusätzlich: Kurzschrift, Maschinenschreiben, Ergänzungsunterricht	2	2	2	8[268] [2]	2	2	240
	10	10	10	10	10	10	1200
[1] Zusammengefasst zu einem dreistündigen Übungsbetrieb							

Neben der aufgeführten Stundentafel enthält der Stoffplan Grundsätze zur stofflichen Gliederung, wobei exemplarisch am Beispiel der Betriebsstunde eine „strenge Abgrenzung des Faches [...] von Stoffen grundsätzlich anderer Struktur" zu beachten sei (Schlieper 1941), S. 230). Volkswirtschaftliche Thematiken sind innerhalb des Ausbildungsgangs nicht als eigenständiges Fach vorgesehen. Ideologisch eindeutige Inhalte wie beispielsweise ‚gesinnungsbildende Stoffe' sowie die ‚Beziehung des Schülers zum politischen Leben des Reiches' und ‚zur Blutsgemeinschaft des deutschen Volkes' (vgl. Schlieper 1941, S. 230) werden im Zuge zentraler Inhaltsgestaltung aus dem volkswirtschaftlichen Rahmen herausgelöst und innerhalb des Fachs ‚Reichsbürgerkunde' implementiert. Volkswirtschaftliche Inhalte bleiben der Terminierung nach in geringem Umfang curricular erhalten

267 Stundentafel entnommen aus Schreiber 1942a, S. 16.

268 Innerhalb des Planes sind im vierten Halbjahr 8 Wochenstunden für das Zusatzfach angegeben, jedoch scheint dieser ein fehlerhafter Wert zu sein. Wird der Wert (analog zu den anderen Halbjahren) durch 2 ersetzt, würden die Summenwerte korrekt sein.

und werden ebenfalls in den ideologisch verklärten Kontext der Reichskunde integriert, wie der Stoffplan für Großhandelslehrlinge exemplarisch nachweißt:

Abbildung 44: Stoffplan des Fachs ‚Reichskunde' (1942)[269]

I. Schuljahr		
A. Der junge Deutsche in der schaffenden Gemeinschaft des deutschen Volkes		
	Kernstoffe	**Kernpunkte**
1.	Die Eingliederung des Lehrlings	Der Beruf des Großhandelskaufmanns – Lehrverhältnis – Arbeitsethos – Gefolgschaftstreue. Lehrheft – Lehrlingsrolle – Lehrabschlussprüfung. Die kaufmännische Berufsschule als Ausbildungshelfer für den Beruf – Berufliche Aufstiegsmöglichkeiten. Gliederungs- und Darstellungsübungen zu den Hauptthemen. Anleitung zur Ausfüllung des Lehrheftes. Briefübung: Entschuldigungsschreiben – Urlaubsgesuch – Dankschreiben – Lebenslauf usw.
2.	Die soziale Betreuung des Lehrlings	Die Fürsorge für die Betriebsgefolgschaft – Eintritt in die DAF – Regelung der Arbeitsverhältnisse – Treuhänder der Arbeit. Der Eintritt in die Sozialversicherung – Arten, Aufgaben und Leistungen der Sozialversicherung. (Im Rechnen: Sozialversicherungsrechnen.) Jugendschutzgesetz – Jugendstrafgesetzgebung. M[1]: Gesetzlicher Schutz der arbeitenden Mutter. Das Gesetz zur Ordnung der nationalen Arbeit. Darstellungsübung hierzu.
3.	Der deutsche Lebensraum	Mensch und Wirtschaft – Überblick über die Wirtschaftsgebiete Deutschlands und die Wirtschaftsräume der Welt – Die deutschen Kolonien – Deutschland, geopolitisch betrachtet. Skizzen und Darstellungsübungen hierzu.
4.	Der Arbeitsbereich des Bauern	Der Arbeitsbereich des Bauern – Aufgaben und Leistungen innerhalb der Wirtschaftsordnung. Reichsnährstand Reichsnährstandsgesetzgebung. Das bäuerliche Familienleben und der Erbhof. Darstellungsübungen hierzu.
5.	Die Arbeitsbereiche in Handwerk, Industrie, Handel und Verkehr	Aufgaben und Leistungen von Handwerk, Bergbau, Industrie, Handel und Verkehr (typische Beispiele!). M: Frauenarbeit und ihre Bedeutung für die einzelnen Wirtschaftszweige. Darstellungsübungen hierzu.
6.	Volkswirtschaftliche Maßnahmen innerhalb der nationalsozialistischen Wirtschaftsordnung	Gemeinnutz vor Eigennutz – Marktordnung – Verbrauchslenkung – Vierjahresplan (Überblick) – Preisstopp. Darstellungsübungen hierzu.
[1] Stoffe, die speziell für die Behandlung in Mädchenklassen bestimmt sind, werden durch ein vorgesetztes „M" gekennzeichnet.		

269 Tabelle entnommen aus Schreiber 1942a, S. 18f.; siehe auch Schreiber 1942b, S. 233f.

Die Loslösung ideologischer Inhaltsbestandteile aus dem volkswirtschaftlichen Terminus sowie deren Integration innerhalb der Reichskunde macht ein eigenständiges Fach ‚Volkswirtschaftslehre', welchem zuvor eine Vermittlungsfunktion unter dem Vorwand einer fachwissenschaftlichen Legitimierung zugesprochen wurde, entbehrlich, so dass dessen zeitweilige, facheigenständige Implementierungsgrundlage entfällt. Die Zielsetzung des ‚Reichskundeunterrichts' besteht darin, „den Lehrling zu lebendiger Erkenntnis des nationalsozialistischen Weltbildes zu führen und ihn zu Berufsehre und Berufstreue sowie zu verantwortungsbewußtem und opferbereitem Einsatz für die Berufs-, Staats- und Volksgemeinschaft erziehen zu helfen" (Schreiber 1942a, S. 17). Innerhalb dieses ideologischen Fachrahmens erweckt die Volkswirtschaftslehre als wissenschaftliche Disziplin den Anschein einer wissenschaftlichen Fundierung der realwirtschaftlich orientierten Inhalte, so dass wirtschaftspolitisches Handeln des nationalsozialistischen Regimes durch einen scheinbar fachwissenschaftlichen Kontext legitimiert werden kann.

Die Ausweitung staatlicher Aktivitäten über die administrative Ausgestaltung hinaus auf inhaltliche Komponenten bedingt eine curriculare Neugestaltung orientiert anhand dessen Ideologievorstellung. Dies wirkt sich auf das Leitbild des handelnden Kleinkaufmanns dahingehend aus, dass dieses ebenfalls eine Erweiterung auf personenspezifische Aspekte erfährt. Der Terminus „Die kaufmännische Berufsschule als Ausbildungshelfer für den Beruf" (Schreiber 1942b, S. 233) innerhalb des Stoffplanes der ‚Reichskunde' klassifiziert das Hierarchisierungsverhältnis zwischen Unternehmen und Schulen, wobei die fachliche Bildung im Zuge einer beruflichen Nutzbarkeit auf Seiten der Betriebe verankert ist. Da der Schule lediglich eine ‚Helferfunktion' zu einer betriebsfokussierten Ausbildung zukommt sowie darüber hinaus ein wesentlicher Verbandseinfluss bei der Lehrplankonstruktion vorliegt, bleibt das Kaufmannsleitbild im Rahmen der kaufmännischen Fächer bestehen, wie exemplarisch innerhalb des Kernstoffgebiets Nr. 20 innerhalb der Reichskunde nachvollzogen werden kann:

Abbildung 45: Lehrstoff des dritten Lehrjahres für Großhandelskaufmänner (1942, Auszug)[270]

III. Schuljahr		
D. Der junge Großhandelskaufmann als Glied seines Berufes		
	Kernstoffe	Kernpunkte
18.	Der Beruf des Großhandelskaufmanns.	Politische, kulturelle und wirtschaftliche Aufgaben – Soziale Bedeutung.
19.	Die Berufskameradschaft.	Beispiel und Vorbild – Hilfsbereitschaft – Mitarbeit in den Berufsorganisationen.
20.	Vorbilder deutschen Kaufmannstums.	Vorbilder echten deutschen Kaufmannstums aus Geschichte und Gegenwart sind dem Schüler nahezubringen.

Das grundlegende Kaufmannsbild ist nicht auf fachliche Aspekte beschränkt, sondern beinhaltet darüber hinaus persönliche und moralische Kompetenzen. Die Indoktrination nationalsozialistischer Inhalte innerhalb kaufmännischer Schulen spiegelt sich ebenfalls innerhalb des Leitbildes wider, da der ‚ehrbare' Kaufmann das Verbindungsglied zwischen der staatlich postulierten Volksgemeinschaftsideologie sowie deren Internalisierung auf Schulebene darstellt.

2.7 Die Entwicklung eines eigenständigen volkswirtschaftlichen Fachs während der Nachkriegszeit

Die Niederlage Deutschlands im Zweiten Weltkrieg bedeutet für das berufsbildende und gleichermaßen für das kaufmännische Berufsbildungssystem einen Rückschlag.[271] Auf Grund der intendierten zeitnahen Wiederaufnahme einer geregelten kaufmännischen Berufsbildung bleibt der bestehende Fächerkanon in der unmittelbaren Nachkriegszeit zunächst bestehen, wie exemplarisch innerhalb

270 Lehrstoff entnommen aus Schreiber 1942a, S. 19.

271 Über die Intensität der Auswirkungen sowie deren Bewertung auf das berufsbildende Schulsystem herrscht keine Einigkeit. Während Löbner „den totalen Zusammenbruch des kaufmännischen Schulwesens im Jahre 1945" diagnostiziert (Löbner 1963, S. 22), so betont Horlebein, dass keine ‚Stunde Null' und kein Neuanfang außerhalb der zuvor bestehenden Ausbildungsstrukturen und -traditionen vorgelegen habe (Horlebein 1989a, S. 27). Innerhalb des vorliegenden Rahmens bezieht sich die weitergehende Betrachtung auf die administrativen Grundlagen des berufsbildenden Schulsystems, so dass eine Auseinandersetzung mit dieser Fragestellung nicht erkenntnisfördernd ist.

des Lehrplans der kaufmännischen Berufsschule in Bayern nachvollzogen werden kann (vgl. auch Ellwein 1998, S. 89f.):[272]

Abbildung 46: Stundentafel der kaufmännischen Berufsschule in Bayern (1948)[273]

<table>
<tr><td colspan="7">Bei genügender Schülerzahl gliedert sich die kaufmännische Berufsschule in eine Kontor- und eine Verkaufsabteilung; bei Bedarf können noch weitere Fachklassen gebildet werden, z.B. für Lehrlinge bei Banken und Versicherungen, im Buchhandel, in Drogerien, für Junghelfer bei Post und Bahn, für Bürogehilfinnen usw.</td></tr>
<tr><td></td><td colspan="3">Kontorabteilung</td><td colspan="3">Verkaufsabteilung</td></tr>
<tr><td>Klasse</td><td>1</td><td>2</td><td>3</td><td>1</td><td>2</td><td>3</td></tr>
<tr><td>Religionslehre</td><td>1</td><td>1</td><td>1</td><td>1</td><td>1</td><td>1</td></tr>
<tr><td>Deutsche Sprache</td><td>1</td><td>1</td><td>2</td><td>1</td><td>1</td><td>2</td></tr>
<tr><td>Kaufmännisches Rechnen</td><td>1</td><td>1</td><td>1</td><td>2</td><td>2</td><td>1</td></tr>
<tr><td>Buchführung</td><td>1</td><td>2</td><td>2</td><td>1</td><td>1</td><td>1</td></tr>
<tr><td>Betriebswirtschaftskunde</td><td>1</td><td>1</td><td>1</td><td rowspan="2">2</td><td rowspan="2">2</td><td rowspan="2">2</td></tr>
<tr><td>Waren- und Verkaufskunde</td><td>-</td><td>-</td><td>-</td></tr>
<tr><td>Bürger- und Lebenskunde</td><td>1</td><td>1</td><td>1</td><td>1</td><td>1</td><td>1</td></tr>
<tr><td>Kurzschrift</td><td>2</td><td>1</td><td>1</td><td>-</td><td>-</td><td>-</td></tr>
<tr><td>Maschinenschreiben</td><td>2</td><td>2</td><td>-</td><td>-</td><td>-</td><td>-</td></tr>
<tr><td>Plakatschreiben mit Werbekunde</td><td>-</td><td>-</td><td>-</td><td>2</td><td>2</td><td>1</td></tr>
<tr><td>Turnen und Sport</td><td colspan="6">Nach Möglichkeit und Bedarf</td></tr>
</table>

Bleiben die Fächer in nahezu identischer Form erhalten, so werden fachinhaltliche Veränderungen im Kontext der Entfernung nationalsozialistischer Ideologien vorgenommen. Alternativ dazu bleiben volkswirtschaftliche Inhalte in der sowjetischen Besatzungszone als eigenständiges Fach ‚Volkswirtschaftslehre' bestehen:

272 Während der unmittelbaren Nachkriegsjahre kann der Unterricht noch nicht einem Lehrplan entsprechend durchgeführt werden. Insbesondere fehlen Schulgebäude, Unterrichtsmaterialen und Lehrkräfte. Jedoch normalisieren sich die Verhältnisse im Laufe der Jahre kontinuierlich (vgl. Furck 1998, S. 247).

273 Stundentafel entnommen aus Bayerisches Staatsministerium für Unterricht und Kultus 1948, S. 251.

Abbildung 47: Stundentafel kaufmännischer Berufsschulen in der sowjetischen Besatzungszone (1946)[274]

Profil: Handlungslehrlinge und Büroangestellte
Berufe: Industriekaufleute, Groß- und Einzelhandelskaufleute, Angestellte bei Behörden, in Banken, Versicherungen und Speditionsbetrieben, Verkäuferinnen und Kontoristinnen, Büroangestellte

Bezeichnung der Fächer	Stundenzahl nach Halbjahren								
	1	2	3	4	5	6	Insg.	darunter	
								theor.	prakt.
a) allgemeinbildende									
1. Deutsch	40	40	40	40	40	40	240	240	-
2. Gegenwartskunde	20	20	20	20	20	20	120	120	-
3. Fremdsprache	40	40	40	40	40	40	240	240	-
b) allgemeinwirtschaftliche									
1. Betriebswirtschaftskunde mit Schriftverkehr	40	40	40	40	20	20	200	200	-
2. Fachkunde bzw. Kontor- oder Verkaufsübungen	-	-	-	-	80	80	160	160	-
3. Wirtschaftliches Rechnen	40	40	40	40	20	20	200	200	-
4. Buchführung	20	20	40	40	20	20	160	160	-
5. Volkswirtschaftskunde	40	40	20	20	-	-	120	120	-
Insgesamt Stunden:	240	240	240	240	240	240	1440	1440	-
Praxis im Betrieb:	720	720	720	720	720	720	4320	-	4320
Insgesamt Stunden	960	960	960	960	960	960	5760	1440	4320

Bezeichnung der Fächer	Stundenzahl nach Halbjahren					
	1	2	3	4	5	6
c) fakultative						
1. Stenographie	2	2	2	-	-	-
2. Maschinen schreiben	2	2	2	-	-	-
3. Plakatschrift	-	2	-	-	-	-
4. Schönschrift	2	-	-	-	-	-
5. Maschinen rechnen	-	-	-	2	-	-
6. Physik und Chemie	-	-	2	2	2	2
7. Mathematik	-	-	-	2	2	-
8. Warenkunde	2	2	-	-	-	-
9. Werbelehre	-	-	-	-	2	2
10. Statistik	-	-	-	-	-	2
Insgesamt Stunden	8	8	6	6	6	6

274 Stundentafel entnommen aus Deutsche Zentralverwaltung für Volksbildung in der sowjetischen Besatzungszone Deutschlands 1946, S. 247.

Neben der Orientierung anhand tradierter Stundenmuster besitzen beide Lehrpläne die jeweils identische Rezipientengruppe. Eine Differenzierung hinsichtlich einzelner Berufe sowie deren jeweiliger Spezifikationen werden in beiden Plänen grundsätzlich nicht vorgenommen, so dass in beiden Fällen eine unspezifische kaufmännische Grundbildung vorgesehen ist. Berufsbezogene Untergliederungen und demgemäß eine unterrichtliche Ausrichtung anhand des gewählten Ausbildungsberufes können nur vereinzelt bei ausreichenden Schülerzahlen und dadurch tendenziell an großen Schulen in städtischen Ballungsgebieten vorgenommen werden. Als Beispiel einer praktischen Umsetzung der beruflichen Spezialisierung sowie den Auswirkungen auf den schulischen Fächerkanon ist der Lehrplan der Bank- und Sparkassenklasse der Friedrich-List Schule in Saarbrücken angeführt. Die berufsspezifische Orientierung entsteht dabei nicht durch eine eigenständige Fachimplementierung, sondern auf inhaltlicher Ebene innerhalb des kontinuierlich bestehenden Fächerkanons:

Abbildung 48: Lehrplan einer Bank- und Sparkassenklasse aus Saarbrücken (1962)[275]

	BaU	BaUH	BaM	BaO[276]
	--Zahl der Wochenstunden--			
Religion	1	1	1	1
Gemeinschaftskunde	1	1	1	1
Deutsch	2	2	2	2
Französisch	2	-	1	1
Wirtschaftslehre des Kreditwesens	2	3	3	3
Buchführung	3	4	2	2
Rechnen	1	1	2	2
	12	12	12	12

Trotz vielseitiger Kritik behalten die auf eine universale kaufmännische Grundausbildung ausgerichteten Lehrpläne zunächst Gültigkeit (zur Kritik vgl. Lutz 1989, S. 260ff.; Deutscher Ausschuß für das Erziehungs- und Bildungswesen 1964, S. 257ff.; Scherer 1963, S. 101ff.; Ausschuß für Berufserziehung der Kultusminister-Konferenz 1952, S. 255f.; als Befürworter vgl. Edding 1963,

275 Stundentafel entnommen aus Wagner 1963, S. 888.

276 Die angegebenen Abkürzungen setzen sich aus dem Kürzel Ba = Bankkaufmann sowie der Stufenbezeichnung zusammen (U = Unterstufe, UH = Unterstufe, Ende im Halbjahr, M = Mittelstufe, O = Oberstufe).

S. 562).[277] Volkswirtschaftslehre kann in diesem Kontext nicht dem kaufmännischen Grundbereich zugerechnet werden, so dass diese weder implizit noch als eigenständiges Fach curricular berücksichtigt werden.

Im Jahr 1969 erfolgt in Westdeutschland die legislative Manifestation des dualen Ausbildungssystems durch das Berufsbildungsgesetz (BBIG) analog der heutigen Ausprägung (vgl. die detaillierte Darstellung zu dem BBIG in Lipsmeier 1998, S. 448ff.; Stratmann 1975, S. 820ff.). In der unmittelbaren Folgezeit ergehen in Nordrhein-Westfalen die ersten, nach kaufmännischen Berufen untergliederten Berufsschullehrpläne in den Bildungsgängen ‚Industriekaufmann' (im Jahr 1968), ‚Bankkaufmann', ‚Einzelhandelskaufmann', ‚Kaufmann im Groß- und Außenhandel' (im Jahr 1969), ‚Speditionskaufmann' (im Jahr 1970), ‚Versicherungskaufmann' (im Jahr 1971) sowie ‚Bürokaufmann' (im Jahr 1972), deren Grundlage die jeweiligen Berufsbilder der einzelnen Ausbildungsberufe darstellen.[278] Diese beziehen sich auf den betrieblichen Ausbildungsbestandteil, anhand derer die schulische Ausbildung zu konkretisieren ist. Die Konkretisierung der Grundlagen und Inhalte ist exemplarisch anhand des Berufsbildes des Bankkaufmanns nachvollziehbar:

---

277 Die angesprochenen Kritiker argumentieren insbesondere mit Hilfe realwirtschaftlicher Differenzen zwischen einzelnen Berufen. Es kann demnach nicht (mehr) von selbstständigen Kaufleuten, die sämtliche Abläufe innerhalb eines Betriebes leiten, ausgegangen werden, sondern es herrscht tayloristische Arbeitsteilung in Form eng abgegrenzter Tätigkeitsbereiche innerhalb kaufmännischer Abteilungen vor. Die Spezifikationen unterschiedlicher Abteilungen/Berufe werden durch die bestehenden Lehrpläne nicht repräsentiert. „Horizontale und vertikale Trennungen und Abzweigungen von Aufgaben, die bisher in einer Hand vereinigt waren, aber auch Zusammenfassungen von Einzelfunktionen aus verschiedenen Aufgabenbezirken zu neuen Sachbereichen lassen nicht nur neue Arbeitsgebiete, Funktionen und Arbeitsplätze entstehen, sondern auch neue Berufsbezeichnungen; sie stimmen mit der Berufssystematik und mit den Berufsbildern der Ausbildungsberufe nicht überein" (Deutscher Ausschuß für das Erziehungs- und Bildungswesen 1964, S. 258).

278 Vgl. die einzelnen Lehrpläne: Kultusministerium des Landes Nordrhein-Westfalen 1972, S. 5ff.; Kultusministerium des Landes Nordrhein-Westfalen 1971, S. 5ff.; Kultusministerium des Landes Nordrhein-Westfalen 1970, S. 5ff.; Kultusministerium des Landes Nordrhein-Westfalen 1969c, 5ff.; Kultusministerium des Landes Nordrhein-Westfalen 1969b, S. 5ff.; Kultusministerium des Landes Nordrhein-Westfalen 1969a, S. 5ff.; Kultusministerium des Landes Nordrhein-Westfalen 1968, S. 5ff. Zusätzlich liegen die Berufsbildungspläne, innerhalb derer die einzelnen Berufsbilder erläutert werden sowie die Festsetzungen über die Prüfungsanforderungen zu Grunde.

Abbildung 49: Berufsbild ‚Bankkaufmann' (1961)[279]

Das Berufsbild für den Lehrberuf Bankkaufmann wurde durch Runderlaß des Bundesministers für Wirtschaft vom 12.9.1961 – II B 5 – 465022 – bekanntgegeben […]. *Lehrzeit:* 3 Jahre *Arbeitsgebiet:* Allgemeine und bankkaufmännische und banktechnische Arbeiten im Kreditgewerbe *Verbindlicher Inhalt der betrieblichen Ausbildung:* Verwendung und Handhabung der üblichen Arbeitsmittel des Büros [sic] Postein- und -ausgang Ordnen und Verwalten laufender Vorgänge; Registraturarbeiten Karteiführung, Terminüberwachung, Anlage und Bearbeitung einfacher Statistiken Berufsbezogenes rechnen Einfacher Schriftverkehr Buchführung einschließlich einfacher Abschlußarbeiten Kaufmännische Durchführung und banktechnische Abwicklung der Geschäfte und Dienstleistungen auf folgenden Gebieten: a) Kassenverkehr b) Überweisungs- und Zahlungsverkehr c) Scheckverkehr d) Wechselgeschäft e) Spareinlagengeschäft f) Wertpapier- Depot- und Kupongeschäfte g) Außenhandels-, Dokumenten-, Akkreditiv- und Devisengeschäft h) Sortengeschäft und Handel mit Gold Einführung in folgende Geschäftszweige a) Kreditgeschäft b) Hypothekengeschäft c) Emissionsgeschäft d) Bauspargeschäft Grundkenntnisse über die Eröffnung, Betreuung einschließlich Disposition und Auflösung von Kundenkonten Grundkenntnisse über die wichtigsten rechtlichen und steuerlichen Bestimmungen für die Geschäftspraxis Grundkenntnisse über die betriebs- und volkswirtschaftlichen Zusammenhänge Erwünscht: Kurzschrift und Maschinenschreiben, Fremdsprachen

279 Berufsbild entnommen aus Kultusministerium des Landes Nordrhein-Westfalen 1969c, S. 18f. Für die Berufsbilder der anderen Ausbildungsgänge vgl. Kultusministerium des Landes Nordrhein-Westfalen 1972, S. 8f.; Kultusministerium des Landes Nordrhein-Westfalen 1970, S. 16f.; Kultusministerium des Landes Nordrhein-Westfalen 1969a, S. 17ff.; Kultusministerium des Landes Nordrhein-Westfalen 1969b, S. 17f.; Kultusministerium des Landes Nordrhein-Westfalen 1968, S. 17f.

Die dazugehörige Stundentafel der Berufsschule sieht analog zur betrieblichen Thematisierung die folgende Gliederung vor:

Abbildung 50: Stundentafel für den Lehrberuf ‚Bankkaufmann' (1969)[280]

	Unterstufe				Mittelstufe				Oberstufe			
Religionslehre	1	1	1	1	1	1	1	1	1	1	1	1
Bürgerkunde	1	1	1	1	1	1	1	1	1	1	1	1
Deutsch	1	1	1	1	1	-	-	-	1	-	-	-
Wirtschaftslehre	2	2	2	2	2	2	2	2	2	2	2	2
Kaufm. Rechnen	2	2	2	1	2	2	2	1	2	2	2	1
Buchführung	1	1	-	-	2	2	1	1	2	2	1	1
Wirtschaftserdkunde	1	-	-	-	-	-	-	-	-	-	-	-
Wochenstunden	9	8	7	6	9	8	7	6	9	8	7	6
Um bei notwendigen Kürzungen der vorgesehenen Wochenstundenzahl eine gleichmäßige Durchführung des Unterrichts in allen kaufmännischen Berufsschulen des Landes zu gewährleisten, legt die Stundentafel gleichzeitig die Aufteilung der Unterrichtsstunden auf die einzelnen Fächer bei einem auf sechs bis acht Stunden gekürzten Unterricht pro Woche fest												

Die Orientierung des schulischen Unterrichts anhand des jeweiligen Berufsbilds bedingt eine berufsbezogene Orientierung des Curriculums, zieht jedoch keine Implementierung der Volkswirtschaftslehre als eigenständiges Fach nach sich. Damit stellt das Curriculum der Bankkaufleute keine Ausnahme gegenüber der Curricula anderer, zu dieser Zeit erlassener Stundentafeln dar, wie die folgende Darstellung aufzeigt. Aus Übersichtlichkeitsgründen sind jeweils nur die Stundenzahlen bezogen auf den vorgesehenen Gesamtstundenumfang angegeben (zur Stundenaufteilung bei reduzierten Gesamtstundenzahlen vgl. die einzelnen Stundentafeln in Anhang 2):

280 Stundentafel entnommen aus Kultusministerium des Landes Nordrhein-Westfalen 1969c, S. 20.

Tabelle 16: Übersicht über die Stundentafeln kaufmännischer Ausbildungsberufe zwischen 1969–1972[281]

Stundenbezeichnung	Ausbildungsgang																				
	Industrie-kaufmann			Bankkauf-mann			Kaufmann im Einzelhandel			Groß-/ Außen-handelskfm.			Speditions-kaufmann			Versiche-rungskfm.			Bürokauf-mann		
	U[282]	M	O	U	M	O	U	M	O	U	M	O	U	M	O	U	M	O	U	M	O
Religion	1	1	1	1	1	1	1	1	1	1	1	1	1	1	1	1	1	1	1	1	1
Bürgerkunde	1	1	1	1	1	1	1	1	1	1	1	1	1	1	1	-	-	-	-	-	-
Deutsch	1	1	1	1	1	1	2	1	1	1	1	1	1	-	-	1	1	1	1	1	1
Wirtschaftslehre	2	2	2	2	2	2	3	3	4	2	2	2	2	2	2	2	2	2	2	2	2
Kfm. Rechnen	2	2	2	2	2	2	2	2	1	2	2	2	2	2	1	2	1	2	2	1	1
Buchführung	1	1	2	1	2	2	-	1	2	1	1	2	1	1	2	1	1	1	1	2	2
Wirtschaftserdkunde	1	1	-	1	-	-	-	-	-	1	1	-	-	-	-	-	-	-	-	-	-
Warenverkaufskunde	-	-	-	-	-	-	3	3	-	-	-	-	-	-	-	-	-	-	-	-	-
Sport	-	-	-	-	-	-	1	1	1	1	1	1	1	1	1	1	1	1	1	1	1
Fachkunde	-	-	-	-	-	-	-	-	-	-	-	-	-	2	2	-	-	-	-	-	-
Verkehrsgeographie	-	-	-	-	-	-	-	-	-	-	-	-	2	1	1	-	-	-	-	-	-
Politik	-	-	-	-	-	-	-	-	-	-	-	-	-	-	-	1	1	1	1	1	1
Versicherungslehre	-	-	-	-	-	-	-	-	-	-	-	-	-	-	-	2	2	2	-	-	-
Organisationslehre	-	-	-	-	-	-	-	-	-	-	-	-	-	-	-	-	1	-	1	2	2
Maschinenschreiben	-	-	-	-	-	-	-	-	-	-	-	-	-	-	-	-	-	-	2	-	-
Gesamt	9	9	9	9	9	9	13	13	11	10	10	10	11	11	11	11	11	11	12	11	11

281 Eigene Darstellung, Werte entnommen aus Kultusministerium des Landes Nordrhein-Westfalen 1972, S. 10; Kultusministerium des Landes Nordrhein-Westfalen 1971, S. 7; Kultusministerium des Landes Nordrhein-Westfalen 1970, S. 19; Kultusministerium des Landes Nordrhein-Westfalen 1969c, S. 20; Kultusministerium des Landes Nordrhein-Westfalen 1969a, S. 20; Kultusministerium des Landes Nordrhein-Westfalen 1969b, S. 19; Kultusministerium des Landes Nordrhein-Westfalen 1968; S. 19.

282 Die Abkürzungen U, M und O bezeichnen die jeweilige Stufenbezeichnung: U = Unterstufe, M = Mittelstufe und O = Oberstufe.

Die Ausrichtung der unterschiedlichen Lehrpläne anhand des jeweils zu Grunde liegenden Berufsbildes spiegelt sich nur geringfügig in differierenden Stundentafeln wider. In allen Ausbildungsgängen wird der fachlich kaufmännische Bereich durch die Fächer ‚Wirtschaftslehre', ‚kaufmännisches Rechnen' sowie ‚Buchführung' abgedeckt und in wenigen Ausnahmefällen durch berufsspezifische Fächer (bspw. Versicherungslehre) ergänzt.[283]

In keinem der aufgezeigten Lehrpläne besteht die Volkswirtschaftslehre als eigenständiges Fach. Eine curriculare Implementierung volkswirtschaftliche Inhalte erfolgt innerhalb der meisten Lehrpläne in impliziter Form im Rahmen des Fachs ‚Wirtschaftslehre', wie exemplarisch anhand der Unterrichtseinheiten sowie der spezifischen Einzelthemen innerhalb des Fachs ‚Wirtschaftslehre' im Bildungsgang ‚Industriekaufmann' aufgezeigt werden kann.[284] Das gesamte Fach ist über alle drei Lehrjahre hinweg in 18 Unterrichtseinheiten aufgegliedert, wovon zwei Einheiten volkswirtschaftliche Inhalte thematisieren:

---

283 Zur Überarbeitung der berufsbildenden Lehrpläne vgl. weiterhin Scherer 1963, S. 101ff.

284 Der curriculare Aufbau der Lehrpläne gliedert die einzelnen Fächer in sogenannte Unterrichtseinheiten. Diese werden weiterhin in Stoffgebiete und Einzelthemen differenziert (vgl. exemplarisch Kultusministerium des Landes Nordrhein-Westfalen 1968, S. 24ff.).

Abbildung 51: Volkswirtschaftliche Unterrichtseinheiten innerhalb des Fachs ‚Wirtschaftslehre' für Industriekaufleute (1968)[285]

(16) Wirtschaft und Staat Gegenstand und Ziele staatlicher Wirtschaftspolitik im Rahmen der Marktwirtschaft: Vollbeschäftigung, Preisstabilität und Wachstum; Sicherung marktwirtschaftlicher Bedingungen; insbesondere die Überwachung von Konzentrationsbewegungen, Preisabsprachen und sonstigen Wettbewerbsverzerrungen; Subventionspolitik. Wirtschaftspolitische Maßnahmen: Instrumente der Konjunkturpolitik; marktkonforme und dirigistische Maßnahmen; Beeinflussung der Wirtschaftsstruktur, Einordnung der Außenwirtschaftspolitik. Steuern und Haushaltspolitik: Einkommenssteuer, Gewerbesteuer, Vermögenssteuer und Mehrwertsteuer; Gemeinde-, Länder- und Bundesfinanzen; Haushaltsausgleich; Verhältnis von Finanz- und Wirtschaftspolitik. Der Außenhandel: Export-, Import- und Transithandel; Handels- und Zahlungsbilanz; Zölle. Einfluß wirtschaftlicher Interessensverbände auf Gesetzgebung und Regierung. [...]
(17) Ordnungsprobleme der Wirtschaft einschließlich wirtschafts- und sozialhistorischer Perspektiven Merkantilismus und Wirtschaftsliberalismus; Differenzierung von Handel und Gewerbe; Entwicklung bis zur Industrialisierung; Kapitalismus und Sozialismus. Hoch- und Spätkapitalismus. Marktwirtschaft, Zentralverwaltungswirtschaft, Interventionismus. Aktuelle Probleme der Weltwirtschaft; internationale Organisationen. [...]

Die weiteren angesprochenen kaufmännischen Curricula sehen ebenso eine integrative Implementierung volkswirtschaftlicher Inhalte im Rahmen des Fachs ‚Wirtschaftslehre' vor:[286]

285 Stoffplan entnommen aus Kultusministerium des Landes Nordrhein-Westfalen 1968, S. 32f.

286 Eine Ausnahme stellt dabei der Lehrplan für den Ausbildungsgang ‚Verkäufer und Einzelhandelskaufmann' dar, innerhalb dessen keine volkswirtschaftlich geprägten Themengebiete verankert sind.

Tabelle 17: Übersicht der volkswirtschaftlichen Unterrichtseinheiten zwischen 1968–1972[287]

Ausbildungsgang	**Unterrichtseinheit**
Industriekaufmann	(16) Wirtschaft und Staat (17) Ordnungsprobleme der Wirtschaft einschließlich wirtschafts- und sozialhistorischer Perspektive
Bankkaufmann	(18) Wirtschaftsordnung und Währung
Verkäufer und Einzelhandelskaufmann[288]	-
Kaufmann im Groß- und Außenhandel	(16) Wirtschaft und Staat (17) Ordnungsprobleme der Wirtschaft einschließlich wirtschafts- und sozialhistorischer Perspektive
Speditionskaufmann	(17) Steuern und Zölle (18) Wirtschafts- und Verkehrspolitik
Versicherungskaufmann	(16) Konzentration in der Wirtschaft (17) Wirtschaft und Staat
Bürokaufmann	(16) Wirtschaft und Staat (17) Außenwirtschaft

Die curricular festgeschriebenen Themen zeigen wesentliche inhaltliche Schnittmengen zwischen einzelnen Ausbildungsgängen, so dass eine curriculare Orientierung anhand der zu Grunde liegenden Berufsbilder zu keiner Differenzierung

287 Eigene Auflistung, Daten entnommen aus Kultusministerium des Landes Nordrhein-Westfalen 1972, S. 20; Kultusministerium des Landes Nordrhein-Westfalen 1971, S. 20f.; Kultusministerium des Landes Nordrhein-Westfalen 1970, S. 35f.; Kultusministerium des Landes Nordrhein-Westfalen 1969c, S. 35; Kultusministerium des Landes Nordrhein-Westfalen 1969a, S. 29ff.; Kultusministerium des Landes Nordrhein-Westfalen 1969b, S. 32; Kultusministerium des Landes Nordrhein-Westfalen 1968, S. 32f. Für die volkswirtschaftlichen Unterrichtseinheiten des Fachs ‚Wirtschaftslehre' in den weiteren angesprochenen kaufmännischen Bildungsgängen siehe Anhang 3.

288 Innerhalb des Curriculums für Verkäufer und Einzelhandelskaufleute suggeriert die Unterrichtseinheit ‚(18) Der Einzelhandel in der Gesamtwirtschaft' ansatzweise volkswirtschaftliche Inhalte, jedoch werden innerhalb dieser Einheit die Zusammenarbeit und die Kooperation mit anderen Betrieben, dem Finanzamt und mit Banken thematisiert, so dass diese hier nicht aufgeführt wird (vgl. Kultusministerium des Landes Nordrhein-Westfalen 1969a, S. 35).

innerhalb des volkswirtschaftlichen Inhaltsbereichs führt.[289] Es liegen homogene volkswirtschaftliche Inhaltstendenzen vor, da ansatzweise berufsbezogene Aspekte auf dieser Betrachtungsebene lediglich im Ausbildungsgang ‚Bankkaufmann' (Währungsaspekt) sowie im Ausbildungsgang ‚Speditionskaufmann' (Zölle, Verkehrspolitik) vorhanden sind.

Zeitrichtwerte für die einzelnen Unterrichtseinheiten existieren nicht: „Es bleibt dem Lehrer überlassen, die Breite und Tiefe der unterrichtlichen Behandlung der Einzelthemen im Rahmen der Unterrichtseinheit selbst zu bestimmen" (vgl. exemplarisch Kultusministerium des Landes Nordrhein-Westfalen 1969c, S. 24). Im Rahmen der unterrichtlichen Ausgestaltung wirkt sich jedoch der vorgesehene Prüfungsstoff reduzierend auf die pädagogischen Freiheiten der Lehrkräfte aus:

> „Hinzu kommt noch, daß in den Lehrabschlußprüfungen die Frageform […] oft höchst unpädagogisch ist. Diese Prüfungen haben aber noch einen gewichtigen Einfluß, weil die meisten Lehrer glauben, bei einer allgemein pädagogisch nicht vertretbaren Stoffülle lieber diesen Prüfungen gerecht zu werden als der so wichtigen echten pädagogischen Aufgabe. Das pädagogische Handeln des Lehrers ist durch diese Stoffülle und diese Bindungen an angebliche Interessen der Wirtschaft vergewaltigt worden. Ein Fortschritt auf diesem Gebiet für die echten Lebensbelange ist dadurch unterblieben" (Kreth 1963, S. 666).

Die innerhalb der curricularen Vorgaben nur mäßig vorhandene inhaltliche ‚Tiefe', die hohen Nummerierungen der Unterrichtseinheiten und die damit einhergehende späte Terminierung innerhalb der Lehrpläne sowie die curriculare Grundausrichtung anhand des berufspraktisch bezogenen Berufsbildes (im Gegensatz zu meist berufsunspezifisch implementierten volkswirtschaftlichen Inhalten) bedingen, dass eine flächendeckende quantitative Aufwertung der angesprochenen Inhalte durch die Lehrerschaft relativiert werden muss.[290] Die allgemein, teilweise identisch formulierten Unterrichtseinheiten implementieren keinen beruflichen Bezug einzelner Inhalte, da lediglich einzelne, punktuell abgegrenzte Themengebiete fachimmanent implementiert sind und diese auf einem allgemeinen, fachlich nicht konkretisiertem Intensitätsgrad verbleiben. Die Ausrichtung analog einer ‚kaufmännischen Grundbildung' bleibt innerhalb des

---

289 Sembill quantifiziert den Anteil fachlicher Inhalte innerhalb kaufmännischer Berufsschulen im Jahr 1973 zwischen 70–80%, wobei Volkswirtschaftslehre innerhalb der Zielverteilung nach Wissenschaftsdisziplinen zwischen 27–33% des gesamten Zielkatalogs umfasst (vgl. Sembill 1984, S. 9; Krumm 1973, S. 32).

290 Die Reihenfolge der innerhalb der Curricula beschriebenen Unterrichtseinheiten kann verändert werden, jedoch nur innerhalb eines Schuljahres (vgl. exemplarisch Kultusministerium des Landes Nordrhein-Westfalen 1969b, S. 19f.).

volkswirtschaftlichen Bereiches trotz der ausbildungsgangspezifischen Differenzierung der curricularen Grundlagen weiterhin bestehen.

Eine Überarbeitung der Berufsbilder der Ausbildungsberufe ‚Bankkaufmann', ‚Kaufmann im Groß- und Außenhandel', ‚Industriekaufmann' und ‚Versicherungskaufmann' während der frühen 1970er Jahren bedingt eine Überarbeitung der angesprochenen Lehrpläne im Jahr 1975.[291] Es entstehen identische Stundentafeln in den Ausbildungsgängen ‚Kaufmann im Groß- und Außenhandel', ‚Bankkaufmann' und ‚Industriekaufmann':

Abbildung 52: Stundentafel für die Ausbildungsgänge ‚Kaufmann im Groß- und Außenhandel', ‚Bankkaufmann' und ‚Industriekaufmann' (1975)[292]

	Unterrichtsstunden pro Woche	
Allgemeiner Bereich		
Religionslehre	1	
Politik	1	
Deutsch	1	
Sport	1	4
Schwerpunktprofilbereich		
Volkswirtschaftslehre	1	
Betriebswirtschaftslehre	2	
Kaufmännisches Rechnen / Buchführung } Rechnungswesen	3	6
Wahlpflichtbereich		
z.B. Textverarbeitung, Wirtschaftserdkunde, Organisationslehre/ Datenverarbeitung, Englisch, Mathematik, Wirtschaftsrecht		2
		12

Die Volkswirtschaftslehre ist als eigenständiges Fach innerhalb des Stundenplans vertreten. Die Stundentafel des Ausbildungsgangs ‚Versicherungskaufmann' besitzt ein identisches Muster. Lediglich innerhalb des Schwerpunktprofilbereichs ist eine weitere Differenzierung zu erkennen, wie Abbildung 53, S. 168 aufzeigt. Auch die überarbeitete Stundentafel des zweijährigen Ausbildungsgangs zur

291 Für die gesamten überarbeiteten Berufsfelder siehe Anhang 4.

292 Stundentafel entnommen aus Kultusministerium des Landes Nordrhein-Westfalen 1975b, S. 8; siehe auch Kultusministerium des Landes Nordrhein-Westfalen 1975c, S. 9 und Kultusministerium des Landes Nordrhein-Westfalen 1975a, S. 8.

Bürogehilfin (als Vorläufer des Bürokaufmanns/der Bürokauffrau) beinhaltet Volkswirtschaftslehre als eigenständiges Fach:

Abbildung 53: Stundentafel für den Ausbildungsgang ‚Versicherungskaufmann' (1975)[293]

		Unterrichtsstunden pro Woche	
Allgemeiner Bereich			
Religionslehre		1	
Politik		1	
Deutsch		1	
Sport		1	4
Schwerpunktprofilbereich			
Volkswirtschaftslehre		1	
Betriebswirtschaftslehre		1	
Kaufmännisches Rechnen Buchführung	Rechnungswesen	2	
Fachkunde		2	6
Wahlpflichtbereich			
Organisationslehre/Datenverarbeitung		1	
z.B. Englisch, Mathematik, Textverarbeitung		1	2
			12

293 Stundentafel entnommen aus Kultusministerium des Landes Nordrhein-Westfalen 1975d, S. 8.

Abbildung 54: Stundentafel des Ausbildungsgangs ‚Bürogehilfin' (1975)[294]

	Unterrichtsstunden pro Woche			
	1. Jahr		2. Jahr	
Allgemeiner Bereich				
Religionslehre	1		1	
Politik	1		1	
Deutsch	1		1	
Sport	1	4	1	4
Schwerpunktprofilbereich				
Volkswirtschaftslehre	1		1	
Betriebswirtschaftslehre	1		1	
Kaufmännisches Rechnen	1		1	
Buchführung	-		1	
Organisationslehre	1		-	
Kurzschrift	2		2	
Textverarbeitung	2	8	2	8
		12		12

Im Rahmen des zweijährigen Bildungsgangs werden die Fachinhalte des Fachs ‚Volkswirtschaftslehre' aus dem Lehrplan des Berufsgrundschuljahres übernommen. Die identische Implementierung der Volkswirtschaftslehre als eigenständiges Fach innerhalb der angesprochenen dreijährigen Bildungsgänge zieht identische Fachinhalte in den Ausbildungsgängen ‚Kaufmann im Groß- und Außenhandel', ‚Versicherungskaufmann' und ‚Industriekaufmann' nach sich:[295]

294 Stundentafel entnommen aus Kultusministerium des Landes Nordrhein-Westfalen 1975e, S. 9.

295 Der strukturelle Aufbau der Lehrpläne schreibt für die Volkswirtschaftslehre insgesamt sechs Themenkreise vor, wovon jeweils zwei Themenkreise pro Schuljahr behandelt werden sollen. Die Themenkreise 1–4 werden weiterhin in Themensektoren untergliedert, die wiederum in Grob- und Feinlernziele unterteilt werden.

Abbildung 55: Inhalte des Fachs ‚Volkswirtschaftslehre' innerhalb der Ausbildungsgänge ‚Kaufmann im Groß- und Außenhandel', ‚Versicherungskaufmann' und ‚Industriekaufmann' (1975)[296]

1. Themenkreis: Die Bedingungen wirtschaftlicher Verhaltensweisen			
1.1. Themensektor: Die Notwendigkeit der Beschäftigung mit wirtschaftlichen Fragen			
Groblernziele		Feinlernziele	
Der Schüler kann		Der Schüler kann	
1.1.1.	wirtschaftliche Sachverhalte angeben.	1.1.1.1.	wirtschaftliche Sachverhalte aus seiner unmittelbaren Erfahrungswelt nennen.
		1.1.1.2.	Sachverhalte gesamtwirtschaftlicher Art nennen.
1.1.2.	Auswirkungen wirtschaftlicher Vorgänge erklären.	1.1.2.1.	Wirkungen wirtschaftlicher Vorgänge in seinem persönlichen Bereich beschreiben.
		1.1.2.2.	unterschiedliche Wirkungen wirtschaftlicher Vorgänge auf Teilnehmer des Wirtschaftsgeschehens an Beispielen darlegen.
1.1.3.	die Notwendigkeit wirtschaftlicher Entscheidungen begründen.	1.1.3.1.	wirtschaftliche Tätigkeit als eine Grundlage der menschlichen Existenz darstellen.
		1.1.3.2.	wirtschaftliche Entscheidungen als Möglichkeit der Beeinflussung sozioökonomischer Verhältnisse erklären.
1.2. Themensektor: Bedürfnisse und Güter			
Groblernziele		Feinlernziele	
Der Schüler kann		Der Schüler kann	
1.2.1.	erläutern, daß alles Wirtschaften aus den Bedürfnisse des Menschen entspringt.	1.2.1.1.	darlegen, daß die menschlichen Bedürfnisse unsättlich sowie umwelt- und gesellschaftlich bedingt (und somit wandelbar) sind.
		1.2.1.2.	unterscheiden zwischen a) lebensnotwendigen und verzichtbaren Bedürfnissen, b) bewußten und unbewußten Bedürfnissen, c) Individual- und Gesellschaftsbedürfnissen und diese Bedürfnisse jeweils an Beispielen erläutern.

296 Fachlehrplan entnommen aus Kultusministerium des Landes Nordrhein-Westfalen 1975d, S. 26ff.; siehe auch Kultusministerium des Landes Nordrhein-Westfalen 1975c, S. 14ff. und Kultusministerium des Landes Nordrhein-Westfalen 1975a, S. 18ff.

1.2.2.	erläutern, daß die wirtschaftlichen Bedürfnisse des Menschen durch Güter befriedigt werden.	1.2.2.1.	klarstellen, daß der Güterbegriff Sachgüter und Dienstleistungen umfaßt.
		1.2.2.2.	unterscheiden zwischen a) freien und knappen Gütern b) Konsumgütern und Produktionsgütern.
		1.2.2.3.	an Beispielen nachweisen, daß die Mittel zur Bedürfnisbefriedigung knapp sind.
		1.2.2.4.	begründen, daß mit wachsendem Wohlstand das Bedürfnis nach Dienstleistungen steigt.
1.2.3.	das Wirtschaften als ein zielbewußtes Handeln zur Befriedigung der Bedürfnisse mit knappen Mitteln erklären.	1.2.3.1.	begründen, daß die Aufstellung einer Rangordnung der Bedürfnisse und ihrer Befriedigung notwendig ist.
		1.2.3.2.	die Gossenschen Gesetze aus seinem Erfahrungsbereich erklären.
		1.2.3.3.	das wirtschaftliche Handeln als Bemühen zur Überwindung der Güterknappheit erklären.
		1.2.3.4.	das ökonomische Prinzip erklären.
		1.2.3.5.	darstellen, daß Wirtschaften durch die Wirtschaftssubjekte nur nach einem Wirtschaftsplan erfolgen kann.
		1.2.3.6.	einen Wirtschaftsplan für den Haushalt aufstellen.
1.3. Themensektor: Angebot und Nachfrage			
Groblernziele		Feinlernziele	
Der Schüler kann		Der Schüler kann	
1.3.1.	die Struktur der Nachfrage nach Gütern analysieren.	1.3.1.1.	skizzieren, wer als Nachfrager bestimmter Güter auftreten kann.
		1.3.1.2.	wesentliche Bestimmungsgründe der Nachfrage nennen.
		1.3.1.3.	die typische Nachfragekurve erklären.
		1.3.1.4.	zwischen Nominal- und Realeinkommen unterscheiden.
		1.3.1.5.	die Begriffe Lebensstandard und Lebenshaltung erklären.
		1.3.1.6.	die Verwendung des Familieneinkommens (Engel-Schwabesches Gesetz) erklären.
1.3.2.	die Struktur des Angebots von Gütern analysieren.	1.3.2.1.	skizzieren, wer als Anbieter von bestimmten Gütern auftreten kann.
		1.3.2.2.	wesentliche Bestimmungsgründe für das Angebot nennen.
		1.3.3.3.	die typische Angebotskurve erklären.

1.3.3.	das Zusammentreffen von Angebot und Nachfrage erklären.	1.3.3.1.	den Markt als Ort des Zusammentreffens von Angebot und Nachfrage erklären.
		1.3.3.2.	den Einfluß des Gesamtkonsums und Gesamtsparens der privaten Haushalte auf das Marktgeschehen beschreiben.
1.4. Themensektor: Verhalten und Verantwortung des Verbrauchers			
Groblernziele		Feinlernziele	
Der Schüler kann		Der Schüler kann	
1.4.1.	die Notwendigkeit des Verbraucherschutzes nachweisen.	1.4.1.1.	die Notwendigkeit und Gefahr der Werbung für den Verbraucher erklären.
		1.4.1.2.	wesentliche Vorschriften des Verbraucherschutzes nennen.
		1.4.1.3.	Qualitätsnormen, Waren- und Gütezeichen an Beispielen erklären.
		1.4.1.4.	wichtige Beratungsstellen, Aufklärungs- und Testzeitschriften nennen.
1.4.2.	darlegen, daß Verbraucher durch ihr Verhalten den Markt beeinflussen können.	1.4.2.1.	an Beispielen zeigen, wie Verbraucher durch ihr Verhalten Angebot und Preis mitbestimmen können.
		1.4.2.2.	den Wandel der Lebens- und Verbrauchergewohnheiten in der Konsumgesellschaft an Beispielen nachweisen.
2. Themenkreis: Die Produktion und die Verteilung des Produktionserlöses			
2.1. Themensektor: Die Produktionsstätten			
Groblernziele		Feinlernziele	
Der Schüler kann		Der Schüler kann	
2.1.1.	die Betriebsstätten systematisch unterscheiden.	2.1.1.1.	den primären Sektor der Produktion (Urerzeugung) an Beispielen erläutern.
		2.1.1.2.	den sekundären Sektor der Produktion (Be- und Verarbeitung) an Beispielen erläutern.
		2.1.1.3.	den tertiären Sektor (Dienstleistungen und Handel) an Beispielen erläutern und seien Bedeutung in der heutigen Wirtschaft erklären.
		2.1.1.4.	Betriebe der Umgebung lokalisieren und kennzeichnen.

2.1.2.	erläutern, daß der Betrieb ein nach technischen, wirtschaftlichen und sozialen Gesichtspunkten organisiertes Leistungsgefüge ist.	2.1.2.1.	den Zusammenhang zwischen technischem Fortschritt und wirtschaftlicher Rationalisierung darlegen.
		2.1.2.2.	den Betrieb als Ort der Leistungserstellung und als soziales Konfliktfeld unterscheiden.
		2.1.2.3.	Organisationsprobleme zeigen und erläutern.
		2.1.2.4.	die Grundleistungen der Betriebe seines Berufs beschreiben.
		2.1.2.5.	die direkte und indirekte Abhängigkeit des Menschen vom Betrieb darlegen.
		2.1.2.6.	die Struktur und Umweltbedeutung eines Betriebes für eine Gemeinde oder eine Region an Beispielen erläutern.
2.2. Themensektor: Die Produktionsfaktoren			
Groblernziele		Feinlernziele	
Der Schüler kann		Der Schüler kann	
2.2.1.	die besondere Bedeutung des Bodens als Produktionsfaktor nachweisen.	2.2.1.1.	den Boden als land- und forstwirtschaftliche Nutzfläche beschreiben.
		2.2.1.2.	den Produktionsfaktor Boden als Standort für Betriebe kennzeichnen.
		2.2.1.3.	den Boden unter dem Aspekt der Umweltverschmutzung untersuchen und als Freizeitraum des Menschen beschreiben.
		2.2.1.4.	die Bedeutung der Weltmeere für die Wirtschaft bestimmen.
2.2.2.	den Produktionsfaktor Arbeit als Beitrag des Menschen zur Gütererstellung erläutern.	2.2.2.1.	Arten der Arbeit erklären.
		2.2.2.2.	die Bedeutung über- und innerbetrieblichen Arbeitsteilung darstellen.
		2.2.2.3.	den Produktionsfaktor Arbeit aus quantitativer und qualitativer Sicht erklären.
		2.2.2.4.	die Möglichkeit der Inanspruchnahme einer Ausbildungsförderung nach dem Bundesbildungsförderungsgesetz wiedergeben.
2.2.3.	die Bedeutung des Kapitals zur Steigerung des Ergebnisses der menschlichen Arbeit erklären.	2.2.3.1.	den Produktionsfaktor Kapital und seine Formen beschreiben.
		2.2.3.2.	die Sachkapitalbildung erklären.
		2.2.3.3.	an Beispielen die gesellschaftliche Bedeutung des Kapitals aufzeigen.

2.2.4.	untersuchen, ob weitere Faktoren die Produktion beeinflussen.	2.2.4.1.	dispositive Fähigkeiten als Einflußfaktor charakterisieren.
		2.2.4.2.	die schöpferischen Kräfte des Menschen als wesentliches Element der technischen und wirtschaftlichen Entwicklung beschreiben.
2.3. Themensektor: Die Kombination der Produktionsfaktoren			
Groblernziele		Feinlernziele	
Der Schüler kann		Der Schüler kann	
2.3.1.	die Produktion als Kombination der Produktionsfaktoren erläutern.	2.3.1.1.	Kostenarten nennen.
		2.3.1.2.	Kostenüberlegungen in Betrieben an Hand von einfachen Beispielen (u.a. Minimalkostenkombination) erklären.
2.3.2.	das Verhältnis des Einsatzes der Produktionsfaktoren zum Ertrag erläutern.	2.3.2.1.	das Ertragsgesetz beschreiben.
		2.3.2.2.	erklären, daß das Ertragsgesetz nur beschränkt gültig ist.
2.3.3.	die Abhängigkeit der Kosten vom Beschäftigungsgrad eines Betriebes erklären.	2.3.3.1.	Kostenverläufe erklären.
		2.3.3.2.	das Verhältnis von Kosten und Beschäftigungsgrad darstellen.
2.4. Themensektor: Die Verteilung des Produktionserlöses			
Groblernziele		Feinlernziele	
Der Schüler kann		Der Schüler kann	
2.4.1.	Arten der Verteilung des Produktionserlöses erklären.	2.4.1.1.	den Produktionsbegriff erklären.
		2.4.1.2.	die gesamtwirtschaftliche Produktivität erklären.
		2.4.1.3.	die Bedeutung des Lohnes als Einkommen erklären und Lohnarten nennen.
		2.4.1.4.	ungleiche Entlohnung bei gleicher Arbeit feststellen.
		2.4.1.5.	nachweisen, daß die Ungleichheit bestimmter Entlohnungen in traditionsbedingten sozialen Rangordnungen begründet ist (z.B. Entlohnung der Frauenarbeit).
		2.4.1.6.	die Nichtmeßbarkeit des ‚gerechten Lohnes' begründen.

2.4.2.	die Einkommensverteilungsproblematik in der Volkswirtschaft erläutern.	2.4.2.1.	das Unternehmereinkommen erklären und dessen Bestandteile erklären.
		2.4.2.2.	Einkommensarten in der Volkswirtschaft unterscheiden nach a) ursprünglichem und abgeleitetem Einkommen b) vertraglich-vereinbartes Einkommen und Resteinkommen.
		2.4.2.3.	die Einkommensverteilung in der Bundesrepublik Deutschland darstellen.
3. Themenkreis: Die Preisbildung auf den Gütermärkten			
3.1. Themensektor: Märkte und Marktformen			
Groblernziele		Feinlernziele	
Der Schüler kann		Der Schüler kann	
3.1.1.	wesentliche Einflußgrößen von Angebot und Nachfrage bestimmen.	3.1.1.1.	Bestimmungsgründe (Preis des Gutes, Preis anderer Güter, Produktionsfaktoren, Ziel des Anbieters, Stand des technischen Wissens) des individuellen Angebotes erklären.
		3.1.1.2.	Bestimmungsgründe (Preis des Gutes, Preis anderer Güter, Einkommen, Nutzenschätzung, Vermögen) der individuellen haushaltsnachfrage nach einem Gut erklären.
3.1.2.	Märkte, Marktformen und mögliche Verhaltensweisen auf Märkten klassifizieren.	3.1.2.1.	den Markt als Treffpunkt von Angebot und Nachfrage kennzeichnen.
		3.1.2.2.	zwischen vollkommenem und unvollkommenem Markt unterscheiden.
		3.1.2.3.	Marktformen mögliche Verhaltensweisen zuordnen.
3.2. Themensektor: Die Preisbildung			
Groblernziele		Feinlernziele	
Der Schüler kann		Der Schüler kann	
3.2.1.	die Preisbildung auf vollkommenen und unvollkommenen Märkten erläutern.	3.2.1.1.	die Preisbildung auf dem vollkommenen atomistischen Markt erklären.
		3.2.1.2.	die Preisbildung auf dem unvollkommenen Markt an einem Beispiel darlegen.
		3.2.1.3.	Funktionen des Marktpreises erklären.
3.2.2.	staatliche Eingriffe in die Preisbildung beschreiben.	3.2.2.1.	die staatliche Preisfestsetzung für bestimmte Güter erklären.
		3.2.2.2.	marktkonforme Maßnahmen und ihre Wirkungen auf den Preismechanismus nennen.

4. Themenkreis: Geld und Währung			
4.1. Themensektor Geldarten, Geldfunktionen und Geldordnung			
Groblernziele		Feinlernziele	
Der Schüler kann		Der Schüler kann	
4.1.1.	Geldarten und Geldfunktionen erläutern.	4.1.1.1.	zwischen Münz-, Papier- und Giralgeld unterscheiden.
		4.1.1.2.	die Funktionen des Geldes erklären.
4.1.2.	Grundzüge der Ordnung des Geldwesens erläutern.	4.1.2.1.	den Unterschied zwischen Stoffwert und Umlaufswert der gesetzlichen Zahlungsmittel erklären.
		4.1.2.2.	Institutionen des Geldwesens nennen.
		4.1.2.3.	die Währungsordnung der Bundesrepublik Deutschland charakterisieren.
4.1.3.	die Bereitstellung von Bar- und Giralgeld darstellen.	4.1.3.1.	die Bereitstellung von Bargeld durch die Deutsche Bundesbank beschreiben.
		4.1.3.2.	die Bereitstellung von Giralgeld durch das Geschäftsbankensystem erklären.
4.2. Themensektor: Binnenwert des Geldes			
Groblernziele		Feinlernziele	
Der Schüler kann		Der Schüler kann	
4.2.1.	die Kaufkraft des Geldes erläutern.	4.2.1.1.	die Kaufkraft des Geldes als reziproken Wert des Preisniveaus erklären.
		4.2.1.2.	den Preisindex für die Lebenshaltung als einen Maßstab für die Beurteilung des Geldwertentwicklungsniveaus erklären.
4.2.2.	Geldwertänderungen erläutern.	4.2.2.1.	darstellen, daß die Auslegung des Begriffes Geldwertstabilität eine politische Entscheidung ist.
		4.2.2.2.	Ursachen für Geldwertänderungen aufzeigen.
		4.2.2.3.	an Beispielen erklären, daß die Entscheidungsträger der Wirtschaft auf binnenwirtschaftliche Geldwertänderungen Einfluß nehmen können.
		4.2.2.4.	Wirkungen von Geldwertänderungen auf die Disposition der Wirtschaftssubjekte erklären.
5. Themenkreis: der einfache und der erweiterter Wirtschaftskreislauf/volkswirtschaftliche Gesamtrechnung			
6. Themenkreis: Grundfragen der Wirtschaftspolitik (u.a. Beschäftigungs-, Geld-, Steuer-, Finanz-, Struktur-, Außenwirtschaftspolitik)			

Der Fachlehrplan innerhalb des Ausbildungsgangs ‚Bankkaufmann' variiert trotz identischer Implementierungstendenzen. Dieser gliedert sich, alternativ zu 6 Themenkreisen, trotz identischer Wochenstundenzahl in 12 Themenkreise auf:[297]

Abbildung 56: Themenkreise des Fachs ‚Volkswirtschaftslehre' im Ausbildungsgang ‚Bankkaufmann' (1975)[298]

	Unterstufe:
1.	Grundbegriffe der Volkswirtschaftslehre
2.	Der volkswirtschaftliche Produktionsprozeß
3.	Die Verteilung des Produktionsergebnisses
4.	Der Wirtschaftskreislauf
	Mittelstufe:
5.	Grundlagen der Preisbildung
6.	Das Geld
7.	Die Ordnung des Geldwesens
8.	Geldwert und Geldwertänderungen
	Oberstufe:
9.	Konjunkturschwankungen und Ziele der Wirtschaftspolitik
10.	Träger und Instrumente der Wirtschaftspolitik
11.	Wirtschaftssysteme und Wirtschaftsordnungen
12.	Anwendung des volkswirtschaftlichen Grundwissens an ausgewählten Beispielen und aktuellen Fällen

Die Aufgliederung des Fachs ‚Volkswirtschaftslehre' im Bildungsgang ‚Bankkaufmann' und den drei anderen angesprochenen Bildungsgängen unterscheidet sich hinsichtlich des Differenzierungsgrads: wird in den drei Bildungsgängen ‚Kaufmann im Groß- und Außenhandel', ‚Versicherungskaufmann' und ‚Industriekaufmann' eine Untergliederung in sechs Themenkreise vorgenommen, so erfolgt diese innerhalb des Bildungsgangs ‚Bankkaufmann' in 12 Themenkreise. Der höhere Unterteilungsgrad geht jedoch nicht mit einer inhaltlichen Veränderung einher. Insofern unterscheidet sich der Lehrplan im Bildungsgang ‚Bankkaufmann' lediglich hinsichtlich der thematischen Untergliederung, nicht hinsichtlich der

297 Für die inhaltliche Ausgestaltung der Themenkreise siehe Anhang 5.

298 Themenkreise entnommen aus Kultusministerium des Landes Nordrhein-Westfalen 1975b, S. 9ff.

thematischen Auswahl. Aus der strukturellen Zugehörigkeit des Fachs zum so genannten ‚Schwerpunktprofilbereich' lässt sich folglich keine bildungsgangspezifische Differenzierung zwischen einzelnen Bildungsgängen ableiten.[299]

Die curriculare Aufwertung der Volkswirtschaftslehre Mitte der 1970er Jahre zu einem eigenständigen Fach zieht Konsequenzen auf den fachbezogenen Inhalt nach sich. Zuvor mussten im Rahmen der impliziten curricularen Verankerung im Rahmen des gemeinsamen Fachs ‚Wirtschaftslehre' dessen übergreifenden Ziele und inhaltlichen Zusammenhänge gewahrt bleiben. Die eigenständigen Fächergrenzen bedingen nun, neben der quantitativen Aufwertung sowie der tendenziell theoriebasierten Zielsetzung der Berufsschule im Kontext der dualen Ausbildung, ein eigenständiges Fachcurriculum und infolge dessen eine wesentlich weitergehende Thematisierung volkswirtschaftlicher Inhalte auf Grundlagenniveau.[300] Quantitative Aufwertungen im Rahmen eines eigenständigen Curriculas gehen mit einer geringen themenbezogenen Spezialisierung einher, so dass innerhalb dieses Kontexts volkswirtschaftliche Homogenisierungstendenzen zu diagnostizieren sind.

Das curriculare Vordringen volkswirtschaftlicher Inhalte in kaufmännischen Berufsschulklassen intensiviert sich im Rahmen der in der Folgezeit erscheinenden länderübergreifenden Rahmenlehrpläne. Deren grundlegender struktureller Aufbau umfasst drei große Lerngebiete: ein berufsbezogenes Lerngebiet, die ‚Allgemeine Wirtschaftslehre' sowie das ‚Rechnungswesen', wie exemplarisch anhand des länderübergreifenden Rahmenlehrplans für Groß- und Außenhandelskaufleute nachvollzogen werden kann:

299 Zur Kritik einer Vermischung berufsspezifischer und ‚allgemeiner berufsbezogener' Bildungsinhalte vgl. Scherer 1963, S. 104ff.

300 Zur Bedeutung eigenständiger Fächerrahmen vgl. Clement 2006, S. 261f.

Abbildung 57: Lerngebiete und Lernabschnitte des länderübergreifenden Rahmenlehrplans ‚Kaufmann/Kauffrau im Groß- und Außenhandel' (1978)[301]

- Lerngebiet: Handelsbetriebslehre
  1. Funktion, Formen und Organisation des Handels
  2. Der Güterverkehr
  3. Beschaffung von Waren
  4. Lagerung
  5. Absatz
  6. Das Außenhandelsgeschäft
  7. Finanzierung im Handel
  8. Kooperation
  9. Risiken und risikopolitische Maßnahmen
- Lerngebiet: Allgemeine Wirtschaftslehre
  1. Grundlagen des Wirtschaftens
  2. Rechtliche Rahmenbedingungen des Wirtschaftslebens
  3. Menschliche Arbeit im Betrieb
  4. Der betriebliche Leistungserstellungsprozeß
  5. Markt und Preis
  6. Steuern
  7. Wirtschaftsordnung
  8. Grundlagen der Wirtschaftspolitik in der sozialen Marktwirtschaft
- Lerngebiet: Rechnungswesen
  1. Inventur, Inventar, Bilanz
  2. Das System der doppelten Buchführung
  3. Die Konten des Warenverkehrs
  4. Organisation der Buchhaltung
  5. Kosten- und Leistungsrechnung
  6. Statsitik
  7. Lohn- und Gehaltsabrechnung
  8. Wechselverkehr
  9. Abschreibung
  10. Jahresabschluß
  11. Datenverarbeitung

301 Lerngebiete und Lernabschnitte des länderübergreifenden Lehrplans entnommen aus Kultusministerium des Landes Nordrhein-Westfalen 1981c, S. 9, für die weiteren länderübergreifenden Lehrpläne siehe Kultusministerium des Landes Nordrhein-Westfalen 1986, S. 6f.; Kultusministerium des Landes Nordrhein-Westfalen 1982, S. 6f.; Kultusministerium des Landes Nordrhein-Westfalen 1981d, S. 9; Kultusministerium des Landes Nordrhein-Westfalen 1981e, S. 8f.; Kultusministerium des Landes Nordrhein-Westfalen 1981b, S. 8f.

Die länderübergreifenden Lehrplanvorgaben der drei Lerngebiete sind für die Ausbildungsgänge ‚Industriekaufmann/Industriekauffrau', ‚Bankkaufmann/Bankkauffrau', ‚Speditionskaufmann/Speditionskauffrau', ‚Kaufmann/Kauffrau im Groß- und Außenhandel', ‚Kaufmann/Kauffrau in der Grundstücks- und Wohnungswirtschaft'[302] und ‚Versicherungskaufmann/Versicherungskauffrau' ähnlich.[303] Insbesondere die volkswirtschaftlich intendierten Lernabschnitte (Markt und Preis, Steuern, Wirtschaftsordnung sowie Grundlagen der Wirtschaftspolitik in der sozialen Marktwirtschaft) sind ausnehmend Formulierungsdifferenzen (bspw. Grundlagen vs. Grundzüge der Wirtschaftspolitik in der sozialen Marktwirtschaft) identisch. Dies spiegelt sich in den Stundentafeln für die kaufmännischen Berufe in Nordrhein-Westfalen wider, die abgesehen von berufsbezogenen Fächern den nahezu identischen Aufbau aufweisen:

Abbildung 58: Stundentafel im Ausbildungsberuf ‚Industriekaufmann/Industriekauffrau' (1982)[304]

		Unterrichtsstunden pro Woche					
		Unterstufe		Mittelstufe		Oberstufe	
I.	**Allgemeiner Bereich**						
	Religionslehre	1		1		1	
	Politik	1		1		1	
	Deutsch	1		1		1	
	Sport	1	4	1	4	1	4
II.	**Schwerpunktbereich**						
	Volkswirtschaftslehre	1		1		1	
	Betriebswirtschaftslehre	3		3		3	
	Mathematik	1		1		1	
	Buchführung	2		2		2	
	Organisationslehre	1	8	1	8	1	8
			12		12		12

302 Der Ausbildungsgang ‚Kaufmann/Kauffrau in der Grundstücks- und Wohnungswirtschaft' wird 2010 in ‚Immobilienkaufmann/Immobilienkauffrau' umbenannt und wird hier als direkter Vorgänger behandelt.

303 Lediglich der Lehrplan der Industriekaufleute besitzt innerhalb des Lerngebietes ‚Allgemeine Wirtschaftslehre' den zusätzlichen Lernabschnitt ‚Der Zahlungsverkehr'. Zur Darstellung der einzelnen länderübergreifenden Lehrpläne siehe Anhang 6.

304 Stundentafel entnommen aus Kultusministerium des Landes Nordrhein-Westfalen 1981d, S. 11.

Aus den nahezu identischen Vorgaben der länderübergreifenden Rahmenlehrpläne resultiert eine flächendeckende einstündige Implementierung eines eigenständigen volkswirtschaftlichen Fachs in allen angesprochenen kaufmännischen Ausbildungsberufen.[305] Dabei liegen keine ausbildungsgangspezifischen volkswirtschaftlichen Curricula zu Grunde, da sich sämtliche Bildungsgänge des Berufsfelds ‚Wirtschaft und Verwaltung' auf ein gemeinsames Curriculum der Volkswirtschaftslehre beziehen. Grundsätzlich besitzt dieses in sämtlichen angesprochenen Ausbildungsgängen Gültigkeit, wobei für einzelne Berufsgruppen bestimmte Themenpunkte in geringem Umfang hinzugefügt werden. Der Lehrplan gliedert sich in 11 Themenkreise, die weiterhin in Themensektoren untergliedert sind:[306]

Abbildung 59: Übersicht über die Themenkreise und -sektoren des gemeinsamen Lehrplans ‚Volkswirtschaftslehre' (1982)[307]

		Unterstufe:
1.	**Themenkreis:**	**Grundlagen der Volkswirtschaftslehre**
1.1	Themensektor:	Bedürfnisse, Bedarf, Nachfrage
1.2	Themensektor:	Güterangebot
1.3	Themensektor:	Wirtschaften
1.4	Themensektor:	Arbeitsteilung in der Wirtschaft
2.	**Themenkreis:**	**Die Produktionsfaktoren**
2.1	Themensektor:	Die ursprünglichen Produktionsfaktoren
2.2	Themensektor:	Der abgeleitete Produktionsfaktor
2.3	Themensektor:	Die Kombination der Produktionsfaktoren
2.4	Themensektor:	*Betrieb und Unternehmung*[308]
3.	**Themenkreis:**	**Entstehung und Verteilung des Produktionserlöses**
3.1	Themensektor:	Sozialprodukt und Volkseinkommen
3.2	Themensektor:	Die Entlohnung der Produktionsfaktoren
4.	**Themenkreis:**	**Der Wirtschaftskreislauf**
4.1	Themensektor:	Einfacher Wirtschaftskreislauf
4.2	Themensektor:	Erweiterter Wirtschaftskreislauf

305 Zur Darstellung der einzelnen Stundentafeln siehe Anhang 7.

306 Für die detaillierte Darstellung der einzelnen Themengebiete siehe Anhang 8.

307 Themenkreise entnommen aus Kultusministerium des Landes Nordrhein-Westfalen 1981a, S. 8f.

308 Die kursiv dargestellten Themenkreise gelten nur für den (hier nicht thematisierten) Ausbildungsgang ‚Verwaltungsfachangestellter'.

		Mittelstufe
5.	**Themenkreis:**	**Markt und Preis**
5.1	Themensektor:	Märkte und Marktformen
5.2	Themensektor:	Preisbildung
5.3	Themensektor:	Kooperation und Konzentration in der Wirtschaft
6.	**Themenkreis:**	**Das Geld**
6.1	Themensektor:	Entwicklung, Funktionen und Arten des Geldes
6.2	Themensektor:	Geldproduzenten und Geldproduktion
6.3	Themensektor:	*Zahlungsverkehr*
6.4	Themensektor:	*Kreditverkehr*
7.	**Themenkreis:**	**Die Ordnung des Geldwesens**
7.1	Themensektor:	Begriff der Währung
7.2	Themensektor:	Arten der Währung
8.	**Themenkreis**	**Geldwert und Geldwertveränderung**
8.1	Themensektor:	Binnenwert
8.2	Themensektor:	Außenwert
8.3	Themensektor:	Die Zahlungsbilanz
8.4	Themensektor:	Geldwertstörungen
		Oberstufe
9.	**Themenkreis:**	**Konjunkturschwankungen und Ziele der Wirtschaftspolitik**
9.1	Themensektor:	Konjunkturschwankungen
9.2	Themensektor:	Ziele der Wirtschaftspolitik
10.	**Themenkreis:**	**Träger und Instrumente der Wirtschaftspolitik**
10.1	Themensektor:	Währungspolitische Maßnahmen der Bundesbank
10.2	Themensektor:	Wirtschaftspolitische Maßnahmen des Staates
11.	**Themenkreis:**	**Wirtschaftsordnungen**
11.1	Themensektor:	Idealtypen
11.2	Themensektor:	Realtypen
11.3	Themensektor:	Wirtschaftsordnung und Gesellschaftsordnung

Das inhaltliche Grundlagenspektrum der Volkswirtschaftslehre wird durch die aufgeführten Themenkreise abgedeckt. Thematisch tiefgreifende Inhalte liegen nahezu nicht vor, da diese einer speziellen Berufsdifferenzierung bedurft hätten, um im Rahmen des jeweiligen Gesamtcurriculums sowie der Konstitution der Berufsschule innerhalb des dualen Systems hätten gerechtfertigt werden zu können, was jedoch auf Grund der heterogenen Zielgruppe des Lehrplans nicht möglich ist. Homogenisierungstendenzen liegen sowohl hinsichtlich der implementierten Fachinhalte als auch über kaufmännische Einzelberufe hinweg bezüglich aller innerhalb des Berufsfeldes ‚Wirtschaft und Verwaltung' ausgebildeter Schülerinnen und Schüler vor, wobei das Berufsfeld als Bezugsrahmen alternativ zur einzelberuflichen Tätigkeit den grundlegenden Charakter volkswirtschaftlicher Bildungsinhalte begründet.

Es bestehen weitreichende Analogien zwischen dem berufsübergreifenden Lehrplan und dem volkswirtschaftlichen Inhaltsprofil aus dem Lehrplan für ‚Bankkaufleute' aus dem Jahr 1975. Dieser unterteilt sich in 12 Themenkreise, wobei der Themenkreis 12 (Anwendung des volkswirtschaftlichen Grundwissens an ausgewählten Beispielen und aktuellen Fällen) nicht direkt innerhalb des übergreifenden Lehrplanes von 1982 Berücksichtigung findet.

Abbildung 60: Gegenüberstellung der volkswirtschaftlichen Themenkreise des Lehrplans ‚Bankkaufmann' (1975) und des übergreifenden Lehrplans ‚Volkswirtschaftslehre' (1982)[309]

Themenkreise der Volkswirtschaftslehre aus dem Lehrplan ‚Bankkaufmann' (1975)		**Themenkreise aus dem berufsübergreifenden Lehrplan ‚Volkswirtschaftslehre' (1982)**	
1.	Grundbegriffe der Volkswirtschaftslehre	1.	Grundlagen der Volkswirtschaft
2.	Der volkswirtschaftliche Produktionsprozeß	2.	Die Produktionsfaktoren
3.	Die Verteilung des Produktionsergebnisses	3.	Die Entstehung und Verteilung des Produktionserlöses
4.	Der Wirtschaftskreislauf	4.	Der Wirtschaftskreislauf
5.	Grundlagen der Preisbildung	5.	Markt und Preis
6.	Das Geld	6.	Das Geld
7.	Die Ordnung des Geldwesens	7.	Die Ordnung des Geldwesens
8.	Geldwert und Geldwertveränderung	8.	Geldwert und Geldwertveränderung
9.	Konjunkturschwankungen und Ziele der Wirtschaftspolitik	9.	Konjunkturschwankungen und Ziele der Wirtschaftspolitik
10.	Träger und Instrumente der Wirtschaftspolitik	10.	Träger und Instrumente der Wirtschaftspolitik
11.	Wirtschaftssysteme und Wirtschaftsordnungen	11.	Wirtschaftsordnungen
12.	Anwendung des volkswirtschaftlichen Grundwissens an ausgewählten Beispielen und aktuellen Fällen	-	-

Die weiteren 11 Themensektoren werden teilweise identisch übernommen. Die Volkswirtschaftslehre innerhalb der kaufmännischen Curricula wird dadurch

309 Eigene Darstellung, Themenkreise entnommen aus Kultusministerium des Landes Nordrhein-Westfalen 1981a, S. 10ff. und Kultusministerium des Landes Nordrhein-Westfalen 1975b, S. 10ff.

inhaltlich aufgewertet, dass der Bildungsgang, der bei der Lehrplanneuerung im Jahr 1975 die differenzierteste volkswirtschaftliche Inhaltsimplementierung besaß, nun als direkte Grundlage des übergreifenden Curriculums dient.

Die homogene curriculare Implementierung volkswirtschaftlicher Inhalte ist als Strukturveränderung innerhalb der langfristigen Curriculargenese zu klassifizieren. Hinsichtlich struktureller Merkmale zeichnet sich die bisher konstatierte Bildungsganghierarchisierung dadurch aus, dass in den anhand des Leitbilds des praktisch handelnden Kaufmanns orientierten Berufsschullehrgängen volkswirtschaftliche Themen äußerst mäßig implementiert waren. Das Leitbild des praktisch handelnden Kleinkaufmanns sowie die daraus resultierende Tätigkeitsorientierung standen volkswirtschaftlichen Theoriemodellen zuvor weitestgehend entgegen. Durch die nun vorliegende Curriculumrevision wird die Zielgruppe volkswirtschaftlicher Inhalte auf berufsbegleitende Schülerinnen und Schüler ausgeweitet. Dabei ermöglicht die Implementierung als eigenständiges Fach die Ausgestaltung eines eigenständigen Curriculums orientiert anhand fachwissenschaftlicher Kriterien, ohne dass konkret berufsspezifische Nützlichkeitsbestrebungen innerhalb eines am jeweiligen Ausbildungsberuf orientierten Fachrahmens zielbegründend sind. Daraus resultieren eine Abschwächung des intendierten unmittelbaren Praxisnutzens und eine partielle Reduzierung des Kaufmannsleitbilds als intendierte Zielsetzung einzelner Fächer. Folglich wird das Fach ‚Volkswirtschaftslehre' anderen kaufmännischen Fächern innerhalb der Ausbildungsberufe gleichgestellt.

Zusätzlich zu strukturellen Veränderungen in Form einer Zielgruppenerweiterung innerhalb der kaufmännischen Bildungsganghierarchisierung liegen inhaltliche Veränderungen durch die Einführung eines homogenen Lehrplans vor. Dieser schließt berufsbezogene Spezialisierungen auf Grund seiner Gültigkeit innerhalb des gesamten Berufsfeldes ‚Wirtschaft und Verwaltung' weitestgehend aus, so dass volkswirtschaftliche Theoriegrundlagen mit geringen berufsspezifischen Konkretisierungen enthalten sind. Konkret einzelberufliche Spezifika können und müssen innerhalb des eigenständigen homogenen Fachs nicht enthalten sein, da theoriebasierte Modelle mit einem an berufspraktischen Maßstäben orientiertem Leitbild schwer vereinbar scheinen. Insofern kann eine umfassende Implementierung volkswirtschaftlicher Inhalte im vorliegenden Maße ausschließlich im Rahmen eines eigenständigen Fachs erfolgen, da der praktische Handlungsbezug der unmittelbar kaufmännischen Fächer, in deren Rahmen eine thematische Einbettung zuvor erfolgte (vgl. ‚allgemeine Wirtschaftslehre'), die Umsetzung volkswirtschaftlicher Inhalte thematisch punktbezogen einschränkte. Die Legitimierung des eigenständigen volkswirtschaftlichen Curriculas geht demzufolge mit einer Loslösung des Leitbildes eines berufsspezifischen Kaufmanns einher.

3 Zwischenergebnis: Die Bedingungsfaktoren volkswirtschaftlicher Curriculargenese

Die historische curriculare Genese volkswirtschaftlicher Inhalte innerhalb des kaufmännisch-berufsbildenden Bereichs bis zur lernfeldbasierten Umstrukturierung der curricularen Grundlagen während der 1990er Jahre verläuft heterogen. Während keine historischen Fachtradition vorliegt, ist hinsichtlich fachimmanenter Inhaltsimplementierung eine Wellenbewegung erkennbar, da volkswirtschaftliche Inhalte während des Merkantilismus, beiden Weltkriegen und in der Nachkriegszeit in unterschiedlicher Intensität sowie unterschiedlichen Bildungsgängen curricular vorgesehen sind, wohingegen in den jeweiligen Zwischenepochen kaum volkswirtschaftliche Inhalte in der schulischen Berufsbildung vorliegen. Es sind im Zuge der volkswirtschaftlichen Curriculargenese drei Bedingungsfaktoren zu diagnostizieren, die jeweils Einfluss auf die curriculare Ausgestaltung volkswirtschaftlicher Inhalte ausüben: die konzeptionelle Ausrichtung des jeweiligen Bildungsgangs innerhalb des jeweils aktuellen kaufmännischen Bildungsgefüges, die Einflussnahme durch den Staat als Faktor des inhaltlichen Erkenntnisgegenstands sowie die Intensität der administrativen Differenzierung berufsspezifischer Bildungsgänge, wobei die jeweiligen Auswirkungen der drei angesprochenen Faktoren nicht überschneidungsfrei vorliegen. Der Auslöser einzelner Auswirkungen ist zumeist im Zusammenspiel der Faktorengruppe zu sehen.

Die detaillierte Betrachtung der konzeptionellen Bildungsgangausrichtung differiert zwischen einer bildungsgangübergreifenden und einer bildungsgangspezifischen Perspektive, wobei die Konzeption eines Bildungsgangs hinsichtlich fachpraktischer Berufsbezüge als maßgebliches Differenzierungskriterium dient.

Unter bildungsgangübergreifender Perspektive richtet sich der Fokus auf berufliche Bildungsgänge im Rahmen des gesamten kaufmännischen Bildungssystems. Die praxisorientierte Zielsetzung beruflicher Bildungsgänge bedingt eine tendenzielle Unvereinbarkeit volkswirtschaftlicher, modellhafter Inhalte mit praktisch ausgerichteten Bildungsgangkonzeptionen. Bildungsgänge mit höheren Einstiegsvoraussetzungen und tendenziell geringerer praxisorientierter Inhaltsstruktur weisen durchweg höhere Anteile volkswirtschaftlicher Inhalte auf, wohingegen berufliche Nützlichkeitsbestrebungen sich in handlungsbezogenen Curricularkonzeptionen niederschlagen, was kaum volkswirtschaftliche Inhaltsimplikationen nach sich zieht. Diese Spezifizierung ist zeitpunktübergreifend festzustellen: Innerhalb des merkantilistischen Zeitalters sind volkswirtschaftliche Inhalte schulisch nicht unmittelbar implementiert, sondern lediglich innerhalb des universitären Rahmens vorgesehen. Im folgenden neuhumanistischen Kontext ist zwar eine Ausdehnung volkswirtschaftlicher Inhalte vom akademischen auf den schulischen kaufmännischen Bildungsbereich festzustellen, jedoch beschränkt sich dies ausschließlich auf Höhere Handelsschulen. Insofern treten volkswirtschaftliche Inhalte innerhalb des schulischen Bildungsbereichs zunächst in den Curricula der ‚höheren Bildungsgänge' auf. Eine Ausdehnung auf Bildungsgänge im berufsbezogenen Bildungsbereich erfolgt während des Ersten Weltkrieges durch die Implementierung ideologisch beeinflusster volkswirtschaftlicher Inhalte innerhalb des bestehenden Fächerkanons, welche jedoch während der Weimarer Republik wiederum entfernt werden. Volkswirtschaftliche Inhalte sind innerhalb dieses Zeitraums im kaufmännisch-berufsbildenden Bereich kaum vertreten, jedoch erfolgt zusätzlich zur Implementierung an Höheren Handelsschulen eine Ausdehnung volkswirtschaftlicher Inhalte durch die punktuelle Neugründung von Wirtschaftsoberschulen, die keinen Berufsbezug, dafür jedoch Volkswirtschaftslehre als eigenständiges Fach beinhalten. Während des zweiten Weltkriegs liegt ähnlich dem Handlungsmuster im Ersten Weltkrieg wiederum eine massive Aufwertung ideologisch verklärter volkswirtschaftlicher Inhalte innerhalb des berufsbezogenen Bildungsbereichs im Rahmen bestehender Fächergrenzen vor. Unter Ausklammerung nationalsozialistischer Inhalte entfallen volkswirtschaftliche Inhalte ebenfalls in der unmittelbaren Nachkriegszeit, werden folgend jedoch sukzessive wieder aufgenommen und münden zu Beginn der 1980er Jahre in einem eigenständigem Fach inklusive eigenem Curriculum. Parallel dazu bleibt die Volkswirtschaftslehre innerhalb der ‚höheren Schulformen' bestehen, was den Zusammenhang zwischen volkswirtschaftlicher Inhaltsimplementierung und tendenziell ‚höherwertigen Bildungsgängen' auf Grund deren primär theoretisch ausgerichteter Bildungsgangkonzeption zu Lasten eines praktischen Berufsbezuges untermauert. Die tendenziell homogene Implementierung volkswirtschaftlicher Inhalte in höheren Bildungsgängen geht mit einer heterogenen Implementierung innerhalb berufsbezogener Bildungsgänge einher.

Neben systemstrukturellen Konsequenzen besitzt die zunehmende Ausdifferenzierung des kaufmännischen Schulbildungssystems und die daraus resultierende Bildungsganghierarchisierung gleichermaßen inhaltliche Konsequenzen. Während in berufsbezogenen Bildungsgängen zu den drei angesprochenen Zeitpunkten primär makroökonomische Außenhandelsthematiken behandelt werden, die der Prämisse einer eigenständigen kaufmännischen Handlung und somit intendierten Nützlichkeitsbestrebungen folgen, so erweitert sich das Inhaltsspektrum analog zur fortschreitenden schulformspezifischen Implementierung hin zu volkswirtschaftlichen Modellbetrachtungen. Bezüglich der jeweiligen Implementierungszeitpunkte ist der Zusammenhang zwischen praxisferner Bildungsgangkonzeptionierung und volkswirtschaftlicher Inhaltsimplementierung ebenfalls aufrecht zu erhalten, da jeweils neue volkswirtschaftliche Bildungsstrukturen in den Zeitepochen vorhanden sind, in denen keine nützlichkeitsorientierten Geisteshaltungen vorliegen (bspw. Neuhumanismus und während der Diskussion um Curriculuminhalte in den 1970er Jahren). Modellhafte Volkswirtschaftstheorien als curriculare Inhalte folgen dem didaktischen Trend der jeweiligen Zeitepoche vom akademischen Bildungsbereich ausgehend auf weitere kaufmännische Bildungsgänge entlang der Hierarchisierungskette, wobei der berufliche Bildungsbereich nur punktuell unter Beibehaltung inhaltlicher Nützlichkeitsbestrebungen betroffen ist. Die Ausdifferenzierung des kaufmännischen Schulsystems entwickelt neben Implementierungsdifferenzen ebenfalls Auswirkung auf deren jeweilige inhaltliche Thematisierung.

Eine alleinige Fokussierung auf den berufsbildenden Bereich kaufmännischer Bildung zeigt einen heterogenen Implikationsverlauf mit zunehmender Tendenz volkswirtschaftlicher Curricularstrukturen. Sind über lange Zeiträume hinweg keine volkswirtschaftlichen Inhalte im speziell berufsbildenden Bereich auffindbar, lässt deren Implementierung jeweils im Kontext realwirtschaftlicher Spannungsverhältnisse auf deren Implementierungsgrund schließen. Die inhaltliche Nähe zum Fach ‚Bürgerkunde' bietet insbesondere im Kriegskontext die Möglichkeit, staatliche Ideologievorstellungen im Rahmen eines augenscheinlich fachwissenschaftlichen Kontexts den Schülerinnen und Schülern zu präsentieren, wobei nicht trennscharfe Fachgrenzen thematische Flexibilität schulischer Inhalte innerhalb bestehender Fächerstrukturen begünstigen. Die Zielsetzung besteht in einer flächendeckenden Indoktrination innerhalb sämtlicher Bildungsgänge, so dass alle Schülerinnen und Schüler durch die Ideologien erreicht werden können. Volkswirtschaftliche Inhalte fungieren folglich als politisch motiviertes Instrument innerhalb schulischer Curricula. Die Implementierung als eigenständiges Fach während der 1980er Jahre als Reaktion auf die zuvor stattfindende Curriculadiskussion wird dadurch ermöglicht, dass der jeweilige Ausbildungsberuf als inhaltsspezifizierender Bezugsrahmen entfällt, da eine ausbildungsberufsspezifische Bildungsgangausrichtung die eigenständige volkswirtschaftliche Inhaltsimplementierung erschwert hätte. Die Fokussierung auf den kaufmännischen Berufsbildungsbereich verdeutlicht eine heterogene volkswirtschaftliche Inhaltsimplikation, die über die meisten Zeiträume hinweg bedingt durch die praxisorientierte Zielsetzung auf äußerst geringem Niveau verbleibt.[310] Gleichzeitig kann diagnostiziert werden, dass einzelberufliche Handlungen im Kontext spezifischer Ausbildungsberufe sowie volkswirtschaftliche Inhaltsimplementierungen im historischen Verlauf unvereinbar erscheinen.

Neben der konzeptionellen Bildungsgangausrichtung wirkt sich das Verhalten der öffentlichen Hand auf die curriculare Volkswirtschaftsimplementierung aus. Dabei kommt dem föderalistischen Bildungsträger eine doppelte Funktion dahingehend zu, dass er einerseits selber eine Einflussgröße des fachwissenschaftlichen Erkenntnisgegenstandes darstellt und des Weiteren legislative Kompetenz im Rahmen der föderalistischen Bildungsstruktur besitzt. Im Rahmen der dualen Ausbildung besteht, auch in historischer Perspektive, zumeist kein staatliches Inhaltsmonopol, da inhaltliche Spezifizierungen in der Regel privatwirtschaftlicher Beteiligung unterliegen, wodurch im Falle geringen staatlichen Einfluss‘ eine praxisorientierte Inhaltsauswahl vorgenommen und volkswirtschaftliche Inhalte nicht implementiert werden. Staatliche Aktivität mit Einfluss auf curriculare Inhalte besteht während beider Kriegsepochen, da der öffentlichen Hand ein Interesse an einer gelenkten Darstellung seiner selbst zugesprochen werden kann. Weiterhin wird im Rahmen des BBIGs im Jahr 1969 der Staat als gleichberechtigter Bildungsträger des dualen Systems festgeschrieben, innerhalb dessen die Berufsschule als Ort primär theoretischer Bildungsbestandteile (neben dem jeweiligen Ausbildungsbetrieb als Ort praktischer Bildungsbestandteile) manifestiert wird. Die folgende Curriculumdiskussion während der 1970er Jahre betrifft demnach einzig staatlich verantwortete Bildungsbereiche und erfordert dessen Reaktion.

In allen drei aufgezeigten Zeitpunkten bedingt eine staatliche Aktivität mit Auswirkungen auf curriculare Inhalte einen Rückgang privatwirtschaftlicher Einflüsse sowie gleichermaßen eine Aufwertung (im Kriegskontext: ideologisch verklärter) volkswirtschaftlicher Inhalte innerhalb der Curricula des kaufmännischen Bereiches. Demgemäß ist die beschriebene thematische Wellenbewegung volkswirtschaftlicher Inhalte innerhalb des Zeitverlaufs zu erklären, deren

---

310 Exemplarisch kann im Zuge eines Berufswechsels innerhalb des Bildungsbereichs ‚Wirtschaft und Verwaltung‘ eine weitere Verwendbarkeit der Inhalte sichergestellt werden (vgl. Knoll 1963, S. 494ff.). Zur Curriculumsdiskussion vgl. Reinisch 2014, S. 2; Pahl 2012, S. 554; Pätzold/Reinisch 2010, S. 167; Tramm/Reetz 2010, S. 221f.; Blömeke/Herzig/Tulodziecki 2007, S. 118; Pätzold/Rauner 2006, S. 12; Reetz/Seyd 2006, S. 228; Zabeck 2006, S. 277ff.; Sloane 2003, S. 1; Steinemann/Gramlinger 2003, S. 2ff.; Ellwein 1998, S. 92ff. sowie exemplarisch Reetz 1984, S. 75ff.; Rülcker 1976, S. 25ff.; Robinsohn 1975, S. 13ff. und S. 75ff.; Flechsig/Haller 1973, S. 13ff.; Achtenhagen/Menck 1971, S. 197ff.; Scherer 1963, S. 101ff.

Wirkung innerhalb des schulischen Berufsbildungsbereichs die mangelnde Fachtradition volkswirtschaftlicher Inhalte begründet.

Neben der konzeptionellen Bildungsgangausrichtung innerhalb des hierarchischen kaufmännischen Bildungssystems sowie der Intensität der staatlichen Einflussnahme stellt der Differenzierungsgrad kaufmännischer Curricular anhand unterschiedlicher Ausbildungsberufe einen dritten Bedingungsfaktor volkswirtschaftlicher Inhaltsimplementierung dar. Modellbasierte volkswirtschaftliche Inhalte bedingen tendenziell geringe einzelberufliche Spezifikationen, da gesamtwirtschaftliche, individuenübergreifende Aspekte zentral sind. Hohe curriculare Differenzierungen in einzelne berufliche Bildungsgänge bedürfen jedoch inhaltlicher Berücksichtigung, durch die einzelne berufsspezifische Bildungsgänge zu legitimiert sind. Diese können im Rahmen gesamtwirtschaftlicher Modelle kaum gewährleistet werden, so dass eine hohe berufsbezogene Spezifizierung eine geringe volkswirtschaftliche Inhaltsimplikation nach sich zieht. Volkswirtschaftliche Themen können zunächst an höheren kaufmännischen Schulformen ohne einzelberuflichen Bezug implementiert werden. Im Falle des eigenständigen volkswirtschaftlichen Curriculums von 1982 wird die Bezugsproblematik durch eine analoge volkswirtschaftliche Grundbildung unabhängig des jeweiligen Einzelberufs umgangen. Dies geht einher mit einem Curriculum, welches nur geringe berufsspezifische Einzelmerkmale und demzufolge Gültigkeit für alle kaufmännischen Berufsschulklassen besitzt. Den Bezugspunkt stellt kein Einzelberuf, sondern der übergreifende Bildungsbereich ‚Wirtschaft und Verwaltung' dar, so dass in diesem Fall keine kleinschrittige Untergliederung kaufmännischer Curricula inhaltsbestimmend ist.

Das Zusammenspiel der drei aufgeführten Bedingungsfaktoren prägt die volkswirtschaftliche Curriculargenese sowie dessen inhaltliche Intensität und Ausrichtung während des historischen Verlaufs. Eine geringe berufliche Bildungsgangkonzeption, ein hohes staatliches Interesse am schulischen Bereich des dualen Systems mit inhaltskonstituierender Auswirkung sowie eine geringe einzelberufliche Spezifizierung der curricularen Grundlagen wirken sich jeweils förderlich auf die volkswirtschaftliche Curricularimplementierung aus. Das gemeinsame Merkmal der drei Bedingungsfaktoren besteht in einer Veränderung des jeweiligen Ausbildungsberufs bzw. dessen praktischen Handlungen als curricularer Bezugspunkt. Bei starker berufsbezogener Orientierung unter Berücksichtigung dessen jeweils typischer Handlungen entfallen volkswirtschaftliche Curricularstrukturen, wohingegen handlungsbezogene Fächer wie bspw. Rechnungswesen oder Betriebswirtschaftslehre gefördert werden.

Die punktuelle Existenz volkswirtschaftlicher Inhalte innerhalb der zeitbezogenen Genese beruht folglich auf historisch differenten curricularen Zielsetzungen und Bezugspunkten. Die abgrenzende Betrachtung volkswirtschaftlicher Inhalte in ‚höheren' Schulformen mit geringerem Berufsbezug verdeutlicht, dass die partielle Volkswirtschaftsimplementierung nicht durch Einflüsse der jeweiligen Zeitperiode bedingt sein kann, sondern dass das strukturelle Ziel der berufsbegleitenden Schulform verhindernden Charakter besitzt. Der Praxisbezug innerhalb des als curriculare Zielsetzung fungierenden Kleinkaufmannsleitbildes verhindert die eigenständige Implementierung volkswirtschaftlicher Themen im Rahmen des berufsbezogenen Unterrichts. Infolgedessen ist die Ausgangshypothese, wonach das praktisch orientierte Kaufmannsleitbild der fachlich eigenständigen Implementierung volkswirtschaftlicher Inhalte innerhalb des berufsbegleitenden Unterrichts entgegensteht (Hypothese 1), weiterhin aufrecht zu erhalten. Aufgrund der historischen Kontinuität der beschriebenen Prozesse kann die Hypothese, wonach die curriculare Unterordnung volkswirtschaftlicher Inhalte gegenüber praktisch intendierter Inhalte historisch gewachsen ist (Hypothese 2), ebenfalls weiterhin aufrechterhalten werden.

4 Die strukturelle Neuorganisation in Form handlungsorientierter Lernfeldcurricula

Die Initiative zur curricularen Umgestaltung der berufsbezogenen Lehrpläne im Jahr 1996 durch die KMK löst Änderungen innerhalb des Fächerkanons sowie der inhaltlichen Fachimplementierung aus.

Abbildung 61: Stundentafel für den Teilzeitunterricht ‚Industriekaufmann/Industriekauffrau' (Schuljahr 1995/1996)[311]

Unterrichtsfach		1. Ausbildungsjahr		2. Ausbildungsjahr		3. Ausbildungsjahr	
		Wochenstunden[1]	Jahresstunden[2]	Wochenstunden[1]	Jahresstunden[2]	Wochenstunden[1]	Jahresstunden[2]
I.	**Berufsübergreifender Bereich**						
	Religionslehre	1	40	1	40	1	40
	Politik	1	40	1	40	1	40
	Deutsch	1	40	1	40	1	40
	Sport	1	40	1	40	1	40
II.	**Berufsbezogener Bereich**						
	Volkswirtschaftslehre	1	40	1	40	1	40
	Betriebswirtschaftslehre	3	120	3	120	3	120
	Mathematik	1	40	1	40	1	40
	Rechnungswesen	2	80	2	80	2	80
	Wirtschaftsinformatik	1	40	1	40	1	40
III.	**Wahlpflichtbereich**[3]	(2)	(80)	(2)	(80)	(2)	(80)
	Insgesamt	12 (2)	480 (80)	12 (2)	480 (80)	12 (2)	480 (80)
[1] Wochenstunden sind auf das Schuljahr bezogene Durchschnittswerte.							
[2] Die Jahresstunden errechnen sich über das statistische Mittel von 40 Wochen Unterricht in einem Schuljahr.							
[3] Kurse zur Stützung, Vertiefung, Erweiterung nach dem Bedarf und den Möglichkeiten der Schulen bis zu zwei Wochenstunden.							

311 Stundentafel entnommen aus Ministerium für Schule und Weiterbildung des Landes Nordrhein-Westfalen 1995c, S. 5.

Die mit Gültigkeit ab Schuljahresbeginn 1995/1996 in Nordrhein-Westfalen erlassenen vorläufigen Lehrpläne in den Bildungsgängen ‚Industriekaufmann/-frau' sowie ‚Kaufmann/-frau im Groß- und Außenhandel' behalten zunächst das bekannte Muster, und ebenfalls das eigenständige Fach ‚Volkswirtschaftslehre', weiterhin bei (vgl. Abbildung 61, S. 191).[312] Die nahezu zeitgleich von Seiten der KMK erlassenen neuen Rahmenlehrpläne (ab dem Jahr 1995) sowie die ‚Handreichung für die Erarbeitung von Rahmenlehrplänen der Kultusministerkonferenz für den berufsbezogenen Unterricht in der Berufsschule und ihre Abstimmung mit Ausbildungsordnungen des Bundes für anerkannte Ausbildungsberufe' (im Jahr 1996) definieren den Kompetenzbegriff als zentrale Zielsetzung des schulischen Unterrichts im Rahmen der Berufsschule (vgl. Pätzold 2000b, S. 73, Ständige Konferenz der Kultusminister der Länder in der Bundesrepublik Deutschland 1996, S. 16ff.; siehe auch Pätzold 2008, S. 599).[313] Im Rahmen der Neugestaltung des, zunächst zu Erprobungszwecken erlassenen, länderübergreifenden Rahmenlehrplans erfolgt eine Gliederung des fachbezogenen Lernbereichs in drei Lerngebiete, hier exemplarisch anhand des Rahmenlehrplanes im Bildungsgang ‚Industriekaufmann/-frau' aufgezeigt:

Abbildung 62: Lerngebietsübersicht mit Zeitrichtwerten des länderübergreifenden Rahmenlehrplans ‚Industriekaufmann/-frau' (1995)[314]

Lerngebiete	**Zeitrichtwerte je Ausbildungsjahr**			**Insgesamt**
Allgemeine Wirtschaftslehre	80	80	80	240
Spezielle Wirtschaftslehre	120	120	120	360
Rechnungswesen	120	80	80	280
Zeitrichtwerte insgesamt	320	280	280	880[1)]
[1)] Darin enthalten Datenverarbeitung 80 Std.				

312 Die Stundentafeln beider Bildungsgänge sind sehr ähnlich. Differenzen der aufgezeigten Stundentafel zur Stundentafel im vorläufigen Lehrplan ‚Kaufmann/Kauffrau im Groß- und Außenhandel' bestehen lediglich im 2. Lehrjahr, da dort Mathematik mit zwei Wochenstunden und Rechnungswesen mit einer Wochenstunde vorgesehen ist (vgl. Ministerium für Schule und Weiterbildung des Landes Nordrhein-Westfalen 1995b, S. 7).

313 Vgl. zum Kompetenzbegriff Fischer/Seeber 2014, S. 10f.; Nickolaus 2014, S. 3; Spöttl/Becker/Musekamp 2011, S. 38; Sloane 2003, S. 6. Zum Begriff der ‚Fachkompetenz' vgl. Dubs 2006a, S. 167ff.; Minnameier 2006, S. 391; Pätzold 2006, S. 174ff.; Tramm 2003b, S. 2f.

314 Lerngebiete entnommen aus Ständige Konferenz der Kultusminister der Länder in der Bundesrepublik Deutschland 1995, S. 16.

Die inhaltlich abweichende Definition des zu Grunde liegenden Kompetenzbegriffs gegenüber dem Qualifikations- oder dem Wissensbegriff bedingt einen strukturellen Bedeutungsverlust curricularer Fächergrenzen.[315] In Nordrhein-Westfalen erfolgt die Umsetzung des länderübergreifenden Rahmenlehrplans zwei Jahre später, so dass der oben angeführte Lehrplan inklusive des eigenständigen volkswirtschaftlichen Fachs bereits zu Beginn des Schuljahrs 1997/1998 wiederum ersetzt wird:

Abbildung 63: Stundentafel im Bildungsgang ‚Industriekauffrau/Industriekaufmann' (ab 1997)[316]

Unterrichtsfach	1. Schul-/ Ausbildungsjahr	2. Schul-/ Ausbildungsjahr	3. Schul-/ Ausbildungsjahr
	Jahresstunden[1)]	Jahresstunden[1)]	Jahresstunden[1)]
I. Berufsübergreifender Bereich			
Religionslehre	40	40	40
Politik	40	40	40
Deutsch	40	40	40
Sport	40	40	40
II. Berufsbezogener Bereich			
Allgemeine Wirtschaftslehre	80	80	80
Industriebetriebslehre	80	120–160	120–160
Rechnungswesen	80	80–120	80–120
Datenverarbeitung	80	-	-
III. Wahlbereich[2)]	(80)	(80)	(80)
Insgesamt	480 (80)	480 (80)	480 (80)

[1)] Die Jahresstunden errechnen sich über das statistische Mittel von 40 Wochen Unterricht in einem Schuljahr. Bei Blockunterricht werden die Jahresstundenzahlen für die Unterrichtsfächer im Rahmen der Regelungen des §9 Abs. 2 und des §10 Abs. 1 AO-BS ermittelt.

[2)] Kurse zur Stützung, Vertiefung und Erweiterung nach dem Bedarf und nach den Möglichkeiten der Schule, bis zu 2 Wochenstunden.

---

315 Für eine ausführliche Abgrenzung des Bildungsbegriffes gegenüber dem Kompetenz- und dem Qualifikationsbegriff vgl. Beutner/Schaumann/Twardy 2006, S. 289ff.; Reinisch 2006, S. 259ff. sowie im Überblick Baethge/Baethge-Kinsky 2006, S. 153ff.

316 Stundentafel entnommen aus Ministerium für Schule und Weiterbildung des Landes Nordrhein-Westfalen 1997c, S. 24. Vgl. auch Ministerium für Schule und Weiterbildung des Landes Nordrhein-Westfalen 1996a, BASS 15–33 Nr. 4ü; Ministerium für Schule und Weiterbildung des Landes Nordrhein-Westfalen 1995a, S. 201 sowie die Korrektur in Ministerium für Schule und Weiterbildung des Landes Nordrhein-Westfalen 1996c, S. 103.

Während in der aufgezeigten Stundentafel, ebenso wie in den weiteren, parallel dazu erlassenen Stundentafeln in den Ausbildungsgängen ‚Speditionskauffrau/Speditionskaufmann' sowie ‚Kauffrau/Kaufmann im Groß- und Außenhandel', der berufsübergreifende und der Wahlbereich unverändert bestehen bleiben, ist ausschließlich der jeweilige berufsbezogene Bereich von Veränderungen betroffen.[317] Volkswirtschaftslehre bleibt nicht als eigenständiges Fach erhalten, sondern wird wiederum integrativ innerhalb des Fachs ‚Allgemeine Wirtschaftslehre' implementiert:[318]

> „Sie (die Schülerinnen und Schüler, d.A.) erfahren in den Lernfeldern die rechtlichen und wirtschaftlichen Grundlagen des Systems der Sozialen Marktwirtschaft. In Lernsituationen setzen sie sich mit kaufmännischen, rechtlichen und personalwirtschaftlichen Konkretisierungen auseinander bzw. vollziehen vor dem Hintergrund der wirtschaftspolitischen Rahmenbedingungen und Einflussgrößen individuelle, soziale und sozioökonomische Aspekte in den Handlungsfeldern nach, die folgende Wirtschaftssubjekte betreffen:
>
> - Private Haushalte,
> - Industrieunternehmung,
> - Staat (Ministerium für Schule und Weiterbildung des Landes Nordrhein-Westfalen 1997c, S. 21).[319]

Im Zuge der integrativen Implementierung werden sämtliche volkswirtschaftliche Inhalte innerhalb des Lehrplans für den Bildungsgang ‚Industriekaufmann/-frau' zu einem Lernfeld unter der Bezeichnung ‚Wirtschaftliche Rahmenbedingungen und Einflussgrößen in Entscheidungen der Unternehmung und der privaten Haushalte einbeziehen' zusammengefasst (vgl. Ministerium für Schule und Weiterbildung des Landes Nordrhein-Westfalen 1997c, S. 20):

---

317 Für die zeitgleich erlassenen Stundentafeln der Ausbildungsgänge ‚Speditionskauffrau/Speditionskaufmann' sowie ‚Kauffrau/Kaufmann im Groß- und Außenhandel' siehe Anhang 9.

318 Im folgenden Jahr werden ebenfalls die Berufsausbildungsgänge ‚Automobilkauffrau/Automobilkaufmann' sowie ‚Bankkauffrau/Bankkaufmann' curricular neu gestaltet. Für deren Lehrpläne siehe ebenfalls Anhang 9.

319 Der angeführte Absatz findet sich in nahezu identischer Form in den anderen, zu dieser Zeit neu gestalteten Lehrplänen wieder. Lediglich der Aufzählungspunkt ‚Industrieunternehmen' wurde durch jeweils berufsspezifische Unternehmensbezeichnungen ersetzt, bspw. ‚Speditionsunternehmen' oder ‚Unternehmen des Groß- und Außenhandels' (vgl. Ministerium für Schule und Weiterbildung des Landes Nordrhein-Westfalen 1997d, S. 22 sowie Ministerium für Schule und Weiterbildung des Landes Nordrhein-Westfalen 1997b, S. 22).

Abbildung 64: Lernfeld 4 des Lehrplans zur Erprobung ,Industriekauffrau/Industriekaufmann' (ab Schuljahr 1997/1998)[320]

Lernfeld 4: Wirtschaftliche Rahmenbedingungen und Einflussgrößen in Entscheidungen der Unternehmung und der privaten Haushalte mit einbeziehen (110 Stunden) **Zielformulierungen:** Die Schülerinnen du Schüler entwickeln die Fähigkeit und Bereitschaft, auf der Grundlage wirtschaftlicher Grundtatbestände ökonomische, ökologische und soziale Ziele abzuwägen. Sie leiten aus der Analyse konkreter Marktsituationen die Voraussetzungen und Abläufe des Marktgeschehens unter Berücksichtigung staatlicher Einflüsse auf den Wettbewerb ab und beurteilen die Auswirkungen von Marktstrukturen auf unternehmerisches und persönliches Handeln. Dabei nutzen sie vereinfachende Hypothesen- und Modellbildungen zur Erklärung wirtschaftlicher Zusammenhänge. Die quantitative Erfassung volkswirtschaftlicher Größen wird als Voraussetzung begründeter wirtschaftspolitischer Zielsetzungen und Zielkonflikte erkannt. Die Schülerinnen und Schüler analysieren die Konjunkturindikatoren, bewerten die Möglichkeiten und Grenzen der Konjunkturbeeinflussung als Ergebnis unterschiedlicher wirtschaftlicher, gesellschaftlicher sowie persönlicher Interessen.
Inhalte: 1 **Marktwirtschaft und Wirtschaftsordnung** 2 **Markt und Preis** Marktarten, Marktformen Preisbildung (Polypol, Oligopol) 3 **Wirtschaftskreislauf** 4 **Sozialprodukt** 5 **Konjunkturphasen und Konjunkturindikatoren** 6 **Wirtschaftspolitische Ziele und Zielkonflikte** Preisniveaustabilität Vollbeschäftigung Außenwirtschaftliches Gleichgewicht Wirtschaftswachstum Einkommens- und Vermögensverteilung Ökologie 7 **Konjunkturpolitische Maßnahmen** Bundesbank, Staat 8 **Strukturpolitische Maßnahmen**

In den zeitgleich erlassenen Lehrplänen weiterer kaufmännischer Ausbildungsgänge erfolgt ebenfalls eine Zusammenfassung sämtlicher volkswirtschaftlicher

320 Lernfeld entnommen aus Ministerium für Schule und Weiterbildung des Landes Nordrhein-Westfalen 1997c, S. 30.

Inhalte innerhalb eines Lernfeldes.[321] Es erfolgt folglich eine Reduzierung des vormals eigenständigen Fachs ‚Volkswirtschaftslehre' innerhalb der Bildungsgänge auf jeweils ein einzelnes Lernfeld. Die Lernfeldbezeichnung ist in den Ausbildungsgängen ‚Speditionskauffrau/Speditionskaufmann', ‚Kauffrau/Kaufmann im Groß und Außenhandel' und ‚Industriekauffrau/Industriekaufmann' identisch, jedoch variieren die jeweiligen Zeitrichtwerte sowie die einzelnen Inhalte.[322] Eine Ausnahme stellt der Ausbildungsgang ‚Bankkauffrau/Bankkaufmann' dar, innerhalb dessen zwei volkswirtschaftlich geprägte Lernfelder implementiert sind: Lernfeld 6 ‚Modelle für Marktentscheidungen nutzen' sowie Lernfeld 12 ‚Einflüsse der Wirtschaftspolitik beurteilen' (vgl. Ministerium für Schule und Weiterbildung, Wissenschaft und Forschung des Landes Nordrhein-Westfalen 1998b, S. 17 sowie Ständige Konferenz der Kultusminister der Länder in der Bundesrepublik Deutschland 1997, S. 16).

Durch die strukturelle Neugestaltung der curricularen Grundlagen im kaufmännischen Berufsbildungsbereich entfällt das eigenständige volkswirtschaftliche Fach in sämtlichen kaufmännischen Ausbildungsgängen. Ebenso existiert kein eigenständiges volkswirtschaftliches Fachcurriculum mehr, so dass die integrative Implementierung im Rahmen des unspezifischen Fachs ‚Wirtschafts- und Sozialprozesse' erfolgt, wobei die angesprochenen Lernfelder gemeinsam mit Lernfeldern wie ‚In Ausbildung und Beruf orientieren', ‚Die Berufsausbildung mitgestalten' oder ‚betriebliche Beschaffungsvorgänge planen, steuern und kontrollieren' den inhaltlichen Kanon bilden (vgl. Ministerium für Schule, Jugend und Kinder des Landes Nordrhein-Westfalen 2004b, S. 12 sowie Ministerium für Schule, Jugend und Kinder des Landes Nordrhein-Westfalen 2003, S. 10). Die Dominanz der Situationsorientierung gegenüber einer fachwissenschaftlichen Systematisierung wird exemplarisch abgebildet und bedingt wiederum eine zentrale Stellung des jeweiligen Einzelberufs (vgl. Nickolaus 2014, S. 2; Straßer 2013, S. 498f.; Czycholl/Ebner 2006, S. 44ff.; Reetz/Seyd 2006, S. 247ff.). Das Berufsfeld ‚Wirtschaft und Verwaltung', welches zuvor als curricularer Bezugspunkt des eigenständigen volkswirtschaftlichen Fachs dient, besitzt keine curriculare Legitimation mehr.

Unter zeitbezogener Prämisse bedingt die Implementierung volkswirtschaftlicher Inhalte im lernfeldstrukturierten Rahmen eine innerhalb des zeitlichen

321 Für die volkswirtschaftlich geprägten Lernfelder der Ausbildungsgänge ‚Speditionskauffrau/Speditionskaufmann' sowie ‚Kauffrau/Kaufmann im Groß- und Außenhandel' siehe Anhang 10.

322 Im Ausbildungsgang ‚Automobilkauffrau/Automobilkaufmann' lautet die Lernfeldbezeichnung ‚Rahmenbedingungen und Einflussgrößen bei wirtschaftlichen Entscheidungen in der Kfz-Branche berücksichtigen', vgl. Anhang 10.

Ausbildungsverlaufs punktuelle Inhaltspositionierung, die jeweils gegen Ende der vorgesehenen Ausbildungszeit positioniert ist, wodurch Stundenausfälle sowie schulische Prüfungsvorbereitung für andere Lernfelder innerhalb des dritten Lehrjahres im Einzelfall begünstigt werden.[323] Es kann folglich davon ausgegangen werden, dass sich die Chancen nachhaltig aufgebauter volkswirtschaftlicher Bildungsstrukturen auf Seiten der Auszubildenden durch die lernfeldorientierte Gestaltung reduziert haben. Auf Basis der vorgegebenen Zeitrichtwerte auf Lernfeldebene wird ein quantitativer Vergleich des vorgesehenen Stundenumfangs ermöglicht. Der Gesamtstundenumfang des berufsbegleitenden Schulunterrichts beträgt vor der Lernfeldimplementierung 1.440 Schulstunden und bleibt innerhalb der lernfeldbasierten Lehrpläne konstant. Als eigenständiges Fach sind 120 Std (40 Jahresstunden x 3 Ausbildungsjahre) für den Unterricht im Fach ‚Volkswirtschaftslehre' vorgesehen:

323 In den Ausbildungsgängen ‚Speditionskauffrau/Speditionskaufmann', ‚Kauffrau/Kaufmann im Groß- und Außenhandel', ‚Bankkauffrau/Bankkaufmann' sowie ‚Industriekauffrau/Industriekaufmann' sind die Lernfelder anteilig während des zweiten und dritten Lehrjahres vorgesehen, während sie im Ausbildungsgang ‚Automobilkauffrau/Automobilkaufmann' ausschließlich im dritten Lehrjahr implementiert sind (vgl. Ministerium für Schule und Weiterbildung, Wissenschaft und Forschung des Landes Nordrhein-Westfalen 1998c, S. 18; Ministerium für Schule und Weiterbildung, Wissenschaft und Forschung des Landes Nordrhein-Westfalen 1998b, S. 17; Ministerium für Schule und Weiterbildung des Landes Nordrhein-Westfalen 1997b, S. 20; Ministerium für Schule und Weiterbildung des Landes Nordrhein-Westfalen 1997c, S. 20; Ministerium für Schule und Weiterbildung des Landes Nordrhein-Westfalen 1997d, S. 20).

Abbildung 65: Zeitrichtwerte der volkswirtschaftlich geprägten Lernfelder innerhalb des Erprobungsverfahrens[324]

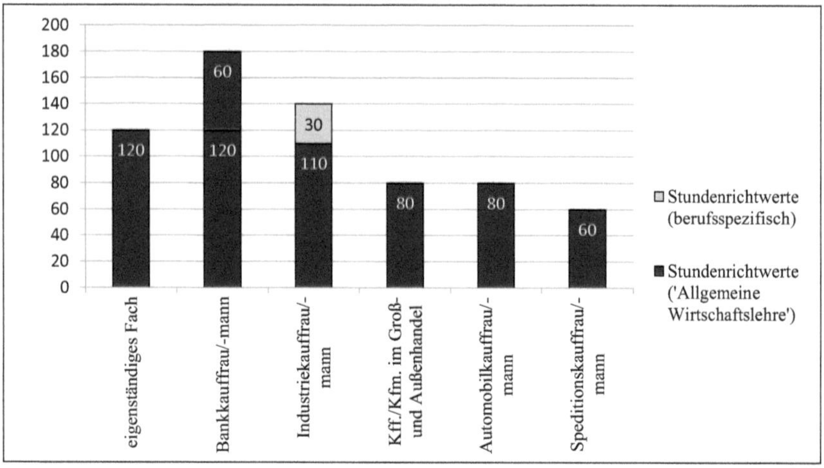

Ausnehmend des Bildungsgangs ‚Bankkaufmann/-frau' (sowie fachfremd im Bildungsgang ‚Industriekaufmann/-frau') führt die curriculare Neukonstruktion unter quantitativer Prämisse zu einer Reduzierung gegenüber homogener volkswirtschaftlicher Implementierung in Form eines eigenständigen Fachs. Die Intensität variiert zwischen den einzelnen Ausbildungsgängen, bis hin zu einer Halbierung volkswirtschaftlicher Grundlagen im Ausbildungsgang ‚Speditionskauffrau/Speditionskaufmann'. Liegt unter inhaltlicher Prämisse eine verstärkte Fokussierung auf berufstypische Handlungen zu Grunde, so folgt die quantitative Reduzierung auf Grund struktureller Konstruktionsmerkmale, da tradierte, wissenschaftsbezogene Fachgrenzen bewusst unberücksichtigt bleiben.[325]

324 Werte entnommen aus Ministerium für Schule und Weiterbildung, Wissenschaft und Forschung des Landes Nordrhein-Westfalen 1998b, S. 17; Ministerium für Schule und Weiterbildung, Wissenschaft und Forschung des Landes Nordrhein-Westfalen 1998c, S. 18; Ministerium für Schule und Weiterbildung des Landes Nordrhein-Westfalen 1997c, S. 20; Ministerium für Schule und Weiterbildung des Landes Nordrhein-Westfalen 1997d, S. 20; Ministerium für Schule und Weiterbildung des Landes Nordrhein-Westfalen 1997b, S. 20.

325 Durch den Wandel des curricularen Bezugspunktes treten Aspekte des tradierten Kaufmannsleitbildes wiederum auf, unter dessen Prämisse volkswirtschaftliche Inhalte als eigenständiges Fach nur schwer implementierbar erscheinen. Dementsprechend können analoge Strukturen der curricular verankerten Volkswirtschaftslehre

Die oben angesprochene, abweichende Implementierung volkswirtschaftlicher Inhalte in zwei getrennten Lernfeldern zieht fachinhaltliche Konsequenzen im Bildungsgang ‚Bankkaufmann/-frau' nach sich.[326] Während in der Mehrzahl kaufmännischer Ausbildungsgänge sich das volkswirtschaftliche Inhaltsspektrum auf den Bereich der freien Märkte innerhalb der sozialen Marktwirtschaft sowie auf wirtschaftspolitische Maßnahmen innerhalb des nationalpolitischen Staates unter der Prämisse gesamtwirtschaftlicher Ziele bzw. Zielkonflikte richtet, wird dies im Falle des Bildungsgangs ‚Bankkauffrau/Bankkaufmann' zusätzlich um finanz- und währungsspezifische Inhalte curricular erweitert (exemplarisch Wechselkurssysteme, Preisindizes, Höchst- und Mindestpreise, vgl. Ministerium für Schule und Weiterbildung, Wissenschaft und Forschung des Landes Nordrhein-Westfalen 1998b, S. 26f.). Die berufliche Tätigkeit des Auszubildenden im Kontext volkswirtschaftlich-relevanter Fragestellungen begründet die entsprechenden curricularen Inhalte. Die lernfeldorientierte Curriculumgestaltung unter der Prämisse berufsbezogener Handlungen muss insofern nicht zwangsläufig mit einer Reduzierung volkswirtschaftlicher Inhalte einhergehen, jedoch bleibt der Bildungsgang ‚Bankkauffrau/Bankkaufmann' das einzige Beispiel quantitativer Aufwertungstendenzen volkswirtschaftlicher Inhalte innerhalb des Fachs 'Allgemeine Wirtschaftslehre'.

Augenscheinlich besteht innerhalb des Bildungsgangs ‚Industriekauffrau/Industriekaufmann' ebenfalls eine quantitative Vergrößerung des volkswirtschaftlich orientierten Stundenvolumens, da auch in diesem Fall zwei Lernfelder volkswirtschaftliche Prägung aufweisen. Abweichend der Gestaltung im Bildungsgang ‚Bankkauffrau/Bankkaufmann' sind im Falle des Bildungsgangs ‚Industriekauffrau/Industriekaufmann' jedoch nicht beide Lernfelder innerhalb des Fachs ‚Allgemeine Wirtschaftslehre' verankert, sondern verteilen sich zusätzlich auf das Fach ‚Industriebetriebslehre'.[327] Die Inhaltsbeschreibung des

zur Vorkriegszeit sowohl hinsichtlich qualitativer als auch hinsichtlich quantitativer Merkmale diagnostiziert werden. Unter quantitativer Prämisse liegt wiederum eine implizite curriculare Implementierung vor, während unter qualitativer Prämisse eine Implementierung von primär theoretisch geprägten, volkswirtschaftlichen Inhalten im Rahmen berufsbezogener handlungsorientierter Zielsetzung erschwert wird.

326 Für eine inhaltliche Darstellung beider Lernfelder siehe Anhang 10.

327 Im Bildungsgang ‚Industriekaufmann/-frau' ist das Lernfeld Nr. 5 ‚Der Markt als Auslöser für industrielle Leistungserstellung' innerhalb des Fachs ‚Industriebetriebslehre' angesiedelt. Da ‚der Markt' innerhalb dieses Lernfeldes jedoch als Auslöser der inhaltlich zu behandelnden betrieblichen Aspekte dient, besitzt dieses Lernfeld betriebswirtschaftliche Orientierung, so dass weiterhin von einer volkswirtschaftlichen Inhaltsreduzierung ausgegangen werden kann (vgl. Ministerium für Schule und Weiterbildung des Landes Nordrhein-Westfalen 1997c, S. 31).

Lernfeldes fokussiert industriespezifische Aspekte des Individualunternehmens, so dass dieses Lernfeld innerhalb des hier vorliegenden Rahmens nicht als primär ‚volkswirtschaftliches Lernfeld' unter inhaltssystematischer Prämisse klassifiziert wird. Die differente Veränderung bedingt, dass im Folgenden nicht mehr von einer homogenen Implementierung volkswirtschaftlicher Inhalte zwischen den einzelnen kaufmännischen Bildungsgängen ausgegangen werden kann.

Mit Beendigung des Erprobungsverfahrens im Jahr 1999 werden die bisherigen ‚Richtlinien und Lehrpläne zur Erprobung' punktuell verändert, wobei das strukturelle Konzept der erprobten Lehrpläne unverändert bestehen bleibt (vgl. Ständige Konferenz der Kultusminister der Länder in der Bundesrepublik Deutschland 1999, S. 3ff.).[328] Änderungen betreffen im Wesentlichen inhaltliche Formulierungen innerhalb der Lernfelder sowie deren Anzahl und Stundenrichtwerte, wohingegen die Zuordnung der Lernfelder zu den Unterrichtsfächern sowie die Gesamtstundenzahl weiterhin bestehen bleiben (vgl. Schopf 2011, S. 4ff.; siehe auch die einzelnen Formulierungen in Ständige Konferenz der Kultusminister der Länder in der Bundesrepublik Deutschland 1999, S. 16 bzw. Ständige Konferenz der Kultusminister der Länder in der Bundesrepublik Deutschland 1996, S. 35).[329] Die vorgenommene Überarbeitung wurde durch intensive wissenschaftliche Diskussionen ausgelöst, die den gesamten Einführungsprozess des Lernfeldkonzeptes kontinuierlich begleiten und die, jeweils prämissenbezogen, ansatzweise bis heute andauern.[330] Die in den Folgejahren innerhalb einzelner Bundesländer erlassenen Lehrpläne besitzen bis zum aktuellen Zeitpunkt Gültigkeit und sind sämtlich nach lernfeldbasiertem Muster aufgebaut (vgl. Reetz/

---

328 Die Rahmenlehrpläne in den Bildungsgängen ‚Automobilkaufmann/Automobilkauffrau' sowie Bankkaufmann/Bankkauffrau bleiben unverändert bestehen.

329 Das Bundesland Nordrhein-Westfalen übernimmt die Vorgaben aus den Rahmenlehrplänen unverändert, so dass identische Ausbildungsinhalte in den länderbasierten Lehrplänen sowie den übergreifenden Rahmenlehrplänen vorgesehen sind. Das Neuordnungsverfahren wird bis zum Sommer 2013 (mit Gültigkeit ab Schuljahr 2014/2015) abgeschlossen, indem die Ausbildungsgänge Bürokaufmann/Bürokauffrau' sowie ‚Kaufmann/Kauffrau für Bürokommunikation' zu dem Bildungsgang ‚Kaufmann/Kauffrau für Büromanagement' umgestaltet werden (vgl. Ständige Konferenz der Kultusminister der Länder in der Bundesrepublik Deutschland 2013, S. 19ff.).

330 Der Intensitätsgrad der begleitenden Diskussion ist derart intensiv, dass eine umfassende Quellenaufführung nahezu unmöglich ist. Für eine Auswahl siehe Anhang 11.

Seyd 2006, S. 227).[331] Dabei sind seit der Erprobungsphase volkswirtschaftlich ausgerichtete Inhalte in der Mehrzahl der Bildungsgänge jeweils innerhalb eines einzelnen Lernfelds konzentriert:

331 Die zum aktuellen Zeitpunkt gültigen Rahmenlehrpläne stammen im Bildungsgang ‚Bankkaufmann/Bankkauffrau' aus dem Jahr 1997, im Bildungsgang ‚Automobilkaufmann/Automobilkauffrau' aus dem Jahr 1998, im Bildungsgang ‚Industriekaufmann/Industriekauffrau' aus dem Jahr 2002, im Bildungsgang ‚Kaufmann/Kauffrau im Einzelhandel' sowie ‚Kaufmann/Kauffrau für Spedition und Logistikdienstleistungen' aus dem Jahr 2004, im Bildungsgang ‚Kaufmann/Kauffrau im Groß- und Außenhandel', ‚Kaufmann/Kauffrau für Versicherungen und Finanzen' sowie im Bildungsgang ‚Immobilienkaufmann/Immobilienkauffrau' aus dem Jahr 2006 und im Bildungsgang ‚Kaufmann/Kauffrau für Büromanagement' aus dem Jahr 2013. Vgl. hierzu die aktuellen Rahmenlehrpläne: Ständige Konferenz der Kultusminister der Länder in der Bundesrepublik Deutschland 2013; Ständige Konferenz der Kultusminister der Länder in der Bundesrepublik Deutschland 2006c; Ständige Konferenz der Kultusminister der Länder in der Bundesrepublik Deutschland 2006a; Ständige Konferenz der Kultusminister der Länder in der Bundesrepublik Deutschland 2006b; Ständige Konferenz der Kultusminister der Länder in der Bundesrepublik Deutschland 2004b; Ständige Konferenz der Kultusminister der Länder in der Bundesrepublik Deutschland 2004a; Ständige Konferenz der Kultusminister der Länder in der Bundesrepublik Deutschland 2002; Ministerium für Schule und Weiterbildung, Wissenschaft und Forschung des Landes Nordrhein-Westfalen 1998c sowie Ständige Konferenz der Kultusminister der Länder in der Bundesrepublik Deutschland 1997.

Tabelle 18: Volkswirtschaftliche Lernfelder in aktuellen kaufmännischen Rahmenlehrplänen[332]

Bildungsgang	**Lernfeld-Nummer**	**Name des Lernfeldes**	**Lehrjahr**		
			1	**2**	**3**
Automobilkaufmann/-frau	9	Rahmenbedingungen und Einflußgrößen bei wirtschaftlichen Entscheidungen in der Kfz-Branche berücksichtigen			X
Bankkaufmann/-frau	6	Modelle für Marktentscheidungen nutzen		X	
	12	Einflüsse der Wirtschaftspolitik beurteilen			X
Immobilienkaufmann/-frau	12	Gesamtwirtschaftliche Einflüsse bei immobilienwirtschaftlichen Entscheidungen berücksichtigen			X
Industriekaufmann/-frau	9	Das Unternehmen im gesamt- und weltwirtschaftlichen Zusammenhang einordnen		X	
	12	Unternehmensstrategien, -projekte umsetzen			X
Bürokaufmann/-frau	5	Kunden akquirieren und binden		X	
Kaufmann/-frau für Spedition und Logistikdienstleistung	15	Speditionelle und logistische Geschäftsprozesse an wirtschaftlichen Rahmenbedingungen ausrichten			X
Kaufmann/-frau für Versicherungen und Finanzen	13	Wirtschaftliche Einflüsse auf den Versicherungsmarkt analysieren und beurteilen			X
Kaufmann/-frau im Einzelhandel	1	Das Einzelhandelsunternehmen repräsentieren	X		
Kaufmann/-frau im Groß- und Außenhandel	7	Gesamtwirtschaftliche Einflüsse auf das Groß- und Außenhandelsunternehmen analysieren		X	

Die quantitativen Volumina der ausgewiesenen Lernfelder zeigen zumeist lediglich geringe Veränderungen gegenüber dem jeweiligen quantitativen Volumen

332 Eigene Darstellung. Für eine inhaltliche Darstellung der aufgeführten Lernfelder siehe Anhang 12.

innerhalb der Erprobungsphase auf. Im Bildungsgang ‚Kaufmann/Kauffrau im Groß- und Außenhandel' liegt jedoch eine umfassende Stundenreduzierung vor:

Abbildung 66: Zeitrichtwerte aktueller volkswirtschaftlich geprägter Lernfelder[333]

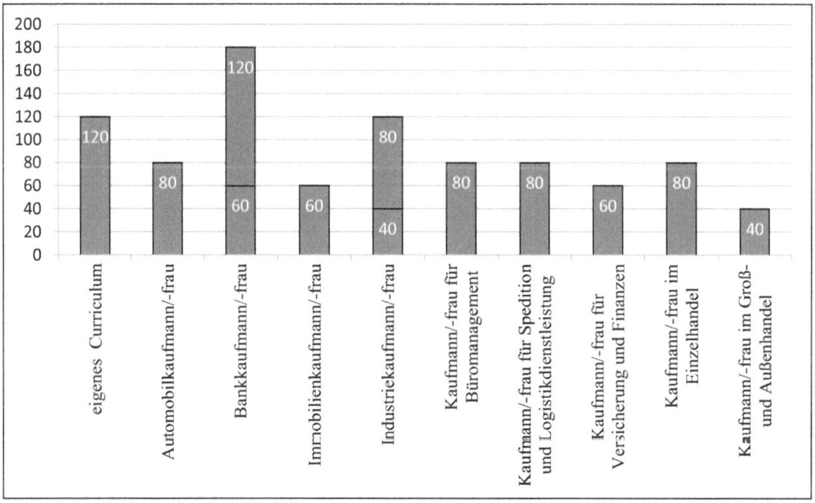

Angegeben sind jeweils die Zeitrichtwerte der gesamten Lernfelder, innerhalb derer volkswirtschaftliche Inhalte implementiert sind. Dies ist jedoch nicht gleichbedeutend dem für volkswirtschaftliche Inhalte innerhalb des Unterrichtsgeschehens zur Verfügung stehenden Zeitbudgets. Die curriculare Orientierung anhand vollständiger beruflicher Handlungen bedingt, dass Inhalte unterschiedlicher Fachwissenschaften innerhalb einzelner Lernfelder zusammengefasst werden, weshalb die jeweiligen Lernfeldzeitrichtwerte nur anteilig für die relevanten

333 Werte entnommen aus Ständige Konferenz der Kultusminister der Länder in der Bundesrepublik Deutschland 2013, S. 26; Ständige Konferenz der Kultusminister der Länder in der Bundesrepublik Deutschland 2006c, S. 7; Ständige Konferenz der Kultusminister der Länder in der Bundesrepublik Deutschland 2006a, S. 8; Ständige Konferenz der Kultusminister der Länder in der Bundesrepublik Deutschland 2006b, S. 7; Ständige Konferenz der Kultusminister der Länder in der Bundesrepublik Deutschland 2004b, S. 8; Ständige Konferenz der Kultusminister der Länder in der Bundesrepublik Deutschland 2004a, S. 8; Ständige Konferenz der Kultusminister der Länder in der Bundesrepublik Deutschland 2002, S. 8; Ständige Konferenz der Kultusminister der Länder in der Bundesrepublik Deutschland 1998, S. 7; Ständige Konferenz der Kultusminister der Länder in der Bundesrepublik Deutschland 1997, S. 18ff.

(in diesem Fall volkswirtschaftlichen) Themen zur Verfügung stehen. Exemplarisch dargestellt wird dies anhand des Lernfeldes Nr. 12 (‚Unternehmensstrategien, -projekte umsetzen') aus dem Bildungsgang ‚Industriekaufmann/-frau', welches mit 80 Stunden angesetzt ist. Dieses Lernfeld beinhaltet sowohl klassische volkswirtschaftliche Themenbereiche (bspw. ‚Konjunkturprozesse und -indikatoren', ‚Fiskal- und geldpolitische Instrumente' sowie ‚Arbeitsmarktsteuerung'), jedoch ebenfalls abweichende Inhaltsbereiche ohne volkswirtschaftliche Prägung (insbesondere hinsichtlich einer Projektstruktur wie bspw. Projektziel, -beschreibung, -risiken, -bewertung, -ausstattung und -ablauforganisation; vgl. Ministerium für Schule, Jugend und Kinder des Landes Nordrhein-Westfalen 2003, S. 58; Ständige Konferenz der Kultusminister der Länder in der Bundesrepublik Deutschland 2002, S. 20).[334] Insofern muss davon ausgegangen werden, dass die angegebenen Zeitrichtwerte den quantitativen Stellenwert volkswirtschaftlicher Inhalte im Einzelfall tendenziell überschätzen.

Die Überführung der curricular vorgegebenen Lernfelder in konkrete unterrichtliche Lernsituationen wird im Zuge der konzeptionellen Neugestaltung der Lehrpläne auf Ebene der einzelnen Berufskollegs angesiedelt:

> „Die Bildungsgangkonferenzen haben die Aufgabe, Lernfelder für den unterrichtlichen Lernprozess durch Lernsituationen zu konkretisieren. Die Lernsituationen werden im Rahmen des jeweiligen Lernfeldes durch didaktische Reflexion beruflich bedeutsamer Tätigkeitsbereiche sowie lebens- und gesellschaftsbedeutsamer Handlungszusammenhänge erschlossen." (exemplarisch zitiert aus Ministerium für Schule, Jugend und Kinder des Landes Nordrhein-Westfalen 2004a, S. 9).

Diese inhaltliche Gestaltungsaufgabe stellt eine Erweiterung des schulischen Aufgabenspektrums dar, in dessen Rahmen den Bildungsgangkonferenzen sowie den beteiligten Lehrkräften Gestaltungsspielraum hinsichtlich der Intensität einzelner inhaltlicher Thematisierungen zugestanden wird (vgl. Straßer 2013, S. 496ff.; Pahl/Tärre 2011, S. 149).[335] Die Intensität volkswirtschaftlicher Inhalte im Rahmen kaufmännischen Unterrichts kann infolgedessen, auch im Rahmen identischer Bildungsgänge, nicht zwangsläufig als homogen klassifiziert werden, so dass ein unmittelbarer Rückschluss auf die unterrichtliche Realität mit Hilfe curricularer Grundlagen nicht möglich ist.

---

334 Ähnliches gilt für den Bildungsgang ‚Bankkaufmann/-frau' (Lernfeld Nr. 6), ‚Kaufmann/-frau für Büromanagement' (Lernfeld Nr. 5) sowie ‚Kaufmann/-frau im Einzelhandel' (Lernfeld Nr. 1). Vgl. dazu die entsprechenden Lernfelder in Anhang 12.

335 Für beispielhafte Umsetzungen mit differenten unterrichtlichen Schwerpunkten siehe Brehme/Heydt/Kruse et al. 2011, S. 157ff., Buck/Wiebicke-Humme 2011, S. 170ff.; Müller 2011, S. 165ff.; Pahl/Rohlf 2011, S. 176ff. und Seifried 2004, S. 78ff.

5 Die empirische, fragebogengestützte Überprüfung aktueller Rahmenlehrpläne

Zur Fortführung der historisch untersuchten Genese volkswirtschaftlicher Inhalte im Rahmen lernfeldbasierter Curricula bedarf es einer Methodenerweiterung, da ein unmittelbarer Rückschluss auf tatsächliche unterrichtliche Realisierungen anhand lernfeldbasierter curricularer Grundlagen nicht möglich ist. Durch die Erfassung personeller Akzeptanzwerte der volkswirtschaftlichen Inhaltsfelder wird die Transformation curricularer Handlungssituationen in schulische Lernsituationen hinsichtlich individueller Inhaltspräferenzen im volkswirtschaftlichen Bereich untersucht. Das Ziel der Untersuchung besteht in der Ermittlung der Relevanzwerte, die Lehrpersonen einzelnen volkswirtschaftlichen Inhalten zusprechen, so dass mit deren Hilfe die Wirkungsrichtung schulspezifischer Gestaltungsaufgaben sowie potentieller Theorie-Praxis-Differenzen erfasst werden können.

5.1 Begründung der Methodenwahl

Die Untersuchung bedarf des direkten Kontakts mit beteiligten Lehrkräften, was methodisch mit Hilfe eines online erstellten Fragebogens umgesetzt wird. Die Wahl eines Fragebogens ist durch die hohe Erreichbarkeit der räumlich verteilten Zielgruppe zu begründen, so dass der nötige quantitative Umfang zur Untersuchung regelmäßiger Antworttendenzen erreicht werden kann (vgl. Gläser-Zikuda 2011, S. 117f.; Konrad 2007, S. 44; Pätzold/Klusmeyer/Wingels et al. 2003, S. 59).[336]

Im Rahmen einer grundsätzlichen Methodenwürdigung verweist Atteslander auf die Nachteile einer Befragung mit Hilfe eines Fragebogens, indem er die Befragungssituation als ‚kaum hinreichend kontrollierbar' bezeichnet (Atteslander 2006, S. 147).[337] Dem wird in der vorliegenden Studie durch die Erfassung der

336 Alternativ könnten individuelle Inhaltseinschätzungen mit Hilfe strukturierter Interviews ermittelt werden, wobei die quantitative Stückzahl problematisch erscheint. Zudem könnte keine Anonymität der Teilnehmer gewährleistet werden, was zu Verzerreffekten im Antwortverhalten führen kann (vgl. Mummendey/Grau 2008, S. 199). Ebenso entfällt die Tendenz zur Bevorzugung schneller Antworten, die während einer Dialogsituation zur Vermeidung entstehender Gesprächspausen auftreten kann. Für weitere Vorteile siehe Kubinger/Proyer 2010a, S. 152f.

337 Der Testleiter entfällt sowohl als Kontrollinstanz als auch als Fehlerquelle, so dass der Vorteil einer personell unabhängigen Situation gleichermaßen den Nachteil mangelnder Situationskontrolle bedingt (vgl. Atteslander 2006, S. 147).

Verweildauer einer Versuchsperson auf jeder Testseite ansatzweise entgegengetreten, so dass wesentliche Abweichungen im Rahmen der Auswertung kritisch berücksichtigt werden können.[338] Trotz der Zeiterfassung bleibt jedoch ein Restrisiko bestehen.[339] Darüber hinaus stellt Atteslander die Repräsentativität einer schriftlichen Befragung in Frage, da die Ausfallwahrscheinlichkeit verglichen mit anderen Erhebungsinstrumenten sehr hoch einzuschätzen sei.[340] Jedoch weist er ebenfalls darauf hin, dass die angeführten Problematiken bei der Befragung einer geschlossenen, homogenen Testgruppe zu vernachlässigen seien. Da sich die durchgeführte Untersuchung ausschließlich an Lehrerinnen und Lehrer an kaufmännischen Berufskollegs richtet, kann in vorliegendem Fall die anvisierte Zielgruppe als homogen klassifiziert werden bzw. davon ausgegangen werden, dass sich potentiell bestehende Divergenzen innerhalb der Zielgruppe nicht auf die Testbearbeitung auswirken werden (vgl. Konrad 2007, S. 49; Pätzold/Klusmeyer/Wingels et al. 2003, S. 59). Methodisch bedingte Repräsentativitätsdefizite bedingen somit innerhalb der vorliegenden Studie keine verzerrenden Effekte.

5.2 Beschreibung der Zielgruppe

Die Zielgruppe besteht ausschließlich aus Lehrerinnen und Lehrern kaufmännischer Berufskollegs in Nordrhein-Westfalen. Die Einschränkung hinsichtlich des Bundeslandes erfolgt auf Grund der föderalistischen Struktur innerhalb der Bundesrepublik Deutschland, wohingegen die Einschränkung auf Lehrpersonen kaufmännischer Berufsschulen dem zu untersuchenden Gegenstand geschuldet ist, dessen Akteure im Zuge einer handlungsorientierten Umsetzung erfasst werden.[341] Teilnahmekriterium einer Lehrperson ist die Tätigkeit innerhalb eines

---

338 Im Hinblick auf potentielle Antwortverzerrungen durch die Teilnehmer ist dies unkritisch zu sehen, da die Erfassung der Verweildauer nicht ersichtlich wird und kein Rückschluss auf die jeweilige Person ermöglicht wird.

339 Verwiesen sei jedoch auf aktuelle Ergebnisse von Link/Geissel, die eine geeignete Erhebung berufspraktischer Problemlösekompetenzen mit Hilfe traditioneller Testformen (in diesem Fall: Papier/Bleistift-Test) nachweisen (vgl. Link/Geissel 2015, S. 208ff.).

340 Zudem führt Atteslander an, dass die Fragen zweifelsfrei verständlich gestellt sein müssen, da keine Rückfragemöglichkeit an einen Interviewer/-in möglich sind (vgl. auch Pätzold/Klusmeyer/Wingels et al. 2003, S. 60).

341 Die im Bereich der beruflichen Bildung existierenden Rahmenlehrpläne entstammen nicht den Kultusministerien der Länder, sondern der Ständigen Konferenz der Kultusminister der Länder in der Bundesrepublik Deutschland (KMK) und besitzen dadurch grundsätzlich nationale Gültigkeit. Da die KMK keine Rechtsbefugnis

kaufmännischen Ausbildungsgangs des dualen Systems.[342] Alle kaufmännischen Berufskollegs in Nordrhein-Westfalen, die einen oder mehrere der berücksichtigten Ausbildungsgänge schulisch betreuen, sind an der Studie teilnahmeberechtigt, so dass als Folge auch alle Lehrpersonen, die in den entsprechenden Ausbildungsgängen unterrichten, potentielle Teilnahmekandidaten darstellen.

Die Zielgruppendefinition erfolgt dergestalt,

> „dass die Stichprobe ein möglichst getreues Abbild der Gesamtpopulation ist. Dies erreicht man insbesondere durch zufällige Stichproben, wobei zufällig nicht mit willkürlich gleichzusetzen ist, sondern beispielsweise meint, dass jede statistische Einheit dieselbe Chance hat, in die Stichprobe aufgenommen zu werden" (Fahrmeir/Künstler/Pigeot et al. 2010, S. 14, zitiert nach Kirchhoff/Kuhnt/Lipp et al. 2010, S. 15; vgl. auch Kromrey 2009, S. 276ff.).

Hinsichtlich fachlicher Kriterien besteht eine homogene Zielgruppe (vgl. Reicher 2012, S. 102ff.). Bühner definiert 4 Kernmerkmale hinsichtlich der Zielgruppendefinition, die Auswirkungen auf die Testkonstruktion und -gestaltung nach sich ziehen (vgl. Bühner 2011, S. 87; Reinders 2011, S. 63):[343]

- Alter und Bildung
- Erlebens- und Verhaltensspektrum
- Sprachbeherrschung der Zielgruppe
- Item-/Testfairness.

Hinsichtlich der Altersstruktur sind im vorliegenden Fall deutliche Spannbreiten von bis zu 40 Jahren zu erwarten, woraus jedoch keine fachlichen Einschränkungen zu erwarten sind.[344] Hinsichtlich des vorhandenen Bildungsstands kann von einer homogenen Testgruppe ausgegangen werden, da die fachlichen Inhalte auf

besitzt, müssen die Rahmenlehrpläne auf der Ebene der einzelnen Bundesländer erlassen werden, damit sie einen bindenden Rechtsstatus erhalten, wobei es den Ländern freisteht, die Rahmenlehrpläne unverändert umzusetzen oder innerhalb eines begrenzten Spielraums auszugestalten. Das Bundesland Nordrhein-Westfalen hat die Rahmenlehrpläne unverändert übernommen, so dass keine Differenz zu den Vorgaben der KMK besteht, jedoch zu einzelnen Bundesländern differente curriculare Vorgaben vorliegen können.

342 Für eine detaillierte Beschreibung der berücksichtigten Ausbildungsgänge siehe den folgenden Abschnitt.

343 Vgl. zur allgemeinen Zielgruppendefinition Jonkisz/Moosbrugger/Brandt 2012, S. 33.

344 Exemplarisch werden unter dem Faktor ‚Alter' biologische Faktoren verstanden, die bei der Testbearbeitung hinderlich sein können (z.B. eine schlechte Sehkraft in Verbindung mit einer kleinen Schriftgröße oder eine schlechte Konzentrationsfähigkeit). Durch die aktive Tätigkeit sämtlicher Testteilnehmer im Lehrerberuf kann nicht

Grund des alltäglichen Schulunterrichts innerhalb des kaufmännischen Unterrichts als bekannt vorausgesetzt werden können.

Das Erlebens- und Verhaltensspektrum der Teilnehmer dürfte sich mit zunehmender Erfahrung verändern. Mit Hilfe der Erhebung soziodemographischer Werte (auch zur Berufserfahrung) können mögliche Korrelationen zwischen Antwortmustern und Berufserfahrung festgestellt werden.[345] Die Orientierung der Items an den schulischen Curricula und den jeweiligen Schulbüchern stellt sicher, dass unterschiedliche Berufserfahrungen das Itemverständnis nicht beeinflussen.[346] Neben unterschiedlicher Berufserfahrung könnte ein differentes Erlebens- und Verhaltensspektrum auf unterschiedlichen beruflichen Biographien zwischen den Lehrkräften beruhen, insbesondere hinsichtlich der Fragestellung, ob eine Lehrperson ein fachbezogenes Studium absolviert hat oder den Beruf als ‚Seiteneinsteiger' erfasst hat. Das Kernmerkmal liegt folglich in differenter Ausprägung vor, jedoch resultieren daraus keine konstruktionsbedingten Schwierigkeiten.

Die Sprachbeherrschung erscheint unproblematisch. Es ist davon auszugehen, dass aktive Lehrerinnen und Lehrer sowohl den Umgang der deutschen Sprache als auch den Umgang mit volkswirtschaftlichen Fachtermini auf Curricularniveau beherrschen.

Das Merkmal der Item- und Testfairness zielt auf die inhaltliche Schwierigkeit ab, die zur Bearbeitung des jeweiligen Fragebogens benötigt wird. Die inhaltliche Basis relativ zwischen den einzelnen Ausbildungsgängen ist durch die Grundlage der jeweiligen Rahmenlehrpläne vergleichbar, so dass unter strukturellen Gesichtspunkten keine Benachteiligung einer Testuntergruppe vorliegt.

Die vier von Bühner geforderten Kernmerkmale liegen durch die tendenziell homogene Zielgruppe sowie die homogene Testkonstruktion innerhalb der einzelnen Teilfragebögen vor (vgl. Bühner 2011, S. 87ff.).

5.2.1 Zielgruppenbeschreibung anhand der curricularen Auswahl

Der Fragebogen erfasst die Lehrpersonen aus den dualen Ausbildungsberufen, die im Kalenderjahr 2014 zum Stichtag 30. September (Datenstand 11. Dezember 2014) quantitativ die meisten Vertragsneuabschlüsse zu verzeichnen hatten

davon ausgegangen werden, dass biologische oder körperliche Einschränkungen vorliegen, die die Bearbeitung des Tests behindern.

345 Insofern ist die hier durchgeführte Studie als ‚Persönlichkeitstest' zu klassifizieren (vgl. Jonkisz/Moosbrugger/Brandt 2012, S. 30f.).

346 Ein Item bezeichnet eine Fragestellung sowie die dazugehörigen Antwortmöglichkeiten (vgl. Kallus 2010, S. 18f.).

und gleichzeitig dem kaufmännischen Bereich zuzuordnen sind. Dadurch wird sichergestellt, dass die Daten durch eine relevante Menge Auszubildender repräsentiert werden:

Tabelle 19: Kaufmännische Ausbildungsberufe nach Neuabschlüssen im Jahr 2014 in Deutschland[347]

Ausbildungsberuf	Neuabschlüsse in 2014 in Deutschland
Kaufmann/-frau für Büromanagement	29.136
Kaufmann/-frau im Einzelhandel	26.514
Verkäufer/-in	25.209
Industriekaufmann/-frau	18.321
Kaufmann/-frau im Groß- und Außenhandel	14.889
Bankkaufmann/-frau	12.495
Kaufmann/-frau für Versicherungen und Finanzen	5.505
Kaufmann/-frau für Spedition und Logistikdienstleistung	5.427
Automobilkaufmann/-frau	4.371
Immobilienkaufmann/-frau	2.808

Deutschlandweit wurden im Ausbildungsjahr 2013/2014 insgesamt 522.231 Ausbildungsverträge neu abgeschlossen, davon 144.675 (27,70%) in kaufmännischen Berufen (vgl. Bundesinstitut für Berufsbildung 2014a). In Nordrhein-Westfalen werden im identischen Zeitraum 117.396 Ausbildungsverträge neu abgeschlossen, darunter 35.775 (30,47%) in kaufmännischen Berufen (vgl. Bundesinstitut für Berufsbildung 2014a):

347 Daten entnommen aus Bundesinstitut für Berufsbildung 2014b, S. 1f.

Tabelle 20: Kaufmännische Ausbildungsberufe nach Neuabschlüssen im Jahr 2014 in Nordrhein-Westfalen[348]

Ausbildungsberuf	Neuabschlüsse in 2014 in Nordrhein-Westfalen
Kaufmann/-frau für Büromanagement	6.915
Kaufmann/-frau im Einzelhandel	6.531
Verkäufer/-in	6.369
Industriekaufmann/-frau	4.848
Kaufmann/-frau im Groß- und Außenhandel	3.831
Bankkaufmann/-frau	2.823
Kaufmann/-frau für Versicherungen und Finanzen	1.515
Kaufmann/-frau für Spedition und Logistikdienstleistung	1.233
Automobilkaufmann/-frau	1.029
Immobilienkaufmann/-frau	681

Nicht jeder separat aufgeführte Ausbildungsgang ist durch einen eigenständigen Rahmenlehrplan repräsentiert, da ähnliche Berufsbilder auf identischen Lehrplänen basieren. So basiert der schulische Unterricht des Bildungsgangs ‚Verkäufer/-in' auf dem Lehrplan des Bildungsgangs ‚Kaufmann/-frau im Einzelhandel'. Der alleinige Fokus auf den schulischen Kontext der Ausbildung innerhalb der vorliegenden Untersuchung bedingt, dass die Ausbildungsgänge in diesem Rahmen zusammengefasst betrachtet werden können. Innerhalb der vorliegenden Untersuchung wird sich nicht auf das Curriculum ‚Kaufmann/-frau für Büromanagement' bezogen, was aus einem Neuordnungsverfahren ab Juli 2014 resultiert. Zu Beginn des Ausbildungsjahres 2013/2014 ist zuletzt ein Ausbildungsbeginn in den beiden Berufen ‚Bürokaufmann/-frau' und ‚Kaufmann/-frau für Bürokommunikation' möglich, da diese ab August 2014 im Ausbildungsgang ‚Kaufmann/-frau für Büromanagement' zusammengefasst werden. Die curricularen Grundlagen des zusammengefassten Ausbildungsgangs liegen zum Erhebungszeitpunkt erst in einer vorläufigen Entwurfsfassung vom 12. Februar 2014 vor, so dass Änderungen bis zum tatsächlichen Ausbildungsbeginn im Sommer 2014 möglich erscheinen (vgl. Ministerium für Schule und Weiterbildung des Landes Nordrhein-Westfalen 2014b). Demzufolge können die teilnehmenden Lehrkräfte keine Erfahrungswerte zur curricularen Ausgestaltung im Rahmen des erneuerten Bildungsgangs vorweisen, so dass innerhalb der vorliegenden Studie auf die beiden Bildungsgänge

348 Daten entnommen aus Bundesinstitut für Berufsbildung 2014c, S. 127f.

‚Bürokaufmann/-frau' und ‚Kaufmann/-frau für Bürokommunikation' zurückgegriffen wird, die jedoch auf einem identischen Curriculum beruhen. Insofern werden im Rahmen der Studie folgende Curriculare Grundlagen betrachtet:

- Curriculum des Ausbildungsgangs ‚Automobilkaufmann/-frau',
- Curriculum des Ausbildungsgangs ‚Bankkaufmann/-frau',
- Curriculum des Ausbildungsgangs ‚Bürokaufmann/-frau und ‚Kaufmann/-frau für Bürokommunikation',
- Curriculum des Ausbildungsgangs ‚Immobilienkaufmann/-frau',
- Curriculum des Ausbildungsgangs ‚Industriekaufmann/-frau',
- Curriculum des Ausbildungsgangs ‚Kaufmann/-frau für Spedition und Logistikdienstleistungen',
- Curriculum des Ausbildungsgangs ‚Kaufmann/-frau für Versicherungen und Finanzen',
- Curriculum des Ausbildungsgangs ‚Kaufmann/-frau im Einzelhandel' und ‚Verkäufer/-in',
- Curriculum des Ausbildungsgangs ‚Kaufmann/-frau im Groß- und Außenhandel'.

5.2.2 Quantitative Zielgruppenbeschreibung

Kennwerte zum quantitativen Umfang der abgegrenzten Zielgruppe des Fragebogens (Lehrpersonen, die volkswirtschaftliche Lernfelder innerhalb des dualen Schulsystems unterrichten) sind nicht unmittelbar existent, so dass lediglich eine Annäherung der Zielgruppengröße möglich ist, wozu die Klassenanzahl innerhalb der untersuchten Bildungsgänge als Ausgangsbasis dienen soll. Als problematisch erweist sich, dass für das Ausbildungsjahr 2013/2014 keine Erhebungen über die Klassenanzahl innerhalb eines Bildungsgangs existieren, sondern die Anzahl der Schulen, an denen der entsprechende Ausbildungsgang angeboten wird, für diesen Auswertungszeitraum als kleinste Differenzierungseinheit dient (vgl. Ministerium für Schule und Weiterbildung des Landes Nordrhein-Westfalen 2014a, S. 118ff.). Hingegen weist die Schulstatistik des Vorjahres sowohl die Schul- als auch die Klassenzahl aus. Ein Vergleich zwischen der Schulanzahl, an denen die entsprechenden Bildungsgänge angeboten werden, weist äußerst geringe Differenzen nach, so dass zur näherungsweisen Zielgruppenbeschreibung auf die Werte des Ausbildungsjahres 2012/2013 zurückgegriffen wird. Anhaltspunkte für bedeutende Veränderungen sind nicht erkennbar.[349]

Tabelle 21: Relevante Klassen- und Lernfeldanzahl[350]

Bildungsgang	Anzahl der Klassen im Bildungsgang	Klassen pro Jahrgang	Anzahl der Jahrgänge mit volkswirtschaftlichem Lernfeld	Anzahl der zu überprüfenden Klassen
Automobilkaufmann/-frau	130	43	1	43
Bankkaufmann/-frau	390	130	2	260
Bürokaufmann/-frau und Kaufmann/-frau für Bürokommunikation	959	319	1	319
Immobilienkaufmann/-frau	92	30	1	30
Industriekaufmann/-frau	709	236	2	472
Kaufmann/-frau für Spedition und Logistikdienstleistung	171	57	1	57
Kaufmann/-frau für Versicherung und Finanzen[351]	191	63	1	63
Kaufmann/-frau im Einzelhandel und Verkäufer/-in	1275	425	1	425
Kaufmann/-frau im Groß- und Außenhandel[352]	513	171	1	171

349 Ein Vergleich der Anzahl der Schulen, die den jeweiligen Bildungsgang anbieten, zeigt, dass insbesondere in den stark besetzten Ausbildungsgängen nur geringe Veränderungen vorliegen. Exemplarisch bleiben die Werte unverändert (im Bildungsgang ‚Bankkaufmann/-frau' sowie ‚Bürokaufmann/-frau') oder veränderten sich lediglich um den Faktor 1 (im Bildungsgang ‚Industriekaufmann/-frau', ‚Kaufmann/-frau im Einzelhandel' sowie ‚Kaufmann/-frau für Spedition und Logistikdienstleistung', vgl. Ministerium für Schule und Weiterbildung des Landes Nordrhein-Westfalen 2014a, S. 118ff. sowie Ministerium für Schule und Weiterbildung des Landes Nordrhein-Westfalen 2013, S. 111ff.)

350 Eigene Darstellung, Werte entnommen aus Ministerium für Schule und Weiterbildung des Landes Nordrhein-Westfalen 2013, S. 111ff.

351 Ausgewiesen ist die Summe beider Fachrichtungen (Fachrichtung ‚Versicherung' und Fachrichtung ‚Finanzberatung').

352 Ausgewiesen ist die Summe beider Fachrichtungen (Fachrichtung ‚Großhandel' und Fachrichtung ‚Außenhandel').

Da die kaufmännischen Ausbildungen jeweils drei Lehrjahre umfassen, wird die innerhalb der Schulstatistik ausgewiesene Klassenanzahl dividiert. Die resultierenden Klassen pro Jahrgangsstufe werden mit der Anzahl volkswirtschaftlich relevanter Lernfelder multipliziert, so dass insgesamt zum Zeitpunkt der Studie in rund 1800 Klassen volkswirtschaftliche Inhalte vermittelt werden. Dies stellt das Maximum der potentiell zu befragenden Lehrpersonen unter der Prämisse dar, dass jede Lehrperson lediglich in einem entsprechenden Kurs Unterricht erteilt und demzufolge keinen parallelen Unterricht in zwei entsprechenden Kursen erteilt. Davon kann jedoch nicht flächendeckend ausgegangen werden, so dass die potentielle Teilnehmerzahl niedriger erscheint.[353]

5.3 Aufbau und Struktur des Fragebogens

Inhaltliche Bezüge des Fragebogens auf einzelne Lernfelder spezifischer Ausbildungsgänge bedingen eine Untergliederung der teilnehmenden Lehrkräfte nach deren unterrichteten Bildungsgängen, was mit Hilfe einer gebundenen Auswahlfrage umgesetzt wird (vgl. Reinders 2011, S. 61):

> In welchen kaufmännischen Bildungsgängen des dualen Systems haben Sie bereits ausbildungsbezogenen Unterricht im berufsbezogenen Lernbereich erteilt? Bitte kreuzen Sie die beiden Ausbildungsgänge an, in denen Sie in den letzten 5 Jahren im berufsbezogenen Lernbereich den meisten Unterricht erteilt haben.
>
> - ☐ Automobilkaufmann/-frau
> - ☐ Bankkaufmann/-frau
> - ☐ Kaufmann /-frau im Einzelhandel bzw. Verkäufer/-in
> - ☐ Kaufmann/-frau im Groß und Außenhandel
> - ☐ Immobilienkaufmann/-frau
> - ☐ Industriekaufmann/-frau
> - ☐ Bürokaufmann/-frau bzw. Kaufmann/-frau für Bürokommunikation
> - ☐ Kaufmann/-frau für Versicherungen und Finanzen
> - ☐ Speditionskaufmann/-frau

353 Einen Hinweis auf möglichen Unterricht in mehreren der angesprochenen Bildungsgänge liefert die Antwortstruktur der Untersuchung, da bis auf zwei Personen immer Fragebögen aus zwei Bildungsgängen bearbeitet wurden.

Mehrfachantworten sind im Rahmen dieser Frage zulässig und erwünscht. Die Einschränkung auf zwei Bildungsgänge basiert auf Überlegungen hinsichtlich des zeitlichen Umfanges der Befragung, da die Orientierung der Fragebögen an den jeweils gültigen Curricula unterschiedliche Umfänge zwischen den Bögen einzelner Bildungsgänge nach sich zieht.[354] Die Möglichkeit, dass ein Testteilnehmer in mehreren innerhalb des gesamten Fragebogens stark repräsentierten Bildungsgängen Unterricht erteilt, würde den zeitlichen Umfang der gesamten Befragung wesentlich ansteigen lassen, was eine Verletzung des Nebenkriteriums der Zumutbarkeit in zeitlicher Hinsicht darstellen würde (vgl. Jonkisz/Moosbrugger/Brandt 2012, S. 34f.; Kubinger/Proyer 2010b, S. 178; Pospeschill 2010, S. 30).[355] Durch die Beschränkung auf zwei Bildungsgänge werden zwar keine Differenzen der Gesamtbearbeitungszeit verhindert, jedoch die maximal mögliche zeitliche Inanspruchnahme einer Testperson begrenzt.

Die quantitative Bewertung möglicher, im jeweiligen Unterricht eingesetzten Methoden und Medien erfolgt in geschlossener Form, da keine abschließende Medien- oder Methodennennung erforderlich ist, sondern lediglich eine Einschätzung zur Nutzungshäufigkeit der vorgegebenen Alternativen, so dass in diesem Fall die Vollständigkeit des Item-Universums nicht maßgeblich ist. Angegeben werden soll die Nutzungshäufigkeit klassischer Sozialformen bzw. Medien:

Tabelle 22: Relevante Sozialformen und Medien

Sozialformen	**Medien**
Einzelarbeit	Klassentafel
Partnerarbeit	Schulbuch
Gruppenarbeit	Arbeitsblätter
Frontalunterricht	Printmedien (auch Ausschnitte)
Schülerpräsentation	Film/Video
	Folien/Tageslichtprojektor

Die Erfassung sozio-demographischer Merkmale erfolgt mithilfe differenter Frageformen orientiert anhand der Abbildungsmöglichkeit des potentiellen

354 Diese variieren zwischen 3 Fragebatterien im Bildungsgang ‚Kaufmann/-frau im Einzelhandel' und ‚Verkäufer/-in' und 15 Fragebatterien (jeweils inklusive der quantitativen zeitlichen Beurteilung) im Bildungsgang ‚Bankkaufmann/-frau'.

355 Zu den weiteren Nebengütekriterien vgl. Moosbrugger/Kelava 2012, S. 8.

Item-Universums.[356] Kann dieses vollständig abgebildet werden, liegen geschlossene Antwortformate vor, wohingegen die Art einer eigenen kaufmännischen Berufsausbildung in offener Form erhoben wird (vgl. Reinders 2011, S. 59f.; Kirchhoff/Kuhnt/Lipp et al. 2010, S. 20; Raab-Steiner/Benesch 2010, S. 48f.; Kuckartz/Ebert/Rädiker et al. 2009, S. 32ff.; Porst 2009, S. 51ff.; Mummendey/Grau 2008, S. 74f.).[357]

Die Relevanzbewertung volkswirtschaftlicher Inhalte innerhalb einzelner Ausbildungsgänge des dualen Systems erfolgt gemäß den Angaben aus der eingehenden Auswahlfrage. Innerhalb einzelner Bildungsgänge werden die Lernfelder mit volkswirtschaftlichen Ansatzpunkten innerhalb der Situationsbeschreibung aus den Rahmenlehrplänen selektiert und als jeweils einzelne Fragestellung in den entsprechenden Fragebogen übertragen, wobei eine weitere Untergliederung anhand der vorgegebenen Inhaltsbereiche erfolgt. Es existiert infolgedessen zu jedem innerhalb der curricularen Zielformulierung angeführten Punkt eine Itembatterie, innerhalb derer die curriculare Zielformulierung konkretisiert und die Relevanz durch die Teilnehmer eingeschätzt werden soll. Konrads Ansicht, wonach eine Einstellungsmessung innerhalb eines Fragebogens durch mehrere Fragen erfasst werden soll, wird innerhalb der vorliegenden Studie mit Hilfe der Frageformulierung anhand einzelner Zielformulierungen aus den Lernfeldern umgesetzt (vgl. Konrad 2007, S. 49).

Innerhalb eines einzelnen Inhaltsbereichs ist die Anzahl der thematisierten Items variabel, was durch die unterschiedliche Struktur der Inhaltsbereiche sowie die jeweils unterschiedlichen quantitativen Zeitrichtwerte pro Lernfeld bedingt ist.[358] Der qualitativen Lernfeldeinordnung ist stets eine quantitative Bewertung

356 Die drei Fragestellungen nach Methoden- und Medienwahl sowie soziodemographischen Daten erfolgen ohne Beachtung der Angaben aus der vorangegangenen Auswahlfrage, da kein direkter Bezug zu den im Curriculum verankerten Inhalten besteht. Die angesprochenen Werte werden im Hinblick auf personelle Merkmale, die potentiell Bedingungsfaktoren volkswirtschaftlicher Relevanzbewertung und folglich unterrichtlicher Manifestation sein können, erhoben.

357 In geschlossener Form wird das Geschlecht, die Berufserfahrung in Jahren, eine eigene kaufmännische Berufsausbildung sowie ein absolviertes Lehramtsstudium bzw. ein ‚Seiteneinstieg' erfasst.

358 Beispielhaft lassen sich unterschiedliche Lernfelddimensionen sowie deren potentielle Schwerpunkte ebenfalls anhand der entsprechenden, lernfeldbasierten Schulbücher der einzelnen Bildungsgänge nachvollziehen (vgl. exemplarisch Bazan/Bentin/Böker et al. 2008; Beck/Bartnik/Berner et al. 2008; Blank/Hagel/Hahn et al. 2008).

zugeordnet, die der Überprüfung curricularer Vorgaben dient (vgl. Kuper 2011, S. 131ff.). Das Bindeglied beider Bewertungen stellt das jeweilige Lernfeld dar.[359]

Abbildung 67: Exemplarischer Fragebogenaufbau im Lernfeld 6 des Ausbildungsgangs ‚Bankkauffrau/-mann' (Auszug)

Welchen Stellenwert nehmen folgende volkswirtschaftliche Themenbereiche im Rahmen Ihrer berufsbezogenen Unterrichtskonzeption im Bildungsgang **‚Bankkauffrau/-mann'** ein?
(Frage 2/15)

Bitte schätzen Sie die Relevanz der volkswirtschaftlichen Themenbereiche im Bildungsgang **‚Bankkauffrau/-mann'** ein.

Themenbereich: **Preisbildung auf vollkommenen und unvollkommenen Märkten (LF6)**

Die Preisbildung in unterschiedlichen Marktformen (monopolistischer, polypolistischer und oligopolistischer Markt)

geringe Bedeutung	**eher geringe Bedeutung**	**mittelmäßige Bedeutung**	**eher hohe Bedeutung**	**hohe Bedeutung**	**unwichtig/wird nicht thematisiert**
◉	○	○	○	○	○

Die aggregierte Angebots- und Nachfragefunktion auf polypolistischen Märkten

geringe Bedeutung	**eher geringe Bedeutung**	**mittelmäßige Bedeutung**	**eher hohe Bedeutung**	**hohe Bedeutung**	**unwichtig/wird nicht thematisiert**
○	○	○	○	○	○

Die Marktmacht der Teilnehmer (Produzenten und Konsumenten) in unterschiedlichen Marktformen

geringe Bedeutung	**eher geringe Bedeutung**	**mittelmäßige Bedeutung**	**eher hohe Bedeutung**	**hohe Bedeutung**	**unwichtig/wird nicht thematisiert**
○	○	○	○	○	○

Darstellung der Preis-Absatz-Funktion in unterschiedlichen Marktformen

geringe Bedeutung	**eher geringe Bedeutung**	**mittelmäßige Bedeutung**	**eher hohe Bedeutung**	**hohe Bedeutung**	**unwichtig/wird nicht thematisiert**
○	○	○	○	○	○

Die Preisbildung auf unvollkommenen Märkten (z.B. keine homogenen Produkte, unvollkommene Informationen, Präferenzen,...)

geringe Bedeutung	**eher geringe Bedeutung**	**mittelmäßige Bedeutung**	**eher hohe Bedeutung**	**hohe Bedeutung**	**unwichtig/wird nicht thematisiert**
○	○	○	○	○	○

359 Im Falle der Bildungsgänge ‚Bürokaufmann/-frau' und ‚Kaufmann/frau für Bürokommunikation' wird eine analoge Vorgehensweise gewählt. Da beide Lehrpläne lernzielorientiert aufgebaut sind, werden diese in Items überführt.

Die Bewertung erfolgt auf Single-Item-Skalen, wodurch eine getrennte Relevanzbewertung der Inhalte ermöglicht wird.[360] Auf eine wechselnde Itempolung, und demzufolge eine Itemrevision, wird verzichtet, so dass die Akquieszenzproblematik zu berücksichtigen ist (vgl. Mummendey/Grau 2008, S. 156ff.).[361] Doppelte Verneinungen entfallen, da die Fragestellung über alle Ausbildungsgänge und alle Lernfelder hinweg konstant bleibt (vgl. Bühner 2011, S. 134f.; Porst 2009, S. 94ff.).[362]

Die Itemauswahl verfolgt einen hohen Auflösungsgrad, wodurch inhaltliche Spezifizierungen innerhalb eines Inhaltsbereiches ebenso berücksichtigt werden können wie unterschiedliche Auslegungsmöglichkeiten, die durch die Lernfeldkonstruktion eröffnet werden. Im Rahmen eines Pretests im Vorfeld der Durchführung wurde die Anzahl der zu bewertenden Items reduziert, da der quantitative Umfang zu hoch eingeschätzt wurde (vgl. Raab-Steiner/Benesch 2010, S. 58f.). Zu diesem Zweck werden die Items allgemeiner verfasst, so dass zwei Items aus dem Pretest in einem Item zusammengefasst werden können.[363]

---

360 Unter Single-Item-Skalen sind Skalierungen zu verstehen, die den gesuchten Messwert anhand einer Angabe der Versuchsperson ermitteln. Multi-Item-Skalen würden hingegen den gesuchten Wert aus mehreren Angaben der Testperson ermitteln.

361 Das Problem der Akquieszenz beschreibt eine grundsätzliche Tendenz der Zustimmung zu Items (vgl. Raab-Steiner/Benesch 2010, S. 61). Einzelnen Items wird tendenziell eher zugestimmt, als dass sie abgelehnt werden. Eine Lösung scheint darin zu liegen, dass Items wechselnd positiv und negativ formuliert werden, so dass eine identische Aussage wechselnder Antworten bedarf (vgl. Bühner 2011, S. 134). Jedoch ist dieses Vorgehen nicht unumstritten da eine wechselseitige Itempolung wesentlich höhere verbale Intelligenz und einen höheren Aufmerksamkeitsgrad des Probanden verlangt (vgl. Marsh 1996, S. 810ff.). Zusätzlich müsste die Anzahl unterschiedlich gepolter Items identisch sein, damit keine einseitige Verzerrung der Summenwerte vorliegt. Zudem ist es fraglich, ob eine Erfassung identischer Konstrukte durch unterschiedliche Items erfolgen kann (vgl. Barnette 2000, S. 361ff.).

362 Zur Reduzierung differenter Verständnisweisen wurde die Itemformulierung möglichst simpel gewählt oder im Einzelfall um stichwortartige Beispiele ergänzt (vgl. Mayer 2013, S. 91; Reinders 2011, S. 64; Raab-Steiner/Benesch 2010, S. 50f.; Kromrey 2009, S. 350).

363 Diese Vorgehensweise erfolgt als Reaktion auf die Fragestellung des inhaltlichen Auflösungsgrades, was als Kernbestandteil einer qualitativen Fragebogenerstellung gilt. Eine grobe Zusammenfassung in inhaltliche Kategorien hätte zur Folge, dass der Differenzierungsgrad der unterrichtlichen Realität mit Hilfe des Erhebungsinstruments nicht erfasst werden kann. Des Weiteren ergeben sich unreine Kategorien, da unterschiedlichen Inhalte sowie deren Gewichtung unter einer Kategorie zusammengefasst werden können. Hingegen würde eine sehr kleinschrittige Differenzierung

Neben besserer Übersichtlichkeit ist das strukturelle Testdesign durch die Existenz der Lernfelder als einzige Verankerung curricularer Inhaltsbeschreibung zu begründen. Rückgriffsmöglichkeiten auf ein eventuell bereits erprobtes Erhebungsinstrument bestehen nicht. Im Rahmen der Fragebogenkonstruktion erscheint es förderlich, dass dieser sich an den für die Testteilnehmer vertrauten Lehrplänen orientiert, so das Schwierigkeiten möglichst reduziert werden.

5.3.1 Auswahl der Fragestellung

Innerhalb des gesamten Bogens sind die qualitativen Fragestellungen konstant nach folgendem Muster formuliert:

> *Welchen Stellenwert nehmen folgende volkswirtschaftliche Themenbereiche im Rahmen Ihrer berufsbezogenen Unterrichtskonzeption im Bildungsgang ‚Name des kaufmännischen Bildungsgangs' ein?*

Zusätzlich wird eine ebenfalls konstante Handlungsanweisung gegeben:

> *Bitte schätzen Sie die Relevanz der volkswirtschaftlichen Themenbereiche im Bildungsgang ‚Name des Bildungsgangs' ein.*

Anschließend erfolgen jeweils eine Zitation des curricularen Inhalts sowie ein Hinweis auf das jeweilige Lernfeld in chronologischer Reihenfolge.[364] Mit Hilfe dieses Fragebogenkonzeptes werden ausschließlich individuelle Gewichtungen erfasst, weshalb allgemeine Formulierungsbegriffe vermieden werden, da diese

---

zu einer umfangreichen Erweiterung des Fragebogens über ein für die Teilnehmer adäquates Maß hinaus führen und das Nebenkriterium der ‚Zumutbarkeit' verletzen (vgl. Jonkisz/Moosbrugger/Brandt 2012, S. 34f.; Pospeschill 2010, S. 30, Kubinger/Proyer 2010b, S. 178). Des Weiteren ergäbe sich die Problematik eindeutiger Abgrenzungen zwischen einzelnen inhaltlichen Kategorien, was jedoch auf Grund inhaltlicher Überschneidungen praktisch nicht umsetzbar ist. Insofern ist die vorgenommene Untergliederung unter Berücksichtigung der Teilnehmerinanspruchnahme als hinreichend anzusehen.

364 Die einzelnen Fragestellungen werden offen formuliert, da heterogene Unterrichtskonzeptionen und -inhalte in einem homogenen Fragebogen berücksichtigt werden sollen. Inhaltliche Einschränkungen auf Grund der Fragestellung werden vermieden, was durch die Neutralität der Fragestellung gewährleistet wird. Ebenso begründen heterogene Unterrichtskonzeptionen die subjektive Frageformulierung durch die Anredepronomina.

einen verzerrenden Antworteffekt zu Gunsten sozial erwünschter Antworten auslösen können.[365]

Die quantitative Bewertung der einzelnen Lernfelder erfolgt nach identischem Muster, wobei zwei geschlossene Fragestellungen konstant durch den Fragebogen fortgeführt werden:

Sämtliche zuvor genannten Themengebiete lassen sich dem Lernfeld [Nr. des Lernfelds] ‚[Titel des Lernfelds]' zuordnen, welches einen Zeitrichtwert von [Anzahl] Stunden vorsieht.
Welchen zeitlichen Umfang können Sie tatsächlich auf das angesprochene Lernfeld verwenden?
Wie schätzen Sie den vorgesehenen Zeitbedarf in Relation zu den vorgesehenen Inhalten ein?

Während die erste Frage die Selbsteinschätzung der Teilnehmer hinsichtlich ihrer eigenen Unterrichtsdurchführung erfasst, stellt die zweite Frage einen Bezug zum jeweiligen Inhalt des Lernfelds mit dem Ziel her, die realistische Umsetzung der implementierten Inhalte im Rahmen der zugeordneten Zeitrichtwerte einzuschätzen.

5.3.2 Auswahl der Frageform

Qualitative inhaltliche Werte werden innerhalb des jeweiligen Bogens durch eine Kombination von skalierten Auswahlfragen sowie Fragen zur freien Beantwortung erfasst. Durch skalierte Auswahlfragen wird der kognitive Aufwand der Teilnehmer reduziert, so dass eine höhere Rücklaufquote skalierter Antworten gegenüber freier Antwortmöglichkeiten zu prognostizieren ist (vgl. Jonkisz/Moosbrugger/Brandt 2012, S. 40ff.).[366]

---

365 So weisen Mummendey/Grau darauf hin, dass sozial erwünschte Antworten kaum wirksam aus Fragebögen entfernt werden könnten und diskutieren die mögliche Option, keine Kontrolle vorzunehmen. Unter anderem konstatieren sie, dass das Ausmaß an Beschönigungstendenzen davon abhängig ist, in wie weit die Testperson durchblicken kann, welches konkrete Persönlichkeitsmerkmal mit einem Item eigentlich gemessen werden soll (vgl. Mummendey/Grau 2008, S. 175). Im hier vorliegenden Fragebogen werden hingegen keinerlei Persönlichkeitsmerkmale erfragt. Deshalb kann davon ausgegangen werden, dass der Effekt sozial erwünschter Antworten sich nicht relevant auswirken wird. Für weitere Effekte siehe Stigler 2012, S. 159f.

366 Vorteile geschlossener Frageformate liegen hinsichtlich der Eindeutigkeit der Antworten, der Vermeidung unbeabsichtigter Auslassungen sowie der eindeutigen Codierung vor, so dass potentielle Fehlerquellen im Rahmen der späteren Auswertung vermieden werden. Skalierte Antwortmöglichkeiten erlauben eine numerische Darstellung, da innerhalb eines Items jede potentielle Antwortmöglichkeit mit einem Punktwert versehen werden kann. Die Eindeutigkeit der Datenauswertung wird

Auf Probleme gebundener Itemformate macht Bühner aufmerksam, der Verfälschungsmöglichkeiten durch die Probanden selber sowie bestimmte Antworttendenzen anspricht, die im Rahmen von Fragebogenkonstruktionen Berücksichtigung finden müssen (vgl. Bühner 2011, S. 125ff.).[367] Verfälschungsmöglichkeiten durch Teilnehmer im Rahmen eines Fragebogens könnten selbst durch eine enge Situationskontrolle nicht ausgeschlossen werden, so dass potentielle Fehlerauswirkungen im Rahmen der Datenauswertung berücksichtigt werden müssen. Der hier konstruierte Fragebogen ermittelt ausschließlich individuelle Einschätzungen einer Person, so dass dieser, im Gegensatz zu personellen Leistungstests mit hoher Motivation zur individuellen Besserstellung gegenüber anderen Teilnehmern, lediglich in geringem Ausmaß von verfälschten Antworten betroffen sein dürfte (vgl. Pospeschill 2010, S. 57).[368] Des Weiteren werden außergewöhnliche Antworttendenzen eines Probanden kontrolliert (bspw. Extremantworten, graphische Antwortmuster) sowie eine Skala mit gerader Stufenzahl gewählt, so dass Antworttendenzen zur Mitte hin reduziert werden (vgl. Jonkisz/Moosbrugger/Brandt 2012, S. 60; Raab-Steiner/Benesch 2010, S. 55; Porst 2009, S. 81ff.; Mummendey/Grau 2008, S. 75ff.).

---

gewährleistet, wohingegen im Falle freier Antwortmöglichkeiten im Rahmen der Auswertung zwangsläufig ein Interpretationsspielraum verbleibt. So bleibt fraglich, ob der Testteilnehmer mit seiner gegebenen Antwort auch tatsächlich das ausdrücken kann, was er beabsichtigt. Zudem müssen die Antworten durch die auswertende Person so verstanden werden, wie es durch den Testteilnehmer beabsichtigt ist. Es können demgemäß Differenzen bei der Übertragung der Intention in das Wort durch die Versuchsperson und durch die Rückübertragung des Wortes in die vermeintliche Intention durch die auswertende Person entstehen (vgl. Porst 2009, S. 18ff.).

367 Mummedy spricht die inhaltliche Abgeschlossenheit der skalierten Fragen an, die für eine abschließende Befragung eine Abbildung des gesamten Item-Universums erfordere (vgl. Kromrey 2009, S. 353ff.; Mummendey/Grau 2008, S. 74f.). Abgesehen davon, dass eine abschließende Aufzählung sämtlicher Inhaltsbereiche kaum möglich sein dürfte, würde der quantitative Umfang des Bogens derart erweitert, dass eine effektive Bearbeitung kaum möglich sein dürfte.

368 Eine, wenn auch umstrittene, Strategie zur Identifikation verfälschter Antworten stellen so genannte Forced-Choice-Items dar (vgl. Bühner 2011, S. 127f.). Dabei werden Persönlichkeitsmerkmale des Probanden abgefragt, die dieser zwangsläufig angeben muss. Jedoch konnte Heggestad et al. nachweisen, dass auch Forced-Choice-Items verfälscht werden können und infolgedessen zur Simulationskontrolle nicht geeignet sind (vgl. Bühner 2011, S. 128; Heggestad/Morrison M./Reeve C.L. et al. 2006, S. 17ff.).

5.3.3 Auswahl der Skalierung

Die Einschätzung der inhaltlichen Relevanz erfolgt auf einer 6-stufigen Bewertungsskala, die, angelehnt an eine Ratingskala im 5-Punkt Likert-Format, das Zustimmungsmaß von ‚geringer Bedeutung' bis ‚hoher Bedeutung' abbildet, wobei zusätzlich ein sechster Wert hinzugefügt wurde, falls ein Inhaltsbereich ausgelassen wird (und dementsprechend keine unterrichtliche Relevanz besitzen kann).[369] Definitorisch ist eine Likert-Skala dergestalt aufgebaut, dass eine wertende Aussage getroffen wird und die Testteilnehmer ihre Zustimmung bzw. Ablehnung zu der getroffenen Aussage abgeben, wodurch deren Einstellungen erfasst werden (vgl. Mayer 2013, S. 86ff.).[370] Das aus Teilnehmersicht grundsätzliche Verfahren einer Rating-Skala wird in der vorliegenden Studie beibehalten, jedoch werden keine wertenden Aussagen als Beurteilungsgrundlage ausgewählt, sondern volkswirtschaftliche Inhaltsbereiche, die durch die Lehrpersonen beurteilt werden.

Die Abstände zwischen den einzelnen Auswahloptionen untereinander sind identisch und verteilen sich (im Falle der wertbeimessenden Items) im Gesamten gleichermaßen auf hohe und niedrige Optionen zu einer bipolaren Ratingskala (vgl. Raab-Steiner/Benesch 2010, S. 55; Mummendey/Grau 2008, S. 75).[371] Jede qualitative Einschätzung wird um die Freitextantwort ‚sonstige' erweitert, so dass die Möglichkeit zur Erfassung sämtlicher Unterrichtsinhalte eröffnet wird.[372] Der

369 Die Anzahl der Auswahlmöglichkeiten darf die von den Teilnehmern zu erwartenden Differenzierungsfähigkeit nicht übersteigen, wobei die Differenzierungsfähigkeit durch die Anzahl unterschiedlicher Beurteilungen der Erfahrungswerte der Teilnehmern bedingt wird (vgl. Mayer 2013, S. 83; Schmidt-Atzert 2010, S. 65). Mehr als 6 Rating-Stufen wären in diesem Fall problematisch, da die individuelle Einschätzung der Teilnehmer einen höheren Differenzierungsgrad nicht durchweg rechtfertigt, so dass die vorgesehene Antwortzahl auf Grund inhaltlicher Kenntnisse sowie vorhandener Unterrichtserfahrungen für die teilnehmenden Lehrpersonen als angemessen angesehen wird (vgl. Schmidt-Atzert 2010, S. 65; Porst 2009, S. 82).

370 Zu Skalierungsformen sowie deren ausführlichen Darstellung und Diskussion vgl. Jonkisz/Moosbrugger/Brandt 2012, S. 50ff.; Backhaus/Erichson/Plinke et al. 2011, S. 10ff.; Behnke/Baur/Behnke 2010, S. 103ff.; Fahrmeir/Künstler/Pigeot et al. 2010, S. 17ff.; Häder 2010, S. 101ff.; Kuckartz/Rädiker/Ebert et al. 2010, S. 16ff.; Gehring/Weins 2009, S. 43ff.; Bortz 2005, S. 18ff.; Murphy/Davidshofer 2005, S. 92ff.; Hackl/Katzenbeisser 1996, S. 5ff.

371 Die Haltung zu einem Item kann durch die Optionen ‚geringe Bedeutung', ‚eher geringe Bedeutung', ‚mittelmäßige Bedeutung', ‚eher hohe Bedeutung' und ‚hohe Bedeutung' ausgedrückt werden (vgl. Stigler 2012, S. 158).

372 Es wird eine niedrigere Rücklaufquote in diesem Fragebereich gegenüber geschlossenen Frageformaten prognostiziert.

inhaltlichen Vollständigkeit wird in diesem Fall ein höherer Stellenwert zugesprochen als der formalen Stringenz. Das beschriebene 6-stufige Rating-Format bleibt innerhalb des gesamten Fragebogens über sämtliche Ausbildungsgänge konstant bestehen (vgl. Schmidt-Atzert 2010, S. 65).[373] Die Auswertung der Items erfolgt mit Hilfe einer numerischen Skala, die auf Grund des identischen Abstands zwischen den Items konstant definiert ist. Die numerischen Werte können in aufsteigender Reihenfolge die Werte zwischen 0 und 5 betragen (von ‚wird nicht thematisiert' bis ‚hohe Relevanz', vgl. Mayer 2013, S. 72f.; Reinders/Gniewosz 2011, S. 121).

Die quantitative Einschätzung eines Lernfeldes erfolgt ebenfalls anhand einer 5-Punkt-Rating-Skala, die keiner Erweiterung bedarf.[374] Die numerische Werteverteilung sowie die daran anschließenden Auswertungen erfolgen entsprechend den Items im qualitativen Bereich. Dies erfolgt auf Lernfeldebene und nicht, wie im Fall der qualitativen Bewertung, auf Basis einzelner Inhalte, was durch die Zuordnung spezifischer Zeitwerte auf Lernfeldebene bedingt wird. Die Zusammensetzung der Lernfelder aus mehreren fachlichen Inhaltsbereichen ohne entsprechend zugeordnete Zeitvorgaben verbietet eine Zeiteinschätzung auf Basis einzelner Inhalte.[375]

5.3.4 Gütekriterienermittlung des Erhebungsinstruments

Die Bewertung des der vorliegenden Studie zu Grunde liegenden Fragebogens erfolgt unter Rückgriff auf die Gütekriterien der klassischen Testtheorie, so dass die erforderlichen Maßstäbe der ‚Objektivität', ‚Validität' und ‚Reliabilität' zu berücksichtigen sind. Dabei ist das Kriterium der Objektivität hinsichtlich der Testdurchführung (‚Durchführungsobjektivität'), der Auswertung der erhobenen Werte (‚Auswertungsobjektivität') und der Ergebnisinterpretation (‚Interpretationsobjektivität') zu untergliedern (vgl. Mayer 2013, S. 55ff.; Moosbrugger/Kelava 2012, S. 8ff.; Schnell/Hill/Esser 2011, S. 142ff.; Behnke/Baur/Behnke 2010, S. 353; Raab-Steiner/Benesch 2010, S. 39; Kromrey 2009, S. 375ff.; Kuckartz/Ebert/Rädiker et al. 2009, S. 32; Porst 2009, S. 15; Böhm-Kasper/Weishaupt 2008, S. 93).

---

373 Hinweise zur Item-Abgrenzung werden innerhalb des Fragebogens nicht gegeben, da diese auf inhaltlichen Komponenten beruhen.

374 Der tatsächliche Zeitaufwand wird auf der Rangordnungsskala ‚deutlich weniger', ‚etwas weniger', ‚nahezu gemäß Zeitrichtwert', ‚etwas mehr' und ‚deutlich mehr' eingeschätzt, während der Zeitbedarf in Relation zu den Inhalten die Optionen ‚deutlich zu niedrig', ‚etwas zu niedrig', ‚passend', ‚etwas zu hoch' und ‚deutlich zu hoch' bietet.

375 Es ist an dieser Stelle nicht möglich, die curricularen Zeitrichtwerte durch die Anzahl der Inhalte zu dividieren, da die zeitliche Zuordnung der Inhalte innerhalb eines Lernfeldes variabel ist.

Die konstante Fragenstellung innerhalb des Fragebogens führt zu einem hohen Standardisierungsgrad in Form eines vollstandardisierten Fragebogens, wodurch die Durchführungsobjektivität empirischer Messinstrumente sichergestellt wird (vgl. Moosbrugger/Kelava 2012, S. 9; Bühner 2011, S. 58ff.; Kubinger/Proyer 2010b, S. 173ff.; Murphy/Davidshofer 2005, S. 78ff.; Pätzold/Klusmeyer/Wingels et al. 2003, S. 66; zum vollstandardisierten Fragebogen vgl. Konrad 2007, S. 42). Grundsätzlich beschreibt das Kriterium der Durchführungsobjektivität die Unabhängigkeit der Datenerhebung von Einflüssen, die durch den Testleiter ausgeübt werden und die erhobenen Werte verfälschen (vgl. Pätzold/Klusmeyer/Wingels et al. 2003, S. 66). Neben dem Erhebungsinstrument kann das Kriterium durch Testleitereffekte sowie situative Faktoren beeinflusst werden. Testleitereffekte werden innerhalb der vorliegenden Studie dadurch vermieden, dass kein direkter Kontakt zwischen Testleiter und teilnehmender Person stattfindet. Die Unabhängigkeit eines Fragebogens vom durchführenden Testleiter wird von Kubinger/Proyer weiter ausgeführt, in dem sie auf die vollständige Instruktion, die standardisierte Auswertung, die standardisierte Reaktion des Computers sowie die reduzierte Interaktion zwischen dem Testleiter und der Versuchsperson verweisen, was im Rahmen des vorliegenden Erhebungsinstruments gegeben ist (vgl. Kubinger/Proyer 2010a, S. 149f.). Eine Situationskontrolle als dritter Bestandteil der objektiven Durchführung kann auf Grund der online-gestützten Datenerhebung nicht erfolgen, wobei mit Hilfe eines Pretests ein ausreichender Standardisierungsgrad des Bogens nachgewiesen wird. Zudem können durch die Erfassung der Verweildauer pro Seite mögliche Probleme des Teilnehmers beim Ausfüllen des Bogens erkannt und im Rahmen der Auswertung berücksichtigt werden. Demzufolge liegen konstante Testbedingungen vor und die das Kriterium der Durchführungsobjektivität kann im vorliegenden Fall als gesichert angesehen werden.

Die Zuweisung numerischer Werte sichert die Auswertungsobjektivität als Gütekriterium empirischer Erhebungsinstrumente. Ergebnisverfälschungen durch fehlerhafte Überführung der Testdaten in andere Darstellungsformen werden vermieden, da auf einen manuellen Codierungsschritt verzichtet wird (vgl. Moosbrugger/Kelava 2012, S. 9f.; Stigler/Reicher 2012, S. 239f.; Kirchhoff/Kuhnt/Lipp et al. 2010, S. 37; Kuckartz/Ebert/Rädiker et al. 2009, S. 60). Der Itemschlüssel ist über sämtliche geschlossene Fragen in sämtlichen Ausbildungsgängen konstant, wodurch eine Vergleichbarkeit zwischen zwei Ausbildungsgängen auf Basis eines Inhaltsfeldes ermöglicht wird (vgl. Mummendey/Grau 2008, S. 74f.). Die Zuweisung numerischer Werte sichert innerhalb der Studie ebenfalls die geforderte Interpretationsobjektivität, da durch die eindeutige Itemformulierung kein Spielraum für individuelle Deutungen im Rahmen der Interpretation verbleibt (vgl. Moosbrugger/Kelava 2012, S. 10; Pätzold/Klusmeyer/Wingels et al. 2003, S. 67).

Die Konstruktion der Fragestellung innerhalb des Fragebogens erfolgt in enger Anlehnung an aktuelle curriculare Vorgaben, so dass jeder curriculare Zielbereich als einzelne Fragestellung in den Bogen übernommen wird und inhaltsorientiert zu einzelnen Items aufgelöst wird. Insofern existiert eine Itembatterie zu jeder einzelnen Inhaltsvorgabe. Im Kontext personeller Einschätzungen, die innerhalb des vorliegenden Bogens ermittelt werden, sind in vorliegendem Fall inhaltliche Kriterien konstruktleitend, weshalb der Inhaltsvalidität primäre Bedeutung zukommt. Die Inhaltsvalidität wird dahingehend bestimmt, dass sämtliche möglichen Inhalte innerhalb des Bogens repräsentiert sein müssen, damit die Testergebnisse verallgemeinernd interpretierbar sind (vgl. Hartig/Frey/Jude 2012, S. 149f.; Moosbrugger/Kelava 2012, S. 15; Schnell/Hill/Esser 2011, S. 147). Die enge Orientierung des vorliegenden Fragebogens anhand der curricularen Vorgaben sichert die Vollständigkeit des curricular vorgegebenen Itemuniversums und folglich die Validität des Fragebogens. Es existiert kein theoriebasiertes Konstrukt, anhand dessen die curricularen Inhalte ausgewählt werden, so dass eine Überprüfung einer zugrunde liegenden Theorie nicht möglich ist. Ebenso sind keine externen Prüfkriterien, die auf Basis einzelner Testwerte zu überprüfen wären, vorhanden.

> „Es gibt also eine Reihe von Forschungsfragestellungen [...] für die zu ermitteln ausreicht, wie eine Person zu verschiedenen Zeitpunkten oder unter bestimmten Umständen bestimmte Sachverhalte oder sich selbst sieht bzw. darstellt, ohne dass ermittelt werden muss, wie die Person die Dinge oder sich selbst ‚wirklich' sieht. In diesem Sinne kann auch die Bedeutung der Validität bzw. Gültigkeit eines psychologischen Verfahrens wie des Fragebogens ein wenig relativiert werden" ((Mummendey/Grau 2008), S. 105.

Vor Beginn der Erhebungsphase erfolgte eine Reliabilitätsuntersuchung mit Hilfe eines Pretests, dessen Korrelation zum Fragebogen mit .884 ermittelt wird (vgl. Moosbrugger/Kelava 2012, S. 12; Schermelleh-Engel/Werner 2012, S. 122; Schnell/Hill/Esser 2011, S. 143f.; Kallus 2010, S. 86ff.; Kuckartz/Ebert/Rädiker et al. 2009, S. 49f.; Porst 2009, S. 185f.; Konrad 2007, S. 72f.).[376] Aufgrund der innerhalb des Pretests obligatorischen Merkmalsstabilität wird die Dauer zwischen beiden Testdurchläufen auf sechs Wochen festgesetzt, wobei die Probanden während des ersten Durchlaufs nicht darüber informiert waren, den Test ein zweites Mal durchzuführen, so dass keine bewusste Einprägung des Tests bzw. einzelner Fragen durch die Teilnehmer erfolgen kann (vgl. Pospeschill

---

376 Für eine exemplarische Reliabilitätsdiskussion anhand kaufmännischer Prüfungsaufgaben siehe Klotz/Winther 20127ff.

2010, S. 22). Auf Grund latenter Einstellungen wird auf eine längere Zeitspanne zwischen den beiden Testdurchläufen verzichtet. Durch die Korrelation der Einstellungen zur beruflichen Tätigkeit bzw. zu den basierenden Lehrplänen ist von einer schnelllebigen Veränderung der Einstellung nicht auszugehen, so dass innerhalb eines Zeitfensters von sechs Wochen keine wesentliche Einstellungsveränderung gegenüber bestehenden Lehrplänen zu erwarten ist (vgl. Schermelleh-Engel/Werner 2012, S. 123ff.).

Im Rahmen der Reliabilitätsschätzung wird zusätzlich zur dargestellten zeitlichen Merkmalstabilität die interne Konsistenz des Fragebogens ermittelt und kontrolliert. Im Rahmen dessen werden die jeweiligen Cronbachs-Alpha-Werte pro Bildungsgang ermittelt und maximiert, indem Einzelitems mit niedrigen Reliabilitätskoeffizienten unberücksichtigt bleiben (vgl. Bühl 2014, S. 589ff.; Janssen/Laatz 2013, S. 578ff.; Schermelleh-Engel/Werner 2012, S. 130ff.; Schnell/Hill/Esser 2011, S. 145 und 469ff.). Ebenso bleiben Items mit Trennschärfekoeffizienten <.20 unberücksichtigt. Analog likert-basierter Skalenkonstruktionen erfolgt in der vorliegenden Studie die Konstruktion volkswirtschaftlicher Inhaltsbereiche aus einzelthematischen volkswirtschaftlichen Items, wobei innerhalb jedes Bildungsgangs eine interne Konsistenz >.90 für das jeweilige Gesamtkonstrukt ‚volkswirtschaftliche Inhalte' erreicht werden kann:

Tabelle 23: Interne Konsistenz der Items pro Bildungsgang[377]

Bildungsgang	**Reliabilitätskoeffizient der internen Konsistenz (Cronbachs α)**
Automobilkaufmann/-frau	,972
Bankkaufmann/-frau	,978
Bürokaufmann/-frau	,969
Immobilienkaufmann/-frau	,986
Industriekaufmann/-frau	,980
Kaufmann/-frau für Versicherungen und Finanzen	,990
Kaufmann/-frau für Spedition und Logistikdienstleistung	,962
Kaufmann/-frau im Einzelhandel	,966
Kaufmann/-frau im Groß- und Außenhandel	,990

377 Angegeben sind lediglich die internen Konsistenzen der volkswirtschaftlichen Inhalte einzelner Bildungsgänge. Die Reliabilitäts- sowie Trennschärfekoeffizienten der einzelnen Items können Anhang 13 entnommen werden.

5.3.5 Exkurs: Messniveau der Variablen und die ‚undermeasurement-Kontroverse'

Im Hinblick auf mögliche Operationen, die mit Hilfe der vorliegenden Werte durchgeführt werden sollen, erlangt die Messniveauklassifikation der Variablen entscheidende Bedeutung, da zur Durchführung unterschiedlicher methodischer Operationen unterschiedliche Mindestmessniveaus der Daten benötigt werden. Während intervallskalierte Daten die Anwendung multivariater Verfahren ermöglichen, lassen Daten auf Ordinalskalenniveau dies nicht zu (vgl. Bortz 2005, S. 25ff.; Allerbeck 1978, S. 210).[378] Folglich sind die Auswertungs- und Analysemöglichkeiten ordinalskalierter Daten gegenüber intervallskalierter Daten wesentlich geringer, was in der forschungspraktischen Historie dazu führte, dass ordinalskalierte Daten vermehrt wie intervallskalierte Daten verwendet wurden. Die daraus entstehende, als ‚undermeasurement-Kontroverse' bezeichnete, Diskussion wird im anglistischen Raum seit den 1960er-Jahren (im deutschsprachigen Raum seit den 1970er Jahren) geführt und thematisiert somit einen Widerspruch zwischen ‚reiner Methodenlehre' und weitgehend akzeptierter Forschungspraxis (vgl. Spatz 2008, S. 16; Köberer 1996, S. 134ff.; Allerbeck 1978, S. 199ff.; Scheuch 1976, S. 94ff.; Acock/Martin 1974, S. 427ff.).[379] Ein abschließender Konsens konnte im Zeitverlauf nicht gefunden werden, so dass die Kontroverse aktuell, wenn auch in wesentlich abgeschwächtem Maße, weiterhin ungeklärt ist. Die wesentliche Autorenmehrzahl erkennt dabei die Anwendung intervallskalierter Verfahren auf ordinalskalierte Werte an, jedoch lediglich

---

378 Ordinalskalierte Daten können lediglich die Reihenfolge zwischen unterschiedlichen Werten darstellen, nicht jedoch den Abstand zwischen zwei Werten, so dass nur ‚größer als' bzw. ‚kleiner als'-Aussagen möglich sind. Zur Quantifizierung der Größendifferenzen sind Daten auf Intervallskalenniveau Voraussetzung, da diese zusätzlich zur quantitativen Reihung ebenfalls die Abstandsgröße definieren (vgl. Stigler/Reicher 2012, S. 247ff.; Backhaus/Erichson/Plinke et al. 2011, S. 10; Reinders/Gniewosz 2011, S. 123; Behnke/Baur/Behnke 2010, S. 104f.; Fahrmeir/Künstler/Pigeot et al. 2010, S. 18; Kuckartz/Rädiker/Ebert et al. 2010, S. 17; Gehring/Weins 2009, S. 44f.; Bortz 2005, S. 24; Hadler 2005, S. 19ff.; Hackl/Katzenbeisser 1996, S. 5).

379 Die Argumentation der Kontroverse beruht im Wesentlichen auf zwei Diskussionssträngen: zum einen wird auf historische Wissenschaftsentwicklung verwiesen, innerhalb derer erst durch den angesprochenen ‚methodisch umstrittenen' Datenumgang empirisch basierte Theorien entwickelt werden konnten und deren Überprüfung auf Skalenniveaueben erst in einem zweiten Schritt erfolgte (vgl. Allerbeck 1978, S. 205). Die zweite Argumentation thematisiert die Differenzen zwischen Datenauswertungen auf Ordinal- und Intervallskalenniveau, deren Ausmaß tendenziell gering angesehen wird (vgl. Köberer 1996, S. 136f.).

unter der Voraussetzung, dass die Abstände zwischen unterschiedlichen Ausprägungen einzelner Variablen möglichst konstant gehalten werden (vgl. exemplarisch Spatz 2008, S. 16; Scheuch 1976, S. 95; zur mathematischen Beweisführung, dass äquidistante Skalenwerte einer Ordinalskala als intervallskaliert angesehen werden können, vgl. Spatz 2008, S. 15f.).[380]

Die innerhalb des ‚undermeasurement-Disputs' angesprochenen Argumente und Kriterien besitzen im Hinblick auf die vorliegende Untersuchung ebenfalls Gültigkeit, da die strittige Behandlung von ordinal- bzw. intervallskalierten Daten insbesondere auf soziologisch geprägte, skalierte Antwortmöglichkeiten im Rahmen von Beurteilungsaufgaben zutrifft, worauf speziell Pospeschill verweist (vgl. Pospeschill 2010, S. 57; siehe auch Mayer 2013, S. 83; Schnell/Hill/Esser 2011, S. 134ff.; Häder 2010, S. 97ff.; Raab-Steiner/Benesch 2010, S. 23ff.; Porst 2009, S. 69ff.; Spatz 2008, S. 39f.; Konrad 2007, S. 62; Bortz 2005, S. 18ff.).[381] Innerhalb des vorliegenden Falls kann eine Ordinalskalierung durch die Abstufung der Antworten gerechtfertigt werden (vgl. Mayer 2013, S. 83; Raab-Steiner/Benesch 2010, S. 56; Kromrey 2009, S. 397f.). Unter Zugrundelegung strenger Definitionskriterien kann eine Intervallskalierung hingegen nicht unmittelbar unterstellt werden, da die Abstände zwischen einzelnen Variablenausprägungen einem Einfluss subjektiv geprägtem Begriffsverständnis unterliegen. Innerhalb dieser Untersuchung wird jedoch eine weite methodologische Begriffsauslegung bevorzugt, so dass multivariable Auswertungsverfahren angewendet werden können. Begründet wird dies mit der strukturellen Anlehnung der Ratingskala (aus Teilnehmersicht) an eine Likert-Skalierung, deren Daten nach aktuellem Stand als intervallskaliert behandelt werden können (vgl. Backhaus/Erichson/Plinke et al. 2011, S. 11; Behnke/Baur/Behnke 2010, S. 105f.; Fahrmeir/Künstler/Pigeot et al. 2010, S. 18f.; Gehring/Weins 2009, S. 55; Hadler 2005, S. 21). Des Weiteren liegen konstante Fragestellungen, konstante Darstellungsformen, konstante Antwortmöglichkeiten sowie konstante Antwortabstufungen vor, so dass Änderungen der Werteabstände ausgeschlossen sowie subjektive Verzerrungen innerhalb des gesamten Bogens minimiert werden. Zusätzlich kann sich exemplarisch auf den Nachweis Allerbecks berufen werden, wonach die Verwendung eines intervallskalierten Niveaus zu

380 Einigkeit herrscht weitergehend dahin, dass die Anwendung intervallskalierter Daten auf grob strukturierte ordinale Werte (insbesondere 2 x 2-Tabellen) fehleranfällig ist (vgl. Scheuch 1976, S. 95).

381 Köberer verweist darauf, dass insbesondere im Rahmen empirischer Sozialforschung unterschiedliche Messniveaus nur unzulänglich beachtet werden, was oftmals aus der Übernahme bestehender Instrumente/Skalen resultiere (vgl. Köberer 1996, S. 135).

keinen wesentlich anderen Aussagen gegenüber eines Instrumentes auf ordinalskaliertem Messniveau führt (vgl. Allerbeck 1978, S. 207ff.; vgl. weiterhin Gehring/Weins 2009, S. 46; Köberer 1996, S. 136; Hess 1982, S. 19). Weiterhin verweisen Fahrmeir et al. darauf, dass die Ermittlung arithmetischer Mittelwerte im Rahmen der Auswertung zum Vergleich zweier Teilnehmergruppen auch mit ordinalskalierten Werten sinnvoll interpretierbare Ergebnisse liefert (vgl. Fahrmeir/Künstler/Pigeot et al. 2010, S. 18f.). Dem wird im Rahmen der vorliegenden Studie Rechnung getragen, da mit Hilfe arithmetischer Mittelwerte, die unter strenger Definition Intervallskalenniveau voraussetzen, ausschließlich Gruppenvergleiche unterschiedlich definierter Teilnehmergruppen erfolgen, so dass die Verwendung einer weiten Definitionsauslegung unkritisch zu sehen ist. Somit wird innerhalb der vorliegenden Studie sichergestellt, dass keine Differenzen der getroffenen Aussagen vorliegen, welche durch die Verwendung von Verfahren, die ein Intervallskalenniveau voraussetzen, an ordinalskalierten Werten entstehen.

5.4 Zeitlicher Verlauf der empirischen Studie

Die Konstruktion des Fragebogens sowie die anschließende Korrektur nach durchgeführten Pretest enden im April 2014, so dass mögliche nachfolgende curriculare Änderungen innerhalb des Bogens nicht berücksichtigt werden. Im Mai 2014 wird der Fragebogen mit Hilfe der Plattform soscisurvey.de eingerichtet und parallel dazu die Adressdaten aller 118 kaufmännischen Berufskollegs in Nordrhein-Westfalen mit entsprechenden Bildungsgängen ermittelt.[382] Die Einbeziehung der jeweiligen Schulleitung in empirische Untersuchungen ist in Nordrhein-Westfalen obligatorisch und basiert auf dem Durchführungserlass des Ministeriums für Schule und Weiterbildung vom 15. Juli 1996 zur ‚Durchführung empirischer Untersuchungen und Befragungen in Schulen‘ (vgl. Ministerium für Schule und Weiterbildung des Landes Nordrhein-Westfalen 1996b), wonach die Entscheidung zur Durchführung empirischer Studien dem jeweiligen Schulleiter obliegt. Zeitgleich dazu wird eine postalische Ankündigung (orientiert am Aufbau nach Kirchhoff/Kuhnt/Lipp et al. 2010, S. 29ff.) mit der Bitte um Teilnahme an die Schulleitungen vorbereitet, deren Versand am 30. Mai erfolgt.[383] Der Versandt der Teilnahmelinks erfolgt am 5. Juni 2014.

382 Dazu werden die Schulverzeichnisse der fünf Regierungsbezirke, einsehbar auf deren jeweiliger Homepage, hinsichtlich der relevanten Ausbildungsgänge gefiltert und die einzelnen Schuladressen ermittelt.

383 Zum Anschreiben siehe Anhang 14.

Am 25. Juni 2014 und am 12. September ergeht per Mail jeweils ein Reminder an die Schulen. Aufgrund heterogener Teilnahmezahlen in einzelnen Bildungsgängen erfolgt ein Besuch an einzelnen kaufmännischen Berufskollegs im Raum Aachen, so dass entsprechende Lehrpersonen direkt um Teilnahme gebeten werden können, bevor die Umfrage am 26. September 2014 beendet wird.[384]

Abbildung 68: Übersicht über den zeitlichen Ablauf der Studie

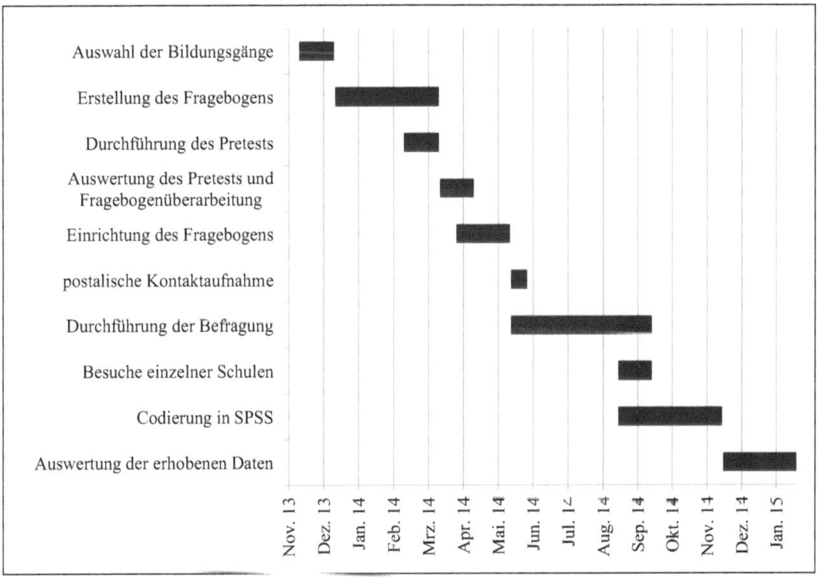

384 Die Dauer der Umfrage wird durch die Lage der Sommerferien in Nordrhein-Westfalen vom 7 Juli bis 19. August 2014 verlängert. Da die Teilnahmelinks innerhalb der Schulen verteilt werden, kann davon ausgegangen werden, dass die Mehrzahl der Teilnehmer während der Schulzeit an der Umfrage teilgenommen hat. Während der Sommerferien in Nordrhein-Westfalen werden kaum Teilnahmen an der Umfrage verzeichnet.

6 Ergebnisse der Studie

6.1 Deskriptive Verteilungsgrößen

6.1.1 Personelle Verteilung

Der Anteil männlicher und weiblicher Teilnehmer ist innerhalb der Studie nahezu ausgeglichen verteilt (männlich = 51,27%, weiblich = 48,73%) und entspricht annähernd den nordrhein-westfälischen Durchschnittswerten an Berufskollegs (männlich = 51,0%, weiblich = 49,0%, vgl. Ministerium für Schule und Weiterbildung des Landes Nordrhein-Westfalen 2014a, S. 49). Ebenso sind Lehrkräfte mit eigener kaufmännischer Ausbildung und solche ohne kaufmännische Ausbildung nahezu gleichverteilt (mit kaufmännischer Ausbildung = 52,60%, ohne kaufmännische Ausbildung = 47,40%).[385]

Abbildung 69: Studienabschluss der Teilnehmer

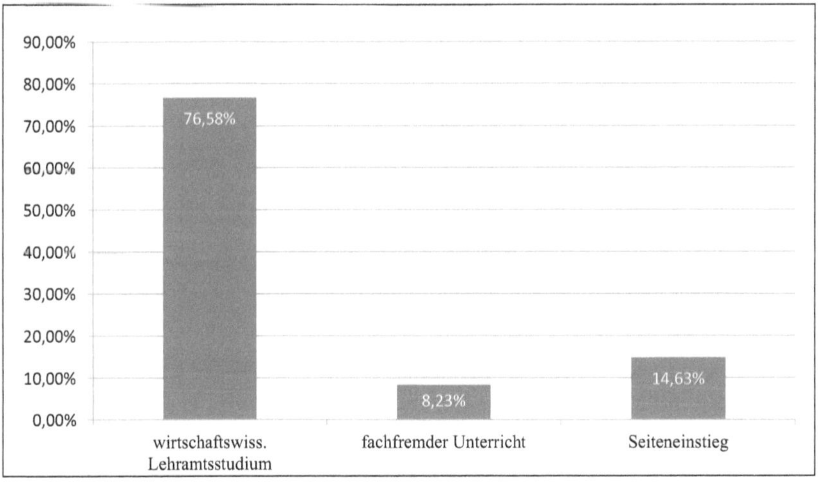

Die Vorbildungsstruktur der teilnehmenden Lehrkräfte wird durch deren institutionalisierte Fachbildungsstruktur erfasst, wobei in die drei Kategorien ‚Wirtschaftswissenschaftliches Lehramtsstudium', ‚Lehramtsstudium in einem anderen

385 Ähnliche Quoten erheben auch Pätzold et al. (vgl. Pätzold/Klusmeyer/Wingels et al. 2003, S. 76).

Unterrichtsfach' (folglich aktuell fachfremder Unterricht) sowie ,Lehrbefähigung ohne vorhandenes Lehramtsstudium' (als ,Seiteneinstieg') differenziert wird. Eine deutliche Mehrheit besitzt ein wirtschaftswissenschaftliches Lehramtsstudium, wie Abbildung 69, S. 231 aufzeigt.

Die Altersstruktur der Teilnehmer wird anhand ihrer Diensterfahrung in Jahren erhoben und in 4 Kategorien eingeteilt. Dabei sind unerfahrene Lehrkräfte im Rahmen der Untersuchung stärker repräsentiert, was durch die mediale Umsetzung der Untersuchung zu begründen ist:

Abbildung 70: Erfahrungswerte der Teilnehmer

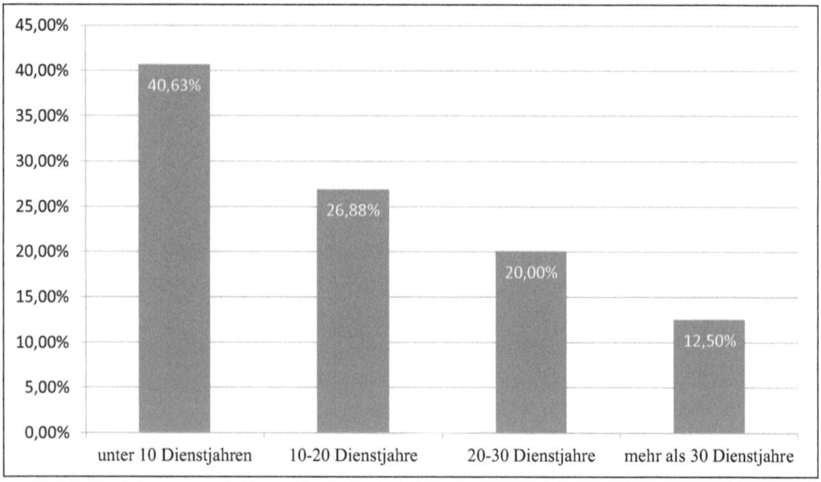

6.1.2 Inhaltsbezogene Relevanzbewertung

Ausgehend von der bereits nachgewiesenen Klassenzahl der einzelnen Ausbildungsgänge multipliziert mit der Anzahl relevanter Lernfelder in unterschiedlichen Jahrgängen sind maximal 1.840 Lehrpersonen teilnahmeberechtigt. Darauf basierend beträgt die Rücklaufquote der gesamten Studie 11,63%:

Abbildung 71: Rücklaufquoten einzelner Bildungsgänge

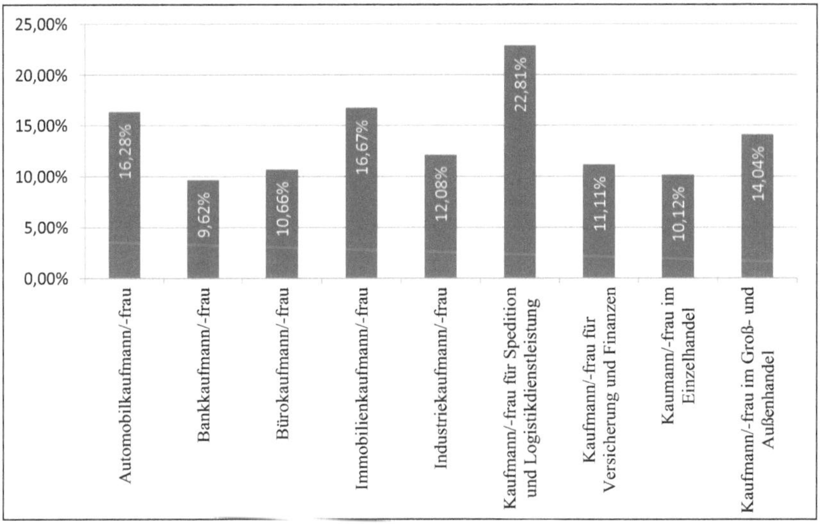

Die zuvor anvisierte Rücklaufquote in Höhe von 10% wird in den meisten der relevanten Bildungsgängen erreicht. In den quantitativ schwach besetzten Bildungsgängen (‚Automobil-, und ‚Immobilienkaufmann/-frau') sowie im Bildungsgang ‚Kaufmann/-frau für Spedition und Logistikdienstleistung' wird die Zielsetzung deutlich überschritten, während die Rücklaufquote im Bildungsgang ‚Bankkaufmann/-frau' geringfügig unter der Zielmarke liegt.[386]

Unter Einschränkung auf die wertbeimessenden Antworten zeigt die deskriptive univariate Analyse der qualitativen Lernfeldanalyse über alle Bildungsgänge hinweg annähernd eine Normalverteilung (vgl. Mayer 2013, S. 120):

386 Während die höheren Rücklaufquoten in den Bildungsgängen ‚Automobilkaufmann/-frau' und ‚Immobilienkaufmann/-frau' durch den vergleichsweise geringen quantitativen Umfang beider Bildungsgänge zu begründen sind, so kann diese Begründung im Bildungsgang ‚Kaufmann/-frau für Spedition und Logistikdienstleistungen' nicht aufrechterhalten werden, da eine quantitativ stärkere Besetzung vorliegt. Vermutlich sind die vergleichsweise hohen Rücklaufquoten auf das Engagement einzelner Schulleitungen zurückzuführen, die die Verteilung des Teilnahmelinks offensiv unterstützten.

Abbildung 72: Verteilung wertbeimessender Antworten

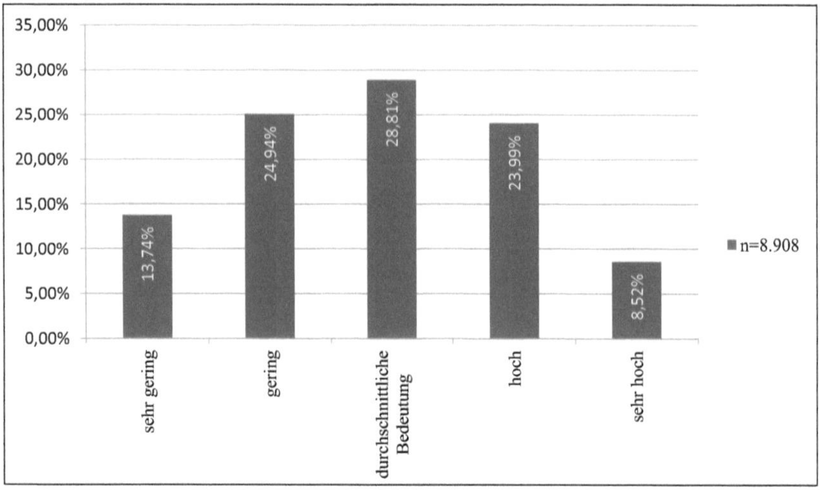

Das Verhältnis zwischen Antworten einer hoher und einer niedrigen Bedeutung zeigt mit 38,68% gegenüber 32,51% einen leichten Überhang geringer Bewertungen. Unter Berücksichtigung der Antwortoption ‚unwichtig/wird nicht thematisiert' bleibt eine Normalverteilung weiterhin erkennbar:

Abbildung 73: Verteilung der gesamten Antworten

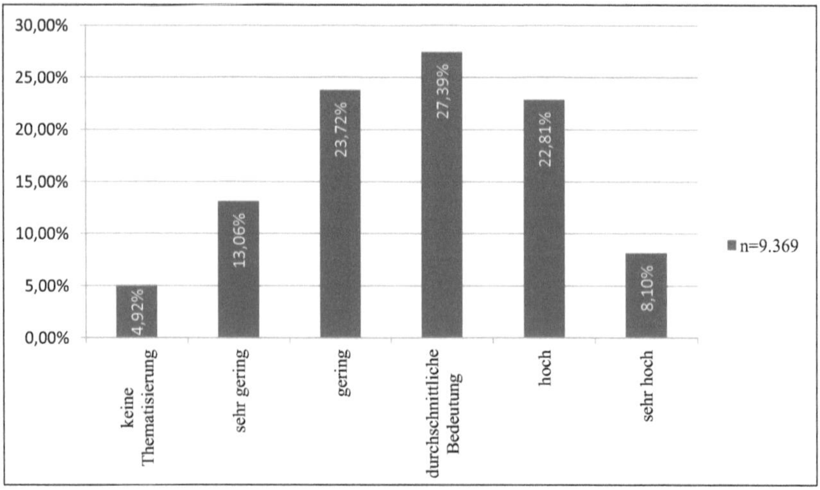

Das Item ‚wird nicht thematisiert' wird über sämtliche Bildungsgänge hinweg vergleichsweise selten gewählt (4,92%). Offensichtlich werden innerhalb der schulischen Umsetzung der lernfeldbasierten Curricula keine kompletten Inhaltsfelder, deren Ursprung innerhalb der Inhaltsspezifikationen der Lernfelder liegt, unterrichtlich ausgeklammert, sondern es werden innerhalb einzelner Bereiche der grobstrukturierten Inhaltsvorgaben subjektive Veränderungen vorgenommen. Dies zeigt, dass seitens der Bildungsgangkonferenzen innerhalb der Schulen, die für die jeweilige thematische Strukturierung verantwortlich sind, geringe Selektionsprozesse ausgehen. Veränderungen vollziehen sich innerhalb der unterrichtlichen Mikroebene im Verantwortungsbereich einzelner Lehrpersonen. Die teilnehmenden Lehrerinnen und Lehrer berücksichtigen demzufolge nahezu sämtliche der inhaltlichen Vorgaben, so dass thematische Vollständigkeit innerhalb des schulischen Unterrichtes vorliegt, jedoch variiert die Intensität der unterrichtlichen Umsetzung.

Zur Differenzierung der einzelnen betrachteten Bildungsgänge werden die jeweiligen Mittelwerte dieser gegenübergestellt:[387]

Tabelle 24: Mittelwertvergleich der einzelnen Bildungsgänge

Bildungsgang	**MW**	**SD**
Automobilkaufmann/-frau	2,374	,467
Bankkaufmann/-frau	3,063	,723
Bürokaufmann/-frau	2,662	,490
Immobilienkaufmann/-frau	2,832	,779
Industriekaufmann/-frau	2,649	,649
Kaufmann/-frau für Versicherungen und Finanzen	2,324	,612
Kaufmann/-frau für Spedition und Logistikdienstleistung	2,472	,367
Kaufmann/-frau im Einzelhandel	2,673	,549
Kaufmann/-frau im Groß- und Außenhandel	2,572	,468

Ausnehmend des Bildungsgangs ‚Bankkaufmann/-frau' erfolgt die Relevanzeinschätzung volkswirtschaftlicher Thematiken in allen betrachteten Bildungsgängen durchschnittlich <3 und folglich auf der unteren Hälfte der Ratingskala. Die Relevanz volkswirtschaftlicher Inhalte im Rahmen kaufmännischer Berufsbildungsgänge wird somit bildungsgangübergreifend gering eingeschätzt. Eine

387 Für eine detaillierte Darstellung der Antwortverteilung pro Bildungsgang siehe Anhang 15.

Gegenüberstellung niedriger gegenüber hoher Relevanzeinschätzung (Antwortstufen 1+2 gegenüber Antwortstufen 4+5) verdeutlicht die unterdurchschnittliche Tendenz innerhalb der einzelnen Bildungsgänge:

Abbildung 74: Vergleich hoher gegenüber niedriger Bewertungen innerhalb einzelner Bildungsgänge in %

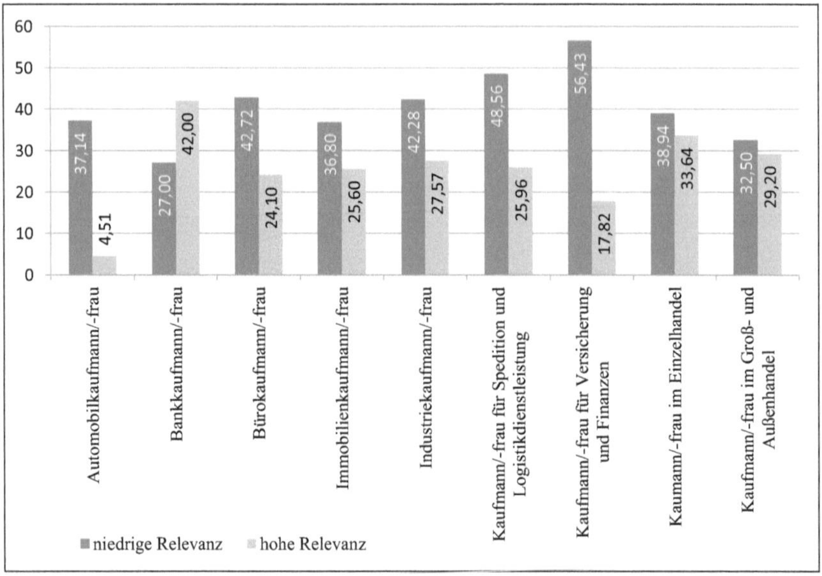

In sämtlichen Bildungsgängen, ausnehmend des Bildungsgangs ‚Bankkaufmann/-frau', übersteigt der Anteil niedriger Bewertungen die jeweiligen hohen Relevanzwerte. Die Feststellung einer niedrigen Bewertung gilt über die aggregierte Ebene hinaus nahezu innerhalb aller Bildungsgänge, wobei das Differenzmaß heterogen und folglich kein einheitlicher Differenzfaktor feststellbar ist.

Ein Zusammenhang zwischen dem quantitativen Zeitrichtwert einzelner Lernfelder sowie der Relevanzeinschätzung der Lehrpersonen lässt sich nicht feststellen. Während im Bildungsgang ‚Bankkaufmann/-frau' ein hoher volkswirtschaftlicher Lernfeldanteil von insgesamt 180 Stunden mit einer hohen Relevanzbewertung einhergeht, so wird dies vom mit 40 Stunden quantitativ kleinsten Lernfeld mit volkswirtschaftlicher Prägung innerhalb des Bildungsgangs ‚Kaufmann/-frau im Groß- und Außenhandel' mit einer durchschnittlichen Bewertung von 2,572 widerlegt (siehe Tabelle 24). Gleichzeitig wird die Relevanz im Bildungsgang ‚Immobilienkaufmann/-frau' wesentlich höher bewertet als im Bildungsgang ‚Kaufmann/-frau für Versicherungen und Finanzen', obwohl in beiden Bildungsgängen mit 60 Stunden identische Zeitrichtwerte vorliegen. Ebenfalls kann keine Orientierung der subjektiven Einschätzung anhand der Anzahl der vorgesehenen Lernfelder festgestellt werden. Während der Bildungsgang ‚Bankkaufmann/-frau' einen hohen Durchschnittswert erreicht, fällt dieser im Bildungsgang ‚Industriekaufmann/-frau' niedriger aus, obwohl in beiden Bildungsgängen jeweils zwei volkswirtschaftlich geprägte Lernfelder in jeweils unterschiedlichen Ausbildungsjahren vorgesehen sind. Gleichermaßen lassen sich aus der Positionierung der Lernfelder innerhalb der Ausbildungsjahre keine Rückschlüsse auf die subjektiven Lehrerurteile ziehen. Die Implementierung innerhalb des ersten Lehrjahres im Bildungsgang ‚Kaufmann/-frau im Einzelhandel' bedingt keine geringere Bewertung gegenüber den zumeist gegen Ausbildungsende vorgesehenen Lernfeldern in anderen Bildungsgängen. Gleichzeitig bedingt die Positionierung innerhalb des identischen Lehrjahres nicht zwangsläufig eine ähnliche Bewertung. Somit kann innerhalb dieses Rahmens kein Einfluss formal-curricularer Kontextfaktoren auf die erhobene Bewertung festgestellt werden.[388]

Im Rahmen der inhaltlichen Analyse einzelner Bildungsgänge werden zunächst die Items orientiert anhand der curricular vorgegebenen Inhaltsbereiche zusammengefasst.[389] Demnach lässt sich die Relevanzbewertung anhand der innerhalb der Lernfelder vorgegebenen Inhaltsbereiche systematisieren. Das Bewertungsverhalten auf univariater Itemebene zeigt die folgende Tabelle. Dargestellt werden nur die curricular vorgegebenen Inhalte, die höher als der jeweilige Bildungsgangdurchschnitt eingeschätzt werden:

---

388 Ein Einfluss der konstruierten Itemlänge auf das Antwortverhalten lässt sich ebenfalls nicht feststellen.

389 Beispielhaft wird das Vorgehen im Bildungsgang ‚Immobilienkaufmann/-frau' aufgezeigt. Innerhalb des Lernfeldes ist als Inhaltsbereich lediglich der Punkt ‚Konjunktur' angegeben. Zur differenzierten Erfassung unterrichtlicher Realität ist dieser innerhalb der vorliegenden Untersuchung jedoch in einzelne Aspekte unterteilt worden: ‚der prototypische zyklenhafte Konjunkturverlauf', ‚die vier Phasen innerhalb einer Konjunkturzyklusperiode', ‚die Indikatoren zur Konjunkturprognose (bspw. Arbeitslosigkeit, Auftragseingänge, ifo-Geschäftsklimaindex, …)', ‚die theoretischen Konjunkturmodelle (theoriegeleitete Behandlung staatlichen Verhaltens und dessen konjunkturelle Folgen)', ‚die kurzfristigen staatlichen ‚Konjunkturprogramme' (bspw. Abwrackprämie, Steuersenkungen…)', ‚der historische Konjunkturverlauf in Deutschland inklusive der jeweiligen Einflussfaktoren' sowie ‚die ausgeprägte Konjunkturabhängigkeit der Immobilienbranche'. Wiedergegeben werden in diesem Fall die aggregierten Items (hier: ‚Konjunktur').

Tabelle 25: Überdurchschnittlich bewertete curricular vorgegebene Inhalte

Bildungsgang	Inhaltsbereich	Durchschnittswert	SD
Automobilkaufmann/-frau	Gesamtwirtschaftliche Ziele, Ziel- und Interessenkonflikte	2,629	,303
	Modelle der Preisbildung und deren Bedeutung für Märkte der Kfz-Branche	2,607	,183
	Soziale Marktwirtschaft	2,405	,625
Bankkaufmann/-frau	Stabilität des Preisniveaus	3,693	,658
	Ziele, Maßnahmen und Grenzen staatlicher Wettbewerbspolitik	3,408	,600
	Preisbildung auf vollkommenen und unvollkommenen Märkten	3,403	,407
	Kooperation und Konzentration	3,244	,428
	Haushaltsgleichgewicht	3,194	,646
Bürokaufmann/-frau	Grundlage des Wirtschaftens	2,958	,521
Immobilienkaufmann/-frau	Nominal- und Reallohn	3,150	1,370
	Europäische Zentralbank	3,000	,748
Industriekaufmann/-frau	Wettbewerbspolitik	2,999	,369
	Konjunkturprozesse und -indikatoren	2,747	,803
Kaufmann/-frau für Versicherungen und Finanzen	Magisches Viereck, Umweltschutz, gerechte Einkommens- und Vermögensverteilung	2,914	,382
Kaufmann/-frau für Spedition und Logistikdienstleistung	Umweltkonzepte und Umweltpolitik	2,628	,321
Kaufmann/-frau im Einzelhandel	Wirtschaftsgeschehen[390]	2,670	1,125

390 Der Inhaltsbereich entstammt nicht dem zu Grunde liegenden Curriculum, sondern ist auf Grund der äußerst groben curricularen Untergliederung in Anlehnung an das Schulbuch Bazan/Bentin/Böker et al. 2008 entwickelt worden. Zur Lehrplankonformität genehmigungspflichtiger Schulbücher vgl. Hericks/Kunze 2008, S. 762. Vollstädt et al. bezeichnen diese als ‚quasicurriculare Instanzen' (vgl. Vollstädt/Tillmann/Rauin et al. 1999, S. 207ff.), während Hopmann/Künzli eine ‚sekundäre Lehrplanbindung' diagnostizierten (vgl. Hopmann/Künzli 1998, S. 23).

Bildungsgang	Inhaltsbereich	Durchschnittswert	SD
Kaufmann/-frau im Groß- und Außenhandel	Gesamtwirtschaftliche Bedeutung des Außenhandels	2,999	,377
	Wirtschaftspolitische Ziele	2,848	,364
	Soziale Marktwirtschaft	2,811	,402
	Unternehmenszusammen-schlüsse	2,682	,328
	BIP	2,663	,316

Die inhaltliche Ausrichtung der überdurchschnittlichen Items lässt mehrheitlich keinen spezifischen Berufsbezug erkennen.[391] Lediglich innerhalb der Bildungsgänge ‚Automobilkaufmann/-frau' und ‚Kaufmann/-frau im Groß- und Außenhandel' werden unmittelbar berufsbezogene Items überdurchschnittlich bewertet, wohingegen alle weiteren Items ebenso in anderen kaufmännischen Bildungsgängen implementierbar und zu rechtfertigen wären.[392] Berufsunspezifische Grundlagenthemen besitzen hohe subjektive Lehrerrelevanz innerhalb volkswirtschaftlicher Bildungsstrukturen, was anhand des Items ‚Preisstabilität sowie Inflation/Deflation' exemplarisch nachvollziehbar ist, welches in ähnlicher Form in allen Bildungsgängen implementiert ist.[393]

391 Unter Berücksichtigung eines standardisierten Signifikanzniveaus ($\alpha<,05$) weichen nicht sämtliche der dargestellten Mittelwerte signifikant vom Mittelwert der übrigen Items des jeweiligen Bildungsgangs ab. Die detaillierten Werte können Anhang 16 entnommen werden.

392 Im Bildungsgang ‚Automobilkaufmann/-frau' besitzt das Item ‚Modelle der Preisbildung und deren Bedeutung für Märkte der Kfz-Branche' sowie im Bildungsgang ‚Kaufmann/-frau für Groß- und Außenhandel' das Item ‚Gesamtwirtschaftliche Bedeutung des Außenhandels' einen spezifischen Berufsbezug.

393 Inhaltliche Differenzen sind auf die Positionierung innerhalb des Ausbildungsverlaufes sowie das daraus resultierende heterogene Vorbildungsniveau der Schülerinnen und Schüler zurückzuführen.

Abbildung 75: Die Bewertung des Grundlagenthemas ‚Preisstabilität'[394]

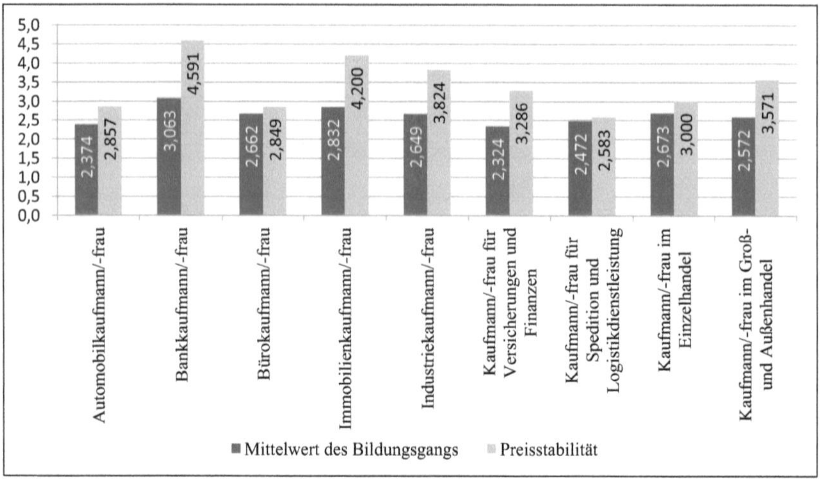

Das unter inhaltlicher Prämisse ausgewählte Thema wird in allen Bildungsgängen überdurchschnittlich bewertet, obwohl auf Ebene curricular vorgegebener Inhalte keine berufsspezifischen Aspekte erkennbar sind. Gleiches gilt bei weiteren berufsunspezifischen Grundlagenthemen auf Basis einzelner Items, die ebenfalls überdurchschnittlich bewertet werden. Ein Vergleich ist jedoch nicht über alle Bildungsgänge möglich, da diese Inhalte nicht flächendeckend in sämtlichen Curricula implementiert sind:

394 Die detaillierten Werte können Anhang 17 entnommen werden.

Abbildung 76: Vergleich ausgewählter Grundlagenthemen (Einzelitems) innerhalb ausgewählter Bildungsgänge[395]

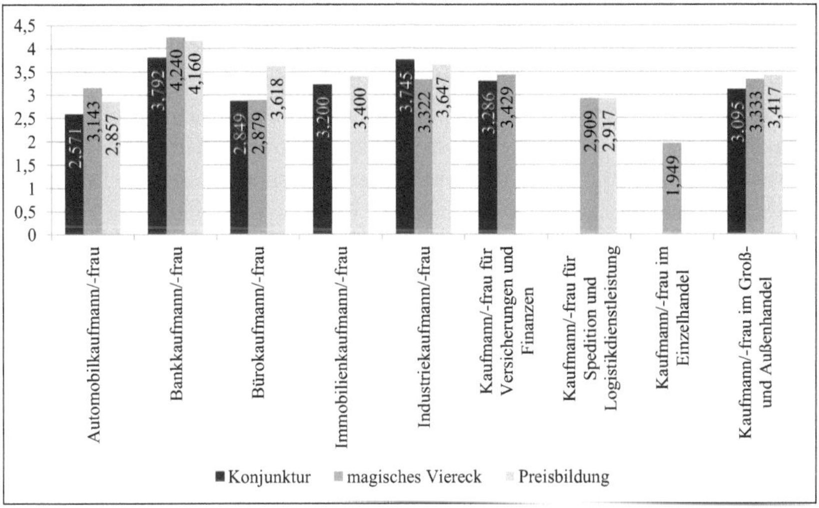

Die relative Höherbewertung berufsunspezifischer Themenitems gegenüber jeweiliger Durchschnittswerte liegt in den meisten Bildungsgängen vor.[396] Die generell niedrige Bewertung volkswirtschaftlicher Thematiken innerhalb der curricularen Grundlagen stützt sich demgemäß wesentlich auf berufsunspezifische Themenbereiche.

Hinsichtlich unterrichtlicher Selektionsprozesse, die durch Lehrpersonen im Rahmen unterrichtlicher Organisation vorgenommen werden, zeigt sich deren

395 Die detaillierten Werte können Anhang 18 entnommen werden.

396 In diesem Fall stellt der Bildungsgang ‚Kaufmann/-frau im Einzelhandel' eine Ausnahme dar, da der aufgezeigte Themenbereich zum magischen Viereck curricular vorhanden ist, jedoch niedriger als der volkswirtschaftliche Durchschnittswert eingeschätzt wurde. Begründet werden kann dies mit der inhaltlichen Lernfeldstruktur innerhalb dieses Bildungsgangs. Während in anderen Bildungsgängen dieser Themenbereich ein kognitiv einfaches Thema zu Beginn des jeweiligen Lernfelds darstellt, so ist der Inhaltsbereich im Bildungsgang ‚Kaufmann/-frau im Einzelhandel' innerhalb des Lernfeldes zu den anspruchsvolleren Themengebieten zu rechnen, die Grundlagenkenntnisse voraussetzen. Insofern sind innerhalb dieses Bildungsgangs die Grundlagenkenntnisse höher bewertet (bspw. ‚einfacher Wirtschaftskreislauf'). Ähnliches gilt im Bereich ‚Konjunktur' im Bildungsgang ‚Immobilienkaufmann/-frau', wo die Bereiche ‚EZB' sowie ‚Nominal- und Reallohn' hohe Relevanz besitzen.

Priorität bezüglich thematischer Grundlagenthemen. Zum einen lässt sich dies im direkten Vergleich zwischen Bildungsgängen, innerhalb derer die Lernfelder zeitlich unterschiedlich vorgesehen sind, nachweisen, da die zeitliche Positionierung der Lernfelder innerhalb des Ausbildungsfortschritts der Schülerinnen und Schüler keinen Einfluss auf die Bewertung der Lehrerinnen und Lehrer erkennen lassen.[397] Des Weiteren zeigt sich dies auf inhaltlicher Basis, da insbesondere grundlegende Themenbereiche zumeist höher bewertet werden als der jeweilige Durchschnitt. Die Prioritäten der inhaltlichen Umsetzung durch die Lehrkräfte fokussieren demzufolge eher eine inhaltliche Breite als eine inhaltliche Tiefe. Die Prämisse liegt auf einer Behandlung aller Themen in begrenztem Umfang als auf wenigen Themen in intensivem Ausmaß.

Berufliche Bezüge werden im Rahmen aktueller Curricula auf zwei Ebenen intendiert: Zum einen verlangen die bundesweiten Richtlinien der KMK eine Lernfeldorientierung als curriculare Konstruktionsgrundlage, denen vollständige Handlungen im Rahmen von praxisorientiertem Unterricht zu Grunde liegen. Jedoch bedingt die hohe Bewertung inhaltlicher Grundlagenthemen, dass der zu Grunde liegende berufliche Bezug verblasst. Die Mehrzahl der angeführten Grundlagenthemen könnte in ähnlicher Form in differenten Bildungsgängen eingesetzt werden, so dass sich aus deren Behandlung lediglich ein begrenzter Rückbezug zum jeweils konkreten Ausbildungsberuf der Schülerinnen und Schüler ergibt.

Zum zweiten nehmen die landesspezifischen Curricula im Rahmen einer fachbezogenen Umsetzung eine Unterteilung in übergreifende und berufsbezogene Lernbereiche vor, wobei die im Rahmen der Studie untersuchten Lernfelder allesamt dem berufsbezogenen Lernbereich zugeordnet sind. Die hohe Bewertung berufsunspezifischer Grundlagenthemen durch die Lehrkräfte spiegelt dies jedoch nicht wider. Die Möglichkeit, einen konkreten beruflichen Bezug durch die thematische Auswahl herzustellen, wird auf Lernfeldebene nicht flächendeckend umgesetzt. Es lässt sich folglich kaum ein Mehrwert gegenüber einem eigenständigen Fachcurriculum mit Gültigkeit für alle kaufmännischen Bildungsgänge zu Gunsten individuell-beruflicher Spezifikationen diagnostizieren, da berufsbezogene Besonderheiten weder auf curricularer Ebene,

397 Beispielsweise hätte davon ausgegangen werden können, dass volkswirtschaftliche Inhalte, die im Rahmen des Bildungsgangs ‚Kaufmann/-frau im Einzelhandel' innerhalb des ersten Lehrjahres ohne Vorwissensstrukturen auf Seiten der Schülerinnen und Schüler unterrichtet werden, eine andere Bewertung gegenüber einer zeitlich späteren Positionierung in alternativen Bildungsgängen erhalten. Erfahrungsfaktoren auf Schülerseite beeinflussen die lernfeldcurriculare Bewertung somit nicht.

noch im Rahmen der zugehörigen Relevanzbewertung diagnostiziert werden können. Der didaktische Mehrwert ganzheitlicher beruflicher Handlungen im Rahmen curricularer Grundlagen wird innerhalb des volkswirtschaftlichen Bereichs nur bedingt wirksam. Die ausgehende Hypothese, wonach eine fachimmanente Implementierung im Rahmen handlungsorientierter Curricula zur Reduktion volkswirtschaftlicher Inhalte führt (Hypothese 3), kann in qualitativer Hinsicht aufrecht erhalten werden, da Aufwertungstendenzen im Zuge der performativen Unterrichtsumsetzung über das curricular vorgesehene Maß nicht diagnostiziert werden können.

6.1.3 Bewertung der zeitlichen Vorgaben

Die Überprüfung der zeitlichen Rahmung wird auf Lernfeldebene durchgeführt, da innerhalb der Curricula keine Zuordnung der Zeitrichtwerte zu einzelnen Inhalten existiert, so dass die kleinste verfügbare Zeitvorgabe gewählt wird. Die Beurteilung des Zeitumfangs, der tatsächlich auf das angesprochene Lernfeld verwendet werden kann, erfolgt mit durchschnittlich 2,49, wobei heterogene Gesamtbewertungen zwischen den Bildungsgängen vorliegen:[398]

398 Die möglichen Antwortalternativen erstrecken sich von deutlich weniger (=1) bis deutlich mehr (=5).

Abbildung 77: Einschätzung des tatsächlich zur Verfügung stehenden Zeitumfangs[399]

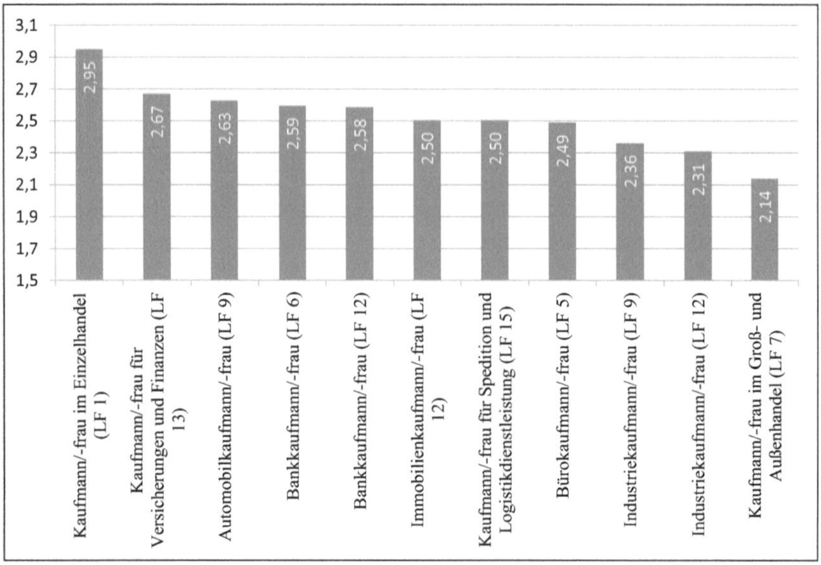

Hinsichtlich der zeitlichen Verfügbarkeit kann eine systematische Theorie-Praxis-Schere nicht über alle Ausbildungsgänge hinweg diagnostiziert werden, jedoch liegt innerhalb einzelner Bildungsgänge, insbesondere im Bildungsgang ‚Kaufmann/-frau im Groß- und Außenhandel', eine bedeutende Überschätzung des curricular vorgesehenen Zeitumfanges vor, so dass nicht davon ausgegangen werden kann, dass die curricular vorgesehenen Zeitrichtwerte tatsächlich umgesetzt werden. Der reale quantitative Zeitumfang volkswirtschaftlicher Inhalte innerhalb des schulischen Unterrichts würde bei einer einseitigen Betrachtung der curricularen Grundlagen überschätzt, so dass der Anteil volkswirtschaftlicher Inhalte im Rahmen der unterrichtlichen Durchführung vermindert wird.

399 Die detaillierten Werte können Anhang 19 entnommen werden.

Abbildung 78: Einschätzung des Verhältnisses zwischen curricularen Zeitrichtwerten und vorgesehenen Inhalten[400]

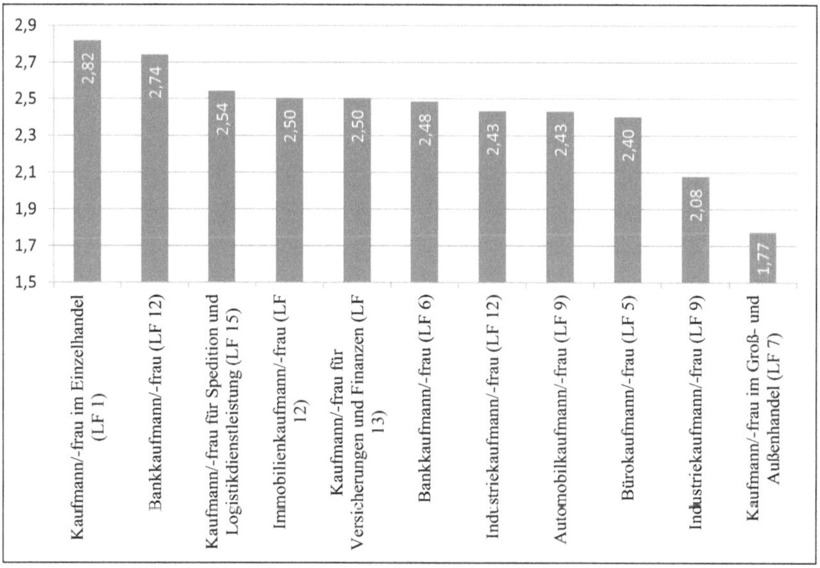

Der angesetzte Zeitbedarf in Relation zu den vorgesehenen Inhalten wird mit einem Mittelwert von 2,40 als zu niedrig eingeschätzt. Es liegen drei Gruppierungen vor, da die beiden oberen Werte und die beiden unteren Werte deutlich von den mittleren, nahe beisammen liegenden Werten abweichen. Begründet werden kann dies mit Hilfe struktureller Faktoren. Lernfeld 1 im Bildungsgang ‚Kaufmann/-frau im Einzelhandel' fordert von den Schülerinnen und Schülern das geringste Anspruchsniveau ab. Des Weiteren stellen die volkswirtschaftlichen Inhalte innerhalb des Lernfeldes einen vergleichsweise kleinen Anteil der gesamten vorgesehenen Inhalte dar. Es liegt in diesem Fall also ein zeitlich umfassendes Lernfeld vor, innerhalb dessen volkswirtschaftliche Inhalte jedoch lediglich einen geringen Anteil darstellen. Im Fall des Lernfelds Nr. 12 im Bildungsgang ‚Bankkaufmann/-frau' wird das quantitativ größte Lernfeld mit 120 Stunden innerhalb der Studie betrachtet. Die Zeitvorgaben beider Lernfelder werden im Verhältnis zu den implementierten Inhalten passend eingeschätzt. Im Falle des Bildungsgangs ‚Kaufmann/-frau im Einzelhandel' wirkt sich die geringe Anzahl der volkswirtschaftlichen Inhalte im Rahmen des gesamten Lernfeldes aus,

400 Die detaillierten Werte können Anhang 20 entnommen werden.

wohingegen im Bildungsgang ‚Bankkaufmann/-frau' die quantitativ große Dimension des Lernfeldes begründungsleitend ist.

Gegenteiliges lässt sich im Falle der beiden niedrigsten Werte diagnostizieren. Die Lernfelder 9 im Bildungsgang ‚Industriekaufmann/-frau' sowie Lernfeld 7 im Bildungsgang ‚Kaufmann/-frau im Groß- und Außenhandel' sind mit jeweils 40 Jahresstunden die quantitativ kleinsten Lernfelder innerhalb der Studie. In beiden Fällen wird der jeweilige Zeitumfang in Relation zu den vorgesehenen Inhalten als zu niedrig eingeschätzt. Es muss insbesondere in den quantitativ kleineren Lernfeldern von subjektiv empfundenen Missverhältnissen zwischen Zeit- und Inhaltsvorgaben ausgegangen werden, so dass innerhalb der angesprochenen Lernfelder inhaltliche Selektionen aus Lehrersicht erforderlich sind.[401] Dies wird bei multivariater Berücksichtigung des tatsächlich zur Verfügung stehenden Zeitaufwands pro Lernfeld weiter verstärkt. Während im Bildungsgang ‚Kaufmann/-frau im Einzelhandel' die Zeitdeputate innerhalb der Schulen zeitlich umgesetzt werden können, müssen insbesondere innerhalb des Bildungsgangs ‚Kaufmann/-frau im Groß- und Außenhandel' Zeiteinschränkungen vorgenommen werden. Parallele Werte liegen hinsichtlich der Einschätzung des jeweiligen Zeitrichtwerts relativ zu den vorgesehenen Inhalten vor, so dass die Lernfelder mit geringen Zeitdeputaten relativ zum fachlich vorgesehenen Inhalt ebenfalls bei der Bewertung des tatsächlich zur Verfügung stehenden Zeitumfangs niedrig abschneiden. Insofern ist davon auszugehen, dass sich Selektionsprozesse, die im Rahmen der zeitlichen Unterrichtskonstruktion durch die Lehrpersonen vorgenommen werden müssen, insbesondere auf die quantitativ kleinen Lernfelder reduzierend auswirken. Folglich sind die quantitativ kleineren Lernfelder verstärkt von einer Theorie-Praxis-Schere betroffen, da diesen offensichtlich durch die Lehrkräfte eine geringere inhaltliche Relevanz beigemessen wird und somit die geringen zeitlichen Vorgaben weiter reduziert werden. Aufwertungstendenzen sind nicht erkennbar, so dass die Hypothese einer Reduzierung volkswirtschaftlicher Inhalte durch die handlungsorientierte, fachimmanente Implementierung (Hypothese 3) in quantitativer Hinsicht weiterhin aufrechterhalten werden kann.

401 Das Antwortverhalten im freien Antwortbereich (‚sonstige') deutet ebenfalls auf ein angespanntes Zeit-Inhalts-Verhältnis hin, da innerhalb des Fragebogens in beiden Lernfeldern keinerlei Freitextantwort erfolgt.

6.1.4 Sozialform und Medieneinsatz

Die Verteilung der Sozialform und des Medieneinsatzes im Rahmen der unterrichtlichen Umsetzung zeigt eine vergleichsweise hohe Bewertung traditioneller Auswahlmöglichkeiten:[402]

Abbildung 79: Mittelwertverteilung der Sozialformen

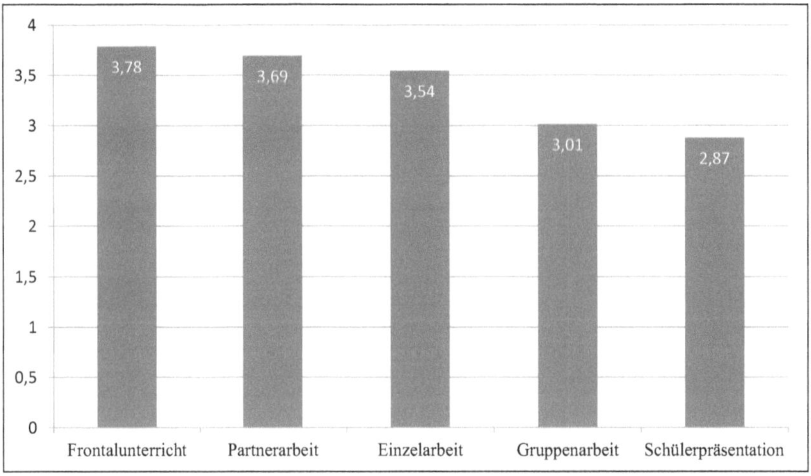

402 Für ähnliche Werte, jedoch weitergehend hinsichtlich einzelner Unterrichtsfächer differenziert, siehe Seifried/Grill/Wagner 2006, S. 240 sowie Seifried 2006a, S. 87.

Die Mittelwerte basieren auf der folgenden Verteilung:

Abbildung 80: Antwortverteilung der Sozialformen, Angaben in %[403]

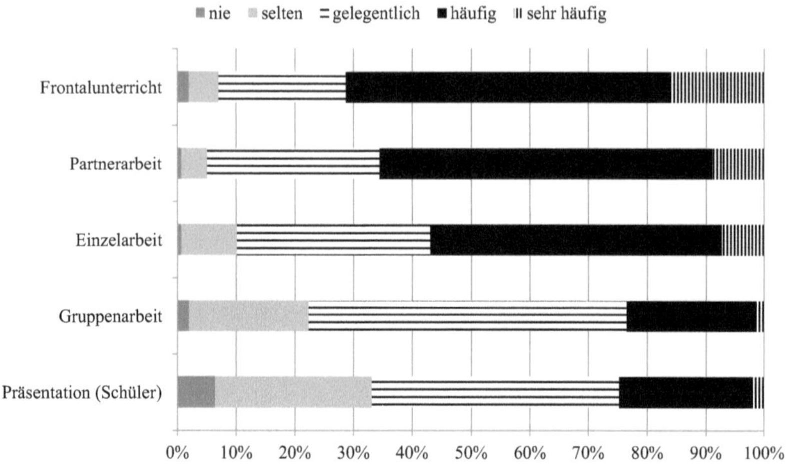

	Präsentation (Schüler)	Gruppenarbeit	Einzelarbeit	Partnerarbeit	Frontalunterricht
nie	6,37	1,91	0,63	0,64	1,91
selten	26,75	20,38	9,49	4,46	5,10
gelegentlich	42,04	54,14	32,91	29,30	21,66
häufig	22,93	22,29	49,37	56,69	55,41
sehr häufig	1,91	1,27	7,59	8,92	15,92

Hinsichtlich ausgewählter Unterrichtsmedien ist ebenfalls eine hohe Bedeutung der traditionellen Formen festzustellen:

403 Abweichungen basieren auf Rundungsdifferenzen.

Abbildung 81: Mittelwertverteilung der gewählten Medien

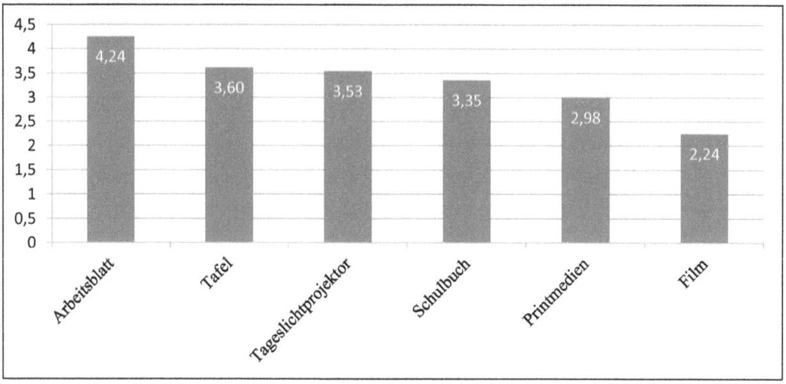

Diese basieren auf der folgenden Antwortverteilung:

Abbildung 82: Antwortverteilung der Mediennutzung, Angaben in %[404]

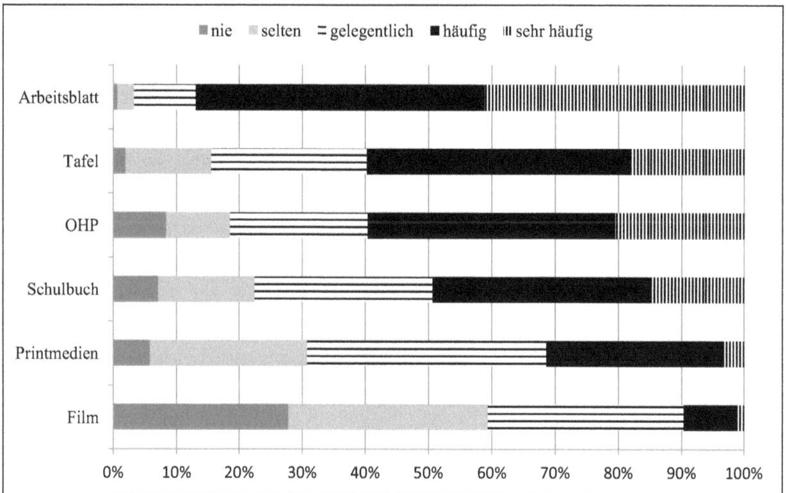

	Film	Printmedien	Schulbuch	OHP	Tafel	Arbeitsblatt
nie	27,74	5,77	7,05	8,33	1,95	0,65
selten	31,61	25,00	15,38	10,26	13,64	2,61
gelegentlich	30,97	37,82	28,21	21,79	24,68	9,80
häufig	8,39	28,21	34,62	39,10	41,56	45,75
sehr häufig	1,29	3,21	14,74	20,51	18,18	41,18

404 Abweichungen basieren auf Rundungsdifferenzen.

Beide Verteilungen verhalten sich parallel zur Evaluation zeitlicher Faktoren durch die teilnehmenden Lehrkräfte. Zeigt diese eine leichte Differenz zu Ungunsten planmäßiger unterrichtlicher Umsetzung sowie eine tendenzielle Überschätzung der vorgesehenen Inhalte relativ zu Verfügung stehenden Zeitrichtwerten auf, so werden innerhalb der Erhebung der Sozialform- bzw. Medienwahl ebenso die Alternativen überdurchschnittlich bewertet, die zeitökonomische Vorteile im Rahmen der unterrichtlichen Umsetzung bieten. Offensichtlich erfolgt die zeitliche Bewertung der Lehrkräfte unter Berücksichtigung einer effektiven Methoden- bzw. Sozialformwahl, so dass sich zeitliche Engpässe nicht mit Hilfe dieser Faktoren abmildern lassen.[405]

Sowohl die präferierte Sozialform- als auch die präferierte Mediennutzung zeigen deutliche Tendenzen hin zu tradierten Formen. Die zunächst verwunderlich erscheinende hohe Bewertung des Arbeitsblattes gegenüber bspw. einem Schulbuch erscheint im Hinblick auf die zeitliche Auswertung sinntragend. Primäres Differenzierungsmerkmal beider Medienformen stellt die Möglichkeit dar, unterrichtliche Materialien im Falle des Arbeitsblattes während der Unterrichtsvorbereitung auf die entsprechende Bildungsganggruppe anpassen zu können, wohingegen ein Schulbuch eine solche inhaltliche Flexibilität nicht besitzt. Dies wirkt sich sowohl auf die kognitiven Anforderungen der Schülerinnen und Schüler als auch auf Aktualitätsmaßstäbe der jeweiligen Inhalte aus. Analoges gilt ebenso für die Nutzungshäufigkeit der Tafel sowie des Tageslichtprojektors. Kann die genaue Ursache der Bewertungsdifferenz im Rahmen der vorliegenden Studie nicht ermittelt werden, so kann diagnostiziert werden, dass die tendenziell zu gering angesetzten Zeitrichtwerte in Relation zu den vorgesehenen Inhalten sich auf die Unterrichtsdurchführung, jedoch nur bedingt auf die Unterrichtsvorbereitung niederschlägt.[406] Zeitdeputate zur Vorbereitung (zur Arbeitsblatterstellung, Vorbereitung der Partnerarbeit) können von Seiten der Lehrerinnen und Lehrer aufgewendet werden. Demnach kann hier kein generelles Zeitproblem kaufmännischer Lehrkräfte diagnostiziert werden, so dass sich

405 Vgl. die Studie von Pätzold/Klusmeyer/Wingels et al. 2003 sowie Seifried/Grill/Wagner 2006, S. 238, in denen handlungsorientierte Methoden von Lehrkräften als zu zeitaufwendig deklariert werden. In Seifrieds Studie wird die Durchsetzung von handlungsorientiertem Unterricht durch übervolle Lehrpläne (Mittelwert =4,7 bei einer Skala von 0–6) verhindert (vgl. Seifried/Grill/Wagner 2006, S. 238f.; Seifried 2006a, S. 87).

406 Beispielsweise könnte die tendenziell geringe Bewertung des Bucheinsatzes auch durch die mangelhafte Ausstattung einer Schule mit den entsprechenden Büchern begründet werden.

die aufgezeigte Unterbewertung zeitlicher Vorgaben lediglich in Relation zu den vorgesehenen Fachinhalten begründet lässt.

6.2 Induktive Auswertung zur Hypothesenüberprüfung

6.2.1 Korrelationen zu fachinhaltlichen Bewertungen basierend auf Persönlichkeitsmerkmalen

Die Klassifikation der teilnehmenden Personengruppe erfolgt anhand vier personenbezogener, innerhalb des Bogens erhobener Merkmale, welche eine Überführung lernfeldbasierter Grundlagen in lernsituative Unterrichtspraxis beeinflussen und die unterrichtliche Relevanz volkswirtschaftlicher Fachinhalte beeinträchtigen. Geschlechtsspezifische Unterschiede sowie differente Berührungspunkte mit explizit volkswirtschaftlichen Schwerpunkten der aktuellen Lehrerschaft innerhalb deren eigener Bildungsbiographie stehen im Fokus der Studie, worauf aufbauend potentielle Korrelationen individueller volkswirtschaftlicher Arbeit mit ihrer aktuellen Relevanzbewertung überprüft werden. Als potentielle Bedingungsfaktoren werden (in Analogie zu den generierten Hypothesen) differenziert:

- das Geschlecht der Lehrpersonen,
- eine eigene kaufmännische Berufsausbildung der Lehrpersonen,
- die Berufserfahrung der Lehrpersonen sowie
- ein lehramtsbezogener, wirtschaftswissenschaftlicher Studienabschluss der Lehrpersonen.

6.2.1.1 Geschlechtsspezifische Ergebnisse

Überprüft wird eine mögliche Geschlechtsauswirkung der jeweiligen Lehrkraft auf deren/dessen Relevanzbewertung volkswirtschaftlicher Inhalte. Der Fragebogen erhebt im Rahmen der sozio-demographischen Daten das jeweilige Geschlecht der Teilnehmer, welches relativ zur Einschätzung volkswirtschaftlicher Themengebiete ausgewertet wird:

Tabelle 26: Gruppenwerte differenziert nach Geschlechtszugehörigkeit

Differenzierungsmerkmal	Mittelwert (MW)	Standardabweichung (SD)	Standardfehler MW
weiblich	2,853	,801	,095
männlich	2,870	,909	,112

Von Varianzgleichheit kann ausgegangen werden (Levene-Test der Varianzgleichheit: F = 3,244; Sig. = ,074), so dass im Folgenden nur die Werte des T-Tests bei angenommener Varianzgleichheit aufgeführt werden:[407]

Tabelle 27: T-Test für den geschlechtsbezogenen Mittelwertvergleich

t	df	Sig. (2-seitig)	MW-Differenz	SD-Differenz	95% Konfidenzintervall der Differenz	
					Unterer	Oberer
-,118	135	,906	-,017	,146	-,306	,272

Es besteht keine signifikante Abhängigkeit zwischen männlichen (n = 66) bzw. weiblichen Lehrpersonen (n = 71) hinsichtlich der beigemessenen Relevanz volkswirtschaftlicher Inhalte.[408] Die inhaltliche Auswahl sowie die unterrichtliche Thematisierung erfolgt unabhängig des Geschlechts von beiden Personengruppen nahezu identisch. Durch die statistisch nicht signifikante Bewertung beider Geschlechtergruppen lässt sich die Hypothese 4, wonach beide Geschlechtergruppen volkswirtschaftlichen Inhalten unterschiedliche Relevanz beimessen, nicht weiter aufrechterhalten.

6.2.1.2 *Ausbildungsspezifische Ergebnisse*

Verglichen mit alternativen Schulformen sind innerhalb des berufsbildenden Bildungsbereichs vermehrt Lehrpersonen tätig, die zusätzlich zur jeweiligen Lehrqualifikation über eine, zumeist innerhalb des unterrichteten Berufsbereichs angesiedelte, Berufsausbildung verfügen (vgl. Pätzold/Klusmeyer/Wingels et al. 2003, S. 76). Die vorliegende Studie differenziert zwischen Lehrkräften mit kaufmännischer Berufsausbildung (n = 76) und solchen ohne Berufsausbildung (n = 63).[409] Dabei werden nur kaufmännische Berufsausbildungen der Lehrkräfte erfasst, so dass Berufsausbildungen außerhalb des kaufmännischen Bereichs hier unberücksichtigt bleiben, da diesen kein beruflicher Bezug zum Ausbildungsberuf der unterrichteten Schülerinnen und Schüler unterstellt werden kann:

407 Zur Bedeutung eines Levene-Test der Varianzgleichheit im Rahmen eines Mittelwertvergleichs unabhängiger Stichproben vgl. Bühl 2014, S. 345; Janssen/Laatz 2013, S. 243f.; Brosius 2010, S. 227f.

408 Die Differenz zwischen der Summe der ausgewerteten sozio-demographischen Angaben und der gesamten Teilnehmerzahl ist durch missing-answers im Bereich der sozio-demographischen Datenerhebung zu begründen.

409 Das quantitative Verhältnis beider Teilnehmergruppen spiegelt das Verhältnis zwischen Lehrkräften mit und ohne Berufsausbildung angemessen wider.

Tabelle 28: Gruppenwerte differenziert nach kaufmännischer Berufsausbildung der Lehrkräfte

Differenzierungsmerkmal	Mittelwert (MW)	Standardabweichung (SD)	Standardfehler MW
mit kfm. Ausbildung	2,962	,837	,096
ohne kfm. Ausbildung	2,713	,820	,103

Varianzgleichheit beider Testgruppen kann angenommen werden (Levene-Test der Varianzgleichheit: F = ,147; Sig. = ,702). Die erhobenen Mittelwerte beider Teilnehmergruppen differieren zwischen 2,962 und 2,713, so dass eine höhere Bewertung kaufmännisch ausgebildeter Lehrkräfte vorliegt. Diese ist unter Berücksichtigung eines standardisierten Signifikanzniveaus (α<5%) jedoch nicht haltbar, da eine Überschreitung des Signifikanzniveaus innerhalb des T-Tests vorliegt.

Tabelle 29: T-Test für den berufsausbildungsspezifischen Mittelwertvergleich

t	df	Sig. (2-seitig)	MW-Differenz	SD-Differenz	95% Konfidenzintervall der Differenz	
					Unterer	Oberer
1,762	137	,080	,249	,141	-,030	,529

Auf standardisiertem Signifikanzniveau (α<5%) liegt keine signifikante Mittelwertdifferenz vor, so dass keine gesicherte Abhängigkeit zwischen einer eigenen kaufmännischen Ausbildung der Lehrkraft sowie der volkswirtschaftlichen Relevanzbewertung festgestellt werden kann. Die Möglichkeit einer zufällig erhobenen Mittelwertdifferenz kann unter testtheoretischen Gesichtspunkten nicht zweifelsfrei ausgeschlossen werden. Eigene praktische Erfahrungen der Lehrkräfte entfalten hinsichtlich volkswirtschaftlicher Themenbewertung auf dieser Auswertungsebene keinen nachweisbaren Einfluss, so dass die Bewertungen der Inhaltsfelder durch Faktoren beeinflusst sein können, die nicht berufsausbildungsspezifisch sind und demzufolge gleichermaßen für Lehrkräfte unabhängig einer eigenen kaufmännischen Berufsausbildung gelten können.

Innerhalb eines folgenden Differenzierungschrittes werden lediglich die teilnehmenden Lehrkräfte selektiert, die innerhalb der Ausbildungsgänge Unterricht erteilen, in denen sie selber ausgebildet wurden (n = 36).[410] Insofern fließen

410 Es wird nicht das gesamte Bewertungsverhalten beruflich ausgebildeter Lehrkräfte erfasst, sondern nur die Bewertung der spezifischen Bildungsgänge, innerhalb derer die einzelnen Lehrkräfte ihre Berufsausbildung absolviert haben. Exemplarisch sei eine Lehrperson, die eine Ausbildung als ‚Kaufmann/-frau im Groß- und Außenhandel'

lediglich die Bewertungen der entsprechenden Bildungsgänge in die Auswertung mit ein und weitere, von der Lehrkraft unterrichtete Bildungsgänge bleiben unbeachtet. Gegenübergestellt werden wiederum Lehrkräfte ohne kaufmännische Berufsausbildung (n = 63):

Tabelle 30: Gruppenwerte differenziert nach eigener Berufsausbildung innerhalb der unterrichteten Bildungsgänge

Differenzierungsmerkmal	**Mittelwert (MW)**	**Standardabweichung (SD)**	**Standardfehler MW**
Berufsausbildung in unterrichtetem Bildungsgang	3,004	,983	,164
keine kfm. Berufsausbildung	2,713	,820	,103

Auf Grund mangelnder Signifikanz innerhalb des Levene-Test der Varianzgleichheit (F = ,498; Sig. = ,482) können gleiche Varianzen angenommen werden:

Tabelle 31: T-Test für den bildungsgangspezifischen Mittelwertvergleich relativ zur eigenen Berufsausbildung der Lehrkräfte

t	**df**	**Sig. (2-seitig)**	**MW-Differenz**	**SD-Differenz**	**95% Konfidenzintervall der Differenz**	
					Unterer	**Oberer**
1,574	97	,119	,291	,184	-,076	,656

Die ermittelte Mittelwertdifferenz erfüllt ebenfalls nicht das standardisierte Signifikanzniveau (α<5%). Die Bewertung volkswirtschaftlicher Themengebiete innerhalb der Bildungsgänge, in denen die einzelnen Lehrkräfte eine kaufmännische Berufsausbildung absolviert haben, erfolgt ähnlich zu den Ausbildungsgängen, in denen sie keine Ausbildung absolviert haben. Innerhalb der aggregierten Ansicht kaufmännisch ausgebildeter Lehrkräfte sind folglich keine Auswirkungen eigener Berufsausbildungen erkennbar.

Zur weiteren Auflösung der aggregierten Analyse erfolgt eine Untergliederung hinsichtlich einzelner Ausbildungsgänge. Eine Untersuchung aller erhobenen Ausbildungsgänge verbieten jedoch die Fallzahlen, da diese auf Grund ausbil-

absolviert hat und momentan Unterricht im Bildungsgang ‚Kaufmann/-frau im Groß- und Außenhandel' sowie im Bildungsgang ‚Speditionskaufmann/-frau' erteilt, betrachtet. Nur die Bewertung innerhalb des Bildungsgangs ‚Kaufmann/-frau im Groß- und Außenhandel' wird in die Auswertung eingeschlossen, da innerhalb dieses Berufsfeldes berufsspezifische Auswirkungen vorliegen können.

dungsspezifischer Merkmale zu gering ausfallen würden.[411] Innerhalb der vorliegenden Arbeit scheint dies lediglich in den Bildungsgängen ‚Bankkaufmann/-frau' (n = 16) sowie ‚Industriekaufmann/-frau' (n = 7) ansatzweise durchführbar, wobei wesentlich geringere Fallzahlen relativ zu den vorhergegangenen Auswertungen berücksichtigt werden müssen. Beiden fokussierten Bildungsgängen werden wiederum Lehrkräfte ohne kaufmännische Berufsausbildung gegenübergestellt:

Tabelle 32: Gruppenwerte ausgebildeter Industriekaufleute mit Unterrichtseinsatz im Bildungsgang ‚Industriekaufmann/-frau'

Differenzierungsmerkmal	**Mittelwert (MW)**	**Standardabweichung (SD)**	**Standardfehler MW**
ausgebildete Industriekaufleute mit Unterricht im Bildungsgang ‚Industriekaufmann/-frau'	2,758	1,223	,462
keine kfm. Berufsausbildung	2,713	,820	,103

Die nahezu identischen Mittelwerte deuten bereits auf keinen signifikanten Unterschied innerhalb des Bildungsgangs hin, was bei nicht angenommener Varianzgleichheit (Levene-Test der Varianzgleichheit F = 4,414, Sig. = ,039) bestätigt werden kann:

Tabelle 33: T-Test für den bildungsgangspezifischen Mittelwertvergleich ausgebildeter Industriekaufleute mit Unterrichtseinsatz im Bildungsgang ‚Industriekaufmann/-frau'

t	**df**	**Sig. (2-seitig)**	**MW-Differenz**	**SD-Differenz**	**95% Konfidenzintervall der Differenz**	
					Unterer	**Oberer**
,097	6,612	,926	,045	,474	-1,088	1,180

Während innerhalb des Bildungsgangs ‚Industriekaufmann/-frau' kaum Unterschiede zwischen beiden Teilnehmergruppen vorliegen, können innerhalb des Bildungsgangs ‚Bankkaufmann/-frau' deutliche Differenzen konstatiert werden:

411 Insbesondere die quantitativ schwach besetzten Ausbildungsgänge sind davon betroffen. Es lassen sich kaum Lehrkräfte auffinden, die innerhalb eines solchen Bildungsgangs eine eigene Berufsausbildung abgeschlossen haben, dann einen Seiteneinstieg in das berufliche Bildungswesen absolviert haben und aktuell die Fächer, innerhalb derer die jeweiligen volkswirtschaftlichen Lernfelder implementiert sind, in eben jenem Berufsausbildungsgang unterrichten.

Tabelle 34: Gruppenwerte ausgebildeter Bankkaufleute mit Unterrichtseinsatz im Bildungsgang ‚Bankkaufmann/-frau'

Differenzierungsmerkmal	Mittelwert (MW)	Standardabweichung (SD)	Standardfehler MW
ausgebildete Bankkaufleute mit Unterricht im Bildungsgang ‚Bankkaufmann/-frau'	3,255	,560	,150
keine kfm. Berufsausbildung	2,713	,820	,103

Innerhalb dieser Auswertung kann Varianzgleichheit angenommen werden, da der Levene-Test nicht signifikant ausfällt (Levene-Test der Varianzgleichheit F = 2,257; Sig. = ,137):

Tabelle 35: T-Test für den bildungsgangspezifischen Mittelwertvergleich ausgebildeter Bankkaufleute mit Unterrichtseinsatz im Bildungsgang ‚Bankkaufmann/-frau'

t	df	Sig. (2-seitig)	MW-Differenz	SD-Differenz	95% Konfidenzintervall der Differenz	
					Unterer	Oberer
2,478	77	,015	,542	,219	,107	,978

Die Abweichungen zwischen beiden Teilnehmergruppen unterscheiden sich in signifikanten Ausmaß (α<5%). Es liegt dabei ein heterogenes Bild zwischen einzelnen Bildungsgängen vor, so dass kein genereller Effekt einer Berufsausbildung auf das Bewertungsverhalten der Lehrkräfte festgestellt werden kann. Unter Berücksichtigung der geringen Fallzahlen bleibt die Tendenz der Ergebnisse bestehen, jedoch kann die Ausprägungsintensität tendenziell überbewertet sein. Während zwischen einzelnen Bildungsgängen heterogene Ergebnisse vorliegen, lassen sich auf niedrigeren Abstraktionsstufen keine signifikanten Differenzen nachweisen.

Durch die statistisch nicht signifikante Bewertung kaufmännisch ausgebildeter Lehrerinnen und Lehrer gegenüber ihren Kollegen und Kolleginnen ohne kaufmännische Berufsausbildung kann die Annahme der Hypothese 5, wonach eine eigene kaufmännische Ausbildung die Relevanzbewertung volkswirtschaftlicher Inhalte verringert, nicht aufrechterhalten werden, da kein unmittelbarer Zusammenhang zwischen einer eigenen kaufmännischen Ausbildung und der volkswirtschaftlichen Relevanzbewertung nachweisbar ist.

6.2.1.3 Erfahrungsspezifische Ergebnisse

Die Überprüfung eines Zusammenhangs zwischen der beruflichen Erfahrung einer Lehrkraft sowie deren/dessen jeweiliger Relevanzbewertung volkswirtschaftlicher Inhalte erfolgt im Rahmen der vorliegenden Untersuchung mit Hilfe der geleisteten Dienstzeit in Jahren. Die Grenze der Gruppeneinteilung wird in Höhe von 20 Dienstjahren vorgenommen. Da bis zu der Einführung lernfeldbasierter Curricula ‚Volkswirtschaftslehre' als eigenständiges Fach existierte, kann dadurch nur die erfahrenere Personengruppe das eigenständige Fach unterrichtet haben. Die erhobenen Mittelwerte fallen in der Erhebung deutlich different aus:

Tabelle 36: Gruppenwerte differenziert nach der Berufserfahrung (>/< 20 Dienstjahre)

Differenzierungsmerkmal	**Mittelwert (MW)**	**Standardabweichung (SD)**	**Standardfehler MW**
>20 Jahre Berufserfahrung	3,107	,737	,110
<20 Jahre Berufserfahrung	2,710	,864	,089

Varianzgleichheit beider Testgruppen ist gegeben, so dass eine hochsignifikante Mittelwertdifferenz ($\alpha<1\%$) vorliegt (Levene-Test der Varianzgleichheit: F = 1,251; Sig. = ,265):

Tabelle 37: T-Test für den erfahrungsspezifischen Mittelwertvergleich

t	**df**	**Sig. (2-seitig)**	**MW-Differenz**	**SD-Differenz**	**95% Konfidenzintervall der Differenz**	
					Unterer	**Oberer**
2,653	137	,009	,397	,150	,101	,693

Die niedrige mittlere Bewertung der unerfahreneren Altersgruppe verdeutlicht die detaillierte Antwortstruktur, insbesondere hinsichtlich der niedrigen Wertbeimessungen:

Abbildung 83: Antwortverteilung zwischen den Teilnehmergruppen differenziert nach Berufserfahrung (gerundete Werte)

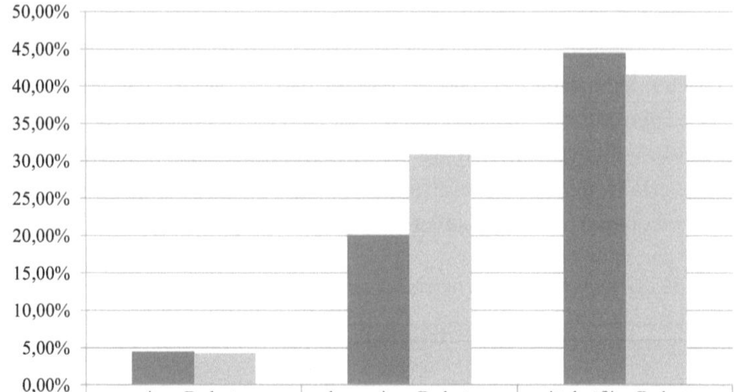

	geringe Bedeutung	eher geringe Bedeutung	mittelmäßige Bedeutung
>20 Dienstjahre	4,44%	20,00%	44,44%
<20 Dienstjahre	4,26%	30,85%	41,49%

Ein Vergleich der durchschnittlich pro Person vergebenen Bewertung zeigt, dass die Anzahl der Lehrkräfte, die eine mittlere Relevanzbewertung zu volkswirtschaftlichen Themen vornehmen, vergleichbar ist (bei gerundeten Werten 44,44% gegenüber 41,49%). Während etwa ein Drittel (35,11%) der jüngeren Lehrkräfte (n = 94) durchschnittlich eine geringe Relevanzstufe wählt (geringe Bedeutung = 4,26%; eher geringe Bedeutung = 30,85%), ist dieser Anteil bei erfahreneren Lehrkräften (n = 45) mit 24,44% wesentlich geringer (geringe Bedeutung = 4,44%; eher geringe Bedeutung = 20,00%).

Die Höherbewertung um durchschnittlich 0,4 Punkte lässt die Annahme der Hypothese 6, wonach die individuell beigemessene Relevanz volkswirtschaftlicher Themen durch die praktische Tätigkeit innerhalb eines eigenen Fachs erhöht wird, weiterhin bestehen. Es besteht ein Zusammenhang zwischen eigener volkswirtschaftlicher Unterrichtspraxis innerhalb des Fachs ‚Volkswirtschaftslehre' und der inhaltlichen Bewertung der zugehörigen fachlichen Inhalte.

6.2.1.4 Fachstudienbezogene Ergebnisse

Die Überprüfung fachlicher Vorbildungsstrukturen orientiert sich innerhalb der vorliegenden Studie anhand eines wirtschaftswissenschaftlichen Lehramtsstudiums (n = 108). Dem gegenüber wird die Teilnehmergruppe zusammengefasst, die ein Lehramtsstudium innerhalb anderer Fächer absolviert hat (und folglich fachfremden Unterricht erteilen) sowie Lehrkräften, die ihre Lehrbefugnis auf Grund beruflicher Vorbildung besitzen (sog. ‚Seiteneinsteiger', zusammengefasst: n = 30). Der Mittelwertvergleich zur Überprüfung des Einflusses eines wirtschaftswissenschaftlichen Lehramtsstudiums auf die inhaltliche Relevanzbewertung belegt eine differente Relevanzeinschätzung volkswirtschaftlicher Inhalte:

Tabelle 38: Gruppenwert differenziert nach lehramtsbezogenem wirtschaftswissenschaftlichem Studienabschluss

Differenzierungsmerkmal	Mittelwert (MW)	Standardabweichung (SD)	Standardfehler MW
mit wirtschaftswissenschaftlichem Lehramtsstudium	3,019	,747	,072
ohne wirtschaftswissenschaftliches Lehramtsstudium	2,160	,845	,154

Varianzgleichheit beider Testgruppen ist gegeben (Levene-Test der Varianzgleichheit: F = ,704; Sig. = ,403). Die Mittelwertdifferenz beider Teilnehmergruppen in Höhe von 0,8 Basispunkten erreicht ein höchstsignifikantes Niveau (α<0,1%):

Tabelle 39: T-Test für studiumsbezogenen Mittelwertvergleich

t	df	Sig. (2-seitig)	MW-Differenz	SD-Differenz	95% Konfidenzintervall der Differenz	
					Unterer	Oberer
5,419	136	,000	,860	,159	,546	1,173

Während die Teilnehmergruppe mit einem wirtschaftswissenschaftlichen Lehramtsstudium einen Mittelwert nahezu identisch des Skalenmittelwerts vergibt, ist demgegenüber besonders der niedrige Mittelwert von etwa 2,2 auf Seiten der Lehrkräfte ohne wirtschaftswissenschaftliche Lehramtsausbildung auffällig. Eine gehäufte Bewertung auf der Antwortstufe ‚eher geringe Bedeutung' liegt dem zu Grunde.

Neben der höchstsignifikanten Mittelwertdifferenz liegen vergleichbare Varianzwerte beider Teilnehmergruppen vor. Einem wirtschaftswissenschaftlichen Studium können demzufolge keine Homogenisierungstendenzen im Rahmen der volkswirtschaftlichen Bewertung zugesprochen werden. Andererseits werden diese ebenfalls nicht durch das Fehlen eines wirtschaftswissenschaftlichen Studiums erhöht, da innerhalb beider Testgruppen vergleichsweise homogen geantwortet wurde. Die Vermutung der Hypothese 7, wonach die Akzeptanz volkswirtschaftlicher Inhalte durch die individuelle Thematisierung im Rahmen des fachwissenschaftlichen Studiums begünstigt wird, kann weiterhin aufrechterhalten werden, so dass ein Zusammenhang zwischen einer fachlich-institutionalisierten Ausbildung und der Relevanzbewertung volkswirtschaftlicher Inhalte besteht.

6.2.2 Soziodemographisch basierte Korrelationsbeziehungen unterrichtlicher Faktoren

6.2.2.1 Soziodemographische Einflüsse auf zeitliche Unterrichtsfaktoren

Überprüft wird ein Einfluss personenbezogener Faktoren auf die Einschätzung zeitlicher Vorgaben aus den schulischen Curricula. Untersucht wird zunächst der zeitliche Umfang, der tatsächlich auf das jeweilige Lernfeld verwendet werden kann, so dass mögliche Abweichungen zwischen theoretischen Zeitrichtwerten und praktischer Umsetzung zu Tage treten. Als potentielle personelle Faktoren, die sich auf die Einschätzung auswirken können, dienen das Geschlecht der Lehrperson sowie deren/dessen Erfahrungswerte:

Tabelle 40: Geschlechtsspezifische Gruppenwerte des Zeitbedarfs[412]

Differenzierungsmerkmal	Mittelwert (MW)	Standardabweichung (SD)	Standardfehler MW
weiblich	2,660	1,009	,126
männlich	2,500	1,095	,141

Bei angenommener Varianzgleichheit (Levene-Test der Varianzgleichheit: F = 1,534; Sig. = ,218) liegt keine beständige Mittelwertdifferenz vor:

Tabelle 41: T-Test für geschlechtsbezogenen Mittelwertvergleich des Zeitbedarfs

t	df	Sig. (2-seitig)	MW-Differenz	SD-Differenz	95% Konfidenzintervall der Differenz	
					Unterer	Oberer
,847	122	,398	,160	,189	-,214	,534

Geschlechtsspezifische Differenzen können hinsichtlich des tatsächlich auf das jeweilige Lernfeld verwendeten Zeitumfangs nicht festgestellt werden. Sowohl

412 Mittelwertdifferenzen relativ zur Darstellung der Antwortverteilung entstammen der missing-Werte, da lediglich die Fälle berücksichtigt werden, deren Geschlechtsangabe vorliegt.

Lehrerinnen (n = 64) als auch Lehrer (n = 60) können lediglich ein geringeres Zeitdeputat für die einzelnen Lernfelder verwenden, als innerhalb der dazugehörigen Curricula vorgesehen ist. Die bereits festgestellte geringfügige Unterschätzung des Zeitbedarfs unterliegt somit keinen geschlechtsspezifischen Einflussfaktoren und bleibt über alle Bildungsgänge hinweg bestehen.

Untersucht wird weiterhin, ob der tatsächlich zur Verfügung stehende Zeitbedarf erfahrungsspezifischen Einflussfaktoren unterliegt. Dazu werden die Gruppierungen analog zur dargestellten inhaltsbezogenen Analyse herangezogen (Dienstjahre >20 Jahre, n = 43; Dienstjahre <20 Jahre, n = 82):

Tabelle 42: Erfahrungsspezifische Gruppenwerte des Zeitbedarfs

Differenzierungsmerkmal	**Mittelwert (MW)**	**Standardabweichung (SD)**	**Standradfehler MW**
>20 Jahre Berufserfahrung	2,556	1,142	,174
<20 Jahre Berufserfahrung	2,592	1,006	,111

Die geringe Mittelwertdifferenz lässt keine signifikante Mittelwertdifferenz vermuten, was bei angenommener Varianzgleichheit (Levene-Test zur Varianzgleichheit F = 2,173; Sig. = ,143) durch den T-Test zu bestätigen ist:

Tabelle 43: T-Test für den erfahrungswertbezogenen Mittelwertvergleich des Zeitbedarfs

t	**df**	**Sig. (2-seitig)**	**MW-Differenz**	**SD-Differenz**	**95% Konfidenzintervall der Differenz**	
					Unterer	**Oberer**
-,178	123	,859	-,353	,198	-,428	,358

Unterschiedliche Erfahrungswerte zwischen beiden Probandengruppen lassen keinen Einfluss auf die Einschätzung des zur Verfügung stehenden Zeitumfangs erkennen. Die innerhalb der Gesamtverteilung diagnostizierte geringfügige Unterbewertung des tatsächlich zur Verfügung stehenden Zeitumfangs existiert folglich unabhängig beider aufgezeigter personeller Merkmale, so dass die vorliegende Differenz nicht durch personelle Faktoren zu begründen ist.

Neben dem praktisch zur Verfügung stehenden Zeitumfang erfolgt weiterhin eine Einschätzung der Lehrkräfte, die das zur Verfügung stehende Zeitdeputat relativ zu den vorgesehenen Unterrichtsinhalten erfasst. Wiederum dienen das Geschlecht sowie der jeweilige Erfahrungswert als personelles Differenzierungsmerkmal, wobei die Einschätzung des vorgesehenen Zeitbedarfs in Relation zu den vorgesehenen Inhalten lediglich geringfügige geschlechtsspezifische Mittelwertunterschiede aufweist:

Tabelle 44: Geschlechtsspezifische Gruppenwerte des Zeitwunsches

Differenzierungsmerkmal	Mittelwert (MW)	Standradabweichung (SD)	Standardfehler MW
weiblich	2,465	,990	,124
männlich	2,500	1,025	,132

Bei vorliegender Varianzgleichheit (Levene-Test der Varianzgleichheit: F = ,163; Sig. = ,687) liegen keine signifikanten Mittelwertdifferenzen vor, was sich aus den sehr ähnlichen Mittelwerten beider Gruppierungen bereits vermuten lässt:

Tabelle 45: T-Test für den geschlechtsbezogenen Mittelwertvergleich des Zeitwunsches

t	df	Sig. (2-seitig)	MW-Differenz	SD-Differenz	95% Konfidenzintervall der Differenz	
					Oberer	Unterer
-,194	122	,846	-,035	,181	-,393	,323

Die innerhalb der Verteilungsdarstellung angesprochene Einschätzung, wonach der festgeschriebene Zeitbedarf für die vorgesehenen Inhalte zu niedrig angesetzt ist, bleibt geschlechtsunabhängig bestehen. Auch eine Differenzierung nach beruflicher Erfahrung ergibt eine äußerst geringe Mittelwertdifferenz:

Tabelle 46: Erfahrungsspezifische Gruppenwerte des Zeitwunsches

Differenzierungsmerkmal	Mittelwert (MW)	Standardabweichung (SD)	Standardfehler MW
>20 Jahre Berufserfahrung	2,498	1,101	,166
<20 Jahre Berufserfahrung	2,480	,949	,104

Innerhalb des T-Tests kann Varianzgleichheit angenommen werden (Levene-Test der Varianzgleichheit F = 1,235; Sig. = ,269).

Tabelle 47: T-Test für den erfahrungsspezifischen Mittelwertvergleich des Zeitwunsches

t	df	Sig. (2-seitig)	MW-Differenz	SD-Differenz	95% Konfidenzintervall der Differenz	
					Unterer	Oberer
,097	125	,923	,018	,187	-,352	,389

Unterschiedliche Erfahrungswerte zwischen den Teilnehmergruppen lassen keinen Einfluss auf die Einschätzung des Zeitbedarfs in Relation zu den vorgesehenen Inhalten erkennen, so dass die Einschätzung des curricularen Zeitdeputats unter bildungsgangübergreifender Perspektive keinem Einfluss der beruflichen Erfahrung unterliegt. Die Einschätzung zu geringer Zeitrichtwerte besteht unabhängig der erhobenen personellen Merkmale.

Anhand der Ergebnisse der Gesamtverteilung erfolgt eine bildungsgangspezifische Untergliederung, wonach die Einschätzung des Zeitdeputats relativ zu den vorgesehenen Inhalten zwischen einzelnen Bildungsgängen heterogen ausfällt (vgl. Abbildung 78). Als personelle Korrelationsmerkmale bleiben das Geschlecht sowie die jeweilige Berufserfahrung bestehen. Aus Gründen der Übersichtlichkeit werden lediglich die Ergebnisse von Bildungsgängen aus den äußeren Gruppen (‚Kaufmann/-frau im Einzelhandel' und ‚Industriekaufmann/-frau') exemplarisch angeführt, wobei der Bildungsgang ‚Kaufmann/-frau im Einzelhandel' mit 2,82 die geringste Differenz zwischen Zeit- und Inhaltsvorgaben aufweist:

Tabelle 48: Geschlechtsspezifische Gruppenwerte im Bildungsgang ‚Kaufmann/-frau im Einzelhandel'

Differenzierungsmerkmal	**Mittelwert (MW)**	**Standardabweichung (SD)**	**Standardfehler MW**
weiblich	2,920	1,038	,208
männlich	2,583	1,165	,336

Varianzgleichheit kann innerhalb des T-Tests angenommen werden (Levene-Test zur Varianzgleichheit F = ,103; Sig. = 750):

Tabelle 49: Geschlechtsspezifischer T-Test des Zeitwunsches im Bildungsgang ‚Kaufmann/-frau im Einzelhandel'

t	**df**	**Sig. (2-seitig)**	**MW-Differenz**	**SD-Differenz**	**95% Konfidenzintervall der Differenz**	
					Unterer	**Oberer**
,888	35	,380	,337	,379	-,433	1,106

Die Gruppierung des personenbezogenen Erfahrungswertes erfolgt analog vorangegangener Betrachtung anhand abgeleisteter Dienstjahre (>/< 20 Dienstjahre):

Tabelle 50: Erfahrungsspezifische Gruppenwerte im Bildungsgang ‚Kaufmann/-frau im Einzelhandel'

Differenzierungsmerkmal	**Mittelwert (MW)**	**Standardabweichung (SD)**	**Standardfehler MW**
>20 Jahre Berufserfahrung	2,667	1,073	,310
<20 Jahre Berufserfahrung	2,885	1,071	,210

Varianzgleichheit kann wiederum angenommen werden (Levene-Test zur Varianzgleichheit: F = ,268; Sig. = ,608):

Tabelle 51: Erfahrungsspezifischer T-Test des Zeitwunsches im Bildungsgang ‚Kaufmann/-frau im Einzelhandel'

t	df	Sig. (2-seitig)	MW-Differenz	SD-Differenz	95% Konfidenzintervall der Differenz	
					Unterer	Oberer
-,583	36	,564	-,218	,374	-,976	,540

Innerhalb des mit 2,82 Punkten hoch bewerteten Bildungsgangs ‚Kaufmann/-frau im Einzelhandel' sind keine Differenzen in der zeitlichen Bewertung feststellbar, die durch das Alter oder die berufliche Erfahrung der teilnehmenden Lehrkräfte zu begründen sind. Im Rahmen der Gesamtverteilung (vgl. Abbildung 78) weist die Bewertung des Lernfeldes Nr. 9 im Bildungsgang ‚Industriekaufmann/-frau' mit 2,08 einen deutlich niedrigeren Wert auf, wobei größere Mittelwertdifferenzen zwischen den Geschlechtergruppen vorliegen:

Tabelle 52: Geschlechtsspezifische Gruppenwerte im Bildungsgang ‚Industriekaufmann/-frau'

Differenzierungsmerkmal	Mittelwert (MW)	Standardabweichung (SD)	Standardfehler MW
weiblich	1,875	,947	,193
männlich	2,222	,934	,180

Varianzgleichheit kann innerhalb des T-Tests angenommen werden (Levene-Test zur Varianzgleichheit F = ,312; Sig. = ,579):

Tabelle 53: Geschlechtsspezifischer T-Test des Zeitwunsches im Bildungsgang ‚Industriekaufmann/-frau'

t	df	Sig. (2-seitig)	MW-Differenz	SD-Differenz	95% Konfidenzintervall der Differenz	
					Unterer	Oberer
-1,317	49	,194	-,347	,264	-,877	,183

Ähnliche Werte liegen vor, wird die Berufserfahrung als personenbezogener Differenzierungsfaktor gewählt:

Tabelle 54: Erfahrungsspezifische Gruppenwerte im Bildungsgang ‚Industriekaufmann/-frau‘

Differenzierungsmerkmal	Mittelwert (MW)	Standardabweichung (SD)	Standardfehler MW
>20 Jahre Berufserfahrung	1,667	,817	,211
<20 Jahre Berufserfahrung	2,237	,998	,162

Innerhalb des T-Tests liegt Varianzgleichheit vor (Levene-Test zur Varianzgleichheit F = 2,952; Sig. = ,092):

Tabelle 55: Erfahrungsspezifischer T-Test des Zeitwunsches im Bildungsgang ‚Industriekaufmann/-frau‘[413]

t	df	Sig. (2-seitig)	MW-Differenz	SD-Differenz	95% Konfidenzintervall der Differenz	
					Oberer	Unterer
-1,965	51	,055	-,570	,290	-1,153	,012

Unabhängig der Wahl des personenbezogenen Korrelationskriteriums liegen in beiden aufgezeigten Bildungsgängen keine signifikanten Mittelwertdifferenzen vor. Die innerhalb der Gesamtverteilung aufgezeigten Einzelwerte einzelner Bildungsgänge (vgl. Abbildung 78) unterliegen also keinem Einfluss der beiden geprüften personenbezogenen Merkmale. Geschlechts- und erfahrungsunspezifisch werden die Zeitrichtwerte im Bildungsgang ‚Kaufmann/-frau im Einzelhandel‘ passender eingeschätzt als innerhalb des Lernfeldes Nr. 9 im Bildungsgang ‚Industriekaufmann/-frau‘. Gleichzeitig wirkt sich die Einschätzung der Zeitrichtwerte nicht auf die geschlechts- bzw. erfahrungsspezifische Bewertung bildungsgangspezifischer Themen aus, da ungeachtet der bewerteten Theorie-Praxis-Differenz keine signifikanten Differenzen vorliegen.

Die diagnostizierte Feststellung, wonach der Zeitbedarf innerhalb der curricularen Grundlagen relativ zu den vorgesehenen Inhalten tendenziell zu niedrig eingeschätzt wird, bleibt weiterhin bestehen und unterliegt keinem Einfluss der

413 Im Bildungsgang ‚Kaufmann/-frau im Groß- und Außenhandel‘, innerhalb dessen ebenfalls eine deutliche Differenz zwischen dem curricularen Zeitdeputat und den vorgesehenen Inhalten festgestellt wird, liegen geschlechtsspezifisch ähnliche Werte zu den hier aufgezeigten Zahlen vor. Bei Auswahl des Erfahrungswertes als personenbezogenem Korrelationsmerkmal liegt abweichend jedoch eine signifikante Differenz zwischen beiden Testgruppen vor. Dies kann durch die geringe Teilnehmergruppe von Lehrkräften mit mindestens 20 Jahren Diensterfahrung innerhalb dieses Bildungsgangs erklärt werden, so dass sich Verzerreffekte zu Gunsten einer gesteigerten Signifikanzrate auswirken und die Ergebnisse dadurch nicht belastbar sind.

aufgezeigten personellen Merkmale. Dies deutet auf strukturelle Defizite innerhalb der zu Grunde liegenden Curricula hin.

Zur Überprüfung struktureller Defizite, die ein aus Lehrersicht nicht ausgeglichenes Verhältnis zwischen Zeitvorgaben und vorgesehenen Inhalten beschreiben, wird eine Korrelation der zeitlichen Einschätzung in Abhängigkeit der Sozialformnutzung untersucht. Es soll dadurch ausgeschlossen werden, dass die häufige Nutzung ‚zeitintensiver Sozialformen' zu einer Unterschätzung der Zeitrichtwerte führt, die jedoch nicht auf strukturellen Defiziten beruht, sondern deren Ursprung in individuellen unterrichtsorganisatorischen Maßnahmen der jeweiligen Lehrperson liegt (bzw. dass durch die häufige Nutzung ‚zeitökonomischer' Lernformen die vorgegebenen Zeitrichtwerte überschätzt werden). Dadurch würde eine potentielle Unterschätzung der Zeitrichtwerte personellen Faktoren unterliegen und könnte nicht strukturell begründet werden. Deshalb werden die Lehrkräfte, die einer Sozialform einen hohen (‚häufig') oder sehr hohen (‚sehr häufig') Wert zugemessen haben, selektiert, zu Gruppen zusammengefasst und deren Beurteilungen der Zeitvorgaben verglichen. In der Gesamtschau fällt die Differenz der Mittelwertdifferenzen äußerst heterogen aus. Exemplarisch dargestellt werden die Lehrpersonen, die Gruppenarbeit (als tendenziell ‚zeitintensive' Sozialform; n = 27) bzw. Frontalunterricht (als tendenziell ‚zeitökonomische' Sozialform; n = 92) ‚häufig' bzw. ‚sehr häufig' verwenden:[414]

Tabelle 56: Sozialformspezifische Gruppenwerte (Frontalunterricht vs. Gruppenarbeit)

Sozialform	**Mittelwert (MW)**	**Standardabweichung (SD)**	**Standardfehler MW**
Frontalunterricht	2,469	1,016	,106
Gruppenarbeit	2,852	1,001	,192

Bei angenommener Varianzgleichheit (Levene-Test der Varianzgleichheit: F = ,389; Sig. = ,534) besteht keine signifikante Mittelwertdifferenz:

Tabelle 57: Sozialformspezifischer T-Test der Zeitrichtwerte (Frontalunterricht vs. Gruppenarbeit)

t	**df**	**Sig. (2-seitig)**	**MW-Differenz**	**SD-Differenz**	**95% Konfidenzintervall der Differenz**	
					Unterer	**Oberer**
-1,726	117	,087	-,382	,222	-,822	,056

414 Die einzelnen Auswertungen können Anhang 21 entnommen werden.

Ein differentes Ergebnis ergibt die Gegenüberstellung der zeitlichen Einschätzung von Lehrpersonen, die Frontalunterricht (als tendenziell ‚zeitökonomische' Sozialform, n = 92) ‚häufig' bzw. ‚sehr häufig' verwenden gegenüber den Lehrpersonen, die Schülerpräsentationen (als tendenziell ‚zeitintensive' Sozialform, n = 26) ‚häufig' bzw. ‚sehr häufig' einsetzen:

Tabelle 58: Sozialformspezifische Gruppenwerte (Frontalunterricht vs. Schülerpräsentation)

Sozialform	Mittelwert (MW)	Standardabweichung (SD)	Standardfehler MW
Frontalunterricht	2,469	1,016	,106
Schülerpräsentation	3,013	1,172	,230

Bei angenommener Varianzgleichheit (Levene-Test der Varianzgleichheit F = ,076; Sig. = ,784) besteht eine signifikante Abweichung:

Tabelle 59: Sozialformspezifischer T-Test der Zeitrichtwerte (Frontalunterricht vs. Schülerpräsentation)

t	df	Sig. (2-seitig)	MW-Differenz	SD-Differenz	95% Konfidenzintervall der Differenz	
					Unterer	Oberer
-2,327	116	,022	-,544	,234	-1,006	-,081

Die Auswertungen beider gegenübergestellten Sozialformen sind heterogen, so dass diese nicht als Basis einer einheitlichen Aussage dienen können. Zur Auflösung der heterogenen Ergebnisse unterschiedlicher Sozialformkonstellationen werden daraufhin neue Auswertungsitems in Form übergeordneter Kategorisierungen konstruiert. Dazu werden die Sozialformen ‚Einzelarbeit', ‚Partnerarbeit' und ‚Frontalunterricht' zur übergeordneten Kategorie ‚zeitökonomische Methoden' (n = 241) zusammengefasst, wohingegen die Sozialformen ‚Gruppenarbeit' und Schülerpräsentation' die Kategorie ‚zeitunökonomische Methoden' (n = 53) bilden. Wiederum werden die zeitlichen Bewertungen der Personen, die jeweils hohe Werte den einzelnen Sozialformen zugeteilt haben, ausgewertet.

Tabelle 60: Gruppenwerte kategorisierter Sozialformen

Sozialform	Mittelwert (MW)	Standardabweichung (SD)	Standardfehler MW
‚ökonomisch'	2,592	,980	,063
‚unökonomisch'	2,931	1,081	,148

Bei angenommener Varianzgleichheit (Levene-Test der Varianzgleichheit: F = ,079: Sig. = ,779) besteht eine signifikante Bewertungsdifferenz der zeitlichen Richtwerte:

Tabelle 61: T-Test der Gruppenwerte kategorisierter Sozialformen

t	df	Sig. (2-seitig)	MW-Differenz	SD-Differenz	95% Konfidenzintervall der Differenz	
					Unterer	Oberer
-2,236	292	,026	-,339	,152	-,637	-,041

Unter Berücksichtigung der vorgenommenen Gruppierung in zwei Ausprägungen lässt sich ein signifikanter Zusammenhang zwischen der zeitlichen Bewertung der Teilnehmer sowie der häufigen bzw. sehr häufigen Nutzung bestimmter Sozialformkategorien aufzeigen. Jedoch fällt auf, dass die Mittelwertdifferenz nicht die oben vermutete Richtung aufweist. So wird die Zeit-Inhalts-Konstellation von den Lehrkräften passender eingeschätzt, die ‚zeitunökonomische' Sozialformen vermehrt verwenden. Dies widerspricht der Annahme, dass eine vermehrte Nutzung ‚zeitunökonomischer' Methoden zu zeitlichen Schwierigkeiten innerhalb des Unterrichtsverlaufs führt und dies eine Unterschätzung der zeitlichen Vorgaben nach sich zieht. Eine niedrige Bewertung der zeitlichen Vorgaben ist demnach nicht das Resultat einer vermehrten Nutzung zeitlicher Sozialformen. Vielmehr lässt sich aus der Korrelation zwischen einer Nutzung ‚zeitökonomischer' Sozialformen und Zeitmangel (bzw. einer Nutzung ‚zeitunökonomischer' Sozialformen und passender Zeit-Inhalts-Konstellation) nachvollziehen, dass offensichtlich die Methodennutzung der individuellen Zeiteinschätzung folgt. Wird von Seiten der Lehrperson ein ausreichendes Zeitdeputat wahrgenommen, ermöglicht dies die Nutzung ‚zeitunökonomischer' Sozialformen, wohingegen im Falle eines wahrgenommenen Zeitmangels auf ‚zeitökonomische' Sozialformen zurückgegriffen wird. Dies schließt an Seifried et al's (fachunspezifische) Ergebnisse an, die die mangelnde Umsetzung handlungsorientierter Unterrichtskonzeptionen mit Hilfe zeitlicher Faktoren begründen, die aus der curricularen Stofffülle des jeweiligen Bildungsgangs resultieren (vgl. Seifried/Grill/Wagner 2006 S. 238ff.). Die gewählte Sozialformnutzung unterliegt somit der subjektiven Einschätzung der vorgegebenen Zeitrichtwerte. Hypothese 8 kann in vorliegendem Rahmen demnach nicht unmittelbar für frontalen Unterricht untersucht werden. Jedoch kann sie auf der Abstraktionsebene der ‚zeitökonomischen' Sozialformen überprüft und weiterhin aufrechterhalten werden.

Die Ergebnisse aller vorgenommenen, korrelativen Zeiteinschätzungen zeigen, dass die Unterschätzung der zeitlichen Curricularrichtlinien innerhalb

volkswirtschaftlicher Lernfelder strukturell zu begründen ist und nicht auf Basis individuell-unterrichtlicher Lehrermerkmale basiert. Der hypothetisch vermutete Zusammenhang zwischen personellen Merkmalen und Bewertung der Zeitrichtwerte kann nicht aufrecht erhalten werden, da kein personenbezogener Effekt auf die zeitliche Bewertung, sowohl innerhalb einzelner Bildungsgänge als auch über mehrere Bildungsgänge hinweg, festgestellt werden kann.

6.2.2.2 Soziodemographische Einflüsse auf die Unterrichtsorganisation

Auswirkungen personenbezogener Lehrermerkmale auf deren unterrichtliche Umsetzung können im Rahmen der vorgenommenen Selbsteinschätzung durch die teilnehmenden Lehrerinnen und Lehrer innerhalb des volkswirtschaftlichen Bereichs nicht festgestellt werden.[415] Die praktizierten Sozialformen (Einzelarbeit, Partnerarbeit, Gruppenarbeit, Frontalunterricht und Schülerpräsentation) sowie die verwendeten Unterrichtsmedien (Klassentafel, Schulbuch, Arbeitsblatt, Printmedien, Filme und Folien/OHP) weisen innerhalb der Selbsteinschätzung durch die Lehrkräfte keinerlei geschlechtsbezogenen Differenzen auf:[416]

Tabelle 62: Geschlechtsspezifische Einschätzung der verwendeten Sozialform und Medien

	N		**MW**		**SD**		**Signifikanz (T-Test)**
	weibl.	**männl.**	**weibl.**	**männl.**	**weibl.**	**männl.**	
Einzelarbeit	76	79	3,51	3,54	,702	,889	,809
Partnerarbeit	76	78	3,79	3,60	,660	,779	,110
Gruppenarbeit	75	79	3,08	2,96	,749	,741	,328
Frontalunterricht	75	79	3,71	3,85	,882	,802	,299
Schülerpräsentation	76	78	2,96	2,79	,944	,873	,260
Klassentafel	74	77	3,50	3,69	,954	1,055	,252
Schulbuch	76	77	3,34	3,36	1,138	1,123	,906
Arbeitsblatt	73	77	4,36	4,14	,695	,854	,096
Printmedien	76	77	2,99	2,97	1,013	,888	,934
Film	75	77	2,27	2,23	1,004	,985	,839
Folien/OHP	76	77	3,57	3,48	1,170	1,199	,657

415 Die vorgenommene Erhebung dient nicht dazu, eine Analyse einzelner unterrichtlicher Faktoren im Rahmen praktischer Umsetzung durchzuführen. Solche Rückschlüsse können auf Grund reiner Selbsteinschätzungen der Lehrkräfte sowie der äußerst grob strukturierten Fragestellung im Rahmen dieser Untersuchung nicht gezogen werden. Vielmehr steht die bloße Erfassung möglicher unterrichtlicher Differenzen im Fokus.

416 Die detaillierten Werte der Korrelationsbeziehungen können Anhang 22 entnommen werden.

Ebenso sind kaum erfahrungswertbezogene Unterschiede feststellbar:[417]

Tabelle 63: Erfahrungsspezifische Einschätzung der verwendeten Sozialform und Medien

	N		**MW**		**SD**		**Signifikanz (T-Test)**
	>20 Dienstjahre	**<20 Dienstjahre**	**>20 Dienstjahre**	**<20 Dienstjahre**	**>20 Dienstjahre**	**<20 Dienstjahre**	
Einzelarbeit	50	107	3,42	3,60	,758	,811	,193
Partnerarbeit	50	106	3,56	3,75	,733	,715	,117
Gruppenarbeit	49	107	3,04	2,98	,841	,700	,667
Frontalunterricht	49	107	3,61	3,87	,975	,766	,108
Schülerpräsentation	49	107	2,94	2,83	,852	,926	,494
Klassentafel	48	105	3,54	3,63	1,110	,953	,620
Schulbuch	49	106	3,31	3,36	1,122	1,131	,789
Arbeitsblatt	47	105	4,11	4,30	,729	,808	,172
Printmedien	49	106	3,06	2,94	1,069	,893	,474
Film	49	105	2,47	2,12	,915	1,016	,044[418]
Folien/OHP	49	106	3,59	3,53	1,135	1,173	,752

Es können keine Auswirkungen personenbezogener Merkmale auf die Selbsteinschätzung der unterrichtsorganisatorischen Kontextfaktoren sowie umsetzungsspezifische Charakteristika festgestellt werden. Die innerhalb der Gesamtverteilung aufgezeigten Bewertungsdifferenzen zwischen einzelnen Items können insofern nicht anhand der überprüften Personenmerkmale erklärt werden, sondern liegen zwischen den abgegrenzten Lehrergruppen homogen vor.

417 Die detaillierten Werte der Korrelationsbeziehungen können Anhang 23 entnommen werden.

418 Die einzige signifikante Differenz (sig. 0,044) liegt beim Einsatz von Filmen innerhalb des Schulunterrichts vor, wobei die erfahrungswertspezifische Selbsteinschätzung auf niedrigem Niveau differiert.

7 Die Abschlussprüfung der IHK als inhaltskonstituierender Faktor

Als Bedingungsfaktor schulischer Inhaltsgestaltung wird, insbesondere seitens praktisch tätiger Lehrkräfte konstatiert, dass die Abschlussprüfungen der Industrie- und Handelskammer (IHK) bedeutende inhaltliche Steuerungswirkung auf die thematische Auswahl der unterrichtlichen Inhalte besitzen, bis hin zu einer ausschließlichen Inhaltsausrichtung des Fachunterrichts anhand potentieller Prüfungsinhalte (vgl. Böhme/Scholz 2014, S. 4; Reetz 2006, S. 69; Rischmüller 2004, S. 180; Grigat/Gadow 2003, S. 2; Pätzold/Klusmeyer/Wingels et al. 2003, S. 254). Dies bedingt eine homogene Konzeption zwischen curricularen Grundlagen, inhaltlichen Prüfungsaufgaben, unterrichtsbegleitenden Materialien (insbesondere Schulbüchern) sowie praktisch-unterrichtlicher Umsetzung. Unter Berücksichtigung der bewerteten Zeitrichtwerte würde dies eine einseitige Unterrichtskonzeptionierung unter der Prämisse prüfungsrelevanter Stoffauswahl bedeuten, so dass die konzeptionell vorgesehenen unterrichtlichen Freiräume, die den Lehrkräften von Seiten der KMK zugestanden werden, nur äußerst beschränkt nutzbar wären (vgl. Krüger 2014, S. 61f.).

Untersuchungsgrundlage stellen die Abschlussprüfungen der betrachteten Ausbildungsgänge aus dem Sommer 2014 dar.[419] Untersucht wird der Prüfungsbereich ‚Wirtschafts- und Sozialkunde', da nur innerhalb dieses Bereichs volkswirtschaftliche Inhalte prüfungsrelevant erscheinen. Innerhalb des Prüfungsteils ‚Wirtschafts- und Sozialkunde' sind in jedem einzelnen Bildungsgang maximal 100 Punkte bei differenter Aufgabenanzahl zu erreichen. Innerhalb einzelner Bildungsgänge liegen keine differenten Gewichtungen zwischen einzelnen Aufgaben vor, so dass sich die 100 zu erreichenden Gesamtpunkte gleichmäßig auf sämtliche Einzelaufgaben des Prüfungsbereiches ‚Wirtschafts- und Sozialkunde' aufteilen.[420] Die Gewichtung volkswirtschaftlicher Inhalte innerhalb des Prüfungsbereiches ‚Wirtschafts- und Sozialkunde' gestaltet sich unter quantitativer Prämisse heterogen:

---

419 Folglich wird hier, analog zur Betrachtung der curricularen Grundlagen, der Bildungsgang ‚Bürokaufmann/Bürokauffrau' betrachtet.

420 Infolgedessen variiert die Bewertung pro Aufgabe zwischen den Bildungsgängen in Abhängigkeit der Gesamtaufgabenzahl.

Tabelle 64: Quantitativer Anteil volkswirtschaftlicher Aufgaben an den Abschlussprüfungen der IHK im Sommer 2014

Bildungsgang	**Volkswirtschaftliche Aufgaben**	**Gesamtaufgaben ‚Wirtschafts- und Sozialkunde'**	**Anteil an Gesamtpunktzahl (im Bereich ‚Wirtschafts- und Sozialprozesse')**
Automobilkaufmann/-frau	12	31	38,71%
Bankkaufmann/-frau	14	30	46,67%
Bürokaufmann/-frau	6	28	21,43%
Immobilienkaufmann/-frau	13	33	39,39%
Industriekaufmann/-frau	11	28	39,29%
Kaufmann/-frau für Speditions- und Logistikdienstleistungen	9	33	27,27%
Kaufmann/-frau für Versicherungen und Finanzen	13	33	39,39%
Kaufmann/-frau im Einzelhandel	3	28	10,71%
Kaufmann/-frau im Groß- und Außenhandel	12	33	36,36%

Die Aussage Krügers, wonach berufsübergreifende Kompetenzen „sowohl zeitlich als auch inhaltlich teilweise bis an den Rand der Bedeutungslosigkeit zurückgedrängt worden sind" (Krüger 2014, S. 61) ist auf quantitativer Ebene nicht unmittelbar auf volkswirtschaftliche Inhalte übertragbar.[421] Eine verstärkte Orientierung anhand tätigkeitsorientierter Fertigkeiten wirkt sich auf quantitativer Ebene nicht dahingehend aus, dass volkswirtschaftliche Inhalte kein Bestandteil des abschließenden Prüfungskanons wären. Die quantitativen Werte sind vom ‚Rande der Bedeutungslosigkeit' weit entfernt, jedoch wird eine Orientierung anhand der quantitativen Dimensionierung der curricularen Grundlagen deutlich. Innerhalb der Bildungsgänge, deren Curricula relativ gesehen umfangreiche volkswirtschaftliche Themen beinhalten, stellen volkswirtschaftliche Themen ebenfalls vergleichbar große Anteile im Rahmen der Abschlussprüfung im Fach ‚Wirtschafts- und Sozialkunde' dar.[422] Eine quantitative Korrelation zwischen den curricularen

421 Krüger schränkt seine Diagnose selber dahingehend ein, dass es sich bei seiner Betrachtung um grundlegende Entwicklungstendenzen handele und seine Diagnose demnach nicht sämtlichen Einzelprüfungen gerecht werden kann (vgl. Krüger 2014, S. 61).

422 Insbesondere ein Vergleich der volkswirtschaftlichen Prüfungsbestandteile in den Bildungsgängen ‚Kaufmann/-frau im Einzelhandel' gegenüber dem Bildungsgang ‚Bankkaufmann/-frau' verdeutlicht die quantitativ abweichende Dimensionierung.

Grundlagen und den jeweiligen Abschlussprüfungen liegt vor und eine Reduzierung volkswirtschaftlicher Inhalte von Seiten der IHK innerhalb des untersuchten Prüfungsjahrgangs kann nicht festgestellt werden.

Unter inhaltsbezogener Prämisse merken sowohl Böhme/Schulz als auch Reetz an, dass die Abschlussprüfung der IHK eine zensierende Wirkung auf die Unterrichtsgestaltung ausübt, wobei insbesondere spezifisches Lernhandeln innerhalb komplexer Situationen durch die Prüfungsstruktur verhindert werde (vgl. Böhme/Scholz 2014, S. 4). Maßgebendes Kriterium der Unterrichtsgestaltung sei die unterrichtliche Behandlung potentieller Prüfungsinhalte, wodurch der Begriff des ‚heimlichen Lehrplans' begründet werde (vgl. Reetz 2006, S. 69; Rischmüller 2004, S. 180). Eine Überprüfung dessen erfolgt im volkswirtschaftlichen Inhaltsbereich mit Hilfe der innerhalb der vorliegenden Studie erhobenen Daten zur Relevanzeinschätzung einzelner wirtschaftlicher Items. Dazu wird untersucht, wie die Themenbereiche, die Bestandteil der jeweiligen Abschlussprüfung des Bildungsgangs sind, innerhalb der Relevanzbewertung volkswirtschaftlicher Inhalte im Rahmen der durchgeführten Lehrerumfrage bewertet werden. Folglich wird die Einschätzung der Lehrerinnen und Lehrer der tatsächlich innerhalb des betrachteten Zeitraums geprüften Inhalte analysiert. Innerhalb der folgenden tabellarischen Übersicht ist den Themenbereichen aus der jeweiligen Abschlussprüfung jeweils die Bewertung des identischen Themenbereichs aus der Relevanzbewertung der Lehrkräfte hinzugefügt:

Tabelle 65: Prüfungsbereiche der IHK-Abschlussprüfung im Prüfungszeitraum Sommer 2014

Bildungsgang	Themenbereich	Mittelwert der inhaltlichen Relevanzeinschätzung
Automobilkaufmann/Automobilkauffrau	Preisbildung	2,86
	Marktgleichgewicht	2,86
	Marktsituation	-[423]
	Kooperation/Konzentration	2,71
	Konzernbildung	-
	Verbraucherpreis	2,86
	Gesamtwirtschaftliche Indikatoren (2x)	2,86
	Konjunkturindikator	2,29
	Konjunkturphase	2,57
	Konjunkturpolitik	3,29
	Maßnahmen der EZB	2,86
Bankkaufmann/ Bankkauffrau	Soziale Marktwirtschaft	4,08
	Kooperation	3,63
	Konzentration/Konzern	3,56
	Verbraucherpreisindex	4,26
	Preisbildung (Stückpreis)	4,16
	Preisbildung (Gesamtumsatz)	-
	Konjunkturzyklus	4,08
	Konjunkturindikator	3,79
	Modell des erweiterten Wirtschaftskreislaufs	-
	Inflation	4,59
	Geldwertstabilität	4,52
	Zahlungsbilanz	4,14
	Binnenwert des Geldes	-
	Geldpolitik	3,83

423 Die fehlenden Werte sind auf Grund unterschiedlicher Differenzierungsgrade zwischen den Abschlussprüfungen und der (anhand schulischer Curricula) orientierten Rating-Skala im Rahmen der vorliegenden Studie zu erklären. Die Orientierung der Studie anhand der curricularen Rahmung bedingt, dass differente Inhalte aus Prüfungsaufgaben innerhalb der Studie zu einem gemeinsamen inhaltlichen Bereich zugeordnet werden können, obwohl diese innerhalb der Prüfung getrennte Aufgabe darstellen. Die konstruierte Rating-Skala des Erhebungsinstrumentes stößt hier an die Grenze ihrer Differenzierungsfähigkeit.

Bildungsgang	**Themenbereich**	**Mittelwert der inhaltlichen Relevanzeinschätzung**
Bürokaufmann/frau	Ökonomisches Prinzip	3,65
	Gesamtwirtschaftliche Indikatoren	2,97
	Inflation	2,85
	Konjunktur	2,91
	Arbeitsmarkt	2,88
	Deflation	2,91
Immobilienkauf-mann/frau	Preisbildung	3,20
	Marktgleichgewicht	-
	Marktsituation	-
	Vollkommener Markt	-
	Bruttoinlandsprodukt	-
	Stabilität als Zielsetzung	4,20
	Preisstabilität	4,20
	Gesamtwirtschaftliche Indikatoren (2x)	3,00
	Konjunkturindikator	2,00
	Konjunkturphase	3,20
	Konjunkturpolitik	2,80
	Maßnahmen der EZB	3,20
Industriekauf-mann/frau	Kooperation	2,98
	Wirtschaftskreislauf	3,65
	Soziale Marktwirtschaft	3,38
	Bruttoinlandsprodukt	3,52
	Verbraucherpreisindex	2,98
	Gesamtwirtschaftliche Indikatoren	2,80
	Wirtschaftswachstum	3,17
	Konjunkturzyklus	3,75
	Konjunkturpolitik	2,94
	Europäische Währungsunion	-
	Europäische Zentralbank	2,42
Kaufmann/frau für Spedition und Lo-gistikdienstleistung	Umweltpolitische Maßnahmen	2,69
	Staatlicher Markteingriff	2,42
	Bruttoinlandsprodukt	-
	Geldpolitik der EZB	2,58
	Arbeitsmarkt	3,09
	Konjunkturmaßnahmen	2,91
	Konjunkturphasen	2,92
	Konjunkturindikatoren	2,91
	Inflation	-

Bildungsgang	**Themenbereich**	**Mittelwert der inhaltlichen Relevanzeinschätzung**
Kaufmann/-frau für Versicherung und Finanzen	Marktgleichgewicht	-
	Preisbildung	-
	Marktsituation	-
	Kooperation/Konzentration	2,71
	Kartelle	2,71
	Konzernbildung	2,71
	Inflation	3,29
	Gesamtwirtschaftliche Indikatoren (2x)	2,71
	Konjunkturindikatoren	3,29
	Konjunkturphasen	-
	Konjunkturpolitik	3,29
	Maßnahmen der EZB	2,43
Kaufmann/-frau im Einzelhandel	Einfacher Wirtschaftskreislauf	3,21
	Aufgaben einer Gewerkschaft	3,26
	Tarifvertrag	-
Kaufmann/-frau für Groß- und Außenhandel	Marktgleichgewicht (2x)	3,42
	Marktsituation	-
	Kooperation/Konzentration	3,08
	Kartellbildung	-
	Konzernbildung	2,87
	Verbraucherpreisindex	2,68
	Allgemeine Wirtschaftsindikatoren	2,61
	Konjunkturindikatoren	-
	Konjunkturphase	3,10
	Konjunkturpolitik	2,48
	Europäische Zentralbank	2,91

Den Items, die innerhalb der jeweiligen Abschlussprüfungen thematisiert werden, wird durch die teilnehmenden Lehrerinnen und Lehrer in nahezu allen Fällen eine Relevanz über dem jeweiligen Durchschnitt des entsprechenden Bildungsgangs zugewiesen. Die Mittelwertvergleiche zwischen den Relevanzeinschätzungen der geprüften Items gegenüber den Relevanzeinschätzungen der nicht geprüften Items zeigen auf, dass innerhalb sämtlicher Bildungsgänge mindestens das Signifikanzniveau $\alpha<,05$ erfüllt wird. Es liegt eine mindestens signifikante Mittelwertabweichung zu Gunsten der prüfungsrelevanten Aufgaben in sämtlichen Bildungsgängen vor, exemplarisch aufgezeigt anhand des Bildungsgangs ‚Industriekaufmann/-frau':[424]

Tabelle 66: Mittelwertvergleich der Relevanzeinschätzung zwischen ungeprüften und geprüften Inhalten im Bildungsgang ‚Industriekaufmann/-frau'

Differenzierungsmerkmal	Mittelwert (MW)	Standardabweichung (SD)	Standardfehler MW
Prüfungsaufgaben	3,160	,415	,131
Σ ungeprüfter Items	2,457	,855	,110

Varianzgleichheit kann angenommen werden (Levene-Test zur Varianzgleichheit: F = 3,229; Sig. = ,077):

Tabelle 67: T-Test der Relevanzeinschätzung zwischen ungeprüften und geprüften Inhalten im Bildungsgang ‚Industriekaufmann/-frau'

t	df	Sig. (2-seitig)	MW-Differenz	SD-Differenz	95% Konfidenzintervall der Differenz	
					Unterer	Oberer
2,540	68	,013	,703	,277	,151	1,256

Neben einer Relevanzeinschätzung oberhalb des Durchschnitts werden sämtliche Themenbereiche, die tatsächlich abgeprüft werden, durch die teilnehmenden Lehrerinnen und Lehrer flächendeckend signifikant höher bewertet als ungeprüfte Items. Dies gilt innerhalb jedes einzelnen Bildungsgangs. Die Funktion eines heimlichen Lehrplanes kann demgemäß im vorliegenden Fall bestätigt werden.

Trotz Unkenntnis der konkreten Abschlussprüfungsausgestaltung ist der Grad, in dem die teilnehmenden Lehrerinnen und Lehrer potentielle Prüfungsaufgaben aus dem inhaltlichen Kanon selektieren und antizipieren können, außerordentlich zutreffend. Die Intensität korrekter Antizipationen ist wiederum auf subjektive Persönlichkeitsmerkmale der Lehrpersonen zurückzuführen. Unter Berücksichtigung differenter Erfahrungswerte der Lehrpersonen ist eine höhere Bewertung tatsächlich abgeprüfter Inhaltsbereiche durch erfahrene Lehrerinnen und Lehrer (n = 52) gegenüber ihren unerfahrenen Kolleginnen und Kollegen (n = 108) zu diagnostizieren:

424 Die weiteren Auswertungen können Anhang 24 entnommen werden.

Tabelle 68: Erfahrungsspezifische Bewertung tatsächlicher Prüfungsaufgaben der IHK-Abschlussprüfung

Differenzierungsmerkmal	**Mittelwert (MW)**	**Standardabweichung (SD)**	**Standardfehler MW**
>20 Jahre Berufserfahrung	3,606	,756	,111
<20 Jahre Berufserfahrung	3,213	,890	,093

Varianzgleichheit kann angenommen werden (Levene-Test zur Varianzgleichheit: F = 1,176; Sig. = ,280), so dass die Bewertungsdifferenz zu Gunsten erfahrener Fachlehrerinnen und Lehrer signifikant ausfällt ($\alpha<5\%$):

Tabelle 69: Erfahrungsspezifischer T-Test tatsächlicher Prüfungsaufgaben der IHK-Abschlussprüfung

t	**df**	**Sig. (2-seitig)**	**MW-Differenz**	**SD-Differenz**	**95% Konfidenzintervall der Differenz**	
					Unterer	**Oberer**
2,563	135	,011	,393	,153	,090	,696

Die höhere Relevanzeinschätzung tatsächlicher Prüfungsaufgaben durch erfahrene Fachlehrerinnen und -lehrer spiegelt deren Erfahrungswerte im Umgang mit Abschlussprüfungen durch die IHK wider. Deren zutreffende Antizipationsfähigkeit ist auf die wiederholte Vorbereitung ihrer Schülerinnen und Schüler auf jene Prüfungen zurückzuführen. Erfahrungswerte mit dem ‚heimlichen Lehrplan' sind auf Seiten erfahrener Lehrkräfte ausgeprägt, wohingegen diese auf Seiten unerfahrener Kolleginnen und Kollegen jedoch erst noch erwachsen müssen. Personelle Erfahrungswerte im Kontext der Prüfungsvorbereitung wirken sich somit auf den Grad zutreffender Antizipationsfähigkeit der Lehrpersonen aus, infolgedessen sie sich im Rahmen der performativen Umsetzung innerhalb des volkswirtschaftlichen Unterrichtes widerspiegeln.

Entgegen differenten Erfahrungswerten unterliegt die Antizipationsfähigkeit der Lehrpersonen jedoch keinen Effekten hinsichtlich eigener kaufmännischer Ausbildungen:

Tabelle 70: Berufsausbildungsspezifische Bewertung tatsächlicher Prüfungsaufgaben der IHK-Abschlussprüfung

Differenzierungsmerkmal	**Mittelwert (MW)**	**Standardabweichung (SD)**	**Standardfehler MW**
mit kfm. Ausbildung	3,469	,841	,097
ohne kfm. Ausbildung	3,210	,863	,110

Varianzgleichheit beider Testgruppen kann angenommen werden (Levene-Test der Varianzgleichheit: F = ,046; Sig. = ,831), so dass die höhere Bewertung der Prüfungsaufgaben durch Lehrkräfte mit abgeschlossener kaufmännischer Ausbildung (n = 83) gegenüber deren Kolleginnen und Kollegen ohne abgeschlossene kaufmännische Berufsausbildung (n = 77) nicht signifikant ist:

Tabelle 71: Berufsausbildungsspezifischer T-Test tatsächlicher Prüfungsaufgaben der IHK-Abschlussprüfung

t	df	Sig. (2-seitig)	MW-Differenz	SD-Differenz	95% Konfidenzintervall der Differenz	
					Unterer	Oberer
1,769	135	,079	,258	,146	-,030	,547

Lehrkräften ohne eigene kaufmännische Ausbildung fällt es nicht schwerer, die potentielle Stofffülle, die im Rahmen handlungsorientierter Lernfelder curriculare Deckung besitzt, im Hinblick auf prüfungspraktisch relevante Inhalte differieren und vorhersehen zu können. Erfahrungswerte im Rahmen einer eigenen praktischen Ausbildung und einer eigenen Teilnahme an der Abschlussprüfung wirken sich nicht aus.

Die Entscheidung für oder gegen einzelne Inhalte im Zuge der performativen Unterrichtsumsetzung unterliegen einer Vielzahl an Bedingungsfaktoren, innerhalb dessen personelle Faktoren einen Bestandteil unterrichtlicher Legitimation einzelner Inhalte darstellen. Zusätzlich zu strukturellen und administrativen Faktoren der Inhaltskonstitution ist ein Einfluss der IHK-Abschlussprüfung auf die unterrichtliche Realisierung festzustellen, welche durch die personell bedingte Antizipationsfähigkeit der unterrichtenden Lehrkräfte Wirksamkeit erlangt. Böhme/Scholz‘ (aus beruflichen Alltagsbeobachtungen abgeleitete) Diagnose, wonach die Prüfungsstruktur Auswirkungen auf unterrichtliche Inhaltsstrukturen ausübt, kann innerhalb des Abstraktionsgrades der vorliegenden Studie für den volkswirtschaftlichen Inhaltsbereich weiterhin aufrechterhalten werden.

Unter inhaltsbezogener Prämisse betonen Böhme/Scholz die Kleinschrittigkeit der Abschlussprüfungen sowie ‚auf Auswendiglernen fixierte‘ Inhalte (vgl. Böhme/Scholz 2014, S. 4). Die curriculare Basis der vorliegenden Studie bedingt, dass eine Untersuchung der inhaltlichen Prüfungsstruktur nur bedingt möglich ist. Anhand der dargestellten Prüfungsbereiche ist jedoch die grobe Struktur der geprüften Inhalte innerhalb der einzelnen Bildungsgänge erkennbar. Diese zeichnet sich innerhalb der Bildungsgänge dadurch aus, dass eine Vielzahl curricularer Inhaltsbereiche zusammenhangslos abgeprüft wird. Die Vielzahl inhaltlicher Themenbereiche, die innerhalb der in sämtlichen Bildungsgängen identischen einstündigen

Prüfungsdauer thematisiert werden, bedingt eine tendenziell oberflächliche Abfrage einzelner Inhaltsbereiche. Die überwiegende Mehrheit der Fragen ist zudem in multiple-choice-Form formuliert, was zusätzlich zur inhaltlichen Oberflächlichkeit die kognitiven Anforderungen verglichen zu selbstformulierten Antworten reduziert. Im Rahmen der vorliegenden quantitativen Grenzen wird sich auf die Widergabe einer Frage pro Bildungsgang aus dem volkswirtschaftlichen Bereich beschränkt, exemplarisch dargestellt anhand einer Aufgabe aus dem Bildungsgang ‚Industriekaufmann/-frau':[425]

Abbildung 84: Exemplarische volkswirtschaftliche Prüfungsaufgabe aus der Abschlussprüfung des Bildungsgangs ‚Industriekaufmann/-frau'

Im Vertrag über die Europäische Währungsunion (sogenannter Maastrichter Vertrag) wurden Konvergenzkriterien für die an der Wirtschafts- und Währungsunion teilnehmenden Staaten festgelegt. Welches Kriterium haben Sie den Konvergenzkriterien richtigerweise zuzuordnen?

1. Eine angemessene Lohnquote
2. Die Einhaltung des außenwirtschaftlichen Gleichgewichts
3. Eine Arbeitslosenquote von maximal 3%
4. Eine Staatsverschuldung in Höhe von maximal 60%, gemessen am Bruttosozialprodukt
5. Einen Rückgang des CO_2-Ausstoßes in Höhe von 20%, bezogen auf das Jahr 1990

Die aufgezeigte volkswirtschaftliche Fragestellung aus den Abschlussprüfungen verdeutlicht exemplarisch das strukturelle Muster dieser. Es sind keine Teil- bzw. Unteraufgaben vorhanden, so dass der Fokus der Prüfungskonstruktion offensichtlich nicht auf zusammenhängenden Aufgaben innerhalb eines Themenbereichs liegt. Anhand der breiten Streuung der Aufgaben über eine Vielzahl der curricularen Inhalte hinweg wird die Lenkungswirkung der Abschlussprüfungen auf die unterrichtliche Umsetzung nachvollziehbar. Durch die inhaltliche ‚Breite' der Prüfungsaufgaben lässt sich begründen, dass das Rating ‚wird nicht thematisiert' innerhalb der Relevanzbewertung durch die Lehrerinnen und Lehrer selten gewählt wird. Offensichtlich scheint ein gewisses ‚Konstruktionsgespür' auf Seiten der Lehrerkollegien für die inhaltliche Prüfungskonzeption zu existieren, die sich tendenziell an inhaltlicher ‚Breite' im Gegensatz zu inhaltlicher ‚Tiefe' orientiert. Die eingeschätzte Relevanz der Inhalte durch die Lehrkräfte sowie deren Unterrichtsorganisation folgt dieser Konstruktion.

425 Für eine Auswahl an Prüfungsfragen aus anderen Bildungsgängen siehe Anhang 25.

Die exemplarische Auswahl der Prüfungsaufgaben verdeutlicht partiell Böhme/Scholz' Charakterisierung der Prüfungsaufgaben. Die volkswirtschaftlich geprägten Aufgaben sind zumeist mit Hilfe deklarativen Wissens, welches gelernt und wiedergegeben werden muss, zu lösen. Weitergehende inhaltliche Strukturen, thematische Querverbindungen sowie berufsbezogene Bezüge liegen nicht vor oder sind maximal in Form kurz beschriebener Ausgangssituationen implementiert, so dass die eigentlichen Aufgaben auch ohne Ausgangssituation uneingeschränkt lösbar wären.[426] Vermutlich spielen Böhme/Scholz' auf dieses Merkmal der Abschlussprüfungen an, wenn sie diesen „Ignoranz gegenüber betrieblichen Handlungsfeldern" attestieren (Böhme/Scholz 2014, S. 4). Die aus Alltagsbeobachtungen und ohne fachlichen Bezug hergestellten Charakterisierungen besitzen für volkswirtschaftliche Prüfungsaufgaben ebenfalls Gültigkeit.

Die diagnostizierte konstruktive ‚Strahlkraft' prüfungsrelevanter Konstruktionsmerkmale auf die unterrichtliche Organisation kann für volkswirtschaftliche Inhalte im Rahmen der vorliegenden Studie ebenfalls bestätigt werden. Einerseits spiegelt sich die inhaltliche Breitenwirkung der abgeprüften Inhalte in der niedrigen Bewertung der Ratingstufe ‚wird nicht thematisiert' wider. Zudem ist die hohe Bewertung tatsächlich abgeprüfter Themen in der Relevanzbewertung auffällig. Die Lehrerinnen und Lehrer können offensichtlich die prüfungsrelevanten Themen als auch deren Schwierigkeitsgrad tendenziell treffend antizipieren, was die Lenkungswirkung der IHK-Abschlussprüfung auf die unterrichtliche Ausgestaltung erklärt. Hypothese Nr. 9 kann demzufolge für den volkswirtschaftlichen Inhaltsbereich weiter aufrechterhalten werden.

426 Bezüglich des strukturellen Prüfungsaufbaus stellen Klotz/Winther bei der Analyse einer alternativen Abschlussprüfung ebenfalls fest, dass innerhalb der Testitems an die Rahmensituation nicht angeknüpft wird (vgl. Klotz/Winther 2012, S. 4). Es handelt sich hierbei somit um keinen Einzelfall.

8 Einordnung der quantitativen Ergebnisse

Die vorliegende Erhebung verdeutlicht die Heterogenität der inhaltlichen Thematisierung volkswirtschaftlicher Inhalte im Rahmen aktueller kaufmännischer Curricula des berufsbildenden Bereichs. Die bis in die 1990er Jahre im Rahmen bildungsgangübergreifender Curricula vorherrschende Homogenität der Fachinhalte ist im Hinblick auf spezielle Berufsbezüge auf administrativer Ebene flexibilisiert und gleichermaßen heterogenisiert worden, wobei sich die fachimmanente Implementierung sowie die performativen Divergenzen auf die unterrichtliche Qualität des bedingt berufserforderlichen Bereichs volkswirtschaftlicher Inhalte auswirkt. Die im Rahmen der curricularen Neugestaltung auftretenden und innerhalb der Studie ermittelten Divergenzen lassen sich hinsichtlich ihres Bezugsrahmens in bildungsgangübergreifende und bildungsgangspezifische Divergenzen klassifizieren.

Die Orientierung anhand des Berufsbildes als Basis der handlungsorientierten curricularen Neukonstruktion soll dieses in das Zentrum der schulischen, gleichermaßen auch der volkswirtschaftlich geprägten Ausbildungsbestandteile rücken, wobei inhaltliche Fokussierungen, jedoch keine thematischen Eliminierungen erfolgen sollen. Die subjektive Inhaltswertung der an dieser Studie teilnehmenden Lehrerinnen und Lehrer zeigt nun, dass sich die zugestandenen inhaltlichen Gestaltungsspielräume reduzierend auf volkswirtschaftliche Inhalte auswirken. Lässt sich eine rein quantitative Reduzierung bereits durch einen Vergleich der Stundenzahlen zwischen dem ‚alten', homogenen Curriculum und den ‚neuen', handlungsorientierten Curricula belegen, so belegt die niedrige durchschnittliche Relevanzeinschätzung der Lehrkräfte ausgehend vom reduzierten quantitativen Niveau des Themenbereichs weitergehende rückläufige Tendenzen. Diese gehen jedoch nicht mit der strukturell antizipierten beruflichen Orientierung einher. Die überdurchschnittliche Bewertung volkswirtschaftlicher Grundlagenthemen zeigt, dass berufliche Spezifikationen innerhalb der unterrichtlichen Umsetzung nur bedingte Lenkungswirkung auf die inhaltliche Ausgestaltung entfalten können. Tendenziell berufsunspezifische Inhaltsbereiche werden durch die Lehrkräfte hoch eingeschätzt und erlangen wesentlich höhere Zustimmungswerte als berufsbezogene Einzelitems. Demzufolge werden innerhalb des volkswirtschaftlichen Inhaltsbereichs die durch handlungsorientierte Curricula intendierten beruflichen Bezüge nur begrenzt umgesetzt. Heterogenitätsschaffende berufsbezogene Orientierung zwischen unterschiedlichen Bildungsgängen kann innerhalb der subjektiven Lehrerbewertung nicht in dem Umfang ermittelt werden, der von Seiten der

KMK intendiert und von Seiten der curricularen Grundlagen suggeriert wird, so dass die handlungsorientierte curriculare Neukonstruktion für den volkswirtschaftlichen Bereich, zusätzlich zu einer quantitativen Reduzierung, ebenfalls eine qualitative Reduzierung bedeutet.

Eine nach subjektiven Kriterien bewertete, möglichst optimale Prüfungsvorbereitung der Schülerinnen und Schüler kann als Zielsetzung der unterrichtenden Lehrerinnen und Lehrer angenommen werden, wobei diese eine gute Prognosefähigkeit hinsichtlich potentieller Prüfungsaufgaben besitzen. Dies kann bildungsgangübergreifend diagnostiziert werden, da in sämtlichen repräsentierten Bildungsgängen die (berufsunspezifischen) Prüfungsaufgaben durch die Lehrkräfte sowohl gegenüber inhaltlich anspruchsvolleren Aufgaben als auch gegenüber deren konkret berufsbezogenen Pendants signifikant höher eingeschätzt werden. Demzufolge wird von Seiten praktisch unterrichtender Lehrerinnen und Lehrer sowohl eine Fokussierung volkswirtschaftlicher Themen auf potentiell antizipierte Prüfungsinhalte in Abgrenzung zu berufsbezogenen Handlungen durchgeführt als auch Eliminationen einzelner Inhaltsbereiche vermieden. Die inhaltliche Lenkungswirkung der IHK-Abschlussprüfung in Form eines heimlichen Lehrplans ist folglich hoch einzuschätzen, so dass die eingangs formulierten Aussagen ebenfalls für volkswirtschaftliche Inhaltsbereiche zu bestätigen sind (vgl. Böhme/Scholz 2014, S. 4; Reetz 2006, S. 69; Rischmüller 2004, S. 180; Grigat/Gadow 2003, S. 2). Das unterrichtspraktische Leitziel einer Orientierung an berufstypischen Handlungen wird durch eine Orientierung anhand der Prüfungsstrukturen der IHK-Abschlussprüfung ersetzt, deren berufsunspezifischer, tendenziell gleichartiger Aufbau sich homogenisierend auf die inhaltliche Ausgestaltung volkswirtschaftlicher Inhalte auswirkt. Heterogene Strukturen, die im Rahmen der curricularen Neukonstruktion basierend auf den jeweiligen Berufsbildern intendiert wurden, werden durch die herrschende Prüfungsstruktur innerhalb volkswirtschaftlicher Inhalte im Rahmen des kaufmännischen Bereichs wesentlich abgeschwächt, so dass der unterstellte didaktische Mehrwert handlungsorientierten Unterrichts nicht in vollem Umfang umgesetzt wird.

Zusätzlich zu bildungsgangübergreifenden Divergenzen ermöglichen die curricularen Grundlagen durch den intendierten Bezug zum Ausbildungsberuf eine heterogene Unterrichtsgestaltung innerhalb einzelner Bildungsgänge, deren Diversifikation im Zuge der performativen Unterrichtsgestaltung durch die bereits angesprochene homogenisierende Wirkung der IHK-Abschlussprüfungen eingeschränkt wird. Die signifikanten personellen Merkmale mit steigernder Wirkung auf die Einschätzung volkswirtschaftlicher Inhalte (berufliche Erfahrung und wirtschaftswissenschaftliches Lehramtsstudium) besitzen ein gemeinsames

Merkmal: innerhalb der jeweiligen administrativen Grundlagen, auf deren Basis die inhaltsbezogene Auseinandersetzung der jeweiligen Lehrkräfte während ihrer individuellen Bildungsbiographie stattfand, ist die Volkswirtschaftslehre als eigenständiger Bestandteil implementiert. Im Falle der erfahrenen Lehrkräfte ist dies durch die eigenständige Arbeit im Kontext des bildungsgangübergreifenden volkswirtschaftlichen Curriculums gewährleistet, während innerhalb des wirtschaftswissenschaftlichen Lehramtsstudiums die zugrundeliegende Prüfungsordnung volkswirtschaftliche Inhalte garantiert. Die curriculare Eigenständigkeit inklusive fester fachlicher Grenzen zeigt eine positive Wirkung auf die inhaltliche Fachakzeptanz sowie die subjektiv eingeschätzte Relevanz. Fachunspezifischer Unterricht kann dies im Rahmen der vorliegenden Studie nicht gleichermaßen gewährleisten, was unter Berücksichtigung einer fachimmanenten Implementierung volkswirtschaftlicher Themen im Rahmen aktueller schulischer Curricula problematisch erscheint.

Auf fach- bzw. themenimmanenter Lernfeldbasis beruhen die curricular angeführten Zeitrichtwerte, die sich in Kombination mit den intendierten Prüfungsinhalten der IHK als limitierender Faktor handlungsorientierten Unterrichts erweisen. Während Pätzold et al. die Akzeptanz frontaler Unterrichtsmethoden zur planmäßigen Realisierung curricularer Stofffüllen bereits nachweisen konnten, konkretisiert die vorliegende Arbeit die Diagnose einer Unterbewertung zeitbezogener Faktoren, die sowohl über alle kaufmännischen Berufsbildungsgänge hinweg als auch unabhängig der erhobenen personenbezogenen Merkmale besteht (vgl. Pätzold/Klusmeyer/Wingels et al. 2003, S. 241). Die von Pätzold et al. ermittelte häufige Anwendung klassischer Unterrichtsformen kann hier mit der Prämisse volkswirtschaftlicher Unterrichtsinhalte in ihrer Aussage bestätigt werden (vgl. Pätzold/Klusmeyer/Wingels et al. 2003, S. 241).

Die Ergebnisse der teilnehmenden Lehrerinnen und Lehrer beschreiben deren performativen Zielkonflikt. Einerseits bedingt die herrschende Abschlussprüfungsstruktur, wie bereits dargelegt, inhaltliche Vollständigkeit, im Kontext deren unterrichtspraktischer Strahlkraft zwar inhaltliche Akzente gesetzt werden können, die sich allerdings nicht eliminierend auf andere Inhaltsbereiche auswirken dürfen. Gleichzeitig diagnostizieren die teilnehmenden Lehrerinnen und Lehrer ein subjektiv empfundenes Missverhältnis zwischen inhaltlichen Ansprüchen und geplanten Zeitrichtwerten. Ihre Aufgabe, schulischen Unterricht handlungsorientiert auszugestalten, vollzieht sich infolgedessen vor dem Dilemma, vollständige inhaltliche Thematisierung bei gleichzeitig engem Zeitdeputat zu gewährleisten, dessen Lösung im Rahmen der zeitlichen Optimierung schulischen Unterrichts zu Lasten handlungsorientierter Umsetzung gesehen wird. Die vorgenommene Grobstrukturierung hinsichtlich zeitökonomischer Maßstäbe der Sozialformen verdeutlicht einen wesentlichen Schwerpunkt zu Gunsten zeitökonomischer Sozialformen im Kontext unterrichtlicher volkswirtschaftlicher Thematisierungen. Der diagnostizierte Schwerpunkt der Nutzung ‚zeitökonomischer' Sozialformen stellt dabei nicht die Ursache, sondern das Ergebnis curricularer Zeit-Inhalts-Verhältnisse dar.

Die flächendeckende Umsetzung handlungsorientierten Unterrichts innerhalb kaufmännischer Berufsbildungsgänge scheitert letztlich anhand struktureller Defizite innerhalb der curricularen Grundlagen. Das von Seifried bereits diagnostizierte Zeit-Mengen-Problem wird von den teilnehmenden Lehrerinnen und Lehrern subjektiv ebenso empfunden und kann unter Fokussierung auf volkswirtschaftliche Inhaltsbereiche weiterhin aufrechterhalten werden (vgl. Seifried 2006a S. 87). Auch die Bevorzugung flexibel einsetzbarer Medienformen gegenüber statisch-unflexibler Materialien deutet ebenfalls auf eine individuelle Unterrichtsgestaltung hin. Die Vorteile selbst erstellter Materialien, die flexibel auf die jeweilige Zielgruppe und inhaltliche Thematisierung angepasst werden können, scheinen den Nachteil des zusätzlichen Arbeitsaufwands außerhalb schulischen Unterrichts zu übersteigen.

Unter Bezugnahme auf die zu Grunde liegenden theoretischen Fundierungsgrundlagen kann gezeigt werden, dass die konstitutive Rolle der Lehrperson im Rahmen unterrichtsperformativer Umsetzung ebenfalls im Falle spezifisch volkswirtschaftlicher Inhalte vorliegt. Während Achtenhagen/Heidenreich/Sembill subjektive Lehrertheorien als einen Bestandteil deren gesamtdidaktischer Theoriebildung, die die Steuerung ihres jeweiligen Unterrichts sowohl bewusst als auch unbewusst beeinflussen, identifizieren (vgl. Achtenhagen/Heidenreich/Sembill 1975, S. 579), spricht auch Helmke im Rahmen seines Angebot-Nutzungs-Modells subjektiven Lehrertheorien (neben epistemologischen Überzeugungen) eine handlungsleitende Funktion im Rahmen der individuellen Lehrerexpertise zu (vgl. Helmke 2007, S. 42, 49, 52f.). Reusser/Paulis Angebots-Nutzungs-Modell definiert persönliche Lehrermerkmale ebenfalls als unterrichtsbedingende Angebotsfaktoren, erweitern jedoch die konkreten Lehrplanvorgaben als Bestandteil des angebotsbedingenden Stützsystems um die Architektur des Gesamtsystems (vgl. Reusser/Pauli 2010, S. 18). Die vorliegende Einflussnahme intendierter Prüfungsaufgaben auf die unterrichtliche Gestaltung des Unterrichts zeigt auf, dass die von Reusser/Pauli diagnostizierte Einflussnahme der ‚System-Architektur' als Bestandteil des angebotsbedingenden Stützsystems (in diesem Fall die Prüfungskonstruktion der Industrie- und Handelskammer) ebenfalls unterrichtliche Wirkung besitzt. Diese wirkt jedoch nicht unmittelbar auf das ‚Angebot', sondern auf einen ‚angebotsbedingenden Faktor' (die Lehrperson) und erzeugt folglich unterrichtslenkende inhaltskonstitutive Wirkung. Das Schul- bzw. Prüfungssystem wirkt sich im Falle volkswirtschaftlicher Inhalte ebenfalls auf die Lehrpersonen aus und erzeugt somit, zusätzlich zu einer direkten Unterrichtsauswirkung, inhaltskonstitutive Auswirkungen.

Die Auswertung subjektiv empfundener volkswirtschaftlicher Unterrichtskonstruktionen zeigt auf, dass handlungsorientierter Unterricht den prognostizierten theoriebasierten Zielsetzungen und Antizipationen nicht in vollem Umfang gerecht werden kann. Die durch die KMK im Rahmen der Einführung proklamierten Vorteile werden nicht in dem Ausmaß umgesetzt, welches die theoretische Konstruktion vorsieht (vgl. Ständige Konferenz der Kultusminister der Länder in der Bundesrepublik Deutschland 2011, S. 31). Eine Theorie-Praxis-Schere ist zu diagnostizieren, allerdings nicht, wie ursprünglich vermutet, auf inhaltlicher Basis, sondern auf Basis der handlungsorientierten, unterrichtlichen Umsetzung. Insbesondere die Prüfungsstruktur der IHK sowie die zeitlichen Rahmenbedingungen können als limitierende Faktoren identifiziert werden. Personelle Merkmale wirken sich in diese Richtung bedingt aus. Es handelt sich demnach um strukturelle Probleme im Rahmen der jeweiligen Curricularkonstruktion, die eine schulische Umsetzung gemäß intendierter Zielsetzung erschweren.

9 Studienergebnisse und -restriktionen

9.1 Untersuchungsrestriktionen und weitergehender Forschungsbedarf

Vorhandene Restriktionen, denen die Aussagekraft der dargestellten Ergebnisse unterliegen, resultieren primär aus dem gewählten Untersuchungsdesign und müssen im Rahmen weiterer, auf diesen Ergebnissen aufbauender Arbeiten berücksichtigt sowie im Rahmen der Auswertungen gewürdigt werden.

Besonderes Augenmerk kommt dem Aussagebereich, der mit Hilfe der Werte analysiert werden kann, zu. Gemäß Achtenhagen/Heidenreich/Sembills Modell der didaktischen Theoriebildung können auf Basis individueller Wertschätzungen Komponenten subjektiver Theoriebildung erfasst werden, die wiederum im Rahmen von Angebot-Nutzungs-Modellen einen angebotskonstitutiven Faktor bedingen. Der Aussagebereich der Studie bezieht sich infolgedessen nicht auf den tatsächlichen Lernerfolg der Schülerinnen und Schüler sowie auf jeweilige Prädiktorwirkungen individueller Faktoren.

Innerhalb dieses theoretischen Rahmenmodells besitzen die Ergebnisse ausschließlich individuenspezifische Aussagekraft. Es werden Prozesse der Konsensbildung zwischen heterogenen Lehreransichten, deren Auftreten exemplarisch im Rahmen einer Bildungsgangkonferenz möglich erscheinen, nicht berücksichtigt, obwohl das Konferenzergebnis den angebotsbedingenden Faktor schulischen Unterrichts beeinflusst. Daraus entsteht ein Untersuchungsbedarf, der konsensbildende Prozesse auf Individualschulebene berücksichtigt. Unter Einbeziehung der innerhalb der vorliegenden Studie signifikanten Items ‚wirtschaftswissenschaftliches Lehramtsstudium' sowie ‚berufliche Erfahrungswerte' könnten diese gleichermaßen einer Verifikation unterzogen werden. Folglich würde sich das Konferenzergebnis tendenziell anhand der Ansichten erfahrener Lehrkräfte orientieren. Dazu würde sich eine experimentelle Feldstudie anbieten, die die prädiktive Funktion personeller Merkmale verifiziert und erweitert.

Eine Verifikation in Form einer Feldstudie ist möglich, da das Resultat der Konsensfindung im Rahmen der unterrichtlichen Umsetzung und insofern außenstehend sichtbaren Charakter aufweist. Die innerhalb der vorliegenden Studie untersuchte Wertschätzung als Merkmal individueller subjektiver Theorien ist jedoch nicht äußerlich beobachtbar und basiert entsprechend auf Selbstauskünften der beteiligten Lehrerinnen und Lehrer, was eine potentielle Antwortverzerrung ermöglicht. Aus dieser Situation ergibt sich innerhalb der Studie jedoch kein ergebnisverändernder Effekt. Das kontrovers bewertete Skalenniveau likert-skalierter Daten würde, unter strenger Auslegung, lineare Aussagen, die ein potentielles Intensitätsmaß quantifizieren, nicht zulassen. Unter weiter Definitionsauslegung, der innerhalb der vorliegenden Arbeit gefolgt wird, beziehen sich mögliche Änderungen lediglich auf die Intensität der ermittelten Differenz. Da volkswirtschaftliche Inhaltsbereiche tendenziell jedoch unterdurchschnittlich bewertet werden, ergibt sich daraus keine Änderung des Aussagegehaltes. Die potentielle Antwortverzerrung lässt keine Ergebnisumkehr der unterdurchschnittlichen Bewertung volkswirtschaftlicher Inhalte möglich erscheinen. Entgegen der nicht beobachtbaren subjektiven Wertschätzung einzelner Inhaltselemente ist deren Resultat in Form unterschiedlicher unterrichtlicher Umsetzung jedoch im Rahmen experimenteller Feldstudien ermittelbar. Die konkrete Umsetzung stellt jedoch das Produkt mehrerer, unterschiedlich einwirkender Bedingungsfaktoren dar (z.B. Konferenzergebnisse, eigene subjektive Lehrertheorie, unterrichtsbeeinflussende externe Faktoren wie bspw. Leistungsniveau und -homogenität einer Klasse, Stundentaktung, vorhandene Materialien, etc.), so dass ein Kategoriensystem als Grundlage, welches die Effektstärke und -wirkungsrichtung einzelner Faktoren beschreibt, konstruiert, validiert und letztlich verifiziert werden muss. Die vorliegende Untersuchung behandelt lediglich die Komponente der subjektiven Persönlichkeitstheorie, so dass auf Untersuchungsschritte in Form einer Feldstudie auf Grund der begrenzten Aussagekraft im subjektiv-personellen Bereich verzichtet wird.

Weiterhin bleibt zu berücksichtigen, dass die vorliegenden Studienergebnisse nur unter der Prämisse volkswirtschaftlicher Inhaltsbereiche Aussagekraft besitzen und dementsprechend durch deren fachimmanente curriculare Implementierung limitiert wird. Rückschlüsse auf das jeweils curricular vorgesehene Schulfach (zumeist ‚Wirtschafts- und Sozialprozesse') sind nicht möglich, da volkswirtschaftliche Inhaltsbereiche lediglich einen abgegrenzten Anteil des vorgesehenen Inhaltskanons darstellen. Im Rahmen alternativer Studiendesigns wären Veränderungen der Bezugsbasis möglich, so dass statt einzelner (in diesem Fall volkswirtschaftlichen) Inhaltsbereiche dann das jeweilige Schulfach als Grundlage dienen würde. Dadurch könnte der Fragestellung Rechnung getragen werden, inwiefern weitere, nicht volkswirtschaftliche Inhalte, die innerhalb des Schulfachs implementiert sind, sich auf die Relevanzeinschätzung volkswirtschaftlicher Inhaltsbereiche auswirken. Dazu müsste die curriculare Positionierung des Fachs innerhalb des beruflichen bzw. berufsübergreifenden Bereichs definiert werden, da berufsbezogene Handlungsorientierung sowie der resultierenden Implementierung im Rahmen der Abschlussprüfung durch die IHK ein Effekt auf die inhaltliche Relevanzeinschätzung nachgewiesen werden kann. Denkbar wäre, dass eine berufsbezogene Orientierung den fachlichen Status im Rahmen einer beruflichen Abschlussprüfung bzw. deren unterrichtlicher Vorbereitung die subjektive Akzeptanz ansteigen lässt. Es besteht über das vorliegende Ausmaß hinaus weiterer Untersuchungsbedarf hinsichtlich der inhaltlichen Konstruktionsmerkmale der Abschlussprüfung der IHK sowie deren inhaltlichen Beziehungen zum jeweils zu Grunde liegenden Curriculum. Die innerhalb der vorliegenden Untersuchung gewählte inhaltliche Spezifizierung richtet sich nach curricularen Grundlagen, so dass diesbezogen inhaltliche Vergleiche ermöglicht werden und gleichzeitig eine rating-Auswahl zur Verfügung steht, die sowohl für die teilnehmenden Lehrerinnen und Lehrer überschau- und händelbar ist als auch ein hinreichendes Abgrenzungsmaß zur Überprüfung performativer Divergenzen bietet. Zur inhaltsbezogenen Untersuchung einzelner Prüfungen und Prüfungsaufgaben sowie den zur Lösung jeweils benötigten Kognitionen ist das Abgrenzungsmaß der Studie jedoch nicht ausreichend ausdifferenziert, so dass einzelne inhaltliche Spezifikationen innerhalb kurzer Prüfungsaufgaben nicht unterschieden werden könnten. Dazu wäre eine alternative, primär qualitativ ausgerichtete Untersuchungskonstruktion bspw. in Form einer strukturellen Inhaltsanalyse erforderlich.

Neben inhaltsbezogenen Einschränkungen, die mit Hilfe der ausgewerteten Daten getroffen und belegt werden können, existieren Restriktionen basierend auf methodischen Entscheidungen. Fragebogenbasierte Datenerhebungen werden von Atteslander hinsichtlich hoher Ausfallwahrscheinlichkeit kritisiert (vgl. Atteslander 2006, S. 147). Durch die innerhalb der Studie vorliegende Zielgruppenhomogenität besitzen die möglichen hohen Ausfallwerte jedoch kaum Effekte auf das Gesamtergebnis, so dass diese innerhalb der vorliegenden Studie unkritisch sind.

Fragebogenbasierte Datenerhebungen unterliegen der Restriktion, dass eine effektive Situationskontrolle während der Datenerhebung nur beschränkt möglich ist. Innerhalb der Studie wird die Verweildauer pro Seite erfasst, um kritische Werte erkennen und würdigen zu können, jedoch bleibt ein Restrisiko weiterhin existent. Lösbar wäre diese Problematik durch persönliche Anwesenheit des Testleiters während der Datenerhebung (bspw. durch Fragebögen in Papierform oder eine interviewbasierte Studie), jedoch würden dann Testleitereffekte wirksam werden, die durch die aktuelle Methodenwahl umgangen werden und wiederum zu verzerrenden Antworttendenzen führen könnten. Eine Verifizierung der aktuellen Ergebnisse durch Studien mit alternativem Aufbau erscheint optimal.

Die Diskussion der aufgeführten Restriktionen zeigt auf, dass sich diese entweder auf den Aussagenbereich der Untersuchung beziehen oder alternativ methodischen Ursprungs sind. Gleichzeitig wird jedoch ebenfalls deutlich, dass die methodisch basierten Restriktionen unter Beachtung des Aussagebereichs zu rechtfertigen sind. Ein Wechsel der Methode zu Gunsten der vorliegenden Restriktionen würde, je nach gewählter Methode, neue methodenbasierte Restriktionen entstehen lassen. Dennoch erscheint eine Verifikation der dargestellten Ergebnisse insbesondere durch weitere Studien im Rahmen empirisch basierter Feldforschung wünschenswert.

9.2 Ergebnis und Ausblick

Die vorliegende Studie weist die heterogene Implikation volkswirtschaftlicher Inhalte innerhalb kaufmännischer Bildungsgänge des berufsbildenden Bereichs nach. Im Vergleich zu weiteren kaufmännischen Inhaltsbereichen, insbesondere dem Rechnungswesen sowie betriebswirtschaftlichen Inhaltselementen, sind curricular stringente Fachtraditionen sowie aktuell ausgeglichene Inhaltsverhältnisse nicht zu konstatieren. Die unstetige, heterogene Implementierung der entsprechenden Inhalte kann mehrdimensional sowohl in einer Längsschnitt- als auch in Querschnittsbetrachtungen nachgewiesen werden.

Im Rahmen einer zeitraumbezogenen Längsschnittbetrachtung sind zwei gegenläufig wirkende Faktoren identifizierbar, deren jeweiliger Einfluss die volkswirtschaftliche Intensität schulischer Curricular innerhalb des berufsbildenden Bereichs berührt. Zum einen bedingt das postulierte Kaufmannsleitbild eine explizite Orientierung des Schulunterrichts anhand der Anforderungen des jeweiligen Ausbildungsberufs. Die tendenziell ungünstige Vereinbarkeit zwischen beruflichen Nützlichkeitsbestrebungen, denen im Kontext eines postulierten Kaufmannsleitbildes entsprochen wird, sowie primär theoretisch-modellhaften volkswirtschaftlichen Inhalten, die keine Handlungen im Kontext einzelner kaufmännischer Berufe als Ansatzpunkt besitzen, bedingen, dass volkswirtschaftliche Inhalte in kaufmännischen Bildungsgängen trotz deren Zugehörigkeit zu kaufmännischen Sphären lediglich in untergeordneter Qualität und zumeist Quantität vorhanden sind. Während eine alleinige Orientierung anhand beruflicher Nützlichkeitsvorstellungen kaum volkswirtschaftliche Curricularinhalte benötigt, ist demgegenüber die öffentliche Hand als Gegenpol identifizierbar. Eine volkswirtschaftlich ansteigende Implementierung geht innerhalb der historischen Curriculargenese mit verstärktem Bildungsinteresse der öffentlichen Hand einher. Im Falle realer Konfliktsituationen mit national-wirtschaftlicher Tragweite besteht der Implementierungsgrund in einer staatlich intendierten Ideologieindoktrination, da sich ‚Volkswirtschaftslehre' auf Grund der thematischen Nähe zur ‚Bürgerkunde' als Träger staatlicher Ideologien unter dem Deckmantel wissenschaftlicher Inhalte eignet. Das Bildungsinteresse der öffentlichen Hand, welches zur Etablierung eines eigenständigen Curriculas während der 1980er Jahre führt, entsteht als Reaktion auf die Lehrplandiskussion während der 1970er Jahre.

Durch das Gegenspiel beider inhaltskonstituierender Faktoren lässt sich im Rahmen der Längsschnittbetrachtung eine Wellenbewegung konstruieren, die die Intensität volkswirtschaftlicher Inhaltsimplementierung innerhalb der curricularen Grundlagen beschreibt und deren Bewegung analog zum staatlichen Inhaltsinteresse verläuft. Aufgrund formal-struktureller Kompetenzen besitzt dieser die Möglichkeit, volkswirtschaftliche Inhalte aktiv zu implementieren oder diese durch inhaltskonstituierende Passivität einer realwirtschaftlich geprägten Curricularausrichtung auszusetzen, was für volkswirtschaftliche Inhalte reduzierende Auswirkungen besitzt. Volkswirtschaftslehre als curricularer Inhalt unterliegt demzufolge im Rahmen berufsbezogener Teilzeitbildung einem curricularen Schutzbedarf. Aufgrund heterogenen Verhaltens der öffentlichen Bildungsträger können homogene volkswirtschaftliche Inhaltstraditionen, sowohl in facheigener als auch in fachimmanenter Form, in der Längsschnittbetrachtung negiert werden.

Analog zur zeitraumbezogenen Längsschnittbetrachtung bestätigen zeitpunktbezogene Querschnittsbetrachtungen die heterogene volkswirtschaftliche Inhaltsimplementierung. Es besteht ein Zusammenhang zwischen volkswirtschaftlicher Bildung und ansteigender Untergliederung des kaufmännischen Bildungssystems, wobei wiederum die jeweilige Ausrichtung anhand beruflich-realer Handlungen der divergierenden Zielgruppe als Untergliederungskriterium einzelner Bildungsgänge dient. Mit Blick auf das gesamte kaufmännische Bildungssystem ist mit ansteigendem Bildungsniveau ein zunehmender Anstieg volkswirtschaftlicher Inhalte zu konstatieren. Zunächst liegen volkswirtschaftliche Inhalte zunächst nur innerhalb des akademischen Bildungsbereichs und deshalb ohne primär Handlungsbezüge vor, jedoch erweitert sich dies zunehmend durch die Gründung der Handels- bzw. Höheren Handelsschulen. Die im Kontext der Lernfeldorientierung geführte Diskussion, die die jeweilige Bildungsgangorientierung zwischen handlungs- und fachwissenschaftlicher Orientierung thematisiert, ist folglich kein Resultat der neuen, lernfeldorientierten Curricularkonstruktionen, sondern besteht, unter bildungsgangübergreifender Prämisse, seit Beginn eines mehrstufigen Bildungssystems und entfaltet unmittelbare Wirkung auf die volkswirtschaftliche Inhaltsimplementierungen innerhalb schulischer Curricula. Bereits vor dem Ersten Weltkrieg ist Volkswirtschaftslehre unter der Prämisse einer fachwissenschaftlichen Curricularorientierung auf akademischem Bildungsniveau implementiert, nicht jedoch im Rahmen berufsbezogener Handlungen auf schulischer Ebene. Demzufolge ist der Ursprung volkswirtschaftlicher Inhalte zunächst außerhalb konkret berufsbezogener Schulformen zu sehen, wovon ausgehend die Implementierung top-down entlang der Hierarchisierungskette erfolgt.

Es kann gezeigt werden, dass sich die Implementierungsrundlagen im historischen Verlauf von volkswirtschaftlichen Inhaltsbereichen gegenüber weiteren kaufmännischen Inhaltsbereichen unterscheiden, jedoch die Orientierung anhand des Berufsbildes als gemeinsames Merkmal divergierender Bildungsganguntergliederungen konstant bestehen bleibt. Eine Differenzierung zwischen beruflicher und höherer beruflicher Orientierung (als Führungsposition innerhalb großindustrieller Strukturen) zieht ebenfalls eine Differenzierung der handlungsorientierten Zielsetzung zwischen den einzelnen Bildungsgängen nach sich, so dass der Bezug hinsichtlich des anvisierten Berufsbildes konstant bestehen bleibt. Es kann gezeigt werden, dass die Veränderung volkswirtschaftlicher Implementierung zwischen unterschiedlichen Bildungsgängen letztlich auf einer realwirtschaftlichen Veränderung der Anforderungsstruktur der jeweiligen Zielgruppe basiert.

Mit Hilfe beider Betrachtungsdimensionen ist die Heterogenität volkswirtschaftlicher Inhaltsimplementierung zu belegen, so dass sowohl fachliche als auch curriculare Traditionen in berufsbegleitenden Schulformen nicht existent sind. Die Konstanz der Berufsbildorientierung im Rahmen des kaufmannsorientierten Leitbilds begründet die konstante Unterordnung dieser Themenbereiche. Staatlich begründete Implikationen erfolgten lediglich punktuell aus Eigeninteresse, so dass die curriculare Unterordnung volkswirtschaftlicher Inhalte in handlungsorientierten Schulkontexten sowie deren heterogene Implementierung seit ersten Implikationstendenzen historisch gewachsen sind.

Ausgehend von einer homogenen, quantitativ und qualitativ gleichwertigen Implementierung volkswirtschaftlicher Inhalte im Rahmen eigenständiger Curricula stellen die handlungsorientierten Lehrpläne der KMK wiederum heterogene Strukturen zwischen einzelnen Ausbildungsgängen her und bedeuten zusätzlich eine bildungsgangübergreifende quantitative und qualitative Reduktion. Personelle Faktoren, deren inhaltskonstituierende Funktionen im Rahmen subjektiver Theoriebildung auf Einzelschulebene wirksam werden, zeigen heterogene Ergebnisse bezüglich volkswirtschaftlicher Berücksichtigung, vollziehen sich im Gesamten jedoch auf einem niedrigen Relevanzniveau im Rahmen des Gesamtmaßstabs. Damit kann zum einen belegt werden, dass von einer flächendeckenden Aufwertung volkswirtschaftlicher Inhalte im Rahmen ausführender Unterrichtsgestaltung nicht ausgegangen werden kann. Des Weiteren belegt die alleinige Signifikanz der

Items ‚wirtschaftswissenschaftliches Lehramtsstudium' sowie ‚berufliche Erfahrung' eine Korrelation zwischen der vorgenommenen Relevanzbeimessung und subjektiv-individuellen Erfahrungen innerhalb eigenständiger volkswirtschaftlicher Curricula und untermauern deren Schutzfunktion. Im Hinblick auf die langfristige Relevanzeinschätzung sowie Kompetenzentwicklung der aktuellen Schülerinnen und Schülern ist die aktuelle fachimmanente Implementierung innerhalb kaufmännischer Curricula demzufolge kritisch zu sehen.

Das durch die KMK intendierte Ziel einer fachübergreifenden, an einzelberuflichen Handlungen orientierten Unterrichtung wird jedoch nur bedingt umgesetzt, wobei die Abschlussprüfungen der IHK homogenisierende unterrichtliche Wirkung entfalten. Die inhaltliche Gestaltung innerhalb des Unterrichts wird von Seiten der Bildungsinstitutionen top-down an die Einzelschulen delegiert, jedoch behält die IHK durch die herrschende Prüfungspraxis inhaltliche Lenkungswirkung. Das herrschende Resultat besteht in einem Prüfungsaufbau, dessen Handlungsorientierung mäßig erscheint und volkswirtschaftliche Inhalte jeweils punktuell über nahezu sämtliche curricular angesprochenen Inhalte abprüft. Diese Prüfungsstruktur lässt die Zugehörigkeit volkswirtschaftlicher Inhalte zum berufsbezogenen Bereich fraglich erscheinen und fördert, in Anbetracht tendenziell enger Zeitrichtwerte, einen homogenen schulischen Unterricht orientiert anhand intendierter Prüfungsinhalte auf mäßigem Inhaltsniveau.

Die von Seiten der KMK intendierte Zielsetzung handlungsorientierter Curricula in Form einzelberuflicher Orientierung wird demnach nur bedingt intenti onsgemäß umgesetzt, was durch strukturelle Defizite und nicht durch personelle Faktoren auf Einzelschulebene zu begründen ist. Durch subjektiv zu gering empfundene Zeitrichtwerte wird die Umsetzung erschwert und letztlich durch die herrschende Prüfungsstruktur kaum durchführbar. Ein wesentlicher Effekt, der durch die Einführung handlungsbasierter Curricula hervorgerufen wird, besteht infolgedessen in einer Stärkung der inhaltsimplementierenden Position der IHK.

Für volkswirtschaftliche Inhalte bedeutet die Implementierung außerhalb eines eigenständigen Schulfachs zusätzlich zur quantitativen Reduktion in Relation zum eigenständigen Curriculum eine qualitative Reduzierung. Damit bleibt die, im Rahmen der Betrachtung der historischen Genese gewonnene Erkenntnis, wonach eine reduzierte inhaltliche Einflussnahme der öffentlichen Hand zu einer Reduzierung volkswirtschaftlicher Inhalte führt, weiterhin bestehen. Handlungsorientierte Curricula unterscheiden sich gegenüber historischen Beispielen lediglich dahingehend, dass die KMK durch die grobstrukturierte Zielformulierung einen weit gefassten inhaltlichen Rahmen bewusst formuliert hat. Unmittelbare inhaltliche Vorgaben existieren im Rahmen der performativen Umsetzung nur bedingt. Die Lenkungswirkung der IHK verlagert die Inhaltsentscheidung wiederum zu Gunsten privatwirtschaftlicher Institutionen. Der Effekt auf volkswirtschaftliche Inhalte unterscheidet sich im Vergleich zu historischen Beispielen jedoch kaum, so dass sich volkswirtschaftliche Inhalte im Kontext berufsbegleitender Schulbildung als ‚Inhalte nachgeordneter Relevanz' innerhalb berufsbildender Bildungsgänge klassifizieren lassen.

Die Beibehaltung vorherrschender Tendenzen im Rahmen gleichbleibender Curricular- und Prüfungsstrukturen bedingt demnach einen tendenziell konstanten, inhaltlich nachgeordneten Ausblick volkswirtschaftlicher Inhaltsstrukturen. Die verbliebenen ‚Befürworter' volkswirtschaftlicher Bildungsstrukturen stammen aus der Gruppe erfahrener Lehrkräfte, so dass diese den schulischen Bildungsbereich als erste verlassen werden. Parallel dazu zieht die weiterhin fachimmanente Implementierung eine Manifestation des Status quo auf Ebene der Prüfungsinhalte nach sich. Anzeichen einer Änderung der herrschenden Prüfungsstruktur sowie deren vorhandener Homogenisierungswirkung sind unter aktuellen Voraussetzungen nicht erkennbar.

Unter Berücksichtigung, dass curriculare Inhalte Resultat politischer Willensbildung darstellen, können Optimierungsschritte erst nach Klärung der berufsbezogenen Position volkswirtschaftlicher Inhalte erfolgen, da ohne eigenständige fachliche Implementierung in der inhaltlichen ‚Nähe' des Politik- bzw. Sozialkundeunterrichts spezifisch berufliche Bezüge nicht als gegeben vorausgesetzt werden können. Ohne einzelberufliche Bezüge könnte eine verstärkte Orientierung anhand des Lehrplans ‚Wirtschafts- und Betriebslehre' (mit Fokussierung auf den Terminus ‚Wirtschaftslehre') für nicht kaufmännische Ausbildungsberufe erfolgen, wobei eine angemessene Repräsentanz volkswirtschaftlicher Inhalte als Bestandteil einer kaufmännischen Ausbildung fraglich wäre. Im Falle weiterhin aufrecht zu erhaltender beruflicher Bezüge böte es sich an, Veränderungen an strukturellen Rahmenbedingungen vorzunehmen, wobei die berufsbezogene Handlungsorientierung als zentraler Bezugspunkt dienen könnte. Dies könnte durch Veränderungen zeitlicher Vorgaben sowie Optimierungen der IHK-Prüfungspraxis im Sinne handlungsorientierter Strukturen (inklusive handlungsorientierter Aufgabenstellungen) erfolgen, so dass handlungsbezogene Strukturen nicht lediglich als unterrichtliches Gestaltungsinstrument zu sehen sind, sondern ebenfalls im Rahmen der Abschlussprüfung relevant erscheinen.

Im Rahmen potentieller Optimierung der inhaltsbezogenen Prüfungsstruktur ist fraglich, ob eine inhaltliche Ausgestaltung, die nahezu alle curricular angesprochenen Inhaltsfelder mit einzelnen Multiple-Choice-Fragen abprüft, als adäquate Struktur einer beruflichen Abschlussprüfung angesehen werden kann.

Zur Reduzierung der inhaltlichen ‚Breitenwirkung' wäre bspw. eine Prüfungsstruktur analog herrschender Abiturprüfungen denkbar, die sich aus mehreren Aufgaben inklusive Unter- und Folgeaufgaben zusammensetzen und somit adäquate inhaltliche ‚Tiefe' gewährleisten. Dabei sind innerhalb einer Prüfung nicht sämtliche Aufgabenblöcke zu bearbeiten, sondern können von den Schülerinnen und Schülern ausgewählt werden. Dadurch kann gewährleistet werden, dass Inhaltsbereiche mit ausreichender Intensität abgeprüft werden, gleichzeitig jedoch die zeitliche Prüfungsdimensionierung zumutbar bleibt.

Letzten Endes kann die vorgelegte Studie als ein erster Schritt gewertet werden, die bestehende Lücke zwischen curricularen Grundlagen sowie unterrichtlicher Realisierung im Rahmen handlungsorientierter Curricula mit dem Fokus auf volkswirtschaftliche Inhalte zu schließen. Es lässt sich der Schluss ziehen, dass volkswirtschaftliche Inhalte als ‚Inhaltsbereiche nachgeordneter Relevanz' zu klassifizieren sind, deren kaufmännisch-berufsbezogene Randstellung sich im Kontext subjektiver Theoriebildung weiterhin manifestiert.

10 Anhang

Anhang 1: Die Fächerverteilung höherer Schulformen (1916)

Abbildung 85: Überblick über schulische Fächer innerhalb Höherer Handelsschulen (1916)[427]

Ort und Name	Bezeichnung	Stunden insgesamt	Volkswirtschaft und Handelswissenschaften: Volkswirtschaftslehre und Bürgerkunde	Kaufmännisches Rechnen	Buchführung	Korrespondenz u. Kontorarbeiten	Handels- und Wechselrecht	Summe	Sprachen: Deutsch	Französisch	Englisch	Summe	Handels- u. Wirtschafts-: Geographie	Geschichte	Summe	Naturwissenschaften: Warenkunde	Technologie	Summe	Technische Fächer: Schreiben	Maschinenschreiben	Stenographie	Summe	Bemerkungen O = Obligatorisch W = Wahlfrei
Barmen	Höhere Handelsschule	34	2 1)	4	6	4	2	18	—	4	4	8	2	2	4	2	2	4	—	—	—	—	W Spanisch 2. W Schönschreiben 2. W Stenographie 2.
Chemnitz	Einjähriger Fachkursus	33	3 2)	4	4	2	4	17	—	5	5	10	2	2	4	2		2	—	W	W	—	W Italienisch. W Spanisch 2.
Cöln		29	2 9)	2	2	—	1	7	—	5	5	10	2	2	4	4		4	—	—	2	2 10)	
Dessau		24	1	3	4	2	2	12	2	2	2	6	2	—	2	—	—	—	1	1	2	4	
Dortmund	Höhere Handelsschule	34	2	4	4	5		15	—	4	4	8	3 6)	—	3	—	— 7)	2	2	2	2	6	
Dresden	Einjähriger Fachkursus	33	2	4	4	2	4	16	—	6	5	11	2		2	3		3	1	—	—	1	W Spanisch. Italienisch. Stenographie. Maschineschreiben.
Elberfeld		32	1½	5	4½	1½	3½	16	—	4	4	8	3	1	4	2		2	—	—	2	2	
Essen	Höhere Handelsschule Fachklasse für Knaben	32	—	4	4	2	3	13	2	4	4	10	2		2	2		2	1	4		5	W Spanisch 2. W Italienisch 2.
Frankfurt a. M. (Höhere Handelsschule)	I. Semester	37	—	4	—	—	6 3)	10	3	4	4	11	2	2	4	4		4	2 5)	—	2	4	W Spanisch. W Italienisch. W Schreiben.
	II. "	37	—	4	2	2	2 4)	10	3	4	4	11	2	2	4	4		4	2 5)	—	2	4	
	III. "	37	2	3	3	2	3 4)	13	2	4	4	10	2	2	4	6		6	2 5)	—	—	2	
	IV. "	37	2	3	3	2	3 4)	13	2	4	4	10	2	2	4	6		6	2 5)	—	—	2	
Hagen	Höhere Handelsschule	32	4	5	4	3	2	18	—	3	3	6	4	—	4	—	—	—	—	2	2	4	
Hannover	Höhere Handelsschule	30	—	5	5	3	5	18	—	4	4	8	2	—	2	—	—	—	2	—	—	2	Außerd. Stenographie. Maschineschreiben.
Leipzig	Schülerfachkursus	32	2	4	4	2	3	15	—	5	5	10	2	1	3	3	—	3	1	—	—	1	W Spanisch.
Mainz	Höhere Handelsschule	34	4	5	4	3	3	19	—	4	4	8	2 6)	—	2	—	—	—	—	2	3	5	W Italienisch.
Posen		33 11)	3	5	3	2½	2½	25	1½	4	4	9½	2½	1	3½	1	—	1	1	1	2	4	W Russisch.
Sonneberg	Höherer Handelskursus	24	2 8)	4	2	1	2	11	—	3	4	7	2	—	2	—	—	—	—	1	1	2	O Spanisch 2.
Stuttgart	Obere Abteilung Jahreskursus	34	2	4	5		1	12	—	5	5	10	2	2	4	2	—	3	2	—	3	5	W Italienisch, Spanisch, Turnen, Singen.

1) Wirtschaftskunde. 2) 2 Stdn. Volkswirtschaft, 1 Std. Bürgerkunde. 3) Allgemeine Handelslehre. 4) Wechsel- und Handelsrecht. 5) Turnen. 6) In Verbindung mit Warenkunde. 7) 2 Stdn. Turnen und Jugendspiele. 8) 1 Std. Volkswirtschaft, 1 Std. Bürgerkunde. 9) Volkswirtschaft, Korrespondenz, Handelslehre zusammen 2 Stdn. 10) Außerdem 2 Stdn. Turnen. 11) Außerdem 3 w Polnisch und Turnen 2.

427 Abbildung entnommen aus Ziegler 1916a, S. 415.

Anhang 2: Stundentafeln aus der Periode 1968–1972

Tabelle 72: Stundentafel im Ausbildungsgang ‚Industriekaufmann' (1968)[428]

	Unterstufe				Mittelstufe				Oberstufe			
Religion	1	1	1	1	1	1	1	1	1	1	1	1
Bürgerkunde	1	1	1	1	1	1	1	1	1	1	1	1
Deutsch	1	1	1	1	1	1	1	-	1	-	-	-
Wirtschaftslehre	2	2	2	2	2	2	2	2	2	2	2	2
Kaufmännisches Rechnen	2	2	2	1	2	1	1	1	2	2	1	1
Buchführung	1	1	-	-	1	1	1	1	2	2	2	1
Wirtschaftserdkunde	1	-	-	-	1	1	-	-	-	-	-	-
Wochenstunden	9	8	7	6	9	8	7	6	9	8	7	6

Tabelle 73: Stundentafel im Ausbildungsgang ‚Bankkaufmann' (1969)[429]

	Unterstufe				Mittelstufe				Oberstufe			
Religionslehre	1	1	1	1	1	1	1	1	1	1	1	1
Bürgerkunde	1	1	1	1	1	1	1	1	1	1	1	1
Deutsch	1	1	1	1	1	-	-	-	1	-	-	-
Wirtschaftslehre	2	2	2	2	2	2	2	2	2	2	2	2
Kaufmännisches Rechnen	2	2	2	1	2	2	2	1	2	2	2	1
Buchführung	1	1	-	-	2	2	1	1	2	2	1	1
Wirtschaftserdkunde	1	-	-	-	-	-	-	-	-	-	-	-
Wochenstunden	9	8	7	6	9	8	7	6	9	8	7	6

428 Stundentafel entnommen aus Kultusministerium des Landes Nordrhein-Westfalen 1968, S. 19.

429 Stundentafel entnommen aus Kultusministerium des Landes Nordrhein-Westfalen 1969c, S. 20.

Tabelle 74: Stundentafel im Ausbildungsgang ‚Verkäufer und Einzelhandelskaufmann‘ (1969)[430]

	Unterstufe	Mittelstufe	Oberstufe
Religionslehre	1	1	1
Bürgerkunde	1	1	1
Deutsch	2	1	1
Wirtschaftslehre	3	3	4
Kaufmännisches Rechnen	2	2	1
Buchführung	-	1	2
Warenverkaufskunde	3	3	-
Sport	1	1	1
Wochenstunden	13	13	11

Tabelle 75: Stundentafel im Ausbildungsgang ‚Kaufmann im Groß- und Außenhandel‘ (1969)[431]

	Unterstufe				Mittelstufe				Oberstufe			
Religionslehre	1	1	1	1	1	1	1	1	1	1	1	1
Bürgerkunde	1	1	1	1	1	1	1	1	1	1	1	1
Deutsch	1	1	1	1	1	1	1	-	1	-	-	-
Wirtschaftslehre	2	2	2	2	2	2	2	2	2	2	2	2
Kaufm. Rechnen	2	2	2	1	2	1	1	1	2	2	1	1
Buchführung	1	1	-	-	1	1	1	1	2	2	2	1
Wirtschaftserdkunde	1	-	-	-	1	1	-	-	-	-	-	-
Sport	1	1	1	1	1	1	1	1	1	1	1	1
Wochenstunden	10	9	8	7	10	9	8	7	10	9	8	7

430 Stundentafel entnommen aus Kultusministerium des Landes Nordrhein-Westfalen 1969b, S. 20. Eine Stundenreduzierung analog der anderen Stundentafeln ist im Ausbildungsgang ‚Verkäufer und Einzelhandelskaufmann‘ legislativ nicht festgeschrieben.

431 Stundentafel entnommen aus Kultusministerium des Landes Nordrhein-Westfalen 1969b, S. 19.

Tabelle 76: Stundentafel im Ausbildungsgang ‚Speditionskaufmann' (1970)[432]

	Unterstufe			Mittelstufe			Oberstufe		
Religionslehre	1	1	1	1	1	1	1	1	1
Bürgerkunde	1	1	1	1	1	1	1	1	1
Deutsch	1	1	1	-	-	-	-	-	-
Wirtschaftslehre	2	2	2	2	2	2	2	2	2
Fachkunde	-	-	-	2	2	2	2	2	2
Kaufmännisches Rechnen	2	1	1	2	2	1	1	1	1
Buchführung	1	1	1	1	1	1	2	2	1
Verkehrsgeographie	2	2	1	1	-	-	1	-	-
Sport	1	1	1	1	1	1	1	1	1
Wochenstunden	11	10	9	11	10	9	11	10	9

Tabelle 77: Stundentafel im Ausbildungsgang ‚Versicherungskaufmann' (1971)[433]

	Unterstufe			Mittelstufe			Oberstufe		
Religionslehre	1	1	1	1	1	1	1	1	1
Politik	1	1	1	1	1	1	1	1	1
Deutsch	1	1	1	1	-	-	1	-	-
Wirtschaftslehre	2	2	1	2	2	1	2	2	2
Versicherungslehre	2	2	2	2	2	2	2	2	2
Organisationslehre	-	-	-	1	1	1	-	-	-
Kaufmännisches Rechnen	2	1	1	1	1	1	2	2	1
Buchführung	1	1	1	1	1	1	1	1	1
Sport	1	1	1	1	1	1	1	1	1
Wochenstunden	11	10	9	11	10	9	11	10	9

432 Stundentafel entnommen aus Kultusministerium des Landes Nordrhein-Westfalen 1970, S. 19.

433 Stundentafel entnommen aus Kultusministerium des Landes Nordrhein-Westfalen 1971, S. 7.

Tabelle 78: Stundentafel im Ausbildungsgang ‚Bürokaufmann' (1972)[434]

	Unterstufe	Mittelstufe	Oberstufe
Religionslehre	1	1	1
Politik	1	1	1
Deutsch	1	1	1
Wirtschaftslehre	2	2	2
Organisationslehre	1	2	2
Kaufm. Rechnen	2	1	1
Buchführung	1	2	2
Sport	1	1	1
Maschinenschreiben	2	-	-
Wochenstunden	12	11	11

434 Stundentafel entnommen aus Kultusministerium des Landes Nordrhein-Westfalen 1972, S. 10. Eine Stundenreduzierung analog der anderen Stundentafeln ist im Ausbildungsgang ‚Bürokaufmann' legislativ nicht festgeschrieben.

Anhang 3: Volkswirtschaftliche Unterrichtseinheiten des Zeitraums 1968–1972

Abbildung 86: Unterrichtseinheiten aus dem Lehrplan ‚Industriekaufmann' (1968)[435]

(16) Wirtschaft und Staat Gegenstand und Ziele staatlicher Wirtschaftspolitik im Rahmen der Marktwirtschaft: Vollbeschäftigung, Preisstabilität und Wachstum; Sicherung marktwirtschaftlicher Bedingungen; insbesondere die Überwachung von Konzentrationsbewegungen, Preisabsprachen und sonstigen Wettbewerbsverzerrungen; Subventionspolitik. Wirtschaftspolitische Maßnahmen: Instrumente der Konjunkturpolitik; marktkonforme und dirigistische Maßnahmen; Beeinflussung der Wirtschaftsstruktur, Einordnung der Außenwirtschaftspolitik. Steuern und Haushaltspolitik: Einkommenssteuer, Gewerbesteuer, Vermögenssteuer und Mehrwertsteuer; Gemeinde-, Länder- und Bundesfinanzen; Haushaltsausgleich; Verhältnis von Finanz- und Wirtschaftspolitik. Der Außenhandel: Export-, Import- und Transithandel; Handels- und Zahlungsbilanz; Zölle. Einfluß wirtschaftlicher Interessensverbände auf Gesetzgebung und Regierung. […]
(17) Ordnungsprobleme der Wirtschaft einschließlich wirtschafts- und sozialhistorischer Perspektiven Merkantilismus und Wirtschaftsliberalismus; Differenzierung von Handel und Gewerbe; Entwicklung bis zur Industrialisierung; Kapitalismus und Sozialismus. Hoch- und Spätkapitalismus. Marktwirtschaft, Zentralverwaltungswirtschaft, Interventionismus. Aktuelle Probleme der Weltwirtschaft; internationale Organisationen. […]

Abbildung 87: Unterrichtseinheit aus dem Lehrplan ‚Bankkaufmann' (1969)[436]

(18) Wirtschaftsordnung und Währung Geschichtliche Entwicklung des Geldes und des Kreditgewerbes; Arten, Wesen des Geldes Wirtschaftsordnung: Planwirtschaft und Marktwirtschaft als Ordnungsmodelle der Volkswirtschaft, reale Wirtschaftsordnungen, Funktionen des Geldes in der Planwirtschaft und in der Marktwirtschaft. Währung als Geldsystem: gebundene Währung, manipulierte Währung; Ziele der Währungspolitik, Maßgrößen, Ursachen der Störung des monetären Gleichgewichts, Maßnahmen zur Beseitigung. Die Deutsche Bundesbank: Organisation, Aufgaben der Deutschen Bundesbank, Befugnisse zur Erfüllung der Aufgaben, Geschäfte. Der Kreditmarkt: Geldmarkt, Begriff, Kontrahenten und Objekte am Geldmarkt, der Zins am Geldmarkt; Kapitalmarkt, Begriff, Teilmärkte, der Zins am Kapitalmarkt; Verflechtungen zwischen Geldmarkt und Kapitalmarkt […]

435 Unterrichtseinheit entnommen aus Kultusministerium des Landes Nordrhein-Westfalen 1968, S. 32f.

436 Unterrichtseinheit entnommen aus Kultusministerium des Landes Nordrhein-Westfalen 1969c, S. 35.

Abbildung 88: Unterrichtseinheiten aus dem Lehrplan ‚Kaufmann im Groß- und Außenhandel' (1969)[437]

(15) Unternehmensorganisation III: Kapital- und Finanzierungsstruktur; Zusammenschlüsse [...] Unternehmenszusammenschlüsse: Fusion, Kartell, Interessensgemeinschaft, Konzern, Trust. Wirtschaftliche Konzentration: Betriebs- und volkswirtschaftliche Bedeutung der Unternehmenszusammenschlüsse und Kapitalverflechtung.
(16) Wirtschaft und Staat Gegenstand und Ziele staatlicher Wirtschaftspolitik im Rahmen der Marktwirtschaft: Vollbeschäftigung, Preisstabilität und Wachstum; Sicherung marktwirtschaftlicher Bedingungen; insbesondere die Überwachung von Konzentrationsbewegungen, Preisabsprachen und sonstigen Wettbewerbsverzerrungen; Subventionspolitik. Wirtschaftliche Maßnahmen: Instrumente der Konjunkturpolitik; marktkonforme und dirigistische Maßnahmen; Beeinflussung der Wirtschaftsstruktur, Einordnung der Außenwirtschaftspolitik. Steuern und Haushaltspolitik: Einkommenssteuer, Gewerbesteuer, Vermögenssteuer und Mehrwertsteuer; Gemeinde-, Länder- und Bundesfinanzen; Haushaltsausgleich; Verhältnis von Finanz- und Wirtschaftspolitik. Der Außenhandel: Export-, Import- und Transithandel; Handels- und Zahlungsbilanz; Zölle. Einfluß wirtschaftlicher Interessensverbände auf Gesetzgebung und Regierung. [...]
(17) Ordnungsprobleme der Wirtschaft einschließlich wirtschafts- und sozialhistorischer Perspektiven Merkantilismus und Wirtschaftsliberalismus; Differenzierung von Handel und Gewerbe; Entwicklung bis zur Industrialisierung; Kapitalismus und Sozialismus. Hoch- und Spätkapitalismus. Marktwirtschaft, Zentralverwaltungswirtschaft, Interventionismus. Aktuelle Probleme der Weltwirtschaft; internationale Organisationen. [...]

437 Unterrichtseinheit entnommen aus Kultusministerium des Landes Nordrhein-Westfalen 1969b, S. 32.

Abbildung 89: Unterrichtseinheiten aus dem Lehrplan ‚Speditionskaufmann' (1970)[438]

(15) Konzentrationsformen in der Wirtschaft Fusion und Entflechtung. Absprachen, Kartell, Konferenz, Interessensgemeinschaft, Pool, Konzern, Trust. Betriebswirtschaftliche, volkswirtschaftliche und soziologische Bedeutung der Unternehmenszusammenschlüsse und Kapitalverflechtung. Maßnahmen zum Schutz des Wettbewerbs.
(18) Wirtschafts- und Verkehrspolitik Gegenstand und Ziele staatlicher Wirtschaftspolitik im Rahmen der sozialen Marktwirtschaft: Vollbeschäftigung, Preisstabilität, Wachstum, ausgeglichene Zahlungsbilanz. Wirtschaftspolitische Maßnahmen: Instrumente der Konjunkturpolitik, marktkonforme und dirigistische Maßnahmen. Verbesserung der Infrastruktur, insbesondere auf dem Gebiet des Verkehrs. Das Problem einer volkswirtschaftlich sinnvollen Wettbewerbsgestaltung der Verkehrsträger (Tarifgestaltung, Besteuerung, Konditionen). Der Einfluß wirtschaftlicher Interessenverbände auf Gesetzgeber und Regierung. Verkehrsintegration in Europa, insbesondere im Gemeinsamen Markt (CEMT, Europäischer Verkehrsausschuß).

Abbildung 90: Unterrichtseinheiten aus dem Lehrplan ‚Versicherungskaufmann' (1971)[439]

(16) Konzentration in der Wirtschaft Gründe für den Unternehmenszusammenschluß Konzentrationsformen: Interessensgemeinschaft, Kartell, Konzern, Fusionen. Die wirtschaftliche und politische Bedeutung von Unternehmenszusammenschlüssen
(17) Wirtschaft und Staat Wirtschaftsordnungen Modell der Marktwirtschaft, Modell der Zentralverwaltungswirtschaft, Problematik beider Modelle und Mischformen der Wirtschaftspraxis. Ziele der Wirtschafts- und Sozialpolitik: Vollbeschäftigung, Stabilität, Wachstum, Ausgleich der Zahlungsbilanz Finanz- und wirtschaftspolitische Maßnahmen: Insbesondere Steuer-, Subventions- und Strukturpolitik

438 Unterrichtseinheit entnommen aus Kultusministerium des Landes Nordrhein-Westfalen 1970, S. 35f.

439 Unterrichtseinheit entnommen aus Kultusministerium des Landes Nordrhein-Westfalen 1971, S. 20f.

Abbildung 91: Unterrichtseinheiten aus dem Lehrplan ‚Bürokaufmann' (1972)[440]

(15) Unternehmenszusammenschlüsse Arten der Zusammenschlüsse: Fusion, Kartell, Interessensgemeinschaft, Trust, Konzern Betriebs- und volkswirtschaftliche Bedeutung der Unternehmenszusammenschlüsse und der Kapitalverflechtung
(16) Wirtschaft und Staat Ziele staatlicher Wirtschaftspolitik: Vollbeschäftigung, Preisstabilität und Wachstum Mittel der Wirtschaftspolitik, insbesondere Geld- und Kreditpolitik, Steuern und Haushaltspolitik [...]
(17) Außenwirtschaft Export-, Import- und Transithandel Handels- und Zahlungsbilanz; Zölle Aktuelle Probleme der Weltwirtschaft; internationale Organisationen im wirtschaftlichen Bereich

440 Unterrichtseinheit entnommen aus Kultusministerium des Landes Nordrhein-Westfalen 1972, S. 20.

Anhang 4: Die überarbeiteten Berufsbilder vom 10. Mai 1973

Abbildung 92: Ausbildungsberufsbild ‚Bankkaufmann' vom 10. Mai 1973[441]

Ausbildungsberufsbild

Gegenstand der Berufsausbildung sind mindestens die folgenden Kenntnisse und Fertigkeiten:

1. Allgemeine Kenntnisse und Fertigkeiten:
   a) Kenntnisse der Struktur und der Funktion des Kreditwesens im Rahmen gesamtwirtschaftlicher Zusammenhänge;
   b) Kenntnisse der Unternehmensorganisation;
   c) Allgemeine Büroarbeiten;
   d) Berufsbezogenes Rechnen;
   e) Berufsbezogener Schriftverkehr;
   f) Statistische Arbeiten;
   g) Kundenberatung;
   h) Kenntnisse, der für die Berufsausübung notwendig Gesetze, Verordnungen und Bestimmungen;
   i) Kenntnisse der wichtigsten arbeits- und sozialrechtlichen Vorschriften und Bestimmungen;
   j) Arbeitsschutz und Unfallverhütung.
2. Zahlungsverkehr:
   a) Kontoführung;
   b) Inlandszahlungsverkehr;
   c) Auslandszahlungsverkehr.
3. Geld- und Kapitalanlage:
   a) Anlage auf Konten;
   b) Anlage in Wertpapieren;
   c) Kenntnisse der sonstigen Anlagen.
4. Finanzierung:
   a) Kurz und mittelfristiges Kreditgeschäft;
   b) Langfristiges Kreditgeschäft;
   c) Kenntnisse des Emissionsgeschäfts.
5. Rechnungswesen, automatisierte Datenverarbeitung und Verwaltung:
   a) Rechnungswesen;
   b) Organisation;
   c) Kenntnisse der automatisierten Datenverarbeitung;
   d) Kenntnisse des Personalwesens;
   e) Revision.

441 Berufsbild entnommen aus Bundesministerium für Wirtschaft 1973a, S. 433.

Abbildung 93: Ausbildungsberufsbild ‚Industriekaufmann' vom 10. Mai 1973[442]

Ausbildungsberufsbild

Gegenstand der Berufsausbildung sind mindestens die folgenden Kenntnisse und Fertigkeiten:

1. Allgemeine Kenntnisse und Fertigkeiten:
   a) Kenntnisse der Struktur und der Funktion der Industrie im Rahmen gesamtwirtschaftlicher Zusammenhänge;
   b) Kenntnisse der Unternehmensorganisation;
   c) Allgemeine Büroarbeiten;
   d) Berufsbezogenes Rechnen;
   e) Berufsbezogener Schriftverkehr;
   f) Statistische Arbeiten;
   g) Kundenberatung;
   h) Kenntnisse, der für die Berufsausübung notwendig Gesetze, Verordnungen und Bestimmungen;
   i) Kenntnisse der wichtigsten arbeits- und sozialrechtlichen Vorschriften und Bestimmungen;
   j) Arbeitsschutz und Unfallverhütung.
2. Materialwissenschaft:
   a) Einkauf und Materialdisposition;
   b) Warenannahme und Warenprüfung;
   c) Lagerung von Roh-, Hilfs- und Betriebsstoffen;
   d) Materialverwaltung.
3. Produktionswirtschaft:
   a) Kenntnisse der Fertigung;
   b) Kenntnisse der Fertigungsplanung und Arbeitsvorbereitung;
   c) Bestände an fertigen und unfertigen Erzeugnissen.
4. Personalwirtschaft:
   a) Personalwesen;
   b) Kenntnisse der Lohn- und Gehaltsabrechnung.
5. Absatzwirtschaft:
   a) Markt und Werbung;
   b) Verkauf;
   c) Versand;
6. Rechnungswesen:
   a) Rechnungsprüfung;
   b) Buchführung;
   c) Betriebsabrechnung;
   d) Kalkulation;
   e) Zahlungsverkehr.
7. Organisation und automatisierte Datenverarbeitung:
   a) Kenntnisse der Verwaltungs- und Büroorganisation;
   b) Kenntnisse der automatisierten Datenverarbeitung.

---

442 Berufsbild entnommen aus Bundesministerium für Wirtschaft 1973b, S. 421f.

Abbildung 94: Ausbildungsberufsbild ‚Versicherungskaufmann' vom 10. Mai 1973[443]

Ausbildungsberufsbild

Gegenstand der Berufsausbildung sind mindestens die folgenden Kenntnisse und Fertigkeiten:

1. Allgemeine Kenntnisse und Fertigkeiten:
   a) Kenntnisse der Struktur und der Funktion des Versicherungswesens im Rahmen gesamtwirtschaftlicher Zusammenhänge;
   b) Kenntnisse der Unternehmensorganisation;
   c) Allgemeine Büroarbeiten;
   d) Berufsbezogenes Rechnen;
   e) Berufsbezogener Schriftverkehr;
   f) Statistische Arbeiten;
   g) Kundenberatung;
   h) Kenntnisse, der für die Berufsausübung notwendigen Gesetze, Verordnungen und Bestimmungen;
   i) Kenntnisse der wichtigsten arbeits- und sozialrechtlichen Vorschriften und Bestimmungen;
   j) Arbeitsschutz und Unfallverhütung.
2. Versicherungswesen:
   a) Kenntnisse des Marktes und der Werbung;
   b) Antragsbearbeitung;
   c) Bestandsverwaltung;
   d) Vertragsänderungen;
   e) Leistungsansprüche.
3. Rechnungswesen, automatisierte Datenverarbeitung und Verwaltung:
   a) Buchführung;
   b) Kenntnisse der automatisierten Datenverarbeitung;
   c) Kenntnisse des Zahlungsverkehrs;
   d) Kenntnisse des Personalwesens.

443 Berufsbild entnommen aus Bundesministerium für Wirtschaft 1973d, S. 439.

Abbildung 95: Ausbildungsberufsbild ‚Kaufmann im Groß- und Außenhandel' vom 10. Mai 1973[444]

Ausbildungsberufsbild

Gegenstand der Berufsausbildung sind mindestens die folgenden Kenntnisse und Fertigkeiten:

1. Allgemeine Kenntnisse und Fertigkeiten:
   a) Kenntnisse der Struktur und der Funktion des Groß- und Außenhandels im Rahmen gesamtwirtschaftlicher Zusammenhänge;
   b) Kenntnisse der Unternehmensorganisation;
   c) Allgemeine Büroarbeiten;
   d) Berufsbezogenes Rechnen;
   e) Berufsbezogener Schriftverkehr;
   f) Statistische Arbeiten;
   g) Kundenberatung;
   h) Kenntnisse, der für die Berufsausübung notwendigen Gesetze, Verordnungen und Bestimmungen;
   i) Kenntnisse der wichtigsten arbeits- und sozialrechtlichen Vorschriften und Bestimmungen;
   j) Arbeitsschutz und Unfallverhütung;
   k) Kenntnisse der branchenüblichen Waren.
2. Beschaffung und Lagerung:
   a) Wareneinkauf;
   b) Warenannahme, Warenlagerung und Warenausgabe.
3. Vertrieb:
   a) Warenverkauf;
   b) Kenntnisse des Marktes und der Werbung;
   c) Kenntnisse der Kalkulation und des Preisgefüges;
   d) Kenntnisse des Warenversandes sowie des Transport und Speditionswesens.
4. Rechnungswesen:
   a) Kenntnisse des Zahlungsverkehrs;
   b) Buchführung;
   c) Kenntnisse der Kostenrechnung;
   d) Kenntnisse des Kreditwesens und der Finanzierung.
5. Verwaltung:
   a) Kenntnisse des Personal- und Lohnwesens;
   b) Kenntnisse des betrieblichen Steuer- und Versicherungswesens;
   c) Kenntnisse der automatisierten Datenverarbeitung.

444 Berufsbild entnommen aus Bundesministerium für Wirtschaft 1973c, S. 427.

Anhang 5: Themenkreise des Fachs ‚Volkswirtschaftslehre' für Bankkaufleute (1975)

Abbildung 96: Volkswirtschaftliche Themenkreise (1975)[445]

Themenkreis 1: Grundbegriffe der Volkswirtschaftslehre			
Themensektor		Lernziele	
		Der Schüler kann…	
1.1.	Bedürfnisse, Bedarf, Nachfrage	1.1.1.	Ursachen des Wirtschaftens erklären.
		1.1.2.	Abhängigkeit und Beeinflußbarkeit von Bedürfnissen an Beispielen darlegen.
		1.1.3.	verschiedene Bedürfnisarten klassifizieren.
		1.1.4.	die Begriffe Bedarf und Nachfrage kennzeichnen.
1.2.	Güter und Dienstleistungen	1.2.1.	Güter als Mittel zur Bedürfnisbefriedigung einordnen.
		1.2.2.	Güterarten nennen und klassifizieren.
		1.2.3.	aus der Knappheit der Güter den Zwang zum Wirtschaften ableiten.
1.3.	Ökonomisches Prinzip	1.3.1.	das ökonomische Prinzip als eine Maxime wirtschaftlichen Handelns erläutern.
		1.3.2.	Minimal- und Maximalprinzip unterscheiden.
1.4.	Gliederung der Wirtschaft	1.4.1.	die moderne Wirtschaft als arbeitsteilige Wirtschaft charakterisieren.
		1.4.2.	die Bereiche wirtschaftlicher Produktion (Urerzeugung, Be- und Verarbeitung, Verteilung) nennen und ihre Aufgaben erläutern.
		1.4.3.	die Kreditinstitute als Dienstleistungsbetriebe einordnen.

445 Themenkreise entnommen aus Kultusministerium des Landes Nordrhein-Westfalen 1975b, S. 13ff.

Themenkreis 2: Der volkswirtschaftliche Produktionsprozeß			
Themensektor		Lernziele	
		Der Schüler kann…	
2.1.	Die ursprünglichen Produktionsfaktoren	2.1.1.	die Arbeit als Produktionsfaktor kennzeichnen.
		2.1.2.	Arten der Arbeit nennen.
		2.1.3.	den Boden (Natur) als Produktionsfaktor kennzeichnen und seine Verwendungsmöglichkeiten (Anbau-, Abbau-, Standortboden) nennen.
		2.1.4.	wichtige Bestimmungsfaktoren für die Standortwahl der Kreditinstitute aufzählen.
2.2.	Der abgeleitete Produktionsfaktor	2.2.1.	Kapital als abgeleiteter Produktionsfaktor charakterisieren.
		2.2.2.	die Bildung von Real- und Geldkapital darstellen.
		2.2.3.	die Begriffe Sparen und Investieren erkennen.
		2.2.4.	wichtige Arten des Sparens und Investierens klassifizieren.
		2.2.5.	die Aufgaben der Kreditinstitute bei der Kapitalbildung aufweisen.
2.3.	Die Kombination der Produktionsfaktoren	2.3.1.	den Produktionsprozeß als Kombination von Produktionsfaktoren deuten.

Themenkreis 3: Die Verteilung des Produktionserlöses			
Themensektor		Lernziele	
		Der Schüler kann…	
3.1.	Die Entlohnung der Produktionsfaktoren	3.1.1.	Lohn, Zins und Grundrente als ursprüngliche Einkommen kennzeichnen und von den abgeleiteten Einkommen abgrenzen.
		3.1.2.	Besonderheiten und Probleme bei der Entlohnung des Produktionsfaktors Arbeit darstellen.
		3.1.3.	die Funktionen des Zinses erläutern.
3.2.	Sozialprodukt und Volkseinkommen	3.2.1.	das Sozialprodukt als Ergebnis der Kombination der Produktionsfaktoren erkennen.
		3.2.2.	die Beziehungen zwischen Bruttosozialprodukt, Nettosozialprodukt und Volkseinkommen ableiten.

Themenkreis 4: Der Wirtschaftskreislauf			
Themensektor		Lernziele	
		Der Schüler kann…	
4.1.	Einfacher Wirtschaftskreislauf	4.1.1.	den einfachen Wirtschaftskreislauf erklären und zeichnerisch darstellen.
		4.1.2.	Sparen und Investieren in die Kreislaufbetrachtungen einbeziehen.
4.2.	Erweiterter Wirtschaftskreislauf	4.2.1.	Staat und Ausland in die Kreislaufbetrachtung einbeziehen.
		4.2.2.	den erweiterten Wirtschaftskreislauf erklären und zeichnerisch darstellen.

Themenkreis 5: Grundlagen der Preisbildung			
Themensektor		Lernziele	
		Der Schüler kann…	
5.1.	Märkte und Marktformen	5.1.1.	den Markt als Zusammentreffen von Angebot und Nachfrage kennzeichnen.
		5.1.2.	die Begriffe Gütermarkt, Arbeitsmarkt, Geld- und Kapitalmarkt unterscheiden.
		5.1.3.	Voraussetzungen für einen vollkommenen Markt nennen.
		5.1.4.	Marktformen (Vollständige Konkurrenz, Oligopol, Monopol) unterscheiden.
5.2.	Preisbildung	5.2.1.	Angebot und Nachfrage als Preisbildungsfaktoren nennen.
		5.2.2.	die Wechselwirkung von Angebot, Nachfrage und Preis beschreiben.
		5.2.3.	den Gleichgewichtspreis als theoretischen Idealfall kennzeichnen.
		5.2.4.	Beispiele für indirekte und direkte Preiseingriffe des Staates nennen.
5.3.	Kartelle	5.3.1.	das Kartell als horizontaler Zusammenschluß rechtlich selbstständig bleibender Unternehmen beschreiben.
		5.3.2.	die Kartellbildung und andere Konzentrationserscheinungen in ihren wirtschaftlichen Wirkungen beurteilen.
5.4.	Der Zins als Preis	5.4.1.	den Zins als Preis für den Produktionsfaktor Arbeit kennzeichnen.
		5.4.2.	Angebot und Nachfrage auf den Geld- und Kapitalmärkten als maßgebende Faktoren der Zinshöhe beschreiben.

Themenkreis 6: Das Geld			
Themensektor		Lernziele	
		Der Schüler kann…	
6.1.	Entwicklung, Funktionen und Arten des Geldes	6.1.1.	die Entwicklungsstufen des Geldes (vom Waren- zum Buchgeld) beschreiben.
		6.1.2.	die Funktionen des Geldes erläutern.
		6.1.3.	Bargeld, Buchgeld und Geldersatzmittel erklären und unterscheiden.
6.2.	Geldproduzenten und Geldproduktion	6.2.1.	die Geldproduzenten (Deutsche Bundesbank, Bund, Kreditinstitute) aufzählen.
		6.2.2.	die Produktion von Banknoten, Münzen und Giralgeld erläutern.
		6.2.3.	der Vorgang der Kreditschöpfung am Beispiel darstellen und erklären.

Themenkreis 7: Die Ordnung des Geldwesens			
Themensektor		Lernziele	
		Der Schüler kann…	
7.1.	Begriff der Währung	7.1.1.	die Währung als Geldverfassung eines Staates kennzeichnen.
7.2.	Arten der Währung	7.2.1.	zwischen gebundenen und freien Währungen unterscheiden.
		7.2.2.	Goldkernwährungen und Gold-Devisenwährungen in ihren Grundzügen beschreiben.
		7.2.3.	die freie, manipulierte Währung begrifflich bestimmen und die Notwendigkeit von Lenkungsmaßnahmen begründen.

Themenkreis 8: Geldwert und Geldwertänderungen			
Themensektor		Lernziele	
		Der Schüler kann…	
8.1.	Binnenwert	8.1.1.	den Begriff des Geldwerts erklären.
		8.1.2.	Möglichkeiten der Messung des Geldwertes (z.B. Lebenshaltungskostenindex) angeben.
		8.1.3.	Faktoren, die den Geldwert beeinflussen können, darlegen.
8.2.	Außenwert	8.2.1.	den Außenwert vom Binnenwert unterscheiden.
		8.2.2.	die Begriffe Parität und Wechselkurse beschreiben.
		8.2.3.	starre, feste und freie Wechselkurse erklären.
		8.2.4.	die Auswirkungen von Auf- und Abwertungen erläutern.
8.3.	Die Zahlungsbilanz	8.3.1.	das Wesen der Zahlungsbilanz und ihrer Teilbilanzen erläutern.
		8.3.2.	die Zahlungsbilanz als Spiegelbild außenwirtschaftlicher Beziehungen deuten.
8.4.	Geldwertströmungen	8.4.1.	das Wesen der Inflation kennzeichnen.
		8.4.2.	Ursachen und Auswirkungen der Inflation beschreiben.
		8.4.3.	Wesen und Wirkung der Deflation kennzeichnen.
Themenkreis 9: Konjunkturschwankungen und Ziele der Wirtschaftspolitik			
Themensektor		Lernziele	
		Der Schüler kann…	
9.1.	Konjunkturschwankungen	9.1.1.	Konjunkturindikatoren nennen.
		9.1.2.	saisonale Schwankungen, Konjunkturzyklen und Trend unterscheiden.
		9.1.3.	den Konjunkturablauf beschreiben.
9.2.	Ziele der Wirtschaftspolitik	9.2.1.	die Ziele der Wirtschaftspolitik (z.B. Vollbeschäftigung, Geldwertstabilität und außenwirtschaftliches Gleichgewicht) beschreiben.
		9.2.2.	die Konfliktsituation zwischen diesen Zielen beschreiben.
		9.2.3.	darlegen, daß die Unlösbarkeit der Konflikte Prioritätensetzung durch politische Instanzen erfordert.
		9.2.4.	das Wirtschaftswachstum als langfristiges Ziel beschreiben.
		9.2.5.	das Wirtschaftswachstum an der Veränderung des Sozialproduktes im Zeitablauf messen.
		9.2.6.	Gefahren der eindimensionalen Betrachtungsweise des Zieles Wirtschaftswachstum nennen sowie Alternativziele angeben.

Themenkreis 10: Träger und Instrumente der Wirtschaftspolitik			
Themensektor		Lernziele	
		Der Schüler kann…	
10.1.	Währungspolitische Maßnahmen der Notenbank	10.1.1.	die Organisation der deutschen Bundesbank und die Zuständigkeit ihrer Organe erläutern.
		10.1.2.	die Zusammenarbeit von Bundesregierung und Bundesbank skizzieren.
		10.1.3.	Grundzüge der Diskont- und Lombardpolitik erläutern und ihre Auswirkungen aufzeigen.
		10.1.4.	über die Mindestreservepolitik Auskunft geben und ihre Bedeutung für die Kreditschöpfung der Geldinstitute umreißen.
		10.1.5.	die Bedeutung der Offenmarktpolitik nennen.
		10.1.6.	Grundzüge der Devisenpolitik beschreiben.
		10.1.7.	Maßnahmen der administrativen Kreditpolitik skizzieren.
		10.1.8.	die Bedeutung der Einlagenpolitik erläutern.
10.2.	Wirtschaftspolitische Maßnahmen des Staates	10.2.1.	Grundsätze nennen, nach denen die Haushaltsführung der Gebietskörperschaften zu gestalten ist.
		10.2.2.	zwischen Verkehrs-, Ertrags-, Vermögens- sowie Realsteuern unterscheiden.
		10.2.3.	Ziele und wesentliche Bestimmungen des ‚Gesetzes zur Förderung der Stabilität und des Wachstums' nennen.
		10.2.4.	fiskalpolitische, antizyklische Maßnahmen (z.B. Ausgaben- und Steuerpolitik) zur Konjunkturbeeinflussung nennen und ihre möglichen Auswirkungen skizzieren.

Themenkreis 11: Wirtschaftssysteme und Wirtschaftsordnungen			
Themensektor		Lernziele	
		Der Schüler kann…	
11.1.	Zentralverwaltungswirtschaft und soziale Marktwirtschaft	11.1.1.	die Zentralverwaltungswirtschaft als Modell skizzieren.
		11.1.2.	die freie Marktwirtschaft als Modell skizzieren.
11.2.	Wirtschaftsordnungen in der Realität	11.2.1.	die idealtypischen Wirtschaftsmodelle von den realtypischen Wirtschaftsordnungen unterscheiden und insbesondere Wesensmerkmale der sozialen Marktwirtschaft erläutern.
		11.2.2.	für eine konkrete Wirtschaftsordnung beispielhaft systemkonforme und nicht systemkonforme Maßnahmen der Wirtschaftspolitik nennen.
		11.2.3.	die Wechselwirkung zwischen Wirtschaft- und Gesellschaftsordnung an Beispielen belegen.

Themenkreis 12: Anwendung des volkswirtschaftlichen Grundwissens an ausgewählten Beispielen und aktuellen Fällen	
Themensektor	Lernziele
Vgl. Themenkreise Nr. 9 und 10.	

Anhang 6: Länderübergreifende Rahmenlehrpläne (1977–1982)

Abbildung 97: Lerngebiete und Lernabschnitte des länderübergreifenden Rahmenlehrplans ‚Industriekaufmann/Industriekauffrau' (1978)[446]

- **Lerngebiet Industriebetriebslehre**
  1. Der Industriebetrieb
  2. Materialwirtschaft
  3. Produktionswirtschaft
  4. Personalwirtschaft
  5. Absatzwirtschaft
  6. Investition und Finanzierung im Industriebetrieb
- **Lerngebiet: Allgemeine Wirtschaftslehre**
  9. Grundlagen des Wirtschaftens
  10. Rechtliche Rahmenbedingungen des Wirtschaftens
  11. Organisation des Leistungsprozesses
  12. Rechtliche und soziale Rahmenbedingungen der menschlichen Arbeit im Betrieb
  13. Der Zahlungsverkehr
  14. Markt und Preis
  15. Steuern
  16. Wirtschaftsordnung
  17. Grundlagen der Wirtschaftspolitik in der sozialen Marktwirtschaft
- **Industrielles Rechnungswesen mit Datenverarbeitung**
  1. Einführung in das System der doppelten Buchführung
  2. Organisation des industriellen Rechnungswesens
  3. Die Umsatzsteuer im Rechnungswesen
  4. Die Funktion des Industriebetriebes in der Praxis des Rechnungswesens
  5. Jahresabschluß
  6. Kosten- und Leistungsrechnung
  7. Statistik
  8. Datenverarbeitung

446 Länderübergreifender Rahmenlehrplan entnommen aus Kultusministerium des Landes Nordrhein-Westfalen 1981d, S. 8f.

Abbildung 98: Lerngebiete und Lernabschnitte des länderübergreifenden Rahmenlehrplans ‚Speditionskaufmann/Speditionskauffrau' (1981)[447]

Lerngebiet: Spezielle Betriebslehre Die Bedeutung des Verkehrs in der Wirtschaft Der Spediteur und seine Arbeitsbereiche Güterversand mit der Bahn und Bahnspedition Güterversand mit dem Lkw und Kraftwagenspedition Spediteursammelgutverkehr mit Bahn und Lkw Die Allgemeinen Deutschen Spediteurbedingungen Güterversand mit dem Binnenschiff und Binnenschiffahrtsspedition Lagerei Außenwirtschaftliche Grundlagen für die Spedition Güterversand mit dem Seeschiff und Seehafentransport Güterversand mit dem Flugzeug und Luftfrachtspedition
Lerngebiet: Allgemeine Wirtschaftslehre Grundlagen des Wirtschaftens Rechtliche Rahmenbedingungen des Wirtschaftens Menschliche Arbeit im Betrieb Der betriebliche Leistungsprozeß Markt und Preis Steuern Wirtschaftsordnung Grundzüge der Wirtschaftspolitik in der Sozialen Marktwirtschaft
Lerngebiet: Rechnungswesen Aufgaben und Grundlagen der Buchführung Inventur, Inventar und Bilanz Grundzüge der doppelten Buchführung Privatkonto, Umsatzsteuer Abschreibungen Betriebsübersicht; Kontenrahmen und Kontenplan Sachliche Abgrenzung Personalkosten Bewertung des Anlage- und Umlaufvermögens Zeitliche Abgrenzung und Rückstellungen Jahresabschluß und Bilanzanalyse
Lerngebiet: Fachrechnen Währungen und Maße; Verteilungsrechnen Prozentrechnen Zinsrechnen Frachtrechnen im Eisenbahnverkehr Frachtrechnen im Güterkraftverkehr Abrechnungen im Spediteursammelgutverkehr Frachtrechnen im Binnenschiffsverkehr und im Seeverkehr Frachtrechnen im Luftverkehr Kosten- und Leistungsrechnung Grundzüge der Statistik
Lerngebiet: Datenverarbeitung

447 Länderübergreifender Rahmenlehrplan entnommen aus Kultusministerium des Landes Nordrhein-Westfalen 1986, S. 6f.

Abbildung 99: Lerngebiete und Lernabschnitte des länderübergreifenden Rahmenlehrplans ‚Bankkaufmann/Bankkauffrau' (1978)[448]

- **Lerngebiet: Bankbetriebslehre**
  1. Das Konto als Grundlage der Geschäftsbeziehungen
  2. Der inländische Zahlungsverkehr
  3. Die Mittelbeschaffung
  4. Das Kreditgeschäft
  5. Einlagenschutz und Vorschriften für das Kreditgeschäft
  6. Wertpapiergeschäft
  7. Geld- und Vermögensanlage
  8. Das Auslandsgeschäft
- **Lerngebiet: Allgemeine Wirtschaftslehre**
  1. Rechtliche Rahmenbedingungen des Wirtschaftens
  2. Grundlagen des Wirtschaftens
  3. Menschliche Arbeit im Betrieb
  4. Betrieblicher Leistungserstellungsprozeß
  5. Markt und Preis
  6. Steuern
  7. Wirtschaftsordnung
  8. Wirtschaftspolitik in der sozialen Marktwirtschaft und ihre Auswirkungen auf die Kreditinstitute
- **Lerngebiet: Rechnungswesen**
  1. System der Doppik
  2. Erfassung von Bankgeschäften im Rechnungswesen
  3. Jahresabschluß
  4. Kosten- und Leistungsrechnung
  5. Statistik in Kreditinstituten
  6. Datenverarbeitung
  7. Bankmathematik

448 Länderübergreifender Rahmenlehrplan entnommen aus Kultusministerium des Landes Nordrhein-Westfalen 1981b, S. 8f.

Abbildung 100: Lerngebiete und Lernabschnitte des länderübergreifenden Rahmenlehrplans ‚Versicherungskaufmann/ Versicherungskauffrau' (1977)[449]

- Lerngebiet: Versicherungslehre
  1. Grundlagen des Versicherungswesens
  2. Organisation der Versicherungswirtschaft
  3. Rechtsgrundlagen des Versicherungsvertrages
  4. Sachversicherung
  5. Personenversicherung
  6. Vermögensversicherung
  7. Kraftfahrtversicherung
  8. Rückversicherung
  9. Versicherungsaufsicht

- Lerngebiet: Allgemeine Wirtschaftslehre
  1. Grundlagen des Wirtschaftens
  2. Rechtliche Rahmenbedingungen des Wirtschaftens
  3. Menschliche Arbeit im Betrieb
  4. Der betriebliche Leistungsprozeß
  5. Markt und Preis
  6. Steuern
  7. Wirtschaftsordnung
  8. Grundzüge der Wirtschaftspolitik in der sozialen Marktwirtschaft

- Lerngebiet: Rechnungswesen
  1. Datenverarbeitung
  2. Buchführung
     • Grundlagen der Buchführung der Provisionsgeneralagentur
     • Grundzüge der doppelten Buchführung der Provisionsgeneralagentur
     • Besondere Konten in der Buchführung der Provisionsgeneralagentur
     • Ausgewählte Buchungen anhand der Buchführung der Provisionsgeneralagentur
     • Abschlüsse mit Hilfe der Betriebsübersicht
     • Kontenrahmen
     • Jahresabschluß eines Versicherungsunternehmens
     • Bilanzanalyse/Bilanzvergleich
     • Buchführung im System des betrieblichen Rechnungswesens
  3. Versicherungsmathematik
     • Währungsrechnen
     • Prozent- und Promillerechnung im Wirtschaftsleben
     • Zinsrechnen
     • Prämienrechnung
     • Leistungsberechnungen
     • Ausgewählte Fälle der Prämien- und Leistungsberechnungen in der Sach-, Personen- und Vermögensversicherung
     • Wertpapierrechnen
     • Ertragsrechnen
  4. Statistik
     • Grundbegriffe der Statistik
     • Erfassung statistischer Daten
     • Aufbereitung statistischer Daten
     • Auswertung statistischer Daten
     • Grundbegriffe der Wahrscheinlichkeitsrechnung
     • Statistik in der Versicherungswirtschaft

---

449 Länderübergreifender Rahmenlehrplan entnommen aus Kultusministerium des Landes Nordrhein-Westfalen 1981e, S. 8f.

Abbildung 101: Lerngebiete und Lernabschnitte des länderübergreifenden Rahmenlehrplans ,Kaufmann/Kauffrau in der Grundstücks- und Wohungswirtschaft'[450]

- Lerngebiet: Betriebswirtschaftslehre der Grundstücks- und Wohnungswirtschaft
  1. Allgemeine wohnungswirtschaftliche Grundlagen
  2. Haus- und Wohungsbewirtschaftung
  3. Grundstücksverkehr und Grundstücksrecht
  4. Bauerstellung, Modernisierung, Sanierung
  5. Finanzierung
  6. Betreuung
  7. Steuern
  8. Verkauf und Marketing
- Lerngebiet: Allgemeine Wirtschaftslehre
  1. Grundlagen des Wirtschaftens
  2. Rechtliche Rahmenbedingungen
  3. Menschliche Arbeit im Betrieb
  4. Betrieblicher Leistungsprozeß
  5. Markt und Preis
  6. Steuern
  7. Wirtschaftsordnung
  8. Grundzüge der Wirtschaftspolitik in der sozialen Marktwirtschaft
- Lerngebiet: Rechnungswesen einschließlich Datenverarbeitung
  1. System der doppelten Buchführung
  2. Kontenrahmen und Kontenplan
  3. Haus- und Wohungsbewirtschaftung
  4. Grundstücksbeschaffung
  5. Bauerstellung
  6. Finanzierung
  7. Verkauf von Eigenheimen und Eigentumswohnungen
  8. Jahresabschluß
  9. Kosten- und Leistungsrechnung
  10. Statistik
  11. Datenverarbeitung

450 Länderübergreifender Rahmenlehrplan entnommen aus Kultusministerium des Landes Nordrhein-Westfalen 1982, S. 6f.

Anhang 7: Stundentafeln ab 1982

Abbildung 102: Stundentafel im Ausbildungsberuf ‚Kaufmann/Kauffrau im Groß- und Außenhandel' (1982)[451]

		Unterrichtsstunden pro Woche					
		Unterstufe		Mittelstufe		Oberstufe	
I.	**Allgemeiner Bereich**						
	Religionslehre	1		1		1	
	Politik	1		1		1	
	Deutsch	1		1		1	
	Sport	1	4	1	4	1	4
II.	**Schwerpunktbereich**						
	Volkswirtschaftslehre	1		1		1	
	Betriebswirtschaftslehre	3		3		3	
	Mathematik	1		2		1	
	Buchführung	2		1		2	
	Organisationslehre	1	8	1	8	1	8
			12		12		12

451 Stundentafel entnommen aus Kultusministerium des Landes Nordrhein-Westfalen 1981c, S. 11.

Abbildung 103: Stundentafel im Ausbildungsberuf ‚Speditionskaufmann/Speditionskauffrau' (1987)[452]

	Unterrichtsstunden pro Woche					
	Unterstufe		Mittelstufe		Oberstufe	
Allgemeiner Bereich						
Religionslehre	1		1		1	
Politik	1		1		1	
Deutsch	1		1		1	
Sport	1	4	1	4	1	4
Schwerpunktbereich						
Volkswirtschaftslehre	1		1		1	
Betriebswirtschaftslehre	1		1		1	
Speditionsbetriebslehre	2		2		2	
Mathematik	1		1		1	
Buchführung	2		1		1	
Organisationslehre/DV	1		1		1	
Verkehrsgeographie	-	8	1	8	1	8
		12		12		12

452 Stundentafel entnommen aus Kultusministerium des Landes Nordrhein-Westfalen 1986, S. 9.

Abbildung 104: Stundentafel im Ausbildungsberuf ‚Versicherungskaufmann/Versicherungskauffrau' (1982)[453]

	Unterrichtsstunden pro Woche					
	Unterstufe		Mittelstufe		Oberstufe	
Allgemeiner Bereich						
Religionslehre	1		1		1	
Politik	1		1		1	
Deutsch	1		1		1	
Sport	1	4	1	4	1	4
Schwerpunktbereich						
Volkswirtschaftslehre	1		1		1	
Betriebswirtschaftslehre	2		2		2	
Versicherungslehre	2		2		2	
Mathematik	1		1		1	
Buchführung	1		1		1	
Organisationslehre	1	8	1	8	1	8
		12		12		12

453 Stundentafel entnommen aus Kultusministerium des Landes Nordrhein-Westfalen 1981e, S. 11.

Abbildung 105: Stundentafel im Ausbildungsberuf ,Bankkaufmann/Bankkauffrau' (1982)[454]

		Unterrichtsstunden pro Woche					
		Unterstufe		Mittelstufe		Oberstufe	
I.	**Allgemeiner Bereich**						
	Religionslehre	1		1		1	
	Politik	1		1		1	
	Deutsch	1		1		1	
	Sport	1	4	1	4	1	4
II.	**Schwerpunktbereich**						
	Volkswirtschaftslehre	1		1		1	
	Betriebswirtschaftslehre	4		3		4	
	Mathematik	1		1		1	
	Buchführung	1		2		1	
	Organisationlehre	1	8	1	8	1	8
			12		12		12

454 Stundentafel entnommen aus Kultusministerium des Landes Nordrhein-Westfalen 1981b, S. 11.

Abbildung 106: Stundentafel im Ausbildungsberuf ‚Kaufmann/Kauffrau in der Grundstücks- und Wohnungswirtschaft' (1983)[455]

	Unterrichtsstunden pro Woche					
	Unterstufe		Mittelstufe		Oberstufe	
Allgemeiner Bereich						
Religionslehre	1		1		1	
Politik	1		1		1	
Deutsch	1		1		1	
Sport	1	4	1	4	1	4
Schwerpunktbereich						
Volkswirtschaftslehre	1		1		1	
Betriebswirtschaftslehre	1		1		1	
Betriebswirtschaftslehre der Grundstücks- und Wohnungswirtschaft	2		2		2	
Mathematik	1		2		1	
Buchführung	2		1		2	
Organisationslehre	1	8	1	8	1	8
		12		12		12

455 Stundentafel entnommen aus Kultusministerium des Landes Nordrhein-Westfalen 1982, S. 8.

Anhang 8: Gemeinsamer Lehrplan des eigenständigen Fachs ‚Volkswirtschaftslehre'

Abbildung 107: Gemeinsamer Lehrplan für das Fach ‚Volkswirtschaftslehre' in der Berufsschule (1982)[456]

1. Themenkreis: Grundlagen der Volkswirtschaftslehre		
Themensektoren - Lernziele	- Hinweise	- *Abweichungen im Ausbildungsberuf*
1.1 Bedürfnisse, Bedarf, Nachfrage		
- Bedürfnisse als Ursache des Wirtschaftens erklären		
- verschiedene Bedürfnisarten klassifizieren	- Existenzbedürfnisse, Kulturbedürfnisse, Luxusbedürfnisse, offene Bedürfnisse, latente Bedürfnisse; Individualbedürfnisse, Kollektivbedürfnisse	
- Abhängigkeit der Beeinflussbarkeit von Bedürfnissen darlegen	- Bedürfnisstrukturen, Werbung	
- die Begriffe Bedarf und Nachfrage abgrenzen		
1.2 Güterangebot		
- Güter als Mittel zur Bedürfnisbefriedigung erklären	- Sachgüter, Dienstleistungen	
- Güterarten nennen und klassifizieren	- wirtschaftliche und freie Güter; Konsumgüter, Produktivgüter; Gebrauchsgüter, Verbrauchsgüter	
- das Angebot als die am Markt wirksam werdenden Güter erklären		

456 Lehrplan entnommen aus Kultusministerium des Landes Nordrhein-Westfalen 1981a, S. 10ff.

1.3 Wirtschaften		
- aus dem Spannungsverhältnis zwischen der tendenziellen Unbegrenztheit der Bedürfnisse und der Mittelknappheit die Notwendigkeit des Wirtschaftens ableiten		
- verschiedene Versionen des ökonomischen Prinzips erläutern	- Minimalprinzip, Maximalprinzip	
- erwerbswirtschaftliches und gemeinwirtschaftliches Prinzip unterscheiden		
1.4 Arbeitsteilung in der Wirtschaft		
- die Bereiche wirtschaftlicher Produktion nennen und ihre Aufgaben erläutern	- Urproduktion, Weiterverarbeitung, Verteilung, Dienstleistungsbetriebe	
- Entwicklung und Formen der gesamtwirtschaftlichen Arbeitsteilung beschreiben	- Berufsbildung, Berufsspaltung, Arbeitszerlegung, Produktionsteilung	
- Vor- und Nachteile der Arbeitsteilung erläutern	- gesamtwirtschaftliche Auswirkungen der Arbeitsteilung - *Sozialversicherungsträger als öffentliche Dienstleistungsbetriebe*	- *Sozialversicherungsfachangestellter*[457]

457 Die kursiv dargestellten Lernziele gelten abweichend vom gesamten Bildungsplan lediglich für die jeweils angegebenen Ausbildungsgänge, vgl. Kultusministerium des Landes Nordrhein-Westfalen 1981a, S. 7.

2. Themenkreis: Die Produktionsfaktoren		
Themensektoren - Lernziele	- Hinweise	- *Abweichungen im Ausbildungsberuf:*
2.1 Die ursprünglichen Produktionsfaktoren		
- die Arbeit als Produktionsfaktor kennzeichnen		
- Arten der Arbeit nennen	- Struktur der Erwerbspersonen; leitende und ausführende Arbeit; gelernte, ungelernte und angelernte Arbeit	
- unterschiedliche Beschäftigungsgrade kennzeichnen	- Überbeschäftigung, Unterbeschäftigung	
- Arten der Arbeitslosigkeit unterscheiden	- konjunkturelle, strukturelle, technologische, saisonale Arbeitslosigkeit	
- den Boden als Produktionsfaktor kennzeichnen und seine Verwendungsmöglichkeiten nennen	- Anbau-, Abbau- und Standortboden	
- wichtige Bestimmungsfaktoren für die Standortwahl aufzählen	- branchenspezifische Beispiele	
- *Bestimmungsfaktoren für das Arbeitskräfteangebot analysieren*	*Struktur der Erwerbspersonen, Bevölkerungspyramide; das Arbeitskräfteangebot beeinflussende Leistungen der Sozialversicherung; (z.B. Vorsorgemaßnahmen, Heilmaßnahmen, Renten wegen geminderter Erwerbsfähigkeit) Auswirkungen von Reformen im Bereich der Sozialversicherung auf den Arbeitsmarkt (z.B. flexible Altersgrenze, Änderung der Beiträge)*	- *Sozialversicherungsfachangestellter*

2.2 Der abgeleitete Produktionsfaktor		
- Kapital als abgeleiteten Produktionsfaktor charakterisieren		
- Kapitalbildung beschreiben	- Realkapital, Geldkapital	
- die Begriffe Sparen und Investieren erklären	- freiwilliges Sparen, Zwangssparen	
- wichtige Arten des Sparens und Investierens klassifizieren	- Kapitalneubildung, Kapitalerneuerung, Investitionsarten	
- *Aufgaben der Kreditinstitute bei der Kapitalbildung beschreiben*		- *Bankkaufmann*
2.3 Die Kombination der Produktionsfaktoren		
- den Produktionsprozeß als Kombination von Produktionsfaktoren erklären		
2.4 Betrieb und Unternehmung		- *Verwaltungsfachangestellte*
- *Betrieb und Unternehmung*		
- *Betriebe der öffentlichen Hand erklären*	- *Eigenbetrieb, Regiebetrieb*	
- *Einzelunternehmung und Gesellschaften unterscheiden*	- *Einzelunternehmung, Personen- und Kapitalgesellschaften, Genossenschaften*	
- *Unternehmenszusammenschlüsse beschreiben*	- *z.B. Kartell, Konzern*	
3. Themenkreis: Entstehung und Verteilung des Produktionserlöses		
Themensektoren - Lernziele	- Hinweise	- *Abweichungen im Ausbildungsberuf:*
3.1 Sozialprodukt und Volkseinkommen		
- das Sozialprodukt zu Faktorkosten in seiner Entstehung erklären	- Bruttosozialprodukt/ Nettosozialprodukt zu Marktpreisen/Nettosozialprodukt zu Faktorkosten	

3.2 Die Entlohnung der Produktionsfaktoren		
- Lohn, Zins und Grundrente als ursprüngliche Einkommen kennzeichnen und von den abgeleiteten Einkommen abgrenzen	- Nominallohn, Reallohn, originärer Zins, Leihzins, Produktivzins, Konsumtivzins; absolute Grundrente	
- Lohnformen erklären und aus der Sicht des Arbeitnehmers und des Betriebes beurteilen	- Zeitlohn, Akkordlohn, Prämienlohn; Vor- und Nachteile der Lohnformen	- *entfällt für Industriekaufmann, da in BWL abgehandelt*
- Besonderheiten und Probleme bei der Entlohnung des Produktionsfaktors Arbeit skizzieren	- Lohnhöhe, Lohnverhandlungen, Sozialpartner, Streik, Aussperrung	
- Bestandteile des Unternehmereinkommens erläutern	- Unternehmerlohn, Kapitalzins, Grundrente, Risikoprämie, Residualeinkommen	
- die Problematik von Einkommensverteilung erläutern	- Lohnquote, Spar-/Konsumquote, Gewinn-/Investitionsquote	
- *die personelle Einkommensverteilung erklären*	- *u.a. Transfereinkommen, vor allem Leistungen der Sozialversicherungsträger, Subventionen*	- *Sozialversicherungsfachangestellter*
- *Grundsätze der Einkommens- und Vermögensbildungspolitik darlegen*	- *Regelungen im GG – z.B. Art. 20 I, Art. 14, Art 15 (Sozialverpflichtung des Eigentums)*	- *Sozialversicherungsfachangestellter*
- *Maßnahmen zur Vermögensbildung unterscheiden*	- *Gewinnbeteiligung, Sparförderungsmaßnahmen, vermögenswirksame Versicherungen*	- *Sozialversicherungsfachangestellter*

4. Themenkreis: Der Wirtschaftskreislauf		
Themensektoren - Lernziele	- Hinweise	- *Abweichungen im Ausbildungsberuf:*

4.1 Einfacher Wirtschaftskreislauf		
- den einfachen Wirtschafts-kreislauf erklären und zeichne-risch darstellen	- Produktion (Unter-nehmen), Konsum (Haushalte), Geldströme, Güterströme *Kreditströme im Kreislauf-modell* - *Auswirkungen unter-schiedlicher Verhaltenswei-sen der Haushalte auf den Wirtschaftskreislauf*	- *Bankkaufmann* - *Sozialversicherungsfa-changestellter*
- Sparen und Investieren in die Kreislaufbetrachtung einbezie-hen und erklären		
4.2 Erweiterter Wirtschaftskreislauf		
- Staat und Ausland in die Kreis-laufbetrachtung einbeziehen		
- den erweiterten Wirtschafts-kreislauf darstellen	- Staat, Ausland, Geldströ-me, Güterströme	
5. Themenkreis: Markt und Preis		
Themensektoren - Lernziele	- Hinweise	- *Abweichungen im Ausbildungsberuf*
5.1 Märkte und Marktformen		
- den Markt als Zusammen-treffen von Angebot und Nachfrage kennzeichnen und mögliche Verhaltensweisen der Marktteilnehmer erklären	- Bestimmungsgründe des Anbieterverhaltens (z.B. fixe und variable Kosten, Gesamt- und Stückkos-ten); Bestimmungsgründe des Nachfrageverhaltens (Bedürfnisskala, Einkom-men)	
- *Besonderheiten des Arbeits-marktes erläutern*		- *Sozialversicherungsfa-changestellter*
- Voraussetzungen für einen vollkommenden Markt nennen		
- Marktformen unterscheiden	- vollständige Konkurrenz, Oligopol, Monopol	

5.2 Preisbildung		
- Angebot und Nachfrage als Preisbildungsfaktoren nennen		
- die Wechselwirkung von Angebot, Nachfrage und Preis beschreiben		
- den Gleichgewichtspreis als Idealfall kennzeichnen	- Lenkungs-, Anzeige- und Marktausschaltungsfunktion	
- die Preisbildung auf dem unvollkommenen Markt an einem Beispiel darlegen	- Angebotsoligopol oder Angebotsmonopol	
- Beispiele für indirekte und direkte Preiseingriffe des Staates nennen	- Höchstpreise, Mindestpreise, Festpreise	
- *den Zins als Preis für den Produktionsfaktor Kapital nennen*		- *Bankkaufmann*
- *Angebot und Nachfrage auf Geld- und Kapitalmärkten als maßgebende Faktoren der Zinshöhe beschreiben*		- *Bankkaufmann*
5.3 Kooperation und Konzentration in der Wirtschaft		
- Erscheinungsformen der Kooperation und Konzentration darstellen	- Kartell, Konzern, Trust	- *entfällt für Versicherungskaufmann/ Sozialversicherungsfachangestellter, da in BWL abgehandelt*
6. Themenkreis: Das Geld		
Themensektoren - Lernziele	- Hinweise	- *Abweichungen im Ausbildungsberuf:*
6.1 Entwicklung, Funktionen und Arten des Geldes		
- Entwicklungsstufen des Geldes beschreiben	- Warengeld, Metallgeld, Münzgeld, Papiergeld, Buchgeld	
- die Funktionen des Geldes erläutern	- allgemeines Tauschmittel, Wertmaßstab, Rechenmittel, Wertaufbewahrungs-/ Wertübertragungsmittel, gesetzliches Zahlungsmittel	
- Geldarten erklären und unterscheiden	- Bargeld, Buchgeld, Geldersatzmittel	

6.2 Geldproduzenten und Geldproduktion		
- Geldproduzenten aufzählen	- Deutsche Bundesbank, Bund, Kreditinstitute	
- Produktion von Banknoten, Münzen und Giralgeld erläutern	- Notenmonopol, Münzhoheit, Giralgeldschöpfung	- *entfällt für Fachgehilfe in steuer- und wirtschaftsberatenden Berufen, Industriekaufmann*
- das Prinzip der Kreditschöpfung darlegen und erklären		
6.3 Zahlungsverkehr		- *Verwaltungsfachangestellter*
- *den Zahlungsverkehr darstellen*	- *Barer, halbbarer und bargeldloser Zahlungsverkehr unter Verwendung üblicher Formulare*	
- *die Bereitstellung von Bar- und Buchgeld erklären*	- *Bargeld- und Buchgeldschöpfung*	
6.4 Kredit		- *Verwaltungsfachangestellter*
- *Kredite nach ihrer Verwendung, Laufzeit und Sicherung unterscheiden*	- *Konsum- und Investitionskredite; kurz-, mittel- und langfristige Kredite; Personal- und Realkredite*	
7. Themenkreis: Ordnung des Geldwesens		
Themensektoren - Lernziele	- Hinweise	- *Abweichungen im Ausbildungsberuf:*
7.1 Begriff der Währung		
- die Währung als Geldverfassung eines Staates kennzeichnen	- *Währungsbezeichnung, Stückelung*	
7.2 Arten der Währung		
- zwischen gebundenen und freien Währungen unterscheiden	- Goldwährung	
- *Goldwährung und Gold-Devisenwährung in ihren Grundzügen beschreiben*		- *Bankkaufmann*
- die freie manipulierte Währung begrifflich bestimmen	- Währungssystem der Bundesrepublik Deutschland	

8. Themenkreis: Geldwert und Geldwertveränderungen		
Themensektoren - Lernziele	- Hinweise	- *Abweichungen im Ausbildungsberufsbild*
8.1 Binnenwert		
- den Begriff des Geldwertes erklären	- Nominalwert/Tauschwert des Geldes	
- Faktoren, die den Geldwert beeinflussen können, darlegen	- Geldmenge, Gütermenge, Umlaufgeschwindigkeit des Geldes	
- Möglichkeiten der Messung des Geldwertes erläutern	- z.B. Lebenshaltungskostenindex	
8.2 Außenwert		
- den Außenwert vom Binnenwert unterscheiden		
- die Begriffe Parität und Wechselkurse beschreiben		
- starre, feste und freie Wechselkurse erklären		
- die Auswirkungen von Auf- und Abwertungen erläutern		
- *ausgewählte Probleme der internationalen Währungsordnung erläutern*	- internationale Liquidität, Sonderziehungsrechte	- *Bankkaufmann*
8.3 Die Zahlungsbilanz		
- den Aufbau der Zahlungsbilanz charakterisieren	- Teilbilanzen - *Bilanz der laufenden Posten, Kapitalbilanz, Veränderung von Nettoauslandsaktiva der Bundesbank, Restposten*	- *Bankkaufmann*
- die Handelsbilanz interpretieren		
- *die Zahlungsbilanz als Spiegelbild außenwirtschaftlicher Beziehungen deuten*	- *aktive/passive Zahlungsbilanz*	- *Bankkaufmann, Industriekaufmann*
- *Ursachen und Wirkungen von Zahlungsbilanz-Ungleichgewichten nennen*	- *z.B. Zahlungsbilanzüberschuß/Exportüberschuß*	- *Bankkaufmann, Industriekaufmann*

8.4 Geldwertstörungen		
- Inflation kennzeichnen	- Wertbeeinträchtigung des Geld- und Sachvermögens	
- Ursachen und Auswirkungen der Inflation beschreiben	- nachfrageinduzierte Inflationstypen, angebotsinduzierte Inflationstypen, psychologische Faktoren	
- Deflation und ihre Wirkung kennzeichnen		
9. Themenkreis. Konjunkturschwankungen und Ziele der Wirtschaftspolitik		
Themensektoren - Lernziele	- Hinweise	- *Abweichungen im Ausbildungsberuf*
9.1 Konjunkturschwankungen		
- Konjunkturindikatoren erläutern	- Arbeitslosenzahlen/offene Stellen, Konsumgüternachfrage/Investitionsgüternachfrage, Außenhandel, Unternehmererwartungen	
- den Konjunkturablauf beschreiben	- Konjunkturphasen: Abschwung/Rezession/Depression/Aufschwung/Hochkonjunktur/Boom	
- saisonale Schwankungen, Konjunkturzyklen und Trend unterscheiden		
9.2 Ziele der Wirtschaftspolitik		
- Ziele der Wirtschaftspolitik beschreiben	- Vollbeschäftigung, Geldwertstabilität, außenwirtschaftliches Gleichgewicht, Wirtschaftswachstum, gerechte Einkommens- und Vermögensverteilung	
- Konfliktsituationen zwischen Zielen aufzeigen		
- darlegen, daß die Unlösbarkeit der Konflikte Prioritätensetzung durch politische Instanzen erfordert		

- das Wirtschaftswachstum als langfristiges Ziel beschreiben	- Bedingungen und Grenzen: Ressourcen, technischer Fortschritt, Bevölkerung, Umweltbelastung	
- *das Wirtschaftswachstum als Veränderung des Sozialproduktes im Zeitablauf messen*		- *Bankkaufmann*
- *Gefahren der eindimensionalen Betrachtungsweise des Zieles Wirtschaftswachstum nennen sowie Alternativziele angeben*		- *Bankkaufmann*
10. Themenkreis: Träger und Instrumente der Wirtschaftspolitik		
Themensektoren - Lernziele	- Hinweise	- *Abweichungen im Ausbildungsberuf:*
10.1 Währungspolitische Maßnahmen der Bundesbank		
- *die Aufgaben der Deutschen Bundesbank nennen und über ihre Geschäfte und Organisationen Auskunft geben*		- *Bankkaufmann*
- *das Verhältnis von Bundesregierung und Bundesbank skizzieren*		- *Bankkaufmann*
- *das Geldmengenwachstum als Zielgröße angeben*		- *Bankkaufmann*
- Grundzüge der Diskont- und Lombardpolitik erläutern und ihre Auswirkungen aufzeigen	- Gestaltung der Rediskontbedingungen, Rediskontingente, psychologische Einflußnahme	
- über die Mindestreservepolitik Auskunft geben und ihre Auswirkung für die Kreditschöpfung der Geldinstitute beschreiben		
- Wirkungen der Offenmarktpolitik beschreiben		
- *Grundzüge der Devisenpolitik beschreiben*	- *Swap-Politik*	- *Bankkaufmann*
- *Maßnahmen der administrativen Kreditpolitik skizzieren*		- *Bankkaufmann*
- *die Bedeutung der Einlagenpolitik erläutern*		- *Bankkaufmann*

10.2 Wirtschaftspolitische Maßnahmen des Staates		
- ordnungspolitische Maßnahmen zur Steuerung des Wettbewerbs beschreiben	- *Gesetz gegen Wettbewerbsbeschränkungen, Wettbewerbspolitik*	
- wichtige Einnahmen und Ausgaben des Staates erläutern	- Steuern, Gebühren, Beiträge, Staatshaushalt	- *entfällt, da in BWL abgehandelt, der Fachspezifik zugeordnet oder irrelevant, für: Sozialversicherungsfachangestellter, Versicherungskaufmann, Fachgehilfe in steuer- oder wirtschaftsberatenden Berufen, Kaufmann im Groß- und Außenhandel, Industriekaufmann*
- Steuern verschiedenen Einteilungskriterien zuordnen	- Besitz-, Verkehrs- und Verbrauchssteuern, direkte und indirekte Steuern, Bundes-, Länder- und Gemeindesteuern (jeweils typische Beispiele)	- *entfällt, da in BWL abgehandelt, der Fachspezifik zugeordnet oder irrelevant, für: Sozialversicherungsfachangestellter, Versicherungskaufmann, Fachgehilfe in steuer- und wirtschaftsberatenden Berufen, Kaufmann im Groß- und Außenhandel, Industriekaufmann*
- fiskalpolitische, antizyklische Maßnahmen zur Konjunkturbeeinflussung nennen und ihre möglichen Auswirkungen skizzieren	- wesentliche Bestimmungen des ‚Gesetzes zur Förderung der Stabilität und des Wachstums': ausgewählte Maßnahmen der Ausgabenpolitik, z.B. Bildung von Konjunkturausgleichsrücklagen, Steuerzu- und abschläge, staatliche Investitionsaufträge über Kreditfinanzierung, Sparquote, Konsumquote	

- *die Wirkungsweise des Instruments der Steuerpolitik in verschiedenen wirtschaftspolitischen Situationen beschreiben*	- *Maßnahmen zur Beeinflussung des Konsum- und Investitionsverhaltens, Strukturpolitik*	- *Versicherungskaufmann, Sozialversicherungsangestellter*
- *Maßnahmen der Beschäftigungspolitik im Rahmen der mittelbaren Staatsverwaltung beschreiben*	- *Aufgaben der Bundesanstalt für Arbeit*	- *Versicherungskaufmann, Sozialversicherungsfachangestellter*
- *die Sicherung des sozialen Status des Menschen durch eine dynamische Sozialpolitik schildern*	- *Sozialstaatsprinzip*	- *Versicherungskaufmann, Sozialversicherungsfachangestellter*
- *Maßnahmen und Wirkungen außenwirtschaftlicher Absicherung nennen*	- *Zölle, Kontingentierung, Devisenbewirtschaftung*	
11. Themenkreis: Wirtschaftsordnungen		
Themensektoren - Lernziele	- Hinweise	- *Abweichungen im Ausbildungsberuf*
11.1 Idealtypen		
- das Modell der Zentralverwaltungswirtschaft skizzieren	- Zentralplan als Steuerungsinstrument; Ordnungsmerkmale	
- das Modell der freien Marktwirtschaft skizzieren	- Markt als Koordinierungsinstanz; Ordnungsmerkmale	
11.2 Realtypen		
- idealtypische Wirtschaftsmodelle von realen Wirtschaftsordnungen unterscheiden		
- Wesensmerkmale der sozialen Marktwirtschaft in der Bundesrepublik Deutschland erläutern		
- Wesensmerkmale der sozialistischen Zentralverwaltungswirtschaft der Deutschen Demokratischen Republik beschreiben		

- systemkonforme und systeminkonforme Maßnahmen der Wirtschaftspolitik in der sozialen Marktwirtschaft nennen	- direkte/indirekte Beeinflussung der Preisbildung	
- die Notwendigkeit zum Schutz der Verbraucher in der sozialen Marktwirtschaft begründen	- Verbraucherschutzgesetze	
11.3 Wirtschaftsordnung und Gesellschaftsordnung		
- Wechselwirkungen innerhalb einer Wirtschafts- und Gesellschaftsordnung an Beispielen belegen		

Anhang 9: Überarbeitete Stundentafeln ab dem Schuljahr 1997/1998

Abbildung 108: Stundentafel im Bildungsgang ,Speditionskauffrau/Speditionskaufmann' (ab 1997)[458]

Unterrichtsfach	1. Schul-/ Ausbildungsjahr	2. Schul-/ Ausbildungsjahr	3. Schul-/ Ausbildungsjahr
	Jahresstunden[1)]	Jahresstunden[1)]	Jahresstunden[1)]
I. Berufsübergreifender Bereich			
Religionslehre	40	40	40
Politik	40	40	40
Deutsch	40	40	40
Sport	40	40	40
II. Berufsbezogener Bereich			
Allgemeine Wirtschaftslehre	80	80	80
Speditionsbetriebslehre	120	120–160	120–160
Rechnungswesen	40	40	40
Datenverarbeitung	80	-	-
Fremdsprache	-	40–80	0–40
III. Wahlbereich[2)]	(80)	(80)	(80)
Insgesamt	480 (80)	480 (80)	480 (80)
[1)] Die Jahresstunden errechnen sich über das statistische Mittel von 40 Wochen Unterricht in einem Schuljahr. Bei Blockunterricht werden die Jahresstundenzahlen für die Unterrichtsfächer im Rahmen der Regelungen des §9 Abs. 2 und des §10 Abs. 1 AO-BS ermittelt.			
[2)] Kurse zur Stützung, Vertiefung und Erweiterung nach dem Bedarf und nach den Möglichkeiten der Schule, bis zu 2 Wochenstunden.			

458 Stundentafel entnommen aus Ministerium für Schule und Weiterbildung des Landes Nordrhein-Westfalen 1997d, S. 25. Vgl. auch Ministerium für Schule und Weiterbildung, Wissenschaft und Forschung des Landes Nordrhein-Westfalen 1999a, BASS 15-33 Nr. 57 und Ministerium für Schule und Weiterbildung des Landes Nordrhein-Westfalen 1997a, S. 281f.

Abbildung 109: Stundentafel im Bildungsgang ,Kauffrau/Kaufmann im Groß- und Außenhandel' (ab 1997)[459]

Unterrichtsfach	1. Schul-/ Ausbildungsjahr	2. Schul-/ Ausbildungsjahr	3. Schul-/ Ausbildungsjahr
	Jahresstunden[1)]	Jahresstunden[1)]	Jahresstunden[1)]
I. Berufsübergreifender Bereich			
Religionslehre	40	40	40
Politik	40	40	40
Deutsch	40	40	40
Sport	40	40	40
II. Berufsbezogener Bereich			
Allgemeine Wirtschaftslehre	80	80	80
Handelsbetriebslehre	80	120–160	200–240
Rechnungswesen	80	40	-
Datenverarbeitung	80	-	-
Fremdsprache	-	40–80	0–40
III. Wahlbereich[2)]	(80)	(80)	(80)
Insgesamt	480 (80)	480 (80)	480 (80)
[1)] Die Jahresstunden errechnen sich über das statistische Mittel von 40 Wochen Unterricht in einem Schuljahr. Bei Blockunterricht werden die Jahresstundenzahlen für die Unterrichtsfächer im Rahmen der Regelungen des §9 Abs. 2 und des §10 Abs. 1 AO-BS ermittelt.			
[2)] Kurse zur Stützung, Vertiefung und Erweiterung nach dem Bedarf und nach den Möglichkeiten der Schule, bis zu 2 Wochenstunden.			

459 Stundentafel entnommen aus Ministerium für Schule und Weiterbildung des Landes Nordrhein-Westfalen 1997b, S. 25. Vgl. auch Ministerium für Schule und Weiterbildung, Wissenschaft und Forschung des Landes Nordrhein-Westfalen 1998a, BASS 15-33 Nr. 3 sowie Ministerium für Schule und Weiterbildung des Landes Nordrhein-Westfalen 1997a, S. 280.

Abbildung 110: Stundentafel im Bildungsgang ‚Automobilkauffrau/Automobilkaufmann' (ab 1999)[460]

Unterrichtsfach	1. Schul-/ Ausbildungsjahr	2. Schul-/ Ausbildungsjahr	3. Schul-/ Ausbildungsjahr
	Jahresstunden[1)]	Jahresstunden[1)]	Jahresstunden[1)]
I. Berufsübergreifender Bereich			
Religionslehre	40	40	40
Politik	40	40	40
Deutsch	40	40	40
Sport	40	40	40
II. Berufsbezogener Bereich			
Allgemeine Wirtschaftslehre	80	40	80
Rechnungswesen	40	80	-
Datenverarbeitung	40	-	-
Automobilbetriebslehre[2)]	140 (+20)	140–180 (+20 -60)	200–240 (+0 -40)
Fremdsprache[2)]	20	20–60	0–40
III. Wahlbereich[3)]	(80)	(80)	(80)
Insgesamt	480 (80)	480 (80)	480 (80)
[1)] Die Jahresstunden errechnen sich über das statistische Mittel von 40 Wochen Unterricht in einem Schuljahr. Bei Blockunterricht werden die Jahresstundenzahlen für die Unterrichtsfächer im Rahmen der Regelungen der geltenden Verordnung für die Fachklassen des dualen Systems ermittelt.			
[2)] Das Fach ‚Fremdsprache' wird inhaltlich mit dem Fach ‚Automobilbetriebslehre' verknüpft. Die Stundenanteile für das Fach ‚Fremdsprache' sind aus dem Fach ‚Automobilbetriebslehre' entnommen.			
[3)] Kurse zur Stützung, Vertiefung und Erweiterung nach dem Bedarf und nach den Möglichkeiten der Schule, bis zu zwei Wochenstunden.			

460 Stundentafel entnommen aus Ministerium für Schule und Weiterbildung, Wissenschaft und Forschung des Landes Nordrhein-Westfalen 1998c, S. 23. Vgl. auch Ministerium für Schule 2000, BASS 15-33 Nr. 192 sowie Ministerium für Schule und Weiterbildung, Wissenschaft und Forschung des Landes Nordrhein-Westfalen 1999b, S. 174.

Abbildung 111: Stundentafel im Bildungsgang ‚Bankkauffrau/Bankkaufmann' (ab 1999)[461]

Unterrichtsfach	1. Schul-/ Ausbildungsjahr	2. Schul-/ Ausbildungsjahr	3. Schul-/ Ausbildungsjahr
	Jahresstunden[1)]	Jahresstunden[1)]	Jahresstunden[1)]
I. Berufsübergreifender Bereich			
Religionslehre	40	40	40
Politik	40	40	40
Deutsch	40	40	40
Sport	40	40	40
II. Berufsbezogener Bereich			
Allgemeine Wirtschaftslehre	80	60	120
Bankbetriebslehre	140	180[2)]	160[2)]
Rechnungswesen	60	80	40
Datenverarbeitung	40	-	-
III. Wahlbereich[3)]	(80)	(80)	(80)
Insgesamt	480 (80)	480 (80)	480 (80)
[1)] Die Jahresstunden errechnen sich über das statistische Mittel von 40 Wochen Unterricht in einem Schuljahr. Bei Blockunterricht werden die Jahresstundenzahlen für die Unterrichtsfächer im Rahmen der Regelungen der geltenden Verordnung für die Fachklassen des dualen Systems ermittelt.			
[2)] Die Stundenzahl versteht sich inklusive des fakultativen Lernfeldes.			
[3)] Kurse zur Stützung, Vertiefung und Erweiterung nach dem Bedarf und nach den Möglichkeiten der Schule, bis zu zwei Wochenstunden.			

461 Stundentafel entnommen aus Ministerium für Schule und Weiterbildung, Wissenschaft und Forschung des Landes Nordrhein-Westfalen 1998b, S. 22. Vgl. auch Ministerium für Schule 2000, BASS 15-33 Nr. 1 sowie Ministerium für Schule und Weiterbildung, Wissenschaft und Forschung des Landes Nordrhein-Westfalen 1999b, S. 174.

Anhang 10: Volkswirtschaftliche Lernfelder aus Lehrplänen zur Erprobung ab dem Schuljahr 1997/1998

Abbildung 112: Lernfeld 4 des Lehrplans zur Erprobung im Bildungsgang ‚Speditionskauffrau/Speditionskaufmann' (ab Schuljahr 1997/1998)[462]

Lernfeld 4 Wirtschaftliche Rahmenbedingungen und Einflussgrößen in Entscheidungen der Unternehmung und der privaten Haushalte einbeziehen. (60 Stunden) **Zielformulierungen:** Die Schülerinnen und Schüler gewinnen einen Überblick über wichtige Aspekte des Wirtschaftslebens, indem sie verschiedene Perspektiven einnehmen. Sie verstehen die Auswirkungen vorliegender Marktstrukturen auf das Agieren eines Speditionsunternehmens und beurteilen die Wirkung von Unternehmenskooperationen und -zusammenschlüssen im Markt sowie die Zielsetzung und die Auswirkungen staatlicher Wettbewerbspolitik. Sie stellen die außenwirtschaftlichen Verflechtungen dar und berücksichtigen sie als Rahmenbedingungen bei betrieblichen Entscheidungen. Die Schülerinnen und Schüler sind in der Lage und bereit, konjunkturelle und strukturelle Wirtschaftsprobleme aus individueller und gesellschaftlicher Sicht aufzuzeigen und wirtschaftspolitische Maßnahmen zur Erreichung von Zielen zu erörtern. Wirtschaftliche Aktivitäten im Verkehrsbereich und deren Konsequenzen für das Ökosystem erkennen und bewerten sie aus verschiedenen Sichtweisen und entwickeln Lösungsvorschläge zum Schutz der Umwelt.

462 Lernfeld entnommen aus Ministerium für Schule und Weiterbildung des Landes Nordrhein-Westfalen 1997d, S. 32.

Inhalte:
1 **Analyse der Marktstrukturen auf Verkehrsmärkten**
Anbieterverhalten
Nachfragerverhalten
Polypol
Angebotsoligopol
2 **Kooperationen, Kartelle, Konzerne**
3 **Kartell- und Fusionskontrolle**
4 **Internationale Handelsbeziehungen**
Umfang und Warenstruktur internationaler Handelsbeziehungen
Internationale Arbeitsteilung
5 **Konjunkturphasen und Indikatoren**
6 **Ursachen, Folgen und Möglichkeiten zum Abbau von Arbeitslosigkeit**
Staatliche Beschäftigungspolitik
Tarifvertragspolitik
7 **Steuer- und Ausgabenpolitik des Staates**
8 **Verkehrsträgervergleich unter ökologischen Aspekten**
Umweltschäden
Externe Kosten
9 **Umweltkonzepte im Verkehrsbereich**
Energiesteuern
10 **Umweltauflagen**

Abbildung 113: Lernfeld 4 des Lehrplans zur Erprobung im Bildungsgang ‚Kauffrau/ Kaufmann im Groß- und Außenhandel' (ab Schuljahr 1997/1998)[463]

Lernfeld 4 Wirtschaftspolitische Rahmenbedingungen und Einflussgrößen in Entscheidungen der Unternehmung und der privaten Haushalte einbeziehen (80 Stunden)
Zielformulierungen:
Die Schülerinnen und Schüler entwickelt die Fähigkeit und Bereitschaft, die Wirtschaftsstruktur der Region zu erkunden und zu beschreiben und ihren Ausbildungsbetrieb als Teil dieser Struktur einzuordnen. Sie können die Wirkung der Ordnungs- und Steuerungselemente des Systems der sozialen Marktwirtschaft auf Entscheidungen und Verhalten der Wirtschaftssubjekte einschätzen.
Die Schülerinnen und Schüler sind in der Lage und bereit, Wirkungszusammenhänge wirtschaftspolitischer Ziele und Maßnahmen zu erfassen, zu bewerten, gesamtwirtschaftliche Positionen zu entwickeln, diese allein oder gemeinsam zu vertreten und in die wirtschaftlichen Entscheidungen angemessen einfließen zu lassen.

463 Lernfeld entnommen aus Ministerium für Schule und Weiterbildung des Landes Nordrhein-Westfalen 1997b, S. 34f.

Inhalte:

1 **Wirtschaftsstruktur (der eigenen Region)**
Wirtschaftssektoren
Infrastruktur

2 **Soziale Marktwirtschaft**
Funktionsweise
Ordnungsmerkmale
Rolle des Staates
Preisbildung
- Polypol
- Angebotsmonopol
- Angebotsolygopol

Kooperation und Konzentration
- Kartell
- Konzern
- Trust

Staatliche Wettbewerbspolitik
- Ziele
- Überblick über Maßnahmen gemäß GWB

3 **Gesamtwirtschaftliche Ziele**
Preisniveaustabilität
Hoher Beschäftigungsstand
Wirtschaftswachstum
Außenwirtschaftliches Gleichgewicht
Umweltschutz
Sozialverträgliche Einkommens- und Vermögensverteilung, Steuergerechtig- keit

4 **Konjunkturverlauf**
Konjunkturphasen
Konjunkturindikatoren

5 **Sozialprodukt**
Bruttoinlandsprodukt
Volkseinkommen
Privater Verbrauch
Staatsverbrauch
Investitionen
Außenbeitrag

6 **Wirtschaftspolitik**
Staat
- Steuerpolitik
- Ausgabenpolitik
- Strukturpolitik

EWU
Zentralbank
- Stellung
- Geldpolitisches Instrumentarium
- Diskontpolitik
- Lombardpolitik
- Wertpapierpensionsgeschäfte

Lohnpolitik der Tarifparteien
Ziel- und Interessenskonflikte

Abbildung 114: Lernfeld 9 des Lehrplans zur Erprobung im Bildungsgang ‚Automobilkauffrau/Automobilkaufmann' (1998)[464]

Lernfeld 9 Rahmenbedingungen und Einflussgrößen bei wirtschaftlichen Entscheidungen in der Kfz-Branche berücksichtigen (80 Stunden)
Zielformulierung:
Die Schüler und Schülerinnen stellen die wirtschaftliche und gesellschaftliche Bedeutung der Kfz-Branche auf nationaler und internationaler Ebene dar.
Sie erfassen die Wirkungen und Zusammenhänge der Ordnungs- und Steuerungselemente der sozialen Marktwirtschaft hinsichtlich der Entscheidungen und des Verhaltens der Wirtschaftssubjekte.
Die Schüler und Schülerinnen erläutern Wirkungszusammenhänge wirtschaftspolitischer Ziele und Maßnahmen und bewerten diese im Hinblick auf wirtschaftliche Entscheidungen.

Inhalte:
- volkswirtschaftliche, kulturelle und umweltpolitische Bedeutung des Automobils
- Modelle der Preisbildung und deren Bedeutung für Märkte der Kfz-Branche
- staatliche Ordnungs-, Steuerung- und Kontrollfunktionen im Verkehrswesen
  Gruppenfreistellungsverordnung
  Bescheinigungspflicht der Betriebserlaubnis
  amtliche Fahrzeugregistrierung und Überwachung
  technische Überwachung der Fahrzeuge
  Regelungen der Fahrerlaubnisse
  Begrenzung von Umweltbeeinträchtigungen und Energieverbrauch im Verkehr
  Steuerung des Verkehrsflusses auf den konkurrierenden Verkehrswegen
- soziale Marktwirtschaft
- gesamtwirtschaftliche Ziele, Ziel- und Interessenskonflikte
- Konjunktur und deren Bedeutung für die Kfz-Branche
- wirtschaftspolitische Maßnahmen des Staates
- Lohnpolitik der Tarifvertragsparteien
- Globalisierung der Kfz-Branche

464 Lernfeld entnommen aus Ministerium für Schule und Weiterbildung, Wissenschaft und Forschung des Landes Nordrhein-Westfalen 1998c, S. 29.

Abbildung 115: Lernfeld 6 des Lehrplans zur Erprobung im Bildungsgang ‚Bankkauffrau/ Bankkaufmann' (1998)[465]

Lernfeld 6 Modelle für Marktentscheidungen nutzen (60 Stunden)
Zielformulierung:
Die Schülerinnen und Schüler arbeiten mit einzel- und gesamtwirtschaftlichen Modellen und vergleichen diese kritisch mit der Realität. Sie beschreiben den Markt als Koordinationsinstanz unterschiedlicher Interessen. Sie stellen Erscheinungsformen der Kooperation und Konzentration sowie Maßnahmen des Staates zur Sicherung des Wettbewerbs dar und beurteilen sie. Sie nutzen Marketing als Möglichkeit planvoller Absatzgestaltung.

Inhalte:
- Marktwirtschaft als idealtypische Wirtschaftsordnung, soziale Marktwirtschaft als realtypische Wirtschaftsordnung *(u.a. ökonomisches Prinzip, Kombination von Produktionsfaktoren, Wirtschaftskreislauf)*
- Preisbildung auf vollkommenen und unvollkommenen Märkten, Marktmacht der Teilnehmerinnen und Teilnehmer *(u.a. Marktverhalten im Polypol, Oligopol und Monopol, Bestimmungsgründe von Angebot und Nachfrage)*
- Kooperation und Konzentration an Beispielen *(u.a. Kartelle, Konzerne)*
- Ziele, Maßnahmen und Grenzen staatlicher Wettbewerbspolitik (u.a. Ordnungspolitik, Markteingriffe am Beispiel: Höchst- und Mindestpreise)
- Marketingziele und Marketinginstrumente an Beispielen aus den Bereichen Produkt- und Sortimentspolitik, Distributionspolitik, Preis- und Konditionenpolitik, Kommunikationspolitik, Marketing-Mix.

465 Lernfeld entnommen aus Ministerium für Schule und Weiterbildung, Wissenschaft und Forschung des Landes Nordrhein-Westfalen 1998b, S. 26.

Abbildung 116: Lernfeld 12 des Lehrplans zur Erprobung im Bildungsgang ‚Bankkauffrau/ Bankkaufmann' (1998)[466]

Lernfeld 12 Einflüsse der Wirtschaftspolitik beurteilen (120 Stunden)
Zielformulierung:
Die Schülerinnen und Schüler begreifen den Einfluss der Wirtschaftspolitik auf ihre Lebenssituation. Sie beschreiben Ziele der Wirtschaftspolitik und erkennen Konflikte. Sie stellen Instrumente der Wirtschaftspolitik dar und nehmen Wirkungsanalysen vor. Sie beurteilen unterschiedliche wirtschaftspolitische Konzepte und erkennen, dass Lösungsansätze von Interessen geleitet sind. Sie verstehen und beurteilen wirtschaftspolitische Informationen.

Inhalte:
- angemessenes und stetiges Wachstum des Bruttoinlandsproduktes: Notwendigkeit und Grenzen; Konjunktur; Verhältnis von Ökonomie und Ökologie; sparsamer und schonender Umgang mit Ressourcen *(u.a. Entstehung, Verteilung und Verwendung des BIP; Volkseinkommen; Lohn- und Gewinnquote)*
- lebenswerte Umwelt: Schadensbilanzen; nachhaltiges Wirtschaften; Instrumente und Maßnahmen der Umweltpolitik
- hoher Beschäftigungsstand: Arbeitsmarkt; Ursachen und Folgen von Arbeitslosigkeit; arbeitsmarktpolitische Konzepte; Träger, Maßnahmen und Wirkungen der Lohn- und Arbeitsmarktpolitik *(u.a. Arbeitsproduktivität, Arbeitslosenquote)*
- Stabilität des Preisniveaus: Ursachen und Wirkungen von Inflation und Deflation; Mechanismen der Geldschöpfung, Träger, Instrumente, Maßnahmen und Wirkungen der Geldpolitik *(u.a. Kreditschöpfungsmultiplikator, Verkehrsgleichung des Geldes, Preisindizes, Kaufkraft)*
- Haushaltsgleichgewicht: öffentliche Ausgaben und Einnahmen; Ziele, Instrumente, Maßnahmen und Wirkungen der Fiskalpolitik
- außenwirtschaftliches Gleichgewicht: Internationale Währungsordnungen; Zahlungsbilanz; Maßnahmen zur Beeinflussung der Zahlungsbilanz *(u.a. Wechselkurssysteme, Auf- und Abwertung von Währungen)*
- gerechte Einkommens- und Vermögensverteilung: aktueller Stand, Maßnahmen der Einkommens- und Vermögenspolitik, Steuerbelastung
- wirtschaftspolitische Grundkonzepte: nachfrage- und angebotsorientierte Strategien
- Wirtschaftspolitik in der EU: Harmonisierung des Wettbewerbs und der Außenwirtschaftspolitik

466 Lernfeld entnommen aus Ministerium für Schule und Weiterbildung, Wissenschaft und Forschung des Landes Nordrhein-Westfalen 1998b, S. 27.

Anhang 11: Diskussionsbeiträge zum Lernfeldkonzept

Die Diskussion über das Lernfeldkonzept war derart intensiv, dass innerhalb des vorliegenden Rahmens nur auf eine Auswahl einiger differenter Diskussionsbeiträge verwiesen werden kann. Die Datierung der Beiträge verdeutlicht, dass insbesondere in den späten 1990er Jahren bis in das Jahr 2000 eine Vielzahl theoretischer Beiträge erscheint, im Zeitverlauf die Diskussionsintensität jedoch nachlässt (vgl. Reinisch 2014, S. 2). Dabei beziehen sich die später veröffentlichten Beiträge zumeist auf spezielle inhaltliche Prämissen. Der wissenschaftliche Diskurs wird nachvollziehbar durch die Beiträge von: Weber/Achtenhagen 2014a, S. 2ff.; Straßer 2013, S. 498; Fischer 2011, S. 1ff.; Mathes 2011, S. 374f.; Nickolaus 2011, S. 159f.; Spöttl/Becker/Musekamp 2011, S. 39; Straka/Macke 2011, S. 451ff.; Tramm 2011, S. 1ff.; Höfler 2010, S. 616f.; Straka/Macke 2010, S. 611ff.; Winther 2010, S. 427ff.; Bruchhäuser 2009, S. 428ff.; Herrmann 2009, S. 285; Koschmann 2009, S. 101ff.; Neef 2009, S. 290ff.; Kaun 2008, S. 91ff.; Straka/Macke 2008, S. 590ff.; Sloane 2007, S. 481ff.; Dubs 2006b, S. 191ff.; Greinert 2006a, S. 382; Reetz/Seyd 2006, S. 227ff.; Straka 2006, S. 151f.; Aff 2005, S. 43ff.; Bruchhäuser 2005, S. 12ff.; Hagelücken 2005, S. 212ff.; Hansis/Harzheim/Scherer et al. 2005, S. 96ff.; Horlebein 2005, S. 61ff.; Horlebein/Schanz 2005, S. 3ff.; Ramsegger 2005, S. 288ff.; Sloane 2005, S. 484ff.; Woll 2005, S. 74ff.; Aff 2004, S. 26ff.; Müller/Bader 2004, S. 82ff.; Pahl 2004, S. 215ff.; Achtenhagen 2003, S. 77ff.; Bruchhäuser 2003, S. 494ff.; Clement 2003, S. 8ff.; Fischer 2003, S. 1ff.; Kremer 2003, S. 1ff.; Lotz/Nolte/Rischmüller et al. 2003, S. 1ff.; Reinisch 2003, S. 1ff.; Rottmann 2003, S. 251ff.; Sloane 2003, S. 1ff.; Steinemann/Gramlinger 2003, S. 2ff.; Tramm 2003a, S. 1ff.; Clement 2002, S. 26ff.; Ettmann/Wurm 2002, S. 114ff.; Straka 2002, S. 278ff.; Beckheuer 2001, S. 4ff.; Bruchhäuser 2001, S. 321ff.; Deißinger 2001, S. 195ff.; Gonon 2001, S. 183ff.; Kremer/Sloane 2001, S. 97ff.; Müller 2001, S. 87ff.; Muster-Wäbs/Schneider 2001, S. 44ff.; Sloane 2001, S. 187ff.; Bader 2000, S. 33ff.; Buschfeld 2000a, S. 159ff.; Busian/Pätzold 2000, S. 197ff.; Dubs 2000, S. 15ff.; Embacher/Gravert 2000, S. 135ff.; Fischer/Gerds 2000, S. 87ff.; Hansis 2000, S. 122ff.; Heid 2000, S. 33ff.; Herrmann/Illerhaus 2000, S. 101ff.; Klauser 2000, S. 183ff.; Krammes 2000, S. 13ff.; Kremer/Sloane 2000b, S. 71ff.; Kremer/Sloane 2000a, S. 170ff.; Lipsmeier 2000a, S. 181ff.; Lipsmeier 2000b, S. 54ff.; Lisop 2000, S. 205ff.; Lisop/Huisinga 2000, S. 38ff.; Müller/Zöller 2000, S. 62ff.; Pätzold 2000a, S. 123ff.; Pätzold 2000b, S. 72ff.; Petersen 2000, S. 217ff.; Rauner 2000, S. 109ff.; Reetz 2000, S. 141ff.; Reetz/Tramm 2000, S. 69ff.; Rössler 2000, S. 210ff.; Schäfer/Bader 2000, S. 148ff.; Schwiedrzik/Winzier 2000, S. 217ff.; Sloane 2000a, S. 327ff.; Sloane 2000b, S. 79ff.; Zedler 2000, S. 223ff.; Bader 1999b, S. 3; Buschfeld 1999, S. 81ff.; Elbe/Galetzka 1999, S. 361ff.; Gerdsmeier 1999, S. 243ff.; Huisinga 1999, S. 49ff.; Kirschner 1999,

S. 26ff.; Kremer/Sloane 1999, S. 37ff.; Kuklinski/Wehrmeister 1999, S. 47ff.; Lisop 1999, S. 15ff.; Mohr 1999, S. 261ff.; Pätzold 1999, S. 121ff.; Pukas 1999, S. 84ff.; Reetz 1999, S. 32ff.; Reinisch 1999, S. 85ff.; Stommel 1999, S. 314ff.; Zöller 1999, S. 154ff.; Bader 1998a, S. 211f.; Bader 1998b, S. 73f.; Bader/Schäfer 1998, S. 229ff.; Franz 1998, S. 331ff.; Goldbach 1998, S. 300ff.; Günther 1998, S. 250; Hahn 1998, S. 99ff.; Middendorf 1998, S. 8ff.; Perczynski 1998, S. 243ff.; Schütte 1998, S. 519ff.; Stommel 1998a, S. 87ff.; Stommel 1998b, S. 1ff.; Aff 1997, S. 39ff.; Arnold 1997, S. 289ff.; Buschfeld/Twardy 1997, S. 143ff.; Euler 1997, S. 263ff.; Goldbach 1997; S. 383ff.; Gudjons 1997, S. 6ff.; Hörlein 1997, S. 17ff.; Klauser 1997, S. 563ff.; Reier 1997, S. 365ff.; Seyfried 1997, S. 345ff.; Stommel 1997a, S. 49ff.; Stommel 1997b, S. 125ff.; Stommel/Stommel 1997, S. 3ff.; Woll 1997, S. 293ff.; Arnold 1996, S. 57ff.; Czycholl/Reinisch 1996, S. 199ff.; Dubs 1996, S. 159ff.; Grundmann 1996, S. 61ff.; Hansis 1996, S. 5ff.; Stommel 1996, S. 2ff.; Dubs 1995, S. 567ff.

Anhang 12: Volkswirtschaftliche Lernfelder aktueller Curricula

Abbildung 117: Lernfeld 9 des Bildungsgangs ‚Automobilkaufmann/Automobilkauffrau'[467]

Lernfeld 9: **Rahmenbedingungen und Einflußgrößen bei wirtschaftlichen Entscheidungen in der Kfz-Branche berücksichtigen (3. Ausbildungsjahr, Zeitrichtwert: 80 Stunden)**
Zielformulierung: Die Schüler und Schülerinnen stellen die wirtschaftliche und gesellschaftliche Bedeutung der Automobilbranche auf nationaler und internationaler Ebene dar. Sie erfassen die Wirkungen und Zusammenhänge der Ordnungs- und Steuerungselemente der sozialen Marktwirtschaft hinsichtlich der Entscheidungen und des Verhaltens der Wirtschaftssubjekte. Die Schüler und Schülerinnen erläutern Wirkungszusammenhänge wirtschaftspolitischer Ziele und Maßnahmen und bewerten diese im Hinblick auf wirtschaftliche Entscheidungen.

Inhalte:
Volkswirtschaftliche, kulturelle und umweltpolitische Bedeutung des Automobils
Modelle der Preisbildung und deren Bedeutung für Märkte der Kfz-Branche
Staatliche Ordnungs-, Steuerungs- und Kontrollfunktion im Verkehrswesen
    Gruppenfreistellungsverordnung
    Bescheinigungspflicht der Betriebserlaubnis
    Amtliche Fahrzeugregistrierung und Überwachung
    Technische Überwachung der Fahrzeuge
    Regelung der Fahrerlaubnisse
    Begrenzung von Umweltbeeinträchtigungen und Energieverbrauch im Verkehr
    Steuerung des Verkehrsflusses auf den konkurrierenden Verkehrswegen
Soziale Marktwirtschaft
Gesamtwirtschaftliche Ziele, Ziel- und Interessenskonflikte
Konjunktur und deren Bedeutung für die Automobilbranche
Wirtschaftspolitische Maßnahmen des Staates
Lohnpolitik der Tarifvertragsparteien
Globalisierung in der Automobilbranche

467 Lernfeld entnommen aus Ministerium für Schule und Weiterbildung, Wissenschaft und Forschung des Landes Nordrhein-Westfalen 1998c, S. 16.

Abbildung 118: Lernfeld 6 des Bildungsgangs ,Bankkaufmann/Bankkauffrau'[468]

Lernfeld 6: **Modelle für Markentscheidungen nutzen (2. Ausbildungsjahr, Zeitrichtwert: 80 Stunden)**
Zielformulierung: Die Schülerinnen und Schüler arbeiten mit einzel- und gesamtwirtschaftlichen Modellen und vergleichen diese kritisch mit der Realität. Sie beschreiben den Markt als Koordinierungsinstanz unterschiedlicher Interessen. Sie stellen Erscheinungsformen der Kooperation und Konzentration sowie Maßnahmen des Staates zur Sicherung des Wettbewerbs dar und beurteilen sie. Sie nutzen Marketing als Möglichkeit planvoller Absatzgestaltung.
Inhalte: Marktwirtschaft als idealtypische Wirtschaftsordnung, soziale Marktwirtschaft als realtypische Wirtschaftsordnung Preisbildung auf vollkommenen und unvollkommenen Märkten, Marktmacht der Teilnehmer Kooperation und Konzentration an Beispielen Ziele, Maßnahmen und Grenzen staatlicher Wettbewerbspolitik Marketingziele und Marketinginstrumente an Beispielen aus den Bereichen Produkt- und Sortimentspolitik, Distibutionspolitik, Preis- und Konditionenpolitik, Kommunikationspolitik, Marketing-Mix

468 Lernfeld entnommen aus Ständige Konferenz der Kultusminister der Länder in der Bundesrepublik Deutschland 1997, S. 18.

Abbildung 119: Lernfeld 12 des Bildungsgangs ‚Bankkaufmann/Bankkauffrau'[469]

Lernfeld 12: **Einflüsse der Wirtschaftspolitik beurteilen (3. Ausbildungsjahr, Zeitrichtwert: 120 Stunden)**
Zielformulierung: Die Schülerinnen und Schüler begreifen den Einfluß der Wirtschaftspolitik auf ihre Lebenssituation. Sie beschreiben Ziele der Wirtschaftspolitik und erkennen Konflikte. Sie stellen Instrumente der Wirtschaftspolitik dar und nehmen Wirkungsanalysen vor. Sie beurteilen unterschiedliche wirtschaftspolitische Konzepte und erkennen, daß Lösungsansätze von Interessen geleitet sind. Sie verstehen und beurteilen wirtschaftspolitische Informationen.
Inhalte: Angemessenes und stetiges Wachstum des Bruttoinlandsprodukts: Notwendigkeit und Grenzen; Konjunktur; Verhältnis von Ökonomie und Ökologie; sparsamer und schonender Umgang mit Ressourcen Lebenswerte Umwelt: Schadensbilanzen; nachhaltiges Wirtschaften; Instrumente und Maßnahmen der Umweltpolitik Hoher Beschäftigungsstand: Arbeitsmarkt; Ursachen und Folgen von Arbeitslosigkeit; arbeitsmarktpolitische Konzepte; Träger, Maßnahmen und Wirkungen der Lohn- und Arbeitsmarktpolitik Stabilität des Preisniveaus: Ursachen und Wirkungen von Inflation und Deflation; Mechanismen der Geldschöpfung; Träger, Instrumente, Maßnahmen und Wirkungen der Geldpolitik Haushaltsgleichgewicht: öffentliche Ausgaben und Einnahmen; Ziele, Instrumente, Maßnahmen und Wirkungen der Fiskalpolitik Außenwirtschaftliches Gleichgewicht: Internationale Währungsordnungen; Zahlungsbilanz; Maßnahmen zur Beeinflussung der Zahlungsbilanz Gerechte Einkommens- und Vermögensverteilung: aktueller Stand; Maßnahmen der Einkommens- und Vermögenspolitik; Steuerbelastung Wirtschaftspolitische Grundkonzepte: nachfrage- und angebotsorientierte Strategien Wirtschaftspolitik in der EU: Harmonisierung des Wettbewerbs und der Außenwirtschaftspolitik

469 Lernfeld entnommen aus Ständige Konferenz der Kultusminister der Länder in der Bundesrepublik Deutschland 1997, S. 20.

Abbildung 120: Lernfeld 12 des Bildungsgangs ‚Immobilienkauffrau/Immobilienkaufmann'[470]

Lernfeld 12: **Gesamtwirtschaftliche Einflüsse bei immobilienwirtschaftlichen Entscheidungen berücksichtigen (3. Ausbildungsjahr, Zeitrichtwert: 60 Stunden)**
Ziel: Die Schülerinnen und Schüler stellen die Bedeutung der Immobilienbranche als Wirtschaftsfaktor auf nationaler und internationaler Ebene dar. Sie beschreiben Grundelemente des Systems und des Ordnungsrahmens der sozialen Marktwirtschaft und berücksichtigen den Einfluss gesamtwirtschaftlicher Rahmenbedingungen bei immobilienwirtschaftlichen Entscheidungen im Unternehmen. Die Schülerinnen und Schüler kennen Ursachen konjunktureller Entwicklungen und bewerten Auswirkungen staatlicher Markteingriffe auf Verbraucher- und Unternehmensentscheidungen. Sie beschreiben Ziele, Maßnahmen und Grenzen der Wirtschaftspolitik. Sie wägen Auswirkungen fiskal- und geldpolitischer Maßnahmen auf Investitionsentscheidungen ihres Ausbildungsunternehmens ab. Sie berücksichtigen Vorgaben staatlicher Wohnungsbau- und Umweltpolitik bei Entscheidungen in ihrem Unternehmen.
Inhalte: Konjunktur Binnen- und Außenwert der Währung Nominal- und Reallohn Europäische Zentralbank

470 Lernfeld entnommen aus Ständige Konferenz der Kultusminister der Länder in der Bundesrepublik Deutschland 2006a, S. 20.

Anhang 13: Trennschärfekoeffizienten und interne Konsistenz der einzelnen Items

Tabelle 79: Kennwerte der Einzelitems

Item	Trennschärfekoeffizient (korrigierte Item-Skala-Korrelation)	Cronbach-α, wenn Item gelöscht
Automobilkaufmann/-frau		
Preisbildung /-modelle: Die Preisbildung auf einem monopolistischen Markt	0,424	0,972
Preisbildung /-modelle: Die Preisbildung auf einem oligopolistischen Markt	0,657	0,971
Preisbildung /-modelle: Die Preisbildung auf einem polypolistischen Markt	0,708	0,971
Preisbildung /-modelle: Die aggregierte Angebots- und Nachfragefunktion auf polypolistischen Märkten	0,875	0,971
Preisbildung /-modelle: Die Marktmacht der Teilnehmer (Produzenten und Konsumenten) in unterschiedlichen Marktformen	0,864	0,970
Preisbildung /-modelle: Die Darstellung der Preis-Absatz-Funktion in den unterschiedlichen Marktformen	0,708	0,971
Preisbildung /-modelle: Der subjektive Wert eines Produktes für den Konsumenten und dessen Auswirkungen auf die Preisbildung	0,833	0,970
Preisbildung /-modelle: Die Preisbildung auf unvollkommenen Märkten	0,875	0,971
soziale Marktwirtschaft: Die Zentralverwaltungswirtschaft als eine idealtypische Wirtschaftsordnung (Plan als Steuerungsinstrument)	0,569	0,971
soziale Marktwirtschaft: Die freie Marktwirtschaft als eine idealtypische Wirtschaftsordnung (Markt als Koordinierungsinstanz)	0,452	0,972
soziale Marktwirtschaft: Die Mängel und der Modellvergleich der idealtypischen Wirtschaftsordnungen	0,424	0,972
soziale Marktwirtschaft: Die Differenzierung zwischen real- und idealtypischen (im Sinne von prototypischen) Wirtschaftsordnungen	0,759	0,971

Item	Trennschärfekoeffizient (korrigierte Item-Skala-Korrelation)	Cronbach-α, wenn Item gelöscht
soziale Marktwirtschaft: Die Darstellung der Unterschiede zwischen Plan-/Zentralverwaltungswirtschaft, freier Marktwirtschaft und sozialer Marktwirtschaft	0,502	0,971
soziale Marktwirtschaft: Die wirtschaftspolitischen Maßnahmen in der sozialen Marktwirtschaft (als realtypische Wirtschaftsordnung)	0,833	0,970
soziale Marktwirtschaft: Die sozialpolitischen Maßnahmen in der sozialen Marktwirtschaft (als realtypische Wirtschaftsordnung)	0,641	0,971
soziale Marktwirtschaft: Die theoretischen Leitlinien/Ordnungsmerkmale der sozialen Marktwirtschaft (z.B. Wettbewerb, Privateigentum, Preisbildung am Markt, Tarifautonomie,…)	0,765	0,971
soziale Marktwirtschaft: Die historische Entwicklung der sozialen Marktwirtschaft in Deutschland	0,671	0,971
gesamtwirtschaftliche Ziele: Ein hoher Beschäftigungsstand (Bestandteil des magischen Vierecks)	0,541	0,971
gesamtwirtschaftliche Ziele: Ein stabiles Preisniveau (Bestandteil des magischen Vierecks)	0,875	0,971
gesamtwirtschaftliche Ziele: Ein außenwirtschaftliches Gleichgewicht (Bestandteil des magischen Vierecks)	0,407	0,972
gesamtwirtschaftliche Ziele: Ein stetiges und angemessenes Wirtschaftswachstum (Bestandteil des magischen Vierecks)	0,743	0,971
gesamtwirtschaftliche Ziele: Exemplarische Zielkonflikte und -harmonien innerhalb des magischen Vierecks	0,502	0,971
gesamtwirtschaftliche Ziele: Die politischen Maßnahmen zur Umsetzung der konfliktbehafteten stabilitätspolitischen Zielsetzung	0,864	0,970
gesamtwirtschaftliche Ziele: Die Erweiterung des magischen Vierecks zum magischen Sechseck	0,951	0,970
gesamtwirtschaftliche Ziele: Die Erhaltung einer lebenswerten Umwelt (zusätzlicher Bestandteil des magischen Sechsecks)	0,833	0,970
gesamtwirtschaftliche Ziele: Die gerechte Einkommens- und Vermögensverteilung (zusätzlicher Bestandteil des magischen Sechsecks)	0,796	0,970

Item	Trennschärfekoeffizient (korrigierte Item-Skala-Korrelation)	Cronbach-α, wenn Item gelöscht
gesamtwirtschaftliche Ziele: Die Indikatoren zur Feststellung der einzelnen Zielbereiche	0,875	0,971
Konjunktur: Ausgewählte Indikatoren zur Konjunkturprognose (z.B. Arbeitslosigkeit, Auftragseingänge, ifo-Geschäftsklimaindex, ...)	0,626	0,971
Konjunktur: Einzelne Konjunkturmodelle (theoretische Behandlung von staatlichem Verhalten und dessen konjunkturellen Folgen)	0,362	0,972
Konjunktur: Die kurzfristigen staatlichen ‚Konjunkturprogramme' (z.B. Abwrackprämie, Steuersenkungen,...)	0,765	0,971
Konjunktur: Der historische Konjunkturverlauf in Deutschland inklusive der jeweiligen Einflussfaktoren	0,463	0,972
wirtschaftspolitische Maßnahmen: Die langfristigen wirtschaftspolitischen Instrumente/Maßnahmen	0,486	0,971
wirtschaftspolitische Maßnahmen: Die Zieloperationalisierung und Zielkonflikte staatlicher Wirtschaftspolitik	0,875	0,971
wirtschaftspolitische Maßnahmen: Die Wirkungsgrenzen staatlicher wirtschaftspolitischer Maßnahmen	0,864	0,970
wirtschaftspolitische Maßnahmen: Die beteiligten politischen Ressorts an ausgewählten Maßnahmen	0,709	0,971
wirtschaftspolitische Maßnahmen: Die theoretischen Grundlagen des staatlichen Verhaltens (z.B. angebotsorientierte vs. nachfrageorientierte Politikstrategien, ...)	0,808	0,970
wirtschaftspolitische Maßnahmen: Die historische Betrachtung wirtschaftspolitischer Maßnahmen sowie deren Resultate	0,477	0,972
Globalisierung: Economies of scale/Skalenerträge als Ursache bestehender Größenvorteile	0,395	0,972
Globalisierung: Die sozialpolitischen Auswirkungen zunehmender Globalisierungstendenzen (z.B. Arbeitsmarkt, Umweltbelastung, verlängerte Werkbank,...)	0,541	0,971
Globalisierung: Die Zunahme des Welthandelsvolumens	0,457	0,972
Globalisierung: Die historischen Stufen der Globalisierung	0,735	0,972
Globalisierung: Die Globalisierung mit Hilfe des E-Commerce/E-Business	0,789	0,970

Item	Trennschärfekoeffizient (korrigierte Item-Skala-Korrelation)	Cronbach-α, wenn Item gelöscht
Lohnpolitik: Der Grundsatz der Tarifautonomie	0,695	0,971
Lohnpolitik: Die beteiligten Tarifvertragsparteien	0,875	0,971
Lohnpolitik: Die expansiver Lohnpolitik (Nominallohnerhöhung überschreitet den Produktivitätszuwachs)	0,766	0,971
Lohnpolitik: Die kostenniveauneutrale Lohnpolitik (konstante Lohnstückkosten)	0,723	0,971
Lohnpolitik: Der Lohnkostenzuwachs in Deutschland im internationalen Vergleich	0,563	0,971
Lohnpolitik: Die Möglichkeiten der Einkommens-/Verteilungspolitik (z.B. durch unterschiedliche Besteuerung)	0,594	0,971

Item	Trennschärfekoeffizient (korrigierte Item-Skala-Korrelation)	Cronbach-α, wenn Item gelöscht
Bankkaufmann/-frau		
Wirtschaftsordnung: Die Differenzierung zwischen idealtypischen und realtypischen Wirtschaftsordnungen	0,435	0,978
Wirtschaftsordnung: Die Darstellung der Unterschiede zwischen Plan-/Zentralverwaltungswirtschaft, freier Marktwirtschaft und sozialer Marktwirtschaft	0,420	0,978
Preisbildung /-modelle: Die Preisbildung auf einem monopolistischen Markt	0,422	0,978
Preisbildung /-modelle: Die Marktmacht der Teilnehmer (Produzenten und Konsumenten) in unterschiedlichen Marktformen	0,483	0,978
Preisbildung /-modelle: Darstellung der Preis-Absatz-Funktion in unterschiedlichen Marktformen	0,498	0,978
Preisbildung /-modelle: Der subjektive Wert und das Entscheidungsverhalten (individuell vs. kollektiv) des Konsumenten und die Auswirkungen auf die Preisbildung	0,625	0,978
Kooperation/Konzentration: Die realen Formen einer Kooperation (z.B. Kartell)	0,501	0,978
Kooperation/Konzentration: Die realen Formen einer Konzentration (z.B. Fusion, Konzern, Holding)	0,629	0,978
Kooperation/Konzentration: Die unterschiedlichen Formen der Zusammenarbeit (horizontale vs. vertikale Kooperation/Konzentration)	0,906	0,977
Kooperation/Konzentration: Die einzelwirtschaftliche Bewertung unterschiedlicher Kooperations- und Konzentrationsformen	0,969	0,977
Kooperation/Konzentration: Die gesamtwirtschaftliche Bewertung unterschiedlicher Kooperations- und Konzentrationsformen	0,906	0,977
Kooperation/Konzentration: Die staatlichen Maßnahmen zur Sicherung des Wettbewerbs (z.B. Kartellgesetz, Gesetz gegen unlauteren Wettbewerb)	0,419	0,978
staatliche Wettbewerbspolitik: Die Maßnahmen/Instrumente staatlicher Wettbewerbspolitik	0,307	0,978
staatliche Wettbewerbspolitik: Die gesetzlichen Grundlagen staatlicher Wettbewerbspolitik	0,348	0,978

Item	Trennschärfekoeffizient (korrigierte Item-Skala-Korrelation)	Cronbach-α, wenn Item gelöscht
staatliche Wettbewerbspolitik: Die Zielkonflikte der staatlichen Wettbewerbspolitik (z.B. Handlungsfreiheit vs. staatlicher Eingriff,...)	0,867	0,977
staatliche Wettbewerbspolitik: Die Wirkungsgrenzen staatlicher Maßnahmen	0,620	0,978
staatliche Wettbewerbspolitik: Die internationale Wettbewerbssicherung auf dem europäischen Binnenmarkt durch die Europäische Kommission	0,842	0,977
staatliche Wettbewerbspolitik: Das magische Viereck als Zielsetzung des Stabilitätsgesetzes	0,864	0,977
staatliche Wettbewerbspolitik: Exemplarische Zielkonflikte und -harmonien innerhalb des magischen Vierecks	0,864	0,977
staatliche Wettbewerbspolitik: Die Indikatoren zur Feststellung der einzelnen Zielbereiche	0,576	0,978
staatliche Wettbewerbspolitik: Die Erweiterung des magischen Vierecks zum magischen Sechseck	0,836	0,977
staatliche Wettbewerbspolitik: Die gerechte Einkommens- und Vermögensverteilung (zusätzlicher Bestandteil des magischen Sechsecks)	0,819	0,977
staatliche Wettbewerbspolitik: Die Erhaltung einer lebenswerten Umwelt (zusätzlicher Bestandteil des magischen Sechsecks)	0,718	0,977
Bruttoinlandsprodukt: Die Aussagekraft des BIP und alternative Konzepte zur Wohlstandsmessung (z.B. Net Economic Welfare, Human Development Index, Genuine Progress Indicator, Happy Planet Index,...)	0,416	0,978
Bruttoinlandsprodukt: Die unterschiedliche Wirtschaftsleistung der Staaten der Europäischen Union	0,841	0,977
Bruttoinlandsprodukt: Die Ursachen eines zyklenhaften Konjunkturverlaufs	0,864	0,977
Bruttoinlandsprodukt: Die theoretischen Konjunkturmodelle (theoriegeleitete Behandlung staatlichen Verhaltens und dessen konjunkturellen Folgen)	0,903	0,977
Bruttoinlandsprodukt: Das Verhältnis zwischen Ökonomie und Ökologie	0,735	0,977

Item	Trennschärfekoeffizient (korrigierte Item-Skala-Korrelation)	Cronbach-α, wenn Item gelöscht
Ressourcenumgang: Die Ursachen (z.B. Bevölkerungs- und Wirtschaftswachstum) und Verursacher (nach Industriebereichen) ökologischer Belastungen	0,739	0,977
Ressourcenumgang: Die Ordnungs- und steuerungspolitischen staatlichen Maßnahmen (Ge- und Verbote)	0,814	0,977
Ressourcenumgang: Die Prinzipien umweltpolitischer Maßnahmen (Kooperations-, Verursacher-, Vorsorge- und Gemeinlastprinzip)	0,440	0,978
Ressourcenumgang: Die Problematik der Kostenbewertung bei ökologischer Belastung der Allgemeinheit	0,505	0,978
Ressourcenumgang: Die Internalisierung externer Kosten (Kosten, die der Allgemeinheit entstehen und den Verursachern zugerechnet werden)	0,853	0,977
Ressourcenumgang: Ausgewählte Indikatoren, die Umweltbelastungen berücksichtigen (z.B. green BIP, ökologischer Fußabdruck,…)	0,826	0,977
Ressourcenumgang: Die Grenzen umweltpolitischer Maßnahmen	0,851	0,977
Beschäftigungsstand: Die Differenzierung zwischen aktiven und passiven arbeitsmarktpolitischen Maßnahmen	0,554	0,978
Beschäftigungsstand: Die Problematik der Sockelarbeitslosigkeit	0,547	0,978
Beschäftigungsstand: Die Diskussion um die Entstehung von Arbeitslosigkeit durch Mindestlöhne	0,370	0,978
Stabilität des Preisniveaus: Die Definitions- und Messunterschiede der Preisniveaustabilität in Deutschland und der EU	0,442	0,978
Stabilität des Preisniveaus: Die Gewichtung der Warengruppen im Warenkorb (zur Berechnung des Preisindex)	0,639	0,977
Stabilität des Preisniveaus: Alternative Berechnungsmethoden zur Preisniveauermittlung (z.B. Big Mac Index,…)	0,780	0,977
Stabilität des Preisniveaus: Die Giralgeldschöpfung und -vernichtung durch die EZB und Kreditinstitute	0,380	0,978
Stabilität des Preisniveaus: Die Zusammensetzung der Geldmengen M1, M2 und M3	0,423	0,978

Item	Trennschärfekoeffizient (korrigierte Item-Skala-Korrelation)	Cronbach-α, wenn Item gelöscht
Stabilität des Preisniveaus: Die Mindestreservepolitik (als geldpolitisches Instrument der EZB)	0,554	0,978
Stabilität des Preisniveaus: Ständige Fazilitäten (als geldpolitisches Instrument der EZB)	0,396	0,978
Stabilität des Preisniveaus: Die Probleme expansiver Geldpolitik (Investitions-/Liquiditäts- und Geldmengenfalle	0,624	0,977
Haushaltsgleichgewicht: Die Einteilung der Steuerarten nach Besteuerungsgegenstand (z.B. Besitzsteuern, Verkehrssteuern, Verbrauchsteuern,…)	0,826	0,977
Haushaltsgleichgewicht: Die Problematik wachsender Staatsverschuldung	0,288	0,978
Haushaltsgleichgewicht: Der Haushaltsplan als systematische Gliederung zwischen Ausgaben und Einnahmen	0,938	0,977
Haushaltsgleichgewicht: Die Aufgaben, Maßnahmen und Ziele der Finanzpolitik	0,587	0,978
Haushaltsgleichgewicht: Die Unterscheidung zwischen nachfrageorientierter und angebotsorientierter Finanzpolitik	0,360	0,978
außenwirtschaftliches Gleichgewicht: Die Maßnahmen zur Beseitigung eines Zahlungsbilanzungleichgewichts	0,591	0,978
außenwirtschaftliches Gleichgewicht: Die wirtschaftspolitischen Maßnahmen der Europäischen Union (z.B. Binnenmarkt, einheitliche Währung,…)	0,927	0,977
außenwirtschaftliches Gleichgewicht: Die realen internationalen Währungsordnungen (z.B. Bretton Woods, EWWU…)	0,795	0,977
gerechte Einkommens- und Vermögensverteilung: Die Unterscheidung zwischen funktionaler (im Sinne von funktionalen Einkommensarten z.B. Lohn, Rente,…) und personeller Einkommensverteilung	0,799	0,977
gerechte Einkommens- und Vermögensverteilung: Die Unterscheidung zwischen der Lohnquote und der Gewinnquote	0,584	0,978
gerechte Einkommens- und Vermögensverteilung: Die Maßnahmen der Einkommenspolitik (z.B. Kindergeld, Erziehungsgeld, Sozialhilfezahlungen, Steuerpolitik,…)	0,706	0,977

Item	Trennschärfekoeffizient (korrigierte Item-Skala-Korrelation)	Cronbach-α, wenn Item gelöscht
gerechte Einkommens- und Vermögensverteilung: Die Maßnahmen der Vermögenspolitik (z.B. vermögenswirksame Leistungen, Eigenheimzulage,...)	0,831	0,977
gerechte Einkommens- und Vermögensverteilung: Die Darstellung der Verteilung mithilfe des Gini-Koeffizient und der Lorenzkurve	0,712	0,977
wirtschaftspolitische Grundkonzepte: Die Instrumente angebotsorientierter Wirtschaftspolitik (z.B. konstante Geldmengensteigerung, Lohnanstieg in Höhe des Produktivitätsanstiegs,...)	0,266	0,978
wirtschaftspolitische Grundkonzepte: Die Probleme angebotsorientierter Wirtschaftspolitik (z.B. langfristige Kontinuität, Steuerentlastungen können als ungerecht empfunden werden,...)	0,570	0,978
wirtschaftspolitische Grundkonzepte: Die Grundlagen unterschiedlicher wirtschaftspolitischer Konzeptionen (Keynesianismus vs. neoklassische Kritik)	0,462	0,978
wirtschaftspolitische Grundkonzepte: Die mögliche Multiplikator- und Akzeleratorwirkung staatlicher Ausgabenprogramme	0,637	0,978
Wirtschaftspolitik der EU: Die Harmonisierung des intra-europäischen Wettbewerbs (zwischen den EU-Mitgliedsländern)	0,666	0,977
Wirtschaftspolitik der EU: Die Harmonisierung der Außenwirtschaftspolitik	0,873	0,977
Wirtschaftspolitik der EU: Die branchenbezogenen Auswirkungen von wirtschaftspolitischen Maßnahmen der EU	0,666	0,977

Item	Trennschärfekoeffizient (korrigierte Item-Skala-Korrelation)	Cronbach-α, wenn Item gelöscht
Bürokaufmann/-frau		
Grundlagen des Wirtschaftens: Die Unterscheidung zwischen Bedürfnissen und Bedarf	0,718	0,967
Grundlagen des Wirtschaftens: Das ökonomische Prinzip (Minimal- und Maximalprinzip)	0,452	0,969
Grundlagen des Wirtschaftens: Die einzelnen Produktionsfaktoren sowie deren Kombination und Substitution	0,779	0,967
Grundlagen des Wirtschaftens: Die Arten der Arbeitsteilung (berufliche, technische, volkswirtschaftliche Arbeitsteilung)	0,620	0,968
Grundlagen des Wirtschaftens: Die Stromgrößen eines Wirtschaftskreislaufes (einfacher und erweiteter Wirtschaftskreislauf)	0,458	0,969
Grundlagen des Wirtschaftens: Die unterschiedlichen Messzahlen der gesamtwirtschaftlichen Leistung (BIP, Bruttonationaleinkommen, Volkseinkommen)	0,826	0,967
Grundlagen des Wirtschaftens: Die unterschiedlichen Berechnungsmethoden der volkswirtschaftlichen Kenngrößen	0,857	0,967
Grundlagen des Wirtschaftens: Der Markt und dessen Funktionen (im Sinne von Angebot, Nachfrage, Preisbildung)	0,637	0,968
Grundlagen des Wirtschaftens: Preisbildung in prototypischen Marktformen (reines Monopol, Oligopol, Polypol)	0,702	0,968
Grundlagen des Wirtschaftens: Die Preisbildung auf unvollkommenen Märkten (z.B. keine homogenen Produkte, unvollkommene Informationen, Präferenzen,...)	0,715	0,968
Grundlagen des Wirtschaftens: Die Teilnehmer eines Wirtschaftskreislaufes und deren Handlungsmöglichkeiten (Konsumieren – Sparen – Investieren)	0,810	0,967
Wirtschaftsordnung: Die Zentralverwaltungswirtschaft als eine idealtypische Wirtschaftsordnung (Plan als Steuerungsinstrument)	0,720	0,967
Wirtschaftsordnung: Die freie Marktwirtschaft als eine idealtypische Wirtschaftsordnung (Markt als Koordinierungsinstanz)	0,592	0,968

Item	Trennschärfekoeffizient (korrigierte Item-Skala-Korrelation)	Cronbach-α, wenn Item gelöscht
Wirtschaftsordnung: Die Mängel und der Modellvergleich der idealtypischen Wirtschaftsordnungen	0,667	0,968
Wirtschaftsordnung: Die wirtschaftspolitischen Maßnahmen in der sozialen Marktwirtschaft (als realtypische Wirtschaftsordnung)	0,648	0,968
Wirtschaftsordnung: Die sozialpolitischen Maßnahmen in der sozialen Marktwirtschaft (als realtypische Wirtschaftsordnung)	0,704	0,967
Wirtschaftsordnung: Die theoretischen Leitlinien/Ordnungsmerkmale der sozialen Marktwirtschaft (z.B. Wettbewerb, Privateigentum, Preisbildung am Markt, Tarifautonomie,...)	0,379	0,969
Wirtschaftsordnung: Die historische Entwicklung der sozialen Marktwirtschaft in Deutschland	0,638	0,968
Grundzüge der Wirtschaftspolitik: Die Zielbestandteile des magischen Vierecks (stabiles Preisniveau, hoher Beschäftigungsstand, außenwirtschaftliches Gleichgewicht, steiges und angemessenes Wirtschaftswachstum)	0,734	0,967
Grundzüge der Wirtschaftspolitik: Ein stabiles Preisniveau (Bestandteil des magischen Vierecks)	0,789	0,967
Grundzüge der Wirtschaftspolitik: Ein hoher Beschäftigungsstand (Bestandteil des magischen Vierecks)	0,776	0,967
Grundzüge der Wirtschaftspolitik: Ein stetiges und angemessenes Wirtschaftswachstum (Bestandteil des magischen Vierecks)	0,696	0,968
Grundzüge der Wirtschaftspolitik: Ein außenwirtschaftliches Gleichgewicht (Bestandteil des magischen Vierecks)	0,765	0,967
Grundzüge der Wirtschaftspolitik: Die Zielkonflikte innerhalb des magischen Vierecks	0,700	0,968
Grundzüge der Wirtschaftspolitik: Die Geldwert-(Kaufkraft-)stabilität bzw. -instabilität durch Inflation – Deflation	0,809	0,967
Grundzüge der Wirtschaftspolitik: Die geldpolitischen Maßnahmen der EZB	0,667	0,968
Grundzüge der Wirtschaftspolitik: Wechselkurse, Wechselkurssysteme und der Außenwert der Währung	0,728	0,967

Item	**Trennschärfekoeffizient (korrigierte Item-Skala-Korrelation)**	**Cronbach-α, wenn Item gelöscht**
Grundzüge der Wirtschaftspolitik: Die Zahlungsbilanz und ihre Bestandteile (z.B. Handelsbilanz, Dienstleistungsbilanz, Bilanz der Erwerbs- und Vermögenseinkommen,…)	0,728	0,967
Grundzüge der Wirtschaftspolitik: Die Berechnungsmethoden volkswirtschaftlicher Kenngrößen	0,756	0,967
Grundzüge der Wirtschaftspolitik: Die konjunkturellen und saisonalen Schwankungen sowie staatliche Harmonisierungsmaßnahmen	0,760	0,967
Grundzüge der Wirtschaftspolitik: Globale und nationale Trends der gesamtwirtschaftlichen Entwicklung	0,710	0,967
Grundzüge der Wirtschaftspolitik: Die Kompetenzen internationaler Organisationen und Abkommen	0,646	0,968

Item	Trennschärfekoeffizient (korrigierte Item-Skala-Korrelation)	Cronbach-α, wenn Item gelöscht
Immobilienkaufmann/-frau		
Konjunktur: Der prototypische zyklenhafte Konjunkturverlauf	0,956	0,985
Konjunktur: Die vier Phasen innerhalb einer Konjunkturzyklusperiode	0,990	0,985
Konjunktur: Die Indikatoren zur Konjunkturprognose (bspw. Arbeitslosigkeit, Auftragseingänge, ifo-Geschäftsklimaindex, …)	0,990	0,985
Konjunktur: Die theoretischen Konjunkturmodelle (theoriegeleitete Behandlung staatlichen Verhaltens und dessen konjunkturellen Folgen)	0,853	0,985
Konjunktur: Die kurzfristigen staatlichen ‚Konjunkturprogramme' (bspw. Abwrackprämie, Steuersenkungen…)	0,793	0,986
Konjunktur: Der historische Konjunkturverlauf in Deutschland inklusive der jeweiligen Einflussfaktoren	0,990	0,985
Konjunktur: Die ausgeprägte Konjunkturabhängigkeit der Immobilienbranche	0,686	0,986
Binnen- und Außenwert einer Währung: Die Definitions- und Messunterschiede der Preisniveaustabilität in Deutschland und der EU	0,756	0,986
Binnen- und Außenwert einer Währung: Die erwünschte Teuerrungsrate (z.B. Zielsetzung der EZB von ca. 2%)	0,770	0,986
Binnen- und Außenwert einer Währung: Die Messung des Preisniveaus in Relation zu ausländischen Währungen	0,956	0,985
Binnen- und Außenwert einer Währung: Ausgewählte Wechselkurse in Mengen- und Preisnotierung	0,956	0,985
Binnen- und Außenwert einer Währung: Die Unterscheidung zwischen freien und gebundenen Wechselkursen	0,661	0,986
Nominal- und Reallohn: Die Unterscheidung zwischen Nominallohn und Reallohn	0,756	0,986
Nominal- und Reallohn: Die Messung des Preisniveaus mithilfe des Harmonisierten Verbraucherpreisindex (HVPI)	0,893	0,985

Item	Trennschärfekoeffizient (korrigierte Item-Skala-Korrelation)	Cronbach-α, wenn Item gelöscht
Nominal- und Reallohn: Die Arten, Ursachen und Wirkungen einer Inflation/Deflation	0,893	0,985
Nominal- und Reallohn: Die alternativen Berechnungsmethoden zur Preisniveauermittlung (z.B. Big Mac Index,...)	0,793	0,986
Europäische Zentralbank: Die EZB im Kontext des Europäischen Systems der Zentralbanken (ESZB)	0,753	0,986
Europäische Zentralbank: Preisstabilität und Wirtschaftsförderung als Zielsetzung der EZB	0,893	0,985
Europäische Zentralbank: Die Zielkonflikte der EZB (bezogen auf unterschiedliche nationale Entwicklungen der Mitgliedstaaten)	0,990	0,985
Europäische Zentralbank: Die Zusammensetzung der Geldmengen M1, M2 und M3	0,804	0,986
Europäische Zentralbank: Die Offenmarktgeschäfte (als geldpolitisches Instrument der EZB)	0,956	0,985
Europäische Zentralbank: Die Mindestreservepolitik (als geldpolitisches Instrument der EZB)	0,893	0,985
Europäische Zentralbank: Die ständigen Fazilitäten (als geldpolitisches Instrument der EZB)	0,956	0,985
Europäische Zentralbank: Die Devisenmarktintervention (zur Wechselkurskorrektur)	0,990	0,985
Europäische Zentralbank: Die Probleme expansiver Geldpolitik (Investitions-/Liquiditäts- und Geldmengenfalle)	0,793	0,986

Item	Trennschärfekoeffizient (korrigierte Item-Skala-Korrelation)	Cronbach-α, wenn Item gelöscht
Industriekaufmann/-frau		
VGR: Der Wirtschaftskreislauf als Grundlage der volkswirtschaftlichen Gesamtrechnung (das Kreislaufmodell)	0,613	0,980
VGR: Die Berechnung des Volkseinkommens (als Bestandteil der VGR)	0,647	0,980
VGR: Die Input-Output-Rechnung einer Volkswirtschaft im Rahmen der VGR (basierend auf Güterströmen)	0,658	0,980
VGR: Weitere Rechnungen im Rahmen der VGR (z.B. die Außenwirtschaftsrechnung, die Erwerbstätigenrechnung, die Arbeitsvolumenrechnung, die Finanzierungsrechnung…)	0,633	0,980
VGR: Die unterschiedlichen Berechnungsmethoden der VGR (Entstehungsrechnung/Verteilungsrechnung/Verwendungsrechnung)	0,784	0,979
VGR: Die Differenzierung zwischen dem nominellen und dem realen BIP	0,680	0,979
soziale Marktwirtschaft: Die Zentralverwaltungswirtschaft als eine idealtypische Wirtschaftsordnung (Plan als Steuerungsinstrument)	0,607	0,980
soziale Marktwirtschaft: Die Differenzierung zwischen real- und idealtypischen Wirtschaftsordnungen (im Sinne von prototypischen Wirtschaftsordnungen, z.B. Planwirtschaft oder freie Marktwirtschaft)	0,429	0,980
soziale Marktwirtschaft: Die sozialpolitischen Maßnahmen in der sozialen Marktwirtschaft	0,824	0,979
soziale Marktwirtschaft: Die theoretischen Leitlinien/Ordnungsmerkmale der sozialen Marktwirtschaft (z.B. Wettbewerb, Privateigentum, Preisbildung am Markt, Tarifautonomie,…)	0,704	0,979
soziale Marktwirtschaft: Die historische Entwicklung der sozialen Marktwirtschaft in Deutschland	0,530	0,980
Wettbewerbspolitik: Die Preisbildung auf prototypischen Marktformen (reines Monopol, Polypol, Oligopol)	0,516	0,980
Wettbewerbspolitik: Die möglichen Markteingriffe des Staates (Verhinderung/Dämpfung von Preissteigerungen und -senkungen)	0,719	0,979

Item	Trennschärfekoeffizient (korrigierte Item-Skala-Korrelation)	Cronbach-α, wenn Item gelöscht
Wettbewerbspolitik: Die realen Formen einer Kooperation bzw. Konzentration (z.B. Kartell, Fusion, Konzern, Holding)	0,503	0,980
Wettbewerbspolitik: Die einzel- und gesamtwirtschaftliche Bewertung unterschiedlicher Kooperations- und Konzentrationsformen	0,710	0,979
Wettbewerbspolitik: Die staatlichen Maßnahmen zur Sicherung des Wettbewerbs (z.B. Kartellgesetz, Gesetz gegen unlauteren Wettbewerb)	0,585	0,980
Wettbewerbspolitik: Die Marktmacht der Teilnehmer (Produzenten und Konsumenten) in unterschiedlichen Marktformen	0,704	0,979
Wettbewerbspolitik: Das magische Viereck als Zielsetzung des Stabilitätsgesetzes	0,599	0,980
Wettbewerbspolitik: Ein hoher Beschäftigungsstand (Bestandteil des magischen Vierecks)	0,812	0,979
Wettbewerbspolitik: Ein stabiles Preisniveau (Bestandteil des magischen Vierecks)	0,777	0,979
Wettbewerbspolitik: Ein außenwirtschaftliches Gleichgewicht (Bestandteil des magischen Vierecks)	0,680	0,979
Wettbewerbspolitik: Exemplarische Zielkonflikte und -harmonien innerhalb des magischen Vierecks	0,742	0,979
Wettbewerbspolitik: Die politischen Maßnahmen zur Umsetzung der konfliktbehafteten stabilitätspolitischen Zielsetzung	0,752	0,979
Konjunkturprozesse und -indikatoren: Der prototypische zyklenhafte Konjunkturverlauf	0,630	0,980
Konjunkturprozesse und -indikatoren: Die vier Phasen innerhalb einer Konjunkturzyklusperiode	0,507	0,980
Konjunkturprozesse und -indikatoren: Mögliche Indikatoren zur Konjunkturprognose (z.B. Arbeitslosigkeit, Auftragseingänge, ifo-Geschäftsklimaindex, ...)	0,792	0,979
Konjunkturprozesse und -indikatoren: Theoretische Konjunkturmodelle (theoriegeleitete Behandlung staatlichen Verhaltens und dessen konjunkturelle Folgen)	0,743	0,979

Item	**Trennschärfekoeffizient (korrigierte Item-Skala-Korrelation)**	**Cronbach-α, wenn Item gelöscht**
Konjunkturprozesse und -indikatoren: Die kurzfristigen staatlichen ‚Konjunkturprogramme' (bspw. Abwrackprämie, Steuersenkungen…)	0,770	0,979
Konjunkturprozesse und -indikatoren: Der historische Konjunkturverlauf in Deutschland inklusive jeweiliger Einflussfaktoren	0,597	0,980
Konjunkturprozesse und -indikatoren: Die Konjunkturabhängigkeit der Industriebranche	0,582	0,980
Fiskal- und geldpolitische Instrumente: Preisstabilität und Wirtschaftsförderung als Zielsetzung fiskal- und geldpolitischer Maßnahmen	0,844	0,979
Fiskal- und geldpolitische Instrumente: Die Instrumente nachfrageorientierter Wirtschaftspolitik (z.B. finanzpolitische, fiskalpolitische und geldpolitische Wirtschaftspolitik)	0,796	0,979
Fiskal- und geldpolitische Instrumente: Die möglichen Probleme nachfrageorientierter Wirtschaftspolitik (z.B. zeitliche Verzögerung der Wirkung, strukturelle Staatsverschuldung,…)	0,66	0,980
Fiskal- und geldpolitische Instrumente: Die Instrumente angebotsorientierter Wirtschaftspolitik (z.B. konstante Geldmengensteigerung, Lohnanstieg in Höhe des Produktivitätsanstiegs,…)	0,739	0,979
Fiskal- und geldpolitische Instrumente: Die möglichen Probleme angebotsorientierter Wirtschaftspolitik (z.B. langfristige Kontinuität, Steuerentlastungen können als ungerecht empfunden werden,…)	0,731	0,979
Fiskal- und geldpolitische Instrumente: Die Grundlagen unterschiedlicher wirtschaftspolitischer Konzeptionen (Keynesianismus vs. neoklassische Kritik)	0,724	0,979
Fiskal- und geldpolitische Instrumente: Die mögliche Multiplikator- und Akzeleratorwirkung staatlicher Ausgabenprogramme	0,768	0,979
Fiskal- und geldpolitische Instrumente: Die Messung eines stabilen Preisniveaus mithilfe des Harmonisierten Verbraucherpreisindex (HVPI)	0,482	0,980

Item	**Trennschärfekoeffizient (korrigierte Item-Skala-Korrelation)**	**Cronbach-α, wenn Item gelöscht**
Fiskal- und geldpolitische Instrumente: Die Giralgeldschöpfung und -vernichtung durch die EZB und Kreditinstitute	0,864	0,979
Fiskal- und geldpolitische Instrumente: Die Zusammensetzung der Geldmengen M1, M2 und M3	0,766	0,979
Fiskal- und geldpolitische Instrumente: Die Offenmarktgeschäfte (als geldpolitisches Instrument der EZB)	0,819	0,979
Fiskal- und geldpolitische Instrumente: Die Devisenmarktintervention (zur Beeinflussung des Wechselkurses) durch die EZB	0,748	0,979
Fiskal- und geldpolitische Instrumente: Die Probleme expansiver Geldpolitik (Investitions-/Liquiditäts- und Geldmengenfalle)	0,560	0,980
Arbeitsmarktsteuerung: Die Differenzierung zwischen Arbeitslosigkeit und Erwerbslosigkeit	0,703	0,979
Arbeitsmarktsteuerung: Die unterschiedlichen Arten der Arbeitslosigkeit (friktionell, saisonal, konjunkturell, strukturell)	0,679	0,980
Arbeitsmarktsteuerung: Die unterschiedlichen Ursachen der Arbeitslosigkeit (Lohnkosten, individuelle Qualifikation, Globalisierung, Automatisierung,…)	0,777	0,979
Arbeitsmarktsteuerung: Die Messkonzepte der Arbeitslosigkeit/ versteckte Arbeitslosigkeit	0,853	0,979
Arbeitsmarktsteuerung: Der Zusammenhang zwischen der Nominallohnveränderung und der Arbeitslosenquote anhand der Phillips-Kurve	0,679	0,980
Arbeitsmarktsteuerung: Die Unterscheidung zwischen angebotsorientierten und nachfrageorientierten arbeitsmarktpolitischen Maßnahmen	0,781	0,979
Arbeitsmarktsteuerung: Die Differenzierung zwischen aktiven und passiven arbeitsmarktpolitischen Maßnahmen	0,745	0,979
Arbeitsmarktsteuerung: Die Problematik der Sockelarbeitslosigkeit	0,539	0,980
Arbeitsmarktsteuerung: Die Bekämpfungsstrategien gegen Jugendarbeitslosigkeit	0,661	0,980
Arbeitsmarktsteuerung: Die Diskussion um die Entstehung von Arbeitslosigkeit durch Mindestlöhne	0,652	0,980

Item	Trennschärfekoeffizient (korrigierte Item-Skala-Korrelation)	Cronbach-α, wenn Item gelöscht
Kaufmann/-frau für Versicherungen und Finanzen		
Kartelle, Konzern: Die realen Formen einer Kooperation (z.B. Kartell)	0,927	0,989
Kartelle, Konzern: Die realen Formen einer Konzentration (z.B. Fusion, Konzern, Holding)	0,918	0,989
Kartelle, Konzern: Die unterschiedlichen Formen der Zusammenarbeit (horizontale vs. vertikale Kooperation/ Konzentration)	0,918	0,989
Kartelle, Konzern: Die unterschiedlichen Kartellformen (z.B. Gebietskartell, Preiskartell, Quotenkartell, Produktionskartell, Mittelstandskartell,...)	0,807	0,990
Kartelle, Konzern: Die möglichen Formen der Wettbewerbsbeschränkung (horizontale und vertikale Wettbewerbsbeschränkung)	0,731	0,990
Kartelle, Konzern: Formen legaler Kartelle (z.B. nichtdiskriminierende Normen- und Typenkartelle)	0,807	0,990
Kartelle, Konzern: Die einzel- und gesamtwirtschaftliche Bewertung unterschiedlicher Kooperation- und Konzentrationsformen	0,843	0,990
Kartelle, Konzern: Staatliche Maßnahmen zur Sicherung des Wettbewerbs (z.B. Kartellgesetz, Gesetz gegen unlauteren Wettbewerb)	0,878	0,989
magisches Viereck: Das magische Viereck als Zielsetzung des Stabilitätsgesetzes	0,957	0,989
magisches Viereck: Ein hoher Beschäftigungsstand (Bestandteil des magischen Vierecks)	0,819	0,990
magisches Viereck: Ein stabiles Preisniveau (Bestandteil des magischen Vierecks)	0,819	0,990
magisches Viereck: Ein stetiges und angemessenes Wirtschaftswachstum (Bestandteil des magischen Vierecks)	0,819	0,990
magisches Viereck: Exemplarische Zielkonflikte und -harmonien innerhalb des magischen Vierecks	0,819	0,990
magisches Viereck: Die politischen Maßnahmen zur Umsetzung der konfliktbehafteten stabilitätspolitischen Zielsetzung	0,908	0,990

Item	**Trennschärfekoeffizient (korrigierte Item-Skala-Korrelation)**	**Cronbach-α, wenn Item gelöscht**
magisches Viereck: Die Erweiterung des magischen Vierecks zum magischen Sechseck	0,890	0,989
magisches Viereck: Die Erhaltung einer lebenswerten Umwelt (zusätzlicher Bestandteil des magischen Sechsecks)	0,890	0,989
magisches Viereck: Die gerechte Einkommens- und Vermögensverteilung (zusätzlicher Bestandteil des magischen Sechsecks)	0,985	0,989
magisches Viereck: Die Indikatoren zur Feststellung der einzelnen Zielbereiche	0,890	0,989
Europäische Zentralbank: Die EZB im Kontext des Europäischen Systems der Zentralbanken (ESZB)	0,894	0,989
Europäische Zentralbank: Die Organe und der strukturelle Aufbau der EZB (z.B. EZB-Rat, EZB-Direktorium,...)	0,867	0,990
Europäische Zentralbank: Preisstabilität und Wirtschaftsförderung als Zielsetzung der EZB	0,867	0,990
Europäische Zentralbank: Die Zielkonflikte der EZB (bezogen auf unterschiedliche nationale Entwicklungen der Mitgliedstaaten)	0,957	0,989
Europäische Zentralbank: Die Giralgeldschöpfung und -vernichtung durch die EZB und Kreditinstitute	0,917	0,989
Europäische Zentralbank: Die Zusammensetzung der Geldmengen M1, M2 und M3	0,957	0,989
Europäische Zentralbank: Die Offenmarktgeschäfte (als geldpolitisches Instrument der EZB)	0,548	0,990
Europäische Zentralbank: Die Mindestreservepolitik (als geldpolitisches Instrument der EZB)	0,985	0,989
Europäische Zentralbank: Die ständigen Fazilitäten (als geldpolitisches Instrument der EZB)	0,985	0,989
Europäische Zentralbank: Die Devisenmarktintervention (zur Wechselkurskorrektur)	0,928	0,989
Europäische Zentralbank: Die Probleme expansiver Geldpolitik (Investitions-/Liquiditäts- und Geldmengenfalle)	0,928	0,989

Item	Trennschärfekoeffizient (korrigierte Item-Skala-Korrelation)	Cronbach-α, wenn Item gelöscht
Kaufmann/-frau für Spedition und Logistikdienstleistung		
Umweltkonzepte und Umweltpolitik: Die Ursachen (z.B. Bevölkerungs- und Wirtschaftswachstum) und die Verursacher (nach Industriebereichen) ökologischer Belastungen	0,812	0,959
Umweltkonzepte und Umweltpolitik: Die ordnungs- und steuerungspolitischen staatlichen Maßnahmen (Ge- und Verbote)	0,847	0,959
Umweltkonzepte und Umweltpolitik: Die Problematik der Kostenbewertung bei ökologischer Belastung der Allgemeinheit	0,624	0,962
Umweltkonzepte und Umweltpolitik: Die Internalisierung externer Kosten (Kosten, die der Allgemeinheit entstehen und den Verursachern zugerechnet werden)	0,833	0,958
Umweltkonzepte und Umweltpolitik: Ausgewählte Indikatoren, die Umweltbelastungen berücksichtigen (z.B. green BIP, ökologischer Fußabdruck,...)	0,648	0,962
Umweltkonzepte und Umweltpolitik: Die Grenzen umweltpolitischer Maßnahmen	0,878	0,958
Ordnungspolitik, Geldpolitik, Fiskalpolitik, Arbeitsmarktpolitik: Die Zielsetzungen staatlicher Wettbewerbspolitik (magisches Viereck)	0,567	0,962
Ordnungspolitik, Geldpolitik, Fiskalpolitik, Arbeitsmarktpolitik: Die Maßnahmen/Instrumente staatlicher Wettbewerbspolitik	0,729	0,961
Ordnungspolitik, Geldpolitik, Fiskalpolitik, Arbeitsmarktpolitik: Die Zielkonflikte und Wirkungsgrenzen der staatlichen Wettbewerbspolitik (z.B. Handlungsfreiheit vs. staatlicher Eingriff)	0,973	0,956
Ordnungspolitik, Geldpolitik, Fiskalpolitik, Arbeitsmarktpolitik: Die unterschiedlichen Arten und Ursachen der Arbeitslosigkeit (friktionell, saisonal, konjunkturell, strukturell)	0,771	0,959
Ordnungspolitik, Geldpolitik, Fiskalpolitik, Arbeitsmarktpolitik: Die Messkonzepte der Arbeitslosigkeit und die versteckte Arbeitslosigkeit	0,909	0,959

Item	**Trennschärfekoeffizient (korrigierte Item-Skala-Korrelation)**	**Cronbach-α, wenn Item gelöscht**
Ordnungspolitik, Geldpolitik, Fiskalpolitik, Arbeitsmarktpolitik: Die Unterscheidung zwischen angebotsorientierten und nachfrageorientierten arbeitsmarktpolitischen Maßnahmen	0,907	0,957
Ordnungspolitik, Geldpolitik, Fiskalpolitik, Arbeitsmarktpolitik: Die Differenzierung zwischen aktiven und passiven arbeitsmarktpolitischen Maßnahmen	0,884	0,957
Ordnungspolitik, Geldpolitik, Fiskalpolitik, Arbeitsmarktpolitik: Besondere Problembereiche der Arbeitsmarktpolitik (z.B. Sockelarbeitslosigkeit, Jugendarbeitslosigkeit...)	0,783	0,959
Währungsrisiken: Die Messung des Preisniveaus in Relation zu ausländischen Währungen	0,585	0,962
Währungsrisiken: Die Wechselkurse in Mengen- und Preisnotierung	0,687	0,961
Währungsrisiken: Die Unterscheidung zwischen freien und gebundenen Wechselkursen	0,639	0,961

Item	Trennschärfekoeffizient (korrigierte Item-Skala-Korrelation)	Cronbach-α, wenn Item gelöscht
Kaufmann/-frau im Einzelhandel		
einfacher Wirtschaftskreislauf: Die Teilnehmer eines einfachen Wirtschaftskreislaufs (im Sinne von Produzenten, Konsumenten)	0,750	0,964
einfacher Wirtschaftskreislauf: Die Stromgrößen innerhalb des Wirtschaftskreislaufs (Güterströme, monetäre Ströme)	0,824	0,963
einfacher Wirtschaftskreislauf: Die Differenzierung zwischen kollektivem vs. individuellem Bedarf bzw. Nachfrage	0,780	0,964
einfacher Wirtschaftskreislauf: Die unterschiedlichen Produktionsfaktoren	0,795	0,964
einfacher Wirtschaftskreislauf: Die Kreislaufanalyse im einfachen Wirtschaftskreislauf (Inlandsprodukt = Volkseinkommen)	0,812	0,963
einfacher Wirtschaftskreislauf: Die zusätzlichen Teilnehmer des erweiterten Wirtschaftskreislaufs (das Ausland, der Staat und die Banken)	0,840	0,963
einfacher Wirtschaftskreislauf: Die Konsumquote/Sparquote in Relation zur Kreditvergabe	0,726	0,965
Wirtschaftsgeschehen: Die Unterscheidung zwischen Bedürfnis und Bedarf	0,783	0,964
Wirtschaftsgeschehen: Die unterschiedlichen Güter und Güterarten	0,717	0,965
Wirtschaftsgeschehen: Das ökonomische Prinzip (Minimal- und Maximalprinzip)	0,788	0,964
Wirtschaftsgeschehen: Die Arten der Arbeitsteilung	0,838	0,963
Wirtschaftsgeschehen: Die Differenzierung von Produktionsstufen (primärer, sekundärer und tertiärer Sektor)	0,806	0,963
Wirtschaftsgeschehen: Die Preisbildung auf dem Markt (Regulativfunktion des Marktes)	0,783	0,964
Wirtschaftsgeschehen: Das magische Viereck als Zielsetzung des Stabilitätsgesetzes	0,803	0,963
Wirtschaftsgeschehen: Exemplarische Zielkonflikte und -harmonien innerhalb des magischen Vierecks	0,743	0,964
Wirtschaftsgeschehen: Die Erweiterung des magischen Vierecks zum magischen Sechseck	0,790	0,964

Item	Trennschärfekoeffizient (korrigierte Item-Skala-Korrelation)	Cronbach-α, wenn Item gelöscht
Kaufmann/-frau im Groß- und Außenhandel		
Schwerpunkt Großhandel: Exemplarische Regelungen des Außenwirtschaftsgesetzes	0,498	0,990
Schwerpunkt Großhandel: Exemplarische Regelungen der Außenwirtschaftsverordnung	0,463	0,990
Schwerpunkt Großhandel: Die einzelnen Funktionen von Ein- und Ausfuhrgenehmigungen	0,399	0,990
Schwerpunkt Außenhandel: Exemplarische Betrachtung einzelner Präferenzprodukte im Außenhandel	0,574	0,990
Schwerpunkt Außenhandel: Unterschiedliche Arten von Präferenzregelungen im Außenhandel	0,605	0,990
soziale Marktwirtschaft: Die Zentralverwaltungswirtschaft als eine idealtypische Wirtschaftsordnung (Plan als Steuerungsinstrument)	0,655	0,990
soziale Marktwirtschaft: Die freie Marktwirtschaft als eine idealtypische Wirtschaftsordnung (Markt als Koordinierungsinstanz)	0,746	0,990
soziale Marktwirtschaft: Die Mängel und der Modellvergleich der idealtypischen Wirtschaftsordnungen	0,619	0,990
soziale Marktwirtschaft: Real- und idealtypische Wirtschaftsordnungen (im Sinne prototypischer Marktformen) sowie deren Differenzierung	0,750	0,990
soziale Marktwirtschaft: Die prototypischen Unterschiede zwischen Plan-/Zentralverwaltungswirtschaft, freier Marktwirtschaft und sozialer Marktwirtschaft	0,592	0,990
soziale Marktwirtschaft: Die wirtschaftspolitischen Maßnahmen (in der sozialen Marktwirtschaft)	0,900	0,990
soziale Marktwirtschaft: Die sozialpolitischen Maßnahmen (in der sozialen Marktwirtschaft)	0,865	0,990
soziale Marktwirtschaft: Die theoretischen Leitlinien der sozialen Marktwirtschaft (z.B. Wettbewerb, Privateigentum, Preisbildung am Markt, Tarifautonomie,…)	0,882	0,990
soziale Marktwirtschaft: Die historische Entwicklung der sozialen Marktwirtschaft in Deutschland	0,869	0,990
wirtschaftspolitische Ziele: Das magische Viereck als Zielsetzung des Stabilitätsgesetzes	0,830	0,990

Item	**Trennschärfekoeffizient (korrigierte Item-Skala-Korrelation)**	**Cronbach-α, wenn Item gelöscht**
wirtschaftspolitische Ziele: Ein hoher Beschäftigungsstand (Bestandteil des magischen Vierecks)	0,900	0,990
wirtschaftspolitische Ziele: Ein stabiles Preisniveau (Bestandteil des magischen Vierecks)	0,900	0,990
wirtschaftspolitische Ziele: Ein außenwirtschaftliches Gleichgewicht (Bestandteil des magischen Vierecks)	0,969	0,990
wirtschaftspolitische Ziele: Ein stetiges und angemessenes Wirtschaftswachstum (Bestandteil des magischen Vierecks)	0,929	0,990
wirtschaftspolitische Ziele: Exemplarische Zielkonflikte und -harmonien innerhalb des magischen Vierecks	0,900	0,990
wirtschaftspolitische Ziele: Die politischen Maßnahmen zur Umsetzung der konfliktbehafteten stabilitätspolitischen Zielsetzung	0,863	0,990
wirtschaftspolitische Ziele: Die Erweiterung des magischen Vierecks zum magischen Sechseck	0,788	0,990
wirtschaftspolitische Ziele: Die Erhaltung einer lebenswerten Umwelt (zusätzlicher Bestandteil des magischen Sechsecks)	0,835	0,990
wirtschaftspolitische Ziele: Eine gerechte Einkommens- und Vermögensverteilung (zusätzlicher Bestandteil des magischen Sechsecks)	0,807	0,990
wirtschaftspolitische Ziele: Die Indikatoren zur Feststellung der einzelnen Zielbereiche sowie mögliche Messprobleme	0,688	0,990
Unternehmenszusammenschlüsse: Die realen Formen einer Kooperation (z.B. Kartell)	0,790	0,990
Unternehmenszusammenschlüsse: Die realen Formen einer Konzentration (z.B. Fusion, Konzern, Holding)	0,747	0,990
Unternehmenszusammenschlüsse: Die unterschiedlichen Formen der Zusammenarbeit (horizontale vs. vertikale Kooperation/Konzentration)	0,688	0,990
Unternehmenszusammenschlüsse: Die einzelwirtschaftliche Bewertung unterschiedlicher Kooperation- und Konzentrationsformen	0,760	0,990

Item	**Trennschärfekoeffizient (korrigierte Item-Skala-Korrelation)**	**Cronbach-α, wenn Item gelöscht**
Unternehmenszusammenschlüsse: Die gesamtwirtschaftliche Bewertung unterschiedlicher Kooperations- und Konzentrationsformen	0,817	0,990
Unternehmenszusammenschlüsse: Legale Fusionen/Kartelle (z.B. nicht-diskriminierende Normen- und Typenkartelle)	0,890	0,990
Unternehmenszusammenschlüsse: Die branchenspezifische Bedeutung von Kooperationen/Konzentrationen im Groß- und Außenhandel	0,817	0,990
Bruttoinlandsprodukt: Die Brutto- und Nettowertschöpfung als Grundlage der BIP-Berechnung	0,730	0,990
Bruttoinlandsprodukt: Die Abgrenzung zwischen dem BNE und dem BIP	0,594	0,990
Bruttoinlandsprodukt: Der Zusammenhang zwischen dem BIP und dem Volkseinkommen	0,794	0,990
Bruttoinlandsprodukt: Die Unterscheidung zwischen dem realen und dem nominalen BIP	0,821	0,990
Bruttoinlandsprodukt: Die Aussagekraft des BIP und alternative Konzepte zur Wohlstandsmessung (z.B. Net Economic Welfare, Human Development Index, Genuine Progress Indicator, Happy Planet Index (…)	0,803	0,990
Bruttoinlandsprodukt: Die unterschiedliche Wirtschaftsleistung der Staaten der Europäischen Union	0,752	0,990
Bruttoinlandsprodukt: Die Ursachen eines zyklenhaften Konjunkturverlaufs	0,905	0,990
Bruttoinlandsprodukt: Die vier Phasen innerhalb einer Zyklusperiode	0,855	0,990
Bruttoinlandsprodukt: Die theoretischen Konjunkturmodelle (theoriegeleitete Behandlung staatlichen Verhaltens und dessen konjunkturellen Folgen)	0,841	0,990
Fiskalpolitik: Die Instrumente nachfrageorientierter Wirtschaftspolitik (z.B. finanzpolitische, fiskalpolitische und geldpolitische Wirtschaftspolitik)	0,907	0,990
Fiskalpolitik: Die Probleme nachfrageorientierter Wirtschaftspolitik (z.B. zeitliche Verzögerung der Wirkung, strukturelle Staatsverschuldung,…)	0,934	0,990

Item	Trennschärfekoeffizient (korrigierte Item-Skala-Korrelation)	Cronbach-α, wenn Item gelöscht
Fiskalpolitik: Die Instrumente angebotsorientierter Wirtschaftspolitik (z.B. konstante Geldmengensteigerung, Lohnanstieg in Höhe des Produktivitätsanstiegs,...)	0,888	0,990
Fiskalpolitik: Die Probleme angebotsorientierter Wirtschaftspolitik (z.B. langfristige Kontinuität, Steuerentlastungen können als ungerecht empfunden werden,...)	0,909	0,990
Fiskalpolitik: Die Grundlagen unterschiedlicher wirtschaftspolitischer Konzeptionen (Keynesianismus vs. neoklassiche Kritik)	0,772	0,990
Fiskalpolitik: Die mögliche Multiplikator- und Akzeleratorwirkung staatlicher Ausgabenprogramme	0,761	0,990
Geldpolitik: Die Messung eines stabilen Preisniveaus mithilfe des Harmonisierten Verbraucherpreisindex (HVPI)	0,727	0,990
Geldpolitik: Die Definitions- und Messunterschiede der Preisstabilität in Deutschland und der EU	0,797	0,990
Geldpolitik: Die Arten, Ursachen und Wirkungen einer Inflation/Deflation	0,720	0,990
Geldpolitik: Die Giralgeldschöpfung und -vernichtung durch die EZB und Kreditinstitute	0,662	0,990
Geldpolitik: Die Zusammensetzung der Geldmengen M1, M2 und M3	0,622	0,990
Geldpolitik: Offenmarktgeschäfte (als geldpolitisches Instrument der EZB)	0,868	0,990
Geldpolitik: Die Mindestreservepolitik (als geldpolitisches Instrument der EZB)	0,871	0,990
Geldpolitik: Die Devisenmarktintervention (zur Wechselkurskorrektur)	0,883	0,990
Geldpolitik: Die Probleme expansiver Geldpolitik (Investitions-/Liquiditäts- und Geldmengenfalle)	0,665	0,990
Handelshemmnisse/Subventionen: Zölle (als tarifäre Handelshemmnisse)	0,536	0,990
Handelshemmnisse/Subventionen: Zollfunktionen (Fiskalzoll, Prohibitivzoll, Erziehungszoll, Retorsionszoll)	0,700	0,990
Handelshemmnisse/Subventionen: Das Kontingent, die Quote und das Embargo (als nicht-tarifäre Handelshemmnisse)	0,783	0,990

Item	**Trennschärfekoeffizient (korrigierte Item-Skala-Korrelation)**	**Cronbach-α, wenn Item gelöscht**
Handelshemmnisse/Subventionen: Die direkten vs. indirekten Subventionen (als nicht-tarifäre Handelshemmnisse)	0,759	0,990
Handelshemmnisse/Subventionen: Ausgewählte Anti-Dumping-Maßnahmen (als nicht-tarifäre Handelshemmnisse)	0,718	0,990
Handelshemmnisse/Subventionen: Der freie Handel als Ziel der Welthandelsorganisation (WTO)	0,706	0,990
Handelshemmnisse/Subventionen: Handelshemmnisse im Außenhandel der Europäische Union (EU)	0,712	0,990
internationale Organisation: Die Kontrolle der Handelsbeschränkung durch die World Trade Organisation (WTO)	0,794	0,990
internationale Organisation: Der freie Handel innerhalb der Europäische Union (EU)	0,855	0,990
internationale Organisation: Die internationalen bilateralen Freihandelsabkommen der Europäischen Union	0,708	0,990
Bedeutung des Außenhandels: Die Bedeutung des Außenhandels für Deutschland	0,837	0,990
Bedeutung des Außenhandels: Die Bedeutung des Außenhandels für die EU	0,857	0,990
Bedeutung des Außenhandels: Die geographische Verteilung der Außenhandelsströme (z.B. Nord-Nord-Handel, Nord-Süd-Handel,...)	0,834	0,990
Bedeutung des Außenhandels: Die Wirkung dauerhafter Export-/Importüberschüsse	0,870	0,990

Anhang 14: Muster des verwendeten Anschreibens

Wirtschafts-
didaktik
RWTH AACHEN UNIVERSITY

RWTH Aachen University / Wirtschaftsdidaktik|Templergraben 64, 52064 Aachen
Anschrift des Berufskollegs

Fakultät für Wirtschaftswissenschaften
Wirtschaftsdidaktik
Prof. Dr. Dr. Björn Paape
Dipl.-Gwl. Christoph Maus

Templergraben 64
52064 Aachen
GERMANY

Telefon: +49 241 80-99170
Fax: +49 241 80-92310
www.wd.rwth-aachen.de
maus@wiwi.rwth-aachen.de

Mein Zeichen: Schulbefragung/Ma

30.05.2014

Einladung zur Teilnahme an einer Studie unter kaufmännischen Berufskollegs

Sehr geehrter Herr «Anrede»

im Rahmen meines Forschungsprojektes am Institut für Wirtschaftsdidaktik der RWTH Aachen University untersuche ich die aktuelle Umsetzung volkwirtschaftlicher Inhalte im kaufmännischen Berufsschulunterricht.
Um eine empirisch gestützte Ermittlung und Analyse einer möglichen „Theorie-Praxis-Schere" zwischen den curricularen Vorgaben und der Unterrichtspraxis durchführen zu können, bitte ich Sie um Ihre Unterstützung.

Ich wäre Ihnen sehr verbunden, wenn Sie den Link (https://www.soscisurvey.de/LPvwl2014) zur entsprechenden online-Befragung an die Fachlehrerinnen und Fachlehrer Ihrer Schule weiterleiten würden. Die Bearbeitungszeit des Fragebogens beträgt ca. 20 Minuten. Die Datensicherheit ist dabei gewährleistet. Es besteht keine Möglichkeit, einen Rückschluss auf die jeweils teilnehmende Person herzuleiten. Alle Angaben werden nur auf aggregierter Ebene ausgewertet.
Für Rückfragen oder Anmerkungen stehe ich selbstverständlich gerne jederzeit zur Verfügung.

Zur Vereinfachung einer möglichen Weiterleitung geht ihnen eine gleichlautende Mail mit dem Betreff „Teilnahmelink zur Studie: Volkswirtschaftliche Inhalte im schulischen Curriculum" mit den o.g. Link ebenfalls in den nächsten Tagen zu.

Mit freundlichen Grüßen

Dipl.-Gwl. Christoph Maus

Anhang 15: Bildungsgangspezifische Antwortverteilung

Tabelle 80: Antwortverteilung pro Bildungsgang (alle Angaben in %)[471]

Bildungsgang	Antwortstufe					
	0	1	2	3	4	5
Automobilkaufmann/-frau	4,5	12,2	29,6	48,7	5,0	0,1
Bankkaufmann/-frau	3,4	8,0	17,7	27,6	32,2	10,1
Bürokaufmann/-frau	1,6	14,7	27,9	31,5	19,6	4,4
Immobilienkaufmann/-frau	1,6	8,8	28,0	36,0	17,6	8,0
Industriekaufmann/-frau	3,8	15,2	27,1	26,4	21,5	6,1
Kaufmann/-frau für Speditions- und Logistikdienstleistung	3,4	25,5	23,1	22,1	20,7	5,3
Kaufmann/-frau für Versicherungen und Finanzen	0,5	20,8	35,6	25,2	16,8	1,0
Kaufmann/-frau im Einzelhandel	5,9	21,0	17,9	21,5	22,4	11,2
Kaufmann/-frau im Groß- und Außenhandel	11,6	9,4	23,1	26,7	23,7	5,5

471 Abweichungen der Gesamtsumme basieren auf Rundungsdifferenzen.

Anhang 16: Überdurchschnittlich bewertete curricular vorgegebene Inhalte

a) Automobilkaufmann/-frau

Tabelle 81: Kennwerte zum Inhaltsbereich ‚Gesamtwirtschaftliche Ziele, Ziel- und Interessenskonflikte'

Differenzierung	H	Mittelwert	Standardabweichung	Standardfehler Mittelwert	T-Test für die Mittelwertgleichheit			
					Sig. (2-seitig)	Standardfehlerdifferenz	95% Konfidenzintervall der Differenz	
							Unterer	Oberer
Einzelinhalt	70	2,629	,303	,096	,113	,190	-,085	,723
Σ anderer Inhalte	265	2,309	,482	,182				

Tabelle 82: Kennwerte zum Inhaltsbereich ‚Modelle der Preisbildung und deren Bedeutung für Märkte der Kfz-Branche'

Differenzierung	H	Mittelwert	Standardabweichung	Standardfehler Mittelwert	T-Test für die Mittelwertgleichheit			
					Sig. (2-seitig)	Standardfehlerdifferenz	95% Konfidenzintervall der Differenz	
							Unterer	Oberer
Einzelinhalt	56	2,607	,183	,065	,155	,184	-,120	,675
Σ anderer Inhalte	279	2,330	,484	,183				

Tabelle 83: Kennwerte zum Inhaltsbereich ‚Soziale Marktwirtschaft'

Differenzierung	H	Mittelwert	Standardabweichung	Standardfehler Mittelwert	T-Test für die Mittelwertgleichheit			
					Sig. (2-seitig)	Standardfehlerdifferenz	95% Konfidenzintervall der Differenz	
							Unterer	Oberer
Einzelinhalt	62	2,405	,625	,208	,895	,285	-,573	,650
Σ anderer Inhalte	273	2,366	,477	,180				

b) Bankkaufmann/-frau

Tabelle 84: Kennwerte zum Inhaltsbereich ‚Stabilität des Preisniveaus'

Differenzierung	H	Mittelwert	Standardabweichung	Standardfehler Mittelwert	T-Test für die Mittelwertgleichheit			
					Sig. (2-seitig)	Standardfehlerdifferenz	95% Konfidenzintervall der Differenz	
							Unterer	Oberer
Einzelinhalt	204	3,693	,658	,219	,004	,226	,247	1,168
Σ anderer Inhalte	1425	2,985	,554	,111				

Tabelle 85: Kennwerte zum Inhaltsbereich ‚Ziele, Maßnahmen und Grenzen staatlicher Wettbewerbspolitik'

Differenzierung	H	Mittelwert	Standardabweichung	Standardfehler Mittelwert	T-Test für die Mittelwertgleichheit			
					Sig. (2-seitig)	Standardfehlerdifferenz	95% Konfidenzintervall der Differenz	
							Unterer	Oberer
Einzelinhalt	271	3,408	,600	,181	,020	,193	,080	,864
Σ anderer Inhalte	1358	2,936	,503	,101				

Tabelle 86: Kennwerte zum Inhaltsbereich ‚Preisbildung auf vollkommenen und unvollkommenen Märkten'

Differenzierung	H	Mittelwert	Standardabweichung	Standardfehler Mittelwert	T-Test für die Mittelwertgleichheit			
					Sig. (2-seitig)	Standardfehlerdifferenz	95% Konfidenzintervall der Differenz	
							Unterer	Oberer
Einzelinhalt	123	3,403	,407	,182	,159	,254	-,153	,888
Σ anderer Inhalte	1505	3,036	,535	,107				

Tabelle 87: Kennwerte zum Inhaltsbereich ‚Kooperation und Konzentration'

Differenzierung	H	Mittelwert	Standardabweichung	Standardfehler Mittelwert	T-Test für die Mittelwertgleichheit			
					Sig. (2-seitig)	Standardfehlerdifferenz	95% Konfidenzintervall der Differenz	
							Unterer	Oberer
Einzelinhalt	149	3,244	,428	,175	,430	,233	-,290	,663
Σ anderer Inhalte	1479	3,058	,529	,106				

Tabelle 88: Kennwerte zum Inhaltsbereich ‚Haushaltsgleichgewicht'

Differenzierung	H	Mittelwert	Standardabweichung	Standardfehler Mittelwert	T-Test für die Mittelwertgleichheit			
					Sig. (2-seitig)	Standardfehlerdifferenz	95% Konfidenzintervall der Differenz	
							Unterer	Oberer
Einzelinhalt	134	3,194	,646	,264	,295	,243	-,237	,755
Σ anderer Inhalte	1495	2,935	,507	,101				

c) Bürokaufmann/-frau

Tabelle 89: Kennwerte zum Inhaltsbereich ‚Grundlagen des Wirtschaftens'

Differenzierung	H	Mittelwert	Standardabweichung	Standardfehler Mittelwert	T-Test für die Mittelwertgleichheit			
					Sig. (2-seitig)	Standardfehlerdifferenz	95% Konfidenzintervall der Differenz	
							Unterer	Oberer
Einzelinhalt	360	2,958	,521	,157	,077	,249	-,051	,953
Σ anderer Inhalte	689	2,507	,765	,133				

d) Immobilienkaufmann/-frau

Tabelle 90: Kennwerte zum Inhaltsbereich ‚Nominal- und Reallohn'

Differenzierung	H	Mittelwert	Standardabweichung	Standardfehler Mittelwert	T-Test für die Mittelwertgleichheit			
					Sig. (2-seitig)	Standardfehlerdifferenz	95% Konfidenzintervall der Differenz	
							Unterer	Oberer
Einzelinhalt	20	3,150	1,370	,685	,615	,720	-1,323	2,080
Σ anderer Inhalte	105	2,771	,778	,348				

Tabelle 91: Kennwerte zum Inhaltsbereich ‚Europäische Zentralbank'

Differenzierung	H	Mittelwert	Standardabweichung	Standardfehler Mittelwert	T-Test für die Mittelwertgleichheit			
					Sig. (2-seitig)	Standardfehlerdifferenz	95% Konfidenzintervall der Differenz	
							Unterer	Oberer
Einzelinhalt	45	3,000	,748	,249	,540	,417	-,645	1,170
Σ anderer Inhalte	80	2,738	,744	,333				

e) Industriekaufmann/-frau

Tabelle 92: Kennwerte zum Inhaltsbereich ‚Wettbewerbspolitik'

Differenzierung	H	Mittelwert	Standardabweichung	Standardfehler Mittelwert	T-Test für die Mittelwertgleichheit			
					Sig. (2-seitig)	Standardfehlerdifferenz	95% Konfidenzintervall der Differenz	
							Unterer	Oberer
Einzelinhalt	837	2,999	,369	,092	,000	,148	,271	,865
Σ anderer Inhalte	2390	2,431	,877	,116				

Tabelle 93: Kennzahlen zum Inhaltsbereich ‚Konjunkturprozesse und -indikatoren‘

Differenzierung	H	Mittelwert	Standardabweichung	Standardfehler Mittelwert	T-Test für die Mittelwertgleichheit			
					Sig. (2-seitig)	Standardfehlerdifferenz	95% Konfidenzintervall der Differenz	
							Unterer	Oberer
Einzelinhalt	358	2,747	,803	,304	,582	,359	-,518	,915
Σ anderer Inhalte	2868	2,548	,905	,120				

f) Kaufmann/-frau für Versicherungen und Finanzen

Tabelle 94: Kennwerte zum Inhaltsbereich ‚Magisches Viereck, Umweltschutz, gerechte Einkommens- und Vermögensverteilung‘

Differenzierung	H	Mittelwert	Standardabweichung	Standardfehler Mittelwert	T-Test für die Mittelwertgleichheit			
					Sig. (2-seitig)	Standardfehlerdifferenz	95% Konfidenzintervall der Differenz	
							Unterer	Oberer
Einzelinhalt	70	2,914	,382	,121	,007	,287	,292	1,516
Σ anderer Inhalte	132	2,010	,793	,300				

g) Kaufmann/-frau für Speditions- und Logistikdienstleistung

Tabelle 95: Kennwerte zum Inhaltsbereich ‚Umweltkonzepte und Umweltpolitik'

Differenzierung	H	Mittelwert	Standardabweichung	Standardfehler Mittelwert	T-Test für die Mittelwertgleichheit			
					Sig. (2-seitig)	Standardfehlerdifferenz	95% Konfidenzintervall der Differenz	
							Unterer	Oberer
Einzelinhalt	78	2,628	,321	,131	,524	,427	-,627	1,183
Σ anderer Inhalte	131	2,350	1,007	,291				

h) Kaufmann/-frau im Einzelhandel

Tabelle 96: Kennzahlen zum Inhaltsbereich ‚Wirtschaftsgeschehen'

Differenzierung	H	Mittelwert	Standardabweichung	Standardfehler Mittelwert	T-Test für die Mittelwertgleichheit			
					Sig. (2-seitig)	Standardfehlerdifferenz	95% Konfidenzintervall der Differenz	
							Unterer	Oberer
Einzelinhalt	349	2,670	1,125	,180	,989	,254	-,509	,502
Σ anderer Inhalte	293	2,674	1,159	,179				

i) Kaufmann/-frau im Groß- und Außenhandel

Tabelle 97: Kennwerte zum Inhaltsbereich ‚Gesamtwirtschaftliche Bedeutung des Außenhandels'

Differenzierung	H	Mittelwert	Standardabweichung	Standardfehler Mittelwert	T-Test für die Mittelwertgleichheit			
					Sig. (2-seitig)	Standardfehlerdifferenz	95% Konfidenzintervall der Differenz	
							Unterer	Oberer
Einzelinhalt	86	2,999	,377	,188	,370	,498	-,569	1,477
Σ anderer Inhalte	1488	2,545	,970	,198				

Tabelle 98: Kennwerte zum Inhaltsbereich ‚Wirtschaftspolitische Ziele'

Differenzierung	H	Mittelwert	Standardabweichung	Standardfehler Mittelwert	T-Test für die Mittelwertgleichheit			
					Sig. (2-seitig)	Standardfehlerdifferenz	95% Konfidenzintervall der Differenz	
							Unterer	Oberer
Einzelinhalt	257	2,848	,364	,110	,102	,220	-,077	,817
Σ anderer Inhalte	1315	2,479	,932	,190				

Tabelle 99: Kennwerte zum Inhaltsbereich ‚Soziale Marktwirtschaft'

Differenzierung	H	Mittelwert	Standardabweichung	Standardfehler Mittelwert	T-Test für die Mittelwertgleichheit			
					Sig. (2-seitig)	Standardfehlerdifferenz	95% Konfidenzintervall der Differenz	
							Unterer	Oberer
Einzelinhalt	214	2,811	,402	,134	,290	,250	-,241	,778
Σ anderer Inhalte	1358	2,543	1,033	,211				

Tabelle 100: Kennwerte zum Inhaltsbereich ‚Unternehmenszusammenschlüsse'

Differenzierung	H	Mittelwert	Standardabweichung	Standardfehler Mittelwert	T-Test für die Mittelwertgleichheit			
					Sig. (2-seitig)	Standardfehlerdifferenz	95% Konfidenzintervall der Differenz	
							Unterer	Oberer
Einzelinhalt	165	2,682	,328	,124	,618	,237	-,366	,606
Σ anderer Inhalte	1409	2,562	,992	,203				

Tabelle 101: Kennwerte zum Inhaltsbereich ‚BIP'

Differenzierung	H	Mittelwert	Standardabweichung	Standardfehler Mittelwert	T-Test für die Mittelwertgleichheit			
					Sig. (2-seitig)	Standardfehlerdifferenz	95% Konfidenzintervall der Differenz	
							Unterer	Oberer
Einzelinhalt	198	2,663	,316	,105	,585	,224	-,333	,580
Σ anderer Inhalte	1376	2,540	,968	,197				

Anhang 17: Die Bewertung eines berufsunspezifischen Items

Tabelle 102: Die exemplarische Bewertung des Grundlagenthemas ‚Preisstabilität'

Bildungsgang	Mittelwert	Standardabweichung	Standardfehler Mittelwert
Automobilkaufmann/-frau	2,857	,378	,143
Bankkaufmann/-frau	4,591	,503	,107
Bürokaufmann/-frau	2,849	,939	,164
Immobilienkaufmann/-frau	4,200	,837	,374
Industriekaufmann/-frau	3,824	,865	,121
Kaufmann/-frau für Versicherungen und Finanzen	3,286	,756	,286
Kaufmann/-frau für Spedition und Logistikdienstleistung	2,583	,793	,229
Kaufmann/-frau im Einzelhandel	3,000	1,573	,252
Kaufmann/-frau im Groß- und Außenhandel	3,571	1,434	,313

Anhang 18: Die Bewertung ausgewählter berufsunspezifischer Themen auf Basis einzelner Items

Tabelle 103: Vergleich ausgewählter Grundlagenthemen (Einzelitems) innerhalb ausgewählter Bildungsgänge

Bildungsgang	Item	Mittelwert	Standardabweichung	Standardfehler Mittelwert
Automobilkaufmann/-frau	Konjunktur	2,571	,535	,202
	Magisches Viereck	3,143	,690	,261
	Preisbildung	2,857	,378	,143
Bankkaufmann/-frau	Konjunktur	3,792	,721	,147
	Magisches Viereck	4,240	,663	,133
	Preisbildung	4,160	,688	,138
Bürokaufmann/-frau	Konjunktur	2,849	,870	,152
	Magisches Viereck	2,879	,857	,149
	Preisbildung	3,618	,922	,158
Immobilienkaufmann/-frau	Konjunktur	3,200	1,095	,489
	Preisbildung	3,400	,894	,400
Industriekaufmann/-frau	Konjunktur	3,745	,717	,100
	Magisches Viereck	3,322	1,088	,149
	Preisbildung	3,647	,744	,104
Kaufmann/-frau für Versicherungen und Finanzen	Konjunktur	3,286	,756	,286
	Magisches Viereck	3,429	,976	,369
Kaufmann/-frau für Spedition und Logistikdienstleistung	Magisches Viereck	2,909	1,136	,343
	Preisbildung	2,917	1,084	,313
Kaufmann/-frau im Einzelhandel	Magisches Viereck	1,949	1,468	,235
Kaufmann/-frau im Groß- und Außenhandel	Konjunktur	3,095	1,261	,275
	Magisches Viereck	3,333	1,404	,287
	Preisbildung	3,417	1,100	,225

Anhang 19: Bewertung des Zeitumfangs

Tabelle 104: Einschätzung des tatsächlich zur Verfügung stehenden Zeitumfangs

Bildungsgang	N	Mittelwert	Standardfehler Mittelwert	Standardabweichung	Varianz
Automobilkaufmann/-frau[472]	8	2,63	,460	1,302	1,696
Bankkaufmann/-frau (LF 6)	27	2,59	,209	1,083	1,174
Bankkaufmann/-frau (LF 12)	24	2,58	,255	1,248	1,558
Bürokaufmann/-frau	35	2,49	,198	1,173	1,375
Kaufmann/-frau im Einzelhandel	37	2,95	,160	,970	,941
Kaufmann/-frau im Groß- und Außenhandel	22	2,14	,296	1,390	1,933
Immobilienkaufmann/-frau	6	2,50	,224	,548	,300
Industriekaufmann/-frau (LF 9)	53	2,36	,155	1,128	1,273
Industriekaufmann/-frau (LF 12)	52	2,31	,139	1,001	1,002
Kaufmann/-frau für Versicherungen und Finanzen	6	2,67	,333	,816	,667
Kaufmann/-frau für Spedition und Logistikdienstleistung	12	2,50	,230	,798	,636

472 Insbesondere die quantitativ gering repräsentierten Bildungsgänge (‚Automobilkaufmann/-frau', ‚Immobilienkaufmann/-frau' und ‚Kaufmann/-frau für Versicherungen und Finanzen') weisen einen hohen Anteil missing-answers auf.

Anhang 20: Einschätzung der Zeit-Inhalts-Relation

Tabelle 105: Einschätzung des Verhältnisses zwischen curricularen Zeitrichtwerten und vorgesehenen Inhalten

Bildungsgang	N	MW	Standardfehler Mittelwert	Standard-abweichung	Varianz
Automobilkaufmann/-frau[473]	7	2,43	,202	,535	,286
Bankkaufmann/-frau (LF 6)	27	2,48	,172	,893	,798
Bankkaufmann/-frau (LF 12)	23	2,74	,253	1,214	1,474
Bürokaufmann/-frau	35	2,40	,202	1,193	1,424
Kaufmann/-frau im Einzelhandel	38	2,82	,172	1,062	1,127
Kaufmann/-frau im Groß- und Außenhandel	22	1,77	,263	1,232	1,517
Immobilienkaufmann/-frau	6	2,50	,224	,548	,300
Industriekaufmann/-frau (LF 9)	53	2,08	,134	,978	,956
Industriekaufmann/-frau (LF 12)	51	2,43	,116	,831	,690
Kaufmann/-frau für Versicherungen und Finanzen	6	2,50	,224	,548	,300
Kaufmann/-frau für Spedition und Logistikdienstleistung	13	2,54	,215	,776	,603

473 Insbesondere die quantitativ gering repräsentierten Bildungsgänge (‚Automobilkaufmann/-frau', ‚Immobilienkaufmann/-frau' und ‚Kaufmann/-frau für Versicherungen und Finanzen') weisen einen hohen Anteil missing-answers auf.

Anhang 21: Zeiteinschätzung in Abhängigkeit der Sozialformnutzung

Tabelle 106: Zeitbewertung in Abhängigkeit der Frontalunterrichts- bzw. der Schülerpräsentationsnutzung

Differenzierung	H	Mittelwert	Standardabweichung	Standardfehler Mittelwert	T-Test für die Mittelwertgleichheit			
					Sig. (2-seitig)	Standardfehlerdifferenz	95% Konfidenzintervall der Differenz	
							Unterer	Oberer
Frontalunterricht	92	2,469	1,016	,106	,022	,234	-1,006	-,081
Schülerpräsentation	26	3,013	1,172	,230				

Tabelle 107: Zeitbewertung in Abhängigkeit der Partnerarbeits- bzw. der Frontalunterrichtsnutzung

Differenzierung	H	Mittelwert	Standardabweichung	Standardfehler Mittelwert	T-Test für die Mittelwertgleichheit			
					Sig. (2-seitig)	Standardfehlerdifferenz	95% Konfidenzintervall der Differenz	
							Unterer	Oberer
Partnerarbeit	81	2,835	,963	,107	,016	,151	,068	,664
Frontalunterricht	92	2,469	1,016	,106				

Tabelle 108: Zeitbewertung in Abhängigkeit der Einzelarbeits- bzw. der Schülerpräsentationsnutzung

Differenzierung	**H**	**Mittelwert**	**Standardabweichung**	**Standardfehler Mittelwert**	**T-Test für die Mittelwertgleichheit**			
					Sig. (2-seitig)	**Standardfehlerdifferenz**	**95% Konfidenzintervall der Differenz**	
							Unterer	**Oberer**
Einzelarbeit	69	2,461	,902	,109	,017	,226	-1,000	-,103
Schülerpräsentation	26	3,013	1,172	,230				

Tabelle 109: Zeitbewertung in Abhängigkeit der Partnerarbeits- bzw. der Einzelarbeitsnutzung

Differenzierung	**H**	**Mittelwert**	**Standardabweichung**	**Standardfehler Mittelwert**	**T-Test für die Mittelwertgleichheit**			
					Sig. (2-seitig)	**Standardfehlerdifferenz**	**95% Konfidenzintervall der Differenz**	
							Unterer	**Oberer**
Partnerarbeit	81	2,835	,963	,107	,016	,153	,071	,677
Einzelarbeit	69	2,461	,902	,109				

Tabelle 110: Zeitbewertung in Abhängigkeit der Einzelarbeits- bzw. der Gruppenarbeitsnutzung

Differenzierung	**H**	**Mittelwert**	**Standardabweichung**	**Standardfehler Mittelwert**	**T-Test für die Mittelwertgleichheit**			
					Sig. (2-seitig)	**Standardfehlerdifferenz**	**95% Konfidenzintervall der Differenz**	
							Unterer	**Oberer**
Einzelarbeit	69	2,461	,902	,109	,068	,211	-,810	,029
Gruppenarbeit	27	2,852	1,001	,193				

Tabelle 111: Zeitbewertung in Abhängigkeit der Einzelarbeits- bzw. der Frontalunterrichtsnutzung

Differenzierung	H	Mittelwert	Standardabweichung	Standardfehler Mittelwert	T-Test für die Mittelwertgleichheit			
					Sig. (2-seitig)	Standardfehlerdifferenz	95% Konfidenzintervall der Differenz	
							Unterer	Oberer
Einzelarbeit	69	2,461	,902	,109	,959	,154	-,313	,297
Frontalunterricht	92	2,469	1,016	,106				

Tabelle 112: Zeitbewertung in Abhängigkeit der Partnerarbeits- bzw. der Gruppenarbeitsnutzung

Differenzierung	H	Mittelwert	Standardabweichung	Standardfehler Mittelwert	T-Test für die Mittelwertgleichheit			
					Sig. (2-seitig)	Standardfehlerdifferenz	95% Konfidenzintervall der Differenz	
							Unterer	Oberer
Partnerarbeit	81	2,835	,963	,107	,939	,216	-,445	,412
Gruppenarbeit	27	2,852	1,001	,193				

Tabelle 113: Zeitbewertung in Abhängigkeit der Partnerarbeits- bzw. der Schülerpräsentationsnutzung

Differenzierung	H	Mittelwert	Standardabweichung	Standardfehler Mittelwert	T-Test für die Mittelwertgleichheit			
					Sig. (2-seitig)	Standardfehlerdifferenz	95% Konfidenzintervall der Differenz	
							Unterer	Oberer
Partnerarbeit	81	2,835	,963	,107	,441	,229	-,632	,277
Schülerpräsentation	26	3,013	1,172	,230				

Tabelle 114: Zeitbewertung in Abhängigkeit der Frontalunterrichts- bzw. der Gruppenarbeitsnutzung

Differenzierung	H	Mittelwert	Standardabweichung	Standardfehler Mittelwert	T-Test für die Mittelwertgleichheit			
					Sig. (2-seitig)	Standardfehlerdifferenz	95% Konfidenzintervall der Differenz	
							Unterer	Oberer
Frontalunterricht	92	2,469	1,016	,106	,087	,222	-,822	,056
Gruppenarbeit	27	2,852	1,001	,193				

Tabelle 115: Zeitbewertung in Abhängigkeit der Gruppenarbeits- bzw. der Schülerpräsentationsnutzung

Differenzierung	H	Mittelwert	Standardabweichung	Standardfehler Mittelwert	T-Test für die Mittelwertgleichheit			
					Sig. (2-seitig)	Standardfehlerdifferenz	95% Konfidenzintervall der Differenz	
							Unterer	Oberer
Gruppenarbeit	27	2,852	1,001	,193	,593	,299	-,761	,439
Schülerpräsentation	26	3,013	1,172	,230				

Anhang 22: Geschlechtsbezogene Korrelationsbeziehungen

a) Korrelation Geschlecht – Einzelarbeit

Tabelle 116: Gruppenwert der Korrelation Geschlecht – Einzelarbeit

	Geschlecht	H	Mittelwert	Standardabweichung	Standardfehler Mittelwert
Einzelarbeit	weiblich	76	3,51	,702	,081
	männlich	79	3,54	,889	,100

Tabelle 117: T-Test für den Mittelwertvergleich der Korrelation Geschlecht – Einzelarbeit

	t	df	Sig. (2-seitig)	MW-Differenz	SD-Differenz	95% Konfidenzintervall der Differenz	
						Unterer	Oberer
Einzelarbeit	-,241	153	,809	-,031	,129	-,286	,224

b) Korrelation Geschlecht – Partnerarbeit

Tabelle 118: Gruppenwert der Korrelation Geschlecht – Partnerarbeit

	Geschlecht	H	Mittelwert	Standardabweichung	Standardfehler Mittelwert
Partnerarbeit	weiblich	76	3,79	,660	,076
	männlich	78	3,60	,779	,088

Tabelle 119: T-Test für den Mittelwertvergleich der Korrelation Geschlecht – Partnerarbeit

	t	df	Sig. (2-seitig)	MW-Differenz	SD-Differenz	95% Konfidenzintervall der Differenz	
						Unterer	Oberer
Partnerarbeit	1,609	149,138	,110	,187	,116	-,043	,416

c) Korrelation Geschlecht – Gruppenarbeit

Tabelle 120: Gruppenwert der Korrelation Geschlecht – Gruppenarbeit

	Geschlecht	H	Mittelwert	Standardabweichung	Standardfehler Mittelwert
Gruppenarbeit	weiblich	75	3,08	,749	,086
	männlich	79	2,96	,741	,083

Tabelle 121: T-Test für den Mittelwertvergleich der Korrelation Geschlecht – Gruppenarbeit

	t	df	Sig. (2-seitig)	MW-Differenz	SD-Differenz	95% Konfidenzintervall der Differenz	
						Unterer	Oberer
Gruppenarbeit	,982	152	,328	,118	,120	-,119	,355

d) Korrelation Geschlecht – Frontalunterricht

Tabelle 122: Gruppenwert der Korrelation Geschlecht – Frontalunterricht

	Geschlecht	H	Mittelwert	Standardabweichung	Standardfehler Mittelwert
Frontalunterricht	weiblich	75	3,71	,882	,102
	männlich	79	3,85	,802	,090

Tabelle 123: T-Test für den Mittelwertvergleich der Korrelation Geschlecht – Frontalunterricht

	t	df	Sig. (2-seitig)	MW-Differenz	SD-Differenz	95% Konfidenzintervall der Differenz	
						Unterer	Oberer
Frontalunterricht	-1,042	152	,299	-,141	,136	-,410	,127

e) Korrelation Geschlecht – Schülerpräsentation

Tabelle 124: Gruppenwert der Korrelation Geschlecht – Schülerpräsentation

	Geschlecht	H	Mittelwert	Standardabweichung	Standardfehler Mittelwert
Schülerpräsentation	weiblich	76	2,96	,944	,108
	männlich	78	2,79	,873	,099

Tabelle 125: T-Test für den Mittelwertvergleich der Korrelation Geschlecht – Schülerpräsentation

	t	df	Sig. (2-seitig)	MW-Differenz	SD-Differenz	95% Konfidenzintervall der Differenz	
						Unterer	Oberer
Schülerpräsentation	1,131	152	,260	,166	,147	-,124	,455

f) Korrelation Geschlecht – Klassentafel

Tabelle 126: Gruppenwert der Korrelation Geschlecht – Klassentafel

	Geschlecht	H	Mittelwert	Standardabweichung	Standardfehler Mittelwert
Klassentafel	weiblich	74	3,50	,954	,111
	männlich	77	3,69	1,055	,120

Tabelle 127: T-Test für den Mittelwertvergleich der Korrelation Geschlecht – Klassentafel

	t	df	Sig. (2-seitig)	MW-Differenz	SD-Differenz	95% Konfidenzintervall der Differenz	
						Unterer	Oberer
Klassentafel	-1,149	149	,252	-,188	,164	-,512	,136

g) Korrelation Geschlecht – Schulbuch

Tabelle 128: Gruppenwert der Korrelation Geschlecht – Schulbuch

	Geschlecht	H	Mittelwert	Standardabweichung	Standardfehler Mittelwert
Schulbuch	weiblich	76	3,34	1,138	,131
	männlich	77	3,36	1,123	,128

Tabelle 129: T-Test für den Mittelwertvergleich der Korrelation Geschlecht – Schulbuch

	t	df	Sig. (2-seitig)	MW-Differenz	SD-Differenz	95% Konfidenzintervall der Differenz	
						Unterer	Oberer
Schulbuch	-,118	151	,906	-,022	,183	-,383	,340

h) Korrelation Geschlecht – Arbeitsblatt

Tabelle 130: Gruppenwert der Korrelation Geschlecht – Arbeitsblatt

	Geschlecht	H	Mittelwert	Standardabweichung	Standardfehler Mittelwert
Arbeitsblatt	weiblich	73	4,36	,695	,081
	männlich	77	4,14	,854	,097

Tabelle 131: T-Test für den Mittelwertvergleich der Korrelation Geschlecht – Arbeitsblatt

	t	df	Sig. (2-seitig)	MW-Differenz	SD-Differenz	95% Konfidenzintervall der Differenz	
						Unterer	Oberer
Arbeitsblatt	1,673	148	,096	,213	,128	-,039	,465

i) Korrelation Geschlecht – Printmedien

Tabelle 132: Gruppenwert der Korrelation Geschlecht – Printmedien

	Geschlecht	H	Mittelwert	Standardabweichung	Standardfehler Mittelwert
Printmedien	weiblich	76	2,99	1,013	,116
	männlich	77	2,97	,888	,101

Tabelle 133: T-Test für den Mittelwertvergleich der Korrelation Geschlecht – Printmedien

	t	df	Sig. (2-seitig)	MW-Differenz	SD-Differenz	95% Konfidenzintervall der Differenz	
						Unterer	Oberer
Printmedien	,083	151	,934	,013	,154	-,291	,317

j) Korrelation Geschlecht – Film

Tabelle 134: Gruppenwert der Korrelation Geschlecht – Film

	Geschlecht	H	Mittelwert	Standardabweichung	Standardfehler Mittelwert
Film	weiblich	75	2,27	1,004	,116
	männlich	77	2,23	,985	,112

Tabelle 135: T-Test für den Mittelwertvergleich der Korrelation Geschlecht – Film

	t	df	Sig. (2-seitig)	MW-Differenz	SD-Differenz	95% Konfidenzintervall der Differenz	
						Unterer	Oberer
Film	,204	150	,839	,033	,161	-,286	,352

k) Korrelation Geschlecht – Folien/OHP

Tabelle 136: Gruppenwert der Korrelation Geschlecht – Folien/OHP

	Geschlecht	H	Mittelwert	Standardabweichung	Standardfehler Mittelwert
Folien/OHP	weiblich	76	3,57	1,170	,134
	männlich	77	3,48	1,199	,137

Tabelle 137: T-Test für den Mittelwertvergleich der Korrelation Geschlecht – Folien/OHP

	t	df	Sig. (2-seitig)	MW-Differenz	SD-Differenz	95% Konfidenzintervall der Differenz	
						Unterer	Oberer
Folien/OHP	,445	151	,657	,085	,192	-,293	,464

Anhang 23: Erfahrungsbezogene Korrelationsbeziehungen

a) Korrelation Erfahrungswert – Einzelarbeit

Tabelle 138: Gruppenwert der Korrelation Erfahrungswert – Einzelarbeit

	Berufserfahrung	H	Mittelwert	Standardabweichung	Standardfehler Mittelwert
Einzelarbeit	>20 Dienstjahre	50	3,42	,758	,107
	<20 Dienstjahre	107	3,60	,811	,078

Tabelle 139: T-Test für den Mittelwertvergleich der Korrelation Erfahrungswert – Einzelarbeit

	t	df	Sig. (2-seitig)	MW-Differenz	SD-Differenz	95% Konfidenzintervall der Differenz	
						Unterer	Oberer
Einzelarbeit	-1,308	155	,193	-,178	,136	-,447	,091

b) Korrelation Erfahrungswert – Partnerarbeit

Tabelle 140: Gruppenwert der Korrelation Erfahrungswert – Partnerarbeit

	Berufserfahrung	H	Mittelwert	Standardabweichung	Standardfehler Mittelwert
Partnerarbeit	>20 Dienstjahre	50	3,56	,733	,104
	<20 Dienstjahre	106	3,75	,715	,069

Tabelle 141: T-Test für den Mittelwertvergleich der Korrelation Erfahrungswert – Partnerarbeit

	t	df	Sig. (2-seitig)	MW-Differenz	SD-Differenz	95% Konfidenzintervall der Differenz	
						Unterer	Oberer
Partnerarbeit	-1,575	154	,117	-,195	,124	-,439	,049

c) Korrelation Erfahrungswert – Gruppenarbeit

Tabelle 142: Gruppenwert der Korrelation Erfahrungswert – Gruppenarbeit

	Berufserfahrung	H	Mittelwert	Standardabweichung	Standardfehler Mittelwert
Gruppenarbeit	>20 Dienstjahre	49	3,04	,841	,120
	<20 Dienstjahre	107	2,98	,700	,068

Tabelle 143: T-Test für den Mittelwertvergleich der Korrelation Erfahrungswert – Gruppenarbeit

	t	df	Sig. (2-seitig)	MW-Differenz	SD-Differenz	95% Konfidenzintervall der Differenz	
						Unterer	Oberer
Gruppenarbeit	,432	79,700	,667	,060	,138	-,215	,334

d) Korrelation Erfahrungswert – Frontalunterricht

Tabelle 144: Gruppenwert der Korrelation Erfahrungswert – Frontalunterricht

	Berufserfahrung	H	Mittelwert	Standardabweichung	Standardfehler Mittelwert
Frontalunterricht	>20 Dienstjahre	49	3,61	,975	,139
	<20 Dienstjahre	107	3,87	,766	,074

Tabelle 145: T-Test für den Mittelwertvergleich der Korrelation Erfahrungswert – Frontalunterricht

	t	df	Sig. (2-seitig)	MW-Differenz	SD-Differenz	95% Konfidenzintervall der Differenz	
						Unterer	Oberer
Frontalunterricht	-1,629	76,198	,108	-,257	,158	-,571	,057

e) Korrelation Erfahrungswert – Schülerpräsentation

Tabelle 146: Gruppenwert der Korrelation Erfahrungswert – Schülerpräsentation

	Berufserfahrung	H	Mittelwert	Standardabweichung	Standardfehler Mittelwert
Schülerpräsentation	>20 Dienstjahre	49	2,94	,852	,122
	<20 Dienstjahre	107	2,83	,926	,090

Tabelle 147: T-Test für den Mittelwertvergleich der Korrelation Erfahrungswert – Schülerpräsentation

	t	df	Sig. (2-seitig)	MW-Differenz	SD-Differenz	95% Konfidenzintervall der Differenz	
						Unterer	Oberer
Schülerpräsentation	,686	154	,494	,107	,156	-,201	,415

f) Korrelation Erfahrungswert – Klassentafel

Tabelle 148: Gruppenwert der Korrelation Erfahrungswert – Klassentafel

	Berufserfahrung	H	Mittelwert	Standardabweichung	Standardfehler Mittelwert
Klassentafel	>20 Dienstjahre	48	3,54	1,110	,160
	<20 Dienstjahre	105	3,63	,953	,093

Tabelle 149: T-Test für den Mittelwertvergleich der Korrelation Erfahrungswert – Klassentafel

	t	df	Sig. (2-seitig)	MW-Differenz	SD-Differenz	95% Konfidenzintervall der Differenz	
						Unterer	Oberer
Klassentafel	-,496	151	,620	-,087	,175	-,433	,259

g) Korrelation Erfahrungswert – Schulbuch

Tabelle 150: Gruppenwert der Korrelation Erfahrungswert – Schulbuch

	Berufserfahrung	H	Mittelwert	Standardabweichung	Standardfehler Mittelwert
Schulbuch	>20 Dienstjahre	49	3,31	1,122	,160
	<20 Dienstjahre	106	3,36	1,131	,110

Tabelle 151: T-Test für den Mittelwertvergleich der Korrelation Erfahrungswert – Schulbuch

	t	df	Sig. (2-seitig)	MW-Differenz	SD-Differenz	95% Konfidenzintervall der Differenz	
						Unterer	Oberer
Schulbuch	-,269	153	,789	-,052	,195	-,437	,333

h) Korrelation Erfahrungswert – Arbeitsblatt

Tabelle 152: Gruppenwert der Korrelation Erfahrungswert – Arbeitsblatt

	Berufserfahrung	H	Mittelwert	Standardabweichung	Standardfehler Mittelwert
Arbeitsblatt	>20 Dienstjahre	47	4,11	,729	,106
	<20 Dienstjahre	105	4,30	,808	,079

Tabelle 153: T-Test für den Mittelwertvergleich der Korrelation Erfahrungswert – Arbeitsblatt

	t	df	Sig. (2-seitig)	MW-Differenz	SD-Differenz	95% Konfidenzintervall der Differenz	
						Unterer	Oberer
Arbeitsblatt	-1,372	150	,172	-,189	,138	-,461	,083

i) Korrelation Erfahrungswert – Printmedien

Tabelle 154: Gruppenwert der Korrelation Erfahrungswert – Printmedien

	Berufserfahrung	H	Mittelwert	Standardabweichung	Standardfehler Mittelwert
Printmedien	>20 Dienstjahre	49	3,06	1,069	,153
	<20 Dienstjahre	106	2,94	,893	,087

Tabelle 155: T-Test für den Mittelwertvergleich der Korrelation Erfahrungswert – Printmedien

	t	df	Sig. (2-seitig)	MW-Differenz	SD-Differenz	95% Konfidenzintervall der Differenz	
						Unterer	Oberer
Printmedien	,717	153	,474	,118	,164	-,207	,443

j) Korrelation Erfahrungswert – Film

Tabelle 156: Gruppenwert der Korrelation Erfahrungswert – Film

	Berufserfahrung	H	Mittelwert	Standardabweichung	Standardfehler Mittelwert
Film	>20 Dienstjahre	49	2,47	,915	,131
	<20 Dienstjahre	105	2,12	1,016	,099

Tabelle 157: T-Test für den Mittelwertvergleich der Korrelation Erfahrungswert – Film

	t	df	Sig. (2-seitig)	MW-Differenz	SD-Differenz	95% Konfidenzintervall der Differenz	
						Unterer	Oberer
Film	2,027	152	,044	,346	,170	,009	,682

k) Korrelation Erfahrungswert – Folie/OHP

Tabelle 158: Gruppenwert der Korrelation Erfahrungswert – Folie/OHP

	Berufserfahrung	H	Mittelwert	Standardabweichung	Standardfehler Mittelwert
Folie/OHP	>20 Dienstjahre	49	3,59	1,135	,162
	<20 Dienstjahre	106	3,53	1,173	,114

Tabelle 159: T-Test für den Mittelwertvergleich der Korrelation Erfahrungswert – Folie/OHP

	t	df	Sig. (2-seitig)	MW-Differenz	SD-Differenz	95% Konfidenzintervall der Differenz	
						Unterer	Oberer
Folie/OHP	,317	153	,752	,064	,201	-,333	,460

Anhang 24: Mittelwertvergleich der Prüfungsinhalte im Sommer 2014 nach Bildungsgang

Tabelle 160: Mittelwertvergleich der Relevanzeinschätzung zwischen ungeprüften und geprüften Inhalten im Bildungsgang ‚Automobilkaufmann/-frau'

Differenzierung	Mittelwert	Standardabweichung	Standardfehler Mittelwert	T-Test für die Mittelwertgleichheit			
				Sig. (2-seitig)	Standardfehlerdifferenz	95% Konfidenzintervall der Differenz	
						Unterer	Oberer
Prüfungsaufgaben	2,800	,254	,080	,000	,110	,209	,658
Σ ungeprüfter Items	2,367	,500	,075				

Tabelle 161: Mittelwertvergleich der Relevanzeinschätzung zwischen ungeprüften und geprüften Inhalten im Bildungsgang ‚Bankkaufmann/-frau'

Differenzierung	Mittelwert	Standardabweichung	Standardfehler Mittelwert	T-Test für die Mittelwertgleichheit			
				Sig. (2-seitig)	Standardfehlerdifferenz	95% Konfidenzintervall der Differenz	
						Unterer	Oberer
Prüfungsaufgaben	4,058	,334	,101	,000	,128	,632	1,159
Σ ungeprüfter Items	3,162	,755	,079				

Tabelle 162: Mittelwertvergleich der Relevanzeinschätzung zwischen ungeprüften und geprüften Inhalten im Bildungsgang ‚Bürokaufmann/-frau'

Differenzierung	Mittelwert	Standardabweichung	Standardfehler Mittelwert	T-Test für die Mittelwertgleichheit			
				Sig. (2-seitig)	Standardfehlerdifferenz	95% Konfidenzintervall der Differenz	
						Unterer	Oberer
Prüfungsaufgaben	3,026	,307	,125	,048	,212	,004	,868
Σ ungeprüfter Items	2,590	,494	,095				

Tabelle 163: Mittelwertvergleich der Relevanzeinschätzung zwischen ungeprüften und geprüften Inhalten im Bildungsgang ‚Immobilienkaufmann/-frau'

Differenzierung	Mittelwert	Standardabweichung	Standardfehler Mittelwert	T-Test für die Mittelwertgleichheit			
				Sig. (2-seitig)	Standardfehlerdifferenz	95% Konfidenzintervall der Differenz	
						Unterer	Oberer
Prüfungsaufgaben	3,200	,725	,256	,049	,322	,002	1,320
Σ ungeprüfter Items	2,539	,803	,167				

Tabelle 164: Mittelwertvergleich der Relevanzeinschätzung zwischen ungeprüften und geprüften Inhalten im Bildungsgang ‚Kaufmann/-frau für Spedition und Logistikdienstleistungen'

Differenzierung	Mittelwert	Standardabweichung	Standardfehler Mittelwert	T-Test für die Mittelwertgleichheit			
				Sig. (2-seitig)	Standardfehlerdifferenz	95% Konfidenzintervall der Differenz	
						Unterer	Oberer
Prüfungsaufgaben	2,788	,233	,088	,033	,334	,066	1,456
Σ ungeprüfter Items	2,027	,860	,215				

Tabelle 165: Mittelwertvergleich der Relevanzeinschätzung zwischen ungeprüften und geprüften Inhalten im Bildungsgang ‚Kaufmann/-frau für Versicherungen und Finanzen'

Differenzierung	Mittelwert	Standardabweichung	Standardfehler Mittelwert	T-Test für die Mittelwertgleichheit			
				Sig. (2-seitig)	Standardfehlerdifferenz	95% Konfidenzintervall der Differenz	
						Unterer	Oberer
Prüfungsaufgaben	2,873	,323	,103	,008	,221	,173	1,073
Σ ungeprüfter Items	2,251	,629	,126				

Tabelle 166: Mittelwertvergleich der Relevanzeinschätzung zwischen ungeprüften und geprüften Inhalten im Bildungsgang ‚Kaufmann/-frau im Einzelhandel‘

Differenzierung	Mittelwert	Standardabweichung	Standardfehler Mittelwert	T-Test für die Mittelwertgleichheit			
				Sig. (2-seitig)	Standardfehlerdifferenz	95% Konfidenzintervall der Differenz	
						Unterer	Oberer
Prüfungsaufgaben	3,466	,103	,073	,002	,170	,321	1,059
Σ ungeprüfter Items	2,776	,595	,154				

Tabelle 167: Mittelwertvergleich der Relevanzeinschätzung zwischen ungeprüften und geprüften Inhalten im Bildungsgang ‚Kaufmann/-frau im Groß- und Außenhandel‘

Differenzierung	Mittelwert	Standardabweichung	Standardfehler Mittelwert	T-Test für die Mittelwertgleichheit			
				Sig. (2-seitig)	Standardfehlerdifferenz	95% Konfidenzintervall der Differenz	
						Unterer	Oberer
Prüfungsaufgaben	2,951	,335	,112	,011	,164	,099	,753
Σ ungeprüfter Items	2,525	,475	,059				

Anhang 25: Exemplarische Prüfungsaufgaben aus der Abschlussprüfung der IHK

Abbildung 121: Exemplarische volkswirtschaftliche Prüfungsaufgabe aus der Abschlussprüfung des Bildungsgangs ‚Bankkaufmann/-frau'

Prüfen Sie, welche Entwicklungen im Konjunkturzyklus die Phase des Abschwungs charakterisieren!

1. Verknappung der Arbeitskräfte, Anstieg der Rationalisierungsinvestitionen, steigende Preise
2. Massenarbeitslosigkeit, auf niedrigem Niveau verharrende Auftragseingänge, hohe Sparneigung
3. Steigende Arbeitslosigkeit, sinkende Einkommen der Unternehmer und der privaten Haushalte, Rückgang der Investitionen
4. Massenarbeitslosigkeit, sinkende Auftragseingänge der Konsumgüterindustrie, hohe Sparneigung
5. Steigende Arbeitslosigkeit, erheblicher Angebotsüberschuss, sinkende Sparneigung

Abbildung 122: Exemplarische volkswirtschaftliche Prüfungsaufgabe aus der Abschlussprüfung des Bildungsgangs ‚Kaufmann/-frau im Einzelhandel'

Wie wird der Geld- bzw. Güterstrom im einfachen Wirtschaftskreislauf richtig dargestellt?

1. Löhne und Gehälter sind Teil des Geldstromes von den Unternehmen zu den Haushalten.
2. Ausgaben für Güter fließen von den Unternehmen zu den Haushalten.
3. Güter fließen von den Haushalten zu den Unternehmen.
4. Einkommen fließen von den Haushalten zu den Unternehmen.
5. Haushalte zahlen für die Überlassung von Produktionsfaktoren Einkommen an die Unternehmen.

Abbildung 123: Exemplarische volkswirtschaftliche Prüfungsaufgabe aus der Abschlussprüfung des Bildungsgangs ‚Kaufmann/-frau im Groß- und Außenhandel'

Stellen Sie fest, welcher Sachverhalt über Konzerne zutrifft!

1. Konzerne sind rechtlich selbstständige Unternehmen, die sich zur Durchführung eines Auftrages zusammenschließen.
2. Konzerne sind auf bestimmten Gebieten zusammenarbeitende Unternehmen, die ihre rechtliche und wirtschaftliche Selbstständigkeit nicht verlieren.
3. Konzerne sind Übereinkommen zwischen Unternehmen derselben Branche, um Wettbewerbsbeschränkungen herbeizuführen.
4. Konzerne sind eine Form der Kapitalverflechtung, bei der ein beherrschendes Unternehmen beispielsweise die einheitliche Leitung über abhängige Unternehmen ausübt.
5. Konzerne sind vertragliche Absprachen zwischen Unternehmen derselben Branche ohne Kapitalbeteiligung

11 Literaturverzeichnis

Abele, Stephan (2011): Hängt die prognostische Validität eignungsdiagnoistischer Verfahren von der Operationalisierung des Ausbildungserfolges ab? In: *Zeitschrift für Berufs- und Wirtschaftspädagogik*, Beiheft 25 – Lehr-Lernforschung in der gewerblich-technischen Berufsausbildung, S. 13–36.

Abel, Heinrich (1963): Von der Fortbildungsschule zur Berufsschule – die Lehrplandiskussion der neunziger Jahre. In: *Die Deutsche Berufs- und Fachschule*, Heft 2, S. 91–100.

Abs, Herrmann Josef (2007): Überlegungen zur Modellierung diagnostischer Kompetenzen bei Lehrerinnen und Lehrern. In: Manfred Lüders und Jochen Wissinger (Hrsg.): Forschung zur Lehrerbildung: Kompetenzentwicklung und Programmevaluation. Münster: Waxmann, S. 63–84.

Achtenhagen, Frank (2003): Konstruktionsbedingungen für komplexe Lehr-Lern-Arrangements und deren Stellenwert für eine zeitgemäße Wirtschaftsdidaktik. In: Franz Kaiser und Hans Kaminski (Hrsg.): Wirtschaftsdidaktik. Bad Heilbrunn: Julius Klinkhardt, S. 77–97.

Achtenhagen, Frank; Heidenreich, Wolf-Dieter; Sembill, Detlef (1975): Überlegungen zur ‚Unterrichtstheorie' von Handelslehrerstudenten und Referendaren des Handelslehramtes. In: *Die Deutsche Berufs- und Fachschule*, Heft 8, S. 578–601.

Achtenhagen, Frank; Menck, Peter (1971): Langfristige Curriculumentwicklung und mittelfristige Curriculumforschung. In: Frank Achtenhagen und Frank Meyer (Hrsg.): Curriculumrevision – Möglichkeiten und Grenzen. München: Kösel Verlag, S. 197–215.

Achtenhagen, Frank; Tramm, Tade; Preiß, Peter; Seemann-Weimar, Heiko; John, Ernst; Schunck, Axel (1992): Lernhandeln in komplexen Situationen. Neue Konzepte in der betriebswissenschaftlichen Ausbildung. Wiesbaden: Gabler Verlag.

Achtenhagen, Frank; Winter, Esther (2006): Möglichkeiten des Kompetenzaufbaus und seiner Erfassung bei Schülerinnen und Schülern in der kaufmännischen Erstausbildung. In: Gerhard Minnameier und Eveline Wuttke (Hrsg.): Berufs- und wirtschaftspädagogische Grundlagenforschung. Lehr-Lern-Prozesse und Kompetenzdiagnostik. Festschrift für Klaus Beck. Frankfurt am Main: Europäischer Verlag der Wissenschaften, S. 345–360.

Achtenhagen, Frank; Winter, Esther (2009): Konstruktvalidität von Simulationsaufgaben: Computergestützte Messung berufsfachlicher Kompetenz – am

Beispiel der Ausbildung von Industriekaufleuten. Bericht an das Bundesministerium für Bildung und Forschung. Göttingen.

Acock, Alan; Martin, David (1974): The Undermeasurement Controversy: Should Ordinal Data be Treated as Intervall? In: *Sociology and Social Research,* Heft 4, S. 427–433.

Adler, G. (1900): Der Handelsgehilfe der Gegenwart. In: Manfred Horlebein (Hrsg.): Quellen und Dokumente zur Geschichte der kaufmännischen Berufsbildung 1818–1984. Köln, Wien 1989: Böhlau Verlag (Quellen und Dokumente zur Geschichte der Berufsbildung in Deutschland, hrsg. von Karlwilhelm Stratmann, Reihe C, Band 3), S. 111–116.

Adolph, Gottfried (2010): Didaktische Reduktion. In: *Lernen & lehren,* Heft 97, S. 2–3.

Aff, Josef (1997): Der fächerübergreifende Unterricht im Spannungsfeld zwischen Anspruch und Wirklichkeit. In: Martin Twardy und Hans Jongebloed (Hrsg.): Zwischen Autonomie und Ordnung. Köln: Botermann und Botermann (Sonderband 7), S. 39–75.

Aff, Josef (2004): Wirtschaftsdidaktik zwischen ökonomischer Realität und pädagogischem Anspruch. In: *Zeitschrift für Berufs- und Wirtschaftspädagogik,* Heft 1, S. 26–41.

Aff, Josef (2005): Zwei Jahrzehte Handlungsorientierung in der beruflichen Erstausbildung - oder die Wiederentdeckung der Didaktik im Dickicht lernpsychologischer Bevormundung. In: Manfred Horlebein und Heinrich Schanz (Hrsg.): Wirtschaftsdidaktik für berufliche Schulen. Hohengehren: Schneider Verlag (Berufsbildung konkret, Band 8), S. 43–60.

Allan, Jim (1993): Male elementary teachers. Experiences and perspectives. In: Christine Williams (Hrsg.): Doing „women's work". Men in nontraditional occupations. London: Sage, S. 113–127.

Allerbeck, Klaus (1978): Meßniveau und Analyseverfahren – Das Problem ‚strittiger Intervallskalen'. In: *Zeitschrift für Soziologie,* Heft 3, S. 199–214.

Amthor, Georg Michael (1836): Die Handlungsschule zu Gotha. Gegründet 1818. In: Manfred Horlebein (Hrsg.): Quellen und Dokumente zur Geschichte der kaufmännischen Berufsbildung 1818–1984. Köln, Wien 1989: Böhlau Verlag (Quellen und Dokumente zur Geschichte der Berufsbildung in Deutschland, hrsg. von Karlwilhelm Stratmann, Reihe C, Band 3), S. 41–42.

Angrist, Joshua; Lavy, Victor (2001): Does teacher training affect pupil learning? Evidence from matched comparisons in Jerusalem public schools. In: *Journal of Labor Economics,* 2, S. 343–369. Online verfügbar unter http://www.nber.org/papers/w6781.pdf.

Arbeitsgemeinschaft des Deutschen Gewerbeschul-Verbandes (1922): Grundsätze für eine zeitgemäße Gewerbelehrer-Ausbildung. In: Klaus Kümmel (Hrsg.): Quellen und Dokumente zur schulischen Berufsbildung 1918–1945. Köln, Wien 1980: Böhlau Verlag (Quellen und Dokumente zur Geschichte der Berufsbildung in Deutschland, hrsg. von Karlwilhelm Stratmann, Reihe A, Band 2), S. 247–248.

Aristoteles (o.D.): Politik. Nachdruck 1981. 4. Auflage. Hamburg: Felix Meiner Verlag.

Arnold, Rolf (1996): Schlüsselqualifikationen – ‚Fachwissen in der Krise' oder Erziehung zur Inkompetenz. In: Wolfgang Seyd und Ralf Witt (Hrsg.): Situation, Handlung, Persönlichkeit. Kategorien wirtschaftspädagogischen Denkens. Festschrift für Lothar Reetz. Hamburg: Feldhaus Verlag, S. 57–70.

Arnold, Rolf (1997): Die doppelte Entgrenzung des Fachwissens – Anmerkungen einer reflexiven Berufspädagogik. In: Dieter Euler und Peter F. E. Sloane (Hrsg.): Duales System im Umbruch. Pfaffenweiler: Centaurus Verlag, S. 289–304.

Ashley, Martin (2003): Primary school boys' identity formation and the male role model. An exploration of sexual gender identity in the UK through attachment theory. In: *Sex Education,* Heft 3, S. 257–271.

Atteslander, Peter (2006): Methoden der empirischen Sozialforschung. 11., neu bearbeitete und erweiterte Auflage. Berlin: Erich Schmidt Verlag.

Ausschuß ‚Berufs- und Fachschulen' (1920): Beschlüse des dritten Ausschusses: „Berufs- und Fachschulen" vom 15. und 16 Juni 1920 auf der Reichsschulkonferenz. In: Klaus Kümmel (Hrsg.): Quellen und Dokumente zur schulischen Berufsbildung 1918–1945. Köln, Wien 1980: Böhlau Verlag (Quellen und Dokumente zur Geschichte der Berufsbildung in Deutschland, hrsg. von Karlwilhelm Stratmann, Reihe A, Band 2), S. 75–78.

Ausschuß für Berufserziehung der Kultusminister-Konferenz (1952): Berufsbildung im Handel. In: Manfred Horlebein (Hrsg.): Quellen und Dokumente zur Geschichte der kaufmännischen Berufsbildung 1818–1984. Köln, Wien 1989: Böhlau Verlag (Quellen und Dokumente zur Geschichte der Berufsbildung in Deutschland, hrsg. von Karlwilhelm Stratmann, Reihe C, Band 3), S. 255–256.

Backhaus, Klaus; Erichson, Bernd; Plinke, Wulff; Weiber, Rolf (2011): Multivariate Analysemethode. Eine anwendungsorienterte Einführung. 13., überarbeitete Auflage. Berlin, Heidelberg: Springer-Verlag.

Bader, Reinhard (1998a): Das Lernfeld-Konzept in den Rahmenlehrplänen. In: *Die berufsbildende Schule,* Heft 7–8, S. 211–212.

Bader, Reinhard (1998b): Erweiteter Handlungsraum für die didaktische Kompetenz der Lehrenden. In: *Die berufsbildende Schule,* Heft 3, S. 73–74.

Bader, Reinhard (1999a): Handlungsfeld – Lernfeld – Lernsituation. In: *Die berufsbildende Schule,* Heft 5, S. 177.

Bader, Reinhard (1999b): Lernfelder – Erweiteter Handlungsraum für die didaktische Kompetenz der Lehrenden. In: *Die berufsbildende Schule,* Heft 3, S. 73–74.

Bader, Reinhard (2000): Konstruieren von Lernfeldern – Eine Handreichung für Rahmenlehrplanausschüsse und Bildungsgangkonferenzen in technischen Berufsfeldern. In: Reinhard Bader und Peter F. E. Sloane (Hrsg.): Lernen in Lernfeldern. Theoretische Analysen und Gestaltungsansätze zum Lernfeldkonzept. Markt Schwaben: Eusl-Verlagsgesellschaft, S. 33–50.

Bader, Reinhard; Müller, Martina (2002): Leitziel der Berufsbildung: Handlungskompetenz. Anregungen zur Ausdifferenzierung des Begriffs. In: *Die berufsbildende Schule,* Heft 6, S. 176–182.

Bader, Reinhard; Schäfer, Bettina (1998): Lernfelder gestalten. Vom komplexen Handlungsfeld zur didaktischen strukturierten Lernsituation. In: *Die berufsbildende Schule,* Heft 7/8, S. 229–234.

Badisches Ministerium des Kultus und Unterrichts (1925): Der Lehrplan für die Gewerbeschule. In: Klaus Kümmel (Hrsg.): Quellen und Dokumente zur schulischen Berufsbildung 1918–1945. Köln, Wien 1980: Böhlau Verlag (Quellen und Dokumente zur Geschichte der Berufsbildung in Deutschland, hrsg. von Karlwilhelm Stratmann, Reihe A, Band 2), S. 110–122.

Baethge, Martin; Baethge-Kinsky, Volker (2006): Ökonomie, Technik, Organisation: Zur Entwicklung von Qualifikationsstruktur und Qualifikationsprofilen von Fachkräften. In: Rolf Arnold und Antonius Lipsmeier (Hrsg.): Handbuch der Berufsbildung. 2., überarbeitete und aktualisierte Auflage. Wiesbaden: VS Verlag für Sozialwissenschaften, S. 153–173.

Bank, Volker; Retzmann, Thomas (2012): Fachkompetenz von Wirtschaftslehrern. Grundlagen und Befunde einer Weiterbildungsanalyse. Schwalbach/Ts.: Wochenschau Verlag (Ökonomie und Bildung).

Barnette, J. J. (2000): Effects of stem and lickert response option reversals on survey internal consistency: If you feel the need, there is a better alternative to using those negatively worded stems. In: *Education and Psychological Measuremant,* Heft 3, S. 361–370. Online verfügbar unter http://epm.sagepub.com/content/60/3/361.full.pdf+html.

Barth, H. (1939): Die Erstellung reichseinheitlicher Lehrpläne für die Berufsschule. Bericht auf der gemeinsamen Sitzung der Arbeitsausschüsse für Berufsfragen und für Grundbildung im DATSCH am 26. Mai 1939. In: Klaus Kümmel (Hrsg.): Quellen und Dokumente zur schulischen Berufsbildung 1918–1945. Köln, Wien 1980: Böhlau Verlag (Quellen und Dokumente zur Geschichte der

Berufsbildung in Deutschland, hrsg. von Karlwilhelm Stratmann, Reihe A, Band 2), S. 210–223.

Barth, H. (1940): Der Aufbau der Reichslehrpläne. In: Gustav Grüner (Hrsg.): Curriculumproblematik der Berufsschule. Zur Entwicklungsgeschichte der Lehrpläne gewerblicher Berufsschulen. Stuttgart 1975: Holland & Josenhans Verlag (Beiträge zur Pädagogik für Schule und Betrieb, Band 6), S. 100–110.

Baumert, Jürgen; Kunter, Mareike (2006): Stichwort: Professionelle Kompetenz von Lehrkräften. In: *Zeitschrift für Erziehungswissenschaft*, Heft 4, S. 469–520.

Bayerisches Staatsministerium für Unterricht und Kultus (1948): Vorläufige Richtlinien für den Unterricht an gewerblichen, kaufmännischen, hauswirtschaftlichen und landwirtschaftlichen Berufsschulen in Bayern. In: Manfred Horlebein (Hrsg.): Quellen und Dokumente zur Geschichte der kaufmännischen Berufsbildung 1818–1984. Köln, Wien 1989: Böhlau Verlag (Quellen und Dokumente zur Geschichte der Berufsbildung in Deutschland, hrsg. von Karlwilhelm Stratmann, Reihe C, Band 3), S. 251.

Bazan, Hans-Jürgen; Bentin, Margit; Böker, Jürgen; Brunn, Hartwig; Flammann, Wilfried; Gröblinghoff, Ullrich et al. (2008): Handbuch für Verkäufer/-innen, Kaufleute im Einzelhandel. 3., überarbeitete Auflage. Braunschweig: Westermann Schroedel Diesterweg.

Becker, Matthias (2009): Kompetenzmodell zur Erfassung beruflicher Kompetenz im Berufsfeld Fahrzeugtechnik. In: Claudia Fenzl, Georg Spöttl, Falk Howe und Matthias Becker (Hrsg.): Berufsarbeit von morgen in gewerblich-technischen Domänen. Forschungsansätze und Ausbildungskonzepte für die berufliche Bildung. Bielefeld: Bertelsmann, S. 239–245.

Beckheuer, Hans Herbert (2001): Das Lernfeldkonzept an der Berufsschule. In: *GEW*, Berufliche Bildung und Weiterbildung, Band 11. Online verfügbar unter http://www.gew.de/Binaries/Binary4062/Lernfeldkonzept.pdf.

Beck, Joachim; Bartnik, Dorothea; Berner, Steffen; Leimser, Ulrich; Löbbert, Reinhard; Lungershausen, Helmut et al. (2008): Schwerpunkt Einzelhandel. 2. Auflage. Haan-Gruiten: Verlag Europa-Lehrmittel.

Beck, Klaus (1989): ‚Ökonomische Bildung' – Zur Anatomie eines wirtschaftspädagogischen Begriffs. In: *Zeitschrift für Berufs- und Wirtschaftspädagogik*, Heft 7, S. 579–596.

Beck, Klaus (2005): Ergebnisse und Desiderate zur Lehr-Lern-Forschung in der kaufmännischen Berufsausbildung. In: *Zeitschrift für Berufs- und Wirtschaftspädagogik*, Heft 4, S. 533–556.

Behnke, Joachim; Baur, Nina; Behnke, Nathalie (2010): Empirische Methoden der Politikwissenschaft. 2., aktualisierte Auflage. Paderborn: Verlag Ferdinand Schöningh (Grundkurs Politikwissenschaft, UTB 2695).

Benner, Dietrich; Kemper, Herwart (2003): Theorie und Geschichte der Reformpädagogik. Teil 1: Die pädagogische Bewegung von der Aufklärung bis zum Neuhumanismus. 2. Auflage. Weinheim: Beltz Verlag.

Berke, Rolf (1960): Überblick über die Geschichte der kaufmännischen Schulen. In: Fritz Blättner, Ludwig Kiehn, Otto Monsheimer und Simon Thyssen (Hrsg.): Handbuch für das Berufsschulwesen. Heidelberg: Quelle & Meyer Verlag, S. 138–152.

Berliner, David (1992): The nature of expertise in teaching. In: K.F. Oser, A. Dick und J.-L. Patry (Hrsg.): Effective and responsible teaching: The new synthesis. San Francisco: Jossey Bass, S. 227–248.

Bettermann, Karl August; Goessl, Manfred (1963): Schulgliederung, Lehrerbildung und Lehrerbesoldung in der bundesstaatlichen Ordnung. Zugleich ein Beitrag zur Rahmenkompetenz des Bundes und zu Konflikten zwischen Bundes- und Landeskompetenzen. Studien und Gutachten aus dem Institut für Staatslehre, Staats- und Verwaltungsrecht der freien Universität Berlin. Berlin: Dunke und Humblot.

Bettinger, Eric; Long, Bridget Terry (2005): Do Faculty Serve as Role Models? The Impact of Instructor Gender on Female Students. In: *The American Economic Review*, Heft 2, S. 152–157.

Beutner, Marc; Schaumann, Uwe; Twardy, Martin (2006): Neue Beruflichkeit und damit verbundene Anforderungen auf Basis des Kompetenzgedankens in der beruflichen Bildung. In: Gerhard Minnameier und Eveline Wuttke (Hrsg.): Berufs- und wirtschaftspädagogische Grundlagenforschung. Lehr-Lern-Prozesse und Kompetenzdiagnostik. Festschrift für Klaus Beck. Frankfurt am Main: Europäischer Verlag der Wissenschaften, S. 289–304.

Bieler, Katharina (2007): Im Preussischen Schuldienst: Arbeitsverhältnisse und Berufsbiographien von Lehrerinnen und Lehrern in Berlin-Schöneberg 1871–1933. Köln, Weimar, Wien: Böhlau Verlag (Beitrag zur historischen Bildungsforschung).

Blank, Andreas; Hagel, Heinz; Hahn, Hans; Kauenberg, Claudia; Menne, Jörg; Meyer, Helge et al. (2008): Ausbildung im Einzelhandel. 5. Auflage, 1. korrigierter Nachdruck. Troisdorf: Bildungsverlag EINS.

Blättner, Fritz; Kiehn, Ludwig; Monsheimer, Otto; Thyssen, Simon (Hrsg.) (1960): Handbuch für das Berufsschulwesen. Heidelberg: Quelle & Meyer Verlag.

Blömeke, Sigrid; Herzig, Bardo; Tulodziecki, Gerhard (2007): Gestaltung von Schule. Eine Einführung in Schultheorie und Schulentwicklung. Bad Heilbrunn: Klinkhardt.

Blömeke, Sigrid; Suhl, Ute (2010): Modellierung von Lehrerkompetenzen. In: *Zeitschrift für Erziehungswissenschaft,* Heft 3, S. 473–505.

Blum, Theodor (1911a): Das deutsche Handelsschulwesen. Leipzig: B. J. Böschen'sche Verlagsbuchhandlung.

Blum, Theodor (1911b): Lehrplan kaufmännischer Lehrlingsschulen. In: Manfred Horlebein (Hrsg.): Quellen und Dokumente zur Geschichte der kaufmännischen Berufsbildung 1818–1984. Köln, Wien 1989: Böhlau Verlag (Quellen und Dokumente zur Geschichte der Berufsbildung in Deutschland, hrsg. von Karlwilhelm Stratmann, Reihe C, Band 3), S. 88.

Blum, Theodor (1916): Herzogtum Anhalt. In: Adolf Ziegler (Hrsg.): Handbuch für das kaufmännische Unterrichtswesen in Deutschland. Unter Mitwirkung namhafter Handelsschulmänner und Fachleute. 2 Bände. Leipzig: Verlag für Handelsliteratur G. A. Gloeckner (Erster Band: Die kaufmännischen Schulen als Erziehungs- und Unterrichtsanstalten.), S. 324–333.

Bodin, Jean (1576): Sechs Bücher über den Staat. Buch IV–VI. Übersetzt und mit Anmerkungen versehen von Bernd Wimmer. Nachdruck 1986, Herausgegeben von P. C. Mayer-Tasch. 2 Bände. München: Verlag C. H. Beck.

Böhme, Jeanette (2008): Qualitative Schulforschung auf Konsolidierungskurs: interdisziplinäre Spannungen auf Herausforderungen. In: Werner Helsper und Jeanette Böhme (Hrsg.): Handbuch der Schulforschung. 2., durchgesehene und erweiterte Auflage. Wiesbaden: VS Verlag für Sozialwissenschaften, S. 125–155.

Böhme, Werner; Scholz, Jochen (2014): Lernhandeln in komplexen Situationen in der kaufmännischen Ausbildung aus der Sicht von ‚Praktikern'. In: *Berufs- und Wirtschaftspädagogik – online,* Profil 3: Digitale Festschrift für Tade Tramm zum 60. Geburtstag. Online verfügbar unter http://www.bwpat.de/profil3/boehme_scholz_profil3.pdf.

Böhm-Kasper, Oliver; Weishaupt, Horst (2008): Quantitative Methoden in der Schulforschung. In: Werner Helsper und Jeanette Böhme (Hrsg.): Handbuch der Schulforschung. 2., durchgesehene und erweiterte Auflage. Wiesbaden: VS Verlag für Sozialwissenschaften, S. 91–123.

Böhner, Markus (2006): Vor des Lernfelds erster Dekade: verstanden und akzeptiert, toleriert oder konterkariert – Ein Blick aus der Unterrichtsrealität. In: *Wirtschaft und Erziehung,* Heft 2, S. 55–64.

Borchard, Hans-Heinrich (1929): 50 Jahre preussisches Ministerium für Handel und Gewerbe 1879–1929. Berlin: Reichsverlag Hermann Kalkoff.

Borchardt, Knut (1976): Wachstum und Wechsellagen 1914–1970. In: Manfred Aubin und Wolfgang Zorn (Hrsg.): Handbuch der deutschen Wirtschafts- und Sozialgeschichte. Band 2. Das 19. und 20. Jahrhundert. 2 Bände. Stuttgart: Ernst

Klett Verlag (Handbuch der deutschen Wirtschafts- und Sozialgeschichte), S. 685–740.

Bortz, Jürgen (2005): Statistik für Human- und Geisteswissenschaftler. 6., vollständig überarbeitete und aktualisierte Auflage. Heidelberg: Springer Medizin.

Brandt, Karl (1992): Geschichte der deutschen Volkswirtschaftslehre. Band 1: Von der Scholastik bis zur klassischen Nationalökonomie. Freiburg i. Br.: Rudolf Haufe Verlag.

Brandt, Karl (1993): Geschichte der deutschen Volkswirtschaftslehre. Band 2: Vom Historismus bis zur Neoklassik. Freiburg i. Br.: Rudolf Haufe Verlag.

Brand, Willi; Hofmeister, Wiebke; Tramm, Tade (2005): Auf dem Weg zu einem Kompetenzstufenmodell für die berufliche Bildung – Erfahrungen aus dem Projekt ULME. In: *Berufs- und Wirtschaftspädagogik – online,* Heft 8.

Brehme, Volker; Heydt, Eckehard; Kruse, Dietrich; Metzlaff, Hans-Joachim; Seefelder, Walter; Stoof, Volker (2011): Vom KMK-Rahmenlehrplan über den schuleigenen Lernfeldplan zum Wochenplan. In: *Lernen & lehren,* Heft 103, S. 157–164.

Bremer, Ludolf (2001): Sigismund Evenius (1585/89–1639). Ein Pädagoge des 17. Jahrhunderts. Köln, Weimar, Wien: Böhlau Verlag (Beiträge zur Historischen Bildungsforschung, 26).

Brentano, Lujo (1911): Über Werturteile in der Volkswirtschaft. Archiv für Sozialwissenschaft und Sozialpolitik. In: Richard Bräu und Hans G. Nutzinger (Hrsg.): Lujo Brentano: Der tätige Mensch und die Wissenschaft von der Wissenschaft. Schriften zur Volkswirtschaftslehre und Sozialpolitik (1877–1924). Marburg 2006: Metropolis, S. 163–180.

Breuer, Klaus; Molkenthin, René (2006): Zur Diagnostik der Lenkungskompetenz in komplexen Unternehmenssituationen. In: Gerhard Minnameier und Eveline Wuttke (Hrsg.): Berufs- und wirtschaftspädagogische Grundlagenforschung. Lehr-Lern-Prozesse und Kompetenzdiagnostik. Festschrift für Klaus Beck. Frankfurt am Main: Europäischer Verlag der Wissenschaften, S. 361–376.

Bromme, Rainer; Haag, Ludwig (2008): Forschung zur Lehrerpersönlichkeit. In: Werner Helsper und Jeanette Böhme (Hrsg.): Handbuch der Schulforschung. 2., durchgesehene und erweiterte Auflage. Wiesbaden: VS Verlag für Sozialwissenschaften, S. 803–819.

Brosius, Felix (2010): SPSS 18 für Dummies. Weinheim: Wiley-VCH.

Bruchhäuser, Hanns-Peter (2001): Wissenschaftsprinzip versus Situationsprinzip? Anmerkungen zum didaktischen ‚Paradigmenwechsel' in der Berufs- und Wirtschaftspädagogik. In: *Zeitschrift für Berufs- und Wirtschaftspädagogik,* Heft 3, S. 321–345.

Bruchhäuser, Hanns-Peter (2003): Zur Rationalisierung curricularer Konstruktionsbedingungen. In: *Zeitschrift für Berufs- und Wirtschaftspädagogik,* Heft 4, S. 494–508.

Bruchhäuser, Hanns-Peter (2005): Realitätsbezogenheit und konstruktive Rationalität kaufmännischer Curricula. In: Manfred Horlebein und Heinrich Schanz (Hrsg.): Wirtschaftsdidaktik für berufliche Schulen. Hohengehren: Schneider Verlag (Berufsbildung konkret, Band 8), S. 12–42.

Bruchhäuser, Hanns-Peter (2006): Handelsschulen in Preußen. Kaufmännische Schulplanungen und Schulgründungen unter der Administration des Oberschulkollegiums (1787–1806). Band 1. Oldenburg: BIS-Verlag (Beiträge zur Berufs- und Wirtschaftspädagogik, Band 19).

Bruchhäuser, Hanns-Peter (2009): Lernfeldkonzept in der beruflichen Bildung – Absicht und Realität. In: *Zeitschrift für Berufs- und Wirtschaftspädagogik,* Heft 3, S. 428–435.

Brunner, Martin; Kunter, Mareike; Krauss, Stefan; Baumert, Jürgen; Blum, Werner; Dubberke, Thamar et al. (2006): Welche Zusammenhänge bestehen zwischen dem fachspezifischen Professionswissen von Mathematiklehrkräften und ihrer Ausbildung sowie beruflicher Fortbildung. In: *Zeitschrift für Erziehungswissenschaft,* Heft 4, S. 521–544.

Büchter, Karin; Kipp, Martin (2009): Berufsbildung in der Zeit der Reformpädagogik - 1890–1933. In: *Berufs- und Wirtschaftspädagogik - online,* Profil 2 - Akzentsetzungen in der Berufs- und Wirtschaftspädagogik. Online verfügbar unter http://www.bwpat.de/profil2/buechter_kipp_profil2.pdf.

Buck, Jörn; Wiebicke-Humme, Katrin (2011): Lernkonzept mit didaktischem Schwerpunkt „Eigenverantwortliches Lernen". In: *Lernen & lehren,* Heft 103, S. 170–175.

Bühl, Achim (2014): SPSS 22. Einführung in die moderne Datenanalyse. 14., aktualisierte Auflage. Hallbergmoos: Pearson.

Bühner, Markus (2011): Einführung in die Test- und Fragebogenkonstruktion. 3., aktualisierte Auflage. München: Pearson.

Bund der technischen Angestellten und Beamten (1920): Beschlüsse des Bundes der technischen Angestellten und Beamten zum Berufsschulwesen. In: Klaus Kümmel (Hrsg.): Quellen und Dokumente zur schulischen Berufsbildung 1918–1945. Köln, Wien 1980: Böhlau Verlag (Quellen und Dokumente zur Geschichte der Berufsbildung in Deutschland, hrsg. von Karlwilhelm Stratmann, Reihe A, Band 2), S. 73–74.

Bundesinstitut für Berufsbildung (2014a): Neu abgeschlossene Ausbildungsverträge vom 01. Oktober 2013 bis zum 30. September 2014 nach Ländern und Zuständigkeitsbereichen. Berufsneuabschlüsse zum 30. September 2014, Stand:

11. Dezember 2014. Bundesinstitut für Berufsbildung (Ausbildungsbilanz 2014, Tabelle Nr. 1). Online verfügbar unter http://www.bibb.de/dokumente/pdf/naa309_2014_tab001_1land.pdf.

Bundesinstitut für Berufsbildung (2014b): Rangliste 2014 der Ausbildungsberufe nach Neuabschluss in Deutschland. Berufsneuabschlüsse zum 30. September 2014, Stand: 11. Dezember 2014. Bundesinstitut für Berufsbildung (Ausbildungsbilanz 2014, Tabelle Nr. 67). Online verfügbar unter http://www.bibb.de/dokumente/pdf/naa309_2014_tab67_0bund.pdf.

Bundesinstitut für Berufsbildung (2014c): Rangliste 2014 der Ausbildungsberufe nach Neuabschlüssen in Nordrhein-Westfalen. Berufsneuabschlüsse zum 30. September 2014, Stand: 11. Dezember 2014. Bundesinstitut für Berufsbildung (Ausbildungsbilanz 2014, Tabelle Nr. 67.1). Online verfügbar unter http://www.bibb.de/dokumente/pdf/naa309_2014_tab67_1land.pdf.

Bundesministerium für Bildung und Forschung (2007): Berufsbildungsgesetz. BBIG, vom 7. September 2007. Online verfügbar unter http://www.bmbf.de/pubRD/bbig.pdf.

Bundesministerium für Wirtschaft (1973a): Verordnung über die Berufsausbildung zum Bankkaufmann, vom 10.5.1973. In: *Bundesgesetzblatt, Teil I,* Heft 36, S. 433–438.

Bundesministerium für Wirtschaft (1973b): Verordnung über die Berufsausbildung zum Industriekaufmann, vom 10.5.1973. In: *Bundesgesetzblatt, Teil I,* Heft 36, S. 421–426.

Bundesministerium für Wirtschaft (1973c): Verordnung über die Berufsausbildung zum Kaufmann im Groß- und Außenhandel, vom 10.5.1973. In: *Bundesgesetzblatt, Teil I,* Heft 36, S. 427–432.

Bundesministerium für Wirtschaft (1973d): Verordnung über die Berufsausbildung zum Versicherungskaufmann, vom 10.5.1973. In: *Bundesgesetzblatt, Teil I,* Heft 36, S. 439–443.

Buschfeld, Detlef (1999): Lernfeldkonzept – Tragfähigkeit. In: *Die kaufmännische Schule,* Heft 5, S. 81–83.

Buschfeld, Detlef (2000a): Denn tun sie nicht, was Ihnen angetan? – Reaktionen von Lehrenden auf die Ordnung von Lernfeldern. In: *Zeitschrift für Berufs- und Wirtschaftspädagogik,* Beiheft 15 – Lernfeldorientierung in Theorie und Praxis, S. 159–169.

Buschfeld, Detlef (2000b): Qualitätskriterien für lernfeldstrukturierte Lehrpläne – Anschubser eines Nachzüglers. In: Reinhard Bader und Peter F. E. Sloane (Hrsg.): Lernen in Lernfeldern. Theoretische Analysen und Gestaltungsansätze zum Lernfeldkonzept. Markt Schwaben: Eusl-Verlagsgesellschaft, S. 167–180.

Buschfeld, Detlef; Twardy, Martin (1997): Fächerübergreifender Unterricht in Lernfeldern – neue Rahmenbedingungen für didaktische Innovationen? In: Dieter Euler und Peter F. E. Sloane (Hrsg.): Duales System im Umbruch. Pfaffenweiler: Centaurus Verlag, S. 143–160.

Buschmann, Johannes (1918): Das kaufmännische Bildungswesen nach dem Kriege. In: Manfred Horlebein (Hrsg.): Quellen und Dokumente zur Geschichte der kaufmännischen Berufsbildung 1818–1984. Köln, Wien 1989: Böhlau Verlag (Quellen und Dokumente zur Geschichte der Berufsbildung in Deutschland, hrsg. von Karlwilhelm Stratmann, Reihe C, Band 3), S. 134–135.

Busian, Anne; Pätzold, Günter (2000): Lernfelder als Herausforderung für berufsbildende Schulen – dargestellt am Beispiel des Bildungsgangs ‚Versicherungskaufleute' im Robert-Schuman-Berufskolleg Dortmund. In: *Zeitschrift für Berufs- und Wirtschaftspädagogik,* Beiheft 15 – Lernfeldorientierung in Theorie und Praxis, S. 197–209.

Busian, Anne; Pätzold, Günter (2004): Vom Lernfeld zur Lernsituation – Neue Anforderungen an das didaktische Handlen vor dem Hintergrund der Diskussion um Prozessorientierung. In: *Erziehungswissenschaft und Beruf,* Heft 1, S. 3–23.

Buth, Wolfgang (1963): Systematische und historische Abgrenzung des Berufsschulbegriffs. In: *Die Deutsche Berufs- und Fachschule,* Heft 10, S. 732–739.

Butler, Daniel; Christensen, Ray (2003): Mixing and Matching. The Effect on Student Performance of Teaching Assistants of the Same Gender. In: *Political Science and Politics,* Heft 4, S. 781–786.

Butze, Artur; Butze, Felix (1944a): Die deutsche Volkswirtschaft. Ein Bereich deutschen Volkslebens. Zehnte, neubearbeitete Auflage. Leipzig, Berlin: Verlag Max Gehlen.

Butze, Artur; Butze, Felix (1944b): Gesundes Volk, gesunde Wirtschaft. In: Manfred Horlebein (Hrsg.): Quellen und Dokumente zur Geschichte der kaufmännischen Berufsbildung 1818–1984. Köln, Wien 1989: Böhlau Verlag (Quellen und Dokumente zur Geschichte der Berufsbildung in Deutschland, hrsg. von Karlwilhelm Stratmann, Reihe C, Band 3), S. 210–214.

Carrington, Bruce; Skelton, Christine (2003): Rethinking Role Modells. Equal Opportunities in Teacher Recruitment in England and Wales. In: *Journal of Education Policy,* Heft 3, S. 253–265.

Chenaur-Repond, J. (1916): Königreich Württemberg. In: Adolf Ziegler (Hrsg.): Handbuch für das kaufmännische Unterrichtswesen in Deutschland. Unter Mitwirkung namhafter Handelsschulmänner und Fachleute. 2 Bände. Leipzig: Verlag für Handelsliteratur G. A. Gloeckner (Erster Band: Die kaufmännischen Schulen als Erziehungs- und Unterrichtsanstalten.), S. 262–270.

Christmann, Ursula; Groeben, Norbert (1990): Argumentationsintegrität (VI): Subjektive Theorien über Argumentieren und Argumentationsintegrität – Erhebungsverfahren, inhaltsanalytische und heuristische Ergebnisse, Heidelberg/ Mannheim. Psychologisches Institut.

Clement, Ute (2002): Lernfelder im ,richtigen Leben' – Implementationsstrategie und Realität des Lernfeldkonzeptes. In: *Zeitschrift für Berufs- und Wirtschaftspädagogik,* Heft 1, S. 26–55.

Clement, Ute (2003): Fächersystematik oder Situationsorientierung als curriculare Prinzipien für die beruflich Bildung? In: *Berufs- und Wirtschaftspädagogik – online,* Heft 3. Online verfügbar unter http://www.bwpat.de/ausgabe4/ clement_bwpat4.pdf.

Clement, Ute (2006): Curricula für die berufliche Bildung – Fächersystematik oder Situationsorientierung? In: Rolf Arnold und Antonius Lipsmeier (Hrsg.): Handbuch der Berufsbildung. 2., überarbeitete und aktualisierte Auflage. Wiesbaden: VS Verlag für Sozialwissenschaften, S. 260–268.

Cohen, David; Hill, Heather (2000): Instructional Policy and Classroom Performance: The Mathematics Reform in California. In: *Teachers College Record,* 2, S. 294–343. Online verfügbar unter http://www-personal.umich.edu/ ~dkcohen/cohen_hill_2000_TCR.pdf.

Combe, Arno; Kolbe, Fritz-Ulrich (2008): Lehrerprofessionalität: Wissen, Können, Handeln. In: Werner Helsper und Jeanette Böhme (Hrsg.): Handbuch der Schulforschung. 2., durchgesehene und erweiterte Auflage. Wiesbaden: VS Verlag für Sozialwissenschaften, S. 857–875.

Comenius, Johann Amos (1657): Grosse Didaktik. Herausgegeben von Andreas Flittner. Nachdruck 1970. 4. Auflage. Düsseldorf und München: Verlag Helmut Küpper.

Croner, Johannes (1915): Krieg und Erziehung. In: Manfred Horlebein (Hrsg.): Quellen und Dokumente zur Geschichte der kaufmännischen Berufsbildung 1818–1984. Köln, Wien 1989: Böhlau Verlag (Quellen und Dokumente zur Geschichte der Berufsbildung in Deutschland, hrsg. von Karlwilhelm Stratmann, Reihe C, Band 3), S. 129–132.

Czycholl, Reinhard; Ebner, Hermann (2006): Handlungsorientierung in der Berufsbildung. In: Rolf Arnold und Antonius Lipsmeier (Hrsg.): Handbuch der Berufsbildung. 2., überarbeitete und aktualisierte Auflage. Wiesbaden: VS Verlag für Sozialwissenschaften, S. 44–54.

Czycholl, Reinhard; Reinisch, Holger (1996): Beruf und Wissenschaft als organisierende Prinzipien des Wirtschaftslehrecurriculums – Anmerkungen zu kontrastierenden und integrierenden Konstellationen in der didaktischen Fragestellung der Wirtschaftspädagogik. In: Wolfgang Seyd und Ralf Witt (Hrsg.):

Situation, Handlung, Persönlichkeit. Kategorien wirtschaftspädagogischen Denkens. Festschrift für Lothar Reetz. Hamburg: Feldhaus Verlag, S. 199–219.

Dann, Hanns-Dietrich (1989): Subjektive Theorien als Basis erfolgreichen Handelns von Lehrkräften. In: *Beiträge zur Lehrerbildung. Zeitschrift zu theoretischen und praktischen Fragen der Didaktik der Lehrerbildung,* 7, S. 247–254.

Darling-Hammond, Linda; Holtzmann, Deborah; Gatlin, Su Jin; Heilig, Julian Vasquez (2005): Does Teacher Preparation Matter? Evidence about Teacher Certification, Teach for America and Teacher Effectiveness. In: *Educatio Policy Analysis Archives,* 42. Online verfügbar unter http://files.eric.ed.gov/fulltext/EJ846746.pdf.

Deeg, Herta (1963): Wirtschaftspädagogik um das Jahr 1900. In: *Die Deutsche Berufs- und Fachschule,* Heft 4, S. 241–255.

Dee, Thomas (2005): A Teacher Like Me: Does Race, Ethnicity, or Gender Matter? In: *American Economic Review,* Heft 2, S. 158–165.

Dee, Thomas (2007): Teachers and the gender gaps in student achievement. In: *Journal of Human Resources,* Heft 3, S. 528–554.

Deißinger, Thomas (2001): Modularisierung und Beruflichkeit. In: Holger Reinisch, Reinhard Bader und Gerald A. Straka (Hrsg.): Modernisierung der Berufsbildung in Europa. Neue Befunde der berufs- und wirtschaftspädagogischen Forschung. Opladen: Leske und Budrich, S. 195–204.

Deutsche Gesellschaft für ökonomische Bildung (2004): Kompetenzen der ökonomischen Bildung für allgemein bildende Schulen und Bildungsstandards für den mittleren Schulabschluss. Köln. Online verfügbar unter http://degoeb.de/uploads/degoeb/04_DEGOEB_Sekundarstufe-I.pdf.

Deutsche Zentralverwaltung für Volksbildung in der sowjetischen Besatzungszone Deutschlands (1946): Lehrpläne für die kaufmännischen Berufsschulen. In: Manfred Horlebein (Hrsg.): Quellen und Dokumente zur Geschichte der kaufmännischen Berufsbildung 1818–1984. Köln, Wien 1989: Böhlau Verlag (Quellen und Dokumente zur Geschichte der Berufsbildung in Deutschland, hrsg. von Karlwilhelm Stratmann, Reihe C, Band 3), S. 247–248.

Deutscher Ausschuß für das Erziehungs- und Bildungswesen (1964): Handel, Verwaltung, Büroarbeit. In: Manfred Horlebein (Hrsg.): Quellen und Dokumente zur Geschichte der kaufmännischen Berufsbildung 1818–1984. Köln, Wien 1989: Böhlau Verlag (Quellen und Dokumente zur Geschichte der Berufsbildung in Deutschland, hrsg. von Karlwilhelm Stratmann, Reihe C, Band 3), S. 257–259.

Deutscher Ausschuß für Technisches Schulwesen (1928): Forderungen zur Ausbildung der Gewerbelehrer. In: Klaus Kümmel (Hrsg.): Quellen und Dokumente zur schulischen Berufsbildung 1918–1945. Köln, Wien 1980: Böhlau Verlag

(Quellen und Dokumente zur Geschichte der Berufsbildung in Deutschland, hrsg. von Karlwilhelm Stratmann, Reihe A, Band 2), S. 280–283.

Deutscher Ausschuß für Technisches Schulwesen (1933): Erhaltung der Deutschen Berufsschule. In: Klaus Kümmel (Hrsg.): Quellen und Dokumente zur schulischen Berufsbildung 1918–1945. Köln, Wien 1980: Böhlau Verlag (Quellen und Dokumente zur Geschichte der Berufsbildung in Deutschland, hrsg. von Karlwilhelm Stratmann, Reihe A, Band 2), S. 148–150.

Deutscher Verband für das kaufmännische Bildungswesen (1917): Der Betrieb kaufmännischer Fortbildungsschulen während des Krieges. In: Manfred Horlebein (Hrsg.): Quellen und Dokumente zur Geschichte der kaufmännischen Berufsbildung 1818–1984. Köln, Wien 1989: Böhlau Verlag (Quellen und Dokumente zur Geschichte der Berufsbildung in Deutschland, hrsg. von Karlwilhelm Stratmann, Reihe C, Band 3), S. 133.

Deutscher Verband für das kaufmännische Bildungswesen (1921): Leitsätze des Deutschen Verbandes für das kaufmännische Bildungswesen zur Regelung des kaufmännischen Lehrlingswesens. In: Klaus Kümmel (Hrsg.): Quellen und Dokumente zur schulischen Berufsbildung 1918–1945. Köln, Wien 1980: Böhlau Verlag (Quellen und Dokumente zur Geschichte der Berufsbildung in Deutschland, hrsg. von Karlwilhelm Stratmann, Reihe A, Band 2), S. 85–86.

Deutscher Verband für das kaufmännische Unterrichtswesen (1905): Ortstatut-Muster des Deutschen Verbandes für das kaufmännische Unterrichtswesen. In: Manfred Horlebein (Hrsg.): Quellen und Dokumente zur Geschichte der kaufmännischen Berufsbildung 1818–1984. Köln, Wien 1989: Böhlau Verlag (Quellen und Dokumente zur Geschichte der Berufsbildung in Deutschland, hrsg. von Karlwilhelm Stratmann, Reihe C, Band 3), S. 75–77.

Deutscher Verband kaufmännischer Vereine (1898): Mitteilung zur Resolution des Deutschen Verbandes kaufmännischer Vereine aus dem Jahr 1898. In: Manfred Horlebein (Hrsg.): Quellen und Dokumente zur Geschichte der kaufmännischen Berufsbildung 1818–1984. Köln, Wien 1989: Böhlau Verlag (Quellen und Dokumente zur Geschichte der Berufsbildung in Deutschland, hrsg. von Karlwilhelm Stratmann, Reihe C, Band 3), S. 58.

Deutscher Verein für das Fach- und Fortbildungsschulwesen (1919): Die Fortbildungsschule im neuen Deutschland. In: Klaus Kümmel (Hrsg.): Quellen und Dokumente zur schulischen Berufsbildung 1918–1945. Köln, Wien 1980: Böhlau Verlag (Quellen und Dokumente zur Geschichte der Berufsbildung in Deutschland, hrsg. von Karlwilhelm Stratmann, Reihe A, Band 2), S. 49–57.

Deutschnationaler Handlungsgehilfenverband (1917): Die Verwendbarkeit kriegsbeschädigter Handlungsgehilfen. In: Manfred Horlebein (Hrsg.): Quellen und Dokumente zur Geschichte der kaufmännischen Berufsbildung 1818–1984. Köln, Wien 1989: Böhlau Verlag (Quellen und Dokumente zur Geschichte der Berufsbildung in Deutschland, hrsg. von Karlwilhelm Stratmann, Reihe C, Band 3), S. 136–137.

Diebold, Werner (2004): Die Rahmenlehrpläne der neuen Metallberufe – Herausforderung und Chance für die berufsbildenden Schulen. In: *Berufsbildung in Wissenschaft und Praxis,* Heft 4, S. 14–17.

Dietlmeier, Harald (1999): Die Identifikation und Klassifikation von kognitiven Elementen der ökonomischen Bildung in Lehrplänen kaufmännischer Berufsschulen. Eine vergleichende quantitativ-qualitative Analyse in methodenkritischer Absicht. Hamburg: Diplomica.

Doyle, W. (2000): Authenticity. Paper presented at the AERA Annual Meeting. New Orleans.

Driessen, Geert (2007): The feminization of primary education. Effects of teachers' sex on pupil achievement. In: *International Review of Education,* Heft 2, S. 183–203.

Dubs, Rolf (1995): Die Suche nach einer neuen Lehr-Lern-Kultur. In: *Zeitschrift für Berufs- und Wirtschaftspädagogik,* Heft 6, S. 567–572.

Dubs, Rolf (1996): Komplexe Lehr-Lern Arrangements im Wirtschaftsunterricht – Grundlagen, Gestaltungsprinzipien und Verwendung im Unterricht. In: Klaus Beck, Wolfgang Müller und Thomas Deißinger (Hrsg.): Berufserziehung im Umbruch. Didaktische Herausforderungen und Ansätze ihrer Bewältigung. Weinheim: Beltz Verlag, S. 159–172.

Dubs, Rolf (2000): Lernfeldorientierung: Löst dieser neue curriculare Ansatz die alten Probleme der Lehrpläne und des Unterrichtens an Wirtschaftsschulen? In: *Zeitschrift für Berufs- und Wirtschaftspädagogik,* Beiheft 15 – Lernfeldorientierung in Theorie und Praxis, S. 15–32.

Dubs, Rolf (2001): Widerspruch oder produktives Spannungsverhältnis zwischen Praxis- und Wissenschaftsbezug? In: *Berufs- und Wirtschaftspädagogik – online,* Heft 1.

Dubs, Rolf (2006a): Bildungsstandards und kompetenzorientiertes Lernen. In: Gerhard Minnameier und Eveline Wuttke (Hrsg.): Berufs- und wirtschaftspädagogische Grundlagenforschung. Lehr-Lern-Prozesse und Kompetenzdiagnostik. Festschrift für Klaus Beck. Frankfurt am Main: Europäischer Verlag der Wissenschaften, S. 161–176.

Dubs, Rolf (2006b): Entwicklung von Schlüsselqualifikationen in der Berufsschule. In: Rolf Arnold und Antonius Lipsmeier (Hrsg.): Handbuch der Berufsbildung. 2., überarbeitete und aktualisierte Auflage. Wiesbaden: VS Verlag für Sozialwissenschaften, S. 191–203.

Ebel, Karl (1930): Der Sinn der Berufsschule. Hamburg: Habu-Verlag.

Eckardt, Paul (1932): Aufbau und Ausbau des kaufmännischen Schulwesens. Leipzig und Berlin: B.G. Teubner.

Eckert, Christian (1916): Handelshochschulen. In: Adolf Ziegler (Hrsg.): Handbuch für das kaufmännische Unterrichtswesen in Deutschland. Unter Mitwirkung namhafter Handelsschulmänner und Fachleute. 2 Bände. Leipzig: Verlag für Handelsliteratur G. A. Gloeckner (Erster Band: Die kaufmännischen Schulen als Erziehungs- und Unterrichtsanstalten.), S. 453–505.

Eckert, Manfred (1992): Handlungsorientiertes Lernen in der beruflichen Bildung – Theoretische Bezüge und praktische Konsequenzen. In: Günter Pätzold (Hrsg.): Handlungsorientierung in der beruflichen Bildung. 4. Auflage. Frankfurt am Main: Gesellschaft zur Förderung arbeitsorientierter Forschung und Bildung / G.A.F.B. Verlag, S. 55–78.

Eckert, Manfred (2008): Berufliches Lernen bei Jugendlichen mit besonderem Förderbedarf. In: Dieter Münk, Josef Rützel und Christian Schmidt (Hrsg.): Labyrinth Übergangssystem. Forschungserträge und Entwicklungsperspektiven der Benachteiligtenförderung zwischen Schule, Ausbildung, Arbeit und Beruf. Bonn: Pahl-Rugenstein, S. 189–200.

Edding, Friedrich (1963): Geplante Freiheit, freiheitliches Planen. In: *Die Deutsche Berufs- und Fachschule,* Heft 8, S. 561–565.

Edelstein, Wolfgang (1996): Zur Entwicklungsdynamik von Reformen in geschlossenen Bildungssystemen. In: Achim Leschinsky (Hrsg.): Zeitschrift für Pädagogik. 34. Beiheft: Die Institutionalisierung von Lehren und Lernen. Beiträge zu einer Theorie der Schule. Weinheim und Basel: Beltz Verlag, S. 35–47.

Ehrenberger, Ronald; Goldhaber, Daniel; Brewer, Dominic (1995): Do Teachers' Race, Gender, and Ethnicity Matter? Evidence from the National Educational Longitudinal Study of 1988. In: *Industrial and Labor Relations Review,* Heft 3, S. 547–561.

Ehrenberg, Richard (1897): Erfordernisse eines neuzeitlichen Kaufmannes. In: Manfred Horlebein (Hrsg.): Quellen und Dokumente zur Geschichte der kaufmännischen Berufsbildung 1818–1984. Köln, Wien 1989: Böhlau Verlag (Quellen und Dokumente zur Geschichte der Berufsbildung in Deutschland, hrsg. von Karlwilhelm Stratmann, Reihe C, Band 3), S. 49–51.

Einsiedler, Wolfgang (2000): Von Erziehungs- und Unterrichtsstilen zur Unterrichtsqualität. In: Martin Schweer (Hrsg.): Lehrer-Schüler-Interaktion. Pädagogisch-psychologische Aspekte des Lehrens und Lernens in der Schule. Opladen: Leske und Budrich (Schule und Gesellschaft, Band 24), S. 109–128.

Elbe, Robert; Galetzka, Claudia (1999): Konfliktorientierung als Baustein einer Lernfelddidaktik. In: Richard Huisinga, Ingrid Lisop und Hans Speier (Hrsg.): Lernfeldorientierung. Konstruktion und Unterrichtspraxis. Frankfurt am Main:

Gesellschaft zur Förderung arbeitsorientierter Forschung und Bildung / G.A.F.B. Verlag, S. 361–379.

Ellwein, Thomas (1998): Die deutsche Gesellschaft und ihr Bildungswesen. Interessenartikulation und Bildungsdiskussion. In: Christoph Führ und Carl-Ludwig Furck (Hrsg.): Handbuch der deutschen Bildungsgeschichte. Band VI, Erster Teilband: Die Bundesrepublik Deutschland. 1945 bis zur Gegenwart. München: C. H. Beck, S. 87–109.

Embacher, Erich; Gravert, Helmut (2000): Die Arbeit mit lernfeldorientierten Lehrplänen in Schule und Unterricht – Hinweise und Anregungen zur Umsetzung in Fachklassen des dualen Systems der Berufsausbildung. In: *Zeitschrift für Berufs- und Wirtschaftspädagogik*, Beiheft 15 – Lernfeldorientierung in Theorie und Praxis, S. 135–147.

Ettmann, Bernd; Wurm, Gregor (2002): Der Bankenlehrplan in der Unterrichtspraxis. In: *Wirtschaft und Erziehung*, Heft 4, S. 114–119.

Euler, Dieter (1997): Förderung von Sozialkompetenzen – eine Überforderung für das duale System. In: Dieter Euler und Peter F. E. Sloane (Hrsg.): Duales System im Umbruch. Pfaffenweiler: Centaurus Verlag, S. 263–288.

Euler, Dieter; Bauer-Klebl, Annette (2008): Bestimmung und Präzisierung von Sozialkompetenzen. In: *Zeitschrift für Berufs- und Wirtschaftspädagogik*, Heft 1, S. 16–47.

Euler, Mark (2015): Bildungstheoretische Implikationen moderner Berufsorientierung. In: *Zeitschrift für Berufs- und Wirtschaftspädagogik*, Heft 1, S. 100–114.

Fahrmeir, Ludwig; Künstler, Rita; Pigeot, Iris; Tutz, Gerhard (2010): Statistik. Der Weg zur Datenanalyse. 7., neu bearbeitete Auflage. Berlin, Heidelberg: Springer-Verlag.

Faulstich-Wieland, Hannelore (2008): Schule und Geschlecht. In: Werner Helsper und Jeanette Böhme (Hrsg.): Handbuch der Schulforschung. 2., durchgesehene und erweiterte Auflage. Wiesbaden: VS Verlag für Sozialwissenschaften, S. 673–695.

Fehm, Kurt; Lerch, Bernd (1974): Positive Kritik der didaktischen Transformation. In: *Wirtschaft und Erziehung*, Heft 9, S. 241–250.

Fend, Helmut (1998): Qualität im Bildungswesen. Schulforschung zu Systembedingungen, Schulprofilen und Lehrerleistung. Weinheim und München: Juventa Verlag.

Fend, Helmut (2008): Schule gestalten. Systemsteuerung, Schulentwicklung und Unterrichtsqualität. Wiesbaden: VS Verlag für Sozialwissenschaften.

Fichten, Wolfgang; Meyer, Hilbert (2006): Kompetenzentwicklung durch Lehrerforschung. In: Christina Allemann-Ghionda und Ewald Terhart (Hrsg.):

Kompetenzen und Kompetenzentwicklung von Lehrerinnen und Lehrern. Zeitschrift für Pädagogik 51 (Beiheft). Weinheim: Beltz Verlag, S. 267–282.

Fischer, Andreas (2011): Das Lernfeldkonzept als Forschungsanlass und Diskursthema in der Berufs- und Wirtschaftspädagogik – Leuphana Notizen. In: *Berufs- und Wirtschaftspädagogik,* Spezial 5 – Hochschultage Berufliche Bildung 2011. Online verfügbar unter http://www.bwpat.de/ht2011/ft19/fischer_ft19-ht2011.pdf.

Fischer, Andreas; Seeber, Susan (2014): Moderne kaufmännische Bildung – curriculare Zugänge und empirisch belastbare Kompetenzbestimmung. In: *Berufs- und Wirtschaftspädagogik – online,* Profil 3: Digitale Festschrift für Tade Tramm zum 60. Geburtstag. Online verfügbar unter http://www.bwpat.de/profil-3/fischer-seeber.

Fischer, Martin (2003): Grundprobleme didaktischen Handelns und die arbeitsorientierte Wende in der Berufsbildung. In: *Berufs- und Wirtschaftspädagogik – online,* Heft 4. Online verfügbar unter http://www.bwpat.de/ausgabe4/fischer_bwpat4.pdf.

Fischer, Martin; Gerds, Peter (2000): Lernfeldorientierung in der aktuellen Modellversuchsforschung und ihre historischen Wurzeln in curricularen Ansätzen der gewerblich-technischen Berufsausbildung. In: *Zeitschrift für Berufs- und Wirtschaftspädagogik,* Beiheft 15 – Lernfeldorientierung in Theorie und Praxis, S. 87–100.

Flacelière, Robert (1977): Griechenland. Leben und Kultur in klassischer Zeit. Aus dem französischen übersetzt und hrsg. von Edgar Pack. Stuttgart: P. Reclam.

Flechsig, Karl-Heinz; Haller, Hans-Dieter (1973): Entscheidungsprozesse in der Curriculumentwicklung. Stuttgart: Ernst Klett Verlag.

Flessau, Kurt-Ingo (1977): Schule der Diktatur. Lehrpläne und Schulbücher des Nationalsozialismus. München: Franz Ehrenwirt Verlag.

Franz, Bernhard (1998): Zu Problemen der didaktischen Analyse von Lernfeldern. In: *Die berufsbildende Schule,* Heft 11–12, S. 331–334.

Freundeskreis der Öffentlichen Handelslehranstalt zu Leipzig (Hrsg.) (2001): Die Öffentliche Handelslehranstalt zu Leipzig 1831–1950: Festschrift zum 170. Jahrestag ihrer Gründung. Leipzig: Leipziger Universitätsverlag. Online verfügbar unter http://books.google.de/books?id=ZtPFFbVAciIC.

Frey, Andreas (2006): Methoden und Instrumente zur Diagnose beruflicher Kompetenzen von Lehrkräften. Eine erste Standortbestimmung zu bereits publizierten Instrumenten. In: Christina Allemann-Ghionda und Ewald Terhart (Hrsg.): Kompetenzen und Kompetenzentwicklung von Lehrerinnen und Lehrern. Zeitschrift für Pädagogik 51 (Beiheft). Weinheim: Beltz Verlag, S. 30–46.

Frucht, Franz (1920): Entwurf für die in das Handelsgesetz aufzunehmende Bestimmungen über die Berechtigung zur Lehrlingshaltung und -ausbildung im Handelsgewerbe. In: Manfred Horlebein (Hrsg.): Quellen und Dokumente zur Geschichte der kaufmännischen Berufsbildung 1818–1984. Köln, Wien 1989: Böhlau Verlag (Quellen und Dokumente zur Geschichte der Berufsbildung in Deutschland, hrsg. von Karlwilhelm Stratmann, Reihe C, Band 3), S. 147.

Fuller, Frances; Brown, Oliver (1975): Becoming a teacher. In: K. Ryan (Hrsg.): Teacher education. The seventy-fourth NSSE yearbook. Part II. Chicago: University of Chicago Press, S. 25–52.

Furck, Carl-Ludwig (1998): Allgemeinbildende Schulen. Entwicklungstendenzen und Rahmenbedingungen. In: Christoph Führ und Carl-Ludwig Furck (Hrsg.): Handbuch der deutschen Bildungsgeschichte. Band VI, Erster Teilband: Die Bundesrepublik Deutschland. 1945 bis zur Gegenwart. München: C. H. Beck, S. 245–260.

Fürstenau, Bärbel; Getsch, Ulrich; Noß, Martina; Siemon, Jens (1999): Entwicklung und Evaluation komplexer Lehr-Lern-Arrangements als zentrales Forschungsfeld der Göttinger Wirtschaftspädagogik. In: Tade Tramm, Detlef Sembill, Fritz Klauser und Ernst John (Hrsg.): Professionalisierung kaufmännischer Berufsbildung. Beiträge zur Öffnung der Wirtschaftspädagogik für die Anforderungen des 21. Jahrhunderts. Festschrift zum 60. Geburtstag von Frank Achtenhagen. Frankfurt am Main: Peter Lang, S. 260–276.

Gehring, Uwe; Weins, Cornelia (2009): Grundkurs Statistik für Politologen und Soziologen. 5., überarbeitete Auflage. Wiesbaden: VS Verlag für Sozialwissenschaften.

Geissel, Bernd (2008): Ein Kompetenzmodell für die elektrotechnische Grundbildung: Kriteriumsorientierte Interpretation von Leistungsdaten. In: Reinhold Nickolaus und Heinrich Schanz (Hrsg.): Didaktik gewerblich-technischer Berufsbildung. Hohengehren: Schneider Verlag, S. 121–142.

Gerdsmeier, Gerhard (1999): Problembereiche kaufmännischer Unterrichte und das Lösungspotential lernfeldstrukturierter Lehrpläne. In: Richard Huisinga, Ingrid Lisop und Hans Speier (Hrsg.): Lernfeldorientierung. Konstruktion und Unterrichtspraxis. Frankfurt am Main: Gesellschaft zur Förderung arbeitsorientierter Forschung und Bildung / G.A.F.B. Verlag, S. 243–302.

Gericke, W. (1932): Vereinbarung zwischen Handwerkskammer und Industrie- und Handelskammer zur Durchführung von Gesellenprüfungen für Industrielehrlinge. In: Günter Pätzold (Hrsg.): Die betriebliche Berufsausbildung 1918–1945. Köln, Wien 1980: Böhlau Verlag (Quellen und Dokumente zur Geschichte der Berufsbildung in Deutschland, hrsg. von Karlwilhelm Stratmann, Reihe A, Band 1), S. 307–309.

Gläser-Zikuda, Michaela (2011): Qualitative Auswertungsverfahren. In: Heinz Reinders, Hartmut Ditton, Cornelia Gräsel und Burkhard Gniewosz (Hrsg.): Empirische Bildungsforschung. Struktur und Methoden. Wiesbaden: VS Verlag für Sozialwissenschaften, S. 109–119.

Gläser-Zikuda, Michaela; Fuß, Stefan (2008): Lehrerkompetenzen und Schüleremotionen: Wie nehmen Lernende ihre Lehrkräfte emotional wahr? In: Michaela Gläser-Zikuda und Jürgen Seifried (Hrsg.): Lehrerexpertise – Analyse und Bedeutung unterrichtlichen Handelns. Münster: Waxmann, S. 113–142.

Goetz, K. (1916): Königreich Bayern. In: Adolf Ziegler (Hrsg.): Handbuch für das kaufmännische Unterrichtswesen in Deutschland. Unter Mitwirkung namhafter Handelsschulmänner und Fachleute. 2 Bände. Leipzig: Verlag für Handelsliteratur G. A. Gloeckner (Erster Band: Die kaufmännischen Schulen als Erziehungs- und Unterrichtsanstalten.), S. 199–215.

Göhrung, Josef Friedrich (1784): Vorstellung des Plans seiner Vorlesungen über die Handlungs-Wissenschaften. In: Klaus Friedrich Pott (Hrsg.): Über kaufmännische Erziehung. Ein Quellen- und Lesebuch mit Texten aus Zeitschriften, Broschüren und (Lehr-) Büchern des 18. Jahrhunderts. Rinteln 1977: Merkur Verlag, S. 284–290.

Golas, Heinz; Stern, Martin; Voß, Peter (1967): Zur Theorie der didaktischen Reduktion im Fach Wirtschaftslehre, Teil I. In: *Erziehungswissenschaft und Beruf*, Heft 1, S. 13–20.

Goldbach, Arnim (1997): Neukonzeption der Didaktik des Rechnungswesens. In: *Erziehungswissenschaft und Beruf*, Heft 1, S. 383–390.

Goldbach, Arnim (1998): Lerngebiete/Lernfelder oder Unterrichtsfächer für die Berufsschule. In: *Wirtschaft und Erziehung*, Heft 9, S. 300–306.

Goldhaber, Dan; Anthony, Emily (2007): Can teacher quality be effectively assessed? National Board Certification as a signal of effective teaching. In: *The Review of Economics and Statistics*, 1, S. 134–150. Online verfügbar unter http://www.mitpressjournals.org/doi/pdf/10.1162/rest.89.1.134.

Gömmel, Rainer (1998): Die Entwicklung der Wirtschaft im Zeitalter des Merkantilismus 1620–1800. München: R. Oldenbourg Verlag (Enzyklopädie deutscher Geschichte, Band 46).

Gonon, Philipp (2001): Modularisierung als länderübergreifende und (berufsbildungs-) systemunabhängige Modernisierungsstrategie. In: Holger Reinisch, Reinhard Bader und Gerald A. Straka (Hrsg.): Modernisierung der Berufsbildung in Europa. Neue Befunde der berufs- und wirtschaftspädagogischen Forschung. Opladen: Leske und Budrich, S. 183–193.

Götzl, Mathias; Jahn, Robert; Held, Georg (2013): Bleibt alles anders!? Sozialformen, Unterrichtsphasen und echte Lernzeit im kaufmännischen Unterricht.

In: *Berufs- und Wirtschaftspädagogik – online,* Heft 24. Online verfügbar unter http://www.bwpat.de/ausgabe24/goetzl_etal_bwpat24.pdf.

Grebe, Sabine (1999): Martianus Capella ‚De nuptiis Philologiae et Mercurii'. Darstellung der Sieben Freien Künste und ihrer Beziehung zueinander. Stuttgart und Leipzip: B. G. Teubner (Beiträge zur Altertumskunde, 119).

Greinert, Wolf-Dietrich (2006a): Berufliche Bildung im Spannungsfeld politischer und ökonomischer Interessen – ein historischer Rückblick. In: *Zeitschrift für Berufs- und Wirtschaftspädagogik,* Heft 3, S. 382.

Greinert, Wolf-Dietrich (2006b): Geschichte der Berufsausbildung in Deutschland. In: Rolf Arnold und Antonius Lipsmeier (Hrsg.): Handbuch der Berufsbildung. 2., überarbeitete und aktualisierte Auflage. Wiesbaden: VS Verlag für Sozialwissenschaften, S. 499–508.

Grigat, Eckart; Gadow, Michael (2003): Lernfeldarbeit im Bildungsgang Automobilkaufmann/Automobilkauffrau an der Staatlichen Handelsschule Holzdamm (H 11). In: *Berufs- und Wirtschaftspädagogik – online,* Heft 4. Online verfügbar unter http://www.bwpat.de/ausgabe4/H11_Holzdamm_bwpat4.pdf.

Groeben, Norbert (1988): Explikation des Konstrukts ‚Subjektive Theorien'. In: Norbert Groeben, Diethelm Wahl, Jörg Schlee und Brigitte Scheele (Hrsg.): Forschungsprogramm Subjektive Theorien. Eine Einführung in die Psychologie des reflexiven Subjekts. Tübingen: Francke Verlag, S. 17–24.

Grossherzogtum Baden, Landesgewerbeamt-Abteilung (1909): Normallehrplan für die Handelsschule in Baden vom 16. August 1909. In: *Deutsche Handelsschul-Lehrerzeitung,* Heft 7, S. 353–354.

Groth, Georg (1963): Die Bedeutung der wirtschaftspädagogischen Forschung für die Theorie der Berufsbildung. In: *Die Deutsche Berufs- und Fachschule,* Heft 10, S. 725–732.

Grundmann, Hilmar (1996): Die doppelte Verwertbarkeit beruflicher Qualifikationen. In: *Die berufsbildende Schule,* Heft 2, S. 61–65.

Grüner, Gustav (1967): Die didaktische Reduktion als Kernstück der Didaktik. In: *Die Deutsche Schule,* Heft 1, S. 414–430.

Grüner, Gustav (1984): Die Berufsschule im ausgehenden 20. Jahrhundert. Ein Beitrag zur Berufsbildungspolitik. Bielefeld: Bertelsmann Verlag.

Grünthal, Günther (1968): Reichsschulgesetz und Zentrumspartei in der Weimarer Republik. Düsseldorf: Droste Verlag.

Gschwendtner, Tobias (2008): Ein Kompetenzmodell für die kraftfahrzeugtechnische Grundbildung. In: Reinhold Nickolaus und Heinrich Schanz (Hrsg.): Didaktik gewerblich-technischer Berufsbildung. Hohengehren: Schneider Verlag, S. 103–119.

Gschwendtner, Tobias (2011): Die Ausbildung zum Kraftfahrzeugmechatroniker im Längsschnitt. Analyse zur Struktur von Fachkompetenz am Ende der Ausbildung und Erklärung von Fachkompetenzentwicklungen über die Ausbildungszeit. In: *Zeitschrift für Berufs- und Wirtschaftspädagogik*, Beiheft 25, S. 55–76.

Gschwendtner, Tobias; Abele, Stephan; Nickolaus, Reinhold (2009): Computersimulierte Arbeitsproben: Eine Validierungsstudie am Beispiel der Fehlerdiagnoseleistungen von Kfz-Mechatronikern. In: *Zeitschrift für Berufs- und Wirtschaftspädagogik*, Heft 4, S. 557–578.

Gschwendtner, Tobias; Geissel, Bernd; Nickolaus, Reinhold (2007): Förderung und Entwicklung der Fehleranalysefähigkeit in der Grundstufe der elektrotechnischen Ausbildung. In: *Berufs- und Wirtschaftspädagogik – online*, Heft 13. Online verfügbar unter http://www.bwpat.de/ausgabe13/gschwendtner_etal_bwpat13.pdf.

Gschwendtner, Tobias; Geissel, Bernd; Nickolaus, Reinhold (2010): Modellierung beruflicher Fachkompetenz in der gewerblich-technischen Grundbildung. In: Eckhard Klieme, Detlev Leutner und Martina Kenk (Hrsg.): Kompetenzmodellierung. Zwischenbilanz des DFG- Schwerpunktprogramms und Perspektiven des Forschungsansatzes. Weinheim und Basel: Beltz Verlag (56. Beiheft), S. 258–269.

Gudjons, Herbert (1997): Handlungsorientierter Unterricht. In: *Pädagogik*, Heft 1, S. 6–10.

Günther, Klaus (1998): Lernfeldorientierte Lehrpläne – ein didaktischer Fortschritt? In: *Wirtschaft und Erziehung*, Heft 7–8, S. 250.

Hackl, Peter; Katzenbeisser, Walter (1996): Statistik für Sozial- und Wirtschaftswissenschaften. 10., durchgesehene Auflage. München: R. Oldenbourg Verlag.

Häder, Michael (2010): Empirische Sozialforschung. 2., überarbeitete Auflage. Wiesbaden: VS Verlag für Sozialwissenschaften.

Hadler, Markus (2005): Quantitative Datenanalyse für Sozialwissenschaftler. Wien: LIT-Verlag.

Hagelücken, Heidi (2005): Umsetzung des Lernfeldkonzeptes am Beispiel des Lernfeldes ‚Berufsbildung in Schule und Betrieb' im Ausbildungsberuf Kauffrau/Kaufmann für Bürokommunikation. In: Manfred Horlebein und Heinrich Schanz (Hrsg.): Wirtschaftsdidaktik für berufliche Schulen. Hohengehren: Schneider Verlag (Berufsbildung konkret, Band 8), S. 212–236.

Hagstotz (1920): Berufsberatung für kaufmännische Berufe. In: Manfred Horlebein (Hrsg.): Quellen und Dokumente zur Geschichte der kaufmännischen Berufsbildung 1818–1984. Köln, Wien 1989: Böhlau Verlag (Quellen und Dokumente zur Geschichte der Berufsbildung in Deutschland, hrsg. von Karlwilhelm Stratmann, Reihe C, Band 3), S. 143–146.

Hahne, Klaus (2009): Entwicklung von System- und Gestaltungskompetenz für nachhaltige Entwicklung. In: Claudia Fenzl, Georg Spöttl, Falk Howe und Matthias Becker (Hrsg.): Berufsarbeit von morgen in gewerblich-technischen Domänen. Forschungsansätze und Ausbildungskonzepte für die berufliche Bildung. Bielefeld: Bertelsmann, S. 197–202.

Hahn, Hans (1998): Umsetzung der Lernfeldkonzeption der neuen AO im Groß- und Außenhandel. In: *Wirtschaft und Erziehung*, Heft 3, S. 99–105.

Haipeter, Thomas (2011): Kaufleute zwischen Angestelltenstatus und Dienstleistungsarbeit – eine soziologische Spurensuche. Industriesoziologische Expertise kaufmännisch-betriebswirtschaftlicher Berufe. Hrsg. v. Bundesinstitut für Berufsbildung. Bonn (Schriftenreihe des Bundesinstituts für Berufsbildung Bonn, Heft 126). Online verfügbar unter http://www.bibb.de/veroeffentlichungen/de/publication/download/id/6721.

Halfpap, Klaus (1996): Lernen lassen. Darmstadt: Winklers Verlag.

Hansis, Hermann (1996): Vom fachlichen zum überfachlichem Lernen – Sinn und Grenzen der Fächerintegration. In: *Kölner Zeitschrift für Wirtschaft und Pädagogik*, Heft 20, S. 5–17.

Hansis, Hermann (2000): Lernfeldorientierung in kaufmännisch-verwaltenden Berufen – Zur Verknüpfung von Handlungs- und Fachsystematik aus schulpraktischer Sicht. In: *Zeitschrift für Berufs- und Wirtschaftspädagogik*, Beiheft 15 – Lernfeldorientierung in Theorie und Praxis, S. 122–134.

Hansis, Hermann; Harzheim, Irina; Scherer, Dorothea; Hummel, Christof (2005): Aufbau überfachlicher Kompetenzen auf der Grundlage lernfeldstrukturierter Lehrpläne. In: Manfred Horlebein und Heinrich Schanz (Hrsg.): Wirtschaftsdidaktik für berufliche Schulen. Hohengehren: Schneider Verlag (Berufsbildung konkret, Band 8), S. 96–117.

Harney, Klaus (2008): Berufsbildung als Gegenstand der Schulforschung. In: Werner Helsper und Jeanette Böhme (Hrsg.): Handbuch der Schulforschung. 2., durchgesehene und erweiterte Auflage. Wiesbaden: VS Verlag für Sozialwissenschaften, S. 321–340.

Hartig, Johannes; Frey, Andreas; Jude, Nina (2012): Validität. In: Helfried Moosbrugger und Augustin Kelava (Hrsg.): Testtheorie und Fragebogenkonstruktion. 2., aktualisierte und überarbeitete Auflage. Berlin: Springer-Verlag, S. 143–171.

Hartmann, Martin; Knorn, Matthias; Wohlrabe, Dirk (2009): Outcomeorientierte Kompetenzentwicklung bei der Ausbildung in der Zerspanungsmechanik und Mechatronik. In: Claudia Fenzl, Georg Spöttl, Falk Howe und Matthias

Becker (Hrsg.): Berufsarbeit von morgen in gewerblich-technischen Domänen. Forschungsansätze und Ausbildungskonzepte für die berufliche Bildung. Bielefeld: Bertelsmann, S. 203–208.

Hass, Detlef (2011): Entwicklung beruflicher Handlungskompetenzen in der gärtnerischen Berufsausbildung durch die Anwendung des Lernfeldkonzepts. In: Thomas Bals und Heike Hinrichs (Hrsg.): Übergänge in der agrarwirtschaftlichen Berufsbildung – eine Herausforderung für Bildungsakteure auf unterschiedlichen Ebenen. Hochschultage Berufliche Bildung 2011. Fachtagung 01: Agrarwirtschaft. Berufs- und Wirtschaftspädagogik – online 11 (Sezial 5).

Haumann, Eduard (1922): Berufskunde und Staatsbürgerkunde. In: Gustav Grüner (Hrsg.): Curriculumproblematik der Berufsschule. Zur Entwicklungsgeschichte der Lehrpläne gewerblicher Berufsschulen. Stuttgart 1975: Holland & Josenhans Verlag (Beiträge zur Pädagogik für Schule und Betrieb, Band 6), S. 69–75.

Hauptmeier, Gerhard (1968): Die didaktische Reduktion als methodische Möglichkeit im Wirtschaftslehreunterricht. In: *Die Deutsche Berufs- und Fachschule*, Heft 1, S. 925–938.

Hauptmeier, Gerhard (1980): Verfahrensweisen der didaktischen Reduktion. In: *Zeitschrift für Berufs- und Wirtschaftspädagogik*, Heft 11, S. 820–832.

Hauptmeier, Gerhard (1992): Zur Theorie aussagenlogischer Ansätze der pädagogischen Transformation. In: *Zeitschrift für Berufs- und Wirtschaftspädagogik*, Heft 3, S. 393–396.

Heckscher, Eli Filip (1932): Der Merkantilismus. Band 1. Übersetzt von Gerhard Mackenroth. Jena: Verlag Gustav Fischer.

Heggestad, E. D.; Morrison M.; Reeve C.L.; McCloy R.A. (2006): Forced-Choice Assesment of personality for Selection: Evaluation Issues of Normative Assesment and Fakiing Resistance. In: *Journal of Applied Psychology*, Heft 1, S. 9–24. Online verfügbar unter http://web.a.ebscohost.com/ehost/pdfviewer/pdfviewer?sid=0545c4a5-bcc9–489d-a694-b4cff59dae8f%40sessionmgr4001&vid=6&hid=4101.

Heid, Helmut (2000): Der Verwendungsgesichtspunkt im Kontext berufspädagogischer Lernfeldorientierung. In: *Zeitschrift für Berufs- und Wirtschaftspädagogik*, Beiheft 15 – Lernfeldorientierung in Theorie und Praxis, S. 33–37.

Helbig, Marcel (2010a): Geschlecht der Lehrer und Kompetenzentwicklung der Schüler. In: Gudrun Quenzel und Klaus Hurrelmann (Hrsg.): Bildungsverlierer. Neue Ungleichheiten. Wiesbaden: VS Verlag für Sozialwissenschaften, S. 273–288.

Helbig, Marcel (2010b): Sind Lehrerinnen für den geringeren Schulerfolg von Jungen verantwortlich? In: *Kölner Zeitschrift für Soziologie und Sozialpsychologie,* Heft 1, S. 93–111.

Hell, H. (1916): Die kaufmännische Fortbildungsschule. In: Adolf Ziegler (Hrsg.): Handbuch für das kaufmännische Unterrichtswesen in Deutschland. Unter Mitwirkung namhafter Handelsschulmänner und Fachleute. 2 Bände. Leipzig: Verlag für Handelsliteratur G. A. Gloeckner (Erster Band: Die kaufmännischen Schulen als Erziehungs- und Unterrichtsanstalten.), S. 358–379.

Helmke, Andreas (2006a): Was wissen wir über guten Unterricht? Über die Rückbesinnung auf den Unterricht als dem ‚Kerngeschäft' von Schule. In: *Pädagogik,* Heft 58, S. 42–45.

Helmke, Andreas (2006b): Was wissen wir über guten Unterricht? Wissenschaftliche Erkenntnisse zur Unterrichtsforschung und Konsequenzen für die Unterrichtsentwicklung. Lehren und Lernen für die Zukunft. Bertelsmann Stiftung und Ministerium für Schule und Weiterbildung NRW. Essen, 28.10.2006. Online verfügbar unter http://www.bildung.koeln.de/imperia/md/content/selbst_schule/downloads/andreas_helmke_.pdf.

Helmke, Andreas (2007): Unterrichtsqualität erfassen, bewerten, verbessern. 6. Auflage. Seelze: Klett Kallmeyer.

Helmke, Andreas; Helmke, Tuyet; Schrader, Friedrich-Wilhelm; Wagner, Wolfgang; Nold, Günter; Schröder, Konrad (2008): Soziodemografische und fachdidaktisch relevante Merkmale von Englischlehrpersonen. In: Eckhard Klieme (Hrsg.): Unterricht und Kompetenzerwerb in Deutsch und Englisch. Ergebnisse der DESI-Studie. Weinheim: Beltz Verlag, S. 364–370.

Helmke, Andreas; Weinert, Franz (1997): Bedingungsfaktoren schulischer Leistungen. In: Franz Weinert (Hrsg.): Psychologie des Unterrichts und der Schule. Enzyklopädie der Psychologie. Göttingen: Hogrefe (Pädagogische Psychologie, Band 3), S. 71–176.

Hericks, Uwe; Kunze, Ingrid (2008): Forschung zu Didaktik und Curriculum. In: Werner Helsper und Jeanette Böhme (Hrsg.): Handbuch der Schulforschung. 2., durchgesehene und erweiterte Auflage. Wiesbaden: VS Verlag für Sozialwissenschaften, S. 747–778.

Hering, Dieter; Lichtenecker, Franz (1966): Lösungsvarianten zum Lehrstoff-Zeit-Problem und ihre Ordnung. In: *Wissenschaftliche Zeitschrift der Technischen Universität Dresden,* Heft 4, S. 1189–1216.

Herkner, Volker (2013): Berufsgruppenbildung im Bereich kaufmännisch-betriebswirtschaftlicher Berufe aus historischer Sicht. In: *Berufsbildung in Wissenschaft und Praxis,* Heft 3, S. 16–19.

Herrmann, Gernot (2009): Sachstruktur oder Lernfeldstruktur. In: *Zeitschrift für Berufs- und Wirtschaftspädagogik*, Heft 2, S. 285–290.

Herrmann, Gernot; Illerhaus, Klaus (2000): Zur Entwicklung der Lernfeldstruktur der Rahmenlehrpläne der Kultusministerkonferenz für den Unterricht in der Berufsschule. In: *Zeitschrift für Berufs- und Wirtschaftspädagogik*, Beiheft 15 – Lernfeldorientierung in Theorie und Praxis, S. 101–108.

Herrmann, Ulrich (1999): „Lehrer" – Experte *und* Autodidakt. Bmerkungen zu den aktuellen Möglichkeiten und Grenzen der „Professionalität" und der „Professionalisierbarkeit" des Lehrers und seiner beruflichen Praxen. In: Ursula Carle und Sylvia Buchen (Hrsg.): Jahrbuch für Lehrerforschung. Band 2. Weinheim und München: Juventa Verlag, S. 33–48.

Herrmann, Ulrich (2002): Der Berufsbezug in der Lehrerausbildung. Organisatorische Rahmenbedingungen und inhaltliche Anforderungen. In: Ulrich Herrmann (Hrsg.): Wie lernen Lehrer ihren Beruf? Empirische Befunde und praktische Vorschläge. Weinheim und Basel: Beltz Verlag, S. 273–290.

Herrmann, Ulrich; Hertramph, Herbert (2002): Reflektierte Berufserfahrung und subjektiver Qualifikationsbedarf. Eine Interview-Pilotstudie mit Lehrerinnen und Lehrern an Schulen in Ulm. Fragestellungen – Vorgehensweise – Ergebnisse. In: Ulrich Herrmann (Hrsg.): Wie lernen Lehrer ihren Beruf? Empirische Befunde und praktische Vorschläge. Weinheim und Basel: Beltz Verlag, S. 98–116.

Herrmann, Ulrich; Horstendahl, Michaela (2002): Praktika als Wege zur Berufspraxis? Zur Pragmatik von Praxiserfahrungen und zur Praxiserkundung als Lernprozess im Rahmen des Studiums und der Ausbildung künftiger Gymnasiallehrer. In: Ulrich Herrmann (Hrsg.): Wie lernen Lehrer ihren Beruf? Empirische Befunde und praktische Vorschläge. Weinheim und Basel: Beltz Verlag, S. 152–167.

Hertramph, Herbert (2002): Lehrer-werden – Ein Drahtseilakt? Von der Selbstdefinition zur Ko-Konstruktion beruflichen Handelns. In: Ulrich Herrmann (Hrsg.): Wie lernen Lehrer ihren Beruf? Empirische Befunde und praktische Vorschläge. Weinheim und Basel: Beltz Verlag, S. 119–134.

Hertramph, Herbert; Herrmann, Ulrich (1999): „Lehrer" – eine Selbstdefinition. Ein Ansatz zur Analyse von Lehrerpersönlichkeit und Kompetenzgenese durch das sozial-kognitive Modell der Selbstwirksamkeitsüberzeugung. In: Ursula Carle und Sylvia Buchen (Hrsg.): Jahrbuch für Lehrerforschung. Band 2. Weinheim und München: Juventa Verlag, S. 49–71.

Hess, Jürgen Peter (1982): Empirische Sozialforschung und automatisierte Datenverarbeitung. Max-Planck-Institut für Bildungsforschung, Berlin. Online verfügbar unter https://www.yumpu.com/de/document/view/10413669/materialien-aus-der-bildungsforschung-nr-23-jurgen-peter-hess-/27.

Hill, Heather; Rowan, Brian; Ball, Deborah (2005): Effects of Teachers' Mathematical Knowledge for Teaching on Student Achievement. In: *American Educational Research Journal,* Heft 2, S. 371–406.

Höfler, Arnold (2010): Lernfeldstrukturierte Handlungsorientierung im Sinne dualer Berufsausbildung. In: *Zeitschrift für Berufs- und Wirtschaftspädagogik,* Heft 4, S. 616–617.

Hofmeister, Wiebke (2014): EvaNet-EH – Die Entwicklung einer Lernfeld-Kompetenzmatrix für den Bildungsgang ‚Kaufleute im Einzelhandel'. Eine Projektbeschreibung und ein Blick auf die Nachhaltigkeit. In: *Berufs- und Wirtschaftspädagogik – online,* Profil 3: Digitale Festschrift für Tade Tramm zum 60. Geburtstag. Online verfügbar unter http://www.bwpat.de/profil3/hofmeister_profil3.pdf.

Holmlund, Helena; Sund, Krister (2008): Is the gender gap in school performance affected by the sex of the teacher? In: *Labour Economics,* Heft 1, S. 37–53.

Hopmann, Stefan; Künzli, Rudolf (1998): Entscheidungsfelder der Lehrplanarbeit. Grundzüge einer Theorie der Lehrplanung. In: Rudolf Künzli und Stefan Hopmann (Hrsg.): Lehrpläne: Wie sie entwickelt werden und was von ihnen erwartet wird. Chur/Zürich: Rüegger, S. 17–53.

Horlebein, Manfred (1976): Die berufsbegleitenden kaufmännischen Schulen in Deutschland (1800–1945). Eine Studie zur Genese der kaufmännischen Berufsschule. 3 Bände. Frankfurt am Main: Peter Lang (Forschung und Praxis beruflicher Bildung, hrsg. von Rolf Berke, Band 3).

Horlebein, Manfred (1989a): Einleitung zu den Quellen und Dokumenten zur Geschichte der kaufmännischen Berufsbildung. In: Manfred Horlebein (Hrsg.): Quellen und Dokumente zur Geschichte der kaufmännischen Berufsbildung 1818–1984. Köln, Wien: Böhlau Verlag (Quellen und Dokumente zur Geschichte der Berufsbildung in Deutschland, hrsg. von Karlwilhelm Stratmann, Reihe C, Band 3), S. 3–35.

Horlebein, Manfred (1989b): Kaufmännische Berufsbildung. In: Dieter Langewiesche und Heinz-Elmar Tenorth (Hrsg.): Handbuch der deutschen Bildungsgeschichte. Band V: Die Weimarer Republik und die nationalsozialistische Diktatur. München: Verlag C. H. Beck, S. 288–291.

Horlebein, Manfred (1992): Kaufmännische Berufsbildung im Zweiten Deutschen Kaiserreich. In: *Zeitschrift für Berufs- und Wirtschaftspädagogik,* Beiheft 9 – Historische Berufsbildungsforschung, S. 220–237.

Horlebein, Manfred (2005): Die Revision des Curriculums – bezogen auf die Lernfelder kaufmännischer Ausbildungsberufe. In: Manfred Horlebein und Heinrich Schanz (Hrsg.): Wirtschaftsdidaktik für berufliche Schulen. Hohengehren: Schneider Verlag (Berufsbildung konkret, Band 8), S. 61–73.

Horlebein, Manfred; Schanz, Heinrich (2005): Wirtschaftsdidaktik als wirtschaftspädagogische Theorie und Unterrichtspraxis kaufmännischer Schulen. In: Manfred Horlebein und Heinrich Schanz (Hrsg.): Wirtschaftsdidaktik für berufliche Schulen. Hohengehren: Schneider Verlag (Berufsbildung konkret, Band 8), S. 3–9.

Hörlein, Günter (1997): Handlungsorientierung ohne Differenzierung ist eine halbe Sache. In: *Pädagogik*, Heft 12, S. 17–22.

Huberman, M. (1988): Teacher careers and school improvement. In: *Journal of Curriculum Studies*, Heft 2, S. 119–132.

Huisinga, Richard (1999): Das Lernfeldkonzept der KMK – ein bildungspolitischer Reformvorschlag? In: Richard Huisinga, Ingrid Lisop und Hans Speier (Hrsg.): Lernfeldorientierung. Konstruktion und Unterrichtspraxis. Frankfurt am Main: Gesellschaft zur Förderung arbeitsorientierter Forschung und Bildung / G.A.F.B. Verlag, S. 49–84.

Humboldt, Wilhelm von (1809): Bericht der Sektion des Kultus und Unterrichts an den König. In: Andreas Flitner und Klaus Giel (Hrsg.): Wilhelm von Humboldt: Werke in fünf Bänden. Darmstadt 1964: Wissenschaftliche Buchgesellschaft, S. 210–238.

Jank, Werner; Meyer Hilbert (2011): Didaktische Modelle. 10. Auflage. Berlin: Cornelsen.

Janssen, Jürgen; Laatz, Wilfried (2013): Statistische Datenanalyse mit SPSS. Eine anwendungsorientierte Einführung in das Basissystem und das Modul Exakte Tests. 8. Auflage. Berlin, Heidelberg: Springer Gabler.

Jonkisz, Ewa; Moosbrugger, Helfried; Brandt, Holger (2012): Planung und Entwicklung von Tests und Fragebögen. In: Helfried Moosbrugger und Augustin Kelava (Hrsg.): Testtheorie und Fragebogenkonstruktion. 2., aktualisierte und überarbeitete Auflage. Berlin: Springer-Verlag, S. 27–74.

Justi, Johann Heinrich Gottlob von (1758a): Staatswirtschaft oder systematische Abhandlung aller Oekonomischen und Kameralwissenschaften, die zur Regierung eines Landes erfordert werden. Erster Theil, welcher die Lehre von Erhaltung und Vermehrung des Vermögens des Staats, und mithin die Staatskunst, die Policen- und Commercienwissenschaft nebst der Haushaltungskunst in sich begreift. Neudruck der 2. Auflage, Leipzig 1963. 2 Bände. Aalen: Scientia Verlag.

Justi, Johann Heinrich Gottlob von (1758b): Staatswirtschaft oder systematische Abhandlung aller Oekonomischen und Kameralwissenschaften, die zur Regierung eines Landes erfordert werden. Zweiter Theil, welcher die Lehre von dem vernünftigen Gebrauche des Vermögens des Staats, und mithin die eigentliche Kameral- oder Finanz-Wissenschaft in sich begreift. Neudruck der 2. Auflage, Leipzig 1963. 2 Bände. Aalen: Scientia Verlag.

Kallus, K. Wolfgang (2010): Erstellung von Fragebogen. Wien: facultas Universitätsverlag.

Kasten, A. (1916): Die freie und Hansestadt Hamburg. In: Adolf Ziegler (Hrsg.): Handbuch für das kaufmännische Unterrichtswesen in Deutschland. Unter Mitwirkung namhafter Handelsschulmänner und Fachleute. 2 Bände. Leipzig: Verlag für Handelsliteratur G. A. Gloeckner (Erster Band: Die kaufmännischen Schulen als Erziehungs- und Unterrichtsanstalten.), S. 343–350.

Kath, Fritz (1990): Das pädagogische Umsetzen, die zentrale Tätigkeit bei der Unterrichtsvorbereitung. In: *Zeitschrift für Berufs- und Wirtschaftspädagogik*, Heft 1, S. 71–81.

Kaun, Andreas (2008): Die Umsetzung der KMK-Rahmenlehrpläne auf Länderebene für den berufsbezogenen Bereich im Ausbildungsberuf Industriekaufmann/-frau. In: Dieter Münk, Klaus Breuer und Thomas Dreißinger (Hrsg.): Berufs- und Wirtschaftspädagogik – Probleme und Perspektiven aus nationaler und internationaler Sicht. Opladen und Farmington Hills: Verlag Barbara Budrich, S. 91–100.

Kell, Adolf; Kutscha, Günter (1977): Kritische Theorie der ökonomischen Bildung und das Problem der didaktischen Reduktion. In: *Zeitschrift für Pädagogik*, Heft 3, S. 345–368.

Kennedy, Mary (1998): Form and Substance in Inservice Teacher education. In: *Research Monograph No. 13*. Online verfügbar unter http://archive.wceruw.org/nise/Publications/Research_Monographs/vol13.pdf.

Kennedy, Mary; Ahn, Soyeon; Choi, Jinyoung (2008): The value added by teacher education. In: Marilyn Cochran-Smith, Sharon Feiman-Nemser, John McIntyre und Kelly Demers (Hrsg.): Handbook of research on teacher education. Enduring questions in Changing Contents. 3. Auflage. New York: Routledge, S. 1249–1273.

Kerkhoff, Heinrich (1931): Die Berufsschule unter dem Druck der Sparmaßnahmen. In: Klaus Kümmel (Hrsg.): Quellen und Dokumente zur schulischen Berufsbildung 1918–1945. Köln, Wien 1980: Böhlau Verlag (Quellen und Dokumente zur Geschichte der Berufsbildung in Deutschland, hrsg. von Karlwilhelm Stratmann, Reihe A, Band 2), S. 141–146.

Kerschensteiner, Georg; Spranger, Eduard; Litt, Theodor (1929): Stellungnahme führender Pädagogen zu der Eingabe des DATSCH. In: Klaus Kümmel (Hrsg.): Quellen und Dokumente zur schulischen Berufsbildung 1918–1945. Köln, Wien 1980: Böhlau Verlag (Quellen und Dokumente zur Geschichte der Berufsbildung in Deutschland, hrsg. von Karlwilhelm Stratmann, Reihe A, Band 2), S. 284.

Kirchhoff, Sabine; Kuhnt, Sonja; Lipp, Peter; Schlawin, Siegfried (2010): Der Fragebogen. Datenbasis, Konstruktion und Auswertung. 5. Auflage. Wiesbaden: VS Verlag für Sozialwissenschaften.

Kirschner, Oswald (1971): Zum Problem der didaktischen Reduktion ingenieur- und naturwissenschaftlicher Aussagen. In: *Die Deutsche Berufs- und Fachschule,* Heft 1, S. 261–278.

Kirschner, Oswald (1999): KMK-Lernfelder: Positives Konzept mit Schwächen bei der Umsetzung. In: *Die berufsbildende Schule,* Heft 1, S. 26–29.

Klafki, Wolfgang (1964): Didaktische Analyse als Kern der Unterrichtsvorbereitung. In: Heinrich Roth und Alfred Blumenthal (Hrsg.): Didaktische Analyse. Hannover: Schroedel (Auswahl Reihe A, Band 1), S. 5–34.

Klafki, Wolfgang (2007): Neue Studien zur Bildungstheorie und Didaktik. Zeitgemäße Allgemeinbildung und kritisch-konstruktive Didaktik. 6. Auflage. Weinheim: Beltz Verlag.

Klauser, Fritz (1997): Die duale Berufsausbildung im Spannungsfeld von Kostenkontrolle und Qualitätssicherung. In: *Zeitschrift für Berufs- und Wirtschaftspädagogik,* Heft 6, S. 563–586.

Klauser, Fritz (2000): Erwerb von Expertise – eine curriculare und didaktisch-methodische Leitidee zur effektiven Ausgestaltung lernfeldstrukturierter Curricula in der kaufmännischen Ausbildung. In: *Zeitschrift für Berufs- und Wirtschaftspädagogik,* Beiheft 15 – Lernfeldorientierung in Theorie und Praxis, S. 183–196.

Kleickmann, Thilo; Anders, Yvonne (2011): Lernen an der Universität. In: Mareike Kunter, Jürgen Baumert, Werner Blum, Uta Klusmann, Stefan Krauss und Michael Neubrand (Hrsg.): Professionelle Kompetenz von Lehrkräften. Ergebnisse des Forschungsprogramms COACTIV. Münster: Waxmann, S. 305–316.

Klieme, Eckhard; Leutner, Detlev (2006): Kompetenzmodelle zur Erfassung individueller Lenrergebnisse und zur Bilanzierung von Bildungsprozessen. In: *Zeitschrift für Pädagogik,* Heft 6, S. 876–903.

Klotz, Viola Katharina; Winther, Esther (2012): Kompetenzmessung in der kaufmännischen Berufsausbildung: Zwischen Prozessorientierung und Fachbezug. Eine Analyse der aktuellen Prüfungspraxis. In: *Berufs- und Wirtschaftspädagogik – online,* Heft 22. Online verfügbar unter http://www.bwpat.de/ausgabe22/klotz_winther_bwpat22.pdf.

Klug (1927): Prüfungen für kaufmännische Lehrlinge und Gehilfen. In: Günter Pätzold (Hrsg.): Die betriebliche Berufsausbildung 1918–1945. Köln, Wien 1980: Böhlau Verlag (Quellen und Dokumente zur Geschichte der Berufsbildung in Deutschland, hrsg. von Karlwilhelm Stratmann, Reihe A, Band 1), S. 302–306.

Kluge, Arnd (2007): Die Zünfte. Stuttgart: Franz Steiner Verlag.

Knoll, Joachim (1963): Bewegung im Berufssystem. In: *Die Deutsche Berufs- und Fachschule,* Heft 7, S. 494–500.

Köberer, Wolfgang (1996): Ludex non calculat. Über die Unmöglichkeit, Strafzumessungen sozialwissenschaftlich-mathematisch zu rationalisieren. Frankfurt am Main: Peter Lang (Frankfurter kriminalwissenschaftliche Studien, Band 49).

Kohlhepp (1916): Großherzogtum Baden. In: Adolf Ziegler (Hrsg.): Handbuch für das kaufmännische Unterrichtswesen in Deutschland. Unter Mitwirkung namhafter Handelsschulmänner und Fachleute. 2 Bände. Leipzig: Verlag für Handelsliteratur G. A. Gloeckner (Erster Band: Die kaufmännischen Schulen als Erziehungs- und Unterrichtsanstalten.), S. 271–298.

Kolbe, Fritz-Ulrich; Combe, Arno (2008): Lehrerbildung. In: Werner Helsper und Jeanette Böhme (Hrsg.): Handbuch der Schulforschung. 2., durchgesehene und erweiterte Auflage. Wiesbaden: VS Verlag für Sozialwissenschaften, S. 877–901.

Kolb, Gerhard (2004): Geschichte der Volkswirtschaftslehre. Dogmenhistorische Positionen des ökonomischen Denkens. 2., überarbeitete und wesentlich erweiterte Auflage. München: Verlag Franz Vahlen.

König, Johannes; Peek, Rainer; Blömeke, Sigrid (2010): Ausbildungseffekte im Lehramtsstudium am Beispiel des pädagogischen Wissens. In: Bernd Schwarz, Peter Nenniger und Reinhold Jäger (Hrsg.): Erziehungswissenschaftliche Forschung – nachhaltige Bildung. Beiträge zur 5. DGfE-Sektionstagung ‚Empirische Bildungsforschung'/AEPF-KBBB im Frühjahr 2009. Landau: Verlag Empirische Pädagogik, S. 163–169.

Konrad, Klaus (2007): Mündliche und schriftliche Befragung. Ein Lehrbuch. Landau: Verlag Empirische Pädagogik (Forschung, Statistik & Methoden, Band 4).

Kornmilch-Bienengräber, Thomas (2006): Zur Entwicklung situationsorientierter Bildungsstandards in der kaufmännischen Berufsbildung. In: Gerhard Minnameier und Eveline Wuttke (Hrsg.): Berufs- und wirtschaftspädagogische Grundlagenforschung. Lehr-Lern-Prozesse und Kompetenzdiagnostik. Festschrift für Klaus Beck. Frankfurt am Main: Europäischer Verlag der Wissenschaften, S. 321–334.

Korunka, Christian; Frank, Hermann (2005): Ökonomische Bildung – Eine Ressource für die Entwicklung von ‚Entrepreneurial Spirit'. In: *Wirtschaftspsychologie,* Heft 2, S. 24–41.

Koschmann, Anne (2009): Kooperation von Lehrkräften an berufsbildenden Schulen zur Umsetzung der lernfeldorientierten Lehrpläne. In: Eveline Wuttke, Bärbel Fürstenau und Ralf Tenberg (Hrsg.): Erträge und Perspektiven berufs- und wirtschaftspädagogischer Forschung. Opladen und Farmington Hills: Verlag Barbara Budrich (Schriftenreihe der Sektion Berufs- und Wirtschaftspädagogik der Deutschen Gesellschaft für Erziehungswissenschaft), S. 101–112.

Köster, Roman (2011): Die Wissenschaft der Außenseiter. Die Krise der Nationalökonomie in der Weimarer Republik. Göttingen: Vandenhoeck & Ruprecht (Kritische Studien zur Geschichtswissenschaft, hrsg. von Helmut Berding, Dieter Gosewinkel, Jürgen Kocka, Paul Nolte, Hans-Peter Ullmann und Hans-Ulrich Wehler, Band 198).

Krammes, Detlef (2000): Lernfelddidaktik in beruflichen Schulen. In: *Wirtschaft und Gesellschaft im Beruf,* Heft 1, S. 13–26.

Kremer, H.-Hugo (2003): Handlungs- und Fachsystematik im Lernfeldkonzept. In: *Berufs- und Wirtschaftspädagogik – online,* Nr. 4. Online verfügbar unter http://www.bwpat.de/ausgabe4/kremer_bwpat4.pdf.

Kremer, H.-Hugo; Sloane, Peter F. E. (1999): Lernfelder – Motor didaktischer Innovationen? In: *Kölner Zeitschrift für Wirtschaft und Pädagogik,* Heft 26, S. 37–60.

Kremer, H.-Hugo; Sloane, Peter F. E. (2000a): Lernfelder implementieren – erste Umsetzungerfahrungen lernfeldstrukturierter Curricula. In: *Zeitschrift für Berufs- und Wirtschaftspädagogik,* Beiheft 15 – Lernfeldorientierung in Theorie und Praxis, S. 170–182.

Kremer, H.-Hugo; Sloane, Peter F. E. (2000b): Lernfeldkonzept – Erste Umsetzungserfahrungen und Konsequenzen für die Implementation. In: Reinhard Bader und Peter F. E. Sloane (Hrsg.): Lernen in Lernfeldern. Theoretische Analysen und Gestaltungsansätze zum Lernfeldkonzept. Markt Schwaben: Eusl-Verlagsgesellschaft, S. 71–84.

Kremer, H.-Hugo; Sloane, Peter F. E. (2001): Lehrerrolle und Lernfeldkonzept. In: Holger Reinisch, Reinhard Bader und Gerald A. Straka (Hrsg.): Modernisierung der Berufsbildung in Europa. Neue Befunde der berufs- und wirtschaftspädagogischen Forschung. Opladen: Leske und Budrich, S. 97–105.

Kreth, Hermann (1963): Didaktik des politischen und beruflichen Unterrichts. In: *Die Deutsche Berufs- und Fachschule,* S. 664–670.

Kromrey, Helmut (2009): Empirische Sozialforschung. Modelle und Methoden der standardisierten Datenerhebung und Datenauswertung. 12. Auflage. Stuttgart: Lucius & Lucius (UTB 1040).

Krüger, Heinz-Hermann; Pfaff, Nicolle (2008): Triangulation quantitativer und qualitativer Zugänge in der Schulforschung. In: Werner Helsper und Jeanette Böhme (Hrsg.): Handbuch der Schulforschung. 2., durchgesehene und erweiterte Auflage. Wiesbaden: VS Verlag für Sozialwissenschaften, S. 157–179.

Krüger, Michael (2014): Die Abschlussprüfung in der dualen Ausbildung aus Sicht der Berufsschule. In: *Die berufsbildende Schule,* 2, S. 59–62.

Krumm, Volker (1973): Wirtschaftslehreunterricht. Stuttgart: Klett (Gutachten und Studien der Bildungskommission, Band 26).

Kubinger, Klaus; Proyer, René (2010a): Basisinformationen zum Einsatz des Computers in der berufsbezogenen Eignungsbeurteilung. In: Karl Westhoff, Carmen Hagemeister, Martin Kersting, Fredi Lang, Helfried Moosbrugger, Gerd Reimann und Gerhard Stemmler (Hrsg.): Grundwissen für die berufsbezogene Eignungsbeurteilung nach DIN 33430. 3., überarbeitete Auflage. Lengerich: Pabst Science Publishers, S. 149–154.

Kubinger, Klaus; Proyer, René (2010b): Gütekriterien. In: Karl Westhoff, Carmen Hagemeister, Martin Kersting, Fredi Lang, Helfried Moosbrugger, Gerd Reimann und Gerhard Stemmler (Hrsg.): Grundwissen für die berufsbezogene Eignungsbeurteilung nach DIN 33430. 3., überarbeitete Auflage. Lengerich: Pabst Science Publishers, S. 173–181.

Kuckartz, Udo; Ebert, Thomas; Rädiker, Stefan; Stefer, Claus (2009): Evaluation online. Internetgestützte Befragung in der Praxis. Wiesbaden: VS Verlag für Sozialwissenschaften.

Kuckartz, Udo; Rädiker, Stefan; Ebert, Thomas; Schehl, Julia (2010): Statistik. Eine verständliche Einführung. Wiesbaden: VS Verlag für Sozialwissenschaften.

Kühl, M. (1916): Großherzogtum Sachsen-Weimar-Eisenach. In: Adolf Ziegler (Hrsg.): Handbuch für das kaufmännische Unterrichtswesen in Deutschland. Unter Mitwirkung namhafter Handelsschulmänner und Fachleute. 2 Bände. Leipzig: Verlag für Handelslitcratur G. A. Gloeckner (Erster Band: Die kaufmännischen Schulen als Erziehungs- und Unterrichtsanstalten.), S. 318–323.

Kuhlmeier, Werner; Syben, Gerhard; Titschner, Roland (2009): Kompetenzerfassung und -bewertung bei Baustellenführungskräften – das Projekt ‚ECVET-D-Bau'. In: Claudia Fenzl, Georg Spöttl, Falk Howe und Matthias Becker (Hrsg.): Berufsarbeit von morgen in gewerblich-technischen Domänen. Forschungsansätze und Ausbildungskonzepte für die berufliche Bildung. Bielefeld: Bertelsmann, S. 220–226.

Kühne, Alfred (1910): Zu den Bestimmungen über Einrichtung und Lehrpläne gewerblicher Fortbildungsschulen vom 1. Juli 1911. In: Günter Pätzold (Hrsg.): Berufsschuldidaktik in Geschichte und Gegenwart. Richtlinien, Konzeptionen, Reformen. Bochum 1994: Universitätsverlag N. Brockmeyer (Dortmunder Beiträge zur Pädagogik, Band 1), S. 126–134.

Kuklinski, Peter; Wehrmeister, Frank (1999): Lernfeldstrukturierte Lehrpläne. Chancen und Risiken für die Berufsschule am Beispiel Sachsen. In: *Die berufsbildende Schule,* Heft 2, S. 47–53.

Kultusministerium des Landes Nordrhein-Westfalen (1968): Lehrpläne für kaufmännische Berufsschulen. Industriekaufmann. Wuppertal: A. Henn Verlag (Die Schule in Nordrhein-Westfalen. Eine Schriftenreihe des Kultusministers, Band 17-a).

Kultusministerium des Landes Nordrhein-Westfalen (1969a): Lehrpläne für kaufmännische Berufsschulen. Verkäufer und Einzelhandelskaufmann. Wuppertal: A. Henn Verlag (Die Schule in Nordrhein-Westfalen. Eine Schriftenreihe des Kultusministers, Band 17-e).

Kultusministerium des Landes Nordrhein-Westfalen (1969b): Lehrpläne für kaufmännische Berufsschulen. Kaufmann im Groß- und Außenhandel. Wuppertal: A. Henn Verlag (Die Schule in Nordrhein-Westfalen. Eine Schriftenreihe des Kultusministers, Band 17-c).

Kultusministerium des Landes Nordrhein-Westfalen (1969c): Lehrpläne für kaufmännische Berufsschulen. Bankkaufmann. Wuppertal: A. Henn Verlag (Die Schule in Nordrhein-Westfalen. Eine Schriftenreihe des Kultusministers, Band 17-b).

Kultusministerium des Landes Nordrhein-Westfalen (1970): Lehrpläne für kaufmännische Berufsschulen. Speditionskaufmann. Wuppertal: A. Henn Verlag (Die Schule in Nordrhein-Westfalen. Eine Schriftenreihe des Kultusministers, Band 17-f).

Kultusministerium des Landes Nordrhein-Westfalen (1971): Lehrpläne für kaufmännische Berufsschule. Versicherungskaufmann. Wuppertal: A. Henn Verlag (Die Schule in Nordrhein-Westfalen. Eine Schriftenreihe des Kultusministers, Band 17-g).

Kultusministerium des Landes Nordrhein-Westfalen (1972): Lehrpläne für kaufmännische Berufsschulen. Bürokaufmann. Wuppertal: A. Henn Verlag (Die Schule in Nordrhein-Westfalen. Eine Schriftenreihe des Kultusministers, Band 17-h).

Kultusministerium des Landes Nordrhein-Westfalen (1975a): Richtlinien für den Unterricht in der Berufsschule Nordrhein-Westfalen. Kaufmann im Groß- und Außenhandel. Köln: Greven Verlag (Die Schule in Nordrhein-Westfalen. Eine Schriftenreihe des Kultusministers, Band 4103).

Kultusministerium des Landes Nordrhein-Westfalen (1975b): Richtlinien für die Berufsschule in Nordrhein-Westfalen. Bankkaufmann. Köln: Greven Verlag (Die Schule in Nordrhein-Westfalen. Eine Schriftenreihe des Kultusministers, Band 4101).

Kultusministerium des Landes Nordrhein-Westfalen (1975c): Richtlinien für die Berufsschule in Nordrhein-Westfalen. Industriekaufmann. Köln: Greven Verlag (Die Schule in Nordrhein-Westfalen. Eine Schriftenreihe des Kultusministers, Band 4104).

Kultusministerium des Landes Nordrhein-Westfalen (1975d): Richtlinien für die Berufsschule in Nordrhein-Westfalen. Versicherungskaufmann. Köln: Greven Verlag (Die Schule in Nordrhein-Westfalen. Eine Schriftenreihe des Kultusministers, Band 4105).

Kultusministerium des Landes Nordrhein-Westfalen (1975e): Richtlinien für die Berufsschulen in Nordrhein-Westfalen. Bürogehilfin. Köln: Greven Verlag (Die Schule in Nordrhein-Westfalen. Eine Schriftenreihe des Kultusministers, Band 4102).

Kultusministerium des Landes Nordrhein-Westfalen (1981a): Richtlinien und Lehrpläne für die Berufsschule – Berufsfeld Wirtschaft und Verwaltung – in Nordrhein-Westfalen. Volkswirtschaftslehre. Köln: Greven Verlag (Die Schule in Nordrhein-Westfalen. Eine Schriftenreihe des Kultusministers, Band 4292).

Kultusministerium des Landes Nordrhein-Westfalen (1981b): Richtlinien und Lehrpläne für die Berufsschule in Nordrhein-Westfalen. Bankkaufmann/Bankkauffrau. Köln: Greven Verlag (Die Schule in Nordrhein-Westfalen. Eine Schriftenreihe des Kultusministers, Band 4101).

Kultusministerium des Landes Nordrhein-Westfalen (1981c): Richtlinien und Lehrpläne für die Berufsschule in Nordrhein-Westfalen. Kaufmann/Kauffrau im Groß- und Außenhandel. Köln: Greven Verlag (Die Schule in Nordrhein-Westfalen. Eine Schriftenreihe des Kultusministers, Band 4103).

Kultusministerium des Landes Nordrhein-Westfalen (1981d): Richtlinien und Lehrpläne für die Berufsschule in Nordrhein-Westfalen. Industriekaufmann/Industriekauffrau. Köln: Greven Verlag (Die Schule in Nordrhein-Westfalen. Eine Schriftenreihe des Kultusministers, Band 4104).

Kultusministerium des Landes Nordrhein-Westfalen (1981e): Richtlinien und Lehrpläne für die Berufsschule in Nordrhein-Westfalen. Versicherungskaufmann/Versicherungskauffrau. Köln: Greven Verlag (Die Schule in Nordrhein-Westfalen. Eine Schriftenreihe des Kultusministers, Band 4105).

Kultusministerium des Landes Nordrhein-Westfalen (1982): Richtlinien und Lehrpläne für die Berufsschule in Nordrhein-Westfalen. Kaufmann/Kauffrau in der Grundstücks- und Wohnungswirtschaft. Köln: Greven Verlag (Die Schule in Nordrhein-Westfalen. Eine Schriftenreihe des Kultusministers, Band 4154).

Kultusministerium des Landes Nordrhein-Westfalen (1986): Richtlinien und Lehrpläne für die Berufsschule in Nordrhein-Westfalen. Speditionskaufmann/Speditionskauffrau. Köln: Greven Verlag (Die Schule in Nordrhein-Westfalen. Eine Schriftenreihe des Kultusministers, Band 4157).

Kümmel, Klaus (1980): Sozialpolitische, ökonomische und schulische Rahmenbedingungen. In: Klaus Kümmel (Hrsg.): Quellen und Dokumente zur schulischen Berufsbildung 1918–1945. Köln, Wien: Böhlau Verlag (Quellen und

Dokumente zur Geschichte der Berufsbildung in Deutschland, hrsg. von Karlwilhelm Stratmann, Reihe A, Band 2), S. 3–43.

Kunina-Habenicht, Olga; Schulze-Stocker, Franziska; Kunter, Mareike; Baumert, Jürgen; Leutner, Detlev; Förster, Doris et al. (2013): Die Bedeutung der Lerngelegenheit im Lehramtsstudium und deren individuelle Nutzung für den Aufbau des bildungswissenschaftlichen Wissens. In: *Zeitschrift für Pädagogik*, Heft 1, S. 1–23.

Kunze, Karl (1965): Ernst Ludwig Carl. Ein fränkischer Chargé d'affaires und Kameralist an Höfen des europäischen Absolutismus. Inaugural-Dissertation der Philosophischen Fakultät der Friedrich-Alexander-Universität zu Erlangen-Nürnberg. Nürnberg: Friedrich-Alexander-Universität.

Kunze, Katharina; Stelmaszyk, Bernhard (2008): Biographien und Berufskarrieren von Lehrerinnen und Lehrern. In: Werner Helsper und Jeanette Böhme (Hrsg.): Handbuch der Schulforschung. 2., durchgesehene und erweiterte Auflage. Wiesbaden: VS Verlag für Sozialwissenschaften, S. 821–838.

Kunz, Ferdinand (1804): Kurze Geschichte der Entstehung und allmählichen Erweiterung der am 11. Juni 1778 errichteten Magdeburgischen Handlungsschule. In: Klaus Friedrich Pott (Hrsg.): Über kaufmännische Erziehung. Ein Quellen- und Lesebuch mit Texten aus Zeitschriften, Broschüren und (Lehr-) Büchern des 18. Jahrhunderts. Rinteln 1977: Merkur Verlag, S. 278–284.

Kuper, Harm (2011): Evaluation. In: Heinz Reinders, Hartmut Ditton, Cornelia Gräsel und Burkhard Gniewosz (Hrsg.): Empirische Bildungsforschung. Struktur und Methoden. Wiesbaden: VS Verlag für Sozialwissenschaften, S. 131–142.

Lagler, Ernst; Wilhelm, Markus (2013): Zusammenhang von Schülerleistung und Fachausbildung der Lehrkräfte in den Naturwissenschaften – eine Pilotstudie in der Schweiz. In: *Chimica et ceterae artes rerum naturae didacticae – Zeitschrift für die Didaktik aller Naturwissenschaften*, 38, S. 47–70. Online verfügbar unter http://www.phlu.ch/fileadmin/media/phlu.ch/dozierende/wilhelm_markus/Lagler_Wilhelm_2013_Lehrpersonenausbildung_und_Lernendenkenntnisse.pdf.

Landesgewerbeamt Preußen (1912a): 4. Verwaltungsbericht des königlich preuszischen Landesgewerbeamts. Berlin: Carl Heymanns Verlag.

Landesgewerbeamt Preußen (1912b): Ordnung für die Handelslehrerprüfung an der Handelshochschule Berlin. In: Landesgewerbeamt Preußen (Hrsg.): 5. Verwaltungsbericht des königlichen preuszischen Landesgewerbeamts. Berlin 1914: Carl Heymanns Verlag, S. 250–255.

Landesgewerbeamt Preußen (1913): Ausführbestimmungen zu der Ordnung für die Handelslehrerprüfung an der Handelshochschule zu Berlin. In: Landesgewerbeamt Preußen (Hrsg.): 5. Verwaltungsbericht des königlichen preuszischen Landesgewerbeamts. Berlin 1914: Carl Heymanns Verlag, S. 255–259.

Landesgewerbeamt Preußen (1914): Die Neuregelung des Prüfungsverfahrens an den Handelshochschulen. In: Landesgewerbeamt Preußen (Hrsg.): 5. Verwaltungsbericht des königlichen preuszischen Landesgewerbeamts. Berlin: Carl Heymanns Verlag, S. 233–242.

Lehner, Martin (2012): Didaktische Reduktion. Bern: Haupt Verlag.

Lempert, Wolfgang (2006): Berufspädagogen am Scheideweg. Kontroverse Konsequenzen ihrer halben Professionalisierung. In: *Zeitschrift für Berufs- und Wirtschaftspädagogik,* Heft 4, S. 604–615.

Lempert, Wolfgang (2009): Der Stallgeruch des Praktiker als vertrauensbildende ‚Schlüsselqualifikation' des wissenschaftlichen Berufspädagogen. In: *Zeitschrift für Berufs- und Wirtschaftspädagogik,* Heft 3, S. 436–452.

Link, Nico; Geissel, Bernd (2015): Konstruktvalidität konstruktiver Problemlösefähigkeit bei Elektronikern für Automatisierungstechnik. In: *Zeitschrift für Berufs- und Wirtschaftspädagogik,* Heft 2, S. 208–221.

Lipowsky, Frank (2006): Auf den Lehrer kommt es an. Empirische Evidenzen für Zusammenhänge zwischen Lehrerkompetenzen, Lehrerhandeln und dem Lernen der Schüler. In: Christina Allemann-Ghionda und Ewald Terhart (Hrsg.): Kompetenzen und Kompetenzentwicklung von Lehrerinnen und Lehrern. Zeitschrift für Pädagogik 51 (Beiheft). Weinheim: Beltz Verlag, S. 47–70.

Lipsmeier, Antonius (1998): Berufsbildung. In: Christoph Führ und Carl-Ludwig Furck (Hrsg.): Handbuch der deutschen Bildungsgeschichte. Band VI, Erster Teilband: Die Bundesrepublik Deutschland. 1945 bis zur Gegenwart. München: C. H. Beck, S. 447–489.

Lipsmeier, Antonius (2000a): Lernfeldorientierung im Kontext curricularer Besitzstände. In: Reinhard Bader und Peter F. E. Sloane (Hrsg.): Lernen in Lernfeldern. Theoretische Analysen und Gestaltungsansätze zum Lernfeldkonzept. Markt Schwaben: Eusl-Verlagsgesellschaft, S. 181–204.

Lipsmeier, Antonius (2000b): Systematisierungsprinzipien für berufliche Curricula. In: *Zeitschrift für Berufs- und Wirtschaftspädagogik,* Beiheft 15 – Lernfeldorientierung in Theorie und Praxis, S. 72–86.

Lipsmeier, Antonius (2015): Entwicklungslogisch strukturierte berufliche Curricula: Traditionen, Innovationen und Illusionen. In: *Zeitschrift für Berufs- und Wirtschaftspädagogik,* Heft 1, S. 11–30.

Li, Qing (1999): Teachers' beliefs and gender differences in mathematics: a review. In: *Educational Research,* Heft 1, S. 63–76.

Lisop, Ingrid (1999): Bildungstheoretische und didaktische Dimensionen der Lernfeldorientierung – eine kritische Systematik. In: Richard Huisinga, Ingrid Lisop und Hans Speier (Hrsg.): Lernfeldorientierung. Konstruktion und

Unterrichtspraxis. Frankfurt am Main: Gesellschaft zur Förderung arbeitsorientierter Forschung und Bildung / G.A.F.B. Verlag, S. 15–48.

Lisop, Ingrid (2000): Konstruktionsprinzipien für Lernfelder. In: Reinhard Bader und Peter F. E. Sloane (Hrsg.): Lernen in Lernfeldern. Theoretische Analysen und Gestaltungsansätze zum Lernfeldkonzept. Markt Schwaben: Eusl-Verlagsgesellschaft, S. 205–216.

Lisop, Ingrid; Huisinga, Richard (2000): Exemplarik – eine Forderung der KMK-Handreichung. In: *Zeitschrift für Berufs- und Wirtschaftspädagogik,* Beiheft 15 – Lernfeldorientierung in Theorie und Praxis, S. 38–53.

Löbner, Walther (1963): Abriß der Geschichte des kaufmännischen Schulwesens in Deutschland. In: Walther Löbner, Anton Pfeiffer, Erich Schmitz und Heinrich Schrader (Hrsg.): Handbuch für das kaufmännische Schulwesen. Darmstadt: Winklers Verlag, S. 11–25.

Loerwald, Dirk; Schröder, Rudolf (2011): Zur Institutionalisierung ökonomischer Bildung. In: *Aus Politik und Zeitgeschichte,* Heft 12, S. 9–15. Online verfügbar unter www.bpb.de/system/files/pdf/EPCQ28.pdf.

Lotz, Stefanie; Nolte, Matthias; Rischmüller, Heinfried; Ständer, Stefan (2003): Vom Lernfeld zur Unterrichtsplanung: Erfahrungen aus der Projektarbeit des Teams Göttingen. In: *Berufs- und Wirtschaftspädagogik – online,* Heft 4. Online verfügbar unter http://www.bwpat.de/ausgabe4/goettingen_bwpat4.pdf.

Lüders, Manfred; Rauin, Udo (2008): Unterrichts- und Lehr-Lern-Forschung. In: Werner Helsper und Jeanette Böhme (Hrsg.): Handbuch der Schulforschung. 2., durchgesehene und erweiterte Auflage. Wiesbaden: VS Verlag für Sozialwissenschaften, S. 717–745.

Lutz, Burkart (1989): Was wird aus dem ‚Beruf des Kaufmanns'? In: Manfred Horlebein (Hrsg.): Quellen und Dokumente zur Geschichte der kaufmännischen Berufsbildung 1818–1984. Köln, Wien: Böhlau Verlag (Quellen und Dokumente zur Geschichte der Berufsbildung in Deutschland, hrsg. von Karlwilhelm Stratmann, Reihe C, Band 3), S. 260–263.

Mandl, Heinz; Gruber, Hans; Renkl, Alexander (1993): Kontextualisierung von Expertise. In: Heinz Mandl, Dreher Michael und Hans-Joachim Kornadt (Hrsg.): Entwicklung und Denken im kulturellen Kontext. Göttingen: Hogrefe Verlag für Psychologie.

Marperger, Paul Jacob (1723): Trifoleum Mercantile Aureum oder dreyfach Güldenes Klee-Blatt der werthen Kaufmannschafft. Nachdruck der ersten Ausgabe 1990. Herausgegeben von U. A. Michelsen und K. F. Pott. Darmstadt: Technische Hochschule Darmstadt.

Marsh, H. W. (1996): Positive and negative global self-esteem: A substantively meaningful distinction or antifactors? In: *Journal of Personality and Social Psychology*, 4, S. 810–819.

Martini, Georg Heinrich (1775): Vorläufige Nachricht an das Publicum eine in Leipzig einzurichtende Kaufmannsschule betreffend. In: Klaus Friedrich Pott (Hrsg.): Über kaufmännische Erziehung. Ein Quellen- und Lesebuch mit Texten aus Zeitschriften, Broschüren und (Lehr-) Büchern des 18. Jahrhunderts. Rinteln 1977: Merkur Verlag, S. 140–147.

Mathes, Claus (2011): Wirtschaft unterrichten. Methodik und Didaktik der Wirtschaftslehre. 7., überarbeitete und erweiterte Auflage. Haan-Gruiten: Verlag Europa-Lehrmittel.

Mayer, Horst Otto (2013): Interview und schriftliche Befragung. 6. Auflage. München: Oldenbourg.

May, Hermann (2011): Ökonomische Bildung ist Allgemeinbildung. In: *Aus Politik und Zeitgeschichte*, Heft 12, S. 3–9. Online verfügbar unter www.bpb.de/system/files/pdf/EPCQ28.pdf.

Mayr, Johannes (2006): Theorie + Übung + Praxis = Kompetenz? Empirisch begründete Rückfragen zu den „Standards in der Lehrerbildung". In: Christina Allemann-Ghionda und Ewald Terhart (Hrsg.): Kompetenzen und Kompetenzentwicklung von Lehrerinnen und Lehrern. Zeitschrift für Pädagogik 51 (Beiheft). Weinheim: Beltz Verlag, S. 149–163.

Meyer, Heinrich (2003): Überlegungen zu einem handlungsorientierten didaktischen Konzept eines Schülerbuchs der Volkswirtschaftslehre für die Berufsfachschule Wirtschaft und Verwaltung. In: *Berufs- und Wirtschaftspädagogik – online*, Profil 1: Digitale Festschrift für Willi Brand: Den Menschen verpflichtet – Dimensionen berufs- und wirtschaftspädagogischer Reflexion. Online verfügbar unter http://www.bwpat.de/profil1/meyer_profil1.pdf.

Meyer, Rita; Modrow-Thiel, Brita (2009): Berufs- und arbeitswissenschaftliche Forschung als Grundlage für die Gestatung von Arbeits- und Qualifizierungsprozessen in der Investitionsgüterindstrie. In: Claudia Fenzl, Georg Spöttl, Falk Howe und Matthias Becker (Hrsg.): Berufsarbeit von morgen in gewerblich-technischen Domänen. Forschungsansätze und Ausbildungskonzepte für die berufliche Bildung. Bielefeld: Bertelsmann, S. 259–264.

Michelsen, Uwe Andreas; Hansmann, Detlef (1994): Handlungsorientierter Unterricht – Renaissance des Arbeitsschulgedankens als Antwort auf Fragen aktueller Arbeitsorganisation. In: Verband der Lehrerinnen und Lehrer an Berufskollegs in Nordrhein-Westfalen (Hrsg.): Beiträge zum beruflichen Lernen. 2. Auflage. Düsseldorf.

Middendorf, Wiliam (1998): Erste Betrachtungen zur Umsetzung der Lernfeldorientierung in den Lehrplänen der Berufsschule am Beispiel Nordrhein-Westfalen. In: *Winklers Flügelstift,* Heft 1, S. 8–16.

Ministerium für Schule und Weiterbildung des Landes Nordrhein-Westfalen (1995a): Gemeinsames Amtsblatt – Teil I – Schule und Weiterbildung. Jahresregister für den 47. Jahrgang 1995. Düsseldorf: Concept Verlag.

Ministerium für Schule und Weiterbildung des Landes Nordrhein-Westfalen (1995b): Vorläufiger Lehrplan für die Berufsschule in Nordrhein-Westfalen. Kaufmann/Kauffrau im Groß- und Außenhandel. Frechen: Ritterbach Verlag (Die Schule in Nordrhein-Westfalen. Eine Schriftenreihe des Kultusministers, Band 4103).

Ministerium für Schule und Weiterbildung des Landes Nordrhein-Westfalen (1995c): Vorläufiger Lehrplan für die Berufsschule in Nordrhein-Westfalen. Industriekaufmann/Industriekauffrau. Frechen: Ritterbach Verlag (Die Schule in Nordrhein-Westfalen. Eine Schriftenreihe des Kultusministers, Band 4104).

Ministerium für Schule und Weiterbildung des Landes Nordrhein-Westfalen (1996a): Bereinigte Amtliche Sammlung der Schulvorschriften des Landes Nordrhein-Westfalen – BASS '96/97. Jahresbeilage zu Teil I – Ministerium für Schule und Weiterbildung – des gemeinsamen Amtsblattes des Ministeriums für Schule und Weiterbildung u. d. Ministeriums für Wissenschaft und Forschung. Düsseldorf, Frechen: Ritterbach Verlag (11. Ausgabe).

Ministerium für Schule und Weiterbildung des Landes Nordrhein-Westfalen (1996b): Durchführung empirischer Untersuchungen und Befragungen in Schulen. In: *Bereinigte amtliche Sammlung der Schulvorschriften des Landes Nordrhein-Westfalen,* Heft 10–45 Nr. 2. Online verfügbar unter http://www.berufsorientierung-nrw.de/cms/upload/BASS_10-45_Nr.2.pdf.

Ministerium für Schule und Weiterbildung des Landes Nordrhein-Westfalen (1996c): Gemeinsames Amtsblatt – Teil I – Schule und Weiterbildung. Düsseldorf: Concept Verlag.

Ministerium für Schule und Weiterbildung des Landes Nordrhein-Westfalen (1997a): Gemeinsames Amtsblatt – Teil I – Schule und Weiterbildung. Frechen: Ritterbach Verlag.

Ministerium für Schule und Weiterbildung des Landes Nordrhein-Westfalen (1997b): Richtlinien und Lehrpläne zur Erprobung für die Berufsschule in Nordrhein-Westfalen. Kauffrau/Kaufmann im Groß- und Außenhandel. Frechen: Ritterbach Verlag (Die Schule in Nordrhein-Westfalen. Eine Schriftenreihe des Kultusministers, Band 4103).

Ministerium für Schule und Weiterbildung des Landes Nordrhein-Westfalen (1997c): Richtlinien und Lehrpläne zur Erprobung für die Berufsschule in Nordrhein-Westfalen. Industriekauffrau/Industriekaufmann. Frechen:

Ritterbach Verlag (Die Schule in Nordrhein-Westfalen. Eine Schriftenreihe des Kultusministers, Band 4104).

Ministerium für Schule und Weiterbildung des Landes Nordrhein-Westfalen (1997d): Richtlinien und Lehrpläne zur Erprobung für die Berufsschule in Nordrhein-Westfalen. Speditionskauffrau/Speditionskaufmann. Frechen: Ritterbach Verlag (Die Schule in Nordrhein-Westfalen. Eine Schriftenreihe des Kultusministers, Band 4157).

Ministerium für Schule und Weiterbildung des Landes Nordrhein-Westfalen (2005): Planungsrahmen Wirtschaftliche Handlungsbezüge für nicht-kaufmännische Ausbildungsberufe. Fachklassen des dualen Systems der Berufsausbildung. In: *Runderlass des Ministeriums für Schule und Weiterbildung vom 30.09.2005.*

Ministerium für Schule und Weiterbildung des Landes Nordrhein-Westfalen (2009a): Didaktische Jahresplanung. Pragmatische Handreichung für die Fachklassen des dualen Systems. Düsseldorf.

Ministerium für Schule und Weiterbildung des Landes Nordrhein-Westfalen (2009b): Lehrplan für das Berufskolleg in Nordrhein-Westfalen – Wirtschafts- und Betriebslehre. Fachklassen des dualen Systems der Berufsausbildung. In: *Runderlass des Ministeriums für Schule und Weiterbildung vom 08.07.2009.*

Ministerium für Schule und Weiterbildung des Landes Nordrhein-Westfalen (2012): Schulgesetz für das Land Nordrhein-Westfalen. SchulG NRW, vom 15. Februar 2005. Online verfügbar unter http://www.schulministerium.nrw.de/BP/Schulrecht/Gesetze/Schulgesetz.pdf.

Ministerium für Schule und Weiterbildung des Landes Nordrhein-Westfalen (2013): Das Schulwesen in Nordrhein-Westfalen aus quantitativer Sicht 2012/2013. Statistische Übersicht 379. 1. Auflage Juni 2013. Düsseldorf. Online verfügbar unter http://www.schulministerium.nrw.de/docs/bp/Ministerium/Service/Schulstatistik/Amtliche-Schuldaten/StatUebers379-Quantita2012-2013.pdf.

Ministerium für Schule und Weiterbildung des Landes Nordrhein-Westfalen (2014a): Das Schulwesen in Nordrhein-Westfalen aus quantitativer Sicht 2013/14. Statistische Übersicht Nr. 386. 4. Auflage November 2014. Düsseldorf. Online verfügbar unter https://www.schulministerium.nrw.de/docs/bp/Ministerium/Service/Schulstatistik/Amtliche-Schuldaten/Quantita_2013_4_Auflage.pdf.

Ministerium für Schule und Weiterbildung des Landes Nordrhein-Westfalen (2014b): Vorläufiger Bildungsplan. Fachklassen des dualen Systems der Berufsausbildung. Fachbereich: Wirtschaft und Verwaltung. Kauffrau für Büromanagement/Kaufmann für Büromanagement. Düsseldorf. Online verfügbar unter http://www.berufsbildung.schulministerium.nrw.de/cms/upload/_lehrplaene/a/kfm_bueromanagement.pdf.

Ministerium für Schule und Weiterbildung, Wissenschaft und Forschung des Landes Nordrhein-Westfalen (1998a): Bereinigte Amtliche Sammlung der Schulvorschriften des Landes Nordrhein-Westfalen – BASS '98/99. Jahresbeilage 1998 zum Amtsblatt Teil 1 – Schule und Weiterbildung des Ministeriums für Schule und Weiterbildung. Düsseldorf, Frechen: Ritterbach Verlag.

Ministerium für Schule und Weiterbildung, Wissenschaft und Forschung des Landes Nordrhein-Westfalen (1998b): Richtlinien und Lehrpläne zur Erprobung für die Berufsschule in Nordrhein-Westfalen. Bankkauffrau/Bankkaufmann. Düsseldorf.

Ministerium für Schule und Weiterbildung, Wissenschaft und Forschung des Landes Nordrhein-Westfalen (1998c): Richtlinien und Lehrpläne zur Erprobung für die Berufsschule in Nordrhein-Westfalen. Automobilkauffrau/Automobilkaufmann. Düsseldorf.

Ministerium für Schule und Weiterbildung, Wissenschaft und Forschung des Landes Nordrhein-Westfalen (1999a): Bereinigte Amtliche Sammlung der Schulvorschriften des Landes Nordrhein-Westfalen – BASS 1999/2000. Jahresbeilage 1999 zum Amtsblatt Teil 1 – Schule und Weiterbildung – des Ministeriums für Schule und Weiterbildung, Wissenschaft und Forschung. Düsseldorf, Frechen: Ritterbach Verlag.

Ministerium für Schule und Weiterbildung, Wissenschaft und Forschung des Landes Nordrhein-Westfalen (1999b): Gemeinsames Amtsblatt – Teil I – Schule und Weiterbildung. Düsseldorf, Frechen: Ritterbach Verlag.

Ministerium für Schule, Jugend und Kinder des Landes Nordrhein-Westfalen (2003): Lehrplan zur Erprobung für das Berufskolleg in Nordrhein-Westfalen. Industriekauffrau/Industriekaufmann. In: *Amtsblatt des Ministeriums für Schule, Jugend und Kinder des Landes Nordrhein-Westfalen,* Nr. 4/03. Online verfügbar unter http://www.berufsbildung.schulministerium.nrw.de/cms/upload/_lehrplaene/a/industriekauf.pdf.

Ministerium für Schule, Jugend und Kinder des Landes Nordrhein-Westfalen (2004a): Lehrplan für das Berufskolleg in Nordrhein-Westfalen. Automobilkauffrau/Automobilkaufmann. In: *Amtsblatt des Ministeriums für Schule, Jugend und Kinder des Landes Nordrhein-Westfalen,* Nr. 8/04. Online verfügbar unter http://www.berufsbildung.schulministerium.nrw.de/cms/upload/_lehrplaene/a/automobilkaufleute.pdf.

Ministerium für Schule, Jugend und Kinder des Landes Nordrhein-Westfalen (2004b): Lehrplan zur Erprobung für das Berufskolleg in Nordrhein-Westfalen. Kauffrau für Spedition und Logistikdienstleistung/Kaufmann für Spedition und Logistikdienstleistung. In: *Amtsblatt des Ministeriums für*

Schule, Jugend und Kinder des Landes Nordrhein-Westfalen, Heft Nr. 8/04. Online verfügbar unter http://www.berufsbildung.schulministerium.nrw.de/cms/upload/_lehrplaene/a/kauf_spedition_logistik.pdf.

Ministerium für Schule, Wissenschaft und Forschung (2000): Bereinigte Amtliche Sammlung der Schulvorschriften des Landes Nordrhein-Westfalen – BASS 2000/2001. Jahresbeilage 2000 zum Amtsblatt Teil 1 des Ministeriums für Schule, Wissenschaft und Forschung. Düsseldorf, Frechen: Ritterbach Verlag.

Minnameier, Gerhard (2006): Aspekte von ‚Fachkompetenz' – Kognitive Leistungen im Umgang mit Wissen. In: Gerhard Minnameier und Eveline Wuttke (Hrsg.): Berufs- und wirtschaftspädagogische Grundlagenforschung. Lehr-Lern-Prozesse und Kompetenzdiagnostik. Festschrift für Klaus Beck. Frankfurt am Main: Europäischer Verlag der Wissenschaften, S. 391–407.

Mohr, Sven (1999): Zur Entwicklung und Umsetzung lernfeldorientierter Curricula. In: *Die berufsbildende Schule,* Heft 7–8, S. 261–266.

Moosbrugger, Helfried; Kelava, Augustin (2012): Qualitätsanforderungen an einen psychologischen Test (Testgütekriterien). In: Helfried Moosbrugger und Augustin Kelava (Hrsg.): Testtheorie und Fragebogenkonstruktion. 2., aktualisierte und überarbeitete Auflage. Berlin: Springer-Verlag, S. 7–26.

Müller, Axel (2011): Schuleigene Curriculumentwicklung – Erarbeitung von Lernsituationen im Ausbildungsberuf „Elektroniker/-in Fachrichtung Energie- und Gebäudetechnik". In: *Lernen & lehren,* Heft 103, S. 165–169.

Müller, Johann Nikolaus (1787): Vorschlag, auf Königlicher Georg-August-Universität eine Handlung-Academie zu errichten. In: Klaus Friedrich Pott (Hrsg.): Über kaufmännische Erziehung. Ein Quellen- und Lesebuch mit Texten aus Zeitschriften, Broschüren und (Lehr-) Büchern des 18. Jahrhunderts. Rinteln 1977: Merkur Verlag, S. 169–172.

Müller, Martina (2001): SELUBA – ein Modellversuch zur Implementation und Evaluation des Lernfeldkonzepts. In: Holger Reinisch, Reinhard Bader und Gerald A. Straka (Hrsg.): Modernisierung der Berufsbildung in Europa. Neue Befunde der berufs- und wirtschaftspädagogischen Forschung. Opladen: Leske und Budrich, S. 87–95.

Müller, Martina; Bader, Reinhard (2004): Begriffe zum Lernfeldkonzept. In: Reinhard Bader und Martina Müller (Hrsg.): Unterrichtsgestaltung nach dem Lernfeldkonzept. Bielefeld: Bertelsmann Verlag, S. 82–93.

Müller, Martina; Zöller, Arnulf (2000): Auf dem Weg zur theoretischen Fundierung des Lernfeldkonzeptes. In: *Die berufsbildende Schule,* Heft 2, S. 62–65.

Müller, Regina (2013): Bedingungsfaktoren schulischer Leistungen in der Grundschule – (Womit) Kann Schulerfolg prognostiziert werden? Eine Längsschnittuntersuchung an Grundschulen und Schulen der Sekundarstufe I in Bayern und Sachsen. München: Herbert Utz Verlag (Münchener Beiträge zur Bildungsforschung, Band 25).

Müller, Sarah; Paechter, Manuela; Rebmann, Karin (2008): Aktuelle Befunde zur Lehr-Lernforschung: Epistemologische Überzeugungen zu Wissen und Wissenserwerb. In: *Berufs- und Wirtschaftspädagogik – online*. Online verfügbar unter http://www.bwpat.de/ausgabe14/mueller_etal_bwpat14.pdf.

Müller, Sarah; Sulimma, Maren (2008): Überzeugungen zu Wissen und Lernen als Merkmal beruflicher Lehr-Lernprozesse. In: *Berufs- und Wirtschaftspädagogik – online*. Online verfügbar unter http://www.bwpat.de/ausgabe14/mueller_sulimma_bwpat14.pdf.

Mummendey, Hans Dieter; Grau, Ina (2008): Die Fragebogenmethode. 5., überarbeitete und erweiterte Auflage. Göttingen: Hogrefe.

Münk, Dieter; van Buer, Jürgen; Breuer, Klaus; Deißinger, Thomas (Hrsg.) (2007): Hundert Jahre kaufmännische Ausbildung in Berlin. Deutsche Gesellschaft für Erziehungswissenschaft (DGfE). Opladen und Farmington Hills: Verlag Barbara Budrich (Schriftenreihe der Sektion Berufs- und Wirtschaftspädagogik der Deutschen Gesellschaft für Erziehungswissenschaft).

Murphy, Kevin; Davidshofer, Charles (2005): Psychological Testing. Principles and Applications. Sixth Edition. Upper Saddle River: Pearson, Prentice Hall.

Musekamp, Frank (2009): Entwicklung eines standardisierten Instruments zur Kompetenzerhebung im Kfz-Service. In: Claudia Fenzl, Georg Spöttl, Falk Howe und Matthias Becker (Hrsg.): Berufsarbeit von morgen in gewerblich-technischen Domänen. Forschungsansätze und Ausbildungskonzepte für die berufliche Bildung. Bielefeld: Bertelsmann, S. 246–251.

Muster-Wäbs, Hannelore; Schneider, Kordula (2001): Umsetzung des Lernfeldkonzepts am Beispiel der handlungstheoretischen Aneignungsdidaktik. In: *Berufsbildung in Wissenschaft und Praxis,* Heft 1, S. 44–49.

Muth, Wolfgang (1985): Berufsausbildung in der Weimarer Republik. Stuttgart: Franz Steiner Verlag (Zeitschrift für Unternehmensgeschichte, Beiheft 41).

Neef, Christoph (2009): Handlungsorientierung oder traditioneller Unterricht: Welches Konzept fördert berufliche Handlungskompetenz und Lernmotivation? In: *Zeitschrift für Berufs- und Wirtschaftspädagogik,* Heft 2, S. 290–299.

Neuweg, Georg Hans (2007): Wie grau ist alle Theorie, wie grün des Lebens goldner Baum? LehrerInnenbildung im Spannungsfeld von Theorie und Praxis. In: *Berufs- und Wirtschaftspädagogik – online,* Heft 12. Online verfügbar unter http://www.bwpat.de/ausgabe12/neuweg_bwpat12.pdf.

Nickolaus, Reinhold (2008): Modellierung zur beruflichen Fachkompetenz und ihre empirische Prüfung. In: *Zeitschrift für Berufs- und Wirtschaftspädagogik,* Heft 1, S. 1–6.

Nickolaus, Reinhold (2011): Didaktische Präferenzen in der beruflichen Bildung und ihre Tragfähigkeit. In: *Zeitschrift für Berufs- und Wirtschaftspädagogik*, Beiheft 25 – Lehr-Lernforschung in der gewerblich-technischen Berufsbildung, S. 159–175.

Nickolaus, Reinhold (2014): Anmerkungen zu Möglichkeiten und Grenzen einer empirischen Prüfung des Lernfeldkonzepts. In: *Berufs- und Wirtschaftspädagogik – online*, Profil 3: Digitale Festschrift für Tade Tramm zum 60. Geburtstag. Online verfügbar unter http://www.bwpat.de/profil3/nickolaus_profil3.pdf.

Nickolaus, Reinhold (2015): Kompetenzmessung und Kompetenzmodellierung in der beruflichen Bildung. In: *Zeitschrift für Berufs- und Wirtschaftspädagogik*, Heft 2, S. 161–167.

Nickolaus, Reinhold; Abele, Stephan; Gschwendtner, Tobias; Nitzschke, Alexander; Greiff, Samuel (2012): Fachspezifische Problemlösefähigkeit in gewerblich-technischen Ausbildungsberufen – Modellierung, erreichte Niveaus und relevante Einflussfaktoren. In: *Zeitschrift für Berufs- und Wirtschaftspädagogik*, Heft 2, S. 243–272.

Nickolaus, Reinhold; Geissel, Bernd; Abele, Stephan; Nitzschke, Alexander (2011): Fachkompetenzmodellierung und Fachkompetenzentwicklung bei Elektronikern für Energie- und Gebäudetechnik im Verlauf der Ausbildung – Ausgewählte Ergebnisse einer Längsschnittstudie. In: *Zeitschrift für Berufs- und Wirtschaftspädagogik*, Beiheft 25 – Lehr-Lernforschung in der gewerblich-technischen Berufsbildung, S. 77–94.

Nickolaus, Reinhold; Geissel, Bernd; Gschwendtner, Tobias (2008): Die Rolle der Basiskompetenzen Mathematik und Lesefähigkeit in der beruflichen Ausbildung und die Entwicklung mathematischer Fähigkeiten im ersten Ausbildungsjahr. In: *Berufs- und Wirtschaftspädagogik – online*, Heft 14. Online verfügbar unter http://www.bwpat.de/ausgabe14/nickolaus_etal_bwpat14.pdf.

Nickolaus, Reinhold; Gschwendtner, Tobias; Abele, Stephan (2009): Die Validität von Simulationsaufgaben am Beispiel der Diagnosekompetenz von KFZ-Mechatronikern. Vorstudie zur Validität von Simulationsaufgaben im Rahmen eines VET-LSA. Abschlussbericht für das Bundesministerium für Bildung und Forschung. Stuttgart. Online verfügbar unter http://www.bmbf.de/pubRD/Abschluss-Bericht_Druckfassung.pdf.

Nickolaus, Reinhold; Gschwendtner, Tobias; Geissel, Bernd (2008): Entwicklung und Modellierung beruflicher Fachkompetenz in der gewerblich-technischen Grundbildung. In: *Zeitschrift für Berufs- und Wirtschaftspädagogik*, Heft 1, S. 48–73.

Nickolaus, Reinhold; Gschwendtner, Tobias; Knöll, Bernd (2006): Handlungsorientierte Schlüsselkonzepte als Schlüssel zur Bewältigung problemhaltiger Aufgaben? In: Gerhard Minnameier und Eveline Wuttke (Hrsg.):

Berufs- und wirtschaftspädagogische Grundlagenforschung. Lehr-Lern-Prozesse und Kompetenzdiagnostik. Festschrift für Klaus Beck. Frankfurt am Main: Europäischer Verlag der Wissenschaften, S. 209–224.

Nickolaus, Reinhold; Heinzmann, Horst; Knöll, Bernd (2005): Ergebnisse empirischer Untersuchungen zu Effekten methodischer Grundsatzentscheidungen auf die Kompetenz und Motivationsentwicklung in gewerblich-technischen Berufsschulen. In: *Zeitschrift für Berufs- und Wirtschaftspädagogik*, Heft 1, S. 58–78.

Nickolaus, Reinhold; Knöll, Bernd; Gschwendtner, Tobias (2006): Methodische Präferenzen und ihre Effekte auf die Kompetenz- und Motivationsentwicklung – Ergebnisse aus Studien in anforderungsdifferenten elektrotechnischen Ausbildungsberufen in der Grundbildung. In: *Zeitschrift für Berufs- und Wirtschaftspädagogik*, Heft 4, S. 552–577.

Nickolaus, Reinhold; Petsch, Cordula; Norwig, Kerstin (2013): Berufsfachliche Kompetenzen am Ende der Grundbildung in bautechnischen Berufen. In: *Zeitschrift für Berufs- und Wirtschaftspädagogik*, Heft 4, S. 538–555.

Nickolaus, Reinhold; Rosendahl, Johannes; Gschwendtner, Tobias; Geissel, Bernd; Straka, Gerald A. (2010): Erklärungsmodelle zur Kompetenz- und Motivationsentwicklung bei Bankkaufleuten, Kfz-Mechatronikern und Elektronikern. In: *Zeitschrift für Berufs- und Wirtschaftspädagogik*, Beiheft 23 – Lehr-Lern-Forschung in der kaufmännischen Berufsbildung – Ergebnisse und Gestaltungsaufgaben, S. 73–89.

Nickolaus, Reinhold; Seeber, Susan (2013): Berufliche Kompetenzen: Modellierungen und diagnostische Verfahren. In: Andreas Frey, Urban Lissmann und Bernd Schwarz (Hrsg.): Handbuch berufspädagogischer Diagnostik. Weinheim und Basel: Beltz Verlag, S. 166–195.

Norddeutscher Bund (1869): Gewerbeordnung für den Norddeutschen Bund. Online verfügbar unter https://www.jurion.de/Gesetze/GewO_1869/1?from=0:305740,1,18691001.

O.V. (1774): Sendschreiben zum Beweise, daß die sogenannten Handelsakademien sehr entbehrlich sind. In: Klaus Friedrich Pott (Hrsg.): Über kaufmännische Erziehung. Ein Quellen- und Lesebuch mit Texten aus Zeitschriften, Broschüren und (Lehr-) Büchern des 18. Jahrhunderts. Rinteln 1977: Merkur Verlag, S. 236–240.

O.V. (1797): Einige Bemerkungen und Wünsche zur Beförderung der Humanität und guten Erziehung im Kaufmannsstande, vorzüglich für diejenigen, welche kleine Handlung treiben und Lehrlinge in ihre Handlung aufnehmen. In: Klaus Friedrich Pott (Hrsg.): Über kaufmännische Erziehung. Ein Quellen- und Lesebuch mit Texten aus Zeitschriften, Broschüren und (Lehr-) Büchern des 18. Jahrhunderts. Rinteln 1977: Merkur Verlag, S. 96–104.

O.V. (1814): Die k. k. Realakademie in Wien. In: Klaus Friedrich Pott (Hrsg.): Über kaufmännische Erziehung. Ein Quellen- und Lesebuch mit Texten aus Zeitschriften, Broschüren und (Lehr-) Büchern des 18. Jahrhunderts. Rinteln 1977: Merkur Verlag, S. 254–264.

O.V. (1832): Lehrplan der Öffentlichen Handelslehranstalt Leipzig im zweiten Jahr ihres Bestehens. In: Manfred Horlebein (Hrsg.): Quellen und Dokumente zur Geschichte der kaufmännischen Berufsbildung 1818–1984. Köln, Wien 1989: Böhlau Verlag (Quellen und Dokumente zur Geschichte der Berufsbildung in Deutschland, hrsg. von Karlwilhelm Stratmann, Reihe C, Band 3), S. 43–44.

O.V. (1851): Bestimmungen für die Lehrlinge und Gehülfen der Handels-Innung in Hannover. In: Manfred Horlebein (Hrsg.): Quellen und Dokumente zur Geschichte der kaufmännischen Berufsbildung 1818–1984. Köln, Wien 1989: Böhlau Verlag (Quellen und Dokumente zur Geschichte der Berufsbildung in Deutschland, hrsg. von Karlwilhelm Stratmann, Reihe C, Band 3), S. 45–47.

O.V. (1908): Verein preußischer Handelslehrer mit Handelshochschulbildung. In: Manfred Horlebein (Hrsg.): Quellen und Dokumente zur Geschichte der kaufmännischen Berufsbildung 1818–1984. Köln, Wien 1989: Böhlau Verlag (Quellen und Dokumente zur Geschichte der Berufsbildung in Deutschland, hrsg. von Karlwilhelm Stratmann, Reihe C, Band 3), S. 108.

O.V. (1919): Die Verfassung des Deutschen Reiches (Weimarer Verfassung) vom 11. August 1919. In: Horst Hildebrandt (Hrsg.): Die deutschen Verfassungen des 19. und 20. Jahrhunderts. Paderborn, München, Wien, Zürich 1971: Verlag Ferdinand Schöningh, S. 69–111.

O.V. (1923): Preußisches Gesetz, betr. die Erweiterung der Berufs- (Fortbildungs-) Schulpflicht. In: Klaus Kümmel (Hrsg.): Quellen und Dokumente zur schulischen Berufsbildung 1918–1945. Köln, Wien 1980: Böhlau Verlag (Quellen und Dokumente zur Geschichte der Berufsbildung in Deutschland, hrsg. von Karlwilhelm Stratmann, Reihe A, Band 2), S. 97–99.

O.V. (~1925a): Bildungsplan der kaufmännischen Berufsschule in Berlin. In: Klaus Kümmel (Hrsg.): Quellen und Dokumente zur schulischen Berufsbildung 1918–1945. Köln, Wien 1980: Böhlau Verlag (Quellen und Dokumente zur Geschichte der Berufsbildung in Deutschland, hrsg. von Karlwilhelm Stratmann, Reihe A, Band 2), S. 123–125.

O.V. (~1925b): Organisation und Stundentafel der Wirtschaftsoberschule. In: Manfred Horlebein (Hrsg.): Quellen und Dokumente zur Geschichte der kaufmännischen Berufsbildung 1818–1984. Köln, Wien 1989: Böhlau Verlag (Quellen und Dokumente zur Geschichte der Berufsbildung in Deutschland, hrsg. von Karlwilhelm Stratmann, Reihe C, Band 3), S. 179–180.

O.V. (1931): Preußisches Berufsschulrecht. Band 1: Die Pflicht zum Besuche der Berufsschule. Hrsg. von Kurt Günther und Oskar Liebich. Berlin, Leipzig: Verlag Julius Beltz (Sammlung von Vorschriften der Preußischen gewerblichen Unterrichtsverwaltung, Nr. 2).

O.V. (1935a): Gesetz über die Arbeitsvermittlung, Berufsberatung und Lehrstellenvermittlung vom 5 November 1935. In: Günter Pätzold (Hrsg.): Die betriebliche Berufsausbildung 1918–1945. Köln, Wien 1980: Böhlau Verlag (Quellen und Dokumente zur Geschichte der Berufsbildung in Deutschland, hrsg. von Karlwilhelm Stratmann, Reihe A, Band 1), S. 58.

O.V. (1935b): Vorschriften über die Durchführung der nichtgewerbsmäßigen Arbeitsvermittlung, Berufsberatung und Lehrstellenvermittlung außerhalb der Reichsanstalt für Arbeitsvermittlung und Arbeitslosenversicherung. Vom 30. November 1935. In: Günter Pätzold (Hrsg.): Die betriebliche Berufsausbildung 1918–1945. Köln, Wien 1980: Böhlau Verlag (Quellen und Dokumente zur Geschichte der Berufsbildung in Deutschland, hrsg. von Karlwilhelm Stratmann, Reihe A, Band 1), S. 59.

O.V. (1935c): Was fordern die Kaufmannsgehilfenprüfungen bei den schriftlichen Prüfungen? In: Manfred Horlebein (Hrsg.): Quellen und Dokumente zur Geschichte der kaufmännischen Berufsbildung 1818–1984. Köln, Wien 1989: Böhlau Verlag (Quellen und Dokumente zur Geschichte der Berufsbildung in Deutschland, hrsg. von Karlwilhelm Stratmann, Reihe C, Band 3), S. 239–240.

O.V. (1938): Anordnung über die Meldung Schulentlassener. In: Günter Pätzold (Hrsg.): Die betriebliche Berufsausbildung 1918–1945. Köln, Wien 1980: Böhlau Verlag (Quellen und Dokumente zur Geschichte der Berufsbildung in Deutschland, hrsg. von Karlwilhelm Stratmann, Reihe A, Band 1), S. 61.

O.V. (1940a): Die Auflösung des Lehrverhältnisses wegen Berufswechsels des Lehrlings. In: Günter Pätzold (Hrsg.): Die betriebliche Berufsausbildung 1918–1945. Köln, Wien 1980: Böhlau Verlag (Quellen und Dokumente zur Geschichte der Berufsbildung in Deutschland, hrsg. von Karlwilhelm Stratmann, Reihe A, Band 1), S. 96–98.

O.V. (1940b): Die Auflösung eines Lehrverhältnisses aus wichtigem Grunde bedarf der Genehmigung des Arbeitsamtes. In: Günter Pätzold (Hrsg.): Die betriebliche Berufsausbildung 1918–1945. Köln, Wien 1980: Böhlau Verlag (Quellen und Dokumente zur Geschichte der Berufsbildung in Deutschland, hrsg. von Karlwilhelm Stratmann, Reihe A, Band 1), S. 99–100.

O.V. (1941): Stellungnahme der Württembergischen Ministerialabteilung für die Fachschulen zu dem Reichslehrplan für Maschinenschlosser. In: Günter Pätzold (Hrsg.): Berufsschuldidaktik in Geschichte und Gegenwart. Richtlinien,

Konzeptionen, Reformen. Bochum 1994: Universitätsverlag N. Brockmeyer (Dortmunder Beiträge zur Pädagogik, Band 1), S. 157–168.

Oberbach, Johannes (1916): Kaufmännische Schulen für das weibliche Geschlecht. In: Adolf Ziegler (Hrsg.): Handbuch für das kaufmännische Unterrichtswesen in Deutschland. Unter Mitwirkung namhafter Handelsschulmänner und Fachleute. 2 Bände. Leipzig: Verlag für Handelsliteratur G. A. Gloeckner (Erster Band: Die kaufmännischen Schulen als Erziehungs- und Unterrichtsanstalten.), S. 418–452.

Obst-Harnisch, Elisabeth (1926): Die Frau im Handel. In: Manfred Horlebein (Hrsg.): Quellen und Dokumente zur Geschichte der kaufmännischen Berufsbildung 1818–1984. Köln, Wien 1989: Böhlau Verlag (Quellen und Dokumente zur Geschichte der Berufsbildung in Deutschland, hrsg. von Karlwilhelm Stratmann, Reihe C, Band 3), S. 157–159.

Ode, W. (1930): Anwärter in Not. In: Manfred Horlebein (Hrsg.): Quellen und Dokumente zur Geschichte der kaufmännischen Berufsbildung 1818–1984. Köln, Wien 1989: Böhlau Verlag (Quellen und Dokumente zur Geschichte der Berufsbildung in Deutschland, hrsg. von Karlwilhelm Stratmann, Reihe C, Band 3), S. 151.

Oja, Shannon (1989): Teachers: Ages and Stages of Adult Development. In: Mary Louise Holly und Caven Mc Loughlin (Hrsg.): Perspectives an Teacher Professional Development. London, New York: Falmer, S. 119–154.

Ott, Bernd (Hrsg.) (2011): Grundlagen des beruflichen Lernens und Lehrens. 4. Auflage. Berlin: Cornelsen.

Paape, Björn; Kierata, Iwona; Maus, Christoph (2013): Wirtschaftsdidaktik. Eine Einführung unter besonderer Berücksichtigung von Handlungs- und Lernfeldorientierung. Aachen: Shaker.

Pahl, Jörg-Peter (2004): Berufsfelddidaktiken – Neue Anstöße durch das Lernfeldkonzept. In: *Zeitschrift für Berufs- und Wirtschaftspädagogik*, Heft 2, S. 215–229.

Pahl, Jörg-Peter (2007): Berufsbildende Schule. Bestandsaufnahme und Perspektive. Bielefeld: Bertelsmann Verlag.

Pahl, Jörg-Peter (2012): Berufsbildung und Berufsbildungssystem. Darstellung und Untersuchung nicht-akademischer und akademischer Lernbereiche. Bielefeld: Bertelsmann Verlag.

Pahl, Jörg-Peter; Tärre, Michael (2011): Schuleigene Curricula für die Berufsschule. In: *Lernen & lehren*, Heft 103, S. 148–156.

Pahl, Maike-Svenja; Rohlf, Michael (2011): Curriculare Freiräume nutzen – Ansätze zu einem schuleigenen Lehrplan am Beispiel der Lernsituation „Kundengerechte Badplanung“. In: *Lernen & lehren*, Heft 103, S. 178–179.

Pätzold, Günter (1994a): Aufgaben und Ziele der Berufsschule im Wandel der Zeit. In: Günter Pätzold (Hrsg.): Berufsschuldidaktik in Geschichte und Gegenwart. Richtlinien, Konzeptionen, Reformen, Band 1. 2. Auflage. Bochum: Universitätsverlag N. Brockmeyer (Dortmunder Beiträge zur Pädagogik, Band 1), S. 9–22.

Pätzold, Günter (Hrsg.) (1994b): Berufsschuldidaktik in Geschichte und Gegenwart. Richtlinien, Konzeptionen, Reformen. 2. Auflage. Bochum: Universitätsverlag N. Brockmeyer (Dortmunder Beiträge zur Pädagogik, Band 1).

Pätzold, Günter (1999): Lernfeldorientierung und handlungsorientierte Gestaltung von Lehr- und Lernsituationen – Konsequenzen für die Lernortdiskussion. In: Richard Huisinga, Ingrid Lisop und Hans Speier (Hrsg.): Lernfeldorientierung. Konstruktion und Unterrichtspraxis. Frankfurt am Main: Gesellschaft zur Förderung arbeitsorientierter Forschung und Bildung / G.A.F.B. Verlag, S. 121–159.

Pätzold, Günter (2000a): Lernfeldorientierung – Berufliches Lehren und Lernen zwischen Handlungs- und Fachsystematik. In: Reinhard Bader und Peter F. E. Sloane (Hrsg.): Lernen in Lernfeldern. Theoretische Analysen und Gestaltungsansätze zum Lernfeldkonzept. Markt Schwaben: Eusl-Verlagsgesellschaft, S. 123–140.

Pätzold, Günter (2000b): Lernfeldstrukturierte Lehrpläne – Berufsschule im Handlungsfeld zwischen Handlungs- und Fachsystematik. In: *Zeitschrift für Berufs- und Wirtschaftspädagogik*, Beiheft 15 – Lernfeldorientierung in Theorie und Praxis, S. 72–86.

Pätzold, Günter (2006): Vermittlung von Fachkompetenz in der Berufsbildung. In: Rolf Arnold und Antonius Lipsmeier (Hrsg.): Handbuch der Berufsbildung. 2., überarbeitete und aktualisierte Auflage. Wiesbaden: VS Verlag für Sozialwissenschaften, S. 174–190.

Pätzold, Günter (2008): Übergang Schule – Berufsausbildung. In: Werner Helsper und Jeanette Böhme (Hrsg.): Handbuch der Schulforschung. 2., durchgesehene und erweiterte Auflage. Wiesbaden: VS Verlag für Sozialwissenschaften, S. 593–610.

Pätzold, Günter (2011): Unterrichtsqualität zwischen kausalem Bewirken und Freiheit der Lernenden. In: *Zeitschrift für Berufs- und Wirtschaftspädagogik*, Beiheft 25 – Lehr-Lernforschung in der gewerblich-technischen Ausbildung, S. 177–196.

Pätzold, Günter; Klusmeyer, Jens; Wingels, Judith; Lang, Martin (2003): Lehr-Lern-Methoden in der beruflichen Bildung. Eine empirische Untersuchung in ausgewählten Berufsfeldern. Oldenburg: BIS-Verlag (Beiträge zur Berufs- und Wirtschaftspädagogik, Band 18).

Pätzold, Günter; Rauner, Felix (2006): Die empirische Fundierung der Curriculumentwicklung – Annäherungen an einen vernachlässigten Forschungszusammenhang. In: *Zeitschrift für Berufs- und Wirtschaftspädagogik*, Beiheft 19 – Qualifikationsforschung und Curriculumentwicklung, S. 7–28.

Pätzold, Günter; Reinisch, Holger (2010): Didaktik der beruflichen Fachrichtungen. In: Reinhold Nickolaus, Günter Pätzold, Holger Reinisch und Tade Tramm (Hrsg.): Handbuch Berufs- und Wirtschaftspädagogik. Bad Heilbrunn: Klinkhardt, S. 160–168.

Paulsen, Friedrich (1966): Das deutsche Bildungswesen in seiner geschichtlichen Entwicklung. Mit einem Geleitwort zur dritten Auflage von W. Münch und einem Nachwort zum Neudruck von Wilhelm Flitner. 3. Auflage. Darmstadt: Wissenschaftliche Buchgesellschaft.

Penndorf, Balduin (1916): Geschichte des kaufmännischen Unterrichtswesens. In: Adolf Ziegler (Hrsg.): Handbuch für das kaufmännische Unterrichtswesen in Deutschland. Unter Mitwirkung namhafter Handelsschulmänner und Fachleute. 2 Bände. Leipzig: Verlag für Handelsliteratur G. A. Gloeckner (Erster Band: Die kaufmännischen Schulen als Erziehungs- und Unterrichtsanstalten.), S. 115–170.

Perczynski, Hans (1998): Neuordnung des Ausbildungsberufes Bankkaufmann/ Bankkauffrau. In: *Wirtschaft und Erziehung*, Heft 7–8, S. 243–248.

Petersen, Willi (2000): Leitideen für die Entwicklung und Gestaltung arbeitsorientierter und lernfeldbasierter Rahmenlehrpläne. In: Reinhard Bader und Peter F. E. Sloane (Hrsg.): Lernen in Lernfeldern. Theoretische Analysen und Gestaltungsansätze zum Lernfeldkonzept. Markt Schwaben: Eusl-Verlagsgesellschaft, S. 217–238.

Petzina, Dietmar (1986): The Extend and Causes of Unemployment in the Weimar Republic. In: Peter Stachura (Hrsg.): Unemployment and the Great Depression in Weimar Germany. Basingstoke, Hampshire [u.a.]: Macmillan Press, S. 29–48.

Pfeifer, Bruno (1916): Königreich Preußen. In: Adolf Ziegler (Hrsg.): Handbuch für das kaufmännische Unterrichtswesen in Deutschland. Unter Mitwirkung namhafter Handelsschulmänner und Fachleute. 2 Bände. Leipzig: Verlag für Handelsliteratur G. A. Gloeckner (Erster Band: Die kaufmännischen Schulen als Erziehungs- und Unterrichtsanstalten.), S. 171–198.

Pfeiffer, H. (1916): Großherzogtum Hessen. In: Adolf Ziegler (Hrsg.): Handbuch für das kaufmännische Unterrichtswesen in Deutschland. Unter Mitwirkung namhafter Handelsschulmänner und Fachleute. 2 Bände. Leipzig: Verlag für Handelsliteratur G. A. Gloeckner (Erster Band: Die kaufmännischen Schulen als Erziehungs- und Unterrichtsanstalten.), S. 299–306.

Pierenkemper, Toni (1982): Der Arbeitsmarkt für Angestelltenberufe im Jahre 1880. In: Toni Pierenkemper und Richard Tilly (Hrsg.): Historische Arbeitsmarktforschung. Göttingen: Vandenhoeck & Ruprecht (Kritische Studien zur Geschichtswissenschaft, hrsg. von Helmut Berding, Jürgen Kocka und Hans-Ulrich Wehler, Band 49), S. 121–143.

Pipke, Walter (1936): Schematische Übersicht über das deutsche Berufsschulwesen. In: Klaus Kümmel (Hrsg.): Quellen und Dokumente zur schulischen Berufsbildung 1918–1945. Köln, Wien 1980: Böhlau Verlag (Quellen und Dokumente zur Geschichte der Berufsbildung in Deutschland, hrsg. von Karlwilhelm Stratmann, Reihe A, Band 2), S. 195–196.

Porst, Rolf (2009): Fragebogen. Ein Arbeitsbuch. 2. Auflage. Wiesbaden: VS Verlag für Sozialwissenschaften.

Pörtner, Rudolf (2011): Der Mittelstand erlebt die Inflation. In: Bundeszentrale für politische Bildung (Hrsg.): Weimarer Republik. Informationen zur politischen Bildung (Heft 261), S. 32.

Pospeschill, Markus (2010): Testtheorie, Testkonstruktion, Testevaluation. München: Ernst Reinhardt Verlag.

Preußisches Ministerium für Handel und Gewerbe (1874): Grundzüge für die Einrichtung gewerblicher Fortbildungsschulen. In: Günter Pätzold (Hrsg.): Berufsschuldidaktik in Geschichte und Gegenwart. Richtlinien, Konzeptionen, Reformen. Bochum 1994: Universitätsverlag N. Brockmeyer (Dortmunder Beiträge zur Pädagogik, Band 1), S. 109–111.

Preußisches Ministerium für Handel und Gewerbe (1884): Ziele und Lehrpläne der gewerblichen Fortbildungsschulen. In: Günter Pätzold (Hrsg.): Berufsschuldidaktik in Geschichte und Gegenwart. Richtlinien, Konzeptionen, Reformen. Bochum 1994: Universitätsverlag N. Brockmeyer (Dortmunder Beiträge zur Pädagogik, Band 1), S. 111–116.

Preußisches Ministerium für Handel und Gewerbe (1897): Vorschriften für die Aufstellung von Lehrplänen und das Lernverfahren im Deutschen und Rechnen an den vom Staate unterstützten gewerblichen Fortbildungsschulen. In: Günter Pätzold (Hrsg.): Berufsschuldidaktik in Geschichte und Gegenwart. Richtlinien, Konzeptionen, Reformen. Bochum 1994: Universitätsverlag N. Brockmeyer (Dortmunder Beiträge zur Pädagogik, Band 1), S. 116–122.

Preußisches Ministerium für Handel und Gewerbe (1911a): Bestimmungen über Einrichtung und Lehrpläne gewerblicher Fortbildungsschulen, Band 1. In: Günter Pätzold (Hrsg.): Berufsschuldidaktik in Geschichte und Gegenwart. Richtlinien, Konzeptionen, Reformen. Bochum 1994: Universitätsverlag N. Brockmeyer (Dortmunder Beiträge zur Pädagogik, Band 1), S. 134–148.

Preußisches Ministerium für Handel und Gewerbe (1911b): Bestimmungen über Einrichtung und Lehrpläne gewerblicher Fortbildungsschulen. In:

Hermann von Seefeld (Hrsg.): Die Preußischen Bestimmungen über Einrichtung und Lehrpläne der gewerblichen und kaufmännischen Berufsschulen, der Handelsschulen, der Haushaltungsschulen und der Schulen für Kinderpflege und Haushaltgehilfinnen. Berlin, Leipzig 1933: Verlag Julius Beltz (Sammlung von Vorschriften der Preußischen gewerblichen Unterrichtsverwaltung, hrsg. von Kurt Günther und Oskar Liebich, 4), S. 22–34.

Preußisches Ministerium für Handel und Gewerbe (1911c): Bestimmungen über Einrichtung und Lehrpläne kaufmännischer Fortbildungsschulen und kaufmännischer Fachklassen an gewerblichen Fortbildungsschulen. In: Hermann von Seefeld (Hrsg.): Die Preußischen Bestimmungen über Einrichtung und Lehrpläne der gewerblichen und kaufmännischen Berufsschulen, der Handelsschulen, der Haushaltungsschulen und der Schulen für Kinderpflege und Haushaltgehilfinnen. Berlin, Leipzig 1933: Verlag Julius Beltz (Sammlung von Vorschriften der Preußischen gewerblichen Unterrichtsverwaltung, hrsg. von Kurt Günther und Oskar Liebich, 4), S. 35–51.

Preußisches Ministerium für Handel und Gewerbe (1916): Bestimmungen über Einrichtung und Lehrpläne der öffentlichen Handelsschulen und höheren Handelsschulen. In: Hermann von Seefeld (Hrsg.): Die Preußischen Bestimmungen über Einrichtung und Lehrpläne der gewerblichen und kaufmännischen Berufsschulen, der Handelsschulen, der Haushaltungsschulen und der Schulen für Kinderpflege und Haushaltgehilfinnen. Berlin, Leipzig 1933: Verlag Julius Beltz (Sammlung von Vorschriften der Preußischen gewerblichen Unterrichtsverwaltung, hrsg. von Kurt Günther und Oskar Liebich, 4), S. 52–63.

Preußisches Ministerium für Handel und Gewerbe (1925): Erlaß des Ministers für Handel und Gewerbe vom 28. Januar 1925, betr. Diplomprüfung für Kaufleute und Handelslehrer. In: Klaus Kümmel (Hrsg.): Quellen und Dokumente zur schulischen Berufsbildung 1918–1945. Köln, Wien 1980: Böhlau Verlag (Quellen und Dokumente zur Geschichte der Berufsbildung in Deutschland, hrsg. von Karlwilhelm Stratmann, Reihe A, Band 2), S. 263–269.

Preußisches Ministerium für Handel und Gewerbe (1930): Bestimmungen über die Ausbildung von Gewerbelehrern und Gewerbelehrerinnen. In: Klaus Kümmel (Hrsg.): Quellen und Dokumente zur schulischen Berufsbildung 1918–1945. Köln, Wien 1980: Böhlau Verlag (Quellen und Dokumente zur Geschichte der Berufsbildung in Deutschland, hrsg. von Karlwilhelm Stratmann, Reihe A, Band 2), S. 298–301.

Preußisches Ministerium für Handel und Gewerbe (1932): Die Bestimmungen für die gewerbliche Unterrichtsverwaltung in der Sparverordnung. Berlin, Leipzig: Verlag Julius Beltz (Sammlung von Vorschriften der Preußischen gewerblichen Unterrichtsverwaltung, hrsg. von Kurt Günther und Oskar Liebich, Nr. 3).

Preußisches Ministerium für Wissenschaft, Kunst und Volksbildung (1924): Zentralblatt für die gesamte Unterrichtsverwaltung in Preußen. 66. Jahrgang. Online verfügbar unter http://goobiweb.bbf.dipf.de/viewer/image/ZDB985843438_0066/1/.

Pricks, H. (1937): Grundzüge der neuen reichseinheitlichen Fachlehrpläne für Berufsschulen. In: Günter Pätzold (Hrsg.): Berufsschuldidaktik in Geschichte und Gegenwart. Richtlinien, Konzeptionen, Reformen. Bochum 1994: Universitätsverlag N. Brockmeyer (Dortmunder Beiträge zur Pädagogik, Band 1), S. 152–157.

Pukas, Dietrich (1999): Das Lernfeld-Konzept im Spannungsfeld von Didaktik-Relevanz der Berufsschule und Praxis-Relevanz der Berufsausbildung. In: *Zeitschrift für Berufs- und Wirtschaftspädagogik,* Heft 1, S. 84–103.

Pukas, Dietrich (2010): Didaktische Reduktion bedingt didaktische Komplexion. In: *Lernen & lehren,* 98, S. 92–94.

Pukas, Dietrich (2011): Zu den Aufgaben der Fach- und Berufsdidaktik im Feld der Metall- und Elektrotechnik bzw. MuE-Berufe. In: *Lernen & lehren,* Heft 103, S. 185–190.

Raab-Steiner, Elisabeth; Benesch, Michael (2010): Der Fragebogen. Von der Forschungsidee zur SPSS/PASW-Auswertung. 2., aktualisierte Auflage. Wien: facultas Universitätsverlag (UTB, 8406).

Ramsegger, Rüdiger (2005): Der lang angekündigte Paradigmenwechsel in der berufsbildenden Schule im Spannungsfeld zwischen Wunsch und Wirklichkeit. In: *Zeitschrift für Berufs- und Wirtschaftspädagogik,* Heft 2, S. 288–297.

Rasch (1928): Die Verkäuferinnenschule Bochum/Witten – als schultechnischer Versuch. In: *Ruhr und Rhein,* Heft 7, S. 247–250.

Rauner, Felix (2000): Gestaltungsorientierte Berufsbildung und integrierte Berufsbildungspläne. In: *Zeitschrift für Berufs- und Wirtschaftspädagogik,* Beiheft 15 – Lernfeldorientierung in Theorie und Praxis, S. 109–121.

Rauner, Felix (2006): Der Gegenstandsbezug: Berufliche Arbeits- und Bildungsprozesse. In: Felix Rauner (Hrsg.): Handbuch Berufsbildungsforschung. 2., aktualisierte Auflage. Bielefeld: Bertelsmann Verlag, S. 557–561.

Rauner, Felix; Haasler, Bernd (2009): Kompetenzmessung mit berufstypischen Testaufgaben – Forschungsergebnisse einer Large-Scale-Untersuchung mit Auszubildenden zum Elektroniker. In: Claudia Fenzl, Georg Spöttl, Falk Howe und Matthias Becker (Hrsg.): Berufsarbeit von morgen in gewerblich-technischen Domänen. Forschungsansätze und Ausbildungskonzepte für die berufliche Bildung. Bielefeld: Bertelsmann, S. 209–214.

Reetz, Lothar (1984): Wirtschaftsdidaktik – Eine Einführung in Theorie und Praxis wirtschaftsberuflicher Curriculumentwicklung und Unterrichtsgestaltung. Bad Heilbrunn: Verlag Julius Klinkhardt.

Reetz, Lothar (1999): Zum Zusammenhang von Schlüsselqualifikationen – Kompetenzen – Bildung. In: Tade Tramm (Hrsg.): Professionalisierung kaufmännischer Berufsbildung. Beiträge zur Öffnung der Wirtschaftspädagogik für die Anforderungen des 21. Jahrhunderts. Festschrift zum 60. Geburtstag von Frank Achtenhagen. Frankfurt am Main: Peter Lang, S. 32–51.

Reetz, Lothar (2000): Handlung, Wissen und Kompetenz als strukturbildende Merkmale von Lernfeldern. In: Reinhard Bader und Peter F. E. Sloane (Hrsg.): Lernen in Lernfeldern. Theoretische Analysen und Gestaltungsansätze zum Lernfeldkonzept. Markt Schwaben: Eusl-Verlagsgesellschaft, S. 141–154.

Reetz, Lothar (2006): Zur Rolle des Persönlichkeitsprinzips im Rahmen curricularer Gestaltungsprinzipien kaufmännischer Berufsausbildung. In: Gerhard Minnameier und Eveline Wuttke (Hrsg.): Berufs- und wirtschaftspädagogische Grundlagenforschung. Lehr-Lern-Prozesse und Kompetenzdiagnostik. Festschrift für Klaus Beck. Frankfurt am Main: Europäischer Verlag der Wissenschaften, S. 57–75.

Reetz, Lothar; Seyd, Wolfgang (2006): Curriculare Strukturen beruflicher Bildung. In: Rolf Arnold und Antonius Lipsmeier (Hrsg.): Handbuch der Berufsbildung. 2., überarbeitete und aktualisierte Auflage. Wiesbaden: VS Verlag für Sozialwissenschaften, S. 227–259.

Reetz, Lothar; Tramm, Tade (2000): Lebenslanges Lernen aus der Sicht einer berufspädagogisch und wirtschaftspädagogisch akzentuierten Curriculumforschung. In: Frank Achtenhagen und Wolfgang Lempert (Hrsg.): Lebenslanges Lernen im Beruf – seine Grundlegung im Kindes- und Jugendalter. Band 5: Erziehungstheorie und Bildungsforschung. Opladen: Leske und Budrich, S. 69–120.

Regierung des deutschen Reiches (1938): Gesetz über die Schulpflicht im Deutschen Reich vom 6. Juli 1938. In: Klaus Kümmel (Hrsg.): Quellen und Dokumente zur schulischen Berufsbildung 1918–1945. Köln, Wien 1980: Böhlau Verlag (Quellen und Dokumente zur Geschichte der Berufsbildung in Deutschland, hrsg. von Karlwilhelm Stratmann, Reihe A, Band 2), S. 199–206.

Reicher, Hannelore (2012): Die Planung des Forschungsprojektes: Überlegungen zur Methodenwahl. In: Hubert Stigler und Hannelore Reicher (Hrsg.): Praxisbuch empirische Sozialforschung in den Erziehungs- und Bildungswissenschaften. 2., aktualisierte und erweiterete Auflage. Innsbruck: Studienverlag, S. 91–110.

Reichsinstitut für Berufsausbildung in Handel und Gewerbe (1939/40): Berufsbildungsplan für den Lehrberuf Industriekaufmann. In: Manfred Horlebein

(Hrsg.): Quellen und Dokumente zur Geschichte der kaufmännischen Berufsbildung 1818–1984. Köln, Wien 1989: Böhlau Verlag (Quellen und Dokumente zur Geschichte der Berufsbildung in Deutschland, hrsg. von Karlwilhelm Stratmann, Reihe C, Band 3), S. 221–224.

Reichsinstitut für Berufsausbildung in Handel und Gewerbe (1940): Reichslehrplan für Maschinenschlosser. In: Klaus Kümmel (Hrsg.): Quellen und Dokumente zur schulischen Berufsbildung 1918–1945. Köln, Wien 1980: Böhlau Verlag (Quellen und Dokumente zur Geschichte der Berufsbildung in Deutschland, hrsg. von Karlwilhelm Stratmann, Reihe A, Band 2), S. 225–229.

Reichsminister für Wissenschaft, Erziehung und Volksbildung (1937a): Erlaß des Reichsministers für Wissenschaft, Erziehung und Volksbildung vom 29. Oktober 1937, betr. reichseinheitliche Benennungen im Berufs- und Fachschulwesen. In: Klaus Kümmel (Hrsg.): Quellen und Dokumente zur schulischen Berufsbildung 1918–1945. Köln, Wien 1980: Böhlau Verlag (Quellen und Dokumente zur Geschichte der Berufsbildung in Deutschland, hrsg. von Karlwilhelm Stratmann, Reihe A, Band 2), S. 197–198.

Reichsminister für Wissenschaft, Erziehung und Volksbildung (1937b): Runderlaß des Reichsministers für Wissenschaft, Erziehung und Volksbildung vom 6. August 1937, betr. Lehrpläne für die berufskundlichen Fächer der gewerblichen, bergmännischen, kaufmännischen und hauswirtschaftlichen Berufsschulen. In: Klaus Kümmel (Hrsg.): Quellen und Dokumente zur schulischen Berufsbildung 1918–1945. Köln, Wien 1980: Böhlau Verlag (Quellen und Dokumente zur Geschichte der Berufsbildung in Deutschland, hrsg. von Karlwilhelm Stratmann, Reihe A, Band 2), S. 208–209.

Reichsminister für Wissenschaft, Erziehung und Volksbildung (1939): Erlaß des Reichsministers für Wissenschaft, Erziehung und Volksbildung: Berufslenkung in den Schulen. In: Günter Pätzold (Hrsg.): Die betriebliche Berufsausbildung 1918–1945. Köln, Wien 1980: Böhlau Verlag (Quellen und Dokumente zur Geschichte der Berufsbildung in Deutschland, hrsg. von Karlwilhelm Stratmann, Reihe A, Band 1), S. 66.

Reichsministerium des Inneren (1972): Die Reichsschulkonferenz 1920. Ihre Vorgeschichte und Vorbereitung und ihre Verhandlungen. Amtlicher Bericht, erstattet vom Reichsministerium des Inneren. Unveränderter Neudruck der Ausgabe Leipzig 1921. Glashütten im Taunus: Verlag Detlev Auvermann (Deutsche Schulkonferenzen, Band 3).

Reichsverein der hauptamtlichen Lehrerschaft deutscher Berufsschulen e.V. (1931): Gegen ungerechte und falsche Sparmaßnahmen auf dem Berufsschulgebiet. In: Klaus Kümmel (Hrsg.): Quellen und Dokumente zur schulischen Berufsbildung 1918–1945. Köln, Wien 1980: Böhlau Verlag (Quellen und Dokumente zur Geschichte der Berufsbildung in Deutschland, hrsg. von Karlwilhelm Stratmann, Reihe A, Band 2), S. 147.

Reichswirtschaftskammer (1938): Anordnung zur Änderung der Anordnung über die Verteilung von Arbeitskräften vom 1. März 1938; Abschrift als Anlage zum Rundschreiben der Reichswirtschaftskammer vom 9. Juni 1938 an die Mitglieder betreffend Verteilungsanordnung. In: Günter Pätzold (Hrsg.): Die betriebliche Berufsausbildung 1918–1945. Köln, Wien 1980: Böhlau Verlag (Quellen und Dokumente zur Geschichte der Berufsbildung in Deutschland, hrsg. von Karlwilhelm Stratmann, Reihe A, Band 1), S. 64–65.

Reier, Gustav (1997): Die Instabilität des dualen Systems der beruflichen Bildung. In: *Zeitschrift für Berufs- und Wirtschaftspädagogik,* Heft 4, S. 365–383.

Reier, Gustav (2002): Verstehende Analyse als Instrument einer handlungsorientierten Inhaltsauswahl. In: *Die berufsbildende Schule,* Heft 7–8, S. 229–235. Online verfügbar unter http://www.forschungsnetzwerk.at/downloadpub/Verstehende_Analyse_als_Instrument_einer_handlungsorientierten_Inhaltsauswahl.pdf.

Reinders, Heinz (2011): Fragebogen. In: Heinz Reinders, Hartmut Ditton, Cornelia Gräsel und Burkhard Gniewosz (Hrsg.): Empirische Bildungsforschung. Struktur und Methoden. Wiesbaden: VS Verlag für Sozialwissenschaften, S. 53–65.

Reinders, Heinz; Gniewosz, Burkhard (2011): Quantitative Auswertungsverfahren. In: Heinz Reinders, Hartmut Ditton, Cornelia Gräsel und Burkhard Gniewosz (Hrsg.): Empirische Bildungsforschung. Struktur und Methoden. Wiesbaden: VS Verlag für Sozialwissenschaften, S. 121–129.

Reinhard, Tamara Carigiet (2012): Schulleistungen und Heterogenität. Eine mehrebenenanalytische Untersuchung der Bedingungsfaktoren der Schulleistungen am Ende der dritten Primarschulklasse. Bern: Haupt Verlag (Prisma, Band 17).

Reinisch, Holger (1999): Probleme ‚lernfeldorientierter' Curriculumentwicklung und -implementation. Eine historisch-systematische Analyse aus wirtschaftspädagogischer Sicht. In: Richard Huisinga, Ingrid Lisop und Hans Speier (Hrsg.): Lernfeldorientierung. Konstruktion und Unterrichtspraxis. Frankfurt am Main: Gesellschaft zur Förderung arbeitsorientierter Forschung und Bildung / G.A.F.B. Verlag, S. 85–119.

Reinisch, Holger (2001): Zur Entwicklung kaufmännischer Berufsbildung in schulischen Bildungsgängen in Deutschland. Ein Überblick von den Anfängen bis in die zweite Hälfte des 20. Jahrhunderts. In: Dietmar Frommberger und Holger Reinisch (Hrsg.): Berufliche Bildung zwischen Schule und Betrieb. Stand und Entwicklung in den Niederlanden und Deutschland. Markt

Schwaben: Eusl-Verlagsgesellschaft (Wirtschaftpädagogisches Forum, hrsg. von Dieter Euler und Peter F.E. Sloane, Band 12), S. 11–64.

Reinisch, Holger (2003): Zu einigen curriculumtheoretischen Implikationen des Lernfeldansatzes. Überlegungen anlässlich der Beiträge von Clement, Kremer, Sloane und Tramm in bwp@ Ausgabe 4. In: *Berufs- und Wirtschaftspädagogik – online,* Heft 4. Online verfügbar unter http://www.bwpat.de/ausgabe4/reinisch_bwpat4.pdf.

Reinisch, Holger (2004): Von der Handelskunde zum Betriebswirtschaftslehreunterricht. Zum didaktisch-curricularen Diskurs über kaufmännischen Fachunterricht für Lehrlinge im Zweiten Kaiserreich und der Weimarer Republik. In: *Zeitschrift für Berufs- und Wirtschaftspädagogik,* Heft 4, S. 492–510.

Reinisch, Holger (2006): Kompetenz, Qualifikation und Bildung: Zum Diskurs über die begriffliche Fassung von Zielvorgaben für Lernprozesse. In: Gerhard Minnameier und Eveline Wuttke (Hrsg.): Berufs- und wirtschaftspädagogische Grundlagenforschung. Lehr-Lern-Prozesse und Kompetenzdiagnostik. Festschrift für Klaus Beck. Frankfurt am Main: Europäischer Verlag der Wissenschaften, S. 259–272.

Reinisch, Holger (2013): Über Kaufmännische Bildung: Bildungstheoretische Reminiszenzen aus aktuellem Anlass. In: *Berufsbildungsforschung und -beratung aktuell,* 1. Online verfügbar unter http://www.jibb-ev.de/wp-content/uploads/2013/07/120131_reinisch.pdf.

Reinisch, Holger (2014): Sequenzierung und Reduktion – Notizen zu gegenwärtig in der Didaktik des wirtschaftsberuflichen Unterrichts vernachlässigten Aspekten didaktischer Konstruktion vor dem Hintergrund der curricularen Leitlinie ‚Arbeits- und Geschäftsprozesse'. In: *Berufs- und Wirtschaftspädagogik – online,* Profil 3: Digitale Festschrift für Tade Tramm zum 60. Geburtstag. Online verfügbar unter http://www.bwpat.de/profil-3/reinisch.

Retzmann, Thomas (2009): Ökonomische Bildung – Ziele, Inhalte und Methoden aus wirtschaftsdidaktischer Sicht. In: Holger Arndt und Alexandra Wiere (Hrsg.): Kompetenzentwicklung durch handlungsorientierte Methoden. Theoretische Grundlagen und Arbeitsmaterial. Arbeit-Wirtschaft-Technik, 5. AWT-Tag 2009, Universität Erlangen-Nürnberg. Nürnberg: bw Verlag. Online verfügbar unter https://www.bwverlag.de/fileadmin/awt/Manuskripte/content.html.

Retzmann, Thomas (2011): Kompetenzen und Standards der ökonomischen Bildung. In: *Aus Politik und Zeitgeschichte,* Heft 12, S. 15–21. Online verfügbar unter www.bpb.de/system/files/pdf/EPCQ28.pdf.

Retzmann, Thomas (2012): Terra incognita: Das Fach ‚Volkswirtschaftslehre' am Weiterbildungskolleg in Nordrhein-Westfalen. Essen: Essener Beiträge zur ökonomischen und beruflichen Bildung (Diskussionspapier Nr. 3).

Retzmann, Thomas; Bank, Volker (2013): Fachkompetenz von Wirtschaftslehrerinnen und -lehrern. Untersuchungen zur Entwicklung eines bedarfsdiagnostischen Instruments. In: *Zeitschrift für ökonomische Bildung*, Heft 1, S. 6–26. Online verfügbar unter http://www.zfoeb.de/2013_1/retzmann_bank.pdf.

Reusser, Kurt (2008): Empirisch fundierte Didaktik – didaktisch fundierte Unterrichtsforschung. Eine Perspektive zur Neuordnung der Allgemeinen Didaktik. In: Meinert Meyer, Manfred Prenzel und Stephanie Hellekamps (Hrsg.): Perspektiven der Didaktik. Zeitschrift für Erziehungswissenschaft 11 (Sonderheft 9). Wiesbaden: VS Verlag für Sozialwissenschaften, S. 219–237.

Reusser, Kurt; Pauli, Christine (2010): Unterrichtsgestaltung und Unterrichtsqualität – Ergebnisse einer internationalen und schweizerischen Videostudie zum Mathematikunterricht: Einleitung und Überblick. In: Kurt Reusser, Christine Pauli und Monika Waldis (Hrsg.): Unterrichtsgestaltung und Unterrichtsqualität. Ergebnisse einer internationalen und schweizerischen Videostudie zum Mathematikunterricht. Münster: Waxmann, S. 9–32.

Rischmüller, Heinfried (2004): Workshop 5: Neugestaltung der Abschlussprüfung. In: *Berufs- und Wirtschaftspädagogik – online*, Spezial 1: Lernfelder gestalten – miteinander Lernen – Innovationen vernetzen. Beiträge der 1. CULIK-Fachtagung., S. 176–190. Online verfügbar unter http://www.bwpat.de/spezial1/ws5_bwpat_spezial1.pdf.

Robinsohn, Saul (1975): Bildungsreform als Revision des Curriculum. Ein Strukturkonzept für Curriculumentwicklung. 5., unveränderte Auflage. Neuwied: Luchterhand Verlag.

Rössler, Siegfried (2000): Lernfeldorientierte Rahmenlehrpläne der KMK: Gute Absichten und ungewollte Nebenwirkungen. In: *Zeitschrift für Berufs- und Wirtschaftspädagogik*, Beiheft 15 – Lernfeldorientierung in Theorie und Praxis, S. 210–216.

Roth, Alfred (1911): Der Bildungsgang der Handlungsgehilfen. In: Manfred Horlebein (Hrsg.): Quellen und Dokumente zur Geschichte der kaufmännischen Berufsbildung 1818–1984. Köln, Wien 1989: Böhlau Verlag (Quellen und Dokumente zur Geschichte der Berufsbildung in Deutschland, hrsg. von Karlwilhelm Stratmann, Reihe C, Band 3), S. 122–125.

Rottmann, Joachim (2003): Flexibilisierung der Bildung für den Beruf. In: *Zeitschrift für Berufs- und Wirtschaftspädagogik*, Heft 2, S. 251–266.

Rülcker, Tobias (1976): Bildung, Gesellschaft, Wissenschaft. Eine Einführung in Grundbegriffe, Perspektiven und Grenzen der deutschen Curriculumdiskussion. Wiebelsheim: Quelle & Meyer Verlag.

Sageder, Josef (1993): Subjektive Kriterien der Unterrichtsplanung von Wirtschaftslehrern und Lehramtsstudenten. In: *Empirische Pädagogik*, Heft 2, S. 125–147.

Salzer, Robert (1921): Ziele und Wege für die Vereinheitlichung des deutschen gewerblichen Schulwesens. In: Klaus Kümmel (Hrsg.): Quellen und Dokumente zur schulischen Berufsbildung 1918–1945. Köln, Wien 1980: Böhlau Verlag (Quellen und Dokumente zur Geschichte der Berufsbildung in Deutschland, hrsg. von Karlwilhelm Stratmann, Reihe A, Band 2), S. 87–88.

Schäfer, Bettina; Bader, Reinhard (2000): Handlungskompetenz durch Lernfelder – Möglichkeiten einer Konzeptualisierung des Lernfeldansatzes. In: *Zeitschrift für Berufs- und Wirtschaftspädagogik,* Beiheft 15 – Lernfeldorientierung in Theorie und Praxis, S. 148–158.

Scheele, Brigitte; Groeben, Norbert (1988): Dialog-Konsens-Methoden zur Rekonstruktion subjektiver Theorien: die Heidelberger Struktur-Lege-Technik (SLT), konsuale Ziel-Mittel-Argumentation und kommunikative Flußdiagramm-Beschreibung von Handlungen. Tübingen: Francke Verlag.

Scheel, Walther (1928): Minderbefähigte Schüler in Handelsschulen. In: Manfred Horlebein (Hrsg.): Quellen und Dokumente zur Geschichte der kaufmännischen Berufsbildung 1818–1984. Köln, Wien 1989: Böhlau Verlag (Quellen und Dokumente zur Geschichte der Berufsbildung in Deutschland, hrsg. von Karlwilhelm Stratmann, Reihe C, Band 3), S. 163–167.

Schelten, Andreas (2008): Lehrerkompetenzen und Lehrereignung für berufliche Schulen. In: *Die berufsbildende Schule,* Heft 10, S. 275–276.

Scherer, Reinhold (1963): Der Rahmenplan aus Sicht des wirtschafts-beruflichen Schulwesens. In: *Die Deutsche Berufs- und Fachschule,* Heft 2, S. 101–109.

Schermelleh-Engel, Karin; Werner, Christina (2012): Methoden der Reliabilitätsbestimmung. In: Helfried Moosbrugger und Augustin Kelava (Hrsg.): Testtheorie und Fragebogenkonstruktion. 2., aktualisierte und überarbeitete Auflage. Berlin: Springer-Verlag, S. 119–141.

Scheuch, Erwin (1976): Forschungstechniken als Teil der Soziologie heute. In: Rainer Lepsius und Deutsche Gesellschaft für Soziologie (DGS) (Hrsg.): Zwischenbilanz der Soziologie: Verhandlungen des 17. Deutschen Soziologentags. Stuttgart: Ferdinand Enke, S. 83–127. Online verfügbar unter http://www.ssoar.info/ssoar/handle/document/18742.

Schiller, Albert (1941): Die Teilnehmer der Kaufmannsgehilfenprüfungen: bezirklicher Überblick. In: Manfred Horlebein (Hrsg.): Quellen und Dokumente zur Geschichte der kaufmännischen Berufsbildung 1818–1984. Köln, Wien 1989: Böhlau Verlag (Quellen und Dokumente zur Geschichte der Berufsbildung in Deutschland, hrsg. von Karlwilhelm Stratmann, Reihe C, Band 3), S. 241.

Schlegel, Beatrice (2009): Flexibilisierung durch Kompetenzerfassung in der beruflichen Bildung – ECVET-Chemie. In: Claudia Fenzl, Georg Spöttl, Falk Howe und Matthias Becker (Hrsg.): Berufsarbeit von morgen in gewerblich-technischen Domänen. Forschungsansätze und Ausbildungskonzepte für die berufliche Bildung. Bielefeld: Bertelsmann, S. 265–270.

Schlichter, Natalia (2012): Lehrerüberzeugungen zum Lehren und Lernen. Dissertation. Georg-August-Universität Göttingen, Göttingen. Online verfügbar unter https://ediss.uni-goettingen.de/bitstream/handle/11858/00–1735–0000-000D-F0A6–8/schlichter.pdf?sequence=1.

Schlieper, Friedrich (1941): Der Reichsrahmenstoffplan für Einzelhandelsklassen an den deutschen kaufmännischen Berufsschulen. In: Manfred Horlebein (Hrsg.): Quellen und Dokumente zur Geschichte der kaufmännischen Berufsbildung 1818–1984. Köln, Wien 1989: Böhlau Verlag (Quellen und Dokumente zur Geschichte der Berufsbildung in Deutschland, hrsg. von Karlwilhelm Stratmann, Reihe C, Band 3), S. 228–232.

Schlösser, Hans Jürgen; Neubauer, Maria; Tzanova, Polia (2011): Finanzielle Bildung. In: *Aus Politik und Zeitgeschichte,* Heft 12, S. 21–27. Online verfügbar unter www.bpb.de/system/files/pdf/EPCQ28.pdf.

Schmidt-Atzert, Lothar (2010): Ratingverfahren. In: Karl Westhoff, Carmen Hagemeister, Martin Kersting, Fredi Lang, Helfried Moosbrugger, Gerd Reimann und Gerhard Stemmler (Hrsg.): Grundwissen für die berufsbezogene Eignungsbeurteilung nach DIN 33430. 3., überarbeitete Auflage. Lengerich: Pabst Science Publishers, S. 61–83.

Schmidt, Thomas; Nickolaus, Reinhold; Weber, Wolfgang (2014): Modellierung und Entwicklung des fachsystematischen und handlungsbezogenen Fachwissens von Kfz-Mechatronikern. In: *Zeitschrift für Berufs- und Wirtschaftspädagogik,* Heft 4, S. 549–574.

Schneider, Robert (2013): Das Theorie-Praxis-Problem als Konstruktion von Lehramtsstudenten. In: *Erziehungswissenschaft und Beruf,* Heft 2, S. 131–140.

Schnell, Reiner; Hill, Paul B.; Esser, Elke (2011): Methoden der empirischen Sozialforschung. 9. Auflage. München: Oldenbourg.

Schönknecht, Gundrun (2005): Die Entwicklung der Innovationskompetenz von LehrerInnen aus (Berufs-)biographischer Perspektive. In: *Berufs- und Wirtschaftspädagogik – online,* Spezial 2: Innovationen in schulischen Kontexten: Ansatzpunkte für berufsbegleitende Lernprozesse bei Lehrkräften. Online verfügbar unter http://www.bwpat.de/spezial2/schoenknecht_spezial2-bwpat.pdf.

Schopf, Michael (2011): Motive, Erfahrungen und Bilanz aus ‚Vätersicht'. In: *Berufs- und Wirtschaftspädagogik – online,* Sezial 5: Hochschultage Berufliche Bildung 2011. Online verfügbar unter http://www.bwpat.de/ht2011/ft19/schopf_ft19-ht2011.pdf.

Schreiber, Ludwig (1942a): Die schulische Ausbildung des Großhandelslehrlings. Reichrahmenstoffplan der Großhandelsklassen an den kaufmännischen Berufsschulen. Berlin, Wien, Leipzig: Otto Elsner Verlagsgruppe.

Schreiber, Ludwig (1942b): Reichskunde. In: Manfred Horlebein (Hrsg.): Quellen und Dokumente zur Geschichte der kaufmännischen Berufsbildung 1818–1984. Köln, Wien 1989: Böhlau Verlag (Quellen und Dokumente zur Geschichte der Berufsbildung in Deutschland, hrsg. von Karlwilhelm Stratmann, Reihe C, Band 3), S. 233–236.

Schumann, Stephan; Eberle, Franz; Oepke, Maren; Pflüger, Michael; Gruber, Cyrill; Stamm, Pia; Pezotta, Davide (2010): Inhaltsauswahl für den Test zur Erfassung ökonomischen Wissens und Könnens im Projekt „Ökonomische Kompetenzen von Maturandinnen und Maturanden (OEKOMA)". Forschungsbericht. Universität Zürich. Institut für Gymnasial- und Berufspädagogik. Online verfügbar unter http://www.ife.uzh.ch/research/lehrstuhleberle/forschung/oekonomiekompetenz/veroeffentlichungen/Bericht_Inhaltsauswahl_OEKOMA.pdf.

Schütte, Friedhelm (1998): Wandel der didaktischen Theoriebildung. Von der Berufsschuldidaktik zur Handlungsorientierung. In: *Zeitschrift für Berufs- und Wirtschaftspädagogik*, Heft 4, S. 519–533.

Schwiedrzik, Bernd; Winzier, Dagmar (2000): Das Lernfeldkonzept der KMK im Kontext der Ordnungsarbeit und der geteilten Zuständigkeiten im dualen System. In: *Zeitschrift für Berufs- und Wirtschaftspädagogik*, Beiheft 15 – Lernfeldorientierung in Theorie und Praxis, S. 217–222.

Schwippert, Knut; Goy, Martin (2008): Leistungsvergleichs- und Schulqualitätsforschung. In: Werner Helsper und Jeanette Böhme (Hrsg.): Handbuch der Schulforschung. 2., durchgesehene und erweiterte Auflage. Wiesbaden: VS Verlag für Sozialwissenschaften, S. 387–421.

Seeber, Susan (2008): Ansätze zur Modellierung beruflicher Fachkompetenz in kaufmännischen Ausbildungsberufen. In: *Zeitschrift für Berufs- und Wirtschaftspädagogik*, Heft 1, S. 74–97.

Seeber, Susan; Lehmann, Rainer (2011): Determinanten der Fachkompetenz in ausgewählten gewerblich-technischen Berufen. In: *Zeitschrift für Berufs- und Wirtschaftspädagogik*, Beiheft 25 – Lehr-Lernforschung in der gewerblich-technischen Ausbildung, S. 95–112.

Seefeld, Hermann von (1916): Referat des geheimen Oberregierungsrats Dr. von Seefeld über die Bestimmungen. Gehalten im ständigen Beirat für den gewerblichen Unterricht. In: Adolf Ziegler (Hrsg.): Handbuch für das kaufmännische Unterrichtswesen in Deutschland. Unter Mitwirkung namhafter Handelsschulmänner und Fachleute. 2 Bände. Leipzig: Verlag für Handelsliteratur G. A. Gloeckner (Erster Band: Die kaufmännischen Schulen als Erziehungs- und Unterrichtsanstalten.), S. 542–544.

Seifried, Jürgen (2004): Zur Umsetzung der Lehr-Lern-Konzeption des Selbstorganisierten Lernens im Rechnungswesenunterricht. In: *Erziehungswissenschaft und Beruf*, Heft 1, S. 69–85.

Seifried, Jürgen (2006a): Lehren und Lernen aus der Sicht von Handelslehrern. In: Gerhard Minnameier und Eveline Wuttke (Hrsg.): Berufs- und wirtschaftspädagogische Grundlagenforschung. Lehr-Lern-Prozesse und Kompetenzdiagnostik. Festschrift für Klaus Beck. Frankfurt am Main: Europäischer Verlag der Wissenschaften, S. 77–91.

Seifried, Jürgen (2006b): Sichtweisen auf die methodische Gestaltung von Unterricht. In: *Zeitschrift für Berufs- und Wirtschaftspädagogik*, Heft 4, S. 578–596.

Seifried, Jürgen (2009): Unterrichtsplanung von (angehenden) Lehrkräften an kaufmännischen Schulen. In: *Zeitschrift für Berufs- und Wirtschaftspädagogik*, Heft 2, S. 179–197.

Seifried, Jürgen; Grill, Ludwig; Wagner, Melanie (2006): Unterrichtsmethoden in der kaufmännischen Unterrichtspraxis. In: *Wirtschaft und Erziehung*, Heft 7–8, S. 236–241.

Seifried, Jürgen; Trescher, Andrea (2007): Kompetenzentwicklung durch schulpraktische Übungen. In: *Berufs- und Wirtschaftspädagogik – online*, Heft 12. Online verfügbar unter http://www.bwpat.de/ausgabe12/seifried_trescher_bwpat12.pdf.

Seldte, Franz (1980): Über die Berufswahl. Ansprache im Großdeutschen Rundfunk über Fragen der Berufswahl vom 23. Oktober 1940. In: Günter Pätzold (Hrsg.): Die betriebliche Berufsausbildung 1918–1945. Köln, Wien: Böhlau Verlag (Quellen und Dokumente zur Geschichte der Berufsbildung in Deutschland, hrsg. von Karlwilhelm Stratmann, Reihe A, Band 1), S. 67–68.

Sembill, Detlef (1984): Modellgeleitete Interaktionsanalysen im Rahmen einer forschungsorientierten Lehrerausbildung – am Beispiel von Untersuchungen zum ‚Kaufvertrag'. Dissertation. Georg-August-Universität Göttingen, Göttingen. Seminar für Wirtschaftspädagogik.

Senat der freien und Hansestadt Hamburg (1913): Gesetz über die Fortbildungsschulpflicht. In: Adolf Ziegler (Hrsg.): Handbuch für das kaufmännische Unterrichtswesen in Deutschland. Unter Mitwirkung namhafter Handelsschulmänner und Fachleute. Leipzig 1916: Verlag für Handelsliteratur G. A. Gloeckner (Erster Band: Die kaufmännischen Schulen als Erziehungs- und Unterrichtsanstalten.), S. 645–646.

Seyfried, Brigitte (1997): Die Abschlussprüfung in der Berufsausbildung – ein ‚Bremsklotz' für Innovationen. In: Dieter Euler und Peter F. E. Sloane (Hrsg.): Duales System im Umbruch. Pfaffenweiler: Centaurus Verlag, S. 345–360.

Siercks, H. (1908): Der Lehrstoff der Fortbildungsschulen. In: Gustav Grüner (Hrsg.): Curriculumproblematik der Berufsschule. Zur Entwicklungsgeschichte der Lehrpläne gewerblicher Berufsschulen. Stuttgart 1975: Holland & Josenhans Verlag (Beiträge zur Pädagogik für Schule und Betrieb, Band 6), S. 42–46.

Sikes, Patricia; Measor, Lynda; Woods, Peter (1991): Berufslaufbahn und Identität im Lehrerberuf. In: Ewald Terhart (Hrsg.): Unterrichten als Beruf: neuere amerikanische und englische Arbeiten zur Berufskultur und Berufsbiogrphie von Lehrern und Lehrerinnen. Köln: Böhlau Verlag, S. 231–248.

Sloane, Peter F. E. (2000a): Das Lernfeldkonzept in der Ausbildung von Bankkaufleuten. Didaktische Grundanliegen und Implementationsprobleme. In: Marcus Riekeberg und Karin Stenke (Hrsg.): Banking 2000 – Perspektiven und Projekte. Wiesbaden: Gabler Verlag, S. 327–346.

Sloane, Peter F. E. (2000b): Lernfelder und Unterrichtsgestaltung. In: *Die berufsbildende Schule,* Heft 3, S. 79–85.

Sloane, Peter F. E. (2001): Lernfelder als curriculare Vorgabe. In: Bernhard Bonz (Hrsg.): Didaktik der beruflichen Bildung. Baltmannsweiler: Schneider Verlag Hohengehren (Berufsbildung konkret, Band 2), S. 187–203.

Sloane, Peter F. E. (2003): Schulnahe Curriculumentwicklung. In: *Berufs- und Wirtschaftspädagogik – online,* Heft 4. Online verfügbar unter http://www.bwpat.de/ausgabe4/sloane_bwpat4.pdf.

Sloane, Peter F. E. (2005): Standards von Bildung – Bildung von Standard. In: *Zeitschrift für Berufs- und Wirtschaftspädagogik,* Heft 4, S. 484–496.

Sloane, Peter F. E. (2007): Bildungsgangarbeit in beruflichen Schulen – ein didaktischer Geschäftsprozess? In: *Zeitschrift für Berufs- und Wirtschaftspädagogik,* Heft 4, S. 481–496.

Smith, Adam (1776): Der Wohlstand der Nationen. Eine Untersuchung seiner Natur und seiner Ursachen. Nachdruck 1974. Aus dem Englischen übertragen und mit einer Würdigung von Horst Claus Recktenwald. München: Verlag C. H. Beck.

Sokal, Laura; Katz, Herb; Chaszewski, Les; Wojcik, Cecilia (2007): Good-bye, Mr. Chips. Male teacher shortages and boys' reading archievement. In: *Sex Roles,* Heft 9–10, S. 651–659.

Sotke, Fritz (1935): Die neue Gesellschaftsordnung – die Volksgemeinschaft. In: Manfred Horlebein (Hrsg.): Quellen und Dokumente zur Geschichte der kaufmännischen Berufsbildung 1818–1984. Köln, Wien 1989: Böhlau Verlag (Quellen und Dokumente zur Geschichte der Berufsbildung in Deutschland, hrsg. von Karlwilhelm Stratmann, Reihe C, Band 3), S. 207–209.

Spatz, Alexander (2008): Zur Messung im Wirtschafts- und Sozialwissenschaftlichen Umfeld. Eine empirische Studie zur Anzahl der Antwortkategorien bei einer Ratingskala. Dissertation. Universität Augsburg, Augsburg. Wirtschaftswissenschaftliche Fakultät. Online verfügbar unter http://d-nb.info/1004440057/34.

Speth, Hermann; Berner, Steffen (2011): Theorie und Praxis des Wirtschaftslehreunterrichts: Eine Fachdidaktik. Ziel- und Inhaltsanalyse, Lehr- und Lernorganisation, Lernsicherung. 10. Auflage. Rinteln: Merkur Verlag.

Spoden, Christian; Frey, Andreas; Bernhardt, Raphael; Seeber, Susan; Balkenhol, Aileen; Ziegler, Birgit (2015): Differenzielle Domänen- und Itemeffekte zwischen Ausbildungsberufen bei der Erfassung allgemeiner schulischer Kompetenzen von Berufsschülerinnen und Berufsschülern. In: *Zeitschrift für Berufs- und Wirtschaftspädagogik*, Heft 2, S. 168–188.

Spöttl, Georg (2009): Kompetenzmodelle in der beruflichen Bildung – Grenzen und Chancen. In: Claudia Fenzl, Georg Spöttl, Falk Howe und Matthias Becker (Hrsg.): Berufsarbeit von morgen in gewerblich-technischen Domänen. Forschungsansätze und Ausbildungskonzepte für die berufliche Bildung. Bielefeld: Bertelsmann, S. 233–238.

Spöttl, Georg; Becker, Matthias; Musekamp, Frank (2011): Anforderungen an KFZ-Mechaniker und Implikation für die Kompetenzerfassung. In: *Zeitschrift für Berufs- und Wirtschaftspädagogik*, Beiheft 25, S. 37–54.

Springer, Christian Heinrich (1831): Statuten der oeffentlichen Handels-Lehranstalt zu Leipzig. In: Freundeskreis der Öffentlichen Handelslehranstalt zu Leipzig (Hrsg.): Die Öffentliche Handelslehranstalt zu Leipzig 1831–1950: Festschrift zum 170. Jahrestag ihrer Gründung. Leipzig 2001: Leipziger Universitätsverlag, S. 219–229.

Staatsministerium für Unterricht und Kultus im Freistaate Bayern (1921): Lehrordnung für Volks-Fortbildungsschulen. In: Klaus Kümmel (Hrsg.): Quellen und Dokumente zur schulischen Berufsbildung 1918–1945. Köln, Wien 1980: Böhlau Verlag (Quellen und Dokumente zur Geschichte der Berufsbildung in Deutschland, hrsg. von Karlwilhelm Stratmann, Reihe A, Band 2), S. 100–109.

Ständige Konferenz der Kultusminister der Länder in der Bundesrepublik Deutschland (1991a): Rahmenlehrplan für den Ausbildungsberuf ‚Bürokaufmann/Bürokauffrau'. Online verfügbar unter http://cms.springertransportmedia.de/fm/3576/Rahmenlehrplan_Buerokaufmann.pdf.

Ständige Konferenz der Kultusminister der Länder in der Bundesrepublik Deutschland (1991b): Rahmenvereinbarung über die Berufsschule. Online verfügbar unter http://www.kmk.org/fileadmin/veroeffentlichungen_beschluesse/1991/1991_03_15-Rahmenvereinbarung-Berufsschule.pdf.

Ständige Konferenz der Kultusminister der Länder in der Bundesrepublik Deutschland (1995): Verordnung über die Berufsausbildung ‚Industriekaufmann': nebst Rahmenlehrplan. Bielefeld: Bertelsmann Verlag.

Ständige Konferenz der Kultusminister der Länder in der Bundesrepublik Deutschland (1996): Handreichungen für die Erarbeitung von Rahmenlehrplänen der Kultusministerkonferenz für den berufsbezogenen Unterricht in der Berufsschule und ihre Abstimmung mit Ausbildungsordnungen des Bundes für anerkannte Ausbildungsberufe.

Ständige Konferenz der Kultusminister der Länder in der Bundesrepublik Deutschland (1997): Rahmenlehrplan für den Ausbildungsberuf ‚Bankkaufmann/Bankkauffrau'. Online verfügbar unter http://www.kmk.org/fileadmin/pdf/Bildung/BeruflicheBildung/rlp/Bankkaufmann97-10-17.pdf.

Ständige Konferenz der Kultusminister der Länder in der Bundesrepublik Deutschland (1998): Rahmenlehrplan für den Ausbildungsberuf ‚Automobilkaufmann/Automobilkauffrau'. Online verfügbar unter http://www.kmk.org/fileadmin/pdf/Bildung/BeruflicheBildung/rlp/Automobilkaufmann.pdf.

Ständige Konferenz der Kultusminister der Länder in der Bundesrepublik Deutschland (1999): Handreichungen für die Erarbeitung von Rahmenlehrplänen der Kultusministerkonferenz für den berufsbezogenen Unterricht in der Berufsschule und ihre Abstimmung mit Ausbildungsordnungen des Bundes für anerkannte Ausbildungsberufe.

Ständige Konferenz der Kultusminister der Länder in der Bundesrepublik Deutschland (2002): Rahmenlehrplan für den Ausbildungsberuf ‚Industriekaufmann/Industriekauffrau'. Online verfügbar unter http://www.kmk.org/fileadmin/pdf/Bildung/BeruflicheBildung/rlp/industriekfm.pdf.

Ständige Konferenz der Kultusminister der Länder in der Bundesrepublik Deutschland (2004a): Rahmenlehrplan für den Ausbildungsberuf ‚Kaufmann für Spedition und Logistikleistung/Kauffrau für Spedition und Logistikleistung'. Online verfügbar unter http://www.kmk.org/fileadmin/pdf/Bildung/BeruflicheBildung/rlp/KfmSpedition.pdf.

Ständige Konferenz der Kultusminister der Länder in der Bundesrepublik Deutschland (2004b): Rahmenlehrplan für den Ausbildungsberuf ‚Kaufmann im Einzelhandel/Kauffrau im Einzelhandel'. Online verfügbar unter http://www.kmk.org/fileadmin/pdf/Bildung/BeruflicheBildung/rlp/KfmEinzelhandel.pdf.

Ständige Konferenz der Kultusminister der Länder in der Bundesrepublik Deutschland (2006a): Rahmenlehrplan für den Ausbildungsberuf ‚Immobilienkaufmann/Immobilienkauffrau'. Online verfügbar unter http://www.kmk.org/fileadmin/pdf/Bildung/BeruflicheBildung/rlp/Immobilienkaufmann.pdf.

Ständige Konferenz der Kultusminister der Länder in der Bundesrepublik Deutschland (2006b): Rahmenlehrplan für den Ausbildungsberuf ‚Kaufmann für Versicherungen und Finanzen/Kauffrau für Versicherungen und Finanzen'. Online verfügbar unter http://www.kmk.org/fileadmin/pdf/Bildung/

BeruflicheBildung/rlp/KfmVersicherungenFinanzen06-03-08-idF-13-09-27-E_01.pdf.

Ständige Konferenz der Kultusminister der Länder in der Bundesrepublik Deutschland (2006c): Rahmenlehrplan für den Ausbildungsberuf ‚Kaufmann im Groß- und Außenhandel/Kauffrau im Groß- und Außenhandel'. Online verfügbar unter http://www.kmk.org/fileadmin/pdf/Bildung/BeruflicheBildung/rlp/KaufmannGrossundAussen.pdf.

Ständige Konferenz der Kultusminister der Länder in der Bundesrepublik Deutschland (2011): Handreichung für die Erarbeitung von Rahmenlehrplänen der Kultusministerkonferenz für den berufsbezogenen Unterricht in der Berufsschule und ihre Abstimmung mit Ausbildungsordnungen des Bundes für anerkannte Ausbildungsberufe. Online verfügbar unter http://www.kmk.org/fileadmin/veroeffentlichungen_beschluesse/2011/2011_09_23_GEP-Handreichung.pdf.

Ständige Konferenz der Kultusminister der Länder in der Bundesrepublik Deutschland (2013): Rahmenlehrplan für den Ausbildungsberuf ‚Kaufmann für Büromanagement und Kauffrau für Büromanagement'. Online verfügbar unter http://www.kmk.org/fileadmin/pdf/Bildung/BeruflicheBildung/rlp/KaufmannBueromanagement13-09-27-E_01.pdf.

statista (2007): Historische Inflation in der Weimarer Republik anhand des Wertes einer Goldmark von Juli 1922 bis Dezember 1923 (in 1.000 Papiermark). Online verfügbar unter http://de.statista.com/statistik/daten/studie/281794/umfrage/hyperinflation-in-der-weimarer-republik/.

Steinemann, Sandra; Gramlinger, Franz (2003): Die Umsetzung des Lernfeldkonzepts – (k)ein Lernprozess? In: *Berufs- und Wirtschaftspädagogik – online*, Heft 4. Online verfügbar unter http://www.bwpat.de/ausgabe4/steinemann_gramlinger_bwpat4.pdf.

Stigler, Hubert (2012): Der Fragebogen in der Feldforschung. In: Hubert Stigler und Hannelore Reicher (Hrsg.): Praxisbuch empirische Sozialforschung in den Erziehungs- und Bildungswissenschaften. 2., aktualisierte und erweiterete Auflage. Innsbruck: Studienverlag, S. 147–161.

Stigler, Hubert; Reicher, Hannelore (2012): Von der Expolration zum inferenzstatistischen Schluss – Angewandtes Basiswissen zur sozialwissenschaftlichen Datenanalyse. In: Hubert Stigler und Hannelore Reicher (Hrsg.): Praxisbuch empirische Sozialforschung in den Erziehungs- und Bildungswissenschaften. 2., aktualisierte und erweiterete Auflage. Innsbruck: Studienverlag, S. 239–278.

Stolzenberg, Otto (1912): Ein Beispiel kaufmännischer Lehrlingsausbildung in einem Großbetrieb. In: Manfred Horlebein (Hrsg.): Quellen und Dokumente zur Geschichte der kaufmännischen Berufsbildung 1818–1984. Köln, Wien 1989:

Böhlau Verlag (Quellen und Dokumente zur Geschichte der Berufsbildung in Deutschland, hrsg. von Karlwilhelm Stratmann, Reihe C, Band 3), S. 69–72.

Stommel, Axel (1996): Was ist und woran krankt handlungsorientierter Unterricht. In: *Winklers Flügelstift,* Heft 3, S. 2–12.

Stommel, Axel (1997a): Die andauernde Suche des Informatik-Unterrichts nach seinem Inhalt. In: *Wirtschaft und Erziehung,* Heft 2, S. 49–51.

Stommel, Axel (1997b): Sie wissen nicht, warum sie es tun. Aber sie tun es? Zur Kurzschlüssigkeit des handlungsorientierten Ansatzes. In: *Wirtschaft und Erziehung,* Heft 4, S. 125–127.

Stommel, Axel (1998a): IHK-Abschlussprüfungen: Die organisierte Verantwortungslosigkeit und der institutionalisierte Vertrauensmissbrauch. In: *Wirtschaft und Erziehung,* Heft 3, S. 87–90.

Stommel, Axel (1998b): Lernfeldstrukturierte Rahmenlehrpläne: Amtlich verordnetes Durcheinander als neue Ordnung des Unterrichts. Ein Beitrag aus der wundersam verkehrten Welt des Zufalls. In: *Winklers Flügelstift,* Beilage, Heft 2, S. 1–28.

Stommel, Axel (1999): Direkt durch die Lernfelder – kann die Ausbildung einfach der Berufstätigkeit folgen? Kritische Anmerkungen zum Lernfeldkonzept in der Bürowirtschaft. In: *Erziehungswissenschaft und Beruf,* Heft 3, S. 314–320.

Stommel, Axel; Stommel, Margot (1997): Kritik des handlungsorientierten sowie des computerunterstuetzten Unterrichts. In: *Winklers Flügelstift,* 3, S. 3–7.

Straka, Gerald A. (2002): Handlungsorientierung und Lernfelder – Viel Lärm um Nichts? In: *Zeitschrift für Berufs- und Wirtschaftspädagogik,* Heft 2, S. 278–295.

Straka, Gerald A. (2006): ‚Neue Lernformen' in der bundesdeutschen Berufsbildung – neue Konzepte oder neue Etiketten? In: Gerhard Minnameier und Eveline Wuttke (Hrsg.): Berufs- und wirtschaftspädagogische Grundlagenforschung. Lehr-Lern-Prozesse und Kompetenzdiagnostik. Festschrift für Klaus Beck. Frankfurt am Main: Europäischer Verlag der Wissenschaften, S. 145–159.

Straka, Gerald A.; Macke, Gerd (2008): Handlungskompetenz – und wo bleibt die Sachstruktur? In: *Zeitschrift für Berufs- und Wirtschaftspädagogik,* Heft 4, S. 590–600.

Straka, Gerald A.; Macke, Gerd (2010): Anmerkungen und Fragen zu ‚Sachstruktur oder Lernfeldstruktur?' von Gernot G. Herrmann in: ZBW 105 (2009), S. 285–290. In: *Zeitschrift für Berufs- und Wirtschaftspädagogik,* Heft 4, S. 611–615.

Straka, Gerald A.; Macke, Gerd (2011): Handlungsorientierung in der Berufsschule – eine erfolgsversprechende Unterrichtsmethode? In: *Zeitschrift für Berufs- und Wirtschaftspädagogik,* Heft 3, S. 451–456.

Straßer, Peter (2013): Lernfelder – die (ungenutzte) Wiederkehr des Exemplarischen. In: *Zeitschrift für Berufs- und Wirtschaftspädagogik,* Heft 4, S. 496–512.

Stratmann, Karl Wilhelm (1975): Das duale System und das Problem seiner ‚Verschulung'. In: *Die Deutsche Berufs- und Fachschule,* Heft 11, S. 820–835.

Stuber, Franz (2007): „Betriebliche Praxisfelder erschließen" – Ein Informationsportal unterstützt forschendes Lernen in Praxisstudien. In: *Berufs- und Wirtschaftspädagogik – online,* Heft 12. Online verfügbar unter http://www.bwpat.de/ausgabe12/stuber_bwpat12.pdf.

Sturm, Reinhard (2011): Kampf um die Republik 1919–1923. In: Bundeszentrale für politische Bildung (Hrsg.): Weimarer Republik. Informationen zur politischen Bildung (Heft 261), S. 21–35.

Terhart, Ewald; Czerwenka, Kurt; Ehrich, Karin; Jordan, Frank; Schmidt, Hans Jochim (1994): Berufsbiogrphien von Lehrern und Lehrerinnen. Frankfurt am Main: Peter Lang.

Thüringisches Ministerium für Volksbildung (1928): [Thüringische] Ordnung der Prüfung für Diplomgewerbelehrer mit Hochschulbildung. In: Klaus Kümmel (Hrsg.): Quellen und Dokumente zur schulischen Berufsbildung 1918–1945. Köln, Wien 1980: Böhlau Verlag (Quellen und Dokumente zur Geschichte der Berufsbildung in Deutschland, hrsg. von Karlwilhelm Stratmann, Reihe A, Band 2), S. 270–275.

Thyssen, Simon (1954): Die Berufsschule in Idee und Gestaltung. Essen: Verlag W. Girardet.

Thyssen, Simon (1960): Die geschichtliche Entwicklung der Berufsschule unter besonderer Berücksichtigung der gewerblichen Berufsschule. In: Fritz Blättner, Ludwig Kiehn, Otto Monsheimer und Simon Thyssen (Hrsg.): Handbuch für das Berufsschulwesen. Heidelberg: Quelle & Meyer Verlag, S. 122–137.

Tramm, Tade (2003a): Prozess, System und Systematik als Schlüsselkategorien lernfeldorientierter Curriculumentwicklung. In: *Berufs- und Wirtschaftspädagogik – online,* Heft 3. Online verfügbar unter http://www.bwpat.de/ausgabe4/tramm_bwpat4.pdf.

Tramm, Tade (2003b): Zu Relevanz der Geschäftsprozessorientierung und zum Verhältnis von Wissenschafts- und Situationsbezug bei der Umsetzung des Lernfeldansatzes im kaufmännischen Bereich. Online verfügbar unter http://www.dblernen.de/archiv/tramm_LF-geschaeftsprozessorientierung.pdf.

Tramm, Tade (2011): Ist das Glas nun halbvoll oder halbleer? Ein Beitrag zur berufs- und wirtschaftspädagogischen Diskussion des Lernfeldkonzepts als (späte) Antwort auf eine Fundamentalkritik von Holger Reinisch. In: *Berufs- und Wirtschaftspädagogik – online,* Heft 20. Online verfügbar unter http://www.bwpat.de/ausgabe20/tramm_bwpat20.pdf.

Tramm, Tade; Reetz, Lothar (2010): Berufliche Curriculumentwicklung zwischen Persönlichkeits-, Sozialisations- und Wissenschaftsbezug. In: Reinhold Nickolaus, Günter Pätzold, Holger Reinisch und Tade Tramm (Hrsg.): Handbuch Berufs- und Wirtschaftspädagogik. Bad Heilbrunn: Klinkhardt, S. 220–226.

Tramm, Tade; Seeber, Susan (2006): Überlegungen und Analysen zur Spezifität kaufmännischer Kompetenz. In: Gerhard Minnameier und Eveline Wuttke (Hrsg.): Berufs- und wirtschaftspädagogische Grundlagenforschung. Lehr-Lern-Prozesse und Kompetenzdiagnostik. Festschrift für Klaus Beck. Frankfurt am Main: Europäischer Verlag der Wissenschaften, S. 273–288.

Verband Preußischer Diplom-Handelslehrer (1931): Aufruf. In: Manfred Horlebein (Hrsg.): Quellen und Dokumente zur Geschichte der kaufmännischen Berufsbildung 1818–1984. Köln, Wien 1989: Böhlau Verlag (Quellen und Dokumente zur Geschichte der Berufsbildung in Deutschland, hrsg. von Karlwilhelm Stratmann, Reihe C, Band 3), S. 152.

Verband Preußischer Gewerbe- und Handelslehrer (1919): Beschlüsse des Verbandes Preußischer Gewerbe- und Handelslehrer. In: Klaus Kümmel (Hrsg.): Quellen und Dokumente zur schulischen Berufsbildung 1918–1945. Köln, Wien 1980: Böhlau Verlag (Quellen und Dokumente zur Geschichte der Berufsbildung in Deutschland, hrsg. von Karlwilhelm Stratmann, Reihe A, Band 2), S. 67–72.

Verband Preußischer Gewerbe- und Handelslehrer (1924): Beschlüsse des Verbandes Preußischer Gewerbe- und Handelslehrer zur Gewerbelehrer-Ausbildung [angenommen am 7. Oktober 1924 auf der 3. Hauptversammlung in Kassel]. In: Klaus Kümmel (Hrsg.): Quellen und Dokumente zur schulischen Berufsbildung 1918–1945. Köln, Wien 1980: Böhlau Verlag (Quellen und Dokumente zur Geschichte der Berufsbildung in Deutschland, hrsg. von Karlwilhelm Stratmann, Reihe A, Band 2), S. 278–279.

Verein Deutscher Ingenieure (1929): Zur Gewerbelehrerausbildung. In: Klaus Kümmel (Hrsg.): Quellen und Dokumente zur schulischen Berufsbildung 1918–1945. Köln, Wien 1980: Böhlau Verlag (Quellen und Dokumente zur Geschichte der Berufsbildung in Deutschland, hrsg. von Karlwilhelm Stratmann, Reihe A, Band 2), S. 285–287.

Völkner (1913): Welche unterrichtlichen und erzieherischen Maßnahmen ergeben sich aus der Eigenart des kaufmännischen Fortbildungsschülers? In: Manfred Horlebein (Hrsg.): Quellen und Dokumente zur Geschichte der kaufmännischen Berufsbildung 1818–1984. Köln, Wien 1989: Böhlau Verlag (Quellen und Dokumente zur Geschichte der Berufsbildung in Deutschland, hrsg. von Karlwilhelm Stratmann, Reihe C, Band 3), S. 82–84.

Vollstädt, Witlof; Tillmann, Klaus-Jürgen; Rauin, Udo; Höhmann, Katrin; Tebrügge, Andrea (1999): Lehrpläne im Schulalltag. Eine empirische Studie zur Akzeptanz und Wirkung von Lehrplänen in der Sekundarstufe I. Opladen: Leske und Budrich.

Wagner, Hans (1963): Berufsschulische Organisationsprobleme für die Lehrlinge der Kreditinstitute. In: *Die Deutsche Berufs- und Fachschule,* Heft 12, S. 881–889.

Wahle, Manfred (2009): Zur schulischen Berufsausbildung im Kaiserreich. Die Beispiele der Fortbildungsschule des Kaufmännischen Vereins in Elberfeld und der städtischen Fortbildungsschule in Barmen (1885–1907). In: *Berufs- und Wirtschaftspädagogik – online,* Profil 2 – Akzentsetzungen in der Berufs- und Wirtschaftspädagogik. Online verfügbar unter http://www.bwpat.de/profil2/wahle_profil2.pdf.

Walker, Felix; Link, Nico; Nickolaus, Reinhold (2015): Berufsfachliche Kompetenzstrukturen bei Elektronikern für Automatisierungstechnik am Ende der Berufsausbildung. In: *Zeitschrift für Berufs- und Wirtschaftspädagogik,* Heft 2, S. 222–241.

Walter, Rolf (2011): Wirtschaftsgeschichte. Vom Merkantilismus bis zur Gegenwart. 5., aktualisierte Auflage. Köln: Böhlau Verlag.

Wayne, Andrew; Youngs, Peter (2006): Die Art der Ausbildung von Lehrern und die Lerngewinne ihrer Schüler. Eine Übersicht über aktuelle empirische Forschung. In: Christina Allemann-Ghionda und Ewald Terhart (Hrsg.): Kompetenzen und Kompetenzentwicklung von Lehrerinnen und Lehrern. Zeitschrift für Pädagogik 51 (Beiheft). Weinheim: Beltz Verlag, S. 71–96.

Weber, Susanne; Achtenhagen, Frank (2014a): Einige unmaßgebliche Gedanken zur aktuellen Diskussion um eine gelingende Curriculumentwicklung. In: *Berufs- und Wirtschaftspädagogik – online,* Profil 3: Digitale Festschrift für Tade Tramm zum 60. Geburtstag. Online verfügbar unter http://www.bwpat.de/profil3/weber_achtenhagen_profil3.pdf.

Weber, Susanne; Achtenhagen, Frank (2014b): Fachdidaktisch gesteuerte Modellierung und Messung von Kompetenzen im Bereich der beruflichen Bildung. In: *Zeitschrift für Erziehungswissenschaft,* Sonderheft 22 – Perspektiven der empirischen Berufsbildungsforschung, S. 33–58. Online verfügbar unter http://download.springer.com/static/pdf/409/art%253A10.1007%252Fs11618-013-0454-5.pdf?auth66=1404487640_d719a9284b383e6cbe93603fba55818a&ext=.pdf.

Wiedwald, Rudolf (1928): Die Lehrlingszüchterei als Quelle besonderer Mißstände in der Lehrlingsausbildung. In: Manfred Horlebein (Hrsg.): Quellen und Dokumente zur Geschichte der kaufmännischen Berufsbildung 1818–1984. Köln, Wien 1989: Böhlau Verlag (Quellen und Dokumente zur Geschichte der Berufsbildung in Deutschland, hrsg. von Karlwilhelm Stratmann, Reihe C, Band 3), S. 148–150.

Wilbers, Karl (2014): Wirtschaftsunterricht gestalten. Lehrbuch. 2. Auflage. Berlin: epubli. Online verfügbar unter http://www.pedocs.de/volltexte/2013/8420/pdf/Wilbers_2014_Wirtschaftsunterricht_Lehrbuch_Aufl_2.pdf.

Wilden, J. (1926): Das Prüfungswesen im Handwerk und in der Industrie. In: Günter Pätzold (Hrsg.): Die betriebliche Berufsausbildung 1918–1945. Köln, Wien 1980: Böhlau Verlag (Quellen und Dokumente zur Geschichte der Berufsbildung in Deutschland, hrsg. von Karlwilhelm Stratmann, Reihe A, Band 1), S. 298–301.

Winther, Esther (2010): Systemorientierte Evaluation des Lernfeldkonzepts: Strategien für das berufliche Übergangssystem. In: *Zeitschrift für Berufs- und Wirtschaftspädagogik,* Heft 3, S. 427–442.

Wirtschaftsgruppe Groß- und Ausfuhrhandel (~1940): Lehrordnung für die Kaufmannslehrlinge im Groß-, Ein- und Ausfuhrhandel. In: Manfred Horlebein (Hrsg.): Quellen und Dokumente zur Geschichte der kaufmännischen Berufsbildung 1818–1984. Köln, Wien 1989: Böhlau Verlag (Quellen und Dokumente zur Geschichte der Berufsbildung in Deutschland, hrsg. von Karlwilhelm Stratmann, Reihe C, Band 3), S. 225–227.

Witt, Ralf (2006): Kompetenzstufenmodelle zur Messung ökonomischer Bildung. In: Gerhard Minnameier und Eveline Wuttke (Hrsg.): Berufs- und wirtschaftspädagogische Grundlagenforschung. Lehr-Lern-Prozesse und Kompetenzdiagnostik. Festschrift für Klaus Beck. Frankfurt am Main: Europäischer Verlag der Wissenschaften, S. 407–420.

Wolff, T. (1917): Hand- und Armersatz für kriegsbeschädigte kaufmännische Angestellte. In: Manfred Horlebein (Hrsg.): Quellen und Dokumente zur Geschichte der kaufmännischen Berufsbildung 1818–1984. Köln, Wien 1989: Böhlau Verlag (Quellen und Dokumente zur Geschichte der Berufsbildung in Deutschland, hrsg. von Karlwilhelm Stratmann, Reihe C, Band 3), S. 138–139.

Woll, Helmut (1997): Die Forderung nach Ganzheitlichkeit im Rahmen der Handlungsorientierung an Beispielen des Wirtschaftslehreunterrichts. In: *Zeitschrift für Berufs- und Wirtschaftspädagogik,* Heft 1, S. 293–310.

Woll, Helmut (2005): Die Umsetzung des Lernfeldkonzeptes in einem Schulbuch für Industriekaufleute. In: Manfred Horlebein und Heinrich Schanz (Hrsg.): Wirtschaftsdidaktik für berufliche Schulen. Hohengehren: Schneider Verlag (Berufsbildung konkret, Band 8), S. 74–93.

Wollmann, Fritz (1938/39): Aufsatzthemen der Wirtschaftsoberschule Plauen. In: Manfred Horlebein (Hrsg.): Quellen und Dokumente zur Geschichte der kaufmännischen Berufsbildung 1818–1984. Köln, Wien 1989: Böhlau Verlag

(Quellen und Dokumente zur Geschichte der Berufsbildung in Deutschland, hrsg. von Karlwilhelm Stratmann, Reihe C, Band 3), S. 215.

Württembergisches Ministerium des Kirchen- und Schulwesens (1924): Verfügung des [württembergischen] Kultusministeriums über die Prüfungsordnung für das höhere Lehramt an Gewerbeschulen. In: Klaus Kümmel (Hrsg.): Quellen und Dokumente zur schulischen Berufsbildung 1918–1945. Köln, Wien 1980: Böhlau Verlag (Quellen und Dokumente zur Geschichte der Berufsbildung in Deutschland, hrsg. von Karlwilhelm Stratmann, Reihe A, Band 2), S. 247–262.

Wuttke, Eveline; Seifried, Jürgen; Brandt, Steffen; Rausch, Andreas; Sembill, Detlef; Martens, Thomas; Wolf, Karsten D. (2015): Modellierung und Messung domänenspezifischer Problemlösekompetenz bei angehenden Industriekaufleuten. In: *Zeitschrift für Berufs- und Wirtschaftspädagogik,* Heft 2, S. 189–207.

Zabeck, Jürgen (2006): Didaktik kaufmännisch-verwaltender Berufsausbildung. In: Rolf Arnold und Antonius Lipsmeier (Hrsg.): Handbuch der Berufsbildung. 2., überarbeitete und aktualisierte Auflage. Wiesbaden: VS Verlag für Sozialwissenschaften, S. 269–280.

Zabeck, Jürgen (2009): Geschichte der Berufserziehung und ihrer Theorie. Paderborn: Eusl Verlagsgesellschaft.

Zedler, Reinhard (2000): Zum Lernfeld-Konzept aus der Sicht von Ausbildungbetrieben. In: *Zeitschrift für Berufs- und Wirtschaftspädagogik,* Beiheft 15 – Lernfeldorientierung in Theorie und Praxis, S. 223–227.

Zieger, B.; Dietze, H. (1906): Handelsschulen. In: W. Rein (Hrsg.): Encyklopädisches Handbuch der Pädagogik. Zweite Auflage. Langensalza: Hermann Beyer und Söhne (4. Band: Handelsschule – Klassenoberster), S. 1–45.

Ziegler, Adolf (1916a): Höhere Handelsschulen. In: Adolf Ziegler (Hrsg.): Handbuch für das kaufmännische Unterrichtswesen in Deutschland. Unter Mitwirkung namhafter Handelsschulmänner und Fachleute. 2 Bände. Leipzig: Verlag für Handelsliteratur G. A. Gloeckner (Erster Band: Die kaufmännischen Schulen als Erziehungs- und Unterrichtsanstalten.), S. 399–417.

Ziegler, Adolf (1916b): Königreich Sachsen. In: Adolf Ziegler (Hrsg.): Handbuch für das kaufmännische Unterrichtswesen in Deutschland. Unter Mitwirkung namhafter Handelsschulmänner und Fachleute. 2 Bände. Leipzig: Verlag für Handelsliteratur G. A. Gloeckner (Erster Band: Die kaufmännischen Schulen als Erziehungs- und Unterrichtsanstalten.), S. 216–261.

Ziegler, Birgit (2006): „Subjektive Theorien" und didaktisches Handeln – Forschungsaktivitäten und Befunde zu Lehrenden in der beruflichen Bildung. In: *Zeitschrift für Berufs- und Wirtschaftspädagogik,* Heft 4, S. 525–551.

Zinn, Bernd; Tenberg, Ralf (2010): Forschungsprogramm: Epistemologische Überzeugungen in gewerblich-technischen Domänen. In: *Zeitschrift für Berufs- und Wirtschaftspädagogik,* Heft 1, S. 16–35.

Zöller, Arnulf (1999): Lernfelder in den Rahmenlehrplänen des Bundes und in den bayrischen Lehrplänen der Berufsschulen. In: *Die berufsbildende Schule,* Heft 4, S. 154–159.

Zurstrassen, Bettina (2009): Kompetenzorientierte Lehrerbildung in den sozialwissenschaftlichen Unterrichtsfächern: Blühende Landschaften inder sozialwissenschaftlichen Lehrerbildung von morgen? In: *Journal of Social Science Education,* Heft 2, S. 32–45.

KONZEPTE DES LEHRENS UND LERNENS

Band 1-7 herausgegeben von K. Breuer und G. Tulodziecki

Band 1 Dieter Reising: Kognitive Komplexität als Differenzierungskriterium. Entwicklung und Evaluation eines Unterrichtskonzepts für die Berufsfachschule. 1986.

Band 2 Rüdiger R. Kummer: Computersimulation in der Berufsschule. Entwicklung und Evaluation eines Konzepts zur Förderung kognitiver Komplexität im Politik- und Wirtschaftslehre-Unterricht. 1991.

Band 3 Günter Fiedler: Anwendungsaufgaben im naturwissenschaftlichen Unterricht. Theoretische Grundlagen, Entwicklung und vergleichende Evaluation eines Unterrichtskonzeptes zur Verbesserung der Anwendungsfähigkeit von Naturgesetzen. 1991.

Band 4 Peter Steinbüchel: Technisches Denken und Handeln. Unterrichtskonzepte für berufsbildende Schulen. 1994.

Band 5 Klaus Beck (ed.): Teaching-Learning Processes in Vocational Education. Foundations of Modern Training Programmes. 2002.

Band 6 Katharina Höhn: Struktur- und Prozessinnovationen in pädagogischen Handlungsfeldern. Entwicklung, Implementation und Evaluation einer beruflichen Abschlussprüfung über den Zugang der systemdynamischen Modellbildung. 2002.

Band 7 Stefanie Hillen / Gunnar Paul / Frank Puschhof: Systemdynamische Lernumgebungen. Modellbildung und Simulation im kaufmännischen Unterricht. 2002.

Band 8-18 herausgegeben von K. Breuer , G. Tulodziecki und K. Beck

Band 8 Klaus Breuer / Klaus Beck (eds.): Are European Vocational Systems up to the Job? Evaluation in European Vocational Systems. 2002.

Band 9 Frank Arnold: Computerbasierte Lernumgebungen zur Unterstützung selbstgesteuerter Lernprozesse. Eine objektorientierte Modellierung mit der Unified Modeling Language (UML). 2004.

Band 10 Stefanie Hillen: Systemdynamische Modellbildung und Simulation im kaufmännischen Unterricht. Elizitation und Elaboration von Mentalen Modellen in komplexen betriebswirtschaftlichen Gegenstandsbereichen. 2004.

Band 11 Eveline Wuttke: Unterrichtskommunikation und Wissenserwerb. Zum Einfluss von Kommunikation auf den Prozess der Wissensgenerierung. 2005.

Band 12 Karin Heinrichs: Urteilen und Handeln. Ein Prozessmodell und seine moralpsychologische Spezifizierung. 2005.

Band 13 Gerhard Minnameier: Wissen und inferentielles Denken. Zur Analyse und Gestaltung von Lehr-Lern-Prozessen. 2005.

Band 14 Wulf Weritz: Fall- und problemorientiertes Lernen in hybriden Lernarrangements. Theoretische Grundlagen, Entwicklung und empirische Evaluation von Studienmaterialien für die Lehrerausbildung an einer Präsenzuniversität. 2008.

Band 15 Klaus Breuer / Rüdiger Tauschek / Helmut Becker / Wolfgang Ettmüller / Klaus Etzkorn (Hrsg.): Der Modellversuch KoLA. Vom Lernfeld zum schulspezifischen Jahresarbeitsplan – von der Lernsituation zum selbstgesteuerten Lernen und zu ersten Ergebnissen einer Längsschnittstudie. 2009.

Band 16 Jürgen Seifried: Unterricht aus der Sicht von Handelslehrern. 2009.

Band 17 Klaus Breuer / Wolfgang Ettmüller / Nicole Schu / Rüdiger Tauschek: Selbstgesteuertes Lernen. Planung, Praxis und Evaluation für den Unterricht in der Berufsschule. 2011.

Band 18 Nina Bender: Selbstreguliertes Geldmanagement bei jungen Erwachsenen. 2012.

Ab Band 19 herausgegeben von J. Seifried und S. Seeber

Band 19 Kristina Kögler: Langeweile in kaufmännischen Unterrichtsprozessen. Entstehung und Wirkung emotionalen Erlebens ungenutzter Zeitpotentiale. 2015.

Band 20 Christoph Maus: Die Genese volkswirtschaftlicher Inhalte sowie deren Status quo im Rahmen lernfeldbasierter Curricula des kaufmännischen Berufsbildungsbereichs. 2016.

www.peterlang.com